U0153156

人類思想史後篇

衝擊權威與平行眞理

彼得・沃森（Peter Watson） 著

姜倩、南宮梅芳、韓同春、高錄泉、苗永姝、劉織 譯

Contents
目錄

第四部分
從阿奎那到傑佛遜
對權威的攻擊、世俗思想和近代個人主義的誕生

第十六章

「上帝和人的仲介」：教皇進行思想控制的手段

亨利四世在卡諾薩／亨利與格里高利七世

一〇七七年一月末，正處嚴冬，神聖羅馬帝國的皇帝亨利四世（Holy Roman Emperor Henry IV）來到了卡諾薩（Canossa），義大利北部城市帕爾瑪（Parma）東南方二十英里處的一座城堡。亨利當時年僅二十三歲，身形健壯，精力充沛，長著日耳曼人典型的藍眼睛和亞麻色的頭髮。他來卡諾薩探望住在城堡中的教皇格里高利七世（Gregory VII），此人被稱爲「教皇中的朱利斯．凱撒（Julius Caesar）」。當時五十出頭的格里高利，後來被教會尊爲聖人。但是，正如教會史學家威廉．巴里（William Barry）曾說的，他實際上是「人們所說的極度狂熱者」。早在那個月的初期，教皇就已經將皇帝驅逐出教會，表面上是因爲亨利膽敢在德國任命主教，實際上是因爲他沒有採取任何行動去制止普遍存在的買賣聖職、購買官位等行爲，並且縱容神職人員（包括主教）結婚。[1]

一月二十五日，亨利獲准進入城堡。據傳，他站在深雪裡，光著腳，禁食，並且只穿了一件長衫，在刺骨的寒冷中等了三天，格里高利才同意見他，同時也宣布赦免了他。在一場醞釀了多年並將持續兩百年的爭吵中，這種公開的侮辱是個戲劇性的轉捩點。

主教敘任權之爭

上一年的年末，格里高利在自己寫的《教皇訓令》（*Dictatus papae*）中聲明，「羅馬教會從來沒有犯過錯誤，而且永遠都不會犯錯」。他宣稱，「任何人都不能對教皇本人進行審判」，並且「任何人都不能取消教皇的宣判」。格里高利還宣稱，教皇「可以宣布免除臣民們對邪惡的人的效忠」，並且「所有君主都必須而且只向教皇行吻腳禮」；教皇「有權……廢黜帝王」並且「只有他可以使用皇帝的紋章」。[2]

這場激烈的爭執被稱爲主教敘任權之爭（the Investiture Struggle），是一次爲了控制教會事務而與世俗政權展開的曠日持久的纏鬥。其中，格里高利僅是第一位參與的教皇，其後有一長串繼任者跟隨他的腳步加入其中。[3]這場由他開始的鬥爭終結於一一二二年《沃姆斯協約》（the Concordat of Worms）的簽訂〔法國教皇卡利克斯特二世（Calixtus II）一一一九～一一二四年在位期間〕。根據該條約，皇帝同意放棄主教敘任權，並且允許教會自由選舉。在歷史學家看來，這場圍繞主教敘任權而展開的鬥爭，或者說競爭，是一場廣泛開展的運動的一部分，該運動可以稱爲教皇制度革命（the Papal

Revolution）。[4]它最直接的後果就是將神職人員從皇帝、國王和封建貴族的支配下解放出來。獲得對手下神職人員的控制後，教皇這個職位很快就成爲一位觀察家所稱的「可怕的、集權的官僚權力體」，一個集中了讀寫能力這項中世紀強有力工具的機構。[5]一個多世紀後的英諾森三世（Innocent III）任職時期（一一九八～一二一六），教皇的權力達到頂峰；也許在中世紀，甚至所有的教皇中，英諾森三世的權力是最大的，他曾坦言：「如同創世主上帝在天空安置了兩盞巨燈，亮一點的照耀白天，暗一點的點綴夜晚（《創世記》11:5,16），上帝也在所有教堂的天空放置了兩個值得尊敬的東西，崇高一點的主宰白天，即靈魂；稍次一點的主宰晚上，即身體。這些值得尊敬的東西就是教會權力和王室權力。並且正如月亮從太陽身上汲取光芒，而她的光在質、量、位置和效果方面都次於太陽一樣，王室權力也從教會權力身上獲得高貴品質的光輝。」[6]

這是挑戰性的言論，但事情遠不止如此。從一〇七六到一三〇二年，又有兩位強硬的教皇重申教皇職位的優越性，同時又有四位國王被驅逐出教會，或是受到了驅逐出教會的威脅。一三〇二年的訓令《一聖教諭》（*Unam sanctam*）被普遍認爲是中世紀教皇至上說的頂點，無疑，當時的教皇卜尼法斯八世（Boniface VIII）把它當做是不斷延續最高權威的宣言。[7]但是，該教諭並沒有明確提及引發該教諭的法國國王菲力浦四世（Philip IV），他下令禁止本國錢幣的出口（這使教皇失去了豐盈的稅收收入）。兩個人之間本來是可以達成協議的，但卜尼法斯堅持要求絕對的服從，這激怒了法國國王，進而發布了一系列控告，對卜尼法斯進行討伐，其中包括怒斥其爲異端。爲此，教皇用另一篇教諭來加以反擊，企圖瓦解對菲力浦效忠的民衆；這種公開的侮辱對效忠於國王的支持者來說太過分了，他們衝進了羅馬東南方五十英里阿那格尼（Anagni）的教皇住所，逮捕了卜尼法斯。他很快便獲救，但一個月後就因驚懼而亡。繼任者很快被選舉出來，但只在位九個月。從那之後，紅衣主教們爭吵了兩年，教皇波爾多（Bordeaux）才被選舉出來。他的周圍都是法國的紅衣主教，他定居在亞維儂（Avignon），在此後的六十多年裡（一三〇九～一三七八），亞維儂一直是教皇首府的所在地。[8]這些事件震驚了整個歐洲，成爲教皇命運中的轉捩點。從此以後，沒有一個教皇享受到像在《教皇訓令》和《一聖教諭》之間那至高無上的權力。

從一〇七五年訓令到一三〇二年訓令，是教皇至上的一段時期，也叫做教皇專制時期，是歷史上最特別的時期之一。這段歷史隱藏著中世紀中期三次同時進行的鬥爭，三次雖然在出現時間和地點上相互交錯（有新聞價值），但從概念上來說截然不同的彼此競爭的觀念。關於誰更有地位這個問題，教皇和國王之間發生了第一次的鬥爭。這次鬥爭再次反映了神權的性質和在這種等級制度中國王的位置。在東正教會的國家中，國王宣稱是耶穌在世上的代表而得到了權力。而在天主教會的國家中，教皇利用聖彼得（St. Peter）的使徒傳統，將權力授予國王。就像我們所見的，在西方國家因爲城市和商業的發展，增強了商人階級的獨立性，使他們不會像以前的農奴和騎士一樣，爲了國王的利益而發起戰爭。對國王權力的質疑越來越多，議會和社會等級越來越頻繁地表達新興階級和他們的利益。如人們有時候看到的那樣，如果教皇擁有比國王更大的權力，如果國王不再是至高無上的，國王們會越來越遵守法律。這是個很大的轉變。本章和後文將對這個轉變進行描述和討論。

我們應該考慮的第三個觀點是在前一章提出的，也就是對宗教信仰的新的理解，將其理解爲一個人內在的東西，是可以從一個人身上找到的東西，是新個性的一個部分。在某些方面，這是個最有意思的問題。內在的信仰如果在神學方面講得通，並且像《聖經》裡顯示的那樣，可證明與耶穌的教導更一致時，對於有組織的教堂來說，實際上是一個發揮弱化作用的腐蝕劑。私人的信仰遠離了牧師或主教；而且私人的信仰可能會墮落成爲非正統的，甚至是異端的思想。把這三個問題以及本章餘下部分討論的其他問題結合在一起的（雖然我們不應該再一次做過多的結合），是理性的（因此也是政治的）權力。如果國王和教皇要求神認可他們的地位和權勢，而他們之間卻存在公開的激烈爭論（就像他們所做的那樣），如果個人的信仰是實現眞正拯救的方法，那麼無論是從神學上還是從政治上來說，這難道不是一種新的形勢、一種新的困境嗎？這就意味著或許對於這種新的個性有一種觀點，對一個世俗世界有進行思考的新的自由。

這是很重要的，因爲它可以幫助我們解開這個時期的幾個謎團，如果我們要想完全了解中世紀盛期（High Middle Ages）的歐洲，理解這幾個謎團是至關重要的。例如，以上簡單的分析可以解釋爲什麼兩位強勢的教皇——格里高利七世和英諾森三世——卻出現在教皇的實權實際上逐漸減弱的時期，之所以說教皇的實權被削弱，是從較爲長遠的歷史角度來看的；此外，也可以解釋紅衣主教學院（the College of Cardinals）和地區元老院（the Curia）成立於這個時期的原因：在新的心理和神學環境中，教堂暴露出其內在的弱點，成立這兩所學院只是在嘗試著強化教堂做爲一個團體的凝聚力，同時也有助於解釋歐洲的歷史，尤其是英國、法國以及義大利的歷史。有些人試圖恢復君主的權力，但大多不是借助宗教手段：例如路易九世（Louis IX）的聖封和燒炭黨人以及金雀花王朝（the Capetians and Plantagenets）試圖透過「皇家觸摸」等手段來復辟王權的行為，他們聲稱這種觸摸可以治癒淋巴結核。但是此時，在英國和法國，商業革命剛剛結束，議會剛剛成立；在城邦國家義大利，公社思想演變成一種完全獨立的（世俗的）權威。

當我們考察那個時期的思想史的時候，這些問題中的每一個都是很重要的。它們與我們現代世界的產生密切相關，確切地說，正是這些事件產生了現代社會。正如我們要看到的，專業的歷史學家已經不再把文藝復興看做是現代的起源，取而代之的是，正如R．W．S．薩森（R. W. S. Southern）所說的，除了一七五〇年到一九五〇年這段年限差不多的年代，一〇五〇年到一二五〇年這段時期在宗教、商業、政治以及學術上，是西方歷史上最重要的時代。教皇命運的改變與此密切相關。

中世紀的王權思想

讓我們從回顧中世紀的王權思想開始進行詳細的討論。在西方，王權是以兩種不同的形式出現的。在羅馬帝國的東部，由於受希臘和東方傳統的影響，君主被認為是基督教中「萬眾期盼的一個人」（Expected One），代表上帝在人間行使權力。依承上帝的名義，君主可以確保繁榮昌盛和戰爭的勝利。俄國的百姓們也接受了這種思想。[9]

另一方面，在羅馬帝國的西部，王權受德國部落傳統以及某種程度上不斷膨脹的天主教會的影響。雷哈德．本迪克斯（Reinhard Bendix）告訴我們，德語中「國王」這個詞發源於「宗族」這個單詞。德國異教徒的古代超自然信仰，是把神賜的力量歸功於整個氏族而不是個人（甚至幾個世紀後的阿道夫．希特勒都覺得這種思想非常有說服力）。因此，德國的統治者或是國王，和上帝並無特別的聯繫，與部落中的其他人相差無幾，但是他通常都是出色的軍事領袖，他的成就反映了整個民族的優秀品質，而不僅僅是他個人的。

此外，基督徒則繼承了羅馬和猶太／巴比倫／希臘的傳統，認為牧師的領袖和軍事領袖是各自獨立的，至少應該是具同等權利的。此外，隨著教會的發展，牧師獲得了越來越多的免除稅務和其他義務的權利。教會法規的地位日趨重要，因此，由主教下達的司法審判慢慢被看做是「耶穌親自做出的判決」。[10]中世紀早期，主教的權威逐漸取代世俗政府，因為教會通常能比皇權政府吸引更多的能人，這一切都加強了教會的權威地位。

所有這些都導致東西部的重要差異。羅馬的聖．約翰．拉特蘭（St John

Lateran）教堂裡的一幅鑲嵌畫上就畫著，聖彼得把精神的權威交給了教皇利奧三世（Pope Leo III），把世俗的權力交給了查理曼大帝（Charlemagne）。事實上，天主教徒從使徒（the Apostle）處獲得權力，而不像希臘正教（Greek Orthodox）傳統所說的，是從基督那裡直接獲得權力。根據教皇權力繼承自使徒這種想法，聖彼得把掌管精神的教皇凌駕於現世的皇帝之上。[11]後來的圖畫顯示，聖彼得把天堂的鑰匙給了教皇，而國王只是在一旁看著。根據米蘭的主教聖·安布魯斯（St Ambrose）所說，「皇帝是歸教會領導的，而不是位在其上」。[12]而在東部，與此相反，拜占庭帝國的君主凌駕於教會之上，因爲他們打敗了德國侵略者，並且在政治上處於完全的控制地位。教皇格里高利一世（五九〇～六〇三）把君士坦丁堡的統治者稱爲「君主閣下」（Lord Emperor），而把西歐和北歐的國王稱爲「最親愛的兒子」。七五一年到七五二年之間，加洛林王朝（Carolingian）的攝政者丕平（Pippin）被貴族推舉爲國王，然後接受主教卜尼法斯的塗油禮——和任命主教同樣的儀式。「西部的教會擔當起使王室繼任神聖化，從而認證王室繼任的職責；與之相反，東部的教會是給皇帝加冕的，象徵著皇權是神授的。西部的教會把國王置於上帝的法令之下，這種法令由國王進行闡釋；而東部的教會認爲國王是基督在人世間的代表。」在東部，正如我們要談到的，國王是教會的領袖；而在西部，國王的地位和神聖羅馬帝國國王的地位要模稜兩可得多。[13]

結果，在整個中世紀，權力在教皇、國王和皇帝之間爭來奪去。以亞琛（Aachen）爲根據地，查理曼大帝是以「承蒙上帝的仁慈」爲名獲得稱號的，稱號通常由教皇授予，但僅僅這些是不夠的：在法庭上，他被冠以《聖經》中的名稱「大衛王」（King David）；換言之，無論羅馬天主教說什麼，他都認爲自己是被神庇護著的。[14]但是查理曼大帝過世以後，他的兒子們從未享有過同樣的權力，也沒有在他們的加冕中被施以塗油禮。儘管這是教皇制度的勝利，但查理曼的去世也意味著教皇失去了一個強大的盟友，不得不又一次受到聲名狼籍且蠻橫的羅馬貴族的支配。事實上，法國國王也反對教皇，即使在亞維儂受「囚禁」期間也沒有改變態度。正是在這種情況下，地方主教的權力開始增長；正是他們各種各樣的惡習、荒淫無度以及其他濫用職權的行爲，使得在教會進行較大範圍的改革成爲必要。

另一個更複雜的因素是，教會一直在發展它的世俗權力。土地是當時財富的主要形式，透過遺贈的方式，教會得到了越來越多的土地。爲了保有教會的支援，國王要提供贊助，比如資助修道院；如此一來，不僅可以使教會更富有，而且讓牧師更有力地控制了人們的思想。「教會闡釋正義之路，只有當國王走上這些正義之路，他們才能獲得幸福、好收成和勝利。」[15]在這樣的環境下，像主教敘任權之爭這類事情的發生只是時間早晚的問題。

封建主義

然而，在我們討論這個問題之前，還要先看看另一個中世紀的觀點：封建主義。「封建主義」不是個封建時期的名詞。它出現於十七世紀，被孟德斯鳩所推廣，爲卡爾·馬克思和其他人所採用。[16]當時，實際被用來描述封建等級制度的詞是「臣屬地位」（vassalage）和「貴族身分」（lordship）。事實上，封建主義是九世紀到十三世紀在北歐和西歐非常盛行的分權政府的一種具體形式，它的基本特點是貴族統治——政治、經濟和軍事權力全集中在世襲的貴族階級手上。但是，除了臣屬地位或者貴族身分，還有兩種其他的原則——財產要素（fief），以及政府分權和法律。

根據歷史學家諾曼·康得（Norman Cantor）的理論，封建主義的雛形就是日耳曼的民兵習俗——侍從制。這種制度是基於戰士爲了得到庇護而對首領效忠。「封臣」這個詞來源於凱爾特語中一個表示「男孩」的詞。當然從這裡開始，「戰士」經常只是表示一群男孩而已（這與之後關於「俠義騎士」的觀點還是非常不一樣的）。在早些時候，封臣與持有土地是沒有什麼關係的；他們住在領主提供的簡易房舍中，同時領主還會提供衣物和食品給他們。改變這些狀況的是軍事技術方面的改革。首先是馬鐙在中國的發明且傳到了歐洲，從根本上改變了騎兵和步兵的關係。馬鐙能使騎兵將力量和速度的合力集中於攻擊點——長矛的頂端——從而由根本上提升了騎兵的優勢。[17]但是這種改變也帶來了一些相關的問題。騎兵的盔甲、他的劍和踢馬刺、馬的嚼子和韁繩都是非常昂貴的。戰馬會更貴：騎兵在戰爭中至少需要兩匹馬，而這些馬也需要配備盔甲加上騎士們還需要一些馱馬，把這些裝備運到戰場。因此那些需要這種騎士爲他而戰的領主發現，最好還是用自己的莊園土地來分封他們。從這些土地中，他們可以獲取足夠的資金去完成他們在戰爭中的職責。這種做法激發了騎士對土地的追求，也促成了歐洲的形成。然而，這種形勢帶來的影響之一是政府和法律的權力，至少是權力中的一部分，由國王傳給了他的封建臣子們。這些權力被他們用來徵稅和聽政；他們聽取人民的請求，並且執行他們自己的原始（有時候太過原始）的公正。這是一種只在一定程度上發揮作用的體制。這意味著農村地區——尤其是法國和英格蘭的農村地區——被分割爲具有不同並且重疊的稅收、司法和效忠系統的領土拼湊物。實質上，國王等於是這個系統中的第一人。

教會最初對這種新的體系持敵對態度，但是不久之後，主教——正如我們所見，他們越來越獨立——而他們能夠適應這一體系是因爲他們憑藉自身的頭銜，已變成封臣和領主；他們除了不發起戰爭，已經完完全全地參與到封建社會中去。有人說，這種具有連鎖效忠特點的等級制度現在已經延伸到整個社會，「並且一直延伸到神聖的地方」。[18]

最近的一些學術發現，已經在一些重要方面修正了這種傳統觀念。我們在前面提到過，有人已經對通常所理解的「封建主義」的整個概念提出疑問，特別是對封建領主和騎士的中樞作用。人們認爲更重要的是農奴的整體情形，現在的理解是他們之中有更多人曾經是土地所有者，因而在這種意義下，他們是自由的。另一個因素是主教（至少是有時候）發起了戰爭：一三八一年在英格蘭（Anglia）[19]東部的農民起義，被德斯彭塞主教（Bishop Despenser）武力鎮壓了。很大一部分農民擁有土地（有些地區高達百分之四十），這個事實減輕了封建領主／騎士／效忠體系的一些壓力。而這項事實與數量更多且正在崛起的商人階級放在一起考慮時，封建主義可以看做是君主軟弱的一種表示。而弱化的羅馬教皇與弱化的國王之間的鬥爭，就發生在中世紀中期。羅馬教皇失敗了（在長時間的鬥爭之後最終失敗了），而國王或許因爲他們數量更多，在應對正在發生的變化中更爲靈活，因而在義大利以外的地區鞏固了統治地位。或許羅馬教皇在許多前線發動了戰爭，但這同時也是衰弱的一種表現。

儘管主教們參與了封建社會，但是在德國，權力還是回到了國王的手中，尤其是在鄂圖一世大帝（Otto I the Great，九三六～九七三）統治時期。他堅持讓美因茨（Mainz）大主教爲他加冕，有效地運用了教會的凝聚力，使他獲得了對其他的封臣和公爵的支配地位。同時，由於德國特殊的財產法規定王室土地上的修道院實際上是屬於王室的，而不是屬於教會，因此他宣稱他比主教更有權威。而這樣做的結果就是，在鄂圖王朝的領土內，國王在高級牧師的選舉中比其他地區的國王擁有更大的權力。這使得主教敘任權之爭（當其來臨時）發生在德國。

本篤會／僧侶擔任與神溝通者／克魯尼修會

還有另外一個導致鬥爭出現的因素。除德國教皇之外，十世紀和十一世紀的西歐還有一個半獨立的精神力量，同樣是一個凝聚因素，它就是本篤會（the Benedictine order）。本篤會中影響最大的是在南部勃艮第地區出現的克魯尼修會（Cluny）。「克魯尼計畫成為主流世界級修道會的一種聰明的表達方式。」[20]克魯尼修會的僧侶在全歐洲人數最多，得到的捐贈也最多，它所宣揚的宗教生活擁有巨大的影響力。

八一七年，阿尼亞納的聖・本尼迪克特（St Benedict of Aniane）已經修訂了最原始的制度，篤信者路易士（Louis the Pious）還交給他穩定僧侶生活的任務。而在世紀之交出現了至關重要的改變是，本篤會的教徒不再依靠體力勞動生存。[21]他們現在主要是透過複雜的禮拜儀式，擔當神的溝通人角色——輔之以教育、政治和經濟的責任（牧師心理治療的水準得到了提高，如此可以活躍教區生活）。總之，對於本篤會的教徒來說，這是個新的角色，而他們的封建（或者說至少等級的）結構強化了這樣的角色。經過一系列聰明長壽的修道士，尤其是奧迪爾（Odilo，於一〇四九年去世）和休大帝（Hugh the Great，於一一〇九年去世）的努力，以完美的禮拜儀式而聞名的克魯尼修會在北歐地區修建了一系列房子，德國、諾曼第、英格蘭等國家接受克魯尼修會統治，封臣們亦接受了與其體制一致的指導。

讓僧侶擔任神的溝通者，這種發展的觀點有非常重要的意義。國王和貴族紛紛向克魯尼修會修道院捐贈財物，渴望能在修道院的禱告中被提及。貴族願意隱居到修道院中直到生命結束，相信在這裡他們能夠離天堂更近。僧侶替代向上帝祈禱，引發了一陣修建教堂的熱潮，使人們更加崇拜牧師。但是克魯尼修會對歷史最直接的影響是在亨利三世時期（Henry III，一〇三九～一〇五六），它的勢力擴展到德國。亨利娶阿基坦（Aquitaine）公爵的女兒為妻。他的家族首先建立了克魯尼會，但是亨利對神權君主制度有更遠大的想法，把修道院看做是實現他目標至關重要的因素。他想實現歐洲的基督教化，然而為了實現這個目標，首先要做好其他事情。亨利相信，或者說寧願相信，在他的加冕禮上，他已經接受就職聖禮，這使他擁有授予主教職位以及處理教會事務的精神權威。同時，他認為需要改革已經衰弱了長達一個世紀之久的羅馬教皇制度。舉例來說，在一〇四五年，羅馬有三個敵對的教皇。部分因為這個原因，亨利在當年召開了一個宗教大會開始改革。三個德國人接連被任命為教皇。這三個人中的最後一個，利奧九世（Leo IX，一〇四九～一〇五四）是亨利的親屬。不久，這種做法使其他傳教士忍無可忍，挑起了這場所謂的格里高利教會改革，因而促成了主教敘任權之爭。

格里高利改革

現在歷史學家將一〇五〇～一一三〇年這段時期稱爲格里高利改革，在這個時期，四位教皇努力去改變兩件事情：禮拜的形式（聖・奧古斯丁時期以來的最大改變），以及已經衰弱了幾個世紀的教皇地位問題；而正如我們所見，這個問題在當地應羅馬貴族的要求，在國際上則應全歐洲各個國王的要求，已經被禁止了。這個雙重目標不亞於一次世界革命，「西方史上的第一次世界革命」，[22] 結果是教會將從世俗的控制下獲得合理的自由。神職人員的智力和道德水準將得到顯著提高，而教會本身會成爲一個超級大國，由羅馬的教皇行政機構或元老院（Curia）統治。

但是，格里高利改革也與十一世紀在宗教意識上一個甚至更重要的運動有關係：世俗敬虔運動的發展。這個運動的產生，部分是因爲克魯尼運動。由於修道會在歐洲的發展，對教條的虔誠態度以及對複雜儀式的熱愛（一種持續不斷的禮拜儀式），在平凡人中幾乎司空見慣，就像迄今爲止在僧侶和牧師中見到的那樣。但是克魯尼教徒將自己表現爲神的溝通者（雖然滿足了很多人的需要），尤其與新出現的信仰的內化相矛盾；根據信仰的內化，神的溝通者是沒有必要也是不値得要的。此外，信仰的內化將一些人引向了與衆不同的、異端的方向：異教開始復活。於是，同時發生了兩件相互矛盾的事情——對禮拜精心設計的集中化，將禮拜的職責集中於神的溝通者——牧師身上，以及私人信仰的擴散，其中相當大一部分可以歸爲異教。這就是十一世紀出現新的對待修道生活態度的理性／情感背景：一次對克魯尼修會的反動。它包括對禁欲主義和隱逸主義的回歸，並很快引發了西多會（Cistercian）和聖方濟會（Franciscan）運動。

對聖母瑪利亞的崇拜

西多會的改革主旨是恢復最原始的本篤會準則。創始人羅伯特（Robert of Molême，約一〇二七～一一一〇）反對克魯尼藝術和建築，尤其是它的禮拜儀式的複雜性，他認爲那是「沒有回報的裝飾」，對禮拜是一種貶低而不是提高。[23] 而在這方面，他提倡一種嚴格節制的生活方式，包括強迫勞役、衣著簡樸，並且吃素。他將西多會的修道院安置在文明社會遙遠的邊緣，遠離誘惑。而這些修道院本身是樸素的，大小也很適度，主要靠線條和結構來達到他們的美學訴求，而不是靠裝飾。某種運氣在這裡也發揮著作用。因爲西多會修道院坐落在偏僻地區，意味著他們逐漸參與到當時的農業復興當中，其中很多修道院成爲不動產高效管理的典範，這樣也增強了他們的重要性和影響力。但是這種影響力並不只是組織方面的，他們還成爲精神領袖，其中的原因之一是格來福隱修院的伯納德（Bernard of Clairvaux）的功勞。做爲一個勃艮第地區貴族的兒子，伯納德在他二十二歲時受到邀請。由於熟讀名著，他發展出一套流暢的書寫和談話風格，這種風格促成了他爲多個教皇和國王服務。他是支持教會理事會的人之一，希望透過建立教會理事會能避免衍生出異教；他也是宗教戰爭的熱情戰士，這種行事方式讓他遠離了本篤會最初的修道士和平的理想，同時他也促進了教徒對聖母瑪利亞的虔誠宗教熱情。

對聖母瑪利亞的禮拜是十二世紀流行虔誠更爲重要的例子之一。在某種意義上來說，將聖母瑪利亞想像成神聖的愛的象徵，是「仁慈的母親」，她的代禱給所有人帶來了被拯救的機會，這是伯納德的功勞。伯納德形容她是「一朵讓聖靈停留的花」。在早期的教會中，聖母瑪利亞並不是一個重要的形象。但是因爲伯納德，她成爲神、耶穌基督和聖靈的重要補充，他們幫助將人們引向上帝。[24] 伯納德並不接受同時代一些人認同的聖母被免除原罪的觀點。他的觀點是，聖母重要是因爲她的謙卑——她願意做爲讓耶穌降臨這個世界的工具。沿襲了本篤會的觀點，伯納德認爲謙卑是美德之首，也是讓聖母瑪利亞欣然接受神的計畫的原因。「上帝本來能夠以任何他願意的方式拯救我們，現在透過她，教導我們自願與神的恩賜合作的重要性。」[25] 事實上，對聖母瑪利亞的崇拜所代表的不僅僅是這一點。正如馬里那·華納所言：「透過將人類的女性和極度完美的聖母相比較，世俗的愛是不足信的，男人的視線再一次指向天國」。[26] 對聖母瑪利亞的禮拜所暗含的對聖家庭（Holy Family）新的專注，將一〇〇〇年以後的基督教和它的初期區分開來。爲了推進教徒虔誠的行爲，現在的教會更關心這個世界。[27]

聖方濟會與道明會修道士

十三世紀出現的行乞修道士，填補了牧師或修道士沒有進行的空白。行乞修道會的創始人是阿西西的法蘭西斯（Francis of Assisi，一一八二～一二二六）和聖多明尼克．古斯曼（Dominic Guzmán，約一一七〇～一二三四）。這兩個人都斷定，當時教會需要的是流動的牧師，可以走上街頭，去佈道，聆聽懺悔，去照顧他們所在地區的人們的生活。他們的絕對自由讓行乞修道會組織嚴明，思想開明：他們調整了教條，接納女性和他們稱爲「第三修道會會員」的人，即那些加入他們牧師行列的世俗的人。

聖方濟會的修道士（The Franciscans）都受到他們的創始人影響。法蘭西斯是一個富有的衣料商人的兒子，有著無憂無慮的童年，並以他的謙恭和樂觀而聞名。[28] 法蘭西斯曾寫下「一個太陽在世上誕生」的詩句，他熱愛法國文學，尤其是抒情詩。而「法蘭西斯」（Frenchie）實際上是人們因爲他的文學品味而給他取的暱稱。他的皈依——如果這是一個傳說的話——分爲兩個階段。在阿西西人（Assisians）和佩魯甲人（Perugians）的一場衝突中被俘虜後，他發了高燒，開始信仰上帝。後來，在他被釋放後的某一天，他在路上遇到了一個痲瘋病人。當時，大家都非常害怕痲瘋病，病人們被要求攜帶鈴鐺，若有健康人接近他們，就要搖鈴提醒。法蘭西斯不但沒有與這個特殊的病人保持安全距離，反而擁抱了他。但是，當他仔細一看，卻沒有任何人存在。法蘭西斯開始相信在他面前出現的那個人就是耶穌，於是他的厭惡之情轉變爲兄弟之愛。受這次特殊經歷的影響，法蘭西斯開始運用他的家族財富去重建被毀損的教堂。在遭到父親反對的時候，這個年輕人在阿西西主教和聚集的人群面前放棄了家族的財產，甘願受窮。這個故事在某些方面讓人回想起了佛陀。

並不是所有的皈依都同樣富有成效的。但是法蘭西斯的感召力是個神話，他認爲一個宗教領袖藉由提供道德榜樣來傳授，效果最佳（雖然據大家所說，他是個傑出的傳教士）。他的感召力，意味著即使他對動物傳教也不會被認爲是精神失常，他依然被人崇拜著。正是因爲他，聖方濟會的修道士們崇拜嬰兒期的耶穌。正是從這個時候開始，人們開始使用聖誕節嬰兒床。法蘭西斯的周圍開始發生一些神祕的事情，包括有一次鳥兒聚集在他的周圍唱歌，另有一次他身上出現了「紅斑」，就像在十字架上被釘死的耶穌的傷口。這些有趣的事情讓法蘭西斯在死後的兩年內就被封爲聖徒，這是一個世界紀錄。聖方濟會修道士最主要的成就是以他們的創始人爲榜樣，確立神學的目的是去「動員人的心靈，而不僅僅是告知或使人相信」。[29] 這是信仰內在運動的另一個部分。

基督教社會

但是，在某種意義上，我們已經超越自己了。新的體制是對世俗虔誠運動中的變化做出的回應，但絕對不是只有這些。格里高利教皇改革的基本目標是建立一個統一的世界體系，就像格里高利教皇所說的基督教社會。[30] 有三個教皇以及衆多的紅衣主教試圖進行這場雄心勃勃的改革（順便提一下，「紅衣主教」這個詞來自拉丁文，意思是門的鉸鏈。是開關門非常重要的裝置[31]）。

彼得·達米安

三個改革家的第一個是彼得·達米安（Peter Damian），他發動了一場關於基督教社會本性的大辯論。達米安是出生在貧苦家庭的孤兒，後來被一個牧師收養，因此接受了良好的教育。他是發現克魯尼式生活過多參與到社會生活的人之一；他所擔心的事情之一，也是教會非常關注的，就是有很多牧師不是結婚了就是有私生子。達米安寫了一本書來譴責這些醜行，同時強烈支持牧師的單身生活。在拜占庭，雖然主教應該獨身，但是一般牧師是允許結婚的（當牧師晉升爲主教時，他的妻子應該「從事得體的事情」並進入女修道院）。但是達米安對此並不滿意：他堅信只有處於完全單身的狀況，牧師才會完全把自己奉獻給教會，而不是利用他們的職位來爲子孫騙取財產和工作。這種普遍的做法敗壞了教士的名聲。（普通的世俗民衆似乎很少會因爲牧師有情婦一事而煩惱。對牧師的單身要求是從上到下的，目標之一是讓牧師更加獨立於俗人。）

達米安也是第一個對新的虔誠運動持放任態度的人，當時新虔誠運動正在努力趕上天主教會，這在上一章和本章前文已經提到過。上帝與人類之間的關係也已經改變。在中世紀早期占統治地位的《舊約》中，最初不容違背的上帝，現在逐漸爲《新約》中描述的更加仁慈的上帝所取代，上帝因爲我們的罪過而受苦，且現在有越來越多人向他的「悲傷的母親」祈求。與此一致，在前文已經提到過的，禮拜儀式中克魯尼理想的那種正式禱告和唱詩越來越少，更多的是個人內心的感受。這種做法，一方面使禮拜更有意義，另一方面也證明是不合適的。達米安對虔誠的強烈內在的方式讓很多人從極端的虔誠中解放出來，極端的虔誠是一種會導致宗教狂熱的無法控制的情感主義。就像我們所看到的，正是這種狂熱導致了十字軍東征、宗教異端、反猶太主義和宗教裁判所。[32]

錫爾瓦·坎迪達的宏勃特

格里高利改革中三位改革者的第二位是錫爾瓦·坎迪達（Silva Candida）的紅衣主教宏勃特（Cardinal Humbert）。他來自洛林，此前一直是克魯尼的牧師，但他也開始反對過於繁瑣又勞神費力的禮拜儀式，覺得這種做法違背了克魯尼教創始人的理想。做爲一個高學歷、非常聰明的紅衣主教，同時又非常了解希臘，他以教皇特使的身分被派往君士坦丁堡。由於不是到偏遠的地方做外交工作，使他對這次任命感到十分煩躁，因而並不是十分成功。他於一〇五四年結束他的旅程，把博斯普魯斯海峽的大主教逐出教會，正式承認了已經醞釀好幾個世紀的教派分裂（在某些方面，這次的分裂一直都沒有結束）。回到羅馬以後，宏勃特成爲那些激進改革分子的主要謀士。從一〇五九年開始，他發表了兩篇作品，成爲接下來所發生的改革起點。第一篇是教皇選舉法。這是一部野心勃勃的作品，設定了一套新的選舉教皇的方式，一個將迄今爲止都包括在內的德國國王和羅馬人民排除在外的計畫。取而代之的是成立紅衣主教協會（最初大概有十二人），將選舉完全掌握在他們的手中。這個變化的重要性無論怎樣強調都不爲過：僅僅在一代以前，德國國王還支配了教皇的選舉。但是，這時的國王亨利四世還未成年，因此宏勃特估計不會再有這樣的機會。宏勃特另外一部作品實際上叫做《反對買賣聖職者的三本書》（*Three Books Against the Simoniacs*），這是個反對德國的小冊子。就像諾曼．康得說的，這是對整個中世紀教會和世界之間均衡的一次攻擊。甚至這本書的語調也是全新的。宏勃特沒有採用誇張的帶修辭色彩的文體，而使用了新的學問（我們將在下一章討論這個問題），尤其是重新發現亞里斯多德以後發展出來的所謂的新邏輯學。他的文體是克制的，甚至是冷淡的，但是卻滲透著對德國的仇恨。這本書主要的論點是買賣聖職——對教會職位的買賣——是對教會事務不可饒恕的妨礙，它與異教同樣可怕。[33]

他並沒有就此結束。他繼續辯論著如果牧師只能以這種方式改革，那麼世人有權考慮他們牧師的道德品質。如果他們被發現不合格，世人可以拒絕接受他們的聖禮。這是所謂的多納圖斯派（Donatist）教條的復甦，多納圖斯派教條認爲世人有權評價教士。不論是在理智還是情感上，這都是一個最危險的發展，是最具有煽動性的改革。長久以來，教會一直爭論的是，聖禮的效率並不是取決於牧師，而是莊嚴地建立起來的聖事。現在宏勃特將延續了幾個世紀的傳統扔到一邊，此舉在十二世紀的下半葉導致了異教運動。異教運動不但挑起了宗教裁判所，而且最終激發了馬丁．路德認爲非常有說服力的新教思想。

格里高利七世／《教皇訓令》

第三位改革家並不是一個出色的、有創造性的思想家，但卻是一個偉大的組織者和統籌者，他就是後來成爲教皇格里高利七世的希爾得布蘭（Hildebrand）。諾曼．康得認爲十六世紀前的三位偉大的教皇，分別是格里高利一世、格里高利七世和英諾森三世。最後一位馬上就會討論到。「沒有一位教皇像格里高利七世那樣具有爭議性，同時被崇拜和厭惡著。」甚至在成為教皇之前，希爾得布蘭就強迫義大利學者開始對教會法規進行大規模的編纂和統整工作，這對歐洲的復興和新大學的建立具有非常重要的作用，這是我們下一章討論的話題。但是眞正引起世界關注的是他在一〇七三年當選為教皇以後馬上出版的《教皇訓令》。無論從哪一個標準來看，它都是一種對教皇權力的強有力聲明，是一份「聳人聽聞的、非常激進的文件」。【34】就像前面所提到的，這份訓令堅持認為羅馬教皇是聖彼得認可的，教皇從未犯過錯，而且，根據《聖經》，永遠也不會犯錯。訓令說，只有教皇的聖事具有世界性的權威；只有教皇可以任命主教；沒有經過教皇同意的事情是不被接受的；不贊成教皇的人不可能是眞正的信徒；教皇自身超越了任何人的評價能力；教皇有權廢黜國王；對他們的統治者有不滿的人民，可以合法地將這些不滿告訴聖座（the Holy See）。

這部訓令涵蓋的範圍令人吃驚，其目的在於建立一個屈服於羅馬的新的世界秩序，格里高利對此非常清楚。訓令所提出的改革影響深遠，不僅北歐的國王皇帝們，還有為數衆多的神職人員都感到非常緊張——教皇打算改變存在了數個世紀的生活方式。而且，沒有任何一個中世紀的統治者允許教皇干涉國家事務。大多數人都知道教皇與國王之間的較量不遠了。然而，在這部訓令發表以後，格里高利並沒有袖手旁觀，而是繼續在一系列寫給梅斯主教赫爾曼（Hermann）的措辭強烈的信件中發展他的觀點。這些信件中有一系列主教對教皇提出的問題，以小冊子的形式寫成，並發送給歐洲所有的宮廷。在這些信件中，格里高利發展了他那具有煽動性的觀點，進一步堅持認為國家沒有道德約束力，而皇家的權力大部分來源於武力和犯罪，世界上唯一合法的權力就是教士的權力。只有徹底投入的基督教教徒才是可以接受的。

然而，除了這個基本的攻擊，格里高利還提出了（或者說再次提出）一個長時間以來教會並沒有關注的觀點——關心窮人。格里高利提出的關於窮人觀點，與其說是經濟問題，不如說是個半政治問題。他自己本能地與那些被壓迫的人站在同一邊，同時厭惡他所認為的壓迫者（包括國王）。因此他給基督教提出了一個社會良心和批評的標準，這是農業占支配地位的中世紀基督教所欠缺的（儘管由於他堅持牧師要過獨身生活，使得數千名婦人被驅逐到大街上）。這種從根本上對貧窮充滿感情的態度，一度成為增強教會力量的因素；這種態度證明了它在新興的城市階級中是受歡迎的，因為他們對於新城鎭的生活一點也不滿意。【35】格里高利還暗示，大多數小康家庭的成員都是精神上貧窮的人，而這項言論讓他更受歡迎。不過，即使如此仍不足以推遲即將到來的鬥爭。

驅逐出教

一〇六五年亨利四世成爲國王和皇帝，距離宏勃特發表他的兩部作品只有六年，宏勃特的一部作品論述教皇選舉，另一部論述買賣聖職，兩本書尤其針對德國人。亨利不可能同意書中的觀點，但是無論如何，直到一〇七五年他才穩定了他的王國，並且確定德國的農民、市民和貴族都是滿意的，或者說至少是沒有意見的。後來，在希爾得布蘭當上教皇成爲格里高利七世後不久，米蘭的主教出現空缺。不久之前，在一〇七三年，格里高利發表了《教皇訓令》。當亨利和格里高利都推薦了他們的米蘭主教人選時，一場鬥爭正在隱隱呈現並且成形。但是亨利在他的領土內因爲近期的成功而增強了實力，覺得格外的自信，因此他「粗暴地」回應了教皇的訓令。他給羅馬寫了一封信，信中言辭直率激烈，譴責格里高利「並不是一個教皇，而是一個假的修道士」。【36】這封信催促格里高利「從彼得的王位上滾下來」，用一位歷史學家的話來說，這封信是「頑固無禮的」。【37】

格里高利以牙還牙。他告訴德國的主教和修道士，除非他們拒絕承認亨利，不然他們會被全體驅逐出教，他還爭取政治上敵對力量的支持，以防發生戰爭。這是個成功的策略——讓亨利衆叛親離，而且在教皇建議下，德國貴族開始討論從其他統治家族選出一個新的國王。格里高利還在亨利的傷口上撒鹽，宣布他將到德國親自主持選舉亨利繼任者的集會。

這種情況讓亨利在一〇七六～一〇七七年的深冬來到了卡諾薩。他的顧問告誡他，在這場鬥爭中，他的唯一希望是親自向格里高利請求赦免。原本的事實是亨利不可能悔過，而格里高利那邊原本也更傾向於不赦免他。但是亨利的親屬，托斯卡尼的馬蒂爾達（Matilda of Tuscany，教皇在卡諾薩就是待在她的城堡裡）和克魯尼教的休（Hugh of Cluny）都到場爲國王求情。格里高利不可能冒克魯尼教以及整個歐洲其他王室成員反對他的危險，他們都在看他會以什麼樣的高壓手段對付一個專程去尋求赦免的國王。

現在，對於我們大多數人來說，驅逐出教並不是多麼恐怖的事，但是在中世紀，情況就完全不同了。事實上，格里高利七世擴大了驅逐出教的思想和做法。這個觀點部分來源於異教儀式敬禮（devotio），在這種儀式上，那些犯了嚴重罪行的市民將自己奉獻給上帝。在這個過程中，罪犯將會屬於神靈

（sacer），與其他人分開。[38]在一個法律薄弱的社會，詛咒做爲強制執行的補充手段，也被加進了契約，而早期的教會也採用了這個觀念。最後的步驟就是流放：在巴比倫囚禁期間，與異教結婚的猶太人被流放，他們的財產也被沒收。[39]耶穌誕生之前，在巴勒斯坦地區，異教徒是禁止參與猶太人集會和社區生活的。但是，基督教逐出教會的做法，直接來源就是《馬太福音》。其中說到每個基督徒最初必須私下告誡不信神的人，如果他不聽，你就在兩三個證人面前告誡他；如果他還是不聽，就在整個教會前告誡他。「若是不聽教會的勸告，就看他像外邦人和稅吏一樣。」（《馬太福音》18:17）《新約》把社會流放的一些事件描述成教規的形式。逐出教會的概念最初在三世紀的敘利亞文獻《宗徒遺訓》（the *Didascalia*）中得到詳細的描述，據說這部文獻是一位匿名使徒所寫的。它將禮拜式的驅逐與社會驅逐區別開來，並且描述了罪人爲了重返教會所必須做的懺悔。性欲、訴訟、軍事義務、溫泉療養地和遊戲，對那些被驅逐的人都是禁止的。[40]然而，傳統上，教會始終意識到過多的社會驅逐所帶來的危險——可能會很輕易地將罪人引向魔鬼，讓事情變得更加糟糕。[41]

一〇七八年，格里高利制定了一部教規《自大多數》（*Quoniam multus*），這部教規列出了可以和被逐出教會者做交易，而自己可以免於被逐出教會者的清單，目的是爲了限制逐出教會的蔓延（事實上，這種做法糾正了由於格里高利自己的改革而帶來的逐出教會的蔓延）。例如被逐出教會的家人可以與他聯繫：由於擔心那些不能與他們自己老婆有性行爲的丈夫會尋找其他女人，職權部門採取了實用的方法。[42]格拉提安（Gratian）用「咒逐」（anathema）這個詞來表示全部社會的和宗教上的逐出教會，而將逐出教會本身限制於表示「純粹的」禮拜式的開除。[43]只有那些被教會法庭宣布有罪的人才會被咒逐，而逐出教會只是個憑良心來決定的問題，人們可以從理論上將他們自己驅逐出教會。第三拉特蘭教堂（The Third Lateran Council，一一七九年）將所有的異教徒逐出教會——對異教的驅逐總是比其他處罰方式都嚴厲得多，可能會導致關押和處死。[44]格拉提安的區分在十二、十三世紀之交成爲標準，但是那時候這種劃分被稱爲「不嚴重的開除」（逐出禮拜儀式）和「嚴重的開除」（完全的社會驅逐）。[45]

在亨利被逐出教會並隨後被赦免以後，格里高利已經沒有必要進入德國，因此他回到了羅馬。表面上看來，他取得了巨大的勝利，重新樹立了教會的權威（在恢復亨利的王室地位時，他讓亨利承諾遵守將來的教皇教令）。但是，同時亨利保全了他的王國，而現在他開始著手鞏固自己的地位，這樣他再不會處於前往卡諾薩之前他所處的弱勢地位。德國教會恢復了對他的支持，他開始進行另一場（成功的）與貴族的鬥爭。因此，他無意遵守教皇教令的想法很快就非常清楚了。一段時間以後，他再次被驅逐出教會。他完全低估了教皇的手段和能力，而這個事實表明事情已經發生了很大的變化。一〇八五年，他終於得到了一直尋找的雪恥機會，將教皇從羅馬流放到義大利南部，「一次羞辱的流放，格里高利一去不復返」，【46】甚至格里高利比他看上去的樣子還要虛弱。

對於很多歷史學家來說，從公平的角度評判，這場在卡諾薩的鬥爭，最後結局是個平局。但並不是說這場鬥爭什麼結果都沒有。亨利在教皇面前的表現，對君權神授這個安撫了全歐洲各個「階層」的思想是致命的一擊，也支持了教皇有權審判國王這種思想，這無疑提高了天主教會的政治實力。但是同時有很多人——尤其是王室成員——並不完全欣賞格里高利以高壓和羞辱的方法，使用（或者說是濫用）權力的方式。格里高利的繼任者之一，烏爾班二世（Urban II，一〇八八～一〇九九）開始尋求解決與國王長期衝突問題的方法，試圖透過第一次十字軍東征（the First Crusade）將整個歐洲團結起來，成爲羅馬的後盾。但即使是他的這種風格，對很多人來說也過分了。從那個時候開始，出現了不同派別的紅衣主教——從容的外交官、官僚主義者，他們的經驗告訴他們，在幕後透過討論得到的東西，要比對抗得到的多。因而，卡諾薩對教皇職位的根本性改變不亞於對國王地位的改變。儘管比較好戰的教皇沒有認識到教皇制度所固有的缺點，元老院卻認識到了。

十字軍東征的思想／特赦

當格里高利還是教皇的時候，非常關注西班牙的國土恢復（Reconquista）的運動。自從西元八世紀穆斯林征服了伊比利半島以來，基督教貴族一直在庇里牛斯山脈地區避難，在那兒經過兩個世紀重新組織起來，到西元十世紀末期，他們奪回了一部分失去的領土。又經過四百年，直到十五世紀末期，他們才擺脫穆斯林的控制，但是在這個過程中，基督徒又面臨伊斯蘭教聖戰（jihad）——神聖的戰爭——的思想，其教義是，最高的道德乃於爲上帝而戰鬥中犧牲。【47】基督教的「正義戰爭」思想可追溯到希波的聖徒奧古斯丁及其以後的時期，而希拉布蘭德是個狂熱的奧古斯丁教義信徒。那時候，穆斯林控制了中東地區，就如同他們控制西班牙一樣，而耶穌在耶路撒冷的墳墓掌握在異教徒的手中。當所有狀況與重新統一東西方教會的願望結合在一起（做爲對抗伊斯蘭教威脅的有效方式）時，宗教戰爭的想法誕生了。[48]

當然，還有其他原因。宗教戰爭是對教皇無上權勢的最好表達方式，有助於團結北歐和南歐，甚至可以在理想的世界裡維持羅馬對拜占庭的統治。這是個一石多鳥的做法。然而就格里高利而言，主教敘任權之爭占用了他太多時間，使他沒辦法發動宗教戰爭。這個挑戰就留給了他的繼任者烏爾班二世；而且在他當選教皇之後，依然有更多的理由必須發動宗教戰爭。首先，格里高利的改革導致基督教徒間令人痛苦的不和，宗教戰爭必有助於將基督教徒重新團結起來；在德國並不完全傾向於羅馬的這樣一個時期，它將提高教皇的威望，亦也有助於提高法國的聲望，因為烏爾班出身法國。由於主教敘任權之爭，德國人不可能會同意宗教戰爭，而法國北部、英國和西西里的諾曼第人同樣也會保持距離。但是在法國中部和南部，烏爾班知道有很多封建領主以及很多領主的封臣們希望有機會在海外獲取土地，同時在這個過程中拯救他們的靈魂。

這就是烏爾班於一〇九五年在法國中部的克萊蒙費朗宣布了第一次十字軍東征的原因。在那裡，他對集中起來的騎士們發表了一次感情充沛、辭藻華麗的演講，迎合了他們的虔誠以及更加現實的利益。他詳盡地描述了基督徒們在土耳其人手中經歷過的苦難，還有被穆斯林侵略威脅所籠罩的拜占庭和位於耶路撒冷的聖墓。[49] 烏爾班引用聖經中一句非常有名的話，把巴勒斯坦形容成一個「流著奶和蜜的地方」。而且在承諾教皇會保護十字軍戰士的財產和家庭時，他提出了一個影響深遠的思想。他說，做為掌管天國鑰匙的人，他將惠賜十字軍戰士「大赦」他們的罪過。[50] 這個思想的由來，很有可能是伊斯蘭教承諾過，任何一位為了信仰而戰死的戰士，在天堂一定會有一席之地。但是，基督教徒大赦的想法很快就被擴大了，一並且被嚴重濫用，以至於成為十六世紀時馬丁·路德（Martin Luther）和特倫特公會（the Council of Trent）攻擊的做法之一。到十二世紀，天主教會的大赦制度不僅延及十字軍戰士，還包括那些對他們提供財政支援的人，而正是這種做法招致損害。十四世紀時，教皇允許出售特赦，即使無參加十字軍之名，因此富人很容易就可以買到通往天堂的路。[51] 人們經常出言譏諷參加十字軍的動機，很多人無疑有多種動機。雖然如此，烏爾班在克萊蒙費朗演講剛剛結束，集中在一起的騎士皆起身齊聲喊道「上帝所願」（Deus vult）——上帝命令聖戰。許多人從他們的紅色斗篷上撕下長條，再做成十字架。於是，眾所熟悉的十字軍徽章誕生了。[52]

長期以來人們一直在討論十字軍東征的理性意義。無疑的，十字軍東征使基督教徒的視野更加國際化。當然，在這個過程中他們也遵守並採用了一些東方習慣（例如喜好調味品、使用玫瑰花壇和新的樂器）。但是從更為一般的意義上來看，並不能說十字軍東征產生了廣泛的影響。在兩百年之內，穆斯林重新奪回了所有被基督教徒攻占的十字軍戰士的定居點。穆斯林比聖戰之前更充滿敵意，更加怨恨——基督教徒表現得和他們的敵人一樣的狂熱。在隨後的歲月裡，當基督教徒試圖在中東形成與猶太人或穆斯林和諧共處的狀態時，總是受到來自耶路撒冷的圍攻和洗劫的阻礙。更加令人吃驚的是，十字軍東征對知識的影響要比可能預想到的小得多：幫助促進西方學術復興的手稿（這是下一章的話題）是透過西西里、西班牙和拜占庭傳播的，但並不是由十字軍戰士傳播的。

新的虔誠／異教徒

如果格里高利改革有屬於自己的成就，那就是將人們的關注點轉向教會。在某些方面這是件好事情，但在其他方面則不是。十一世紀，歐洲正在發生變化，而在十二世紀隨著城市的發展，其變化就更大。這對於教會來說意義重大，因爲從本質上而言，中世紀的教會是爲了應付以農業爲主的社會而組織起來的，而現在的社會已日益城市化；新城市的許多居民是新興的資產階級，與他們的上一輩相比，他們受過更好的教育，更有文化並更加勤奮，而且他們非常虔誠。因此，他們對牧師持有不同的態度。進入十二世紀以後，人們對牧師的批評越來越多且越激烈。在新式大學中，學生們創作尖銳的諷刺文學，把牧師描述成粗俗腐敗的形象，已成爲一種時尚。教皇使節不再因教皇陛下的特使身分而受到歡迎，反而經常被看做干涉當地合法事務的闖入者。在當時的文獻中，全國各地的人們對國教的不滿在日益發展中。

正如我們所看到的，新的、虔誠的表達方式——新的、內在的信仰——成爲新的修道會的發展。第二個影響是異教增生擴展，人們更加認眞地看待異教。[53] 事實上，異教一直都存在著，尤其是在拜占庭，但是從西元三八〇年到十二世紀，沒有人被燒死。新形勢的一個要素是對富人和世俗牧師制度的反對，另一個要素是文化素質的提高和投機思想的增多，新興的大學反映了這個現象，尤其是巴黎。兩位巴黎的學院派異教徒是大衛（David of Denant）和阿馬里克（Amalric of Bena）。但是，十二世紀最有影響力、受到最強烈反對的異教是瓦勒度派（the Waldensian）、信仰千禧年的約阿希姆，和卡特里派的阿比爾派異教。

瓦勒度教派的人

來自里昂的商人彼得·瓦勒度（Peter Waldo）像眾多異教徒一樣，是個聖潔的苦行者。第一個反對克魯尼教的修道院就建在里昂。這個城市的大主教是希拉布蘭德的忠實追隨者，因此，在這個地區有個傳統，即堅持教會使徒過貧困生活的思想。瓦勒度的門徒把他們自己叫做里昂的窮人（Poor Men of Lyons），他們樂於貧窮，赤腳行走；他們講道反對牧師（被認為是反僧侶的）。對瓦勒度派的人來說，異教徒和聖徒之間的差別是非常小的，「教會」並不是普遍的天主教機構，而是一個由「經歷過聖愛和天惠的」聖潔的男人和女人組成的純精神上的團體。[54]

菲奧利的約阿希姆／反基督者

義大利南部的修道士菲奧利的約阿希姆（Joachim of Fiore）宣傳更為尖刻的反教權主義，十二世紀末，他主張世界已經進入了反基督時代，與這個時代緊接的就是基督再臨（Second Coming）和最後的審判（Last Judgement）。反基督思想起源於上帝早期的「人類」對手和彌賽亞，以及（耶路撒冷）第二神殿猶太教（Second Temple Coming）的天啓傳統。早期的基督教徒在西元一世紀下半葉繼承了這些思想，他們主張國外有些力量試圖阻止耶穌的回歸（在《聖經》中第一次提到「反基督」這個術語，是在約翰的第一章使徒書）。這個傳統在拜占庭流行起來，並由十世紀著名的文獻——阿德索（Adso）的《關於反基督者的信》（*Letter on the Antichrist*）——傳播到西方，這部文獻成為幾個世紀中西方標準的觀念。[55]阿德索（修道士，後為Montier-en-Der修道院院長）在寫給格波嘉（Gerberga）的一封信中，記錄了反基督者的整個「傳記」，格波嘉是復興西羅馬帝國的德國統治者奧托二世（Otto II）的妹妹。這部書是個「顛倒」的聖徒傳，是一篇記敘文，因而非常流行（被廣為翻譯）。在阿德索對事件的闡述中，反對基督的人（最後的反對基督者）將在巴比倫出生，前往耶路撒冷重建聖殿、為自己行割禮、做七件奇事，包括使死人復活。他將統治四十二個月，並且在奧利佛山（Mount of Olives）結束生命。然而，阿德索從未明確說明是由耶穌還是天使長米迦勒（Archangel Michael）造成這個結局。在繪畫和書籍插圖中，反對基督者經常被描繪成坐著的國王（很少被描繪成巨人），或者是天啓裡幾乎不能控制的人。[56]

菲奧利的約阿希姆與他人的不同之處（人們可以看出為什麼）在於他將教皇本身視為反基督的人。對約阿希姆來說，對《聖經》的解釋是了解上帝意圖的唯一途徑。在這個基礎上，他從《啓示錄》十二章中得出結論：「龍的七個頭表示七個暴君。因爲這個七位暴君，教會開始了迫害。」[57]他們是：希律王（Herod，被猶太人迫害）、尼祿（Nero，異教徒）、康斯坦丁（Constantine，異教徒）、穆罕默德〔Muhammad，撒拉遜人（Saracens）〕、莫爾西里（Mesemoths，巴比倫之子）、撒拉丁（Saladin），而第七位，是最後也是「最偉大的」反基督者，約阿希姆認爲他即將來臨。做爲西多會的修士，他建立了自己的修會，並提出自己的見解。其觀點在某種程度上認爲未來是屬於修道院式的生活——他認爲其他的教會機構都將枯萎。但是他對《聖經》的研究，以及七頭龍的觀點，讓他斷定最後的反基督者將模仿耶穌，以既是僧侶又是君主的形式出現。因此，當十一、十二世紀的教皇們取得君主政體的外殼時，可以斷定約阿希姆在此看到了那個他在尋找的反基督者。[58]

他的觀點證明受人們歡迎，可能是因爲它的要求簡單樸實——萬事到頂就要轉變。教皇無論做什麼事情，熱情越高漲，反基督者的謊言就越巧妙。千禧年信奉者比其他人更加相信世界末日即將來臨的這個「事實」。約阿希姆的推理是，世界歷史有三個時期，分別由造物主上帝（從創世紀到道成肉身）、聖子上帝（從道成肉身到一二六〇年）和聖靈上帝（一二六〇年以後）統治，一二六〇年之後，現有的教會組織將被一掃而空。一二六〇年過去了，沒有發生顯著的事件，鼓起約阿希姆船帆的風也就沒有了。但是他們的思想後來仍然傳播了一段時間。[59]

清潔派教徒、阿比爾派教徒的信仰和宗教戰爭

但是，到目前爲止，對國教構成最大威脅的異教，是稱爲卡特里派〔清潔派，聖徒，Cathari（Pure Ones, Saints）〕的異教，或者是稱爲阿比爾派（Albigensian）的異教；阿比爾教是按圖盧茲附近的阿比爾鎭命名的，在這個鎭上，異教徒特別具有代表性。[60]卡特里派運動背後的主要思想已經祕密傳播了一段時間，這些思想復活了四世紀的摩尼教，一些歷史學家認爲摩尼教在巴爾幹半島一個稱爲波格米爾派（Bogomils）的教派中一直存在著。然而同樣可能的是，卡特里派是從傳統的神學和哲學中的新柏拉圖派哲學發展而來（有證據顯示卡特里派教徒都是高學歷、善於辯論的）。最後一種可能是來源於猶太神祕主義，喀巴拉（the Kabbalah），尤其是被稱爲諾斯替教（Gnosticism）的思想。摩尼教徒認爲有兩個上帝，善良的上帝和邪惡的上

帝、光明的上帝和黑暗的上帝，他們爲了控制世界而進行持續不斷的鬥爭（這顯然與反基督者的思想有重疊）。與這種信仰相聯繫，人類被看做是靈魂（善良的）和物質或者說是肉體（邪惡的）的混合體。像其他異教徒一樣，卡特里派教徒是苦行修道者，他們的目標是純粹精神性的，是「完美的」狀態。婚姻和性行爲是應該避免的，因爲這會產生更多的物質（more matter）。卡特里派教徒同樣也不吃肉和雞蛋，因爲他們是兩性之間繁殖出來的生物（他們在生物學理解上的局限，允許他們吃魚和蔬菜）。他們認爲得到贖罪的最可靠方式是忍受，認爲一個人在臨終之時接受「安慰」以後就不應該再進食，因爲那樣會再次變得不純潔，因此在這種意義上他們是將自己餓死的。[61]然而，他們承認那些沒有過著完全純潔生活的人也可以藉由承認「純潔的人」（或者說卡特里派教徒）的領導方式而得到贖罪。這些所謂眞正卡特里教信仰的「旁聽生」，在他們臨終時躺著的床上接受聖禮，聖禮消除了他們以前所有的罪過，允許他們的靈魂和聖靈再次相聚。這種臨終者床前的「淨化」，對於那些不是「純潔的人」來說，是唯一可靠的通往上帝的途徑。[62]形形色色的可怕思想簇擁著卡特里派教徒，例如，據說他們拒絕道成肉身，因爲要將上帝「囚禁」在邪惡的事物裡面；據說只要避免懷孕，他們是亂交的；他們讓他們的孩子也學會忍受，以餓死做爲救贖的方式，同時也爲這個世界去掉了更多物質。據說人們毫無疑問地支持所有惡行，因爲臨終者床前的淨化是卡特里派教徒的慣例，既然如此，其他的做法還有什麼意義呢？

最後，一二〇九～一二二九年阿比爾教的宗教戰爭首先阻止了卡特里派的發展，這次宗教戰爭消除了貴族的支持，後來，一二三一年爲了消除威脅而成立的教皇宗教裁判，又阻止了它的發展。這些戰役既爲法國的國王併吞了這個地區，又表明將宗教戰爭重新定義爲反對歐洲邊界內部的異教徒戰爭。[63]這也強化了歐洲視自己爲信奉基督教的地區的觀點。

英諾森三世／宗教裁判所

一二〇〇年臨近時，說教皇受到圍困一點也不爲過。教皇最大的（或者至少是最明顯的）威脅來自於異教，但是還有其他問題，包括教皇自身的虛弱。自亞歷山大三世一一八一年去世後，教皇職位由一連串的人承擔，但這些人似乎都無力應對虔誠性質發生的重大變化以及宗教戰爭的後果，更不要說從巴黎和波隆那（Bologna）的新式大學中釋放出來的新學問。嚴格說來，亞里斯多德（在大學被重新發現）不能被看做是異教徒，因爲他生活在基督之前，但是他不得不講的話在羅馬仍然引起焦慮。關於亞里斯多德的重要性，將在下一章中強調。

就是在這種形勢下，紅衣主教們在一一九八年推選了一位年輕的教皇，是一位非常有能力的律師，他們希望他在位時間夠長，並轉變教皇的運氣。雖然他並沒有活到他本應活的歲數，但是英諾森三世並沒有讓人失望。

洛沙瑞．康丁（Lothario Conti）接受了英諾森三世（一一九八～一二一六）這個頭銜。他來自羅馬的一個貴族家庭，在波隆那學習法律，在巴黎學習神學，這使他成爲歐洲當時受過良好教育的人其中一員，並在年近二十六歲時被提升進入紅衣主教團，受他的叔叔盧修斯三世（Lucius III）的領導。但這並不僅僅是因爲裙帶關係，他的同僚們也都認可他非凡的能力和決心。在加冕禮上，他把接下來要發生的事情闡述得再明白不過了。他說：「我就是那個耶穌所說，『我要將天國的鑰匙給你；凡你在地上所捆綁的，在天上也要捆綁；凡你在地上所釋放的，在天上也要釋放』的那個人，『是支配整個人類大家庭的公僕，是耶穌基督的代理人和聖彼得的繼任者，處於上帝和人類的中間，比上帝渺小，比人類偉大』。」【64】

比人類偉大。或許沒有哪一個教皇比英諾森更自信，但是在答辯中，這無異於虛張聲勢。英諾森認爲「這個世界上的一切事務都在教皇的掌管之中」。耶穌授權聖彼得「不僅管理普世教會，還有整個世俗世界」，而他英諾森旨在世上建立或者說重新建立一種新的均衡，一種給歐洲帶來新的政治、理性和宗教秩序的均衡。【65】到他去世時，教會重新占據優勢、反對異教、攻擊世俗力量、提高神職人員的素質、打擊理性異端。正是英諾森最早開始徵收什一稅來資助十字軍東征，這種做法非常成功，於是他在一一九九年第一次向牧師徵收所得稅來資助教皇。同樣也是英諾森有效地成立了宗教裁判所來反擊阿比爾異教徒。一二〇八年，一位教皇使節在法國被謀殺，圖盧茲（Toulouse）伯爵涉嫌參與。這使英諾森產生了發動宗教戰爭打擊異教徒的想法；【66】雖不是在西班牙聲名狼藉的宗教裁判所（Inquisition，有大寫字母I，並且是個皇家機構，而不是教皇機構），卻也是相似的想法。英諾森制定了新的法律程序，一種新慣例，即利用調查和審問，而不是等待有人指控的方法，來系統地搜尋異教徒。這同樣也以新的形式表達了教皇的權力和野心（也表現了神學的弱點）。

宗教裁判所雖不像人們描述的、始終是「邪惡帝國」，卻也是罪孽深重。每一件發生的事情總隱含著強烈的諷刺——因爲異教在當時迅速牢固生根的一個原因，就是神職人員自身道德的鬆弛和腐敗，而正是這些神職人員在執行梵蒂岡的新法律。例如，亞維儂議會（Council of Avignon，一二〇九）提到過一個牧師爲了苦修而用骰子賭博的案子，還有客棧的招牌上掛著教士的硬白領。巴黎議會（Council of Paris，一二一〇）揭露了由擁有妻子或者情婦的牧師舉辦的彌撒，以及由修女組織的聚會。[67]英諾森三世在一二一五年第四屆拉特蘭教堂議會上所致的開幕詞中，承認「民衆的腐敗根源於神職人員的腐敗」。[68]

說異教與十二世紀隨處可見的魔法行爲和根深柢固的迷信（包括教堂自身）稍有關係，這一點很重要。基斯·湯瑪斯（Keith Thomas）記述過這些魔法行爲所達到的程度——有些人相信奇蹟的作用是「展示（教會）壟斷眞理最爲靈驗的手段」。[69]例如人們相信聖體變成肉體，這一點有時並沒有誇張，一位歷史學家引用了一位塞戈維亞（Segovia）猶太銀行家接受聖體做爲貸款擔保品的例子；另一位歷史學家也舉了一個例子，一個女人嘴含聖餅親吻她的丈夫，目的是爲了「得到他的愛」。[70]基斯·湯瑪斯也提到了一個諾福克（Norfolk）女人的例子，這個女人曾七次施過堅信禮，「因爲她發現這能治療她的風溼病」。[71]教會清楚地解釋了異教（頑固堅持與教義相違背的信念）與迷信（包括前面提到的不虔誠地使用聖餐）的區別。無論如何，異教徒本身對魔法一點興趣都沒有，因爲它濫用／誤用了他們自己所反對的聖禮。

教會最初還能勉強容忍異教。直到一一六二年，亞歷山大教皇還拒絕對蘭斯（Rheims）主教交給他的一些卡特里教徒判刑，理由是「原諒那些罪人比奪去無辜人的生命更好」。[72]但是，反對卡特里教徒的宗教戰爭對很多人有利，它可以帶來物質和精神的利益，而不需要冒險和花費金錢去中東從事一段艱辛而又危險的旅程。實際上，其影響是混合性的。起初在貝濟耶（Béziers）有七千人被屠殺。這個事件太恐怖了，使得十字軍戰士從此獲得了一把永久的心理利刃。[73]而與此同時，卡特里教徒被迅速驅散，這意味著他們誘人的請求比用其他方式傳播得更廣、更快。做爲回應，第四次拉特蘭教堂會議召開：這次會議發表了一份《對正統信仰的詳細明確的陳述》，其中包括新的法律程序最初的大綱。

一二二七年至一二三三年，格里高利九世在位時期，這個宗教裁判所正式成立。但是，整個中世紀，主教法庭在審理犯罪案件中採用了三種截然不同的訴訟方式：起訴、告發和裁判（accusatio, denunciatio and inquisitio）。過去，起訴是靠原告提出訴訟，如果其主張沒有得到證實，原告要受到懲罰。而在新的體系下，宗教裁判所（調查異教徒的墮落）在沒有原告的情況下允許進行調查，並允許使用「調查方法」。這些做法在一二三一年二月得到解釋，當時格里高利九世發布了《絕罰赦令》（*Excommunicamus*），這部赦令提出了對異教徒懲罰的詳細立法，包括剝奪上訴的權利、剝奪律師辯護的權利，和挖掘未被懲罰的異教徒的屍體。[74]第一個擔任裁判所審理者，「審理異端墮落的人」是瑪律堡的康納德（Conrad of Marburg），他相信贖罪只有透過痛苦才能實現，成爲這個不光彩職業中最殘忍的人之一。但是，在宗教裁判所的所有訓令中，最恐怖的是英諾森四世在一二五二年五月發布的。訓令起了可怕的名字叫《毀滅》（*Ad extirpanda*），即「根除」的意思，訓令允許透過拷打來得到口供、允許在火刑柱上燒死異教徒、允許員警機關聽命於宗教事務所（Office of the Faith，羅馬人對宗教裁判所的委婉說法）。[75]

然而，宗教裁判所的主要職責並不是像這樣的懲罰，至少在理論上不是。它要使異教徒重新信仰天主教。總審判官通常會到那些他認爲有大批異教徒的城鎮（很多小村莊從未見過調查官），所有十四歲以上的男人和所有十二歲以上的女人，如果他們認爲自己犯了法，就會被要求出庭。人們集中起來以後，審判官要做一次佈道，最初稱爲大會佈道，後來叫做宗教判決儀式。[76]有時候會承諾給那些到場的人特赦。在大會佈道之後，所有懺悔的異教徒會被宣布免除逐出教會，也避免了更嚴重的懲罰。然而，懺悔和赦免的過程有一部分是「告發」，告發被用來證明異教徒最初懺悔的有效性。因此，確定的異教徒會被審問，恐怖行爲自此開始。整個過程是完全保密的。被告不被允許知道是誰告發了他（否則沒有人願意告發或控告），只有當被告能正確猜出來，並且可以證明告發他的人和他有私仇，才有機會被宣判無罪。一三一〇年四月在圖盧茲地區由伯納德．基伊（Bernard Gui）執行的宗教判決儀式，說明了可能發生哪些事情。在四月五日星期天和四月九日星期四之間，他審問並判決了一百零三個人：二十人被要求戴上惡行證章去朝拜；六十五人被判終身監禁；十八人交給世俗當局，在火刑柱上燒死。就算是死人也無法就此脫離刑罰；在很多案例中，人死後還被判處長達六十年的監禁。他們的屍體被挖出來，遺體被焚燒，骨灰經常被撒到河中。在相信來生、崇拜遺體的年代，這是個可怕的命運。[77]

折磨的手段包括用水折磨，將一個漏斗或者是一段浸溼的絲綢硬塞進人的咽喉。五升水被認爲是「普通的」量，而這些水會使血管爆裂。在火的折磨中，囚犯會被銬在爐火前，腳上塗上脂肪或者油脂，然後對塗油的部分進行燒烤，直到他們招供。吊刑用天花板上的一個滑輪，囚犯離地面六英尺懸吊著，腳上繫著重物；如果他們不招供，會被拉到更高處，然後滑下來，在他們快接近地面的時候突然停住，此時掛在腳上的重物會讓他們的關節脫臼，引起一陣無法忍受的痛苦。[78]折磨是怵目驚心的，但是在封建社會，惡行證章以及由此帶來的社會排斥同樣也是有害的（例如，子孫的婚姻前途被毀掉）。[79]

第四屆拉特蘭教堂公會

一二一五年在拉特蘭宮舉行的第四次拉特蘭教堂公會（Fourth Lateran Council）使新虔誠得到認可和正式化。這是天主教會三個最重要的全球性公會之一，另外兩個是三二五年的尼西亞公會（Council of Nicaea）和十六世紀的特倫特公會（Council of Trent）；這次公會考慮到天主教應對新教的問題。四百位主教和其他八百位高級教士和貴族出席了拉特蘭第四次公會，這次公會確定了基督教很多方面的議程，對禮拜與信仰的許多領域進行了闡明，並編製成法典。正是拉特蘭第四次公會宣布大憲章（Magna Carta）無效，並將聖禮的次數確定爲七次（早期教會從未規定聖禮次數，而先前一些神學家，比如達米安建議九次，甚至十一次）。這七次聖禮分別是聖浸禮、堅信禮、婚禮、塗油禮、按立、告解和牧師的授聖職。拉特蘭第四次公會還規定教會的每位成員必須向牧師懺悔自己的罪過，每年至少接受一次聖餐，並盡可能經常地接受聖餐。自然，這再次確認了神父的權威，對異教徒是一個直接的挑戰，但是，它確實反應了對新虔誠的需要。這次會議同樣也規定了如果沒有教皇的追封，新的聖徒或者聖徒遺物就得不到承認。[80]

結婚聖禮

婚禮是教會一個重大的發展。在一〇〇〇年，可以說歐洲大部分人不在教堂結婚。一般來說，夫妻只是居住到一起，雖然大都還是會交換戒指；即使到了一五〇〇年，很多農民仍然按照古老的同居習俗來結婚。但是，大約到一二〇〇年，大部分比較富有的人和比較有文化的階級由牧師主持結婚。這帶來副作用，即剝奪了牧師和主教結婚的權利，但是聖禮讓教會更爲廣泛地控制了離婚。在拉特蘭第四次會議之前，人們如果想與一個七代血緣關係以內的人結婚（第一代堂／表兄妹－現在允許結婚－首先是現在被允許的堂兄弟姐妹之間的結合，是隔了四代的），需得到教會的批准。實際上，人們並不理會這個規定，只是到後來快要離婚的時候，才「發現」這種不合規定的血緣關係，並成爲判決婚姻無效的理由。拉特蘭第四次會議用三代血緣關係代替了這種做法。諾曼．坎德說，這樣做最重要的影響是「增強了教會干涉個人生活的能力」。

這是英諾森的目的。

他對目標不屈不撓的追求動力非同尋常。英諾森被認爲是最偉大的教皇和「歐洲的領導者」。大衛．諾爾斯（David Knowles）和迪米特里．奧伯倫斯基（Dimitri Obolensky）這樣描述道：「其教皇任期是短暫的教皇統治世界的全盛期。在他之前，偉大的前輩們爲統治地位而鬥爭；在他之後，繼任者們使用權力的武器，但是越來越缺乏精神智慧和政治見識。在爲所支配者的利益而行動時，只有英諾森有能力使人們順從。」【81】

元老院和紅衣主教團／菲力浦四世和卜尼法斯八世

然而在十三世紀，教皇的道德權威大部分喪失了。雖然元老院仍然是一支非同尋常的行政力量，但是，君主政體在法國、英格蘭和西班牙的發展，對梵蒂岡羅馬教廷來說已不僅僅是一個對手，特別是法國國王勢力的發展，對羅馬構成了威脅。在中世紀早期，與教皇衝突最多的君主是德國皇帝。然而正是由於這些衝突，德國人在十字軍戰士中的表現就不像法國人那樣突出，進而使法國人從羅馬當局得到了更多的權力；另外，由於阿比爾宗教戰爭的影響，法國國王得到了法國南部較大一部分。因此在這個意義上，教皇自己導致了自身權利的轉移，而這些發展趨勢在法國國王菲力浦四世（Philip IV the Fair，一二八五～一三一四）統治時期達到了高潮。

十字軍東征和反對卡特里教的戰爭之後，在紅衣主教團中有一個相當大的法國派別。教皇制度中民族主義的出現，使當時所有的選舉都令人沮喪。安茹法國議會統治了西西里。但是在一二八二年，法國駐軍在一次稱爲西西里島晚禱（Sicilian Vespers）的叛亂中遭到西西里島人的大屠殺。【82】當時，西西里島人效忠於阿拉貢（西班牙）議會。那時候的教皇是法國人，效忠於安茹的查理斯，因此他宣布剝奪阿拉貢的王位，並且發起了一次由教會負擔部分經費的宗教戰爭。這是個非常極端的措施，毫無道德理由。在中立者的眼中，這樣做貶低了教皇的身分，尤其在戰爭失敗時更是如此。戰爭的失敗也使菲力浦四世反對教皇，因爲他要尋找代罪羔羊。法國逐漸變得越來越不妥協，在一二九二年到達頂點，當時教皇的職位空缺，紅衣主教團的法國派和義大利派彼此相互抵消對方的力量，爭論了兩年也沒有達成協議：沒有候選人達到要求的三分之二多數。【83】一二九四年雙方終於達成了妥協，選舉隱士切萊斯廷五世（Celestine V）爲教皇。對於當選教皇，切萊斯廷感到困惑不解和不知所措，僅僅幾個月以後他就退位了。如但丁所說的，這次「不同尋常的拒絕」實質上是一次貶低尊嚴的醜聞，因為沒有一位教皇曾經退位。有很多信徒堅信教皇是因為神的恩賜才登上聖彼得的寶座，他們認為教皇不能退位。切萊斯廷說，「一個天使的聲音」告訴他要他退位，然而這其實是適宜的。他的職位被紅衣主教本尼迪克特·加塔尼（Cardinal Benedict Gaetani）接任，成為卜尼法斯八世（一二九四～一三〇三）。事實證明卜尼法斯是中世紀所有教皇中最糟糕的一位。他對於自己的職責雄心勃勃，和英諾森三世幾乎難分高下，但是他卻缺乏這位傑出前輩的各種才能。[84]

大分裂

一二九四年法國和英格蘭之間爆發了戰爭，兩個國家很快就為巨大的代價感到後悔，想盡辦法籌集資金。法國想到一個權宜之計是對牧師徵稅，這個方法曾經為十字軍東征非常成功地募集到資金。然而在羅馬，卜尼法斯不同意這種做法，他發表了一個訓令《教士不納俗稅》（*Clericis laicos*），表達了這種觀點。這部訓令的語氣非常具有挑戰性，法國人進行了報復，把義大利銀行家驅逐出國境，更加重要的是切斷了金錢的輸出，因而剝奪了教皇相當可觀的一部分收入。在這種情況下，卜尼法斯屈服了，承認法國國王——並含蓄地表示所有的世俗統治者——有權為了國家安全向牧師徵稅（向牧師徵稅，在今天可能無法帶來可觀的收入，但是記住，當時是教會擁有多達三分之一土地的時代）。然而幾年以後的一三〇一年，當法國南部一個持不同政見的主教被逮捕並被控告叛國罪時，另一場鬥爭迫在眉睫。法國當局要求羅馬剝奪主教的職位，這樣就可以對他進行審判。因為一三〇〇年是大赦年，數以千計的朝拜者聚集在羅馬，這使卜尼法斯從性格上變得勇敢起來，專橫地回應了他們的要求。關於牧師稅，他撤回之前對法國國王做出的讓步，召開了一個法國牧師的會議來改革法國教會。一年以後，他頒發了臭名昭著的訓令《一聖教諭》，聲稱：「精神和世俗之劍最終都為世上救世主的牧師掌握，如果國王不能正確地使用出借給他的那把世俗之劍，教皇可以廢黜國王。」訓令斷定：「我們宣布、聲明和明確地規定，為了拯救每一個人，對羅馬教皇的服從是絕對必需的。」[85]

菲力浦的法國顧問們也是針鋒相對，毫不遜色。就在後來被稱為法國三級會議（French Estates General）的第一次會議上，卜尼法斯受到各種可以想像得到的誹謗——從異教徒到謀殺到巫術。更有爭議的是，三級會議堅持認為把世界從羅馬怪物的手中解救出來，是法國「每一個基督教國王」的職責。法國人是認眞的。事態發展到國王的顧問威廉．德．諾加雷（William de Nogaret）——來自朗格多克（Languedoc）的律師——被祕密派往義大利，在那裡會見教皇的敵人，包括世俗的和教會的敵人。他的目的是俘獲羅馬教皇卜尼法斯本人，他將被帶回法國接受審判。事實上，諾加雷確實成功地在羅馬南部教皇的家鄉阿格尼俘獲了教皇，並押解俘虜向北部出發。但是卜尼法斯的親屬解救了教皇陛下，並匆匆忙忙將其送回梵蒂岡宮。沒多久，這個亡命之徒就在梵蒂岡過世了，而但丁把這件事看做是文明史的一個轉捩點。【86】

因此，這證實了「雖然法國人沒有成功地俘獲教皇，但是卻在某種程度上成功地殺害了教皇」。卜尼法斯的繼任者是法國大教主克萊門特五世（Clement V），他選擇居住在亞維儂而不是羅馬。「但丁哭泣了」。【87】這件事或許被不可避免地描述成教皇的「巴比倫囚禁」，囚禁卻持續了將近七十年時間。即使到一三七七年，教皇回到羅馬，混亂和辱罵仍然沒有結束。當選教皇烏爾班六世（Urban VI）領導了一次打擊腐敗的運動，幾個月以後，紅衣主教團的一部分人撤回亞維儂，並選舉出他們自己的教皇。現在有兩個聖座、兩個紅衣主教團、兩個中世紀法庭。即使在地方，大分裂（Great Schism）也是不妥協的、荒謬的——修道院有兩個院長、教堂有兩個競爭的彌撒等等。一四〇八年在比薩召開會議，結束了這種混亂局面，取而代之的是第三位教皇被選舉出來。直到一四一七年，這場荒謬、可笑、可悲的事件才結束。

此時，教皇已經受到了巨大的傷害。政治上，教皇再也不像以前那樣強而有力。在文藝復興時期和晚近十九世紀中，也有一些有勢力的教皇（或者說看起來有勢力的教皇），但事實上，無論是他們的雄心還是影響力，都不能和格里高利七世或英諾森三世同日而語。再也沒有教皇聲稱自己處於上帝與人類中間。然而政治卻只是教皇衰落的其中一面。理性領域所發生的重大的變化，將給教皇帶來永久性的損害。

第十七章

知識的傳播和精確的興起

修道院院長蘇哲和聖丹斯的創造／上帝是光

一一四四年六月十一日，二十位大主教和主教聚集在巴黎聖鄧尼斯（St Denis）大教堂，像聖壇一樣多的高級教士在那天出席奉獻典禮。多數主教之前並不曾參觀聖鄧尼斯，現在都驚詫於眼前所見。毫不誇張地說，教堂的負責人，修道院院長蘇哲（Abbot Suger）創造了一千七百年來首例完整的新式建築風格。這是首屈一指的美學和智力上的突破。[1]

教會建築傳統上建成羅馬式風格，是精緻的東方地中海長方形廊柱大廳式基督教堂，周圍環繞的建築都是按照適用於熱帶國家來設計的，而且用的都是原始的材料。蘇哲新建的聖鄧尼斯大教堂卻風格迥異。他使用結合最新數學成果的嶄新建築理念，建造了一座宏偉建築。在這裡，羅馬式教堂的水準特徵被垂直的位面和肋架拱頂所取代；建築外壁上的「拱扶垜」支撐著牆體，而巨大的中殿卻沒有柱子支撐；一束束陽光透過巨大的垂直窗戶照亮黑暗的內殿，照耀著聖壇。給人留下印象最深刻的地方是大教堂主要入口處的彩色玻璃圓花窗。在這種新的藝術形式裡，彩虹般絢爛的色彩和繁複的蕾絲式樣石頭工藝，與工匠使用玻璃展示《聖經》所體現的巧妙設計一樣讓人驚詫不已。

儘管蘇哲的出身並不高貴，但他曾是法國國王幼時的玩伴。這種友誼幫助他登上權力的最高峰。後來，在路易參加命運多舛的十字軍東征時，蘇哲做爲攝政王，恰如其分地履行了自己的職責。儘管蘇哲是本篤會修士，他卻並不認同棄世是正確的道路。相反的，他認爲大教堂做爲世俗等級的巔峰展示尊嚴，僅爲這一事實的體現。[2]「每個人都可以有自己的想法。對我個人來說，最正確的莫過於此：任何最珍貴的東西都應該先用來讚美聖彌撒。如果根據上帝的言語和先知的命令，用金杯、金瓶和小金缽來蒐集山羊、牛犢和一頭紅色小母牛的血（在古代以色列的廟宇中），那麼我們應該狂熱地提供金花瓶、寶石，和所有我們最珍貴的物品來蒐集耶穌的鮮血。」[3]因此，在一一三四年和一一四四年之間，蘇哲徹底重建並重新裝飾了聖鄧尼斯大教堂，動用了其轄下一切資源，創建了這處新的禮拜儀式場所。

蘇哲在他的兩部著作《上帝的管理》（*On His Administration*）和《祝聖儀式》（*On Consecration*）中，自豪地記錄了他取得的成就。書中告訴我們，他認爲聖鄧尼斯應該是他在穿越法國南部旅行時所見到的所有美學革新的總體表現，而且這樣的總體表現應該超越所有美學的革新。聖鄧尼斯之名，取自於僞法官戴奧尼休斯（Dionysius，之所以這樣稱呼，是因爲他除了宣稱自己是保羅的第一個希臘門徒，還認定自己是雅典法院的官員之一），而蘇哲把這位聖徒的神學當做自己的靈感。[4] 傳統上都認爲戴奧尼休斯是中世紀神祕論述故事的作者，這些著作在八世紀由教皇交給了聖鄧尼斯，其主要觀點是上帝是光。根據這部神學著作，所有的生靈都接收和傳播這神聖之光，「它傾瀉而下，照亮整個世界」，某神職教團如是說。上帝是純粹的光，而衆生憑藉內在之光反射他的光芒。隱藏在十二世紀教堂背後的正是這樣的理念，蘇哲的理論就是其原型。[5]

除了光的一般概念，蘇哲還引入了幾個新的特徵。建在正面的兩個鋸齒塔，意在給人一種軍用的感覺，象徵著好戰的基督教和國王在維護信仰時的角色；入口則是三個一組，對應三位一體的教義。陽光透過圓花窗照亮三個高高的小禮拜堂，「獻身給天上諸仙」——聖母瑪利亞、聖馬克和天使。在唱詩班的盡頭，許多小禮拜堂呈半圓形排列（教堂半圓形的後殿），這樣不但可以容納更多的修道士和牧師同時做彌撒，唱詩班還可以沐浴在圓花窗灑下的一束光線中。現在，支撐扶壁移到了教堂外面，爲迴廊留下了空間。迴廊環繞著中殿，旁邊的小禮拜，陽光也照得到，這也使越來越多的修道士／牧師做彌撒成爲可能。但最重要的是，整間教堂現在全開放了——尤其是在蘇哲搬走聖壇屏風之後——完全沐浴在光芒之中，好像整座建築成了一個神祕的實體。[6] 神學關於光的觀點不僅促成了彩色玻璃的出現，也使寶石和貴金屬如寶石、琺瑯、水晶等，在新建大教堂的禮拜儀式上發揮了作用——它們統治了中世紀的藝術。人們認爲寶石有溝通的能力，甚至有道德價値，每一種都代表某些基督教美德。所有這些與光有關的實體都經過設計，用來證明信徒——聚在一起成爲龐大的聖會——接近上帝。

蘇哲可能比他自己預期的更成功。在一一五五年到一一八〇年間，努瓦永（Noyon）、拉昂（Laon）、蘇瓦松（Soissons）和桑里斯（Senlis）都修建了大教堂。沙特爾大教堂、布日大教堂、昂熱大教堂都從聖鄧尼斯大教堂的圓花窗獲得靈感，建造了類似的窗戶。英國和德國的主教們也很快就仿照法國的大教堂修建了自己的大教堂。雖然歷經千年的風霜，這些教堂的華麗炫彩卻絲毫不減當年。

巴黎學校／它們和修道院有什麼不同

早期的大教堂不僅僅用來做禮拜儀式，經驗豐富的主教們允許行會在那裡開會，也允許世俗民衆在那裡聚會。許多當地人都建造過大教堂，因此他們對這些建築非常了解。在沙特爾大教堂，每個行會都希望擁有自己的彩色玻璃窗。[7] 就用這種方式，大教堂吸引了很多市民，教堂也由此變成了學校，但地處鄉間城外的修道院卻從未做到這一點。城裡大教堂附近通常都是教堂的迴廊，這是現在學生們與藝術家和工匠們聚集的地方。而且，主教的學校和修道院的不同。因爲地處城市，它們更爲開放，更加入世，這些都體現在他們所提供的教育裡。在修道院裡，授課一般成對進行——一位年輕的教士跟著一位年長的教士。但在教堂學校裡，情況是截然不同的——一群學生坐在一位老師的跟前。開始的時候，大多數學生都是牧師，對他們來說，這基本上是一種宗教行爲。但他們住在這個城市，生活在世俗民衆之間，而且他們的最終職業是牧師，工作場所就在民衆當中，而不是在與世隔絕的修道院。

在這樣的環境裡，消息比修道院時代傳得快多了，那些想要成爲教士和學者的人，很快便可以知道哪位老師更聰明、誰的藏書最多、哪些學校的辯論最活躍。同時代的人提到哪所學校有特色學說時，通常指的是這所學校裡一位著名的老師。例如，「邁倫主義」是以邁倫的羅伯特命名的，而「保熱達尼」（Porretani）指的是布瓦蒂爾斯的吉伯特的學生們。[8] 就這樣，最初是拉昂，然後是沙特爾，再後來是巴黎，都提供了最好的機會。如今，schola 一詞指的是在一所修道院或大教堂裡的唱詩班中歌唱讚美上帝的所有人。[9] 在十二世紀，學生數量飛速上漲，遠遠超過了教堂所需要的正常人數。

在這種情況下，至少在剛開始的時候，學校主要是教授拉丁文閱讀和寫作、唱歌、寫散文和詩。但是，不想做牧師的新到學生希望學到更實用的技能——法律、醫學、自然史。他們也想學習辯論和分析，接受當時的重要文本。

十三世紀初期，巴黎大約有二十萬人，並且在不斷增長，不再局限於巴黎島內。它的優勢體現在各個方面，不僅食物和葡萄酒充足，而且在這個城市的一百英里以內，另外至少還有二十五座知名的學校。於是，受過教育的人很多，也有助於刺激進一步的需求。城裡還有很多教堂，相連的外屋通常都能爲學生提供膳食住宿。艾布里斯的埃佛拉德（Everard of Ypres）說，他在沙特爾求學的時候班裡只有四個學生，但在巴黎，他只是大廳裡三百名學生中的一員。[10]

眞正重要的在於巴黎的無所不包。到一一四〇年，巴黎是北部歐洲占統治地位的學校，儘管「多所學校」這個詞比一所學校更好。它之所以享有盛譽，是因爲那裡有多位思想獨立的大師，而不是僅僅一位。正是多位大師的相互影響，才使學術思想得以發展。「到一一四〇年，你幾乎可以在巴黎找到任何東西。誠然，必須到波隆那才能找到更高級的教會法規，到蒙特佩利爾（Montpellier）才能找到最新、最好的藥品；但要找文法、邏輯、哲學、神學，甚至高水準的法律和藥品中的任何一類，巴黎都能爲最有雄心的學生提供想要學到的所有知識。」[11] 在當時的文獻裡，R・W・S・薩森認定了巴黎十二世紀的十七位大師，其中包括阿貝拉德（Abelard）、阿爾比里克（Alberic）、彼得・海里亞斯（Peter Helias）、沙特爾的伊沃（Ivo of Chartres）和彼得・隆巴德（Peter Lombard）。

十二世紀中期，每年都有數百名學生從諾曼第、皮卡迪、德國、英國來到巴黎。巴黎聖母院修道院裡的教學還在繼續，但也已開始向外傳播，首先是在塞納河的左岸。喬治斯・杜比告訴我們，新來的大師在福阿爾大街和小石橋等地租用馬廄來授課。一一八〇年，一位在巴黎學習的英國人爲窮苦的學生建了一所學院。於是，在塞納河的南岸，城市島對面，一個新的街區興起了；就在那裡一個狹窄的小巷裡，巴黎大學誕生了。

學校和大學的學術生活，與修道院的生活迥異。在修道院，學生們不外乎沉思、獨自研究宗教文本，儘管他們也尋求好的圖書館：例如，德國的富爾達（Fulda）爲學者提供兩千冊書籍，克魯尼有近千冊書籍，其中包括《古蘭經》的拉丁文譯本。但在沙特爾和巴黎，大師和學生在精神上是平等的，他們辯論，他們面對面像騎士一樣戰鬥。在那個時代，戰鬥結果令人興奮得發抖，而且是不可預知的——大師也不一定每次都贏。學校的基礎課程仍是中世紀初期就已定下的七門文科，但現在「三學科」已成爲課程設置中的基本學科，或者說預備學科。開設三學科的主要目的是爲牧師發揮其主要功能做準備，使其能閱讀《聖經》，能評論解釋《聖經》的內容，以從中萃取眞知。爲了達到這樣的目的，學生們必須了解拉丁語的精華著作，爲此，他們還研究了一些古典／異教徒作家——主要是西塞羅、維吉爾和奧維德。因此，學校裡的教學傾向於古典主義，這使人們重新燃起了研修古羅馬和古籍的興趣。[12]

亞里斯多德和邏輯學的重新發現／阿貝拉德

然而更爲重要的，是藉由重新發現亞里斯多德的譯著，出現了邏輯學。「在十二世紀五〇年代初期，重新發現的拉丁文版譯著在歐洲學者的圖書館裡氾濫。」在十二世紀，邏輯學逐漸成爲「三學科」裡最重要的學科——一位牧師大聲疾呼：推理即「向人類致敬」。（柏拉圖唯一的知名著作是《蒂邁歐篇》，而且還殘缺。）[13] 人們認爲，邏輯學有可能使人類逐漸洞穿上帝的神祕。「既然人們相信所有思想的原理都來自上帝隱諱有時甚至相悖的術語的面紗下，邏輯推理理當驅散混亂的迷霧，澄清矛盾。學生們必須以詞語爲基礎並發掘其深層涵義。」[14] 邏輯的根源是懷疑，因爲辯證推理始於懷疑——論點、辯論、說服（這是科學的另一個基礎）。「我們透過懷疑尋求，」阿貝拉德說，「透過尋求，我們認識眞理。」「老邏輯學」的主要特徵是「普遍性」，柏拉圖思想的本質是萬物皆有完美形式，「椅子」或者「馬」，隱含的原理是如果能將其系統（合理）安排，就能理解上帝的意圖。「新」邏輯學由彼得·阿貝拉德（安德斯·皮爾茲將其描述成中世紀學問「第一人」）首次在巴黎提出，認爲《聖經》中的許多章節都與推理相悖，因此不能簡單接受，應該提出疑問。他堅持認爲，思考的眞正方法應反映亞里斯多德的著作，並建立在三段論法的基礎上，如：所有a都是b；c是一個a；因此c是b。阿貝拉德在其著作《是與非》中透過辨認然後對比相悖的章節，使得這個方法典型化，其辨認與對比的目的是爲了在其可能的地方使相悖章節融合。與阿貝拉德惺惺相惜的是布瓦蒂爾斯的彼得，他說：「儘管確定性存在，但我們有責任懷疑宗教信仰裡的文章，並且去探尋去討論。」來自索爾茲伯里的約翰是一位曾在包括巴黎等無數個地方就讀的英國人，他將邏輯置於理解力的中心，「頭腦透過推論超越了感官體驗，並使之可理解，然後， 透過智力把事物和它們神的起因聯繫起來，並理解創造的次序，最終到達眞正的知識。」[15] 對於今天的我們而言，邏輯是個乏味的、沒有生命力的詞語，已經引不起多大的興趣。但是在十一、十二世紀，這個詞多彩和富有爭論性。那是個疑問降臨的時期，人們開始對權威質疑，並提供了以新的途徑走近上帝的機會。

但是，大教堂本身就是社會上大變化的一部分，它們鼓勵創建學校，並鼓勵它們發展成我們所說的大學。正如我們所看到的，大教堂是城市實體，而城鎮是需要實用性知識和宗教知識的地方。例如，數學對於大教堂的建築發揮了至關重要的作用；借助於對當時以希臘和印度語爲藍本的阿拉伯書籍的翻譯，數學得到了廣泛推廣。十二世紀於巴黎發明的拱扶垛，其概念至少在某種程度上要歸功於數字科學。新建的城鎮裡，有越來越多的人集中居住，對於律師、醫生的需求很大，這些需求也刺激學校向大學發展。[16]

七大學科／三學科和四學科

讓我們再次提醒自己人文學科的概念。[17] 對於希臘人，人文學科的主張就是一個適合自由公民的教育體系，儘管這至少有兩個版本——柏拉圖的版本從哲學和形而上學的角度出發，爲教育的設計留下了很深的道德和智力的烙印；蘇格拉底的版本則提倡更加適合社區和政治生活的實際應用。羅馬人首先對此精確化，特別是瓦羅，他在一世紀的時候就彙編了他的《教育九卷》（*De Nobem Disciplinis*），該書劃分了九個學科：語法、邏輯、修辭、幾何學、算術學、天文學、音樂、醫藥學和建築學。在西元五世紀早期，馬提亞努斯．卡佩拉編著了一本命名怪異的書：《水星和文字學婚姻》（*The Marriage of Mercury and Philology*）。在書中，作者將瓦羅的九門學科減少了兩門，並讓醫藥學與建築學最先成爲兩個單獨創立的職業。[18]卡佩拉的學科分類得到廣泛應用，在世紀之交的時候，把這七個學科分成語法、邏輯、修辭三大學科，以及更爲高級的算術、幾何學、天文學和音樂四大學科，這已經成了一種慣例。在一〇〇〇年前，據艾倫．科班在其《中世紀的大學》一書中說，由於四大學科被認爲對於有文化的牧師來說，體質訓練不是那麼重要，所以它們與三大學科相較而言是受到忽略的。「掌握足夠數學技能來計算不斷變動的宗教節日，經常需要普通學生牧師掌握四大學科的專業知識。」[19]教育往往主要是書本體驗，不對牧師練習生的分析能力提出挑戰（寫作是在石蠟板上教授的）。[20]從語法和修辭成爲主要知識學科的邏輯過渡，是一次重要的知識變遷，這次過渡也標誌著一個突破，之前的教育體系是以累積知識和以往的思維形態爲基礎，如今的卻從富有前瞻性和創造性的精神獲得力量。

視人文教育爲高等教育，特別是神學的前奏，這樣的想法對於今天的我們可能感覺很是怪異——如此一來，學科至多和神學存在間接關係。[21]透過對一系列學科的學習，思想領域得以拓展，這可爲在可靠的民主政治度過一生做好必要的準備，這一點恰恰體現在部分希臘人文研究的遺產裡。主要的區別就在於神學成爲中世紀教育階層中至高無上的榮耀，這份榮耀在希臘世界是屬於哲學的。

這份遺產的另外一部分是學校中歡快的樂觀主義。所有的老師都持有一個共同的觀點，那就是，人即使是處於衰退期，也是有能力進行全面拓展的，不管是在智力上還是在精神上；世界萬物是有秩序的，因此透過合理的質詢是可以理解的；經由智慧、積累的知識以及經驗，人類可以做周圍環境的主人。[22]在已知的眞理王國的外面，人們對於知識和理解的接受力幾乎沒有限制。正如艾倫．科班所說，這是西歐對於思維的一個重要的再定位。這一點在義大利的安塞姆（大家較熟悉的聖安塞姆，坎特伯雷的大主教）和修道士高尼祿（Gaunilo）之間的碰撞中得以清楚體現。安塞姆探尋了上帝存在的證據，更確切的說是邏輯證據，其證據是基於以下事實：因爲我們能想像出一個完美的生命——上帝，那麼上帝就一定存在。否則的話，如果他不存在，那麼肯定會有一個比我們構想的更完美的生命存在。這對於我們來說似乎僅僅是玩文字遊戲，對於高尼祿亦然。他冷淡地指出，我們可以想像一個比現存的任何一個島嶼都完美的島嶼，但這並不意味著這個島嶼眞的存在。兩人觀點交流的意義就在於，相對於修道士而言，職位更高的安塞姆把高尼祿的反應和自己的反駁都發表了。這次辯論認為，人能夠以通情達理的方式談論上帝，可以像對待其他事物一樣來對待上帝，而且等級和權威沒有關係。【23】這是全新的觀點。

推進早期大學發展的四個探索性領域是醫藥、法律、科學和數學。在中世紀中期，醫藥和法律大受歡迎。【24】它們實用，還能提供社會上穩定的職位和較高的收入。祕書文案或者聽寫、創作信件和正式文件的技術，成為法律和修辭學的一個專門分支。很快的，諸如法律、醫藥和聽寫這些實用學科，共同構成了文藝人道主義的天然敵人。因為它們體現的是自然出現的大學實用的一面，而對正統的古代文化遺產的學習，本質上是恬靜的、自由的，兩者可謂對比鮮明。因此，早些時候的大學計畫性不強，它們的職業性本質從實際需要裡來。就科學而言，由於牧師對異教作者的長期不信任，不知科學是何時出現在大學的。例如，自一一六四年在第戎聖母院擔任長官的彼得．考莫斯特爾（Peter Comestor）就宣揚道：古典作者可能是《聖經》學習有用的背景，但是他們很多「思想和學說」是要避免的。在一二〇〇年左右，沃克呂茲省的亞歷山大貶低了奧爾良的教堂學派（此學派是十三世紀之前人道主義研究的重要中心），稱它是「學習的一把邪惡的椅子，在大衆中傳播歪風」。他非常堅持的說，和《聖經》唱反調的任何東西都不可讀。【25】

對亞里斯多德的禁令

這種態度盛行起來，在十三世紀早些時候，亞里斯多德本人成為衆矢之的。從早期邏輯學研究開始，亞里斯多德的書，尤其是他的關於「自然」的科學著作就不斷被翻譯。他的著作成形時已經相當於一個哲學體系和一個綜合，作品的編著卻沒有基督教信仰的任何滲透。一位歷史學家說，亞里斯多德著作的恢復是西方思維發展的一個轉捩點，其重要性只有後來的牛頓學說和達爾文學說能與之抗衡。【26】在巴黎大學，學術方面最令人激動也最讓人感到棘手的群體就是文科全體教員；在大學裡，哲學是國王，文科教員是知識動盪局面的主要因素，也是知識變革的驅動力。【27】事實上文科教員幾乎成了大學中的大學。當亞里斯多德的著作以拉丁語版本出現時，教師們修改了教程，把亞里斯多德的著作放進去。把這位哲學家的邏輯學著作編排進去是一回事，但是問題很快便逼近他的「自然」著作。一二一〇年在一次在巴黎當地舉行的宗教會議下達命令：在巴黎，所有對亞里斯多德的學習都要停止。對他著作的閱讀，不論是私下的還是公開的都完全禁止，要「遭受逐出教會的懲罰」。[28]羅馬教皇先在一二三一年，後又在一二六三支持這次禁令；巴黎主教在一二七七年又重申了這個問題。後來，允許私下學習，但是公開教授還是被禁止的。

教會試圖對亞里斯多德實施的禁令，是思想控制的另外一個層面，進一步說明了我們前面幾章中提到的內容。在一二三一年，用本國語討論科學科目，成爲會受到懲罰的罪過，教會可不想讓普通百姓接觸到如此的觀點。然後，沒有什麼禁令能做得那麼徹底，畢竟對於一些人而言，遭封禁的著作更有吸引力，況且，在別的地方亞里斯多德並沒有遭到封禁，比如圖盧茲、牛津。從一二四二年起，禁令開始全面瓦解。當時艾爾伯圖斯·提尤特尼卡斯（Albertus Teutonicus），即我們今天所記得的艾爾伯圖斯·馬格納斯或者偉大的阿爾伯特，成爲首位在巴黎神學會占有一席之地的德國人。儘管阿爾伯特本人是異教的強烈反對者，但是他對亞里斯多德的觀點很感興趣。他認爲文集應該遍布整個歐洲。在阿爾伯特看來，有三條道路通向眞理：《聖經》感悟、邏輯推理，以及經驗。當然，後兩者都是亞里斯多德的方法，但是阿爾伯特走得更遠：承認上帝在創造萬物所擔任的角色的同時，他堅持說，對自然過程的研究（如我們所說的）應該不受神學考量的阻礙，因爲到目前爲止，就這些自然過程而言，只有經驗能提供確定性。[29]適當關注自然科學並不是關注上帝——在他願意的情況下——能做什麼，而是他做了什麼，也就是說依照自然固有的起因，世界上發生了什麼。[30]亞里斯多德曾經說過，認識就是去理解事情的起因。[31]

在阿爾伯特身上，我們看到了不同的思維方式分開的第一束光芒。他本人有著很堅定的信仰，也正是這種堅定的信仰，使得他思考著亞里斯多德究竟能爲傳統的信仰增添些什麼得以豐富人們的理解。

「雙重眞理」理論

然而，其他人卻很激進。對於亞里斯多德的這種關注，帶來一個非常具有爭議性的結果，即兩位學者的所謂「雙重眞理」（'double truth'）理論，這兩位學者分別是布拉班特的西格爾（Siger of Brabant，逝於一二八四年）和丹恩·勃（Dane Bo），即拉丁文裡所稱的戴西亞省的伯艾西亞斯（Boethius of Dacia）。在巴黎大學對亞里斯多德的封禁並沒有波及城市的其他地方，這使得哲學在這位希臘大師思想觀點的基礎上得以發展。預料到即將到來的觀點上之劃分，這兩位學者最主要的創新就是考慮到了這樣一種分歧：一件事情在哲學上來講是正確的，而另外一件事情在神學上來講是正確的——這在當時，在任何時候，都是很激進的。尤其是伯艾西亞斯，他辯論說，哲學家應該享受自己的知識成果來探索自然界——現存的「這個」世界。但是這些技能並不能使他有能力去探索下面的內容，比方說世界的起源，或者時光的開始，或者創造的神祕，以及事物是如何從無到有的。如同上帝最後審判日所發生的事情，這些事情是啓示性的事實，而不是推理性的。因此，這些不在哲學領域之內，因爲有兩套眞理存在：一套是屬於對自然進行研究的哲學家的，另一套就是神學家的。和艾爾伯圖斯的觀點一樣，這是兩個思維領域的劃分，代表了物質世界思維發展的一個階段。

然而，教會裡很多人發現西格爾甚至更麻煩，因爲他看上去更加青睞亞里斯多德學說中令人惶恐不安的那部分內容：世界和人類是永恆的；事物的行爲是由其本質決定的；自由的意願往往受到需要的限制；所有的人都擁有唯一一個「智力原則」。在他的學說中，他不願明確說明這一切的涵義，但是即使你不是天才，也可以讀懂他字裡行間的意思：沒有上帝造物，沒有亞當，沒有最後的裁決，沒有神的旨意，沒有化身、贖罪和復甦。[32]這當然是東正教教徒們所擔心的，這也正是爲什麼亞里斯多德會被封禁：他會把大衆帶到教徒們所不樂見的地方。巴黎另外一位神學教授喬萬尼．第．費登札〔Giobanni di Fidenza，後來改名爲伯納凡塗爾（Bonaventure）〕尤其被亞里斯多德的堅決主張所困擾：上帝是存在萬物的第一起因，可是自然事物有著它們自己的因和果，這種因果的運作不受神的干涉。[33]在伯納凡塗爾和許多像他一樣的人看來，如此的推理在表明一個沒有上帝存在的世界。因此他試圖修正亞里斯多德的學說，比如說，當一棵樹的樹葉變黃時，他會說：這不是因爲某種自然進程，而是因爲上帝在樹裡注入了某種特質。

正如這幾段所表明的，十三世紀中葉在巴黎大學的學究神學達到了最高峰：多種方式的學究思維的高峰。這一點集中體現在湯瑪斯．阿奎那（Thomas Aquinas）的重大的綜合性作品裡。阿奎那一直以來被大家稱爲在奧古斯丁和牛頓之間的最強大的思想家。阿奎那最大的貢獻就在於他試圖讓亞里斯多德與基督教和解，儘管如我們所看到的，在這本書其餘的部分中，他對基督教的亞里斯多德化比他對亞里斯多德的基督教化更有影響。阿奎那出生在羅馬和那不勒斯之間，是一位公爵的兒子，個子很高；他行爲謹慎，思維縝密，是個經常在初見面時容易被低估的人，可是，艾爾伯圖斯賞識他的天賦，對這位大個子沒有失望。

在阿奎那看來，只有三個事實不能藉由正常推理來加以證明，因此它們必須被接受。它們分別是世界萬物的創造、三位一體的本質，以及耶穌在救贖過程中的作用。[34] 在這之外，更富有爭議性和影響力的是：阿奎那站在亞里斯多德一方來反對奧古斯丁。如奧古斯丁所言，根據傳統，因爲「墮落」的男人和女人生來就是要在這個世界上受罪的，因此我們能夠眞正享受快樂的地方是在天堂，而亞里斯多德卻辯論說，「這個」世界、這個人生提供了無數開心和歡樂的機會，「當中最長久的、最可靠的歡樂就是用我們的推理能力去學習和理解所帶來的快樂」。[35] 湯瑪斯修改了這一點，說我們可以用我們的推理能力，在地球上「預先體驗」一下我們死後的生活。他說，自然界「從哪一方面來說都不邪惡」。[36] 他質問說，在上帝准許它爲上帝之子的化身的情況下，肉體怎麼可能是邪惡的？而且湯瑪斯認爲肉體和靈魂是緊密相連的。靈魂不是機器裡的鬼魂，而是以肉體做爲存在的形式，就像一個金屬雕刻品依靠模具成型一樣。末尾的這一句，也許是他思想中最具神祕性的一面。

在阿奎那時期，人們並沒有把他看做是如西格爾般的激進分子，可是對於很多人而言，那使他更加危險，而不是少幾分危險。他代表中世紀亞里斯多德學說合情合理的一面，特別是他認爲「這」一生更重要的想法：因爲我們在這一生能夠享受比傳統主義分子所允許的更多的東西，而且因爲關於我們如何來享受這一生，亞里斯多德有那麼多要說的。透過暗示，阿奎那沒有重視死後生活的相對重要性，而且很清楚，在隨後的幾十年和幾個世紀裡，這對於教會權威的逐漸削弱有著巨大的影響。

大學／最早的大學

從某種角度來看，是雅典的哲學學院預先開始創建綜合性大學。從四世紀開始，又有在三至六世紀繁榮發展起來的貝魯特法律學校，創建於四二五年的君士坦丁堡皇家大學，如此斷斷續續發展直到一四五三年。中世紀的學者們對於這些機構都知曉，艾倫．科班說有一種學術地理遷移的主張，出現在君主時代，它認爲學習的中心已經由雅典轉移到了希臘、君士坦丁堡、巴黎。「在這種調配中，新式大學是學館的具體體現。學館是基督教社會所控制的三股力量之一，另外兩股是精神的（神權）和世俗的（主權）。」[37]

現代術語「大學」，是偶然被引入到英語中來的，源自拉丁語「universitas」。但是，在十二、十三和十四世紀的時候，這個詞被用來表示任何具有共同利益和獨立法律地位者的團體——它可能是一個行業協會，或者一個對著裝有特定要求的地方性集會。[38] 直到十四世紀晚期和十五世紀，「universitas」這個詞才按照我們今天理解的意思來使用。而相應的中世紀用語是「studium generale」。「Studium」的意思是一所擁有研究設備的學校，然而「generale」指的是這所學校吸引外地生源的能力。這個術語於一二三七年被首次使用，第一部使用該術語的有關教皇制度的文獻要追溯到一二四四年或一二四五年，與羅馬大學的建立有關。[39] 其他被使用的術語有「studium universale」、「studium solemne」和「studium commune」，但是到十四世紀，大學（studium generale）開始被歐洲其他城市使用：波隆那、巴黎、牛津、帕多瓦、那不勒斯、瓦倫西亞和圖盧茲。十三世紀五〇年代卡斯蒂爾（Castile）王國的阿方索十世（Alfonso X）制定的法案《七編法》（*Siete Partidas*，一二五六～一二六三），給早期大學一詞的使用提供了法律依據。學校的七個文科學科都必須有自己的老師，教授《聖經》和民法，學校的當權者只能由教皇、皇帝和國王任命。[40] 其中沒有提及後來被認做是更進一步的要求，那就是設置神學院、法學院以及醫學院來做爲研究生教育中心。在十三世紀之交，只有波隆那、巴黎、牛津和薩勒諾不斷提供更高層次學科的教學。[41]

第一所帝國大學，也是世界上第一所大學，是按照一部專門法案建立的，於一二二四年在那不勒斯由佛雷德里克二世（Frederick II）宣布成立。第一所教皇大學由教皇格里高利十世授權於一二二九年建於圖盧茲，部分用途是用來抗擊異端信仰。因而產生了一種概念——建立大學只能由教皇或者皇帝才能授權，這也爲十四世紀的教條所接受。[42] 這部憲法當時顯得重要得多，因爲最初的大學爭得了許多舉足輕重的特權，其中有兩個十分有趣。首先，牧師在大學進行學習研究的時候，有權領取俸祿；有些研究課程持續長達十六年，這不是小事情。第二個特權是直接授課權，即從這些大學畢業的人毋需進一步進行考試，便有權在任何一所大學授課。[43] 這可以追溯到一種「大學學習」的思想——做爲社會的「第三種力量」，被理解爲世界的、超越了國界和種族的界限。這種全民教師化的思想，傳遍了歐洲，卻從未眞正實現。每一所新建立的學校都認爲自己是權威，並且堅持對畢業於其他大學的畢業生進行考核。[44]

薩勒諾（醫學）

最早建立的大學位於薩勒諾、波隆那、巴黎和牛津。然而，薩勒諾的大學卻有別於其他三地。儘管它不如托萊多（Toledo）的大學重要，卻在翻譯希臘和阿拉伯的自然科學及哲學方面的文本中扮演著重要的角色。它在其他學科的教學遠沒有其在醫學方面的教學更專業。[45] 事實上，它在醫學實踐技能領域要比其他領域更爲卓著（該地周圍有許多礦泉，聚集著許多跛足者和盲人）。這所學校是一個醫學從業者的聚集地，儘管那兒本來就存在非正式行業協會領導的某種教學。雖然如此，最早的醫學著作出現於十一世紀的薩勒諾，即百科全書裡有關草藥醫術學和婦科醫學的論文。當時還有無數阿拉伯語的自然科學和醫學著作，以及一些希臘語的醫學文本，被翻譯成阿拉伯語。[46] 多虧了康斯坦丁（Constantine），才使得這些文本公諸於世。康斯坦丁是非洲一位具有阿拉伯血統的學者，於一〇七七年遷入薩勒諾居住，後來搬往蒙特卡西諾（Monte Cassino）的寺廟，並在那裡繼續他的翻譯工作，直到一〇八七年去世。他翻譯最具影響力的阿拉伯論著成拉丁語，阿爾－加法爾（al-Jafarr）的《旅行》（*Viaticus*），以撒．尤第烏斯（Isaac Judaeus）關於飲食、發熱和尿液的著作，以及一百五十年前哈利．阿巴斯（Haly Abbas）在巴格達編譯的一部全面的醫學百科全書。康斯坦丁的譯文爲研究希臘醫學提供了新的推動力，它促使薩勒諾的醫生們在接下來的幾個世紀裡撰寫了許多新的醫學著作。薩勒諾因此發展了一門新的醫學課程，之後又被引入巴黎和其他地方的大學，在新的邏輯學和經院哲學的影響下，得以進一步擴展。[47] 這些，在波隆那和蒙特佩利爾得到了長足的發展。最早涉及人體解剖是在約一三〇〇年的波隆那，應當完全歸功於由於必要的法律程序所進行的法庭調查（在正當合法的法庭調查過程中，屍檢爲解剖學研究提供了便利）。最早的外科手術文本是大約一一五〇年一部題目爲《班貝克手術》（*Bamberg Surgery*）的匿名著作，其中提到的病況有骨折和脫臼、眼部和耳部的外部損傷、皮膚疾病、痔瘡、坐骨神經痛和疝氣。[48] 書中還提及用含有碘酒的物質來治療甲狀腺腫脹，還有一種外科麻醉法，使用的是吸收了黑莨菪和罌粟的催眠藥棉。[49]

波隆那（法律）

波隆那是所有早期大學中最古老的一個，它掩蓋了中世紀大學的全貌，因爲它是一座爲滿足普通信徒想要學習羅馬法律的需求而設計的老百姓的大學。僅僅在十二世紀四〇年代，教會法規——教會教師和學生的保護屏障——才傳入波隆那。[50]

對法律發展的一次巨大推動是緣於「主教敘任權之爭」，即十一世紀末到十二世紀初教廷與神聖羅馬帝國之間的權力鬥爭。「由於羅馬法律是用來對付教皇僧侶統治的最好意識形態武器，這一體制也就自然而然成爲世俗力量所關心的東西，也由此產生了反駁教皇管理思想主張的政治理論萌芽。[51] 但是，正是這些早期法理學家其中的一位——伊洛勒里烏斯〔Irnerius，很有可能是德語沃納（Werner）的拉丁語翻譯〕，一〇八七年前後，他曾在波隆那任教——使得波隆那超越了其他早期的義大利法學院，比如拉韋納或者巴維亞（Pavia）。在評論東羅馬帝國查士丁尼（Justinian）的《民法大典》（*Corpus iuris civilis*）時，伊洛勒里烏斯使用了一種批判分析的方法，這與中世紀阿貝拉德寫的《是與非》頗爲相似。他這樣做，比前人更加成功地綜合了羅馬的法律。基本的羅馬法律文本被編爲適用於專業研究的形式，做爲高等教育的一個特殊領域。這就確立了波隆那爲一個卓越的民法研究中心，從此研究者便不斷從遠近歐洲移民到此地。[52] 波隆那的聲譽進一步提高，晚些時候，在十二世紀四〇、五〇年代，教會法規方面的論著也成爲主要的學術研究參考文本。格拉提安爲這次發展掃清了道路，他當時在聖菲利斯的一所波隆那修道士學校任教。他的《教儀法異同》〔*Concordia Discordantium Canonum*，即《教令集》（*Decretum*）〕完成於一一四〇年，與伊洛勒里烏斯爲羅馬法律所做的相比較，都成就了適合於學術研究的簡便合成法。這些變化的影響不難從下列事實中看出：在接下來的兩個世紀中，有許多教皇都是法理學家，其中有些一直在波隆那教授法學。[53]

波隆那有一個與衆不同的成就——《習慣》（*Habitas*），一部由腓特烈一世（Frederick I）於一一五八年十一月在隆卡利亞（Roncaglia）發行的學術研究章程，顯然這是應大學的學者們之要求而發行的，並且得到了教皇的許可。這部章程取得了比初衷更重要的基礎學科上的意義，讓一個給予學術充分特權的體系最終得以與先前建立起來的優先權體系平起平坐。[54] 事實上，《習慣》曾一度被當做學術自由的起源而受到推崇，「正如英國的《大憲章》（*Magna Carta*）一樣，成爲證明英語自由的一個不可或缺的部分」。[55] 它做爲皇室加強平民律師權利而限制教會律師所得的一次嘗試，更加劇了主教敘任權之爭。在《習慣》中，皇帝被譽爲上帝的臣民或者僕人，這樣的學說反映出一種思想，即皇帝的權力直接來自上帝，而不是由教會賦予的。[56] 隨著時間的推移，這一系列的思想被升華爲否認主教凌駕於大學的一種憑證。[57]

教皇與帝王之間的權力之爭加劇了國內衝突，這在許多義大利城市較爲顯著，波隆那是其中之一。這些近乎無政府主義的情況推動了相互間保護聯盟的形成，如城堡協會或團體之類。正是在這種背景之下，波隆那的各學派建立起來，造就了波隆那大學特有的由學者來掌控學校的風氣。在波隆那，這種「學生大學」的思想大部分應歸功於同時代義大利公民權利意識的存在。在一個被連綿不斷的戰爭攪得支離破碎的國家裡，這無疑是極其寶貴的。只有當地公民的地位可以得到保障，在這種情況下，非當地公民——由於缺少這樣的保障——容易受到攻擊。很自然的，外國的法律學子團結起來成立一個保護協會，或者叫做「universitas」的機構。後來，這些聯盟再細分成各國的聯盟，由校長統一領導。[58]

如果說教會和帝王之爭是造成波隆那特徵的因素之一，那麼經濟就是另一個因素。波隆那這座城市，靠社區大學實現其經濟利益，不久便通過禁止教師逃往他處的法令。[59] 學生們意識到這些法令帶給他們的權力，在一一九三年建立由學者掌握的聯合團體，以此做爲回應，目的在於建立一個政權制度，以便他們行使其權力。在這樣的體制下，學生和教師間的契約式約定被有組織的（通常是武裝的）協會所替代。這些協定獲得成功，最終取得波隆那社區和教皇雙方的公認。[60]

值得提出來的是，當時「學生權力」得以實施，是由於許多波隆那的法律學子比如今的學生年齡要大得多，許多學生在二十五歲左右，有些甚至將近三十歲。很多人在來到波隆那之前就已經獲得文科學位，還有很多擁有神職俸祿。此外，他們對於律法的研究可以持續達十年之久，因爲他們有俸祿，許多人因此很富裕，他們是影響城市事務的重要經濟因素。[61] 這些都對大學生活有著重要的影響。學生們提前幾個月選舉他們這一學年的老師，在選舉中，老師必須對此發誓服從。即使老師晚一分鐘開始講課，或者拖堂，都會被解僱。[62] 在學年開始，學生和老師便就接下來的課程達成一致的意識，學期按照兩週一次劃分時間段，因此學生提前就可以知道在什麼時間教授什麼內容。學生會不斷對老師的表現打分，並且可以解僱任何他們認爲表現未達標準的老師。[63] 任何一個不能吸引至少五個學生到課的老師，注定會被解僱。如果一位老師由於某種原因不得不離開這座城市，必須繳納押金以防止他不再回來。[64] 隨著其他大學不斷發展壯大，波隆那大學發現這種嚴厲的體制正不斷失去它的魅力——因爲，不管老師的級別如何，從十三世紀晚期開始，社區已經開始給老師提供薪水。從那時起，學生逐漸失去了他們的權力。[65]

上課的形式也在十二世紀被確立下來。從《聖經》開始，教科書的學習著力於以下四個方面：主題、直接目的、潛在目的、其所屬的哲學體系分支。老師在具體講解單個詞和短語之前加以討論，整個過程被稱做「禱讀」（「閱讀」）或者「宣讀」。起初不允許學生記筆記，但隨著話題的深入，記下老師說的話也就很必要了。

中世紀時，位於波隆那的大學幾度被關閉。原因各不相同，要麼因爲瘟疫，要麼因爲教皇的阻斷。考慮到教規和公民法律之間與生俱來的衝突，這也許是不可避免的。但是其直接導致的結果就是幾所大學分校的創立：維琴察（Vicenza）創建於一二〇四年；阿雷佐（Arezzo）創建於一二一五年；帕多瓦（Padua）創建於一二二二年；錫耶納（Siena）創建於一二四六年，以及比薩（Pisa）創建於一三四三年。

巴黎（神學）

巴黎這所繼波隆那之後最古老的大學（大學城的前身）城市，與波隆那情況不同，在這裡，神學是占主導地位的專業。「面對教會控制，爲大學獨立而進行抗爭，巴黎大學可謂歐洲歷史上這方面最早也是最生動的範例。」[66]在這種情況下，大學最直接的教會阻力來自巴黎聖母院的主事和教士。巴黎聖母院周圍的學院從十一世紀就開始了，位於一個名爲隱修院（cloitre）的封閉地區，它們是學館的萌芽。「隨著這些學院名氣的上升，無數外界學生前來聽課，而導致了混亂。在大主教和教士大會剝奪了學生們在隱修院學習的機會之後，他們都移往塞納河的左岸，即現在的拉丁區。到十二世紀就有了很多學校散落在塞納河橋的周圍，專門講授神學、文法和邏輯。」[67]

從一開始就與波隆那不同，巴黎是一所擁有大師的大學。聚集在巴黎聖母院的周圍，這些巴黎的學者們非常滿意他們的牧師地位，因爲這個地位給了他們特權和獨立（他們可以免除交一些賦稅和服兵役）。這就意味著巴黎的大學是一塊自治的領地，享受著國王和教皇的雙重保護。在巴黎市區的這種自治權幫助大學樹立了神學領域的卓越地位，使得大學後來成爲爲學術自由而論戰的前沿陣地。[68]如同在波隆那一樣，法國卡佩王朝（Capetian Kings）諸王很快就認識到了知識群體的經濟價值，所以從一開始就對學生和老師們採取了一種寬容甚至積極的態度。[69]

在巴黎，藝術類院系是最多的。而且，事實上由於巴黎本身就很大，所以每個國家的學生都有自己的學校；學校通常會設一名校長來負責收取學費。這些學校主要分布在位於塞納河左岸的福阿爾（Fouarre）路上。在這些不同的學校裡，法語、諾曼語、皮卡迪語、英吉利－日耳曼語播下了學院思想的種子。外國學生因為英法百年戰爭而離開法國，巴黎大學遭受的打擊非常大。部分由於這一原因，其他地方的大學——西班牙、英國、德國和荷蘭、斯堪的納維亞——快速發展起來。

牛津（數學、自然科學）

兩所英國淵源的大學，牛津和劍橋，與歐洲大陸的大學不同，因為它們是在沒有大教堂的小鎮發展起來的。[70] 以某種程度上來說，牛津的發源地帶有偶然性。在十二世紀，英國有很多地方本來有可能發展出大學，比如林肯市、埃克塞特。[71]

有一種說法認為牛津肇始於約一一六七年，是由逃亡的巴黎學者們建立的；[72] 另一種說法卻主張起初北安普頓的學校很優異，但是所在地持有敵對態度，因此學者們大批遷移，並於約一一九二年在牛津安定下來，因為那裡所處位置非常方便，是多條大路的交會點，比如，倫敦、布里斯托、南安普頓、北安普頓、貝德福德、伍斯特和渥維克等。[73]

一些人可能會說，南安普頓的學者們也有可能是被已經就教於牛津的傑出教師們所吸引。來到牛津的這些人包括：一一一七年或者早在一〇九四年的西奧博爾德斯．斯丹本希思（Theobaldus Stampensis）；一一三三年的索爾茲伯里（Salisbury）的約翰的門徒羅伯特．波倫（Robert Pullen）；還有於一一二九年至一一五一年間居住在牛津、來自蒙默思郡（Monmouth）的傑佛瑞（Geoffrey）。[74]「最早能夠具體證明牛津擁有數個院系並集合了大批學者和學生的，是威爾斯人吉拉德（Gerald）大約在一一八五年所做的描述，他描述了他在全體牛津教師前朗讀自己的作品《愛爾蘭地形學》（*Topographia Hibernica*）的壯舉，此舉耗費了三天的時間。在一一九〇年左右，牛津被一位（在鎮上）讀書的佛里斯蘭的學生描敘為公共學館（studium commune）……到世紀末，這個情況由於許多著名學者的到來而得以鞏固，這些人包括：莫里的丹尼爾（Daniel of Morley）和亞歷山大的奈崗（Nequam of Alexander）。」[75] 基本上，牛津是模仿巴黎的體制而建的（比如，上課由老師主導而不是由學生），但是他一直沒有像巴黎那樣吸引一大批的外國學生。在籌劃學期時，北方人（boreales）和南方人（australes，尼納河之南，現在被稱為劍橋郡的地方）有著很大的區別。[76]

如果說波隆那專長於律法，巴黎專攻於邏輯和神學，那麼，牛津見聞於世的卻是因為其專長於數學與自然科學。[77] 在前文簡要提過，這有大部分要歸功於十二世紀一些巡迴的英國人，他們遊歷廣泛，熟悉經由托萊多、薩勒諾和西西里等地翻譯過來的科學資料。牛津同時也受益於十三世紀初教皇的禁令，該禁令禁止巴黎教授新亞里斯多德理論。

現在，人們將羅伯特．格羅塞特（Robert Grosseteste）視爲牛津科學運動的關鍵人物（他使亞里斯多德學成爲必讀內容）。他於一二三五年至一二五三年間擔任林肯郡的主教，也在牛津初期擔任過該大學的校長。【78】格羅塞特的譯作（他通曉希臘語、希伯來語和法語）和他對於亞里斯多德學材料的理解，產生了兩大進步，這兩大進步對於中世紀的科學發展有著啓發性的影響。首先，數學做爲一種描述和解釋的工具，被應用於自然科學；其次，強調把觀察和實驗做爲驗證特定假設的基本方法。這些原則使得對於科學資料的研究，從相當隨意的演練轉變成爲一種對於物理現象的綜合數學探究，這些物理現象是以觀察、假設和實驗驗證三重迴圈爲基礎。【79】

格羅塞特可以稱得上是我們今天所理解的第一位科學家。就這一點而言，羅傑．培根緊隨其後。在牛津格羅塞特的門下學成之後，培根到巴黎做演講。在那裡，他完全像他之前的阿貝拉德一樣富有爭議。他深信，總有一天，科學知識會使人類掌控自然。他預言將有潛艇、汽車和飛機（帶有水上運行的裝置）。像格羅塞特一樣，他認爲數學就是大自然的暗藏之語，光和當時被稱爲「透視法」的光學，使人類能夠接近造物主的思想（他認爲光爲直線傳播，其速度不是無法計量的，但是非常快）。培根的思想無疑是從宗教思想向現代科學思維方式邁進了一步。

從十四世紀早期到十五世紀，大學由十五至二十所增加到七十所，只是德國和西班牙還落後於其他地方。【80】在十五世紀的大多數時間，大學是由市政當局設立、教皇唯一授權的長期機構，它們是：特威索（Treviso，一三一八年）、格勒諾布爾（Grenoble，一三三九年）、巴維亞（一三八一年）、奧林奇（Orange，一三六五年）、布拉格（一三四七～一三四八年）、維倫斯（Valence，一四五二年）和南特（Nantes，一四六一年）。大學數目的增加使得更多的學生可以到本地大學去學習，而這反過來又進一步鞏固了新建大學的長期性。很多十五世紀的法國學館——其中包括埃克斯（Aix，一四〇九年）、道勒（Dôle，一四二二年）、布瓦蒂爾斯（一四三一年）和布魯日（一四六四年）——從一開始就擺脫了教會的干涉，這和德國、波希米亞和低地國家情況相同。維也納（一三六五年）、海德堡（一三八五年）和萊比錫是由當地統治者創建的，然而，科隆（一三八八年）和羅斯托克（Rostock，一四一九年）是由城鎭的權威人士主辦的。總的來說，南方大學的組織按照巴黎人的方式，是以老師爲主體的；而南部歐洲大學按照波隆那人的模式，是以學生爲主體的。[81]

中世紀的大學對於入學沒有正式的要求，未入校生只需要展示出足夠的拉丁語功底，可以聽懂課（他還應該能夠在大學校園裡用拉丁語交談）。學生們沒有義務要爲了學位而坐下來參加筆試，但是學生學術生涯的每一步都要被評估。「損耗比今天要高，而且學校認爲沒有責任來看管某個人，讓他拿到一個不確定的學位。」[82]除了要上課外（早上的課是必須的，且不受其他事務影響），學生還被要求出席老師們每週一次在下午進行的公共辯論賽。辯論有兩種類型：de problemate，包含邏輯事物的問題；和de quaestione，數學、自然科學、純粹哲學以及其他領域相關的疑問。做爲對他們獲得學位的要求，高年級的學生必須爲這權威的辯論寫稿件，儘管很多的大學生太年輕，不可能爲正式辯論寫出什麼稿件，但是，他們親臨這兵戎相見的現場，有助於他們超越這種一直以權力控制一切教育的桎梏。最讓人感到釋放的場合是辨題辯論，[83]在這種時刻，任何問題都可以被辯論，而不去顧慮什麼權威、任何問題、教會方面的或者政治上的，不管多麼具有爭論性，都可以被考慮。對於任何一個人來說，它們都是公開的。[84]

量化的出現／度量、計算、日期

和大學的出現並肩的另外一個重要變化襲擊了歐洲，不論是就宗教而言還是就政治而言，它都不是那麼連貫，不是那麼明確，不是那麼敏感，但是最後卻同樣實際，同樣的意義深遠。這就是量化的出現。比方說在一二七五年到一三二五年這半個世紀裡，就在歐洲這塊土地上，發生了很多的革新，它們改變了人們的習慣和對這段時間的看法。在阿爾佛雷德．W．克羅斯比（Alfred W. Crosby）看來，「（歷史上）再也沒有哪段時期像這段時期，直到十九世紀與二十世紀之交，那時答錄機、放射能、愛因斯坦、畢卡索和荀白克席捲了歐洲，把它帶入了另一場類似的變革」。[85]在歷史上，這段不算很長的時間裡，所到之處，生活變得更加可以量化。一些歷史學家在這裡看到了一個巨大的變化。這個變化驅動著歐洲超越了中國、印度和伊斯蘭世界。

直到這個時候，時間和空間是模糊不清的。由於歷史和宗教的原因，歐洲人認爲「顯而易見」耶路撒冷是世界的中心，根據丹尼爾的文章，世界分爲四個王國。時間還沒有按照人們通常理解的那樣分爲西元前和西元後。有的人喜歡三倍分割法——從創造到十項戒律，從十項戒律到賦予肉體，從賦予肉體到重生。【86】人們廣泛認爲，對於生活在耶穌以前的人而言，救贖是不可能的。這就是爲什麼在《神曲》中，但丁把荷馬、蘇格拉底和柏拉圖放置在地獄的邊境，而不是放在煉獄或者天堂裡。儘管「小時」存在，但是當說到禱告時，在中世紀的一天實際上是分爲七個規範的「小時」——晨禱、早課、第三次禱告、午前禱告、中午（英語單詞中午就是從none 這個詞發展而來的）、 晚課、晚禱。【87】世上所有的一切都是由四個元素構成的，而且是變化的。但天堂是完美的，構成了地球的周圍一個完美的圈子，它是由第五元素亦即完美元素所構成的，「是不變的，無瑕的，神聖的，且比人類所接觸的這四大元素高級」。【88】這一觀點在現代的英語「精粹」一詞上體現出來。在中世紀，數字本身是個大約性的詞。在製作諸如玻璃或風琴零部件的處方裡，很少包含精確的數字——相反的，人們認爲像「多一點」或者「中等大小的一片」這樣的短語已經足夠了；巴黎城裡的巨大建築群被描述爲「田野裡的桔梗」；羅馬數字還在被使用，使得算術變難了，而且它們並不是以我們所能理解的方式來書寫，MCCLXVII很可能被寫成x.cc.l.xvij，在大數字後面寫上一個「j」是當時的慣例，爲的是防止在相加的時候舞弊。重要的和普通的數字用vº和vm來表示。【89】10以上的用手指計算，有的人會指向自己的手指關節來表示10的倍數以及非常大的數字：比如人們會把自己的拇指指向自己的肚臍來表示5萬。「有的人就抱怨說：更大的數字需要『舞蹈家的姿勢』來表現了。」【90】這是主要的一點。但是十三世紀末的歐洲社會，已經從一個主要關注定性理解的社會發展成對各個方面的定量理解。這也許和人口的變化有一定的關聯——西方人口在一〇〇〇～一三四〇年之間至少成長了一倍。這兩種方法的任何一種都把雅克．勒．高夫所說「計算的氛圍」引入歐洲生活中。【91】這也和亞里斯多德的再現有很大的關係。阿爾佛雷德．克羅斯比關注了彼得．隆巴德（Peter Lombard）於十二世紀中葉撰寫的權威神學課本《警言綜合》（*Summa sententiarum*），他只引用了三次非宗教哲學家的話，而教會神父的話卻有數千次。而湯瑪斯．阿奎那寫於一二六六年到一二七四年間的《神學綜合》一書，僅引用亞里斯多德一位哲學家，就引用了三千五百次，其中的一千五百句都是引自一百年前西方人所不知道的作品。【92】

例如，正是此時，文化蓬勃發展，一方面刺激其他事物的發展，一方面由寫作方面的變化引起（句子順序開始成型——還確立了主語、謂語、賓語），這方面最著名的例子就是在英諾森三世（他一年至多發出幾百封信）和卜尼法斯八世（他寫了多達五千封信）之間的變化。M．T．葛蘭奇把裡面特別的細節都寫了下來。平均來說，英國的皇室法庭每週要用掉三．六三英鎊的石蠟給文件封口，但是在十三世紀六〇年代末，每星期用掉的石蠟達到了三十一·九英鎊。當時，很少有或者沒有詞與詞之間、句與句之間和段落與段落之間的分隔（羅馬人已經廢除了詞際分割）。總的說來，這意味著閱讀很難，且要大聲進行。直到十四世紀早期，新的草書體作品才有了字與字的間隔、標點符號、章節題目、連續的大字標題、交叉參考和其他我們今天習以爲常的手段（還有一些今天我們並不使用的，比如說一種半圓形，用來表示一個詞在一行沒有寫完，會在另一行繼續）。在大約一二〇〇年，史蒂芬·朗頓（Stephen Langton，未來的坎特伯雷大主教）爲當時完全未加分類的《聖經》設計了章節和詩歌體制。圖書館的書籍基本是按照宗教重要性原則排序——先排《聖經》，接著是教父文獻，非宗教的人文科學類作品放在最後。可是在這個顯著的一致性以外，很多課文的順序都是任意的、不可靠的，因此在此時學者們引進了字母表。每個人都理解，而且它的順序並不暗示學說的重要性。[93]學者們又用同樣的方式引進了分析目錄表。每一項革新都在改變著閱讀體驗，特別是把大聲讀改成了默讀。牛津於一四一二年、昂熱大學於一四三一年提出了保持圖書館安靜的規章制度——從此以後，圖書館一直很安靜。同樣，書本學習取代對神學人物的效法，成爲教育的重要特點。這一點極端重要，因爲閱讀成爲一項私人的、有潛力發展爲異端的行爲（對於十五世紀的英國尤其重要），同時有跡象表明，默讀帶來的隱私導致了色情讀物的增加。[94]

城鎮裡的第一個鐘錶沒有錶體，也沒有錶針，只有鈴〔英文裡，錶「clock」這個詞和法語的「cloche」和德語的「glocke」相關，都是鈴（bell）的意思。〕鐘錶從一開始就很受歡迎，里昂的一份鐘錶請願書寫道：「如果我們製造這樣的鐘錶，更多的商人會到市集上來，市民們會感到欣慰、愉悅、高興，而且會過上更有秩序的生活，城市將因這種裝飾物而受益。」[95]很多城鎮，包括一些規模小的城鎮，都同意藉由徵稅以求擁有一個鐘錶。機械錶可能是在十三世紀七〇年代就發明了（和眼鏡在同一個年代），但丁在《天堂》一書中提到過鐘錶，該書寫於約一三二〇年。儘管中國在歐洲之前擁有了鐘錶，然而是西方人對均等時間的熱情改變了人們對時間的理解——在十四世紀三〇年代，均等時間在歐洲已經普遍使用了。[96]吉恩·傅華薩（Jean Froissart），編寫百年戰爭的歷史學家，在他的編年史開始的時候用的是規範時間，但是在敘述的過程中改用了均等時間。不久，城鎮裡就由鐘錶來決定在工作日人們何時上班、何時下班。

透視圖的發現（稍後在談到關於對美麗的看法時會進一步詳談）和它與數學的關係，是大約出現在這個時候的量化的另外一方面。我們在喬托

（一二六六年七月或一二七六～一三三七年）那裡可以看到它的第一絲痕跡，然後在泰德奧．甘地（Taddeo Gaddi，逝於一三六六年）那裡也可以看到。到皮耶羅．德拉．佛蘭西斯卡（Piero della Francesca）時期，它的地位已經非常牢固了。所有的發現和應用都相互補充，相互完善，因此，庫薩的尼古拉斯（Nicholas of Cusa，一四〇一～一四六四）禁不住發出感歎：「上帝絕對就是精確本身！」[97]這種思考形式直接導致了尼古拉斯．考波尼科斯（Nicholas Copernicus，一四七三～一五四三）著作的問世。此書幫助發起了這場科學革命，並且使空間更大了，然而卻更精確了。

標點

穆薩－花拉子米的關於印度數字和代數的著作，由賈斯特的羅伯特（Robert of Chester）於十二世紀翻譯成了拉丁語。從那以後，新數字的影響開始增強（最後一部使用羅馬數字編寫的教科書成書於一五一四年），[98]然而，產生了一個歐洲人使用兩種體制的古怪重疊期。一位作家將這一年紀年爲MCCCC94，也就是在哥倫布發現美洲新大陸兩年之後。而德克．布茲（Dirk Bouts）將他在盧萬的祭壇圖紀年爲MCCCC4XVII，很可能就是指一四四七年。數學的運算子號產生得晚一些，直到十五世紀的後半葉，義大利和其他國家的人仍然在用P代指「加」，M代指「減」。現在人們常見的「加」、「減」符號（＋和－）於一四八九年出現於德國印刷物中。阿爾佛雷德．克羅斯比說它們的起源是模糊不清的：「或許產生於倉庫保管員在大包和箱子上畫下的一些表示超重或分量不足的簡單標誌。」[99]一五四二年，英國的羅伯特．瑞考德（Robert Recorde）宣稱，「＋」表示增加，而「－」表示減少。看來還是瑞考德在十六世紀創造了「等於」號（＝）來避免「相等」這個詞的重複使用，因爲「沒有其他的符號能更好地表示相等的意義」。[100]表示乘法的符號「×」幾個世紀來都沒有最終確定：起初在中世紀的手稿中它有多達十一個義項。分數主要用於貿易，在中世紀可能非常複雜，比如197/280。有一次，竟然出現了3345312/4320864這樣的例子。小數還處於萌芽階段，其系統又過了三百年才全部完成。

隨著印度和阿拉伯數字的到來，代數終於可以發展了。在十三世紀早期，李奧納多．費布納西（Leonardo Fibonacci）用了一個字母來代替一個數字，但是卻從沒有發展這個想法。與他同時代的喬德納斯．奈莫拉里厄斯（Jordanus Nemorarius）用字母做大家知道的和不知道的數量的標誌，但是他沒有表示加、減或乘法的符號。是法國的代數家在十六世紀成就了這個系統。法蘭西斯．維艾塔（Francis Vieta）用母音字母代表未知的數量，用輔音字母代表已知的數量；然後，在十七世紀，笛卡兒引進了現代系統，位於字母表前面的a和b以及它們的相鄰字母表示已知的數量，位於字母表後面的x和y以及它們的相鄰字母表示未知的數量。【101】

音樂符號

與寫作和數學並肩齊進共同發展的是音樂符號。中世紀最著名的教堂音樂形式格里高利聖歌，顯著特點就是沒有定律，其樂符排列是由拉丁語的起伏來決定的。可是，大體上說來，到十世紀時，聖歌數量有了很大的發展，沒有哪一個人能把它們都記住，因此需要一個系統來記錄它們。起初人們創造的系統，一位學者稱爲「裝滿空氣的樂符」，它是一個標誌系統，來表示聲音應該提高（劇烈音符）或者降低（低沉音符），或者時升時降時（抑揚音符）的用氣。修道士們輕輕地隨著樂章上一行，然後兩行或者更多的平行樂行（歌唱），這使得高音符和低音符容易辨認，他們的做法改進了這一系統，這也是五線譜或者五線譜表的開始。傳統上人們將五線譜歸功於聖本篤教團唱詩班的指揮阿雷佐的古多（Guido），不管是不是他發明了五線譜，肯定是他使之標準化。說到他和他唱詩的同行，有一句話很有名：「我們好像不是在讚美上帝，而是在我們之中進行抗爭。」【102】古多發現，在大家所熟悉的那首在施洗者約翰節日上唱的聖歌*Ut queant laxis*裡音調，和五線譜裡的一樣上升：

Ut queant laxis *Re*sonare fibris

*Mi*ra gestorum *Fa*muli tuorum

*Sol*ve polluti *La*bii reatum

Sancte Iohannes【103】

上面斜體的音符*ut*, *re*, *mi*, *fa*, *sol*和*la*，成了今天所有孩子都學習的教授音符基本方法的基礎。後來*do*代替了*ut*，很可能是因爲*ut*裡的這個*t*唱不出來。【104】

格里高利聖歌的基礎就是男高音（來自拉丁語tenere，意思是堅持），它組成定旋律（固定旋律），或者我們可以稱之爲基本單音。從九世紀晚期開始，其他的比如高音已開始脫離，儘管一開始它們還保持平行，但是後來，它們甚至走得更遠，形成了西方複調音樂的基礎。看上去複調音樂也是第一種以音符形式寫下來的特定譜寫而成的音樂，而不是通過試驗性的錯誤頗多的聲音發展而來。在巴黎，這種現象尤其多，專業音樂家首先出現在那裡。音樂是四大學科的一部分，這是在中世紀所有高級學者都要學習的高等數學科目。鹿特丹的皮盧汀（Perotin）提出了休止符（有可能從零發展來的一個概念），科隆的佛朗哥（Franco）把這一音符系統編寫成書，確定了所有音符和休止符的節拍價值。他列出了四個音樂符號中的單音符：雙重長音符、長音符、二全音符、全音符，裡面的每一個都是相鄰音符的兩倍。基本的單位是一拍，其定義爲：「最小的音高和最小的單音被完全呈現或者能被完全呈現的間隔。」【105】這種寫下來的新音樂形式複調音樂，能更完整地控制音樂的細微末節，和「古藝術」相比，它成爲大家所熟知的新藝術。並不是每一個人都喜歡這種音樂形式，包括——也許是不可避免——教皇。在第一份教皇關於音樂的法令《充滿智慧的教父》（*Docta sanctorum patrum*）中，他憤怒地反對複調音樂，因此，複調音樂被教會禁止。【106】

複式簿記

量化發展的最後一個要素是複式簿記的引入，以及與之相關的技術，普拉托商人法蘭西斯科·迪·馬可·達蒂尼（Francesco di Marco Datini）從一三六六年到一四一〇年的書籍，持續記錄表明印度—阿拉伯數字大約在一三六六年就出現了，但是直到一三八三年，帳目都是以敘述的形式進行的，然而，在那之後，這種做法改變了，資產和債務開始以平行柱來表示，要麼標注在同一頁上，要麼在旁邊那一頁上。從那以後，一項買賣是盈利了還是賠錢了，變得一目了然，這和以前剛好相反。【107】在托斯卡尼（Tuscany），這項技術按照威尼斯人的方式被稱爲威尼斯標示，表明在那裡更早就開始使用了。平衡商業帳冊從那以後成爲時代一件嚴肅的事情，但是對於發現年代而言，它是一項重要的革新，當企業在世界幾千英里外投資經營時，它使商人得以控制自己的企業。

文化的蓬勃發展／印刷術的發明

量化的發展速度並不亞於知識的傳播速度。隨著印刷術的發明，其發展不斷得到加強，速度不斷提高。在十三世紀，大部分學生支付不起他們所學科目的書本費，要支付也得做出巨大的犧牲，這是因爲書稿費用非常高。結果，學生非常依賴於在大學時老師對原稿的閱讀和解釋。這種情況在十三世紀後期隨著一種更便宜實用的書稿生產方法的發展得到緩解。這種方法得到了大學的鼓勵，後來又受到其嚴格控制。【108】這種方法基於對樣本的多次抄寫。這些樣本都是教授過程中使用的課文和注解的原稿。每一份「樣本」都獨立成冊或者卷，通常每冊是四張對開的紙（八頁），而且和課文的不同部分相關聯。因此，幾個抄寫員能夠分工合作共同來抄寫同一份樣本。這種方法能夠使學生以較便宜的價格買到或者租到需要的特定的那一部分。這種更加自由的發行使學生可以不再依賴於老師給的每一個字，減輕了他們記憶的壓力，使學習可以在更加輕鬆的私人環境裡進行。【109】

在紙張到來之前，動物皮紙書是貴，但還沒有貴到像一些現代學者所說的那樣，一本書要用掉一千張動物皮，這種說法太言過其實了。如果一張動物皮的平均面積爲大約〇．五平方公尺的話，它可以製成大約十二至十五張24×16公分的紙，也就是說一本一百五十頁的書需要十至十二張動物皮。隨著讀書願望的上升，隨著大學越來越受歡迎，人也越來越多，對書的需求也上升了；隨著出版冊數的增加，牛皮和羊皮紙書越來越行不通。【110】在每一座大學城都有了聚集抄寫員和書商的代筆人行會與文具商行會，而且它們經常成爲大學的半官方附屬機構，有權利接受大學法院的問詢（這在一定程度上和大學權威人士堅持要監督課本在學說上的正確性之事實有關）。【111】這種方法的效率相當高，從十三到十四世紀，兩千多本亞里斯多德的書得以發行。這也表明，十三世紀，一個新的閱讀群體出現了。

到十四世紀，至少是在義大利，紙張得到了廣泛應用。造紙工廠一般位於城鎮的上游，那裡的水更清澈，而此時人們經常見到蒐集破布和碎骨頭的人（那是一個利潤很大的行當）。當時即使舊繩子也變得很值錢〔從此出現了「容易賺錢」（'money for old rope'）這個習語〕。在十五、十六世紀交接的時候，造紙者行會也成立了。如同抄寫員和書商行會一樣，它們也和大學有著很緊密的關係。【112】

西方印刷術的「發明」取決於三項革新：金屬活字模版、以脂肪爲基礎的墨水、印刷機。在諸多先驅中，我們先要提到金匠，他們知道如何製作皮革封面的印花；白鑞製作者，他們有印花鋼模；以及十三世紀的金屬鑄工，他們知道如何使用雕刻了浮雕的沖床來製作陶模，使用這些空心鑄模，他們在飾章上做出浮雕刻字。【113】當然，硬幣的生產已經使用手錘打造的鋼模。至於印刷的原理，當時人人都明白。

以此做爲背景，我們可以進一步看看發生於一四三九年史特拉斯堡（Strasbourg）的一起著名訴訟案件。在倖存下來的一些謎一樣的文件檔案中，我們可以得知當時一個叫做喬安．根斯佛雷奇（Johann Gensfleisch）的人——他還有一個名字，谷騰堡（Gutenberg）——是一名金匠，和另外三個人——漢斯．里夫、安德里．德里茲恩、安德里．希爾曼——一起合夥做生意。谷騰堡改良了大量的祕密工序，而另外三人投資支持他。此案件緣起於德里茲恩去世，他的繼承人想取而代之。這些祕密的工序包括：給一些珍貴的石頭打光、製作鏡子、一種使用印刷機的新工藝、一些「部件」或者叫做「斯圖刻」（Stücke）可以任意的分裝組合、一些鉛做的模型，和最後「涉及印刷機運作的東西」。谷騰堡不是當時實驗印刷術的人。另一位金匠，來自布拉格的普羅考比厄斯．瓦爾德沃傑爾（Procopius Waldvogel），於十五世紀四〇年代中期與亞維儂的市民簽署了一項協約，來製作一些「與書寫相關的鋼模」。這種說法也是有些神祕莫測。一四九九年的科隆編年史，第一次毫無爭議地提到印刷術。書中作者提到，他當時接觸過科隆一位叫做烏利希．澤爾（Ulrich Zell）的印刷匠，而烏利希．澤爾又與谷騰堡的一位合夥人瑟法（Schoeffer）有些往來。他寫道：「印刷的高貴技藝首先發明於德國的美因茲，是於西元一四四〇年誕生的。從那時起一直到一四五〇年，技藝和與之相關的一切都不斷得以改進……儘管剛才我們說過這項技藝產生於美因茲，但是首批實驗卻是於此之前在荷蘭印刷多那圖斯（Donarus）的作品時進行的。這項技藝的誕生都要追溯到這些書；事實上，現在這項技藝就比其最初的方式而言要權威精確得多。」因此，對於荷蘭和美因茲到底誰是印刷術的誕生地的爭論，從來就沒有令人滿意地得到解決。[114]但是，美因茲是第一個印刷工業的誕生地，是沒有任何問題的。

谷騰堡看來已經於十五世紀四〇年代末從史特拉斯堡回到了美因茲。在那裡，他與喬安．法斯特（Johann Fust）和彼得．瑟法結成合夥人。喬安．法斯特是一位有錢的新支持者，而彼得．瑟法以前是巴黎大學的學生，在成爲印刷匠之前做過抄寫員。一切看起來進行得很順利。直到一四五五年，法斯特和谷騰堡鬧翻了，又打起了一樁官司。這回谷騰堡輸了官司，被迫賠償貸款利息。印刷之都只剩下法斯特和瑟法繼續印刷事業。一四五七年十月十四日，第一本有日期可考的、用新印刷術印刷的書成功問世——美因茲詩篇集。這份首創的印刷業產品暢銷了一百多年。呂西安．費佛爾認爲，詩篇集品質這樣好，不應該是首次嘗試。現在，歷史學家們大多一致認爲其他的印刷機也於一四五〇年至一四五五年開始運行了。他們印刷了很多以盈利爲目的的書籍——文法、日曆、彌撒用書、著名的四十二行和三十六行三卷本的《聖經》。[115]谷騰堡後來負債累累，但在他向當時的美因茲大主教候選人提供個人服務——或許安裝了一臺印刷機——之後卻平步青雲。當時字母樣式沒有一致性，直到十八世紀法國啓蒙運動才統一起來。當時印刷的標準尺寸「點」已經得以採用，其長度是國王腳長的一百四十四分之一。這種標準沿用至今。[116]

斜體和羅馬體

當印刷時代到來的時候，有四種字體很受歡迎。「黑字」哥德體很受學者們的青睞；一種大一些的哥德體，沒有「黑字」哥德體那麼圓，更豎直一些；一種「仿哥德體」，一般用於精裝本書籍；一種「古字母體」，這種羅馬字體一般由人文學者使用。受加洛林五朝（Carolingian）草寫小體的啓發，彼特拉克將此做得更時髦。同時，這種字體也與一種被稱爲Cancelleresca的草書字體有密切的聯繫。這種草書字體是在當時非常流行的梵蒂岡大臣手寫體的基礎上產生的——也是斜體的前身。羅馬體也經彼特拉克這位狂熱的書法家之手而變得很流行。他和其他的書法家盡力使一些剛發現的古典文本在形體上恢復原貌。[117]但是羅馬體和斜體的成功與著名的威尼斯印刷工匠阿爾德斯·馬努蒂烏斯有很大關係。一五〇一年，他讓法蘭西斯科·格里佛（Francesco Griffo）根據cancelleria體刻制羅馬體和斜體，於是大幅縮小了文字所占的空間。這種威尼斯體迅速在德國和法國得到採用，並很快成爲標準。各大學一度堅持使用哥德體，但是在本國文獻中羅馬體更受歡迎。然而，從十六世紀中葉開始，羅馬體越來越受學者們的青睞。阿爾德斯也引入了頁碼標記方法，儘管直到一五二五～一五五〇年，這種方法才成爲一種慣例。

有了印刷術，書籍不再是價格昂貴的東西。讀者們在選擇書籍時，都想擁有外出時便於攜帶的書籍，因此，書籍的尺寸做得越來越小。一開始印刷的都是四開本書籍（折疊一次，有四頁）和八開本書籍（折疊兩次，有八頁），但是還是阿爾德斯，他急於滿足古典學者們的需要，發行了著名的「袖珍本」，一種廣爲接受的版式。因此，到了十六世紀末，書籍生產業務分成了兩類：一類專供圖書館的厚重學術大卷；一類是爲普通大衆而設計的辯論著作。[118]

一些大膽的書籍會因爲引起一些流言蜚語而銷售更好一些，這是出版的本質。因此，早期的出版商們經常會隱去有異端嫌疑的作家的名字。由於出版商們是第一批閱讀新書稿的群體，因此，他們自然而然就會與新思想保持一致，經常是第一批接受新觀點的人。以這種方式，印刷工匠們就成了第一批皈依新教的人。但是，他們也最容易成爲犧牲品——他們有工廠，他們銷售的書的封面頁也寫著他們的名字。宗教裁判所很容易可以確定就是這些印刷機在散布異端邪說。因此，在十六世紀早期，很多印刷工匠被迫逃亡法國，就是爲了避開間諜、告密者和調查者。奧格魯（Augereau）被燒死在立柱上，他就是一位出版商。而艾笛揚・多萊（Étienne Dolet）是最著名的「書籍烈士」。他原先是一位作家，後來成爲書商和印刷工匠。他除了自己寫書、與伊拉斯謨斯（Erasmus）展開論戰之外，還爲格萊佛（Gryphe）工作。但是，在一五四二年他出版了一些懷疑宗教的著作，此舉震驚了當局。他們在搜查他家房屋地基的時候發現了一本喀爾文寫的小冊子。多萊於一五四四年連同他的書一起被燒死在立柱上。

版本印數

起初，在印刷業發展早期，出版商是不付給作者稿費的。他們可以免費拿一些自己的書，然後送給有錢的資助人，寫上精心創作的奉承話，希望以此種方式獲得酬勞。但是這種方式越來越無法奏效，到了後來，「有些作家到了無法糊口的地步」。一些作家被迫同意出版商的要求，出錢購買他們自己的書。作家塞里昂那斯（Serianus）就曾於一五七二年購買了一百八十六本（總版數三百本）他自己寫的《讀萊韋提茲有感》（*Commentarii in Levitici Librum*）。【119】然而到了十六世紀末十七世紀初，現代做法已經引入，作家把手稿賣給出版商。隨著閱讀的現象越來越普遍，越來越多的書得以出售，預付款不斷攀升。到十七世紀的時候，數目已經很可觀了（比如，在法國已經達到數萬法郎）。【120】英國開始於十七世紀中葉引入版權。【121】版本印數跟現代標準相比已經沒有多少差別——有些時候可以少至一百冊。《聖經》可以發行九百三十冊或一千冊，但是因爲數目巨大，出版商經常冒著財政困難的風險。【122】然而，隨著技術的改進，書的製作成本下降，書商多印一些冊數也無大礙了；到十六世紀後半葉，發行兩千冊甚至更多，已經司空見慣了。尼古拉斯・克雷納德（Nicholas Clénard）一五六四年出版的希臘語法書和一五六六～一五六七年出版的《民法大全》，都是發行兩千五百冊。荷蘭出版的《聖經》甚至達到三千～四千冊。【123】

早些年版權法的欠缺導致了盜版橫行。當國王和議會試圖採取行動阻止這種行爲、打擊盜版書商的時候，卻只把盜版業趕到了地下。從十五世紀至十八世紀，書籍審查的意圖使這種情況變得更糟。早在一四七五年，科隆大學就得到教皇頒發的執照，有權力審查印刷商、出版商甚至讀者是否擁有非法書籍。【124】許多主教試圖行使同樣權力。一五〇一年，教皇亞歷山大六世發布了《內部多項法案》（*Inter multiplices*），禁止德國在沒有教會批准下出版任何書籍。在一五一五年的拉特蘭會議上，此禁令推廣至整個基督教界。這種權力直屬於宗教法庭和總檢察官。當然，審查制度結果卻反而使被審查的書籍至少對某些人來講更具有吸引力。十六世紀，隨著時間的推移，禁書的數目急劇增加，後來到了有必要編寫一部禁書目錄的地步了，而且這部目錄需要不斷更新。一五五九年，教皇保羅四世向天主教頒布了禁書書單。儘管非常認眞加以選取，但是很快的便有一個事實很明確地擺在面前：在很多地區（比如距離羅馬並不遠的佛羅倫斯），如果將所列書籍全部禁掉的話，那無疑會毀掉整個剛剛繁榮起來的圖書市場。因此，在很多地方，這道禁令只不過象徵性地加以實施。比如，宗教裁判所在佛羅倫斯的代表同意律師、醫師和哲學家所需要的書可以免除禁令。【125】法國實行的是另一套體制：任何一本書要出版，需要預先從國王那裡獲得許可。這種做法也迫使出版業轉爲地下，大多數出版商對這種法律嗤之以鼻，「禁」書照樣可以大行其道。【126】

毫無疑問，除了印刷術很快地流行起來以外，這種做法使很多還未出版的書在人群之中已經廣爲流傳了。據統計，一五〇〇年之前印刷的書不下兩千萬冊。【127】雖然起初圖書市場主要圍繞大學和其他知識分子而形成，但是，書籍很快便流向普通大衆。全新的文學作品開始反映並且鼓勵一種流行的崇拜——比方說崇拜處子仍然極度流行、讚美聖母生活和美德的作品很受歡迎，關於聖徒的作品亦然。和人道主義的發展一樣，印刷術幫助推動了人們對古代物品的興趣，文法類書籍和中世紀早期騎士傳奇文學書籍也有大幅度的增加。但是，科學和數學也在科學家和古代數學家之間引起了極大的興趣。占星術和旅行也很流行。

因此，印刷術的到來與其說改變了文化的型態，還不如說它使文化飛入尋常百姓家（按照原先預計的發展）。它所產生的變革越深入，需要處理的變革就越多，比如宗教改革傳播方面和人文主義成功方面的準確性標準（爲了樹立名著典範，學者們想使用手頭上最佳範例）。印刷術使越來越多人熟悉古代作家，特別是異教作家，越來越意識到純文學和文體的品性（與學說內容相反），更加致力於生活世俗化。成爲希臘語、拉丁語和希伯來語三語皆通的三語博士，成爲人文主義者的目標，印刷術增添了一臂之力。【128】但是無論如何，沒有哪個人可以做到三語皆通，因此，印刷圖書的另一個影響便是激發公衆對於名著的欣賞，同時也激發了公衆對於譯成了本國語的名著的欣賞。這些譯著在傳播思想和知識方面產生了更加重要的作用。【129】同樣，譯成本國語的著作也推動了人們對於本國語的興趣。這一進程先開始於義大利，但是在法國推行得最深入。一五三九年，維萊科特雷法令在法庭上將法語定爲法國官方語言。做爲國際通用語言的拉丁語直到十七世紀不再使用時，各國民族文學正快速發展，分享著圖書市場。

拼寫

印刷術最後的衝擊是拼寫，拼寫在此時已經固定，和發音越來越不相稱。換言之，拼寫越來越注重詞的起源，[130]民族語言的發展則進一步加強了這一點。越來越明顯，一五三〇年後，拉丁語力量開始變弱。例如，在巴黎，一五〇一年出版的八十八個標題裡只有八個是法語的，到了一五三〇年，其時發表的四百五十六個標題裡有一百二十一個是本地語。這是從百分之九到百分之二十六的上升。這不奇怪，很多讀者都是新興資產階級商人，他們沒有做三語博士的抱負。可是在一些國家，帶有反羅馬傾向且支持地方文化的宗教改革進一步促進了這個進程。在印刷術的幫助下，路德對德國語言的發展具有關鍵的作用。當然，最後，《聖經》更不用說，公禱書都翻譯成了本國語，這使得基督教經文比以前任何時候都容易獲得。我們將在本書其餘部分論述這種現象的結果，但是就目前而言，我們可以說，總體上，印刷「確定」了本國語言的地位。正是因爲翻譯過程，國外語言和表達豐富了本國語言。但是，現在，詞的拼寫和用法已經固定。印刷工刻意把一致性引入語言裡，比如下面這些摘自亞里斯多德譯文的例子可以看出：

手稿	印刷稿
bee	be
on	one
greef	grief
thease	these
noorse	nurse
servaunt	servant[131]

拉丁語的消亡是緩慢的。笛卡兒用法語寫了《方法論》（*Discours de la M_thode*）但是他的信函通常是用拉丁語寫的。如果演講的對象是歐洲人，如果演講者本人願意的話，用拉丁語寫還是很有必要的。拉丁語直到十七世紀才眞正退出舞臺，在那之後，法語成爲科學、哲學和外交的語言，當時，每一位受過教育的歐洲人都得熟悉法語，當時法語書在全歐洲發行。[132]

因此，印刷術成爲歐洲一元化拉丁文化的毀滅者。這種文化一度幫助推進歐洲超越了印度、中國和阿拉伯世界，它也標誌著大衆文化的開始。這是一次翻天覆地的變革。但是，這些輪廓需要好幾個世紀才能顯現出來。

第十八章

世俗的到來：資本主義、人文主義和個人主義

對文藝復興的觀念轉變

楊・范・艾克（Eyck）著名的雙人肖像畫《阿爾諾菲尼的婚禮》（The Arnolfini Marriage）完成於一四三四年，被譽爲文藝復興早期佛蘭德藝術的傑出代表作品，可謂實至名歸。這幅作品表現的是義大利商人喬凡尼・阿爾諾菲尼和他新婚妻子，並肩站在新婚房內，丈夫握著妻子的手。依靠精美的繪畫風格和微妙的燈光效果，這幅畫巧妙地捕捉到了這對中產階級新婚夫婦那虔誠、平靜又帶有些許自鳴得意的表情——這眞是一幅驚人的表現人物心理的作品。然而，它又完全不同地表現了其他內涵。這幅畫吸引觀賞者把注意力放在屋內那些特別的裝飾物上，它們是用來向這對新婚夫婦表達祝福的。地板上鋪有來自東方的小而精緻的菱形小地毯；一把裹著布的高靠背椅，椅背上雕刻著圖案；一張帶有紅帳子的床；一面威尼斯凸鏡，華麗的鏡框上嵌有小片琺瑯，表現的是耶穌受難時的情景——頂部有一個亮閃閃的銅製枝形吊燈，吊燈被做成了繁複的植物形狀。畫中的兩個人物衣著都十分華麗，衣服袖口處飾有毛皮，束腰外以上飾有褶皺。新娘頭上的喬凡娜式頭巾做工精細，褶皺繁複。最後，地上放有一雙厚底木製拖鞋。有了這雙鞋，阿爾諾菲尼才得以在泥濘的城市街道上走路而不致溼了腳。正如歷史學家麗莎・賈丁評論中所說，這不僅僅是對一對夫婦的描繪，更是對財富的頌揚。「畫家期望觀賞者對畫中所有細節的描繪報以興致，以此來幫助我們更深入理解畫中人物的重要性，而不只是把它當做對佛蘭德當地特殊情況的描繪。這幅作品是對這位成功的義大利商人精神世界的讚頌——讚頌他強烈的占有欲和控制欲。」【1】

這幅畫與這一篇章的主題密切相關，因爲文藝復興時期或許是歷史上唯一最令人感到親切的時期。除了發生於一三五〇～一六〇〇年間思想和文化的「文藝復興」，以前的人們沒有對過去的其他方面那樣做過如此深刻的重新審視。從十九世紀開始，人們逐漸形成這樣一個觀點：文藝復興對現代世界的發展具有「卓越的歷史重要性」；繼中世紀文化發展停滯之後，一個「文化上的春天」伴隨著對古典文學的重新審視和視覺藝術的蓬勃發展傳遍歐洲大陸。這一觀點的發展主要歸功於《義大利文藝復興時期的文化》（*The Civilisation of the Renaissance in Italy*, 1860）一書的作者，瑞士歷史學家雅各・伯克哈特（Jacob Burckhardt）。然而有些是毋庸置疑的：文藝復興運動如今在人們眼中已遠非一場文化運動或者一場經濟革命。【2】

細細想來，鑑於文藝復興本身就是一些重要的發展活動（其中很多是經濟活動）的結果，這一點也就沒有什麼值得奇怪的了。伯克哈特所寫最後三章的內容顯示出，大概從十世紀起，更確定的是從十一世紀起，宗教、心理、城鎭的發展、農業以及知識的傳播等，各方面的重要變革已經開始醞釀了。那時出現了新形式的建築；重新探索了非宗教的科學界、醫藥學和心理學；計時、數學、閱讀、音樂領域出現重要的革新；在藝術領域還出現了透視畫法。因此，把中世紀鼎盛時代稱做一個發展停滯時期是沒有道理的。從二十世紀二〇年代美國哈佛大學的歷史學家查理斯．哈斯金斯（Charles Haskins）開始，學者們已經開始談論十二世紀的文藝復興這樣一個當今被廣爲接受的概念。[3]

在一些地區，對歷史上的「大」時期，現在存在著一種懷疑的態度。十九世紀必勝主義者對過去就持這樣的態度，他們認爲文藝復興與中世紀格調不合。正如二十世紀歷史學家歐文．帕諾夫斯基（Erwin Panofsky）所指出的，當時還存在另一種情況，那就是歷史上曾出現過其他的「復興」：查理曼的文藝復興、奧圖文藝復興、盎格魯－撒克遜文藝復興和凱爾特－德意志文藝復興。因此，不僅僅是十四、十五世紀的義大利人對古典文化進行了再探索。然而，說義大利人比其他任何人都意識到發生了什麼也是實事求是，儘管這種說法有些保守。甚至帕諾夫斯基也不得不承認，義大利文藝復興是一次「轉變」，是走向「進化」的具有決定性意義的、無可替代的一步，但卻不是「進化」。[4]

看來，各種各樣的因素——主要是科技和經濟上的——結合在一起，創造出了我們所說的文藝復興本身。從科學技術角度來說，這些因素有：來自中國的羅盤，它成就了歐洲人許多次不同尋常遠端航海的壯舉，並因此推開了歐洲人探索世界的大門；還有同樣來自中國的火藥，爲舊的封建制度的顚覆和新的民族主義的崛起貢獻良多；機械鐘錶，改變了人與時間，特別是工作的關係，解除了人類活動與自然的節奏之間的關係；還有印刷術，解釋了爲什麼知識的傳播能取得一個重大的飛躍，而且打破了教會的壟斷。另外，默讀促進了獨立思考，並在潛移默化中把人們從更加傳統的思考方式和「集體控制的思考方式」中解脫出來，幫助促進人們顚覆傳統，形成非基督教思想，勇於創新，培養獨立個性。

黑死病

人們用許多筆墨來描述當時一種大規模的瘟疫——黑死病——對文藝復興的巨大影響。比如，在十四世紀，由於這場瘟疫，許多鄉下地區幾乎看不到人跡。這迫使許多地主屈服於農民的要求，農民的生活水準也隨之改善，後來據考古學家發現，當時人們使用的烹飪器皿已經由陶器變成了金屬器具。[5]這場瘟疫對教會和宗教生活看來有兩個主要的影響。大批的死亡使人們悲觀厭世，他們變得自閉，追求更加私人化的信仰。比以往任何時候都要多的私人禮拜堂和慈善機構尾隨這場瘟疫建立起來，同時神祕主義也開始抬頭。人們對基督教會產生了新的關注：儘管拉特蘭四世許諾天主教徒至少一年吃一次聖餐，可是忠實的教徒則盡可能經常參加。[6]同時，從心理學上說，許多人當然也會走向另一個極端，他們開始懷疑萬能上帝的存在。這場瘟疫帶來的第二個主要影響是對教會本身的影響：大約百分之四十的牧師被奪去了生命，因而很多極為年輕的神職人員被指派來替代那些死去的人。這些年輕的牧師們比他們的前輩受的教育少得多，這進一步說明：教堂在知識領域的威信已經大大降低了。在許多地區，天主教堂的學校教育瓦解了。黑死病和文藝復興之間的任何關聯都因此而極為微妙，一些顯而易見的跡象從兩方面表現出來。是的，那些沒有受過良好教育的年輕牧師們確實造成教堂威信的降低，但他們在那場瘟疫之後表現出來更大的虔誠，卻是我們在文藝復興中所看到的一個反例。或許我們所能說的就是，在促使舊的本已搖搖欲墜的封建體制瓦解方面，黑死病給予致命一擊，推進新體制的發展。

為什麼文藝復興自義大利開始

更加具有說服力的是那些說明了為什麼文藝復興起源於義大利，並且在那裡走得最遠的解釋。這和義大利那些小型的城邦有極大關係，它們因為羅馬教皇和帝王之間的長期爭鬥，極大程度地保持了獨立性。另外，義大利的地理環境——五分之一的面積為山地，五分之三為丘陵，一個海岸線極長的狹長半島——抵制了農業的發展，卻鼓勵了商業、航海業、貿易活動和工業的發展。這樣的政治和地理結構一起推動了城鎮的發展：到一三〇〇年，義大利已擁有了二十三座城市，城市人口達兩萬甚至更多。相對較多的城市居民、較大程度的獨立性，連同它在北歐和中東地區之間的貿易地位一起，意味著義大利的商人比其他大多數受過更好的教育，並且擁有從正在進行的變革中獲利的更好的地位。

義大利的學校教育

在前一章，我們看到，十二世紀的文藝復興與學校教育的變革聯繫在一起，從修道院學校轉變到教會學校，還在具體教學上做了改變：開始是少數具備超凡魅力的老師在一對一基礎上進行教學活動，後來改變爲在更大的教室裡用書本教學。同樣，保羅．葛蘭德勒（Paul Grendler）在他的《論文藝復興時期義大利的學校教育》（*Schooling in Renaissance Italy*）中說到，義大利的文藝復興有更深遠的變革，這一點應給予高度評價。「這一政治、社會、經濟甚至語言上的多樣性（在義大利）——『差異性』或許更恰當——好像隨時都要把這個半島撕開。」但是學校教育卻使義大利人聯合起來，並且在促進文藝復興發展中扮演了重要的角色。人文主義教師開闢了新的有別於十五世紀早期歐洲其他地區教育的教育道路。從那時之後，義大利的統治者、自由職業者以及人文主義者精英共同使用古拉丁語；他們使用同樣的修辭學；他們共同擁有在校期間學來的道德觀念和生活事例。人文主義的課程統一文藝復興，使之成爲一個成就卓越、富有連貫性的文化和歷史新紀元。[7]

葛蘭德勒說，隱藏在文藝復興時期教育背後的是一種樂觀的預測，這種預測認爲這個世界不是無法理解、無法控制的。到十四世紀中葉，當中世紀的教會學校教育體制土崩瓦解的時候，在義大利出現了三種學校體制，分別是：由市政當局經營的社區拉丁學校、獨立學校（又或者我們稱之爲私立學校），還有用來訓練商人、傳授商業技巧的算術學校。根據葛蘭德勒爲威尼斯所報出的數字，有百分之八十九的學生進了私立學校，相較而言，只有百分之四的學生去了社區學校。他還說，有百分之三十三的適齡男童和百分之十二的女童具備基本的文化素養；到一五八七年，威尼斯有百分之二十三的居民受過教育，具備了文化素質。[8] 葛蘭德勒認爲，威尼斯可說是個典型。

在十五世紀，人文主義者修改了課程。詩篇文法和術語表、道德詩甚至祕書文案，從課程表裡拿掉，取而代之的是語法、修辭學、詩歌作品，還有不久前才被人們承認的古典作家編寫的歷史。最重要的是，他們引入了西塞羅的作品「做爲拉丁語散文的範例」。大多數的教師都是人文主義者。葛蘭德勒稱，到一四五〇年，義大利北部和中部城市的大部分學校都教授人文學。[9] 那時候的教學注重教授閱讀、寫作、詩歌和「在中世紀的教學課程中從未曾見過的科目」——歷史。有人批評說學習拉丁語抑制了學生的創新，使他們變得溫順聽話，葛蘭德勒對此予以駁斥，他稱文藝復興時期的事實可以駁斥這一點；因爲正好相反，那時候大多數學生都「熱愛拉丁文和它彰顯出來的文明」。他認爲，這一點正好幫助闡釋了文藝復興。他把當時對拉丁語的學習比做如今對音樂和運動的學習，年輕人如此熱愛他們所從事的學習，熱愛在努力之後呈現於他們面前的東西，並沒有把這些付出看做一種辛苦：人們被這樣的技巧迷住了，並且知道掌握它對以後有多重要。首先，這種教育是非宗教的，當然，它對這一體系下那些數不清的大學畢業生的前景產生了極大的影響，無論他們是藝術家、公務員或是商人。

算術學校的重要作用

算術學校得名自寫於十三世紀早期的《算盤書》[10]，作者是李奧納多·費布納西，他的父親是比薩政府的一位官員，曾被派往比薩的貿易殖民地阿爾及利亞的布日伊（Bougie）去做管理工作。在那兒，他接觸到了阿拉伯數字和阿拉伯數學的其他方面。費布納西從未對大學裡的數學理論有過多大影響，但是，對文藝復興時期的義大利商業來說，他可是一個很有影響力的人。男孩子們在接受教育的過程中，大約需要學習兩年的算術。例如，尼科洛·馬基維利（Niccolo Machiavelli），在他十歲八個月的時候就到算術學校上學，在那兒學習了二十二個月。當時幾乎所有在這樣的學校上學的男孩子都在十一歲到十四歲之間。有時候社區僱用老師來教算術，有時候他們獨立來完成。[11]在萊昂·巴蒂斯塔·阿爾貝蒂（Leon Battista Alberti）的《論家庭》（*Della famiglia*）中，作者建議孩子們應當學習算術，表明了這些技能的重要性。「學生們也應該回到『詩人、演說家和哲學家的行列中來』。」[12]算術包括基本的數學知識、指算、會計、利息的計算、乘法表記憶和一些幾何學方面的知識，還有整個學習體系的核心——對多達兩百種商業上的數學問題的研究：度量衡、流通變化，以及存在合夥關係時的分配問題、貸款和利息，還有複式記帳。算術學校所用的書本——尤其是有關商業問題的部分——成爲課外的參考資料：當商人遇到解決不了的難題時，他可以翻閱這些書，直到找到大體上說來有可比性的解決方法爲止。這些書籍還教授優良的商業慣例做法——如何將整個財政年度的所有文書包紮成捆、如何記錄爭端、如何預先處理遺產問題等。但是沒有關於「公平價格」的參考資料。[13]

重申一遍，對於學校，我們所能說的不應該超出我們在這裡談到的內容，但是我們也不可忽視一個事實：這是第一次，一個文明社會正規地、系統地在優良的商務做法方面培養孩子或者青少年。文藝復興以此著稱的創造力的迸發，不僅僅是基於商業的繁榮，而且那時的計算能力和商業技巧也被認爲是十四、十五和十六世紀義大利兒童教育的一個完整要素。它們對社會發展的貢獻是不應被忽視或低估的。

羊織品貿易、國際貿易、銀行業和資本主義的起源

在義大利城邦之中，佛羅倫斯脫穎而出。居民約有九萬五千人，這個人口數大約有米蘭、威尼斯或者巴黎的一半之多，和熱那亞以及那不勒斯的人口差不多。[14] 由於離海較遠，因此佛羅倫斯沒有港口，但是到十五世紀晚期，它把米蘭或者威尼斯與手工業相關的服務業和銀行業結合起來。彼得·伯克稱，當時有兩百七十間織布車間、八十四家木刻店、八十三家絲綢店、七十四家金首飾店和五十四家碗櫃店。這座城市的許多新的宮殿是經過鉛錘[15]測量而成，正如我們從同時代的文獻表述中看到的，裡面提到很多次井、蓄水池、汙水池和廁所。街道已經被鋪設整齊，保持乾淨，下水道將汙水排進亞諾河。[16] 所有現象都反映出一個事實：在十二至十四世紀期間，佛羅倫斯的經濟已經發展到其他城市不可匹敵的規模。這基於三個基本條件：紡織品貿易、紡織工業本身以及銀行業。總的來說，義大利尤其是佛羅倫斯是商業革命的發源地，在那時，國內貿易和國際貿易是一切其他事物的根本。[17] 這裡有一個實例，在十四世紀中葉，巴蒂一家在塞維利亞、馬霍卡島、巴塞隆納、馬賽、尼斯、亞維儂、巴黎、里昂、布魯日、塞浦勒斯、君士坦丁堡和耶路撒冷都有代理商。達提尼（Datini）一家從事著從愛丁堡到貝魯特兩百個城市的生意。[18] 羅伯特·洛佩茲（Robert Lopez）提到，沒有哪次經濟劇變對世界產生過如此大的影響，「大概除了十八世紀的工業革命之外……義大利在這第一次的資本主義變革中，扮演著與四百年後英國在第二次資本主義變革中同樣的角色，這樣說並不誇張。」[19]

儘管當時有了科技的發展，比如小型輕快帆船和活動帆大帆船的發明，商業革命主要還是具組織意義上的革命。「原始的對利益的追逐，被權益的、深思熟慮和理性的、長期的計畫所取代。」[20] 記帳貨幣與複式記帳幾乎同時發展起來，海洋運輸保險在國際商務繁榮發展的托斯卡尼市（Tuscan）誕生，這使貨運關稅變得更加複雜，反過來又增加了文書工作的強度。普拉脫（Prato）的達提尼家族檔案包括從一三八二年到一四一〇年的五百多本帳本和十二萬封信。這代表每年平均有四千兩百八十五封信，一天就十二封。「寫信成爲所有活動的基礎。」[21] 這也標誌著資本主義的誕生嗎？是的，資本的穩定累積，銀行存款的不斷增加，對資金所有權的管理與對勞動者的管理分開，從這個意義上來說，這是資本主義。同時還存在著經過深思熟慮，透過更大規模的經營來擴張市場的努力，就這層意義上來說，這也是資本主義。還有，年輕人自覺的接受教育來學習貿易技巧。當然，當時的規模比現在的要小

得多。[22]

但是，最顯而易見的資本主義標誌，大概是佛羅倫斯另外一項主要活動——銀行業——的成功。它本身就是一場經濟革命。在十三、十四世紀晚期崛起了幾個重要的銀行業家族——阿齊亞奧里家族、艾米埃瑞家族、巴蒂家族、派尼茲家族和斯噶利家族；到一三五〇年，他們的子公司遍布所有主要的貿易中心：布魯日、巴黎（一二九二年達二十家）和倫敦（十四家）。大部分現在的運作方式，在當時已經被引進：貨幣兌換、交納保證金、過戶、存款取息、透支等。需求主要來自歐洲的一些王子，他們數量相對較少，但是特別富有。他們大量消費的激情刺激了對奢侈品，特別是對服裝的需求，以及對金融服務的需求。[23]理查．高德斯維特（Richard Goldthwaite）說，這一小股貴族家庭可被譽爲文藝復興的創始者。[24]

封建貴族和資產階級價値觀的結合

隨著越來越多的人從事商業，財富（而不是出身）首次成爲體現階級差別的主要根據。商人，甚至是普通店主，只要他們足夠富有，就可以被授以爵位，因此，他們每每效仿老牌貴族，建立宮殿，購置鄉村田產。彼得．伯克稱，正是這些老牌貴族和上層資產階級魚龍混雜的現狀，造成了價値和品質的混合，「貴族的驍勇善戰和資產階級的經濟頭腦相融合」。由此，產生了一種新的企業精神，「半尙武的、半以金錢爲目的的精神，首先在海上貿易中展示出來」。最終，回歸爲更加平靜的、不十分冒險的內陸貿易，但正是海盜精神點燃了偉大的商業革命。[25]

封建貴族和資產階級的緊密結合，也造就了新的城市精英——文化水準高，受過良好教育，有理性——形成了新的社會秩序。複式簿記、機械鐘錶，還有阿拉伯數字的廣泛應用，爲其典型代表。但這仍然是一個手工勞動者的社會；腦力行爲仍然只是功能性的，與具體職業和專業目的相關，旨在滿足世俗世界裡的社會需求。[26]從心理學角度講，那時出現了對藝術的狂熱。人們把自己置於所有的宗教傳統慣例之上，只依靠自己的力量；這和希臘人的英雄觀相比，並非是一個完全偶然的雷同。[27]對個人來說，人們意識到只能靠自己的力量，意識到理性優越於傳統，並且意識到對時間和金錢的掌控才是關鍵，生活節奏也隨之加快了。那時，義大利的鐘錶一天敲響二十四回。

藝術上從教會贊助到世俗贊助的轉變

當這些都揭示了爲什麼佛羅倫斯到處都充滿了新的財富時，卻沒有告訴我們爲什麼這些財富會帶來如此巨大的文化衝擊。城市研究專家彼得·霍爾（Peter Hall）把這些歸因於一項事實（這個事實適用於古代雅典，也適用於十九世紀的維也納），「財富製造者們和那些知識分子從一開始就密不可分」。因此，封建貴族不僅僅是藝術和學術的贊助人，他們也與之密切相關。「幾乎每個聲名顯赫的家族都有一位牧師兼做律師，和許多位人文主義學者；考西莫·德·梅迪西（Cosimo de' Medici）本人是一位金融家、政治家、學者，同時還是多位人道主義者（布魯尼、尼克里、馬蘇皮尼、波基奧）、藝術家（多納提洛、布魯奈萊斯奇、蜜雪兒洛佐）和博學牧師（阿姆布朗吉奧、特拉瓦薩里、教皇尼古拉斯五世）的朋友和贊助人。」正是因爲這種現象，藝術贊助模式得以改變和拓寬。在大約兩千多幅作於一四二〇～一五三九年間、標注有日期的義大利繪畫作品中，彼得·伯克指出，百分之八十七屬於宗教題材，大約一半有關聖母瑪利亞，四分之一表現了耶穌（其餘的則表現了聖徒）。就在同一時期，變革正在醞釀之中。變革的第一個徵兆是，有關教會作品的製作訂單來自教會本身的越來越少，相反的，有更多來自大的行會、精神互助會或者私人贊助。[28]事實上，是新近致富的市民們，而不是牧師，來選擇那些出色的藝術家，並與之討論作品的細節，比如要畫一個屋頂還是整座教堂。

當這些世俗的資助從教會建設轉向城市中用做各種委員會辦公的公共建築時，第二個變革也隨之而來。例如，十四世紀數位重要藝術家——喬托（Giotto）、杜喬（Duccio）和A·洛倫澤蒂（Ambrogio Lorenzettio）——將事業的大部分用在政府服務上。與這項變革聯合在一起的，是介紹全新的世俗主體的運動，其中最顯著的就是十四世紀義大利的藝術變革，它確立了敘述體。[29]

藝術家地位的提高

第三個變革是藝術本身和藝術家地位的變革。首先，在文藝復興早期，就像雅典時期那樣，藝術只是一門手藝。畫一幅畫是爲了某次特別的宗教活動，雕刻一件小雕塑是爲了放在某個特定的壁龕裡。但是，隨著十四～十五世紀義大利人們需求的不斷增加，要求工匠藝人發展一些新的思想，而且最重要的，要能夠展現他們對新知識——透視畫法、解剖學、光學、古典藝術甚至理論

——的通曉。自那時起，便有了藝術的市場，首先是針對教堂和女修道院建築群的需要，然後是大約十四世紀中葉私人家庭住宅的需要。[30]實際上，可能是藝術家們自己來招攬生意，但是那些出資人對完成的作品具有相當大的影響力。無論從哪一方面來說，合同成了商業文件，詳細說明了原料、價格、如何交付、型號、輔助作用，和其他需要包括的細節（小天使和青金石另外計酬）。一份合同中，也可能指明完成這項工作的人。一四八五年，喬瓦尼．達瑙羅．戴．巴蒂（Giovanni d'Agnolo dei' Bardi）和波提切利之間就祭壇裝飾定了一份合同，詳細註明了色彩和畫筆的使用。另一件一四四五年的作品，皮耶羅．德拉．法蘭西斯卡的聖母像，用斜體字詳細說明了「該作品只由皮耶羅獨立完成」。[31]喬托大概是第一例：他在生意上極爲成功，他似乎把高超的藝術技巧和敏銳的商業頭腦完美地結合在一起——到一三一四年，有多達六位公證人打理他的利息。[32]

與之相符合的是，藝術家們開始在自己的作品上蓋章。捐資者家人的名字可以出現在作品上，畫家本人亦如此，正如貝納佐．戈佐利（Benozzo Gozzoli）所作的《三賢之旅》（Procession of the Magi，一四五九年），和波提且利的《賢士來朝》（Adoration of the Magi，大約在一四七二～一四七五年間）。到十五世紀，藝術家的社會地位發生了顯著的巨變；吉爾伯提（Ghiberti）和布魯內勒斯基（Brunelleschi）二人都在佛羅倫斯擔任政府要職，後者甚至是市政府的一員。公衆對藝術家的尊崇也在無限制地增加；到十六世紀，當「非凡」這個形容詞被加注於米開朗基羅身上的時候，幾乎可以認爲是一種奉承。藝術史學家阿諾德．豪賽爾（Arnold Hauser）說過：「文藝復興裡藝術概念的根本元素是天才的發現；這是一個從前爲人所不知的概念，這在中世紀世界觀中是難以想像的。而中世紀世界觀中，人們認爲那些天才的創新性和自發性沒有任何價値，他們只承認模仿，許可剽竊行爲，而忽視智力的競爭。這種天才的新概念當然是個體崇拜的一種合理表現：在自由的市場環境下，自由競爭的思想取得了勝利。」[33]

隨著情感變化而來的是建築上的變革。一四五〇年之後不久，建築師們開始精心設計每座建築的外觀，使之看起來不僅互不相同，而且和附近的中世紀建築也不一樣。住宅開始擁有更加引人注目的大門。不再設有店鋪，這樣人們可以清楚地看到一座住宅的壯美。也就是從大約一四五〇年開始，住宅內部也在變化，購買藝術品成爲一種時尚，人們購買這些東西不僅僅是因爲它們的實用價値，也是爲了他們的藝術價値。這其中包括一些早期的藝術品。當然這種收藏行爲表明人們對藝術和藝術史的了解。「精緻成爲一個不變的主題，它體現在義大利人購買的貨物中——餐具、樂器、藝術作品。」[34]

因此，高等資產階級的崛起和藝術家的崛起是並進的，教會和君主政體不再是唯一的（或者主要的）藝術贊助者。藝術品的收藏仍然局限在少數人當中，但已經成爲與過去相比更加普遍的行爲。到十五世紀末期，藝術品的價格開始上漲，一四八〇年以後，當藝術家們開始被授予貴族頭銜的時候，畫家和雕刻家們可以嚮往擁有像拉斐爾和貝魯齊那樣富足的生活。[35]

對古典文化的重新發現和對生活的強調

文藝復興中其他重要的變革，據漢斯．拜倫（Hans Baron）說，它超越了天才的概念，就是對中世紀克己意識的摒棄。「修道士們已經不再是唯一能夠對美做出評判的群體。」現在的理想人選是亞里斯多德，一個斷言能夠決策自己所需的人。佛羅倫斯人，就像他們之前的希臘人那樣，信仰功績，把生活看做一場比賽。如湯瑪斯．阿奎那所敘述的，每個人「在生活中都有一個固定的位置」的說法已經不復存在。[36]「計算已經是義大利城市生活的中心」；人們普遍掌握了計算的技藝；時間寶貴，應當透過理性的計畫充分地利用；節儉和計算是生活的準則。十五世紀早期佛羅倫斯的整個人文主義思潮，是趨向與現實生活的融合，含蓄地有時又清楚地表示了反對放棄一直以來和宗教的官方關係。[37]結果，造成許多截然不同的世界觀，爲知識創新蓄積了力量。

我們現在要說的人道主義，從本質上說，替代了人們對神的信仰，建立了基於人的實踐經驗的理性社會秩序。「整個世界好像是一個偉大精確的實體，充滿了抽象的、交互變化的、可以測量的，更重要的是非個人的特質。」[38]因此，美德也是個人的，可以透過個人努力獲得，它和一個人的出身和財產毫無關聯，和自然的力量就更沒有關係了。那些古典文化爲這種看法提供了依據，在教堂之外，墨守成規的學說在很大程度上被拋棄了。[39]教會影響力的衰退爲政府提供了很大的空間。雅各．伯克哈特在他著名的論文中指出，「在義大利的城市裡，我們第一次看到了政府做爲一個有計畫的、有意識的產物出現，就像一幅藝術作品。」[40]

彼特拉克與對柏拉圖的重新發現

在其著作《歐洲霸權之前：西元一二五〇～一三五〇年間的世界體系》中，紐約的學者珍妮特．阿布．盧格霍德主張，在十三世紀，「多元資本主義體系在世界許多地區共同存在，沒有哪一股有足夠的力量超越其他」。[41]

她繼續補充說，十四世紀黑死病的出現，是反面影響遠東貿易的因素之一，它對歐洲貿易的影響卻沒有這麼大，並幫助說明了西方世界的崛起。這次瘟疫成功地發揮了作用，而且是極其重要的作用。但是，這一純粹的經濟學分析卻忽視了當時還存在於十四世紀義大利佛羅倫斯的心理學和知識領域變革的影響，這就是人文主義崛起和個人主義的加速發展。文藝復興時期人文主義的第一個代表人物是彼特拉克（一三〇四～一三七四）。彼特拉克是認識到「黑暗時期」的第一人，他稱他出生之前的那一千年左右的時間，即從古羅馬帝國時期甚至更早的古希臘時期以來，是一個衰落期。他關於希皮歐．阿非利加（Scipio Africanus）的詩歌，展望了過去，也預見了歷史上一個重要的轉捩點。

那時或許，當黑暗被驅散，我們的子孫能夠重新回到純潔而又古老的光芒之下。你會發現赫利孔山重新煥發生機，而莊嚴的月桂樹茂盛起來；那時偉大的天才將會再次出現，對於文學的真誠研究的熱情來自於包容的精神，這種包容的精神會使我們對古老文化的熱愛倍增。[42]

彼特拉克本人無疑是幸運的，在他生活的時代，中世紀學者的努力已經見到成果。在前幾個世紀，古典作品被逐漸發掘並翻譯出來。但是，彼特拉克卻以完全不同的眼光看待這些古典作品。如我們所看到的，中世紀鼎盛時代的學者，到湯瑪斯．阿奎那時達到最高峰，都專注於亞里斯多德的著作的研究，並嘗試把它們和基督教的神旨相結合。彼特拉克的創新是雙重的。它不僅關注亞里斯多德的科學和邏輯理論，以及基督教教義中新的內容，還按照它們的方式對古代詩歌、歷史、哲學等做出回應。我們應該視他們爲早期文明的「明亮的榜樣」。他感到，歐洲已經完全忘記早期的偉大成就，而他開始努力理解這些術語本身所賦予的想像力。「因此，」理查．塔那斯（Richard Tarnas）說，「彼特拉克開始了歐洲的再教育。」[43]

在他生活的世界裡，甚至連彼特拉克都認爲基督教彙集了所有非凡的思想。但是他補充了一種思想，認爲生活和思維不是直線性的，古典文明世界值得研究，因爲這是耶穌出現之前最好的生活形式。在鼓勵他的同伴回顧過去的同時，彼特拉克又開始了對失去的古文化進行進一步的新的研究。說到此，西方世界是幸運的，因爲這與君士坦丁堡某一時期的變革相一致。由於受到土耳其入侵的威脅（城市於一四五三年陷落），許多學者離去，前往西方世界，尤其是義大利。他們帶去了很多著作，其中包括柏拉圖的《五大對話集》、新柏拉圖主義哲學家普羅提諾（Plotinus）的《六部九章集》，還有柏拉圖主義的其他論著。這是彼特拉克的第二個貢獻，在帶著對十二世紀亞里斯多德復甦的回憶中激發了柏拉圖的復甦。事實上，儘管彼特拉克對柏拉圖十分著迷，在他生活的十四世紀，剛出現的原稿還未曾到達西方世界。直到十五世紀早期，原版的希臘語著作才出現（在一四五〇年之前，西方幾乎沒有人懂希臘語）。之後，就需要其他的人文主義者——像瑪律西里奧·費奇諾和皮科·德拉·米蘭德拉（Pico della Mirandola）——在彼特拉克的基礎上，將這些思想介紹給他們同時代的人。

儘管亞里斯多德學說對學者們的思想有好處，但是，柏拉圖學說給人文主義者提供了適合他們看待這個他們將要改變的世界更好的方法。柏拉圖主義最基本的觀點是，人的思想是神的映象和相似物。用威廉·克里甘（William Kerrigan）和戈登·布蘭登（Gordon Braden）機智的話來說就是「神性的知識」。更重要的仍然是「美是尋求最終事實的基本要素這個觀點，在探索的過程中，想像力和視野比起邏輯和教條更爲重要，人可以對神聖的事物有直觀的了解——這些思想對於歐洲正在發展的感性認識有著莫大的吸引力」。首要的是，柏拉圖式的流暢風格比起亞里斯多德的純粹評論更有吸引力，在此基礎上出現了十二世紀的復興，也幫助塑造了這種新式的感性認識。許多人認爲，亞里斯多德對柏拉圖的闡釋是極爲不準確的。克魯西阿·薩魯特提（Coluccio Salutati）和尼克洛·尼克里（Niccolo Niccoli）都相信，柏拉圖優越於亞里斯多德，蘇格拉底的文采是後人追求的典範，而李奧納多·布魯尼（Leonardo Bruni）在書中稱讚了人道主義，蘇格拉底、柏拉圖和西塞羅體裁上唯美的作品成爲暢銷書：西塞羅的兩百五十頁牛皮紙的手稿仍保存於世。[44] 漢斯·拜倫（Hans Baron）稱布魯尼的《彼得與保羅對話錄》（*Dialogi ad Petrum Paulum Histrum*）是「新紀元的出生證」。[45]

同樣，到現在，在阿奎那之後的近兩百年間，隨著學者們爲了說清楚究竟「他本人和中世紀的老師們所表達的觀點是什麼」這樣的一些小事兒而深陷其中不能自拔的時候，經院哲學在大學裡已經變得古板僵硬，毫無生機。因此，當一個柏拉圖學派於十五世紀下半葉成立於佛羅倫斯之外的時候，也就成了完全在意料之中的事情。它的所需不是來自大學，而是依賴考西莫·德·梅迪西的私人贊助，並且由一個內科醫生的兒子瑪律西利奧·費奇諾領導。正是在這兒，在一個極爲不正式的地方，傳統的學習觀點被改變了。柏拉圖的誕辰日，人們會舉行盛宴慶祝，他的半身像前蠟燭長明。費奇諾最終把柏拉圖的整個文集翻譯成拉丁語。[46]

在柏拉圖哲學裡，或者新柏拉圖哲學裡，人文主義者們看到了一股遠古精神潮流，和基督教本身一樣古老，在很多方面又和它有不同之處。這反過來又幫助說明了此信仰。基督教可能仍舊是上帝對這個世界意旨的最終表達形式，但是，柏拉圖主義的存在卻暗示出這並不是這一深層眞相的唯一表現方式。在這種格調裡，人文主義者並沒有止步於希臘文學。佛羅倫斯的學院（實際上是在城市之外的卡勒奇）鼓勵對所有充滿智慧的、理智的、富有想像力的著作的研究，無論它們是在哪裡發現的——在埃及和美索不達米亞的文本中，在瑣羅亞斯德教教義中，在希伯來卡巴拉教教義中。存在於此的觀點就是，在新柏拉圖主義——它既包含普羅提諾也包含柏拉圖的觀點，整個世界瀰漫著神性，每樣事物都被一種超自然的力量所影響，自然實際上被施了魔法，而上帝的意圖，如果認眞思考的話，是可以被解碼的，它的神旨是可以被數字、幾何、形式——最重要的是美所闡釋的。柏拉圖主義教授學生以美學的方式來理解世界，這有助於解釋爲什麼文藝復興時期在藝術方面蓬勃發展，以及爲什麼藝術家的地位得以改善。瑪律西利奧．費奇諾寫了一本命名爲《柏拉圖神學》（*Platonic Theology*）的書，在書中他主張：「人幾乎是和上帝一樣的天才。」[47]因爲柏拉圖哲學最重視美學，所以，想像力現在被認爲優於亞里斯多德學派所強調的仔細觀察，也就是我們所說的研究。由上帝透過數字、幾何和直覺，向天才人物透露超自然的眞理，被認爲打開了通向最終知識更寬廣的通道。做爲這種觀點的一部分，占星學連同占星和十二宮圖以及神祕的數字命運學都捲土重來了。古老的希臘羅馬神話並沒有像猶太基督教這樣，擁有如此的尊嚴榮耀。但是，古典神話又有一段新的生命力且重新受到了尊重，被憐憫地看做是道成肉身之前的宗教眞理。人們甚至盼望著未來有那麼一個金色時代，基督教可以和柏拉圖共存。[48]

學堂貴族／異教徒價值觀

除此以外，財富積累的重要性也不應被低估。用一位歷史學家的話來說：「文藝復興時期的人，如現實所表明的，生活在兩個世界之間，被懸掛於知識和宗教信仰之間，隨著中世紀超自然主義控制的放鬆，對於世俗的興趣和對於人的興趣更加突出。現世個人的經歷變得比死後的陰暗生活更有趣，對上帝和宗教信仰的依賴削弱了，當前世界成爲它自身的一個結束，而不是爲即將到來的世界做準備。」[49]很明顯的，財富的積累幫助了這項變革，而這項變革因爲這位歷史學家將其視爲歷史上感性認識的三大變革之一而變得更加顯著。

「其他的兩大變革爲約於六〇〇年到來的民族一神論，達爾文在十三世紀中葉促成的變革。」在這裡，文藝復興被理解爲三個相互關聯的發展過程，它們一起組成了新的感性認識。這三大要素是人文主義、資本主義和美學運動——對美的追求導致了有史以來藝術方面最大的增殖。資本主義現在更常被理解爲一種自我表達形式，而不僅僅是一種經濟形勢。沒有了人文主義者們認爲「今世」最重要的觀點，資本主義就不可能發展成熟；沒有了早期資本主義者們積累的財富，藝術的增值根本不可能出現。

與重新探索古人的自然科學相比較，人文主義更注重建立一套異教徒的價值觀，事實上是希臘和羅馬人世俗觀的全貌，在他們的世俗觀念裡，人是所有事物的衡量標準。就像彼特拉克首先意識到的，這種看法已經失去大約一千年了，這是由於基督徒們非常在意奧古斯丁的警戒，他警告人們不要太投入塵世的利益和興趣，要不然就不能進入新耶路撒冷（人類之城而不是上帝之城）。[50]但是，生活在遠古時期的人們卻更加關注幸福和富有成效的生活，就在這裡，在地球上，很少去理會他們（死後）靈魂的永恆命運。比方說，古典哲學更在乎如何在此時，而不是在去世後，過上成功的生活。人文主義者們也持有如此觀點。例如，下面是伊拉斯謨斯（Erasmus）的話：「任何虔誠的、有利於好的習慣發展的行爲都不能被稱爲褻瀆。《聖經》的權威當然應該置於第一位，但是，我有時發現一些由古人，不，甚至由不信奉上帝的人，不，由詩人他們自己說的話或者寫的東西，它們是那麼純潔，那麼神聖，那麼莊嚴，我只能相信，當他們寫下這些內容的時候，是神賜給了他們靈感。在朋友面前我可以直率地坦白說，我每次讀西塞羅的《論老年》和《論友誼》，我都要親吻書本。」[51]伊拉斯謨斯堅持說諸如聖蘇格拉底和聖西塞羅這樣的頭銜都不是對神靈的褻瀆。

人文主義概念的核心是：事實上，在義大利有一個具有審美性和教育性，而不僅僅是建立在繼承特權、土地甚至是金錢基礎上的貴族政府。它產生於在藝術及研究方面的文化欣賞和成就，其價值高於一切自我表現。文藝復興或許是一個高於一切的審美理論的顚峰時期〔儘管恩斯特．凱西爾（Ernst Cassirer）強調十八世紀是一個更加注重閱歷的時期〕。而詩歌和藝術被認爲是擁有和諧社會的祕訣。這一點在下一章裡有更詳盡的描述。

中世紀早期在其他方面，知識革命已然表明：早期的權威人士並不認同他們的觀點，而且，這些權威人士經常是在沒有任何手稿的幫助下過活，與此同時，聖會、行業協會和大學共同組織的一些活動也貫穿了他們的一生。然而，在鐘錶、火藥的發明使用以及瘟疫等事件發生之後，隨著大量財富的慢慢集聚，利己主義開始在大教堂和大學的學術界中蔓延。另外，由於黑死病爆發時教會中大量神職人員的死亡，使中世紀一些受過良好教育的牧師們的經驗也隨之消亡。隨著印刷製品的出版和閱讀的出現，利己主義或多或少得到了一些完善。無論是它造成了資本主義還是其本身就是早期資本主義的產物，利己主義加之財富共同構成了我們目前稱之爲現代生活方式的最初元素。但丁、彼特拉克、馬基維利和蒙田他們用自己不同的方式書寫關於知識自由、個體表達的文章時，經常會添加對基督教教義的質疑。[52] 印刷術發明之後，本國文學作品的增長引起了均一開支的多樣性。正是這種信仰方面的百家爭鳴，使文藝復興的思潮更具有其自身特點。

伊拉斯謨斯

在文藝復興時期，哲學體系的代表人物皮耶特羅·鮑姆帕納茲（Pietro Pompanazzi，一四六二～約一五二五）儘管不否認精神的永恆存在，但認爲亞里斯多德學說並不能證實精神和思想的獨立存在，因此，他認爲有一個問題是不能解決的，即死後建立於獎懲基礎上的道德規範體系毫無意義，反而應該構建一個與今生有關的道德體系。他說：「對美德的獎賞就是美德本身，對惡的懲罰就是惡行。」皮耶特羅·鮑姆帕納茲的觀點受到宗教權威的反對，但由於好友紅衣主教皮耶特羅·班博（Pietro Bembo，一四七〇～一五四七）本身就是異教或正統思想的敬慕者，所以他逃過了火刑，但是，所著書籍全部被毀。

儘管如此，他的哲學思想開始引起變化，這一變化包括懷疑論的興起。伊拉斯謨斯、彼得·拉馬斯（一五一五～一五七二）、蜜雪兒·德·蒙田（一五三三～一五九二）、皮埃爾·沙龍（一五四一～一六〇三）、法蘭西斯科·薩昂什（一五六二～一六三二）與布萊茲·帕斯噶勒（一六二三～一六六二）都被稱爲懷疑論者。儘管他們當中還沒有人成爲像休謨或者是伏爾泰一樣的懷疑論者，但是，他們都反對學院派們的玄學、空頭理論家們的教條主義和神祕家們的迷信。伊拉斯謨斯說，讀神學家鄧斯·司各脫（Duns Scotus）的書讓他「憤怒和厭倦」[53]（引自理查·波普金的說法，十七世紀思潮中的「第三力量」，詳見後文）。

鄧斯·司各脫是和最著名的經院哲學家阿奎那、唯理論者伏爾泰齊名的著名人文主義者，[54] 約一四六六年出生於荷蘭，其思想控制了一代歐洲文人，他的一位朋友曾經說過：「有人當衆說我收到過伊拉斯謨斯的信。」[55] 伊拉斯謨斯的父母在他十一、二歲的時候都去世了，監護人把他送到了修道院，這一切似乎已經到盡頭了，但是在一四九二年，他成了一名牧師，搬到了坎姆布萊的牧師法庭，然後實現了他的目標——前往巴黎大學。然而，令人失望的是，有一次他發現這個偉大的機構被貶低了很多，經院哲學家們終日討論一些毫無結果的細節，爭吵激烈且無休止，不斷重複鄧斯．司各脫、奧坎姆的威廉和阿奎那的爭吵。曾經盛極一時的學府思想已經沒落了。[56]

如果巴黎對伊拉斯謨斯有負面的嚴重影響，那麼相反的，他一四九九年去英格蘭則從根本上改變了他的人生；他在那裡見到了湯瑪斯．莫爾、威廉．克勞希恩、湯瑪斯．利納克爾、約翰．考萊特，以及其他英國人文主義者。對於伊拉斯謨斯來說，這些虔誠的甚至是苦行僧似的人們似乎是古典文學學者和虔誠的基督教徒的完美結合。他感覺這是慷慨的靈魂，眞誠地追尋著眞理，在巴黎學派的小型爭論和沉悶的自衛中逐漸完美起來。在湯瑪斯的屋子裡，他突然發現他慢慢意識到的東西應該才是他一生的事業，即作品與基督教的和解。當然不是如阿奎那所理解的亞里斯多德學派的教規，而是一些以柏拉圖思想爲核心的新發現。柏拉圖、西塞羅以及其他類似的人，對他來說都是一個新發現。在書中他寫道：「當我讀到這些偉人們的某一章節時，我會情不自禁地重複說，願蘇格拉底先生保佑我！」[57]這種感覺是如此的強烈，以至於當伊拉斯謨斯從英格蘭返回時儘管已經三十四歲了，他還是著手學習希臘語，以便研讀他所熱愛的著作原稿。三年語言學習後，他開始了一生中最瘋狂的時期——翻譯編輯古代著作。到一五〇〇年爲止，他已經編纂了一本容納八百多篇文章的合集，包括《格言》（*Adages*）、諺語和拉丁著作中的稱號，這本書還被印成了好幾種流行版本且廣爲流傳。然而，他並不去追溯基督教，仍然找時間進行自己的《聖經》翻譯（一頁希臘文，正面拉丁文），並與教父的版本合在一起。

一五〇九年，英格蘭的亨利七世去世時，亨利八世繼位，朋友力勸伊拉斯謨斯到英格蘭尋求發展，當時在義大利的伊拉斯謨斯直接出發前往英格蘭，在翻越阿爾卑斯山的時候，構思出了後來成爲他代表作的《愚人頌》（*The Praise of Folly*），後來又在湯瑪斯．莫爾的小屋裡用一個星期的時間完成了這部描寫修道士生活的諷刺小說。做爲一種認可形式，伊拉斯謨斯把這部作品稱做《愚人頌》，出版於一五一一年，隨即一夜成名，還被翻譯成多種語言。一五一七年，小漢斯．豪爾貝恩（Hans Holbein）十八歲時，在頁邊的空白處加了一些圖畫，毫無疑問地使這本書成爲當時最漂亮、最有趣和最有價値的書籍。這也激勵了所有諷刺文學流派的人們，包括那些受拉伯雷影響的人們。這本書的詼諧之處在於似乎對當今社會的我們非常嚴厲，就像是伊拉斯謨斯用言詞攻擊懶惰和愚蠢以及修道士的貪婪一樣，但是，他似乎在時代精神方面已經斷定自己的品質是正確的，因爲讀者們能和他一起大笑而不去認眞地質疑自己的信仰。書中的傻子是中世紀故事和戲劇中我們所熟悉的角色，這也是伊拉斯謨斯引導形成的一個流派。由於彼特拉克已經提供了兩種訊息——審美學和柏拉圖思想，所以伊拉斯謨斯也提供了兩種訊息——名著是知識和快樂、高貴且可敬的來源，而教會卻日益空洞、華而不實和褊狹。[58]

人文主義和宗教寬容的發展

就長期形成的結果來看，寬容，尤其是宗教寬容，是人文主義的一個特別層面，克羅特斯·羅比阿那斯（Crotus Rubianus）、烏爾利奇·萬·哈特恩（Ulrich von Hutten）與蜜雪兒·德·蒙田在這一方面赫赫有名。羅比阿那斯和萬·哈特恩合著的《無名者的書信》（*Letters of Obscure Men*），經常被稱做是喬納森·斯威夫特之後最具破壞性的諷刺文學。它的起源非常複雜，德國猶太教徒喬安·費佛爾考恩改信基督教，像許多皈依者一樣，他狂熱地信奉著基督教，並號召應該迫使那些像他一樣還沒有看到光明的猶太教徒參加基督教的教會，並且嚴禁他們放貸賺取利息。他還想把所有爲《舊約》著述的猶太書籍燒毀。由於他的聲望或者是曾經的聲望，他的觀點得到了重視，許多德國傳教士和學者的主張受到了細究。其中，約翰·留什林（John Reuchlin）儘管的確承認有些迷信書籍應該被拋棄，但在思考過這個建議之後總結道：與之相反的，基本上應該讚揚猶太文學。他不贊成費佛爾考恩的想法，並表現出了對立的姿態，繼續建議應該在所有大學裡開辦希伯來人的講座，「爲了使非猶太人更深入地熟悉猶太文學，以此來增加對猶太文學的寬容」。[59]各地的反猶太分子被他的建議所激怒，但是留什林受到了很多有聲望朋友的信函支持，有些信函他發表在《無名者的書信》裡面。也正是這一點啓發了羅比阿那斯和萬·哈特恩寫一本關於受迫害者留什林的諷刺文體的書。這本書出版於一五一五年，據說是由一些不出名的牧師和無知的傳教士寫給德國多米尼會修道士領袖奧爾圖伊恩·格拉蒂厄斯（Ortuin Gratius）的信件構成的一個合集，奧爾圖伊恩·格拉蒂厄斯在當時成爲經院學家們頑固和玄學的一個縮影。這本書的部分觀點是粗劣和荒謬的（一個醉酒的傳教士問，是否向猶太人敬禮是人類的罪過，還是因爲蛋殼裡即將孵出的小雞要變成肉時，我們就禁止在每週五齋戒日的時候食用雞蛋呢），這是對經院哲學家們玄學的主要攻擊，就這一點上，後來再也沒有獲得過如此大的聲望。[60]

人道主義另一個主要的成就或影響是教育。它的成功在於使異教徒的殘留物得到了完善，變成了課程設置的基礎，這個卓越地位在很多地方仍然存在。在義大利的大學裡首次容納了古典文學課程，此後傳播到了巴黎、海德堡、萊比錫、牛津和劍橋。人文主義的課程是伊拉斯謨斯親自介紹到劍橋去的，而阿格利柯拉（Agricola）、留什林和米蘭什澤恩（Melanchthon）將其介紹到德國的一些大學裡。伊拉斯謨斯提倡在全歐洲實行人文主義教育，他的這種主張在英格蘭得到了湯瑪斯·莫爾和羅傑·阿斯科姆的支持，在法國得到了勒·費烏荷·第達普勒斯和紀堯姆·布德的熱情支持。在人道主義者們的影響下，大學變得更能接受科學，特別是數學。在後面章節我們能看到，醫藥也得以傳播。

一五一七年，即小漢斯·豪爾貝恩在《愚人頌》一書中加入插圖的那一年，馬丁·路德把論放任的《九十五條論綱》（*Ninety-Five Theses*）釘到了維藤貝格大教堂的門上。伊拉斯謨斯和馬丁一樣，對教堂很是擔憂。但在性情上，他們兩位卻非常不同。早在一五一七年，在路德做出其關鍵行動前數月，寫到伊拉斯謨斯時，他這樣說：「他身上人性的考慮比神性更多。」對於一位人道主義者而言，這是間接的讚美。

和路德不同，伊拉斯謨斯知道過分的批評教會只會導致雙方的互不妥協，這是一種縱容不作爲行爲的逃避狀態，它實際上很可能遏止雙方都想實現的變革。他們之間信箋上的交流，總結了差異，直奔人道主義想實現的根本。「您好，」路德寫道，「伊拉斯謨斯，在我和你對話或者你和我交談時，我們談論我們的光榮夢想，但是我們卻互不相識，這難道不特別嗎？有誰的內心世界不被你看穿，有誰不從你那裡獲得知識，又有誰的內心不被你控制？因此，親愛的伊拉斯謨斯，如果你樂意，請了解一下這位兄弟，他肯定是你非常熱忱的朋友，儘管從另一方面說，考慮到他的無知，他只能被埋葬在一個角落裡，不被任何人所知。」伊拉斯謨斯的回答是圓滑的，也是明確的：「親愛的兄弟，你的書信表明了你心靈的敏銳和說出你基督徒的精神，這很讓我高興。我說不出你的書在這裡（在盧萬）激起了多大的波瀾，這些人堅持認爲你的書是由一個助手幫忙寫成的，因此，他們稱，我就是你的最合適不過的合作人。我已經向他們說明你完全不認識我，我沒有讀過你的著作，也不會支持或者反對什麼。我盡量保持中立，以便盡我全力幫助知識的復興。在我看來，內心的謙遜比衝動能完成得更多。」【61】

在路德於一五二〇年被驅逐出教會之後，阿爾布萊什特·杜爾（Albercht Duer）請求伊拉斯謨斯站到路德那一邊，但是他回信說他沒有殉難的力量，並說到，如果「騷亂」發生，「我會仿效彼得」。

但是，儘管不是那麼極端，伊拉斯謨斯還是不能完全置身這場鬥爭之外，天主教頑固派們指責他撒下了種子，而路德和茲韋恩格里（Zwingli）讓種子發芽生長。《愚人頌》一書被放到禁書的目錄裡去，伊拉斯謨斯本人被特倫特公會議譴責爲無信仰的異教徒，也就是說，雙方都不歡迎他。這也許是不可避免的，但是這太悲慘了。伊拉斯謨斯一直過著或者試圖過著人道主義的理想生活，他希望自己是這樣一個人：相信精神生活，相信美德可以基於人道主義，認爲寬容和狂熱的信仰一樣富有美德，認爲有思想的人可以成爲一個好人，熟讀歷史的人可以在他們的時代過得更幸福、更公正。

在前一章，我們看到了拉丁學者的出現如何幫助歐洲成爲一個整體。後一章要談到的文藝復興帶有濃重的國家主義因素——例如，路德是不可否認的德國人，亨利八世是如假包換的英國人。繼伊拉斯謨斯後，有數位學者〔里皮修斯（Lipsius）、格勞秀斯（Grotius）〕，他們的無國家主義看法不亞於伊拉斯謨斯，但是就某種程度而言，他是最後一位眞正的歐洲人。

萬撒利

吉奧爾吉奧．萬撒利（一五一一～一五七四）認爲，佛羅倫斯文藝復興是由人性的變化引起的，在他看來，競爭、妒忌、對榮譽和名聲的追求幫助促進了城市裡的變化，而且現在，在商人和金融家的資產階級世界裡，生活節奏加快。當今，我們更加趨向於把這些情感和行爲方式視爲變革的後遺症而不是原因。然而，的確有必要對這種新的感性理解做深入的探究。

比如說，我們認爲藝術家是依照他內在標準工作的天才和放蕩不羈的人，這個觀念是在佛羅倫斯誕生的，起源於古代醫學的使用。當時，希波克拉底確定的四種性情（易怒的、樂觀的、冷靜的、抑鬱的）依然在使用中，儘管後來被補充了相應的體系。比方說，樂觀型性情被認爲由於體內血液占優勢，所以這種人從容、開心，有戀愛傾向，與金星和春天有關聯；抑鬱型，由於黑膽汁（後文「草木犀漿」、「膽汁」）過多，與土星和秋天關係緊密。但是亞里斯多德早就暗示過：所有的偉人都是抑鬱型的。人道主義者瑪律西利奧．費奇諾在此基礎上補充了柏拉圖的靈感觀點，認爲天才都是神賦予靈感的狂熱分子。將藝術家描述爲喜怒無常的天才的說法，證明是經受得起驗證的。[62]

但是，在文藝復興時期最大的心理變化是個性的出現，這種變化首先被雅各．伯克哈特注意到，後被其他的人補充。彼得．伯克說這種現象有三個方面：自我意識的出現、競爭的發展，以及對人的獨特性的關注。自畫像、自傳、日記的增加，甚至比一一五〇～一二〇〇年間還要興盛，另外一方面是以「怎樣做」為主題創新書作，比如馬基維利的《君主論》（*Prince*）、卡斯汀里奧尼（Castiglione）的《拍馬屁的人》（*Courtier*），和阿瑞提諾（Aretino）的《對話錄》（*Ragionamenti*），在這些書中，通常強調科技和選擇，這和以前是不同的，意味著個人可以從衆多選擇中挑選任何適合他們性格、收入和念頭的東西。[63]同時，平的、不扭曲的鏡子第一次大量地在義大利生產（主要在威尼斯），這也被認為對於提升自我意識很重要。

十六世紀一首關於鏡子的狂歡歌曲強調了這一點，翻譯成簡單的文字就是：「自己的缺陷可以在鏡子裡看出來，這些缺陷在沒有鏡子以前可不像別人的不足那麼容易看出來。所以人們可以自我評價，然後說我要比以前更好。」[64]然後是卡斯汀里奧尼有關從容、冷淡的觀點：一切事物都要適當，以便看上去自然——這也是自我意識的一部分，體現個人風格很重要。[65]伯克哈特進一步說：「對於名聲的現代感也是誕生於文藝復興時期，儘管其他學者不同意，認為中世紀的騎士精神體現了同樣的心理。彼得．伯克發現在文藝復興時期的文學裡，意味自作主張、競爭和追求名聲的願望之詞很普遍，比如說競爭、競賽、榮耀、敵對、妒忌、光榮、恥辱，以及用得最多的英勇或價值。[66]伯克哈特本人注意到了將「非凡的」和「獨一無二的」當做讚美詞語的新用法。例如，萬撒利曾說：「透過競爭和對比，一個人試圖寫出能夠勝過或者超出比自己更卓越者的偉大作品，因而得到榮耀和光榮，這種行為是值得讚美的。」[67]名譽崇拜被視為人道主義一個最為重要的產物。「對古文學的研究，使得人們對公認為異端的個人榮耀觀點有了新的接觸，famam extendere factis, / hoc uirtutis opus（意思是：用行為來拓展名聲，這是美德的任務；《埃涅伊德》10.468-469），展示這方面成就的古典著作的倖存，說明當代所進行的努力同樣也可能在歷史上存在下去。」[68]威廉．克里甘和戈登．布蘭登曾說，和個人主義密切關聯的是一種「眩暈」的感覺，他們還引用了馬基維利的話：「我完全相信這一點：衝動比謹慎要好，因為財富是位女士，如果你想壓制住她，那麼，打敗她、和她鬥爭是有必要的。」[69]

世俗藝術

和這一切聯繫在一起的，是對成就而不是對出身的強調。這是又一個有別於中世紀的顯著特點，那時候「血統」的價值是至高無上的。這一點和認為人是理性的、能計算的動物之觀點有關。在義大利語裡，理性（ragione）這個詞使用方式不同，但是都暗含計算的意思。商人把他們的帳簿稱爲理智之書。在帕多瓦有一個法庭被叫做理智的殿堂，因爲公正需要計算。在藝術上，理智這個詞意味著比例和比率。ragionare這個動詞在義大利語裡依然表示說話的意思，表明人能在說話的時候推理（和計算），這一點把人和動物區別開了。如我們所見，十二世紀後就出現在各行各業裡的計算，在文藝復興時期已經是根深柢固了。伊拉斯謨斯注意了威尼斯和佛羅倫斯兩地的進出口統計，以及羅馬教堂的預算情況。[70]到十四世紀末爲止，時間一般被分成一天當中的幾個部分，最小的單位以萬福來計算，意思是「向聖母致敬」這句話所需要的時間。然而到了十五世紀的後半葉，公共鐘錶出現在波隆那、米蘭和威尼斯，很快就發明了可攜式鐘錶。在安東尼奧．佛拉瑞特的烏托邦——斯佛爾茲恩達——裡，連學校都有鬧鐘。在萊昂．巴蒂斯塔．阿爾貝蒂關於家庭的論述裡，他甚至說時間是「寶貴的」，並表達出對無所事事的極大厭惡。[71]對於效用的關注也在上升，佛拉瑞特在他的烏托邦裡走得更遠，認爲應該廢止死刑，如果強迫罪犯去從事其他人都不樂意做的那些令人討厭的工作比較「有用」。這是粗糙的，但它卻是一種計算。

佛羅倫斯的人文學科

如同教育可以幫助人們提高計算能力，人們感覺到學習也可以提升人的尊嚴。文藝復興時期的作家們非常關注他們所說的「人的狀況」（humana conditio）。人道主義者的理想就是變得盡可能的理性，所以，諸如語法、修辭學、歷史、詩歌和道德學等學科在佛羅倫斯是公認的「人文學科」（studia humanitatis），因爲它們使人成爲一個完整的人。自我了解被認爲是人的完整性中基本的一部分。[72]這樣的觀點帶來了一種全新的教育理念，又或者我們應該稱之爲一個復興的理念，教育被理解爲不僅僅是（對知識的）學習，更可以造就好的公民，這是對那個古典觀點的相呼應：一個完整的人會很自然地投身到城市生活中。中世紀的人道主義不關注周圍的事情，文藝復興時期的人道主義是市民人道主義的一部分，就這方面來說，它體現了古文化再現的另一部分。[73]

我們不應該誇大這些變革，但是也不應該不予重視。文藝復興有一個下降的趨勢，街道上有暴力存在，家族間存在長期的痛苦爭執，政治上有派別之爭，還有不道德的殘酷行爲存在。盜版和盜竊行爲看起來在某些地方很普遍。對巫術和魔鬼的崇拜在增生擴長，教皇授意的暗殺也變得不再陌生。「西方的基礎統治」教會看起來是要崩潰了。[74] 這是因爲財富的迅速積累，還是因爲傳統價值的瓦解？它是猛烈的個人主義的副產品嗎？現在也有人懷疑文藝復興時期的個人主義是否像伯克哈特所說的那麼新潮、那麼猛烈。事實上，他本人在他在世的最後那段日子裡也開始懷疑。[75] 這是十二世紀文藝復興時期有可能發生了眞正變革的另一個領域。中世紀存在的觀點是，人是墮落、痛苦的創造物，在地球上等待，期待其他地方的天堂。與這個觀點不同，文藝復興時期的人道主義者更加看重「此時，此地」：此生的可能性、此生的快樂和機會，以及在地球上能夠實現的東西。[76] 同樣的，積極生活的熱情和對財富的讚美代替了空想和匱乏所帶來的困擾。例如語言學家、辯論家、古文物研究家鮑吉奧．布拉齊奧利尼（Poggio Bracciolini）寫了一篇《論貪婪》（*On Avarice*）的文章，在文章裡他爲一直被認爲是惡習的某樣東西做了辯護。他說，人必須生產出比他的所需更多的東西，否則的話，「城市裡所有的輝煌將不再存在，對神的崇拜和美飾也將消失，不會再有教堂和道路被修建，所有的藝術也將走到末路。什麼是城市、國民整體、省、王國？無非都是對貪婪的公眾崇拜。」[77] 就其在個人名譽和名聲上所造成的影響而言，文藝復興時期的另一項變革——大量消費，本身就是計算的一種形式。考西莫．德．梅迪西說，他「一生」最大的錯誤就是沒有在十年前就開始花自己的錢。[78]

儘管伯克哈特在個人主義方面有原路返回的行爲，但他堅持他的說法：義大利人是文藝復興時期「歐洲現代之子的第一批」。非宗教世界有了巨大的延伸，儘管基督教信仰還沒有退卻。

第十九章

想像力的爆發

空虛的火焰

一四九七年，佛羅倫斯狂歡節的最後一天，以及次年的同一天，從韋奇奧宮眺望，可以看到在市政廣場上出現了一座古怪的建築。這個建築的中心是一段樓梯，樣式和金字塔中的樓梯相似。在它最下面一層，排放著一些狂歡節用的假鬍鬚、面具和僞裝物。在它們上面一層是一些或印刷或手寫的藏書，那是一些拉丁文和義大利文的詩歌，其中包括薄伽丘和佩脫拉克的著作。再上面一層是各種各樣的女性用品，像鏡子、面紗、化妝品、香水等，以及一些琵琶、豎琴、撲克、象棋之類。最上面的兩層是一些特別的油畫，它們表現出了女性之美，特別是一些著名的人物，如盧卡里蒂婭、克利奧派特拉、福斯蒂娜、本西娜等。隨著「空虛的火焰」被點燃，人們在他們的宮殿陽臺上就可以看到市政廣場。人們演奏著音樂，唱著歌曲，教堂的鐘聲被敲響。然後人們都到聖馬可廣場，在那兒圍成三個同心的大圓圈跳舞。最中間是僧侶們，他們和一些男孩裝扮成天使，第二圈是另一些神職人員，最外面是市民們。[1]

這些表演都是爲了讓道明會的先知費拉拉（Ferrara）的佛拉．基洛拉莫．薩凡納洛拉（Fra Girolamo Savonarola）滿意，他是一個嚴厲且具有超凡感召力的人，他證明了自己是上帝派來拯救義大利人民的，並堅持認爲傳教士是具有「僅次於天使的」較高地位者。另外，他尋求教會的重建，他用許多悲哀的故事來嚴厲地警告人們，如果改革不能立即徹底地執行，那麼罪惡就會發生。因此，在他看來，經典文學及知識已無存在的意義。他說：「柏拉圖和亞里斯多德唯一做的好事就是他們爲我們提供了許多可以用來駁斥異教徒的論據。現在他們和其他的哲學家已經下了地獄。即使是一個老嫗也比柏拉圖懂得更多的眞理。許多看似有用的書被毀掉，對於宗教信仰來說其實是有好處的。」[2]

美麗的畫像及服飾的毀壞是令人感到痛苦的經歷，正如我們在前些章節所提到的，以藝術性爲目的以及對於美的追求，正是文藝復興時期文明的主要特徵。[3]至少對於伯克哈特來說，「（義大利）男人和女人的外貌及其日常生活習慣，都比同時期歐洲其他國家的人們更完美一些」。[4]在文藝復興時期，審美理論統治的地位比任何時期都要強，因此，「延長了」的十六世紀（一四五〇～一六二五）被稱爲美術時期是無可厚非的。

油畫的發明

十五世紀是藝術領域的一次革新時期，在這個時期出現了油畫，發明了直線透視畫法，推進了解剖學，以及對自然界產生了新的關注，所有影響中，最普遍的、最基本的是柏拉圖的普遍主義理論。

油畫這門技術，傳統上歸功於范．艾克兄弟——休伯特（Hubert）和詹（Jan），他們兩人都是活躍在十五世紀二〇年代根特、布魯日和海牙這幾個城市周圍的畫家，儘管如今這種說法已經站不住腳，但是，毫無疑問的是，他們完善了油畫技術和上漆技術，而且這些技術能夠使得油畫色彩及其效果幾百年都不會有任何變化。油畫不同於壁畫的最大特點是壁畫顏料乾得太快，基本上沒有給畫家任何改進的機會，迫使畫家不得不動作敏捷、判斷準確。但是，如果把顏料和油混合在一起，那麼幾個星期內都不一定會乾透，這樣，畫家就有足夠的時間去改進自己的作品，或者有時還可以徹底推翻，重新再來。這些在范．艾克兄弟身上體現得尤為明顯，他們對物品及其表面的細緻描繪（這對於壁畫幾乎是不可能的），意味著無論從形式還是空間上都比壁畫更貼近現實一些。這些也同樣能夠突出傳達油畫作者想要傳達的感情色彩。油畫顏料為畫家提供充足的時間去探究人物臉部表情的一些細節，同時也拓寬了對於人物情感、情緒的表現範圍。

透視畫法／更強的真實性

儘管直線透視畫法是由阿爾貝蒂和皮耶羅．德拉建立並改進，但最早這種畫法可能是由布魯內萊斯基（Brunelleschi）在十五世紀早期構思出來的，最初在義大利被命名為costruzione legittima。這種方法可能是成熟於教堂時期，這個時期的作品注重距離感，產生了大量的三維雕塑作品。透視法不僅能為畫增加現實感，而且還因為它影響了人們對於當時屬於文科的數學的理解。如果畫家因為依賴並得益於數學而能更好地表現自己的藝術，那麼就更能說明繪畫不是一門機械藝術，而是屬於文藝領域。直線透視畫法的基本點是，原本永遠不會匯合的平行線卻匯合在一起，所有的平行線最終都在地平線上的一點匯合。這種方法改善了優化的逼真程度，因此大範圍地普及開來。[5]

十五世紀許多藝術家對於解剖學的進一步研究，也提高了繪畫和透視的真實性，這都得益於醫學的發展，它使人們對於肌肉組織的描繪更加精確。由於人文主義者的積極呼籲，大自然景觀對人們的吸引力也增強了許多，這同樣使藝術家在關注人物描繪之外，也對自然景色產生了濃厚的興趣。這是一個新的、令人感興趣的表述方式，也就是說，繪畫現在不僅僅是歌頌上帝，同時也向大多數普通人講了一個吸引人的故事。正像前面所提到的，彼得．伯克發現在那段時期兩千張標有日期的畫中，在一四八〇～一四八九年有百分之五的畫像是具有世俗特徵的；從一五三〇～一五三九年，具有世俗特徵的畫提高到了百分之二十二。在半個世紀中，這個數字增長了四倍。當然，我們也不應誇大事實，因爲即便是在更晚的時期，大量的畫作還是以宗教爲特點的。

寓言畫／異教神話

在那些非宗教特徵的繪畫中，寓言故事在一四八〇年之後流行起來。諷刺寓言畫看起來相當的奇怪，現在看來並不流行。在廢墟中跳舞的吝嗇女人，拿著弓箭或絲帶的豐滿小丘比特，半獸人或者是長著魚尾巴的山羊，都很難適合現代人的口味。但是，在人文主義洪流中的文藝復興時期，寓言畫在當時就像印象主義畫作在當代一樣，都是十分流行的。大約在波提切利完成他那幅被現在人們認爲世界上最著名的畫作之一《春》的時期，經典文學中的寓言畫流行起來。在那幅畫中，包括了九個人物，如墨丘利、丘比特和最著名的人物——披著成百支鮮花的花神，這些都充滿了宗教和神話的暗示。在十六、十七世紀，寓言畫變得相當流行，但是在那個時期的最後階段，嚴重的象徵主義把原本用於表達特定意義的神話極大地削弱了。

在整個文藝復興時期，寓意畫的興盛是具有重大意義的。經典神性的流行使人明白他們從沒有眞正消失，只是改變了形式，以使基督教的傳統適應其他的旁支。這使中世紀的人們如此信仰基督教，也是教會所期望的。當然，異教徒在基督教中是不可避免的存在。而且，在基督教藝術盛行的十三和十四世紀，義大利的占星家直接指導整個城市的生活。到十四世紀初期，異教徒的上帝不僅出現在文學作品中，甚至也樹立起了紀念碑。在威尼斯，他們被用於哥德式的總督府宮殿，而在同一時期的帕多瓦、佛羅倫斯和西恩納出現了更多的異教上帝。[6]到十五世紀初期，異教神話和占星術的使用變得更加公開。在佛羅倫斯古老的聖羅倫佐聖器收藏室，就在祭壇之上的穹頂，描繪著一些神話人物以及和當時佛羅倫斯夜晚星相相同的星空圖。之後，一些同樣的異教飾物甚至出現在大主教的宮殿裡。瑪律西里奧·費奇諾建立了一個學校，告訴人們在古典的寓言中是可以尋找到智慧的，這使寓言變得不僅僅是對於神話的一種暗示。費奇諾的追隨者皮科·德拉·米蘭德拉（Pico della Mirandola，一四六三～一四九四）能夠更深入地在寓言中發現與當時的時代相對應的內涵。他認爲，那些古老的神話是一種代碼，其中包含了神祕的智慧，這種智慧被隱藏在寓言之中，一旦被譯解，就會發現整個宇宙的祕密。皮科引用了摩西的例證，摩西曾經在西乃山中與上帝交談了四十天，最後只拿著兩塊寫字板回來。上帝和他說了許多話，但摩西把他們當做祕密保守了起來。耶穌在向他的門徒佈道時曾親口承認，你們理所應當知道天國的祕密，而對其他人來說卻不知道這些祕密。米蘭德拉和其他像他一樣的人認為，所有的宗教都有它們的神祕之處，但是，這種祕密只是透過對古老神話的闡釋透露給極少的人，如哲學家。其中一種方法是把經典神話和基督教義聯繫起來，從中探求祕密。【7】

普遍論

在中世紀藝術家中的統治思想還是柏拉圖的普遍論，普遍論在歷史上是古老而又有深遠影響的思想。雖然它主要源於基督教思想者在西元一世紀對古希臘思想的改編，但同時它又部分源於古希臘柏拉圖和畢達哥拉斯的理論。到文藝復興時代，普遍論已經演變得相當繁雜。

翁貝托·埃可在對中世紀的藝術與審美的研究中提出，中世紀的審美充滿了重複與回流，並且構建了一個世界，在其中，「一切都在其應處的位置……中世紀文明試圖捕捉到事物永恆的本質，美像其他的東西一樣，都應該有精確的定義」。【8】從藝術家的地位上，我們可以看出很大的不同，中世紀的藝術家是一些「謙卑地服務於信仰和社區的人」（社區有可能指的是地處偏遠鄉村的修道院）。【9】在文藝復興時期的普遍論認為，「自然」並非中世紀所說的神的世界，而是屬於人的，特別是藝術家和天才們。按照這個理論，自然的知識可以被歸納為一些簡單的道理，這就是「自然法則」。像培根這樣的人認為，了解自然是上天賦予每個人的權利，而且人類掌握全部知識的時代馬上就要到來。不論有意或是無意的，基督教徒們還是採用了柏拉圖的理論，特別是他們也認為，因為人有一些神的思想，所以透過適當的觀察自然，把藝術與科學聯繫起來，就會使人（特別是藝術家和科學家）發現那些隱藏的、宇宙的普遍眞理。在文藝復興時期，這就意味著智慧。瑪律西里奧·費奇諾說得更加詳細，「上帝僅創造你可能領會的，因為上帝造物，所以人類便思考。人類的理解力是和上帝創造相同的，人類的智力和上帝是一樣的」。【10】皮科·德拉·米蘭德拉言詞更為激烈：「他心中說有一切事物，所以他就能變成任何事物，一旦理解了一切事物，就能變成上帝。」自然是賦予人類（特別是藝術家）去改變的，可以變成任何的事物。這就是做為藝術家的意義，因此做為一個藝術家是如此的重要。

全能型人才

文藝復興時期的思想者同樣認爲，整個宇宙是神的意志創造的，人是造物主之後的另一個創造者。這主要反映在美的概念上，美就是神的意志創造的一種和諧形式，它對人的眼睛和心靈都有益處，其自身具有精神意義。更重要的是，美揭示了上帝對於人類的計畫，因爲它說明了部分與整體的關係。文藝復興的審美理想認爲美具有兩個功能，並且適應所有的學科。一方面，建築、視覺藝術、音樂和正式的文學及戲劇作品是灌輸思想；另一方面，他們透過其規範性、風格和對稱性也愉悅了思想。正是以這種方式，審美和教化結合在一起，這正顯示出了智慧。

產生的一個必然結果，就是對於個人的普遍性以及全人類普遍知識的集合的需要。把所有的學科彙集在一起，實際上就是在透過探求不同領域知識的相似之處，從而深入地尋找到普遍性。由於對希臘和拉丁經典實用性的再認識，這個假設中存在的「普遍性」前所未有地引起人們的關注，結果導致文藝復興時的人們經常會把一門學科和另一個領域的啓動磁碟區放在一起。維特魯威（Vitruvius）注意到，儘管各學科在實踐和技巧上有很大的不同，但是，所有的科學和藝術都具有共同的理論。他因此建議「一個建築師不僅僅要會建築，同時也要掌握文學知識，能熟練地撰寫文章，還要是一個懂得調查的數學家、哲學家，還要掌握音樂，懂得醫學、法律、天文等」。[11] 文藝復興時期的人便具有這種想法，像當時的人文主義者和佛羅倫斯學院的理念都持有這種觀念。雅各·伯克哈特在他的《義大利文藝復興的文明》一書中寫道：「總之，十五世紀的人們是多方面發展的，當時所有的人物自傳總會在他的主要成就之外列出其他的著作或提及他對於其他領域知識的追求。但是在這些多方面發展的人中，確實有一些可以稱爲全面發展的天才。」他列舉了阿爾貝蒂和李奧納多（李奧納多有私人數學顧問盧卡·帕喬利）。[12]

他這樣評價阿爾貝蒂：「除了對文學和美術的追求，他還致力於科學和武器、馬匹及樂器的研究。他以自己爲例，讓人們明白了，一個人只要想去做，就可以做到任何事情。」像李奧納多一樣，阿爾貝蒂自己寫了很多關於普遍性的文章，例如，他說過：「人是上帝爲了取樂而造的，在多樣性、各異性、美，由各種不同外貌、結構和不同顏色組成的不同動物中，來鑑別最原始的各種各樣東西。」[13] 他在書中告訴我們，對於和諧與美的意識是人潛在的能力，對於這些眞實存在的東西的感知，便是人的感官的直接感覺。在對眞實的美的判斷方面，要緊的不是人們的觀點，而是大腦中的一種本能感覺。阿爾貝蒂說人類有思考的獨特能力，這跟神富有的特質是一樣的，尤其是認知和創造的能力。所有的生物都透過挖掘他們的天賦來完善自己。[14]

阿爾貝蒂進一步闡明，自然是被上帝和諧地安排的，它是以數學的思維構成的神聖模式。阿爾貝蒂的這個觀點被克卜勒等人所認同。人們內在品質的自覺意識，比如對於審美的意識，可以透過大量優秀的榜樣來迅速提升。這正是藝術的目的。在尋找自然界美好眞實的形式的過程中，藝術家不斷地尋找美的範例，比如說人體美。在這些範例之中，逐漸提煉出更清晰的概念，比如說，到底什麼是人體美。最終，在許多這樣類似的尋找過程中，藝術家找到了美的概念。人都有發現美的能力，但是，藝術家卻在實踐中完美了這種能力，然後向其他的藝術家傳達自己的觀念。他透過向我們展示藝術性的範例來教導我們什麼是美。對於美的認識，歸功於上天賦予人的能力。阿爾貝蒂的課程從未提到基督教作家和《聖經》，而是出自於經典著作。[15]有大約四十三篇對美的論述是出自文藝復興時代，它們的共同特徵是，都提到了人的全面發展的理念。

建築的突出地位

彼得．伯克認爲文藝復興時期有十五位全能型人才（所謂全能是指在至少三個領域裡都有較高造詣的人）：(1)費利波．布魯內勒斯基（一三七七～一四四六），建築師、工程師、雕塑家、畫家；(2)安東尼奧．菲拉萊特（Antonio Filarete，一四〇〇～一四六五），建築師、雕塑家、作家；(3)萊昂．巴蒂斯塔．阿爾貝蒂（一四〇四～一四七二），建築師、作家、獎章獲得者、畫家；(4)羅倫佐．維奇耶塔（Lorenzo Vecchietta，一四〇五／一四一二～一四八〇），建築師、畫家、雕塑家、工程師；(5)伯納德．澤納勒（Bernard Zenale，一四三六～一五二六），建築師、畫家、作家；(6)法蘭西斯科．迪．吉奧爾吉奧．瑪律蒂尼（Francesco di Giorgio Martini，一四三九～一五〇六），建築師、工程師、雕塑家、畫家；(7)竇納托．布拉芒特（Donato Bramante，一四四四～一五一四），建築師、工程師、畫家、詩人；(8)李奧納多．達文西（一四五二～一五一九），建築師、雕塑家、畫家、科學家；(9)喬瓦尼．吉奧康多（Giovanni Giocondo，一四五七～一五二五），建築師、工程師、人文主義者；(10)西爾維斯托．阿奎拉諾（Silvestro Aquilano，早於一四七一～一五〇四），建築師、雕塑家、畫家；(11)塞巴斯蒂安．塞利奧（Sebastiano Serlio，一四七五～一五五四），建築師、畫家、作家；(12)

米開朗基羅．博納羅蒂（一四七五～一五六四），建築師、雕塑家、畫家、作家；(13)圭多．馬佐尼（Guido Mazzoni，早於一四七七～一五一八），雕塑家、畫家、戲劇作家；(14)皮耶羅．利高里奧（Piero Ligorio，一五〇〇～一五八三），建築師、工程師、雕塑家、畫家；(15)吉奧爾吉奧．萬撒利（一五一一～一五七四），建築師、雕塑家、畫家、作家。[16]

值得注意的是，在他所列出的這十五個人當中，有十四個建築師，十三個畫家，十個雕塑家，工程師或作家各六個。爲什麼這些人中有那麼多建築師？其實在文藝復興時代，許多的藝術家都想研究建築學。因爲在十五世紀，建築學屬於文科，而油畫和雕塑卻只是機械的藝術。這種情況當然會有所改變，但卻能幫助我們解釋在當時的義大利人怎樣看待各種藝術。

有些全能的天才，他們的工作是超乎尋常的。比如法蘭西斯科．迪．吉奧爾吉奧．瑪律蒂尼就設計了許多的堡壘和軍事工程。他是西恩納的議員，而且，據說他還是個間諜，專門監視教皇和佛羅倫斯軍隊的一舉一動。他是被當做作家來培養的，但是在十五世紀八〇年代，他卻從雕塑到建築樣樣精通，而且還發表了一篇十分重要的建築學論文。在這篇論文中，他把鳥巢和蜘蛛網進行了比較，他認爲動物建築的一成不變，證明了只有人才被上帝賦予發明創造的能力。[17]喬瓦尼．吉奧康多是道明會的修道士，但他是一個「掌握各種技能的、少有的極具才華的人」。萬撒利說他不只是一個學者，而且還是優秀的神學家、哲學家及希臘學者，同時也是精通透視法的建築師，這種情況在義大利是非常少見的。在他生活的城市維羅納，有一座橋要建在極易塌陷的土地上，而他在建造這座橋的工程中發揮了個人的才能，從此聲名顯赫。他年輕的時候在羅馬待過很長時間，熟悉了各種文物，於是把許多美好的事物整編成一本書。穆格朗尼（Mugellane）稱吉奧康多是一個「造詣極深的文物專家」，他爲凱撒寫傳記、向他同時代的人講述維特魯威的著作，並且在巴黎的一間圖書館發現了普林尼的作品；他爲法國國王在塞納河上建了兩座橋；當布拉芒特去世後，他和拉斐爾一同被任命完成布拉芒特未完成的作品；他負責保證地基的重建，在此過程中，他發現並塡死了很多的水井。但是，他最偉大的功績是解決了在威尼斯開運河的問題，他從布倫特河引來了河水，並且使威尼斯共和國得以保存至今。他還是阿爾德斯．馬努蒂烏斯的好朋友。[18]布魯內勒斯基是一個比前面提到的所有人更具有天賦的人，他除了設計建造了聖瑪利亞百花大教堂令人稱奇的大圓屋頂外，還是個鐘錶製造者、金匠和考古學家。他是多納泰羅和馬薩西奧的朋友，但卻比他們更有才華。[19]

全能的天才或多才多藝的人的概念是不是有些過分呢？西元十二世紀的學

者們，諸如阿奎羅等，他們可以說是擁有全部的知識（但是不要忘記，在那個時候，所有的文獻也不過只有幾百卷而已，那就意味著確實有人可以掌握幾乎所有的知識）。也許文藝復興時期所謂全能的天才的定義並非指人才們的知識有多麼全面，而是看他們的態度、自覺性，以及他們對待知識與生活的樂觀態度，這些當然也是那個時代智慧和想像力爆發的一個重要原因。

繪畫vs.雕塑

是否更接近普遍性的問題，正是人們所關心的。是繪畫高於雕塑，還是正好相反呢？這是十五世紀人們爭論的焦點，同時也是作家們的一個中心議題。阿爾伯蒂認爲繪畫高於雕塑，因爲繪畫具有色彩，可以表現許多雕塑不能表現的事物，而且繪畫屬於文學藝術。李奧納多認爲浮雕是繪畫與雕塑的結合，它優於繪畫或雕塑。另一方面，崇尚雕塑的人認爲，雕塑的三維特徵要比繪畫更眞實，而且繪畫正是從中得到啓示的。菲拉萊特卻說雕塑永遠都不能擺脫它石頭或木料的本質，而繪畫卻可以；繪畫能夠畫出皮膚的顏色、金色的頭髮，可以描繪火焰中的城市、黎明的晨光、大海的波光，所有這些都是高於雕塑的。爲了向人們展示繪畫優於雕塑之處，曼帖那（Mantegna）和堤香在石頭上作畫，以此說明繪畫可以模仿雕塑，但雕塑卻不能模仿繪畫。【20】

就像將繪畫和雕塑無休止的比較一樣，當時的繪畫和詩也是如此。很快的，這兩種活動的共同之處被人們所發現。羅倫佐．瓦拉（Lorenzo Valla）在一四四二年的作品中提出，繪畫、雕塑和建築都是屬於最靠近文學藝術的活動。巴托羅密歐．法吉奧（Bartolomeo Fazio）在一四五六年出版的《論名人》（*On Famous Men*）中有關繪畫與畫家章節導論裡作出了更詳盡的論述：「畫與詩有著密切的聯繫，繪畫就是一首無言的詩。對於他們的創新和安排，付出的是相同的精力。詩人和畫家的任務也是相同的，都是要表現他們各自領域的特點，因此他們發揮的作用都是被人們所認可的。」【21】阿爾貝蒂的《論繪畫》（*On Painting*）一書要比法吉奧的畫家自傳早二十年，阿爾貝蒂在書中第一次詳細地論述了藝術家應該從詩歌中尋找靈感，因此詩歌和繪畫應該是平等的。他希望畫家能夠「盡可能地學習所有的文化藝術」，所以，「更深入地學習詩歌和演講對於繪畫是有好處的，因爲它們和繪畫有很多的共同之處」。【22】阿爾貝蒂還建議「那些勤奮的畫家應該熟知詩歌和演講等其他的文化藝術，因爲這樣不僅能爲他們的繪畫增光添彩，甚至還能促使他們完成那些給他們帶來至高讚譽的藝術上的新發現。著名的畫家菲迪亞斯曾經說過，他從荷馬那兒學會了怎樣描繪至高的天神丘比特。我相信透過閱讀詩歌，我們都會變成更富有、更優秀的畫家……」。阿爾貝蒂的畫作像詩歌一樣，用到了包括算術和幾何在內的四門學問做爲他的理論基礎。因此，繪畫像詩歌一樣，都應該被算做文化藝術。〔23〕

在李奧納多．達文西爲撰寫他的《繪畫論》所做準備的許多筆記中，他明確地表明了自己的觀點——繪畫是更優秀、更高雅的藝術。他具體地說明了許多關於繪畫和詩歌的觀點：「如果人們把繪畫叫做無聲的詩，那麼畫家就可以把詩稱做看不見的畫，但是既然繪畫是爲了使更爲高貴的感官得到愉悅，那麼繪畫就應該是更加高貴的。」換句話說，視覺是更加高貴的感官。他堅持認爲繪畫模仿自然的能力對於觀者來說要比詩歌更加高明。「應當說，繪畫之於詩歌，就像身體之於影子。」〔24〕

有些文藝復興時期的畫家藉由自己寫詩來鍛鍊自己的創造能力。在文藝復興時期的知識圈裡面，儘管有阿爾貝蒂爲繪畫做辯護，有達文西爲畫家的優點做渲染，詩人的社會認可程度要遠遠高於畫家。在這樣的情況下，畫家們希望他們能夠做爲詩人而被認可。關於佛羅倫斯的聖羅倫佐教堂裡的裝飾問題，布朗尼萊斯奇和竇納特羅（Donatello）一直存在著爭論，爲此布朗尼萊斯奇寫了一系列的十四行詩來爲自己辯護，其中有幾首詩仍保存至今。布拉芒特也是這樣，他努力地嘗試寫詩歌，在他的有生之年共完成十四行詩三十三首。然而，在文藝復興的藝術家中，是年輕的米開朗基羅寫出了眞正有文學意義的詩歌。〔25〕

普遍性的觀點意味著所有人都是有著特殊性的人，都是理想中的模範。在十五世紀，全能的天才應當在運動的最前沿，這也是自然不過的事情了。正是透過這種方式，藝術家的地位得到改善。一個展示他自己的方式便是自畫像。安東尼奧．菲拉萊特在十五世紀中期便有了自畫像的這種意識，這使他顯得與這個世紀格格不入。他在聖保羅教堂的銅門上畫了兩張自畫像，第一個是以羅馬硬幣和獎章爲基礎的側畫像，那是一個小小的獎章，在左葉門的底部中間；另一個則在右邊的那一扇門上。〔26〕菲拉萊特的第二部著名作品是一個顯示他和他助手跳舞的浮雕，這個浮雕被放在底樓的門內側。他有一個想像中的理想國——斯佛爾茲恩達（Sforzinda），爲此他寫了一個專題論文，所以這個作品比它看上去要深刻得多。在論文中他寫道：如果從第一個到最後一個，所有的人都在同時工作，看上去像是一個舞蹈。如果有好的領舞者和好的舞曲，那麼第一個和最後一個的舞蹈便會看上去幾乎一致。〔27〕

與越來越多成名的藝術家一致，典範和自畫像的想法便是神奇、創造和想像的孿生概念，這些或許就被稱做是藝術家的執照。在十五世紀，尤其是這些人中，越來越被接受的是藝術家們不再被期待總會按照他們贊助者的言行而作為。這是一個巨大的變化。舉一個例子，在一五〇一年三月，伊莎貝拉（Isabella d'Este）給佛拉・皮耶特羅・德拉・瑙沃拉臘（Fra Pietro della Novellara）寫了一封信，說道：如果你認為達文西將會在這裡持續待一段時間，你的這種尊重將會使他為我們的畫室作畫。如果他願意這樣做，我們將會把主題和時間都留給他，讓他來做。換句話說，我們將不會試圖確定給他一個主題。【28】

宗教裁判前的韋羅內塞

在宗教裁判之前，韋羅內塞在一五七三年的出現，或許能完整地概括在可視的藝術方面發生最巨大的變化。宗教裁判在之後更加廣泛地被使用，但是在改革之後和天主教的回應之後，特倫特公會在一五四四～一五六三年之間多次召開會議，以決定羅馬的政策，這個政策的影響之一，便是藝術作品將會依賴於審查制度。桑地・吉奧瓦尼・帕奧羅的道明教神父需要一幅作品替代火災中燒毀的堤香的《最後的晚餐》，韋羅內塞畫了一張巨大的宴會的畫來替代。從作用上來講，韋羅內塞的作品是一個在帆布上的三聯畫，除卻它的宗教主題，這幅畫在帆布上非常生動地顯示了複雜細緻的宴會慶祝活動，整個宴會充滿了美酒佳餚，還有黑人、狗、貓等，這些畫還運用了明顯的透視畫法。宗教裁判所因為這幅畫而把他帶回去審問。

審判者：這些流鼻血的人代表什麼？那些全副武裝的好像德國人的人們又代表什麼？

韋羅內塞：我試圖表現一個因為某種事故而導致流鼻血的人。我們畫家和詩人有著同樣的特許證。我描繪了兩個士兵，一個在樓梯上喝酒而另一個在樓梯上吃著東西。因為有人告知我房子的主人是富有的，按理來說應當能有這樣的僕人。

審判者：聖彼得在做什麼？

韋羅內塞：切羊肉，而且在往桌子的另一邊遞送羊肉。

審判者：靠近他的那個人呢？

韋羅內塞：他在用牙籤清理牙齒。

審判者：有人要求你去畫德國人和小丑以及類似的東西嗎？

韋羅內塞：我的主人，並沒有人要我這樣做，但有人讓我去裝飾空間。

審判者：那些額外的裝飾合適嗎？

韋羅內塞：我只畫那些我覺得合適和我能夠畫得出的畫。

審判者：難道你不知道在德國和其他的國家，有人用畫來將不好的教義教給那些無知的人嗎？

韋羅內塞：是的，那是錯誤的。但我重複一點，我一定會遵循我的前輩們在藝術上的作為。

審判者：他們有什麼作為呢？

韋羅內塞：羅馬的米開朗基羅畫了主、主的母親、聖徒，以及赤裸的耶穌，還有聖母馬利亞。

審判者要求韋羅內塞懺悔，並限定他在三個月內修改他的畫作。韋羅內塞做了，但卻並非按照宗教裁判所的要求，他只是把名字改成了《利維家的宴會》（The Feast in the House of Levi）。這樣便安全多了，因爲按《聖經》的記述，發生這事的時候「稅吏和罪人」也同樣出現了。【29】

這樣的改變在一個世紀之前是不可想像的，這也說明了藝術家地位的改變。即便人們認爲人道主義一無是處，但它至少給予了藝術家足夠的自由，直到現在仍然如此。

歌劇

一四七〇年，爲紀念匈牙利國王馬提亞斯·科爾維納斯（Matthias Corvinus）的婚姻，許多的喇叭和弦樂同時爲新人演奏起來。這具備了我們現在所謂的交響樂的基本特徵。大約一百年後，一五八〇～一五八九年之間，許多人們定期到佛羅倫斯的喬瓦尼·戴·巴蒂伯爵家聚會，這個組織就被稱做camerata，聽起來好像是黑手黨的前身，但實際上他們是由一個著名的笛手文森佐·伽利略（天文學家伽利略的父親）、兩個音樂家雅克珀·佩里和基烏里奧·卡契尼，以及詩人奧塔維奧·里努契尼（Ottavio Rinuccini）組成的。他們主要討論的是經典戲劇，從中孕育了「以演說的形式」表演的戲劇。【30】於是歌劇便誕生了。現代音樂可以說就是在一四七〇年到一五九〇年之間孕育成形的，這也正是繪畫技藝蓬勃發展的時代。

音樂上的「樂曲重複」／威拉特

音樂的發展分爲三個方面。第一個方面是技巧、樂器和發聲法的發展，其中一些仍保存在現代音樂中；第二個方面是音樂形式的改變，產生了許多我們現在所見到的音樂形式；伴隨著前面提到的兩方面的發展，在第三個階段，也就出現了一些現在仍被人們所熟知的作曲家。

隨著音樂技藝的發展，首次出現了「樂曲重複」（imitation）的方式。這是佛蘭德（Flemish）樂派的發明，代表人物有奧克蓋姆（Jean Ockeghem，約一四三〇～一四九五）和奧布萊克特（Jacob Obrecht，約一四三〇～一五〇五）。在十五世紀和十六世紀相當長的一段時間裡，佛蘭德樂派都占有統治地位，他們影響了北歐甚至是義大利的音樂。無論是在羅馬教皇的教堂，還是威尼斯的聖馬可大教堂；無論是佛羅倫斯還是米蘭，佛蘭德樂派的樂手們都大受歡迎。「樂曲重複」就是說在擁有複調的樂曲中，歌手並非一起演唱，而是一個接一個地唱，後面的歌手重複前面的歌詞。這種方式增加了音樂的表現力，所以時至今日，在所有的音樂形式中都大受歡迎。同時，唱詩班和合唱團的和聲也已具雛形。雖然威尼斯佛蘭德人艾德里安・威拉特（Adrian Willaert，約一四八〇～一五六二）發明了二聲部，但是教皇的唱詩班地位卻尤爲重要——更具有舞臺表現力。【31】

加布里埃利

也是在威尼斯開始了管弦樂方面的改變，人們有了用特定樂器演奏每部分音樂的想法。【32】這與另外一件事實——一五〇一年也是開始與威尼斯的音樂印刷術——有關，印刷術使人們可以攜帶音樂理念，「不是存在大腦裡，而是放在行李中」。【33】威尼斯孕育了兩位傑出的音樂家，安德里・加布里埃利（Andrea Gabrieli）和他的侄子喬瓦尼。也正是這兩個人完善了合唱的平衡：弦樂器、吹管樂器和銅管樂器組合，放置於唱詩班舞臺的對面，交互演奏音樂，兩個大大的風琴放在底部。耶胡迪・梅紐因（Yehudi Menuhin）把這視爲標誌著西方音樂中獨立器樂演奏眞正開始的時刻；特別是整個現代都至關重要的一個特徵：懸浮不諧和音。這種精心設計的不諧和音，引人注目且需要分析〔至少一直持續到阿諾德・荀白克（Schönberg），一九〇七年〕。它突出了音樂的情緒性，並由此帶來了振幅亮度調製技術，這種技術指音樂基調的自由移動。如果缺少了它，音樂中的浪漫主義運動就無從談起〔比如華格納（Wagner）〕。【34】

管弦樂隊的起源／拉巴琴／吉塔爾／翼琴／阿瑪蒂的提琴和小提琴

十五、十六世紀大量音樂器材得以發展。從初步意義上而言，管弦樂隊開始出現。最重要的是，首先，琴弓從中亞途經伊斯蘭和拜占庭傳播開來。在十世紀之前，在伊斯蘭和拜占庭兩地，拉巴琴就和單弦或兩弦的琴弓同臺彈奏了。琴弓最初出現在歐洲的西班牙和西西里，但迅速蔓延到北部。演奏用的琴弓是由狩獵使用的弓發展而來的。拉動弦線產生的聲音很快就會消失，但人們卻發現加上弓以後，當拉動弓的時候，弦卻能持續音符的震動。西方音樂變革的第二個決定性事件是十二、十三世紀的改革。中東的新樂器快速發展，特別是小提琴。小提琴最初出現在十一世紀的拜占庭插圖中，已經有好多種形狀：卵形、橢圓形、長方形，而且那時候的小提琴通常都有了腰，這是爲了適應弓法的需要。其他的樂器則有三弦琴和吉他的前身吉塔爾（一種厚重的樂器，由挖空的大型木頭製作而成）。[35]

帶弦鍵盤樂器最初出現在十五世紀的前半期，也許開發於一種神祕工具——格子（一種只有繪畫時才使用的器材，現在已經沒有模型展示了）。當時也出現了早期的翼琴，即大家所熟悉的monacordys，或許是畢達哥拉斯發明的；早期的大鍵琴也出現了，它比較大，後來的小型立式鋼琴和十六、十七世紀的小型有鍵樂器由此發展而來。到十六世紀時，隨著人們對富有半音音階的音樂風格的欣賞，魯特琴、吉他、提琴、小提琴都有了很大的發展，而且很受歡迎。在一五六〇～一五七四年間統治法國的查理九世，曾從克雷默那的著名小提琴製造者安德里亞·阿瑪蒂（Andrea Amati）那裡預訂了三十八把提琴，並且詳細指明十二把大提琴及十二把小提琴、六把中提琴和八把低音樂器。

在管弦樂器中，管風琴從羅馬時代就已經開始應用。從十世紀起，管風琴一直是教堂專有樂器。從東方引進的最重要樂器是蘆笛。蘆笛由波斯的嗩（surna）發展而來，是一種雙簧片的樂器，上面有手指大小的孔以及向外展開的鈴。近代雙簧管是由十七世紀中期奧戴荷家族中的一個成員發明的，當時的雙簧管主要應用在法國宮廷。[36]雙簧管被看做和小提琴能產生互補作用，並且輔助鍵盤樂器的低音部。

小調／歌謠／奏鳴曲

從十一世紀起出現了新的音樂形式，包括無伴奏重唱歌曲、奏鳴曲、讚美詩、協奏曲、聖樂，以及我們前面提到的歌劇。到一五三〇年左右，在義大利的有文化修養階級中，主要的世俗音樂形式是無伴奏重唱歌曲，起源於佛羅托拉（frottole）歌曲。佛羅托拉歌曲通常是一些愛情歌曲，只有一種樂器伴奏。創作不是出於對心底感情的評論，而是爲了取樂。在威拉特（Adrian Willaert）的影響下，無伴奏重唱歌曲日趨發展。對於他來說，五重奏五聲部演唱是一種標準，它可以使合唱更豐富，更能給人美的享受。法國人民創作出了歌謠、小調，雖然我們不能輕視這項重大貢獻，但是隨著無伴奏重唱歌曲的成熟，音樂領導地位從佛蘭德轉移到義大利，特別是羅馬和威尼斯。歌謠在其他地方又叫做法蘭西坎佐納（canzon francese），非常的輕快，活潑愉快。愛因斯坦說，歌謠經常是一些表達多愁善感的「愛情小調」。在歌謠裡，歌唱家去模仿鳥鳴、戰爭場景等。正是出於這樣的習性，奏鳴曲終於出現了。喬瓦尼．皮耶路易吉．達帕萊斯特里納（Giovanni Pierluigi da Palestrina，一五二五～一五九四）和奧蘭多．拉索（Orlando Lassus，一五三二～一五九四）是無伴奏重唱歌曲、歌謠及奏鳴曲的主要宣導者。奧蘭多．拉索從一五七一年起，在聖彼得就是無伴奏合唱的音樂大師（maestro di cappella），他創作了九十四首彌撒曲和一百四十首無伴奏重歌曲，最後成爲了宗教作曲家。在他的音樂中，他寫進了理想的純潔；作爲無伴奏重歌曲和讚美詩的大師，他也讚美生活中、社會中的愛。對於樂器風格和音樂卓越性的追求，使得音樂演奏名家，特別是鍵盤樂器和木管樂器演奏家，終於出現了。在這裡，我們看到另一項與繪畫並行的藝術——音樂家逐漸成爲藝術家，受到了應有的尊敬。【37】

協奏曲／交響樂／宣敘調／和諧（縱向）音樂

接近世紀末的時候，法蘭西坎佐納演變爲兩種音樂類型：管弦樂器演奏的奏鳴曲和弦樂器演奏的坎佐納。前者發展爲協奏曲（後來發展爲交響樂），後者演變成室內奏鳴曲。協奏曲最初的意思是大合奏，人聲和樂器區分不明顯。事實上，協奏曲、器樂曲和奏鳴曲交互使用。但後來奏鳴曲的意思經過糾正，專門用來指一種樂器的組成；在十七世紀的最後十年，協奏曲專門用來指除人聲之外的整個樂器組合。因此，我們曾一度認爲協奏曲本質上是指管弦樂隊，直到十八世紀中期管弦樂隊這個用語得以應用的時候才作罷。從那之後，協奏曲和今天的意思就差不多了，成爲一種指獨奏樂器和管弦樂隊的標準說法。

創作歌劇的佛羅倫斯人文主義學者深信，音樂的首要功能是強化語言文字的情感作用。開始有音樂伴奏的新式道白叫做宣敘調，是指在包括一系列和音或者有些增加戲劇效果的不和諧音調組合的背景音樂下，背誦或高聲朗讀劇本。開始的時候是和諧的，叫做縱向音樂（與橫向音樂相對）。和音（縱向書寫）做爲一個同時有許多音調組合的音樂體，已在歌劇中成爲一個重要的元素。[38] 這與複調音樂極其不同。歌劇也促進了管弦樂隊的發展。管弦樂隊的名字正是來源於這樣一個事實——合（重）奏的樂器是放置在靠近舞臺的地方（在古希臘，管弦樂隊是位於合唱隊所在的地方，劇院表演區的前方）。

蒙台威爾第和阿麗安娜詠歎調

第一位歌劇風格的作曲家是克勞迪奥·蒙台威爾第（Claudio Monteverdi，一五六七～一六四三）。他於一六〇七年在曼圖亞爲六弦提琴和小提琴演奏所創作的《奧菲歐》（*Orfeo*），比起早期的佛羅倫斯戲劇是一個非常重大的進步。蒙台威爾第具有一種獨特的和聲天賦，這使得他能夠創作出大膽的、富有想像力的不和諧音調組合。但他的音樂的主要特點是富有表現力色彩，這一點在早期的歌劇作品中是非常先進的。《奧菲歐》受到人們極大的喜愛，因此它完整的樂譜很快被刊登了出來。這種事情還是首次表現了印刷技術的重大突破。一年之後，也是在曼圖亞，他又發表了《阿麗安娜》（*Lament of Arianna*）。有證據證明這部作品更有戲劇色彩，也更加和諧融洽。在寫這部作品的時候，他的妻子去世，使他陷入深深的痛苦之中，也正是這種悲痛，使他譜寫出了著名的《阿麗安娜》。這也可能是第一首演變成全義大利都能哼唱的流行歌曲歌劇式詠歎調。幸虧有了蒙台威爾第的成功，劇院在歐洲開始興建，儘管到一六三七年的時候才有私人劇院，但只爲貴族服務。從這一年起，威尼斯的觀衆可以付錢進劇院欣賞戲劇。十七世紀時威尼斯已有十六家劇院，其中四家通宵開放。[39]

宗教劇

同時發展的還有宗教劇（神劇、聖劇）。這是一種莊嚴肅穆的歌劇，音樂貫穿於劇的始終。以前也有人做過嘗試，但是，直到佛羅倫斯藝術家群體的一員埃米利奧·卡瓦列里（Emilio Cavalieri，約一五五〇～一六〇二）爲《靈與肉的表現》（*The Representation of the Soul and the Body*）配樂爲止，才是現代版宗教劇的開始。該劇是在羅馬聖菲力浦·尼利教堂的一個小禮拜堂首次上演，宗教劇也由此得名。在劇中，歌手們全副武裝，音樂家和合唱團也上臺了，但其中沒有複雜的舞臺裝置和戲劇動作表演。[40]

在音樂裡描繪故事，要比這種技巧在繪畫中的應用晚一些。但是，一旦得以應用，它便全面發展開來。十七世紀音樂開始世俗化，這使得音樂擺脫了宗教的束縛。所以，可以用新穎的方式，以不同的長度、不同的嚴肅程度講述各種各樣的故事。這可能是音樂史上最大的變革。

倫敦劇院的大發展

韋羅內塞出現在威尼斯的宗教裁判所，卡梅拉塔會社則在佛羅倫斯集會，差不多在相同的時間裡，倫敦也在發生著值得矚目的事情。這些事情同時代的人注意到了，外國遊客也非常吃驚。在費恩斯·莫里森（Fynes Moryson）於一六一七年的《旅行日誌》（*Itinerary*）裡記載著：「依我看來，在倫敦我見到的劇作比世界其他地方的都要多；同樣的道理，它的演員和喜劇演員也是最優秀的。」他們看到的是倫敦舞臺藝術的大爆發，這種爆發也反映了各種文學形式的創造發展，比如說莎士比亞和馬婁的戲劇、多恩和斯賓塞的詩歌，以及授權版《聖經》的翻譯。[41]但最爲突出的還是戲劇藝術。

在一五七六年的春天，一家大劇院的演員詹姆斯·伯比奇在市郊建造了第一家固定演出戲劇的劇院，從而也使戲劇從一種娛樂活動轉變成一種職業。僅僅在四十五年後，這個創意達到了頂峰，那就是莎士比亞和馬婁；他們的戲劇對演員有了更新、更高的要求，舞臺傳統也在演變發展，在十二家新建的劇院裡上演了大約八百部戲劇。儘管大家不清楚有多少沒能成功上演的劇作，但人們知道除了莎士比亞和馬婁，還有些劇作家也都寫出二、三十部作品。他們是：湯瑪斯·海伍德、約翰·佛萊徹、湯瑪斯·戴柯、菲力浦·馬辛格、亨利·凱特、詹姆斯·雪萊、班·強生、威廉·哈舍維、安東尼·滿德、溫特華茲·史密斯和法蘭西斯·博蒙。[42]海伍德說他主要參與了兩百二十部戲劇。

戲劇的大爆發反映了緊隨佛羅倫斯，倫敦也成功地發展成了資本主義城市。對倫敦很關鍵的是十六世紀航海事業的發展。美國金銀的發現快速提高了歐洲貨幣供應，通貨膨脹致使勞動力貶值、資本家獲取暴利。專業階層明顯增加。進入牛津大學和劍橋大學學習的人數一五〇〇年是四百五十人，到了一六四二年增加到一千人。學習費用也相應增加，一六〇〇年需要二十英鎊，一六六〇年就需要三十英鎊。一五〇〇年到一六〇〇年間進入法學院（培訓律師的地方）學習的資費翻了兩番。「在一五四〇年到一六四〇年之間，大量資產從教會和皇族轉移到中上層階級。」[43]理查·斯特恩說道。佛羅倫斯也發生了相似的變化。另外一個報導說「富人們的領域擴大了」，「我們可以看到大批人們在購物、買房，飲食中肉類居多，飲茶、舉辦宴會，最明顯的是挑選精緻的服飾」。[44] 這種描述使人們想到了范．艾克的《阿爾諾菲尼的婚禮》。

美人魚酒館

倫敦發生了根本的變化。寺院、小教堂以及醫院被賣掉，宗教人士也隨之消失；貴族由商人和技工取代。「法律替代暴力，成爲最受歡迎的解決問題的方法」，法院迅速發展。聖保羅大教堂現在成爲傳播小道消息的主要場所，有點像俱樂部。「伊莉莎白鎭的居民習慣了每天早晨看看有誰在那裡，打聽一下是否有些主要的新聞、小型的緋聞、關於最近的書或戲劇的評論，或者任何可以轉述給家人的諷刺短詩、逸聞趣事。」[45] 美人魚酒館是當時最好的俱樂部，也是倫敦的文學戲劇中心，聚集了倫敦的詩人、戲劇家和智者。集會在每月的第一個週五。伊莉莎白時代參加集會的名人有：班．強生、尼戈．鐘斯、約翰．鄧恩、邁克．德雷頓、湯瑪斯．卡本恩、理查．卡儒、法蘭西斯．博蒙、沃爾特．雷利。博蒙曾在給班．強生的信中寫到美人魚酒館的迷人之處：

> ……我們看到了鄧恩！
> 聽到了聰敏的談話，
> 接觸到了充滿辨別力的激情……

包括梅納德．凱恩斯（Maynard Keynes）在內的經濟學家，都認爲英國劇院的出現與其商業的發展有著直接關係。[46] 於一五八八年擊敗了西班牙無敵艦隊的英國，充滿了放任和傲慢，人們認爲沒有什麼是神聖不可侵犯的，女王經常詛咒，還朝她喜歡的人吐口水。[47]

最初的戲劇／詹姆斯．伯比奇

儘管伯比奇轉移到西爾狄區（Shoreditch）對英國劇院的復興產生了催化作用，但是，劇院的成長吸收了中世紀的各種傳統，中部和北部的神奇劇、奇蹟劇、道德劇，持續兩週的皇家聖誕狂歡（後來演變成化裝舞會），行會中也發展出露天表演。即使是這樣，在莎士比亞成長的年代，倫敦是沒有戶外演出的，也沒有專業劇院。一五三八年在亞馬斯有一種遊戲式的劇院曾出現過；

十四世紀在艾克斯特出現了叫做「觀看節目的地方」上演滑稽戲。但專業演出是沒有的，自宗教改革以來，耶穌受難劇也停止上演了。大學裡研究一些傳統劇院。從十六世紀二〇年代開始，學校的男孩們演一些柏拉圖和泰倫斯的喜劇以及塞涅卡的悲劇。[48] 在這樣的過程中，大學裡的教師用傳統的方式編寫劇作。約一五五〇年，伊頓公學的一位教師以節奏打油詩方式編寫了《佗伊斯》（*Ralph Roister Doister*）。十年之後，另外一部更有名的《蓋莫．格頓的針》（*Gammer Gurtom's Needle*）在劍橋的耶穌學院上映。但在這之後的三年，莎士比亞出生了，並沒有證據說他上過大學，因此關係也並不是十分密切。西敏寺教堂的檔案裡記載顯示，整個十六世紀七〇年代，學者們一直是在英國樞密院祕密地演出戲劇。與此同時，統治者保留了兩個劇團，其中每個劇團由八個人組成。他們主要表演一些娛樂節目（本質上類似於馬戲團），有時也上演一些嚴肅劇。這時候戲劇開始向人們講述故事情節，有個性的人物開始出現。[49]

就結構來說，那時的倫敦劇院主要是兩個迴圈團體：分別叫做鬥牛場和熊坑，位於泰晤士河南岸，有著幾百年的歷史。但是話劇從未在室內演出，相反的，開始時都是使用旅店的院子做爲天然劇院，再用一個簡易的支架當做舞臺。這樣做非常便利，但同時也存在著問題。當權者擔心瘟疫和暴亂，因爲酗酒是非常平常的事情。一些有權力的贊助商建立了一些由演員們組成的同業公會來阻止流浪者。他們逐漸把道德劇加進了幕間表演，主要取自於時事性話題及激勵人心的事件。因此當伯比奇建立了劇院，在所有的發展中所展現出來的精力和欲望都找到了歸宿。「同業公會，從原本的封建性機構，一夜之間變爲一個資本主義機構。」[50]

演說者成爲演員／常備劇碼

劇院產生於商業投機，所以基本上沒有職業演員。我們依然記得最初的戲劇不是用來閱讀的，而是用來聆聽的。而讀者是在倫敦迅速成長起來的。在十七世紀早期，不能夠寫自己名字的商人和工匠僅有四分之一，大約百分之九十的女性是文盲，但也正是她們構成了劇院觀衆的主體部分之原因。這說明了爲什麼壯麗的場面在那時遠比今天要重要得多，也說明了爲什麼那時高等文化和通俗文化並不像今天這樣有著眞正的區別。[51]

到了十七世紀早期，「表演」這個術語已經應用於倫敦的戲劇表演家身上，這就反應了「演說家們」自身有了重要的提升；人物塑造及個性塑造上都正在深入發展。演員們還是沒有受到充分意義上的尊重。但常備劇碼（不能接連兩天上映同一劇碼）確實讓人們注意到了，在接連的表演中，演員們的優秀表演能力，這是大衆很容易就能欣賞的才能。然而，當約翰·鄧恩在一六〇四～一六〇五年間創作《王子宮廷圖書館目錄》（*Catalogus Librorum Aulicorum*）的時候，並沒有把話劇加入其內，因爲他認爲那不是一種文學形式。

因此，在這種環境下誕生的戲劇主要有兩種元素：現實主義（盡可能地用現實的手法來表達）和情感的直接性（伴隨著其他事物的發展，倫敦出現了初期的新聞業）。但是，劇院最重要的元素還是能夠反映變化的世界，觀衆們能夠在戲劇中找到自己。社會形勢在變化，舊的規定正在被打破，私人閱讀正在擴大，許多人的購買能力大大提高。

莎士比亞／李爾王和法爾斯塔夫

莎士比亞步入了戲劇世界。正如哈樂德·布魯姆（Harold Bloom）的恰當提問，莎士比亞的存在是偶然的嗎？不，不是的。別忘了，他很迅速的成爲非凡、傑出的劇作家。布魯姆還指出，如果像馬婁一樣，莎士比亞在二十九歲的時候也被刺死，那麼他的作品就不會在世界各地讓人如此印象深刻了。在莎士比亞的《愛的徒勞》出現之前，馬婁的《馬爾他島的猶太人》、《帖木兒》、《愛德華二世》，還有不完整的《浮士德博士的悲劇》，都是遠比莎士比亞重要的、不可忽視的成就。馬婁去世五年後，莎士比亞遠遠超過了這位先驅。寫出了《仲夏夜之夢》、《威尼斯商人》，還有兩部《亨利四世》。從人物形象伯納德、夏洛克、法爾斯塔夫及《約翰王》中的法肯布立基、《羅密歐與茱麗葉》中的茂丘西奧，我們發現了一種新型的舞臺形象。這種形象使馬婁的才能得以繼續發揚。繼法爾斯塔夫之後的十三、四年裡，我們又接觸到了其他的人物：羅莎琳德、哈姆雷特、奧賽羅、伊阿古、李爾王、愛德蒙、馬克白、克莉奧佩特拉、安東尼、科利奧蘭納斯、泰門、伊摩琴、普羅士丕羅、卡利班……；到一五九八年，莎士比亞得到了肯定，而法爾斯塔夫則是給他帶來肯定的天使。沒有一位作家能夠和莎士比亞的語言能力相媲美。在他的《愛的徒勞》中，我們感覺到了語言的缺陷都能得以彌補。[52]

莎士比亞來倫敦時，沒有任何在舞臺藝術方面的職業計畫，也沒有想成爲一位受歡迎的僱傭文人或作家。成名之前，他是一名演員。他將嚴肅劇和輕喜劇加以修改，使它們適用於每位演員。他不大注重拼寫和語法，持續杜撰一些需要的詞彙。然而，歷史認爲莎士比亞比任何人都優秀，主要是因爲他的兩項創造性的發明。第一，可變性。莎士比亞的人物（至少他的重要的人物）能夠聽到自己，並且在心理和道德上發生變化。哈姆雷特、李爾王身上都有所表現，在法爾斯塔夫身上表現得最爲突出。這種特點是全新的手法，無疑是莎士比亞的重大創造。第二點也是很容易被忽視的一點，與城市化有關，那就是他的作品「反對基督教化」。莎士比亞似乎不是一個有激情的人（總之在婚姻裡他不是），他沒有宗教信仰，也不是形而上學，沒有倫理學的理念，政治理論方面也幾乎沒有，但是從肯定的意義上來看，他創造了我們今天使用的術語「精神」。或許最能說明莎劇的作品就是《李爾王》了，在劇終的時候，劇裡的倖存者還有觀衆們一起被投入了一種被布魯姆稱爲「宇宙的空虛」裡。「《李爾王》的結局沒有違背常規……死亡對李爾王來說是一種解脫，但對於倖存者不是……對我們也不是。自然與國家一起受到了傷害，幾近死亡……最重要的是自然的毀損，而我們的想法是，到底在我們的生活中什麼是正常的或者什麼不是。」[53]這是一項史無前例的成就。

唐吉訶德

莎士比亞與塞萬提斯在同一天去世。另外一個重要的巧合是，差不多和倫敦產生近代喜劇的同時代，在西班牙《唐吉訶德》的發表，標誌著現代一種非常常見的文學形式——小說——的誕生。西班牙早期文學處於重要地位的是作品《塞萊斯蒂娜》（一四九九年版的有十六場，一五二六年版的有二十二場）。[54]如果說有故事情節的話，是這樣的：故事圍繞專業紅娘塞萊斯蒂娜展開，她介紹卡里斯特和麥莉碧認識，最終又把兩人推向死亡的深淵，自己也沒有倖存。《塞萊斯蒂娜》中著力描繪了下層階級的生活，這有助於西班牙文學中流浪漢小說風格的形成。《托爾美斯河上的拉撒路》（*Lazarillo de Tormes*，描述了犯罪分子家庭及冒險的故事）和《唐吉訶德》是流浪漢小說的突出成就。這本書幾乎與《李爾王》出現在同一時間，可以稱得上是一種完全的創新，史無前例。[55]不同於莎士比亞，塞萬提斯是一個很有英雄氣概的男人，他來自於一個被宗教審判所逼迫著背棄自己猶太教的家庭，而且幾乎肯定的是一位伊拉斯謨斯的信徒，他參與了勒班多（lepanto）海戰並立下赫赫戰功。儘管多病，他依然在摩爾人的囚禁下和之後的西班牙監獄生活中生存了下來。甚至他的《唐吉訶德》一書都可能是在西班牙的監獄裡開始創作的。這本書和《李爾王》出現的時間差不多，但可以斷言，它是完完全全原創。故事的中心也是它最偉大的地方，是唐吉訶德與侍從桑丘．潘薩之間「忠實卻時而暴躁」的關係。我們讀到《李爾王》的結局時感到由衷的淒涼，而《唐吉訶德》中人物的個性、大大小小的英雄主義讓讀者們的心中充滿了無限的溫暖。這部小說裡面好多偏僻的地方沒有加以注解。塞萬提斯告訴我們，唐吉訶德是個瘋子，但沒有告訴我們他爲什麼瘋，也沒有醫學方面的介紹。或許是閱讀不同時期騎士們的冒險故事後，他使自己瘋狂，於是帶著那些不可能實現的夢開始旅行。在旅途中，隨著相互交流看法，主僕之間的友誼（被比喻成彼得與耶穌間的關係）進一步深化；出現一些溫和爭吵的時候，或者爭吵逐漸激烈的時候，就會有一段空白，留下空間讓讀者思考。[56]儘管階級不同，唐吉訶德和他的男僕關係卻「密切且平等」。故事時而嚴肅，時而使人捧腹（有些插曲是一些純粹的鬧劇）。唐吉訶德急切盼望戰鬥，他經常幻想，因此把風車錯當成巨人，把木偶看成眞人。桑丘．潘薩的願望不是爲了得到財富與金錢，而是獲得榮譽和名聲。他幻想能夠遇到季涅斯．德．帕薩蒙特（一個遠近聞名、危險又愛耍詭計的罪犯）。這些都是最初的想法，最重要的是：唐吉訶德和桑丘．潘薩經由相互傾訴、相互聆聽，雙方都發生了變化。如同莎士比亞的創造一樣，可變性是《唐吉訶德》的主要心理方面的創新。

正如同莎士比亞，塞萬提斯創作了著名的人物形象。塞萬提斯遠遠超過了人文主義者，超越了歷史上的任何一個時代，遠離了教會，到達了一個新的水準。「它不是哲學，」艾瑞克．奧拜科（Eric Auerbach）這樣描述《唐吉訶德》，「它沒有說教的目的……它代表著一種對世界的態度……勇敢和沉著應該在這種態度中占據主要成分。」從某種意義上而言，《唐吉訶德》不僅僅是第一部小說，而是還是第一部「旅行片」，這種題材我們至今還在使用。[57]

想像爆發的原因並不是單一的，故事講述及講述技巧也是這樣。但我們應該注意，這些巨作已遠離了基督教的信仰。沒有用多大的氣力，想像這種技巧就爲我們提供了一個選擇、一個避難營，它異於講述禮拜儀式的傳統戲劇，也不同於《聖經》的記敘講述。

第二十章

克里斯多佛・哥倫布的精神視界

「直到生命晚期，哥倫布依舊堅持他到達了最初預定的『印度群島』。他曾在靠近齊潘戈（日本）的島嶼以及中國登陸過，也曾沿馬可．波羅筆下的中國海岸線航行過，甚至距離大汗帝國的版圖僅有幾里格之遙。」【1】中世紀時的一里格，是船在一小時內所能航行的距離，大概也就是七英里到十二英里之間。今天我們可能對哥倫布臨終前的錯覺付之一笑，但他的堅持己見卻向我們講述了他的那個時代以及空前壯觀的航海大發現。所有這些尤其說明了發現新大陸的這個人來自中世紀而非現代。

不論哥倫布自己是否意識到，他仍代表了當時最高的航海技術。首先，他的航行是先於幾個世紀就已開始的一系列大型航海成就的最高峰。【2】雖然以往的某些航行里程超過了哥倫布的航行，但沒有任何一個比他的更具危險性。在很多方面，所有探索航行都共同顯示出了人類的最顯著特徵：求知欲。如果沒有太空旅行的話，中世紀人們對於未知世界的冒險探索是今天我們現代人難以企及的，從而根本性地將我們與哥倫布時代明顯分割開來。既然當時探險者們的旅行很少出於商業欲望，他們的旅行必定在很大程度上只是單純地顯示出了人們的求知欲。

希臘人發現了大西洋

正如前文所述，曾有一段時間，西歐在探索旅行領域處於劣勢。七世紀，希臘發現了大西洋，並將直布羅陀海峽命名為赫拉克勒斯之柱（the Pillars of Hercules）。據希臘旅行家赫克特斯（Hecataeus）之說，地球基本上是一個平面圓盤，其中心靠近特洛伊，也就是現在的伊斯坦堡。陸地被海洋環繞，地中海是通往海洋的門戶。【3】六世紀晚期，義大利南部一位畢達哥拉斯學派的學生提出地球是一個球體，與另外九個類似球體共同圍繞太空中的一個火球旋轉，這些球體包括太陽、月亮、星星、五大恆星，以及逆行地球。【4】實際上，我們無法看到這個中心火球以及逆行地球，因為我們星球的人類居住區總是背離中心火球。對於多數人來講，地球明顯呈平面狀，但是，蘇格拉底和柏拉圖卻贊成畢達哥拉斯的觀點。蘇格拉底大膽地解釋，地球之所以呈現平面狀，是因為它太大了。

希臘人認為陸地從西班牙一直向東延伸到印度，更有甚者，傳說陸地會從印度繼續向東延伸。至於南北方向的陸地則鮮為人知。亞里斯多德認為南北方向的陸地大約是東西方向陸地的五分之三，更重要的是，他認為亞洲陸地一直向東延伸，幾乎覆蓋了全球，在亞洲和赫拉克勒斯之柱之間只有很小一片水域。這個觀點影響頗大，在幾個世紀後哥倫布出航時，仍對人們有深刻的影響。[5]

極北之地

皮西亞斯（Pytheas），我們所了解的第一位航海家，生活在馬薩利亞（今天的馬賽）。馬薩利亞的居民從航行過隆河及其他航行者的船夫那裡獲知，北部是一片足夠吞沒所有島嶼的無際海洋，那裡盛產稀有金屬和一種被稱爲琥珀的珍稀褐色樹脂狀物質。當然隆河本身並非向北無限延伸到北海，也沒有人知道這條河有多長。後來，大約三三〇年，據從地中海西部出發重回港口的船員報導，赫拉克勒斯之柱是一個無任何看守的自由之地。這對於馬薩利亞的商人來說是千載難逢的機遇，爲他們探索北海開闢了道路。皮西亞斯正是此時被選中帶領一艘長達一百五十英尺的輪船進行航行的（這是哥倫布用的船遠不能及的）。[6]沿著陸地，皮西亞斯最終發現了通向法國北部的航道，然後，在寒冷的雨霧之中，他繼續航行到了英格蘭和愛爾蘭，到達他所稱的奧克尼（今仍稱爲奧克尼郡），之後越過設德蘭群島和法羅群島，直到抵達陸地，那裡的夏季第一天，太陽終日不落。他把這個地方稱爲極北之地，之後的幾個世紀，人們一直把這個地方視爲北方世界之端——這個地方很有可能是冰島或挪威。皮西亞斯經由丹麥和瑞典返回時，發現了通向內陸的大片水域——波羅的海，並開始他的琥珀之地探索。他發現了貫通南北的河流（如奧得河和維斯瓦河），同時還發現北海的消息也正是由此傳入地中海的。然而當他返回家鄉後，沒有人相信他。之後迦太基人控制了赫拉克勒斯之柱。從此，通向大西洋的道路再次被切斷。[7]

東方的亞歷山大

另一方面，希臘人也知道在波斯的盡頭有一個稱爲印度的地方。他們聽到很多關於那個地方的傳說：國王非常威嚴，可讓十萬頭大象參戰；那裡有長有狗頭的人；那裡還有巨大無比的蟲子，可把牛或駱駝拖入水中吞掉。[8]三三一年，亞歷山大大帝開始了一系列的征服戰，這使得他越過了波斯、阿富汗，直到印度河。在這個地方，他眞正見到了傳說中的大蟲——鱷魚。[9]他沿著印度河南下，到達了廣闊無垠的海洋。所有行動都證實了古人對於陸地被海洋環繞的說法。[10]

艾拉托色尼和地球周長

所有的航海細節都被學者們蒐集了起來，尤其是亞歷山大大帝時期，然後建立了有名的圖書館。[11] 其中一位有名的圖書管理員，艾拉托色尼（Eratosthenes）可以被認爲是世界上第一位數學地理學家，正是他開始了製作一部精確的世界地圖。依據以前所提到的方法，他計算出地球的圓周不到兩萬五千英里，這個數字並不是太離譜。當然這也不是艾拉托色尼的唯一成就。基於氣候，他也同樣計算出了可居住陸地的面積；根據太陽的角度，他發明了緯度，這使得人們能更精確地確定亞歷山大、馬薩利亞、阿斯旺和麥羅埃等地方的位置。阿斯旺和麥羅埃都是人們沿尼羅河航行時所發現的。[12] 一四〇年喜帕恰斯將地球圓周調整到兩萬五千兩百英里（二十五萬兩千個賽場），依據這份資料，艾拉托色尼進行了自己的工作，將地球圓周精確地分爲三百六十度，各爲七十英里。這同樣使得他能在地圖上每一度畫一條緯線，他稱此爲klimata，今天我們所使用的climate就是由這個詞演化而來。[13]

托勒密

在羅馬時代，貿易的發展促進了知識的進步。羅馬人對於絲綢的需求，意味著不論是內陸的絲綢之路還是到中國的海路都得以發現並延伸。這些都在一位來自亞歷山大的希臘匿名商人所著的航行指南書中得以證實。《厄立特利亞海航行記》（*Periplus of the Erythraean*）一書描述了對非洲東海岸的探險，向南一直到拉夫它（大約一千五百英里），然後是印度海的北海岸，從紅海到印度河，接著到錫蘭（現更名爲斯里蘭卡），從那裡進一步向東，但訊息逐漸變得模糊了。然而希臘匿名作者似乎也知道恆河以及泰尼（絲綢之國，即中國）甚至更遠的地方；正如前面所提到的，絲綢增進了人們對於世界地理的認識，並促使這項知識不斷更新。一四〇年，繼艾拉托色尼之後，下一位便是克勞迪亞斯．托勒密（Claudius Ptolemy）。

儘管托勒密比艾拉托色尼掌握了更多的訊息，但並非所有訊息都準確可靠。人們誤以爲哥倫布與他同航，對此，他也要負責任。正是托勒密引入了緯度的概念，儘管當時還無法實際確定緯度起止點。他的想法是把世界平均分成相等的方格，以便有助於精確地定位。除了在地圖上標注出中國外，他還加入許多關於大西洋的資訊，據說幸運島便是位於非洲的沿岸。[14]

在托勒密之後，進入正統派基督教運動時期，如同多數學科般，地理學也出現了下滑。六世紀，航海商人和僧人考斯馬斯（Cosmas）堅持認爲地球是矩形的。他的這些理論基於《出埃及記》，其中記述了上帝將摩西召集到西乃山，向他講述了很多祕密，並教給他製造神龕——世界的雛形，這就暗示考斯馬斯，世界的形狀必定也像神龕。[15]這立即促成了「基督教的地形學」，即天地在地緣相接，天堂即在東方海盡頭近天處的「旭日升島」。[16]事實上，考斯馬斯認爲，儘管地球是平的，也是傾斜的，這就解釋了山脈的存在以及太陽夜晚消失的原因（他說地球只有四十二英里寬）。他認爲這同樣解釋了爲什麼北流的河要比南流的河緩慢（北流之河都是上行）。考斯馬斯認爲地球必須是平的，否則居住在地球另一端的人們必定倒立生活——顯然是不可能的。依據他的理論，尼羅河事實上也是由低向高流淌，這對於考斯馬斯來說也是完全可能的。

對於基督教徒，尤其是教父，天堂的定位至關重要。根據基督教本身的說法，因爲底格里斯河和幼發拉底河始於天堂，所以這兩條河流的定位與布局必須與早期的說法保持一致，即天堂本身應位於世界的最東端。一種解決方案是伊甸園的河流在地下流經一段距離後流出地面。但這無濟於事，因爲這樣人們無法沿河到達天堂。[17]另外一個問題便是經文中所提到的怪物種族的下落，尤其是從北方侵略古世界的皋格（Gog）和馬皋格（Magog）之族，根據傳統，他們會再次出現。他們到底在哪裡呢？而另外一個問題則是地球的中心在哪？《以西結書》中所提到的兩首讚美詩及參考，將耶路撒冷定位爲世界中心，這也是爲什麼這個城市在中世紀的地圖上常被標注出來。[18]不久，耶路撒冷的中心地位明顯難以保持。

聖布倫丹／希望之地

繼皮西亞斯之後，愛爾蘭僧侶聖布倫丹（St Brendan）成爲歷史上第一位基督徒探險家，也是第一位重要的大西洋冒險家。布倫丹於約四八四年生於特拉利附近，並於五一二年被委任爲牧師。許多愛爾蘭漁夫經常出海打撈並帶回大洋西部島嶼的故事，布倫丹就是聽著這樣的故事長大的。[19]正如我們所了解的，布倫丹是個謹慎的人，爲尋找「聖人的樂土」，他與十六位僧侶追隨者於五三九年左右開始了大規模的航行。「四百年來，他的旅行故事並沒有被記載下來，而這段時期，又有很多僧侶進行了深入大西洋的探險。然而布倫丹的聲譽日隆，因爲其他僧侶的航行功績皆歸於他的名下。他與他的同伴沒有指南針，卻能依據星辰和候鳥而行。他們向西航行了五十二天，登陸了一個小島，小島上只有一隻小狗迎接他們，並把他們帶到了一所屋宇；在此休息片刻後，正當他們要離開之際，島嶼主人出現在他們面前，給了他們豐盛的食物。之後他們四處漂泊，又到了一個小島，島上到處是成群的純白色綿羊，河裡滿是肥美的魚。他們打算在那裡過冬，並且受到僧院的熱情款待。之後他們繼續航行，來到一座荒蕪的島嶼，他們正在做飯時，島嶼突然晃動起來，於是大夥兒拚命奔向他們的小船，而島嶼卻沉入海中。布倫丹解釋說，島嶼其實是一條大鯨。」[20]

在隨後的七年中，布倫丹又到了大西洋的其他幾個島嶼。有一個「壯人島」長滿了白色和紫色的花朵；他們曾經過海中漂浮的水晶柱；他們還穿越過到處是「巨大工匠」的島嶼，這些工匠向他們拋出大塊燃燒的爐渣（他們認爲這就是地獄邊緣）。在北行的路途中，他們看到有些山向天空噴出火焰。[21]但是他們一直沒有到達最終目的地——聖人樂土。最後，綿羊島的代理人同意將他們帶到聖人樂土。他們在濃厚的霧雲中航行了四十天，到達了陸地，又在陸地上探索了四十天，最後來到一條可航行的河流，於是他們坐船順流返程，穿過雲層，駛向家園。

人們對於這些「發現」進行了深思。法羅群島源於丹麥語「羊」這個單詞；[22]開滿白色與紫色花的「壯人島」則有可能是加那利群島或者西印度群島；水晶柱只可能是冰山；「巨大工匠」島有可能是冰島；而北部噴焰島嶼則可能是狹小的詹．馬耶恩島。那麼希望之地在哪裡呢？如果有層層雲霧，那可能是北美洲。不管怎樣，這個故事不斷被人重複，直到希望之地變成了聖布倫丹島，而且一六五〇年之前一直都是大西洋地圖的顯著特徵，儘管這座島嶼的確切位置從未確定。[23]

文蘭島

十世紀挪威人有了不同的看法。如果你在挪威的西部畫一條線，你會發現設德蘭群島、法羅群島、冰島、格陵蘭島以及巴芬島。冰島很早就被發現了，並不僅僅是愛爾蘭僧侶的專利，挪威人一直以來也有將無法管教者當做流犯驅逐到冰島的慣例。任何航行去冰島的人都有可能見到格陵蘭島；格陵蘭島在九八六年標注在地圖上；格陵蘭島的人們飼養牛羊、獵捕海象和北極熊。他們也向南「探索」陸地，但「探索」一詞對於巴迦尼．荷里奧森（Bjarni Herjolfsson）這位年輕的冰島商人來說還不太準確，因爲他從格陵蘭島返回時，偏離了航向，向南駛去，穿越了一團厚霧，結果來到了一個島嶼，上面有山，有森林，一點也不像格陵蘭島和冰島。回到格陵蘭島之後，他的所見所聞引起了其他人極大的興趣，有一位叫萊夫·埃里克森（Leif Eiriksson）的年輕人於一〇〇一年仿效荷里奧森出航。

起初，他到了一些荒蕪的島嶼，並把它們取名爲黑盧蘭島、平石島或者石板島。繼續向南行進，他也發現了巴迦尼所看到的森林茂盛的島嶼，埃里克森把這個島嶼取名爲馬克蘭島或森林島。他繼續向南走，到了一個長滿葡萄和漿果的島嶼，將它取名爲文蘭島，並在此過冬。有一些人仿效萊夫，卻發現了土著，並稱他們爲斯克萊菱人（Skraelings）；這些人充滿敵意，要麼殺掉來訪者，要麼把他們驅趕回去。不來梅的亞當在一〇七〇年出版的書中對於文蘭島的敘述，被看做是權威的表述。一一一七年，來自格陵蘭島的教皇使節訪問文蘭島，意味著那裡的確生活著一群人，至少在一段時間內有過（一九六〇年在這塊新發現的土地上挖掘出的建築物，與格陵蘭島的建築非常相似，而且可追溯到約十四世紀到十一世紀）。羅馬教皇對於格陵蘭島的記載直到五世紀末。[24]

普蘭諾·卡爾皮尼的約翰／魯布魯克的威廉

在另一個方向，亞洲也顯示了出來。關於亞洲，一個相當出名的說法是，在這片大陸上有一位叫祭司王約翰（Prester John）的基督教統治者，他的權力之大，乃至國王也必須在他到來後才能開飯。儘管很多偉大的航海探險家和旅行者這麼說，但沒人發現約翰這個人（有些人認爲這僅僅是來自亞歷山大大帝的一個腐敗傳說）。關於中世紀的三大旅行記述之一，是由普蘭諾·卡爾皮尼的約翰（John of Plano Carpini）於一二四五年所著的《蒙古國歷史》（*History of the Mongols*）。約翰代表羅馬教皇從里昂出發，持續莊嚴地行進，遠到基輔。由於他身體超重，騎馬而行並非易事。在基輔，他發現蒙古人已建立了相當有效率的傳訊系統，沿路到處是訊息站，使得傳訊員一天可換乘五、六匹馬。[25]用這種方式，他又到了克里米亞、頓河、窩瓦河、烏拉河、鹹海北部，後又穿越西伯利亞到達古代蒙古帝國，貝加爾湖南部，也就是大汗帝國的朝廷所在地。約翰受到了熱情的款待，拜見了可汗。可汗母親贈與他狐皮大衣，對他的返程有很大的幫助——因爲路上有積雪，使得他不得不露宿荒野。約翰返回家園之後，根據這趟旅行寫了一本書，並且大獲成功，只可惜他並未提及任何有關祭司王約翰的故事。

然而，他的旅行促使人們對於東方的了解更加全面而豐富。《蒙古國歷史》一書傳遍歐洲（英語「horde」一詞常與蒙古人聯繫在一起，此詞便是來自土耳其語「ordu」，意思是「露營」），因此，羅馬教皇決定派傳教士去蒙古帝國，希望能夠說服可汗。一二五三年，所選之人魯布魯克的威廉動身前往蒙古完成教皇的使命，結果非常失望地發現可汗根本無意於皈依羅馬教皇。[26]然而在蒙古帝國期間，他卻發現了其他幾位歐洲人，其中有巴黎金匠，也有曾被匈牙利人和英國人綁架的法國婦女。普蘭諾・卡爾皮尼的約翰激起了歐洲人對亞洲極大的興趣。

馬可・波羅與忽必烈可汗

威尼斯人對蒙古帝國的興趣最爲強烈，原因是自古以來威尼斯商人就與阿拉伯的穆斯林有著良好的貿易往來，而這些人的物品都來自更遠的東方。這就是波羅兄弟——尼克羅（Nicolo）和馬非羅（Maffeo）——在一二六〇年決定前往亞洲的原因。這次旅行非常成功，因爲當時的蒙古統治者忽必烈可汗對於歐洲有著同樣的強烈興趣，故把他們兄弟當做大使送了回去。一二七一年，當他們再次來到東方，帶來了尼克羅十七歲的兒子馬可・波羅。這趟旅行成爲有史以來最棒的旅行。他們沿著絲綢之路旅行五十二天，直到抵達中國邊境喀什噶爾（Kashgar）和莎車市（Yarkand）。他們穿越沙漠，最後來到甘拜盧（Kanbalu，現在北京所在地），蒙古國的新遷首都。馬可波羅把這座城市描述成「遠遠超出了人們的想像……每天都有不下千輛裝滿絲線的馬車進入城裡，各種各樣的金製品和絲製品大量生產出來」。[27]正如其父，馬可・波羅也是位精明的商人，有著敏銳的市場嗅覺，而且像他的父親一樣成爲可汗的受寵人物。接下來的十五年，他以大使的身分遊遍中國各地。[28]事實上，波羅一家人僅回家一次，那時忽必烈可汗與波斯統治者簽訂了一份婚約，依據其條款，年輕的新娘要被送往西方。護送隊由十四艘船組成，波羅一家人成爲新娘的保護團。船隊由太平洋岸的載通（Zaiton，現在的廈門）出發（波羅兄弟認爲從這裡可以直達歐洲），但他們首先航經肯塞（Kinsai，現在的杭州），這又是一次奇妙的旅行——杭州地廣一百英里，有十大市場、一千兩百座橋梁。「每天在杭州市場流動的胡椒粉就有四十三車，每車重達兩百四十三磅。」[29]從護送隊的船員那裡，馬可知道了齊潘戈（Zipangu，日本），聽說距離中國大約一千五百英里（事實上距離上海六百英里，離朝鮮兩百英里）。當波羅兄弟返回家園時，其友人大爲震驚，都以爲他們早就不在人世了。在馬可出版了他的旅行記述《馬可・波羅遊記》（*The Description of the World*）後，沒有人相信他的描述，他也因老說大話，描述東方事物時出口必稱百萬，從而獲得一個綽號「百萬先生」。他養成了講故事的習慣（事實上他有一位代作者，比薩的魯斯提契洛）。然而，波羅兄弟的確到達了亞洲的邊緣——另外一片廣袤的海洋。

伊本·巴圖塔

中世紀的第三位偉大旅行家是阿拉伯人——伊本·巴圖塔（Ibn Battuta）。一三二五年他離開了坦吉爾，起初是爲了朝聖麥加，然而到達那裡之後，他決定繼續向前。他沿非洲東海岸而下，然後轉向小亞細亞，再穿越亞洲中部，到達阿富汗和印度。伊本·巴圖塔在印度也受到了熱情款待（做過卡迪，即大法官，因爲他受過高等教育），他在那裡生活了七年，就像先前的馬可·波羅，他也被任命爲大使，出使德里蘇丹（sultan of Delhi）。伊本·巴圖塔做爲蘇丹的代表開始了中國之旅，一路上遇到很多危險，受過襲擊、搶劫、裝死，但最終於一三四六年（也可能是一三四七年）到達中國，並在港口城市發現很多穆斯林教徒。然而這些教徒看到伊本並不驚訝。返回家園後，他又到了西班牙，然後去了西非，到了尼日河，在這裡受到穆斯林黑人的熱情招待。他的旅行成爲地理學、天文學、航海學的基礎，而且自科爾多瓦和托萊多的穆斯林學術中心不斷向外傳播，而所有的知識和經驗都對哥倫布思想的形成有非常大的影響。[30]

基督世界地圖／怪物種族／T-O地圖

因此，早期旅行者們的經歷至少部分決定了哥倫布的精神視界。旅行是艱辛的，也總是危險頻出的，但長途跋涉豐富了人們對於世界的認識，也激起了熱那亞將軍的興趣。然而，除了早期旅行者們的影響外，哥倫布思想也受到了很多方面的影響，首先是mappae mundi，也稱爲基督世界地圖。哥倫布的其中一則日記是一四九二年十月二十四日關於古巴的：「這些島嶼的印第安人以及那些由我帶來的人，都是透過符號向我傳達訊息，因爲我不懂他們的語言；這裡是齊潘戈島，島上有著大量絕妙的故事。根據我在這裡的所見及圖上的標注，我認爲就是這個區域了。」[31]基督世界地圖與基督教共同傳播出去，的確，他們成爲基督教的傳播代理。例如，在聖馬太福音中，要求使徒要向「所有的民族」傳教，因此，地理學帶有很強的宗教性質。正如瓦萊利·佛林特所說，基督世界地圖「在很大程度上，地理描述是次要的，宗教宣傳是主要的；地圖色彩較輕，宗教道德色彩較重」。[32]這些地圖截取了很多聖經啓示錄，福音、聖詩集和其他聖經書籍的篇章做爲主要方針。《以西結書》中寫道：「因此，主——上帝說道，這是耶路撒冷：我把她定爲所有國家的中心，其他的國家只能環繞在她的周圍。」耶路撒冷因此成爲世界的地理中心。同樣原因，東部位於地圖的上部，依據創世紀，這一特權位置——東部是天堂所在地，伊甸園的四條河流便由此流出。[33]可居住陸地分成三個大陸，依次是「洪水」過後，上帝在三天時間分給挪亞的三片旱路。[34]這三片陸地被畫成圓形，四周環繞著海洋，內陸的河流皆成大寫字母T形分布。李奧納多·達迪（Leonardo Dati，一三六〇～一四二五）是第一個在他的詩〈球〉中將他們描繪成「T-O地圖」的。[35]基督世界地圖中値得一提的還有：東方三博士（Magi），他們來自東方的某一地方；祭司王約翰以及怪物種族，他們在地圖製作者中也享有盛名。尤其是印度，已被看做怪物家園。那裡可見長有狗頭的人們，腳向後長，口鼻眼長在胸膛上，或者有的長有三排牙齒。印度也以「大胡椒林」著名。隨著時間的流逝，地圖製作者似乎注意到了旅行者的發現。例如，裏海並沒有注入北部海洋，而是完全被陸地環繞。中國大陸周圍的島嶼被發現得越來越多，證實了馬可·波羅的說法。一三七五年製作的「加泰蘭地圖集」（Catalan Atlas）畫出了大西洋的一些島嶼——馬德拉群島和亞述爾群島，這些島嶼的位置精確性都還算說得過去。印度很明顯是一個半島，印度海洋的一些大型島嶼也被標注出來。中國在最東部，其中一些城市也被標了出來。

基督教地圖不是「區域和氣候圖」，而區域和氣候圖將地球傳統地分爲五大區域——北部極寒帶；溫帶，可居住的地帶；繼續向南，地球中部靠近赤道位置，無法居住的「熱帶」；繼續向南，又有兩個帶，一個溫帶，一個寒帶，與北半球的各帶相對。[36]熱帶無法跨越，尤其是熱帶海洋無法跨越，這樣的想法最初源自古希臘，後爲基督教所接受。這個觀點使得人們認爲北半球海道不可能寒冷，而南半球海道不可能炎熱。這就暗示人們，全球旅行的唯一方法便是向西航行。

早在十五世紀，二世紀地理學家托勒密的《地理學》被再次發現。這本希臘教科書由克里索羅拉斯（Chrysoloras）帶到西方，而在一四〇九年左右被翻譯成的拉丁語版本，則由雅各·安吉羅·德·斯卡爾皮里亞（Jacopo Angelo de Scarperia）向世人銷售。[37]多虧了紅衣主教圭勞姆·菲拉斯特爾（Guillaume Fillastre），這些著作都配上了地圖，而且所謂的「新地理學」廣泛流行起來（儘管有人質疑托勒密對於亞洲面積的描繪）。[38]一四五〇年在羅馬舉行的教皇大赦年集會時，學者們的聚集使得越來越多的地圖採納了托勒密的說法。其中一大影響便是激起了許多學者的極大興趣，力圖進一步精確地圖的尺寸。儘管哥倫布沒有接受已有的最小估計，撒母耳·莫里森（Samuel Morison）在他偉大的探險生命裡，揭示了一位與哥倫布經常通信的佛羅倫斯醫生保羅·托斯卡內利是如何從其對地圖的重新繪製，到十五世紀的地圖製作者們乘船到馬可·波羅曾提到的齊潘戈（日本），離中國大陸海岸大約有一千五百英里至一千六百英里，其間有很多島嶼。基於這樣的想法，載通（現在的廈門，也是他離開返鄉的地方）很有可能位於「靠近加利福尼亞的聖地牙哥的東部邊緣」。[39]

哥倫布的知名讀物

瓦萊利·佛林特對於哥倫布著名讀物的重構，說明他除了懂義大利語，也精通拉丁語、卡斯提爾語和葡萄牙語，還說明他的書分爲兩大部分，其中有很多對磨損部分加以注釋。正如本章開始所強調的，亞洲、外鄉人，以及那裡的財寶，強烈地吸引了他，而且強化了他的想法，即便終有一天他要發現一條到東方的新路線。他在書中很少涉及這些新國家是如何進行統治與管理的，這有悖於你從探險身上所期待的一般知識——天文學基礎、數學、地理學、幾何學以及歷史與哲學。[40]看起來，哥倫布似乎閱識不廣，但他的確思想深刻。五本由這位艦隊司令注釋的書存留下來，其中包括皮埃爾·戴利（Pierre d'Ailly，一三五〇～一四二〇，坎巴拉主教，後爲紅衣主教）的《世界形象》（*Imago Mundi*）。這本書印於十五世紀八〇年代，提到世界某些地方有六個月全是白天，六個月全是黑夜。[41]哥倫布的第一版書中包含八百九十八個批注。由埃涅阿斯·西爾維斯·皮克勞米尼（皮烏斯二世，一四五八～一四六四年間在位）所作的第二版《萬物史記》書中包括八百六十二個批注。由波隆那的多明尼加修道士皮皮諾（Pipino）於十四世紀所著的《東方的習俗與情況》中僅包含三百六十六條批注。哥倫布的許多精神視界都可從這些批注中得以恢復。例如，我們可以透過書中的某些方面觀察哥倫布。他對於人們提到的東方財寶非常感興趣，也想知道不同區域對於人們本性的影響——例如，他認爲太陽升起的東方世界的人們比其他民族更加機敏，熱中於高尚的事業和天文學。[42]哥倫布尤爲關注自然界的反常事物，他認爲極端氣候會使人畸形，突出的表現爲人吃人，這一點遍布全書。在這些怪異的人群中，他似乎對亞馬遜人有著持久的興趣，一個與傳統性別統治地位相悖的社會群體，在這個群體中，女性處於統治地位。[43]他與同時代的許多人有著同樣感受：穿戴絲織品會使道德惡化，但對中國非常著迷，因爲，他認爲，跨越大西洋後，形成了與西班牙相反的情形，與冰島相反的北部。

當然，他也對航海事業感興趣，正如你所想像的，尤其是對海上可能會產生的疾病感興趣。治療腎結石的方法是使用酒泡製過的海蠍子，或者水蛇的肝臟，再或者是用酒泡製過的海蕁麻。關於哥倫布讀物另外一個意想不到的部分便是《普魯塔克的生活》，這本書僅一四七〇年被全面翻譯成拉丁語。[44]哥倫布除了對於歷史及歷史性傳記感興趣外，似乎也在尋找能在新國家發現的、的確需要的政府統治形式。[45]他引用了許多例子，其中有關於光明磊落、慷慨大方的例子，關於使市民產生歸屬感的措施的例子，關於可允許財富公示數量的例子。

航海家亨利

關於哥倫布的一般背景知識太多了，但對哥倫布知識與思維最直接的一系列影響主要來自於葡萄牙的恩魯克王子，即歷史上有名的航海家亨利。亨利對航海感興趣，據說主要是因爲一四一二年葡萄牙對摩洛哥發動的一場戰爭。當時，葡萄牙勝利後，休達市場使亨利大爲吃驚。「在那裡，他看到物品穿過沙漠，送往南部的廷巴克圖——非洲的心臟，以及向東到達紅海。亨利回到葡萄牙後一直困惑不解：走海路是否要比穿越沙漠區南部和東部更便利。」他定居在利波希拉小鎭研究地理、天文和航海，並採訪了停泊在聖文森特角船上的船員。聖文森特角位於歐洲的西南角。[46]幾乎沒有比這個地點更好的位置了，因爲在這他可以學到地中海與大西洋兩處的航海技術。[47]

指南針

人們從地中海的航海員那裡了解到了指南針。指南針是中國人發明的，而這多虧了中國人一直盼望著死後埋入風水寶地的習俗（因爲人世短暫，死後永恆，所以墳墓自然要比房屋重要多了）。正確的葬禮儀式之一便是借助一個特製盤，上面再放上一個可轉動的勺子（之所以用勺子，是因爲其形狀大致與天上的大熊星座相一致，而這個星座固定在極點位置）。隨著習俗的發展，越來越貴重的材料用來製作這支神聖的勺子——玉、無色水晶、天然磁石。應當注意，除了天然磁石勺總是指向南方外，其他材料做成的勺子每次指向的位置都是不固定的。這就是指南針的雛形，發明於六世紀左右，並逐步傳到西方。指南針取代了傳統的航海方法——帶一些鳥出海，每隔一定時間放幾隻；鳥類的本能知道陸地在何處，而航海員便跟隨它們。正是靠這種方法，冰島得以發現，[48] 而指南針的使用更使偉大的航海發現成爲可能。

航海圖／磁北和眞北

地中海船隻常備有航海圖，用此記錄每日的航行線路，這就是所謂的「航跡法」。這些圖表包含大量基於常規旅行的確鑿訊息，但是海洋航行的要求有些不同，這也是逐步出現的。一個明顯事實，就是海洋如此之大，以致地球的曲率成爲航行非常重要的因素。人們花了很長時間才意識到這點，也同樣花了很長時間才找到解決辦法。

「圖解航海手冊」這個術語最初只是指手寫航海指示，但慢慢用來描述地中海海圖。這些圖解航海手冊都是手製的，而且依據航海經歷標出了主要港口、航海路標，以及居間城鎮和港口。它們的形狀很難有所變化，全部都畫在一張長達三～五英尺、有十八～三十英寸厚的羊皮紙上。海岸線爲黑色，城鎮也是黑色，與海岸線垂直相對，重要地方用紅筆標出。內陸訊息相當少，更別說河流與山脈了。[49] 上面也用點狀或交叉符號標示出離岸航行的危險地方，但沒有標出海流、深海及急流。製圖員的主要目的是距離的精確性，並未考慮地球的形狀。這對於地中海方面的地圖影響不大，但對於東西方之間的海洋來說卻縮減了很多，緯度的區域也隨之減小。

然而，自十五世紀中葉開始，隨著葡萄牙探險者對於非洲西部海岸線和大西洋島嶼認識的擴展，他們對地球這一部分的地圖需求呈現上升趨勢（最早的大西洋地圖繪製於一四四八年到一四六八年之間）。這些新的專業地圖的繪製源自子午線的引用，即通常從聖文森特角沿地圖自上而下畫一條線，標示出緯度。儘管這是一大進步，但問題是圖解航海手冊的北極是磁北極而非事實上的地理北極，因此，有些地圖畫有兩條子午線，在地圖上傾斜地畫出第二條，與中心子午線成一定角度，以適應這一變化。[50] 十五世紀晚期和十六世紀早期的地圖顯示了一些最新的發現，例如，精確地標出了印尼島嶼和摩鹿加群島——長久以來一直尋找的香料海島。

最早包含已知大陸和新大陸的世界地圖，是由比斯坎製圖員和領航員胡安．德．拉．科薩（Juan de la Cosa）於一五〇〇年繪製的，他們都參加過哥倫布的第二次航行。這張地圖沒有標示緯度，兩個半球也分配不均。之後不久，坎提諾地圖問世，此命名來自一位名叫坎提諾（Cantino）的人，他把這張地圖從葡萄牙偷運出來。這張地圖基於瓦斯科．達．伽馬的發現標示了整個非洲西部甚至印度西海岸，同時還有新大陸的海岸線，一直到西北部的安德列斯群島，清楚地標著「亞洲部分」。整個地圖的題目是「印度後期發現的島嶼航海圖」。

這個時期最重要的地圖是西班牙的《皇家調查》，一張關於發現的官方正式紀錄。這張地圖於一五〇八年按皇室要求製作，並保存在塞維利亞的康特拉塔西奧之家，隨發現的不斷增多而及時更新。[51]儘管這些地圖沒有保存下來，但根據它們由迪亞戈．里貝羅製作的地圖，顯示出了世界的各部分比例有了明顯的改進，這張地圖現存於梵蒂岡。地中海的比例縮小到它應有的尺寸，非洲和印度也精確地繪製出來。當然還有一個重大錯誤：亞洲的東西跨度被拉大了。人們依舊覺得亞洲不可能遠及西班牙西部。[52]

中世紀《聖經》影響下的「T-O地圖」中，以耶路撒冷為中心、大陸天堂位於東方的說法，在十五世紀中葉的地圖中已經不存在了。一張有名的世界地圖是一四五九年在威尼斯由毛羅（Fra Mauro）所製作的，這張所謂的「中間地圖」說明了人們思想的進化（但非革命）。這也是張圖示航海圖，耶路撒冷位於緯度中心，但在經度上偏西，因此歐洲與亞洲的比例就正常了。非洲部分地區用阿拉伯語命名地名，而亞洲也帶有很多馬可．波羅所描述的特徵。亞非兩洲的南部都有無盡的海洋。怪物人類和陸地天堂消失得無影無蹤。

未發現的地域／麥卡托和「逐漸增大的緯度」

隨著人們發現了越來越多的區域，圖解航海手冊的傳統製作法在很多方面已不再符合航海者們的需求了。這裡也加入了托勒密地理學的發現，其中考慮如何處理地球表面的曲率，並同時假設熱帶以南有大片未知陸地。現在人們已經意識到，其實並沒有古代意義上的熱帶區域，也不存在大片未知領域，至少在與亞非相連的大陸這個意義上是如此。

一五〇六年，第一張由喬瓦尼．馬提奧．康達里尼（Giovanni Matteo Contarini）製作的標出美洲的印刷地圖，的確顯示出了地球的曲率，並把世界分成三大部分——北部與中國相連；西印度群島距離日本不遠；南十字之地（南美洲）做為南半球獨立的一個巨大的大陸。一年以後，馬丁製作了他有名的世界地圖。將十二頁投影到一張心形圖上，標題為「根據托勒密學說及阿美利哥．維斯蒲賽等人的航海紀錄」（這是第一張用「美洲」一詞描述新大陸的地圖）。這張地圖標明，原來的已知大陸跨越經度230度，但馬丁後來放棄了托勒密的理論，並使亞洲的比例更為合理。[53]

但是托勒密的影響仍舊繼續，鼓舞著人們更深入地理解地球曲率，並改進航海技術。第一位探索這個問題的是葡萄牙數學家及宇宙結構學家佩德羅·努涅斯（Pedro Nunes）。儘管他沒有實際去設計地圖，但其他人完成了這項工作，尤其是佛萊明·傑哈德·克萊曼（Fleming Gerhard Kremer），或麥卡托（Mercator）。麥卡托是一位土地測繪員、雕刻師、數學和天文儀器製作者，也是位繪圖員。他是當時最博學的地理學者（除了這些工作，他還再版托勒密的著作），但他的名聲主要在於世界地圖——二十四頁組成的超大尺寸地圖。[54]這張地圖用他的新投影法繪製而成，儘管後來被修改過多次，仍舊用他的名字命名。地圖的最基本原則就是採用了平行的經緯度直線構成的格子線（或小方格），但是，麥卡托透過在一個曲面上以同樣比例向兩極延伸緯線，最終子午線彙集於一點，從而解決了地球曲面問題。用當時的語言來表述的話，就是說他的地圖「面積隨緯度增大而增大」。依據這個方法，兩地之間的正確角度得以維持，而且這也意味著航海員可以在地圖上用直線繪製兩地之間的路線。麥卡托的投影地圖在某種程度上是一種理論突破，因爲他將穩定性引入航海，似乎沒有相應地增加過去使用的地圖的參數。經線依舊是航海會遇到的問題，主要因爲這一難題，整個十六世紀由海員和探險者們發現的大部分地區無法安置到地圖上。麥卡托地圖犯了一個奇特的錯誤，正如約翰·諾貝爾·威爾福特（John Wilford）所指出的——希臘人意識中的南方大陸（Terra Australis）覆蓋了整個極地，並向北延伸至南美和南非。[55]

這些工作沒有一項是輕而易舉的，因爲在海上記錄時間相當困難又棘手。通常船上有兩套計時系統，每個記錄四小時；時間用沙漏計算，每半小時翻轉一次，由看鐘男孩大聲報點（這些沙漏主要是在威尼斯製作，由於易碎，通常攜帶很多備用品，例如麥哲倫的船上就帶了十八個），中午則是透過羅經卡的影子長短來進行確定。[56]

舵柄和方向舵

掌舵也是一個問題，至少十八世紀以前是這樣。舵柄很長，直接鉚在船舵的榫眼上。舵手根本無法知曉船的行進方向，只能聽從看守官的命令。方向舵在順風海中行駛時根本起不了什麼作用，即使用船舷靠，在遇到暴風雨時差不多需要十四個人才能駕穩舵柄。十七世紀引入了動臂杆——一根長槓杆，支點固定在後甲板上，利用一個螺圈連接到舵柄上。這使得舵手可以看到船帆，而且爲舵手增加了槓杆作用，但在惡劣的天氣中，這也存在很大的缺陷。最後，在船舵的頭上加上了軛狀物，在滑輪加上線後，引到後甲板的水準金屬圓柱上，以便用舵輪轉動。但這種舵輪直到十八世紀才出現。[57]

測深錘和測深繩／航海圖書

除指南針外（歐洲首次使用），還有測深錘和測深繩。透過使用深海測深錘和測深繩，船員可以預知前方是否有陸地——衆所周知，靠近歐洲的海域深達一百英尋（六百英尺），之後隨距離加大，深度也急劇變大。再例如，船員了解到葡萄牙周圍的大陸架向外延伸二十英里，然而向北，比如說靠近大不列顚，則延伸大約一百英里。測深錘重約十四英磅，接有兩百英尋長的測深繩，在二十英尋處開始標記，每十英尋做一標記，標記用結表示。在類似的海岸，探測同樣有助於確定方位——船員已經熟悉掌握海底形狀。測深錘有時是中空的，這樣再次收起時，拾起的一些碎石就有助於經驗豐富的船長判別它們的方位。[58]其他有助於航行的裝備還包括《航海指南》（*Compasso da Navigare*）——一本全面的導航書，其中涵蓋了十三世紀晚期編輯的地中海與黑海全部航海知識。這類書籍很久之後才在北部一些國家使用，這就是北部地方人們所熟悉的「routiers」，英語稱之爲「航海常識」。直到十六世紀，他們才給出了探測的詳細紀錄。[59]

象限儀

船進入公海以後，地表導航被正規領航所取代，早期遇到的一個問題便是無法測算船速。最初的方法是將一根圓木拴上帶有結的繩子，放入海中後，用沙漏記錄船尾跑過所有繩結的時間，從而計算出船行速度。但這個方法並不準確，很多水手，包括哥倫布，一般都高估了船速。由於忽略了海流，計算一直都是一個難題。自從十三世紀晚期開始，人們使用航海表，從而使航海員們可以計算出搶風航行時的位移如何受到影響。船速基本知識有助於船員推算航位，但航行的距離越遠，誤差就會越大，尤其是不懂得海流和急流。另外一種方法是借助天體。夜晚最顯著的特徵就是北極星，它距離地平線的高度會隨著船的南行逐步降低，於是引入象限儀以便確定緯度。在哥倫布時期，緯線推算十六又三分之二里格（大約五十英里），這是已經很明顯的錯誤，可追溯到托勒密時期。大約到達北緯9度時，北極星完全消失，人們必須依靠與北極星成一定角度的可知星座。北極星在視野中消失，當然證實了地球是圓的（對那些不接受其他證據的人來說）。

借助天體緯向航行，最後需要考慮的一個因素是地理北極與磁北極的變化，這也是非常重要的，這時航海員要將他們的行駛路線與地理北極而非磁北極相聯繫。起初大家以爲這個變化是穩定的、系統化的（無一例外，子午線會穿過亞述爾群島）。隨著時間的流逝，印度洋和大西洋等世界海洋的旅行經驗使人們認識到問題要比目前複雜得多。只有具有十六世紀航海員的實際經驗方可理解此問題，這需要記錄在年鑑裡的地域知識。經度也是一個非常棘手的問題，因爲它是時間與速度的結合體。問題是，由於球面曲度，經線長度是有變化的：在兩極爲零，而赤道幾乎等同於緯線長度。因此，如果某人知道他的緯度，就可以算出他所在的經度，當然前提是能精確地測算他的速度，這也需要精確的計時。正如帕里（J. H. Parry）所評論的，整個十五世紀和十六世紀，公海航行就是航位推算的問題，「由觀察緯度核實並補充」。[60]

三角帆船和橫帆船

在十五世紀中葉，短短的二十年裡，航海發生了一次大革命。[61]這是地中海裝大三角帆的船隻與北歐一大西洋橫帆船隻的結合。「結合產物便是最基本的三桅帆船，這是偵察橫帆船與後來的帆船的直系祖先。」[62]

地中海主要軍艦是用帆和槳推進的單層甲板大帆船，直到十六世紀，這一直是地中海海軍的組成部分。[63]它的主要缺陷是需要大量的船員，使得它無法遠距離出海航行。地中海帆船的另一理念來自阿拉伯人——大三角帆船。阿拉伯唯一能夠見到的船就是大三角帆船，船帆成三角形，束於前傾的桅杆上和長長的帆桁上。不論這種船是否由阿拉伯人發明，但確定是由他們傳播到印度洋和地中海。此船形體使得它最大限度地利用了風力，用途廣，操作靈活。[64]

北歐的大西洋沿海國家製造了一種堅固、矮壯、更爲靈活的小船，帶有一個巨大橫帆，以「小帆船」著稱。這種船笨拙緩慢，至少開船時如此，但它們空間寬廣，需要的人員也少。大三角帆船需要五十人來做的工作，這些北歐橫帆小帆船只需二十人即可。

十五世紀的船都配備了帆裝——前用橫帆、後用三角帆。這時的船隻，其龍骨脊及甲板上部結構都發生了一些變化，但是帆裝與人員的要求對於世界大發現具有重要的作用。結合兩大主要形式，就是大帆船和輕快帆船。當時大帆船的標準是六百噸位甚至一千噸位。輕快帆船相當小，只有六十噸或者七十噸，但很快。它們採納三角帆，相當便捷，可用來探索港灣和島嶼，雖小，卻相當安全。哥倫布就曾在他的第一次旅行中帶了兩隻輕快帆船，其中一個為「尼娜」（Nina），就是三角帆船，這隻帆船從未出問題，而且隨哥倫布還進行了第二次旅行。

非洲東海岸探險

除了將天文學家、航海員以及地理學者的工作彙聚在一起之外，航海家亨利與他的弟弟佩德羅王子將王室的紳士血統帶到了他們的船隊管理中，而且教導船員們要志向遠大，目標放遠，記錄詳細，全力以赴，去探索人力所及的最遠地。在亨利的資助下，葡萄牙船隊於一四三四年到達了博哈多爾角，一四四二年到達了布蘭科角，一四四四年到達塞內加爾，同年，又到達維德角，兩年後到達甘比亞，一四六〇年發現獅子山。在這些海邊發現了穆斯林教徒以及裸體異教徒，還發現了賣鴕鳥蛋和狒狒皮的市場。探險家們還發現了大象、河馬和猴子。貝南灣（Benin）進行奴隸、胡椒交易。

一四六〇年亨利去世，探險因此暫時停止，附加原因是已到達獅子山，北極星如此之低，船員懷疑他們的航海能力，並擔心北極星會完全消失。一四六九年國王將幾內亞號租給佛爾納奧．瑪噶爾哈伊斯。在五年租期內，每年他都沿海岸線探索一百里格；五年裡，葡萄牙人又到了聖凱薩琳角（今天的加彭）位於南緯2度。另一方面，這些發現令人感到沮喪，原因是這就表明非洲向南延伸到了大多數人所能想像的位置，也意味著從這裡到印度的便捷途徑越來越沒有可能了。約翰二世並未因此停止腳步，相反的，他資助了一系列沿非洲海岸南下的進一步探險。巴爾托洛梅烏．迪亞士（Bartolomeu Dias）於一四八七年離開里斯本，到達南緯40度（好望角為南緯34度），之後轉向東行，然後又向北行，在瑪賽爾灣著陸。瑪賽爾灣位於今日的開普敦和伊莉莎白港之間。他到達了這個角後並沒有上去觀光，而迪亞士的船員也非常疲倦，擔心缺乏供給，勸他返程。返程途中，他看著這個角猜測，但沒有眞正意識到他已經找到了去印度的路線。一四八八年十二月，他回到了里斯本。他把這角稱為「風暴海角」，但根據傳統，由國王將其名改為「好望角」。【65】

達．伽馬繞過好望角到達印度

一四九七年七月，迪亞士返回家園的八年後，瓦斯科．達．伽馬離開里斯本，開始了他的偉大航行。帕里認為在這段時間內發生過很多次大西洋南部旅行，只可惜現在已找不到那些紀錄了。帕里還認為達．伽馬的探險肯定也利用了這些旅行紀錄。帕里之所以這樣認爲，是因爲達·伽馬探險在大西洋海上漂流了十三週卻沒有見到任何陸地，「直到那時，歐洲海員所做的距離最長的旅行」。【66】達·伽馬繞過好望角，從與他同來的瑪賽爾灣出發的糧食補給船獲得必需品後，繼續向北航行。他把在聖誕節時經過的海岸命名爲納塔耳（Natal），最終到達莫三比克和穆斯林勢力盛行的地區。在蒙巴薩島（Mombasa），他被迫使用槍支擊退強行登船的人們；在馬林迪（Malindi），南緯3度，今日的肯亞海岸，達·伽馬受到了熱情的接待。達·伽馬很幸運地獲得了當時最有名的阿拉伯航海家艾哈邁德·伊本·馬吉德（Ahmad ibn Majid）的幫助，遇到了有名的航海常識和航海指南書《阿爾·瑪赫特》（Al Mahet）的作者，並由他將這位葡萄牙人帶過印度洋，於一四九八年到達卡利卡特（Calicut）。在東方，不論達·伽馬到哪，都失望地發現穆斯林令他甚爲困惑。除此以外，他還發現他旅行所帶的物品——布料與五金，雖流行於非洲西部，卻一點也不適合東方的人們。費了一番周折後，他終於湊齊了返程所帶的貨物——胡椒粉和肉桂。穿越印度洋的返程路途中，他遇到了惡劣的暴風雨，但在大西洋卻是一帆風順，終於在一四九九年九月返回里斯本。他在海上度過了三百天，失去了一半多的同伴。比勒姆大教堂和傑羅尼莫斯修道院就是爲紀念他而建造的。【67】

哥倫布發現巴哈馬群島

哥倫布，一位熱那亞織布工的兒子，曾乘葡萄牙船航行至幾內亞；與其說他是位職業航海員，倒不如說他是非常善於遊說的地理理論家。【68】批准哥倫布一四九二年航行的協議，規定他將要去「探索並占有海洋裡的島嶼和大陸」。由好望角，他並未到達印度，這也被理解成爲齊潘戈和古中國。這種期待絕非特別：大家已知道地球是圓的，也就難免會有些中間大陸。哥倫布在一四八四年第一次向葡萄牙國王提出建議，但遭到了拒絕，而且在法國與英國遭受了相同的待遇。一四八八年，哥倫布再一次向葡萄牙提出請求，而這一次本有可能成功，但巧遇迪亞士成功返航，這件事將人們的精力和注意力都吸引了過去。因此，哥倫布來到了卡斯提爾，並且終於成功的尋求到王室的支持與富商的資助。一四九二年他在帕洛斯起航，乘坐「幽靈海」號。【69】

現代學者認爲哥倫布並不是一個各方面都走在最前端的航海家，但他非常細心謹慎。哥倫布朝正西方向加納利群島（北緯27度）航行，但後來順風向南駛去。不過，哥倫布還是很幸運的，在三十二天與水草和海鳥爲伴的航行後，他看到了巴哈馬群島的近海礁岩（聖薩爾瓦多在北緯24度）。毫無疑問，哥倫布認爲這些礁岩就是日本這樣的大群島的周邊小島〔這正是馬丁．貝海姆（Martin Behaim）在一四九二年全球報導中的原話〕。前人的錯誤「彙聚一堂」：馬可．波羅對於亞洲的東西跨度和日本距離中國一千五百～一千六百英里的說法，以及托勒密對地球尺寸的低估（比實際小百分之二十五）。因此，哥倫布認爲歐洲到日本大約有三千英里，而實際是一萬零六百海里【70】。

因此，下一步就是找到日本。哥倫布加速行程，發現了古巴和伊斯帕尼奧拉島（今天的海地和多明尼加共和國）；後者盛產砂金，然而只能與當地人用物品交換金鼻塞和手鐲。因擱淺失去旗艦號以後，他決定返回故鄉，只留下少數人建造基地並尋找金礦。返程中，哥倫布發現他需要向北航行到北緯32度的百慕達附近以便借助西風。接近歐洲時，哥倫布遇到了風暴，最終不得不在里斯本海港避難。因過去聽到義大利人的誇張說法，葡萄牙人詢問哥倫布的經歷後仍有疑慮。【71】不過爲防萬一，葡萄牙人還是堅持要求對哥倫布這些發現的所有權。

但西班牙人也是精明細心的，他們要求哥倫布盡快進行第二次航行，必須搶在葡萄牙人的航行和定居得到教皇的認可之前。因爲教皇本身就是西班牙人，所以得到教皇支援並不困難。一四九三年九月，哥倫布開始了第二次航行，此次航行中，哥倫布發現了多明尼加、處女島、波多黎各和牙買加。一四九八年，哥倫布第三次航行中，已沒有志願者了，反而都是一些被逼無奈者或監獄釋放人員。這一次，哥倫布進一步向南行駛，發現了千里達島以及奧里諾科河的入海口。這條河流比歐洲人所知的其他河流都要長，而且河流入海時的淡水量也很大，這些都說明河流所在的陸地也是相當巨大的。哥倫布曾開玩笑地認爲，南方之遠足可以形成一部分亞洲了。而後，哥倫布轉向北方航行，但是他留在伊斯帕尼奧拉島的人發生了叛亂。只會探索，不會統治——這使得他被當做囚犯遣送回故鄉。一五〇二年，他再次受命出航，並在宏都拉斯和哥斯大黎加發現了美洲大陸。一五〇六年，哥倫布逝世。【72】

直到今日，人們已知道當時哥倫布所發現的多數島嶼並非鄰近中國的大島嶼的一部分。這些島嶼與中國遙不可及。奧里諾科河的發現已經給了最初暗示——其間有一個完整的大陸。早在一四九四年，彼得．馬特（Peter Martyr）就寫道：「當面對此國時，人們必須提及一個新的世界，這個世界如此之大，卻全無文明與宗教。」【73】

數年後，英國人和葡萄牙人也發現了北美洲（沒有絲綢和香料），而且也逐步發現了廣闊無垠的南美洲。隨著人們在委內瑞拉發現珍珠，在巴西樹林中發現珍貴的紅色染料，以及在紐芬蘭發現鱈魚，人們對於亞洲的興趣逐步減淡。最終，一五一九年九月，佛爾納奧．瑪噶爾哈伊斯或麥哲倫在塞維利亞出航，五條大船組成的艦隊裝滿了葡萄牙人用來與東方人交換的物品。他與哥倫布同樣認爲，外鄉人是很難控制西班牙人的。[74]在巴塔哥尼亞（Patagonia）的叛亂之後，麥哲倫不得不絞死叛亂魁首。在一個海峽丟失兩條以他命名的船後，麥哲倫駛入了太平洋；在這片廣闊的海洋上穿行似乎是永無盡頭的，最後他們不得不吃老鼠和皮革。後來他們在菲律賓的宿霧島（Cebu）登陸，並捲入一場戰爭。四十個人，包括麥哲倫自己，都死於這場戰爭。

麥哲倫應與哥倫布和達．伽馬同樣享有偉大探險家的美譽，但我們也應知道他自己的旅行還未結束，他只走過了半個地球。而這趟旅行最終由塞巴斯蒂安．戴爾．卡諾（Sebastian del Cano）完成，他逃過了那場戰爭，穿越了印度洋，繞過好望角，回到西班牙，五條船只剩下了最後的一條——維多利亞號，以及十五位船員。這是可論證的史上最偉大的航行，深深改變了人們的精神視界。

第二十一章

「印第安人」的觀念：新大陸的思想

在很多方面，一四九二年發生的事件既是開始又是結束。如果人們接受這樣的跡象，即在一萬八千年至一萬兩千年前之間的某個時間，早期人類經過白令海峽，從西伯利亞遷移到美洲，那麼十五世紀的結束代表著一場獨特的自然實驗：有兩支數量龐大的人群，生活在兩塊遼闊的大陸上，我們可以將他們稱爲新世界和舊世界，這兩個世界彼此完全分割，並肩發展著，忘卻了彼此的存在。雖然這種狀態做爲一場設計完美的實驗有很多不足，但是它應該依然能告訴我們很多：什麼是人類本性固有的東西，什麼可以歸結爲環境的作用。思想同樣如此：什麼是新世界和舊世界共有的思想，什麼思想是各自獨有的？爲什麼如此？

具有同樣基本性的問題是：爲什麼是歐洲人發現了美洲而不是相反的情況？比方說爲什麼印加人（Incas）沒有從西往東越過大西洋征服摩洛哥人和葡萄牙人？最近，賈德．戴蒙（Jared Diamond）考察了這個問題。賈德．戴蒙是加利福尼亞醫學院一名心理學教授，但同時他也是一位人類學家，一直在新幾內亞從事研究，並在一九九八年因《槍炮、病菌與鋼鐵》（*Guns, Germs and Steel*）一書獲得宏－布朗科學書籍獎（Rhône-Poulenc Science Book Prize）。透過對證據的考察，戴蒙發現問題的答案在於地球這個行星的總體布局，特別是陸地在地球表面的布局方式。簡單說來，美洲大陸和非洲大陸的主軸線是南北走向的，而歐亞大陸的主軸線是東西走向。這種布局的意義在於馴養的動物和植物在傳播上從東向西或從西向東，比從北到南或從南到北要容易得多，因爲相似的緯度意味著相似的地理和氣候條件，例如平均的溫度、降雨量和白晝時間。而另一方面，從北向南或從南向北的傳播相對比較困難，戴蒙德認爲生命的這種簡單的地理學事實限制了馴養動物和栽培植物的傳播。因此，牛、綿羊和山羊的擴散，在歐亞大陸要比在非洲或美洲快得多且廣泛得多。他認爲，如此一來，與其他大陸相比，農業的擴散意味著歐亞大陸逐漸形成更大的人口密度，而這進一步帶來兩個方面的後果：一是不同的人類團體之間存在的競爭促進了新的文化實踐的發展，特別是武器的發展，武器的發展在征服歐洲方面發揮了很大作用；第二方面的後果是從動物（主要是馴養動物）身上感染來的疾病得到傳播。這些疾病只有在比較大的人群中才能傳播，而當傳播到那些還沒有形成免疫系統的人群時，例如傳播到印加人或阿茲特克人（the Aztecs）中時，這些疾病會毀掉這些人群。戴蒙認爲全世界的發展模式就這樣確定下來。尤其是非洲，與世界其他地區相比，雖然在六百萬年前就開始了它的進化史，但卻沒有能夠發展起來，因爲三面環繞著的廣闊海洋和北面的沙漠使它與世隔絕，加上非洲幾乎沒有能夠沿南北軸線馴養的動物品種或栽培的植物品種。[1]

美洲的情況同樣如此。除了白令海峽，美洲同樣被廣闊的海洋環抱著，幾乎沒有能夠馴養的動物或栽培的植物。美洲具有地中海氣候，面積相對小，這意味著一年生植物品種也較少，而且南北走向使得農業活動的擴展也比較慢。例如，相較而言，歐亞大陸有三十三種大顆粒的草，而美洲只有十一種。在已被馴養的動物品種中，歐亞大陸有十三種（來自歐亞大陸所有的七十二種哺乳動物），而美洲只有兩種（來自美洲所有的二十四種哺乳動物）。因此新世界的發展被「阻止」了。美索不達米亞在西元前三〇〇〇年前就發明了書寫，而中美洲直到西元前六〇〇年才發明書寫。陶器在西元前八〇〇〇年就在富饒的土耳其和中國被發明了，但在中美洲直到西元前一二五〇年才被發明。酋邦大約在西元前五五〇〇年就在富饒的土耳其出現了，而在中美洲直到約西元前一〇〇〇年左右才出現。[2]

雖然戴蒙的論述被人們批評為是一種推測，而且它無疑就是一種推測，但是如果被接受，確實不失爲給人類思想的一個領域畫上句號的一種方法，它說明爲什麼不同的民族在西元前一五〇〇年前達到不同的發展水準。

《聖經》中沒有記載美洲／對哥倫布發現的反應

美洲的發現，對歐洲人來說在知識上意義重大，因爲新的大陸和新的民族對傳統的地理、歷史、神學，甚至人的本性的思想提出了挑戰。[3] 就被證明是歐洲需求商品的來源地這方面來說，美洲具有經濟意義，因此也具有政治意義。「很明顯的事實是，」巴黎律師艾蒂安·帕斯奎爾（Étienne Pasquier）在十六世紀六〇年代早期寫道，「古典作家對我們稱之爲新世界的美洲全然不知。」[4] 「這個美洲」不僅在歐洲的閱歷之外，而且在人們的意料之外。雖然非洲和亞洲對大多數人來說是遙遠而陌生的，但是人們知道它們的存在。美洲卻完全出乎人們的意料，這有助於說明爲什麼歐洲對這條消息適應很慢。

適應是關鍵字。首先，正如約翰·艾略特（John Elliott）使我們想起的一樣，哥倫布登陸的消息使得群情激奮。「打起精神，聽聽關於新發現的消息！」義大利人文主義者彼得·馬特於一四九三年九月十三日在寫給格蘭納達主教的信中寫道，克里斯多佛·哥倫布「已經安全返回。他說他發現了奇蹟，並且拿出金子證明這些地區存在礦藏」。[5] 馬特接著解釋，哥倫布發現了屬於「文雅的原始人」的人，「他們赤身裸體地四處走動，憑藉大自然所賜予他們的一切，心滿意足地生活著。他們有國王；彼此之間用木棍及弓和箭搏鬥；

儘管赤身裸體，但是他們爲爭奪權力而戰鬥，而且他們也結婚。他們崇拜天體，但是，他們的宗教信仰的確切性質還不爲人所知」。[6]

對哥倫布發現的最初影響，我們可以從這樣的事實中略知一二：他的第一封信在一四九三年印刷了九次，至十五世紀末達到二十次。[7]法國人路易士．勒．羅伊（Louis Le Roy）寫道：「不要相信還有比印刷機的發明和新世界的發現更爲偉大的事情……我經常想，這兩件事情不僅可喻爲久遠，而且可喻爲不朽。」[8]法蘭西斯科．洛佩茲．德．戈馬拉（Francisco López de Gómara）這位不怎麼可靠的編年史家，一五五二年在《印度群島通史》（*General History of the Indies*）一書中提出了關於一四九二年的最著名論斷：「自世界創始以來最偉大的事件（除了創造世界的上帝的誕生和死亡），是印度群島的發現。」[9]

然而，約翰．艾略特恰當地告誡說，事情還有另外一面，很多十六世紀的作家不能從歷史本身的角度看待哥倫布的成就。例如，當哥倫布在瓦拉杜利德（Valladolid）去世的時候，該市的編年史沒有提到他的去世。[10]哥倫布逐漸獲得英雄的地位。有許多義大利詩歌寫的是哥倫布，但這是在他死後一百年才發生的。直到一六一四年他才成爲一部西班牙戲劇的主角——羅佩．德．維加（Lope de Vega）的《發現新大陸的哥倫布》（*El Nuevo Mundo descubierto por Cristóbal Colón*）。[11]

首先，人們對新世界的興趣局限於在那裡能發現黃金，以及有很多新的靈魂可以皈依基督教。然而，一般而言，讀者對土耳其和亞洲要比對美洲更感興趣。[12]直到十六世紀的最後二、三十年，人們依然認爲世界的構造如同在斯特拉博（Strabo）和托勒密的經典宇宙學中所規定的〔哥倫布似乎使用的是由埃涅阿斯．西維亞斯（Aeneas Sylvius）在十五世紀八〇年代出版的版本[13]〕。在某種意義上，文藝復興本身應擔當責任：由於人文主義者的作用，古代的而不是新生的事物受到人們的尊崇。[14]

最初到達新世界的是軍人、牧師、商人和受過法律訓練的官員，對所見所聞進行評論成了他們最初的任務。一種結果是，土著居民的情況得到詳細描述，而美洲的自然地形被忽視。[15]哥倫布本人第一次看到印度群島的居民時，有些失望地發現他們根本不可怕，身體也不是畸形的。[16]他注意到他們是多麼「貧窮」。[17]同時，他們既不是黑人也不是摩爾人；黑人和摩爾人是中世紀基督教徒最爲熟悉的種族。那麼他們如何符合《聖經》的敘述呢？[18]新世界是伊甸園，抑或是天堂？早期對新世界的描述，詳細敘述了土著的無知、單純、生育能力以及衆多的人口，他們赤身裸體，四處走動而表現不出任何羞恥感。[19] 這種情形對宗教人士和人文主義者格外有吸引力。教堂教士對歐洲教堂的狀況感到憤怒和絕望，他們在新世界看到了，在一個沒有被歐洲文明的惡習所腐化的大陸重新建立早期傳道者教堂的機會。

對印第安人起源的解釋／早期人類學

一六〇七年，西班牙道明會修道士葛列格里奧．加西亞（Gregorio García）發表了一篇範圍廣泛的調查，調查了很多人們用來解釋美洲「印第安人」的理論。十六世紀的歐洲人信奉「設計好的世界」，美洲一定包含在其中。但是，這依然留有許多問題需要做出解釋。加西亞認爲人類的關於任何「給定事實」的知識都來自四種來源之一。其中兩種來源——神的信念（像《聖經》所揭示的）和科學（ciencia，它通過原因解釋現象）——是不會有錯的。美洲印第安人的起源構成問題，是因爲《聖經》中沒有探討過這個問題，「而且這個問題出現時間太短，還不能對令人信服的引證進行蒐集，形成文獻」。[20]

如果說使新大陸符合《聖經》中所概括的歷史框架是最難處理的問題，探險家和傳教士同樣發現，如果要繼續傳教，那麼對當地居民的習俗和傳統進行一定程度上的了解是必需的。因此，他們開始對印第安人的歷史、土地所有制和遺產法進行詳盡的調查，在某種意義上，這是應用人類學的開始。[21] 早期的傳教士堅信人類天生是善良的，認爲當地人的頭腦「單純、溫順、易於說服和純潔」，或根據巴托洛梅．德．拉斯．卡薩斯（Bartolomé de las Casas）的說法，是tablas rasas 即白板，「可以很容易地在上面寫入眞正的信仰」。[22] 傳教士們將會失望。在《新西班牙的印度群島》（*History of the Indies of the New Spain*, 1581）一書中，道明會修道士福萊．迪亞哥．杜蘭（Fray Diego Durán）認爲我們是不能改變或改正印第安人的頭腦的，「除非我們了解他們所有的宗教活動……最初的那些人滿腔熱情但卻鮮有謹慎，他們焚燒且毀壞了印第安人所有的古書，因此鑄成大錯。這導致印第安人在我們眼前崇拜邪神，而我們卻茫然無知」。這種觀點使十六世紀晚期的傳教士認爲有必要對印第安人在被征服前的歷史、宗教和社會進行詳細的調查。[23] 西班牙國王積極參與並在其中引入調查問卷，要求在印度群島的官員廣泛採用這項新的工具。[24] 最著名的問卷是在印度群島政務會（the Council of the Indies）主席胡安．德．奧萬多（Juan de Ovando）的命令下，於十六世紀七〇年代起草的。正是在這個年代，人們越來越迫切地感到需要對各個領域的知識進行分類，包括關於美洲的知識。[25]一五六五年，塞維利亞醫生尼克拉斯・莫納德斯（Nicolás Monardes）寫出了關於美洲藥用植物的著名論文，一五七七年發表在約翰・福蘭頓（John Frampton）的《來自新世界的令人振奮的消息》（*Joyfull Newes out of the New Founde Worlde*）的英譯本中。[26]一五七一年，菲力浦二世派遣由西班牙博物學家兼醫生法蘭西斯科・赫南德斯博士（Dr Francisco Hernández）率領的遠征隊，目的是系統蒐集植物標本（同時也是爲了評估使印第安人皈依基督教的可能性）。[27]同年，西班牙國王設立了一個新的職位「宇宙志學家暨印度群島編年史家」，不過這個舉措既有科學目的也有政治目的。其政治目的是詳細記述西班牙在新大陸取得的成就，反駁外來的批評，同時，人們感到科學是消除印度群島的管理者對管理地區普遍無知的必要工具。[28]

但是，直到一五九〇年，即哥倫布發現新大陸後的整整一個世紀，隨著何塞・德・阿科斯塔（José de Acosta）的西班牙文名著《印度群島自然和精神史》（*Natural and Moral History of the Indies*）的出版，新大陸才終於納入舊大陸的思想框架中。[29]這種融合本身就是長達一個世紀的人類知識改造的最大成就，在這個過程中，新大陸的三個完全不同的方面融入了歐洲人的思想意識中。首先是歐洲人完全沒有想到自然界會另有一個美洲大陸。[30]還有就是歐洲／基督教對人類的理解，不得不將美洲印第安人包括在內。再來就是美洲做爲時間上的實體，其存在改變了歐洲對歷史過程的理解。[31]所有這一切，首先對傳統知識構成挑戰。[32]根據《聖經》和經驗，世界上只有三個大陸——歐洲、亞洲和非洲，並且，改變這種觀點意味著從根本上拋棄南半球沒有熱帶的傳統觀念。而且直到一七二八年白令海峽才被發現，在此之前人們並不清楚美洲是否是亞洲的一部分。當雅克・卡地亞（Jacques Cartier）於一五三五年在後來成爲蒙特利爾地方的聖羅倫斯河上遇到急流時，他將其命名爲湍流中國（Sault La Chine），即中國急流。一個世紀以後，法國冒險家吉恩・尼柯萊（Jean Nicolet）在一六三四年被派往西部調查關於一個通往亞洲的巨大內海的傳言。當他到達密西根湖，看到眼前格林灣的懸崖時，他認爲已經到達中國，爲了慶祝，他穿上了一件中國絲綢長袍。[33]權威知識在解釋新世界的發現方面同樣無益。既然古代那些偉大的作家根本不知道美洲大陸的存在，又怎麼可能解釋它的發現呢？新世界的發現再一次證明個人觀察要比傳統權威有優勢。這同樣是重大的觀念轉變。[34]

西班牙的「監護征賦制」／印第安人的理性及其接受信仰的能力

發現美洲時，一個最有影響力的（如果不是明晰的）思想是對人類的雙重分類，即根據宗教隸屬關係（是猶太—基督教的，還是異教的）與文明和野蠻的程度來劃分不同的人群。[35]這種分類在十六世紀也不得不被修正。至於印第安人的文明，這似乎主要取決於評論人是否眞正見過。任何長期與土著印第安人接觸者都不可能認爲他們是無知的原始人。[36]昌卡醫生（Dr Chanca）陪同哥倫布做第二次航行，他觀察到伊斯帕尼奧拉島的印第安人吃植物的根莖、蛇和蜘蛛，因此斷定說，「在我看來，他們比世界上任何野獸都更具有獸性」。這種矛盾的觀點（印第安人是否是野蠻人或無知的人），是新大陸發現和早期殖民文學的一個主要論題。如果印第安人不屬於人類，那麼就沒有宗教信仰的能力。保羅三世於一五三七年在詔令《偉大的天主》（*Sublimis Deus*）中宣布「印第安人是眞正的人類」時，也是這樣考慮的。基督教徒是根據接收上帝恩惠的能力來定義人類。另一方面，關於人類的經典定義是有理性的生物。《偉大的天主》發布之後，多數基督教徒認同根據兩種標準都可以將美洲土著劃歸爲人類。[37]

然而，印第安人如何有理性卻令人懷疑。費南德斯．德．奧維耶多（Fernándzde Oviedo，他對中世紀騎士制度史詩保有持久的興趣）深信印第安人是劣等人，「天生懶惰，生性邪惡」。[38]他認爲自己在印第安人頭骨的尺寸和厚度方面發現了他們劣等的標誌，他認爲這些標誌包括與人的理性能力有關的軀體部分變形。[39]福萊．湯瑪斯．德．梅卡度（Fray Tomás de Mercado）在十六世紀六〇年代將黑人和印第安人劃歸「野蠻人」，因爲「他們從不爲理智所動，只有強烈的感情才能打動他們」。這種觀點幾近於聲名狼藉的「天生奴隸」理論，這同樣是當時的一個主要論題。十六世紀的異教徒分爲兩類，即「易於征服的無知者」（猶太教徒和穆斯林教徒，他們聽過眞理又背叛了眞理），和「難於征服的無知者」，即那些像印第安人一樣的人，他們從來沒有機會聽從上帝的教誨，因此不能責備他們。然而這很快就被訛用，因爲像蘇格蘭神學家約翰．瑪律（John Mair）這樣的人認爲有些人天生就是奴隸，而有些人生來自由。[40]一五一二年，西班牙國王費迪南（King Ferdinand）召集政務審議會（junta），討論僱傭當地勞動力的合法性。保存下來的文獻表明，當時很多人認爲印第安人是野蠻人，是天生的奴隸。但是正如安東尼．派格登（Anthony Pagden）所描述的，這是「有條件的奴隸制」。西班牙人有一個慣例，監護征賦制（the encomienda），根據這個慣例，印第安人被強迫勞役，但可以從西班牙人那裡學會如何「像人一樣的」生活。[41]大約在一五三〇年，名爲薩拉曼卡的學派對這個觀點做了進一步的修飾；這個學派由一群神學家組成，包括法蘭西斯科・維多利亞（Francisco Vitoria）和路易士・德・摩里納（Luis de Molina）。他們認爲如果印第安人不是天生的奴隸，那麼他們是「大自然的孩子」，處於人類發展的較低階段。在論文《關於印第安》（*De Indis*）中，維多利亞提出美洲印第安人是介於人和猴子之間的第三種動物，「由上帝創造來爲人類做更好的服務」。[42]

但是，並非每個人都同意這種觀點，有些人更同情印第安人，他們尋找印第安人具有才能的證據。隆納德・賴特認爲，對這個文明衝突的記述，從任何一方來看都最爲準確的是，在十六世紀五〇年代由一些阿茲特克人寫給博納迪諾・德・薩阿貢修道士（Friar Bernardino de Sahagún）的書，現在被稱爲「佛羅倫斯抄本十二卷」（Book 12 of the Florentine Codex）。作者是匿名的，可能是爲了保護他們不受宗教裁判所的審判。然而，約翰・艾略特認爲正是這種尋找印第安人優點和才能證據的活動，促使形成了十六世紀關於什麼是文明人的思想。例如，巴托洛梅・德・拉斯・卡薩斯指出，上帝創造了大自然，在這些與世隔絕的土地上，印第安人是上帝的創造物，因而他們能夠接受宗教信仰。他使人們注意到墨西哥的建築（「非常古老的、拱狀的類似原始人的建築物」），「很能說明他們是精明的，有良好的管理形式」。塞普爾維達（Gins de Seplveda）徹底否定了這個觀點，他指出，蜜蜂和蜘蛛都能生產無人能仿效的作品。[43]但是，印第安人社會和政治生活的很多方面給歐洲觀察員留下了印象。維多利亞在十六世紀三〇年代寫道：「他們的事務有特定的方法，因爲他們組織有序的政治組織，有明確的婚姻，有地方行政官和最高統治者，有法律、討論會和交換制度，所有這一切都需要理性，而且他們也有一種宗教。」[44]

這比表面上看到的還要重要。理性，特別是在社會中生存的能力，被認爲是文明的標準。但是如果在基督教以外存在理性，那麼該如何看待古老的對基督教徒和野蠻人的區分？「這種區別不可避免地開始模糊起來，而且做爲一種劃分方法，其意義也在下降。」[45]拉斯・卡薩斯持令世人驚訝的現代觀點，認爲任何人在歷史的座標上都有一個位置，對任何人都是一樣的，那些接近座標底層的人只是比處在較爲上層的人「更年輕」。換句話說，他是在朝著人類和社會進化論的觀點探索。

挪亞的後代

即使是在沒有產生令世人驚訝的新思想時候，美洲的發現也迫使歐洲人返回自我，使他們面對存在於自身文化傳統中的思想和問題。例如，崇拜權威的古人意味著他們意識到其他文化的存在，這些文化有著與他們自身文化不同的價值和態度，並且在很多方面一直優於他們自己的文化。事實上，正是異教徒古人的存在和成功，成爲十六世紀兩篇最著名論文的基礎，這兩篇論文嘗試將美洲納入統一的歷史視野之中。

第一篇論文是巴托洛梅．德．拉斯．卡薩斯的長篇宏論《歷史道歉》（*Apologética Historia*），寫於十六世紀五〇年代，但是在作者有生之年未曾發表，直到二十世紀才重新被世人發現。此文在作者憤怒的情緒中寫成，回應塞普爾維達的文章《民主第二》（*Democrates Secundus*），該文對印第安人進行粗暴無情的攻擊，將他們比做猴子。[46]事實上，一五五〇年八月或九月時，這兩個人在瓦拉多里德（Valladolid）上演了一場著名的辯論。拉斯．卡薩斯主張印第安人是完全有理性的，完全有能力控制自我，因此適合接受福音。[47]拉斯．卡薩斯以亞里斯多德爲指導，從身體和道德角度對印第安人進行考察，標誌著他的論文可能是比較文化人類學的第一篇文章。文章在政治、社會和宗教制度方面將希臘人、羅馬人、埃及人、古代高盧人以及古代不列顛人和阿茲特克人、印加人放在一起進行考察對比。[48]根據拉斯．卡薩斯的觀點，比較之下，新大陸的人並不處於劣勢。他對阿茲特克人、印加人和馬雅人的藝術品質進行了恰如其分的評價，並且評論了他們在吸收他們發現有益的歐洲人的思想和做法方面的能力。

何塞．德．阿科斯塔（José de Acosta）的《向受管轄的印度致敬》（*De Procuranda Indorum Salute*）寫於一五七六年，稍晚於拉斯．卡薩斯的論文。他最具創造性的貢獻首先在將野蠻人劃分爲三種類型，其次是區分了三種類型的土著，這促進了人們對人類學的理解。他說處於最頂層的是那些像中國人和日本人一樣的人，他們有穩定的共和政體，有法律和法庭、城市和書籍。其次是像墨西哥人和祕魯人一樣的人，他們缺乏書寫藝術和「公民及哲學知識」，但是卻有政府。處於最低層的是那些生活中「沒有國王，沒有契約，沒有地方官員或共和政體，而且他們居無定所，或者（如果有固定居所的話）居所像野獸的洞穴一樣」。[49]阿科斯塔的文章是建立在研究基礎之上的，可以說這使得他能夠區分墨西哥人和印加人（他們建立了帝國，定居生活而不是「像野獸一樣四處遊蕩」），以及珍可斯人（Chuncos）、基里關尼斯人

（Chiriguanes）、斯蓋因厄斯人（Yscayingos）和其他生活在巴西的人群（他們是游牧民族，沒有任何形式的公民組織）。[50]他還認爲印第安人生活在對上帝的恐懼之中（他認爲這是基督教和異教的重要區別）。印第安人有一些法律和習俗，但是不完善或者和基督教的做法相衝突，這樣的事實表明撒旦先於哥倫布發現新世界。[51]

同樣，這些論點要比它們乍看之下更重要。舊的理論認爲地理和氣候是造成文化差異的主要原因，正被新思想取代。新的論點是遷移。「如果美洲的居民確實是挪亞的後代（正統思想堅持他們一定是），那麼很明顯他們一定是在遷移過程中忘卻了社會美德。阿科斯塔認爲他們是從亞洲經由陸路到達新大陸的，在遷徙的過程中變成了獵人。後來一些人逐漸聚集在美洲的一些特定地區，重新獲得了社會生活的習慣，並且開始建立政治組織。」[52]這個論點的重要性（和現代性）在於它假設或設想從野蠻到文明有發展順序。而這進一步暗示現代歐洲人的祖先曾經像美洲十五和十六世紀的居民一樣。根據拉斯·卡薩斯的觀點，佛羅里達的土著仍然「生活在那種最初的原始狀態，任何其他民族在有人對他們進行教化之前都曾生活在這種狀態中……我們應該考慮，在耶穌基督來教化我們之前，我們以及世界上所有的民族是什麼樣子的」。[53]同樣，新大陸原始人的存在似乎支持猶太—基督教的時間觀念，即時間是線性的而不是迴圈的。[54]

關於美洲發現的最後一點是，現代人取得的成就是古人沒有取得的思想。因此，那種遠古的黃金時代思想無形之中受到削弱。同時還有一種思想，發現毫無疑問地表明直接經驗優於傳承的傳統。「他們所稱的黃金時代，」法國十六世紀哲學家尚·布丹（Jean Bodin）寫道，「如果和我們的時代比起來，感覺只是冷冰冰的……」[55]

一四九二年新大陸人口規模

關於歐洲人的觀點和美洲發現的直接影響就論述到這裡（一些長期影響在後文中探討）。在思想領域，確切地說，歐洲人發現了什麼呢？回答這個問題需要很多年（世紀）的時間，但是，在一九八六年達西·麥克尼卡爾美洲印第安人研究中心發起了「一四九二年的美洲」（America in 1492）的研究課題，來紀念一九九二年新世界發現五百週年。該研究中心創辦於一九七二年，目的是提高印第安人研究和教學品質。下面的很多論述便是基於這個研究課題的發現。[56]

一四九二年大約有七千五百萬印第安人生活在美洲。現在對美國大陸部分的人口數量有不同的說法。達西．麥克尼卡爾（D'Arcy McNickle）的數字是六百萬，而史密森學會（Smithsonian Institution）的道格拉斯．尤貝拉克爾（Douglas Ubelaker）在《北美印第安人手冊》（*Handbook of North American Indians*）中說，按照平均人口密度每一百平方公尺十一人計算，最準確的估計是一百八十九萬。[57]不論數字是多少，印第安人的實際擴散是另外一種樣子。例如平原印第安人（Plains Indians）當時還沒有馬——因爲歐洲人還沒有引進。「印第安人遠非陳規所認爲的：戴著頭帽，都是鬥士。他們在本質上是農民，沿平原上的河流種地，步行打獵。」[58]

習俗和信仰

印第安人的很多習俗與歐洲人的習俗大不一樣。亞北極區的人〔我們稱之爲愛斯基摩人或因紐特人（Eskimos or Inuits）〕總是與部落中的其他成員分享食物，因爲他們相信獵物更加青睞慷慨的獵手。[59]太平洋海岸部落以巨大的圖騰柱爲特徵，他們使用一百多種藥草和植物，對它們的營養和藥用特徵非常熟悉。[60]他們有特殊的小屋或房子，用於儀式場合的潔身或用於治療疾病。[61]許多部落有可怕的啓蒙儀式，以及由青年轉爲成人的儀式。煙草廣泛用於儀式活動（這種做法爲人類帶來毀壞性的後果）。部落還建造大地穴（kivas），是巨大的地下大會堂，用來舉行儀式和用做成年男子的聚會室。儘管每當儀式舉行完畢，通常都要將大地穴的牆壁粉刷一遍，有時卻用舉行儀式的圖畫裝飾大地穴的牆壁。藝術在美洲和在文藝復興時期的歐洲有著不同的意義。

然而他們也有很多與舊世界類似的做法。印第安人逐步形成了「靈魂」的概念，雖然某些部落的成員有多樣的靈魂。他們同樣形成了婚姻制度，發展了農業（家庭管理的帶狀耕作、火耕、澇原耕作以及山區的梯田）。像世界其他地區一樣，婦女收穫莊稼，男人打獵。圍繞死亡有複雜詳盡的儀式，很多部落懂得如何將屍體製作成木乃伊。在某些地區，寡婦爲丈夫殉葬，使人想起印度類似的做法——妻子的殉夫。烹飪非常發達，和在舊世界一樣，與宗教儀式有關的齋戒很流行。有多種多樣的用樹薯粉釀造的啤酒。黑曜岩像在舊世界一樣受到人們的尊崇和廣泛使用。他們還有一種計算形式和稅收，有些部落甚至有一個「只能被稱爲文職官員」的階層。[62]

日常生活方面最顯而易見的區別是美洲印第安人普遍住在「長房子」裡。

易洛魁族人（Iroquois）的房子會長達三百英尺，同時住著幾個家庭，他們同屬於一個宗族。男人在長房子中結婚，如果所有的房間都已住滿，就再加長房子。「多達三十個的核心家庭，或者說一到兩百個有血緣和婚姻聯繫的人共住一處住所。傳統上，長房子的中間走廊縱向將房間分開。婚配家庭的房間彼此面對，像是在臥車中的小房間，共用的爐膛在中間走廊。」〔63〕只有兩堵牆柱將每個家庭分開，每個家庭都有自己的爐火，通常都是悶燒。「家庭吊床（新大陸的詞彙）懸掛著，同時成爲空間分割的標誌。」〔64〕

食人

巴西的圖皮南巴族（Tupinamba）是食人族。他們和加勒比人（Caribs）以及庫貝歐人（Cubeos）信奉聖體共存論，而吃人肉是宗教儀式的一部分，對於種族的存續和確保先祖靈魂對他們的保佑是非常重要的。〔65〕對於早期的探險家來說，蒙都魯庫族（Munduruc）獵取人頭的做法同樣野蠻，蒙都魯庫族居住在亞馬遜河盆地的茂密森林中。這些蒙都魯庫族人令人恐懼，因爲他們好戰，透過砍掉敵人頭顱這種令人作嘔的做法實現他們的願望。但是，外出獵取人頭的鬥士有很重的負擔，他有持續長達三年的儀式必須完成。「當人頭被獵取時，就立即開始了儀式的準備工作。早在鬥士返回村莊之前，腦髓已被去掉，牙齒被敲掉並保存。接著將人頭煮至半熟後脫水乾燥，直到頭皮像是羊皮紙。用繩索穿過嘴和鼻孔，將人頭串起，再用蜂蠟把張開的眼睛封起來。成功的人頭獵手受到人們的敬畏，被賦予神聖的地位。他不得從事日常活動，包括與妻子或其他女人發生性關係。總是早上洗澡，這樣就可以避免看到女人。在男人的房間度過大部分時日；除了有重大問題，他很少講話。吃飯時背對著妻子坐在妻子的旁邊……在獵取人頭的週年紀念日，進行另外一次複雜的儀式將頭皮從頭上揭下，一年後再舉行最後的儀式，將牙齒穿起，掛在英雄房間的籃子裡。經過三年之後，英雄重新開始正常生活。」〔66〕

語言（名詞和動詞的不同概念）

在早期，對新的資料事實的蒐集是隨意的。但是，隨著時間的推移，學者跟隨商業探險家來到新世界，開始較爲系統地蒐集資料。我們可以從語言開始談起。「一四九二年西半球有多達兩千種彼此間都聽不懂的語言，其中大約兩百五十種是在北美洲，大約三百五十種在墨西哥和中美洲，一千四百五十多種是在南美洲。」〔67〕美洲土著的語言不如舊世界的語言複雜，它們缺少某些特徵，而其他特徵比在歐亞大陸更常見。「例如，印第安人的語言中，名詞很少用尾碼來表達主格、賓格和與格（例如在拉丁語中那樣），很少有名詞性和代詞性的性別指代詞（像英語中的「he」和「she」，西班牙語中的「el」和「la」）。」[68] 同時，很多印第安語言區分代表有生命的和無生命的物體的名詞，以及明確隸屬的物體（如親屬關係和軀體部件）和隨機所屬的物體（如刀子或工具）。可能不可避免地有很多聲音是舊世界所不知道的，特別是聲門塞音（突然關閉聲帶產生的氣流中斷，例如在英語短語「uh-oh」中「uh」和「oh」之間的停頓）。[69] 有些字缺乏母音，還有很少見到爲了改變詞的意義重複或雙寫詞或詞的一部分。例如，北美洲大盆地沃紹族印第安人（The Washo Indians）用「gusu」表示「野牛」（buffalo），而「gususu」則表示「各處的野牛」（buffalo here and there）。[70] 在其他情況下，動詞根據訊息的有效性而變化，例如，傳達的訊息是說話者親自了解的，或者只是流言，或只是夢中發生的事情。[71]

其他的差異似乎更具有根本性質。例如，在歐洲，語言主要區分爲名詞和動詞。與此不同，亞利桑那州的霍皮人（the Hopi of Arizona）將持續很短時間的事物（例如閃電、波浪或激情）看做動詞，而持續時間較長的則是名詞。[72] 在納瓦霍（Navajo）可以有十二種翻譯方法，「根據物體是圓形且堅固的，還是長且軟的；是有生命的，還是像泥漿一樣的東西，等等」。[73] 隱喻的用法和歐洲的差異並不這麼大（詩歌被描述爲「鮮花的歌聲」，女人是「裙子」），但是「無言」卻富含意義。例如，阿帕契人（Apaches）在遇到陌生人時，求愛初期，或久別後見親人時，會保持沉默。[74] 有些部落有貿易語言，這種語言從不在家裡講，只是商人在和陌生人交換商品時才用到。

對男性和女性的不同概念

除了少數人所共知的情況，印第安人沒有文字，也就是說他們沒有書面的歷史、哲學或手稿可供我們查詢。[75] 但是這並不妨礙他們有宗教，即關於靈魂的觀念以及許多有關起源的神話，這經常包含太陽、月亮和地下世界，而且地下世界分成很多層。孩童期受到公認，而青春期和有月經卻需要透過儀式。有趣的是，在有些部落，青春期儀式的目的在於使青少年擺脫童年的環境。例如，霍皮人不允許兒童在不戴精心製作的面具的情況下見到某些宗教人物，鼓勵兒童將他們看做神靈；但是在青春期儀式上，這些人物戴著面具出現在他們面前，似乎在警告新成年的人要拋棄幼稚的信念。[76]

新大陸的宗教通常有祭祀等級制度，有時「太陽的處女」（Virgins of the Sun）在她們只有十歲時就被選出，擔當「神殿服務和祭品」的角色。[77]獻祭非常普遍也會很殘忍：波尼族印第安人（Pawnee）的處女在被射中心臟之前要參加爲期四天的儀式。[78]然而，在宗教意義上最根本的差異，或許是迷幻劑的廣泛使用。這裡的部落由巫師領導，這些巫師像在舊世界一樣發揮醫學─宗教作用。部落有首領（雖然有些部落只是在戰時才有），首領可能同時擔當巫師的角色。某些部落認可六種性別：超級男子（鬥士）、男子、男性假扮異性並被給予異性的社會地位的人（berdaches，穿著、外表或行爲上不能辨認女性還是男性）、驃悍強壯的女子和超級女子（比方說擅長女性手藝的女子）。男性假扮異性並被給予異性的社會地位的人，以及驃悍強壯的女子，有時擔當爭執的調停者。[79]心臟而不是大腦或臉部被看做是人的本質，巫師會對病人唱著「心的歌曲」來爲病人治病。[80]很多部落與動物和植物交談，認爲它們能夠聽得懂。

美洲土著對「自我」或「人」有完全不同的理解。[81]從根本上說，他們強調忘我，因爲人們透過社會中不同的子群體獲得身分，並沒有單獨的社會地位。自私的人會變成巫婆，可能既像女子又像男子。

嬰兒是父親、母親和神靈的共同產物。父親提供堅硬的部分，如骨頭；母親提供柔軟的部分像肉和血液。在太平洋西北部，人們相信未出生的嬰兒居住在一個特殊的地方，在那裡像其他人類一樣生活著，直到在世上尋找到父母。一般而言，在出生的創傷已經結束並確信嬰兒會活下去之前，是不給嬰兒命名的。[82]女孩以鮮花的名字命名，而男孩則以食肉動物命名。但是爲了慶賀孩子的第一聲笑聲、第一次哨聲、第一句話，甚至第一次理髮，會給孩子起另外的名字。[83]最大的慶祝活動要留到孩子第一次完成經濟上的任務時，例如採集漿果。有時女子成年的標誌是去掉陰蒂，人們認爲這會去掉她所有的男性特徵。[84]據說男子必須到有了孫子才算完全「成年」，很顯然這是使家族保持在一起的方法。[85]

極其不同的死亡經濟學

可以說兩個半球的最重要差別在於經濟學思想的差異。對阿茲特克人和印加人來說，做爲舊大陸被征服時兩個最傑出的文化，任何統治者的死亡都會給社會帶來沉重的負擔。皇帝和王后的屍體被製成木乃伊，放置在特製的富麗堂皇的宮殿裡。大量的奴隸和妃妾被祭殺，供皇帝死後使用。然而事情並非到此爲止。此後還要撥用大量的財產來保護死者的宮殿，維護木乃伊，這一切意味著每一個朝代結束時都會給帝國本已十分緊張的財政雪上加霜。【86】換句話說，每一位新死去的國王都會使浪費更加嚴重。【87】最後的結果是，因「爲木乃伊服務」而失去的勞動力，只能透過征服更多的人、占領更多的土地來補償，而這個方法也是有風險的。所有這一切的主要後果是，私人企業產生所必需的資金從未形成。【88】

在新大陸也有像科學一樣的東西以及原始的技術，但是，美洲土著幾乎沒有像舊世界一樣關於現象的理論。新舊世界的人們都認爲太陽圍繞地球轉，並與生長、發育、季節相聯繫。印第安人有與歐洲人使用同樣種類的簡單機械，類似希臘經典力學的五種簡單機械：楔子、斜面、槓杆、滑輪和螺杆（機械的優點是擴大作用在它上面的力）。美洲土著對其中的每一種機械都知道，並將它們用於從伐樹到製造獨木舟的活動中。然而到十五世紀，當歐洲人開始尋找終極原因時（其結果經常是透過預測得到的），美洲土著卻更喜歡依靠與控制著自然界力量的神靈的密切關係來控制這些力量，這種控制是透過儀式和夢實現的。【89】「對於歐洲人來說，自然界由規律控制著；對土著人來說，自然界具有意志……歐洲人和土著的科學差異主要在於實驗。霍皮人不可能想到停下儀式，看一看太陽是否確實繼續北行，而不是改變方向。」【90】

有幾個民族，例如納瓦霍人，根據尺寸、硬度和柔軟性將植物分爲雄性和雌性。這種概念是基於與人類有男女之分的類比中得出，而不是基於植物本身的實際性器官。例如，在阿茲特克人中，植物的名稱含有一個尾碼，表明它們是食物或藥材、是否可以用來做衣服或用於建築。【91】事實上，他們對自然界分類的基礎與歐洲人的思想大相逕庭。納瓦霍人將昆蟲和蝙蝠分爲一類，因爲在古神話中，這兩種動物在前世生活在一起。【92】

計算和時間

對歐洲人來說，夜空中的星星是占星術的基礎，但是在美洲，地平線更爲重要。【93】這是個非常普遍的觀念，在整個美洲大陸，部落建造神殿是根據地平線上與著名的神聖事件相吻合的地貌特點。「卡薩・林克納達（Casa Rinconada）是墨西哥西北部查科峽谷地區的一個圓形大地穴，內部的石牆上均勻地分布著二十八個壁龕，在這些壁龕下面還有六個分布不均勻的稍大一些的壁龕。夏至左右，有四到五次，日光會從大地穴東北面一個高高的窗子照到這六個壁龕中的一個。」【94】但是印第安人利用月亮發明了曆法，在這個過程中，他們形成了自己的記數系統。最初這是馬雅人的主意，阿茲提克人將其加以改進。[95]數學對馬雅人的主要用途（事實上是唯一用途）是立法計算，雖然在印加帝國（Inca）的結繩文字（quipu）中似乎已經有數學知識的記載[96]——一種利用一連串結在一起的繩子的訊息記載系統。這些繩子有不同的顏色，顏色和繩結按順序排列，有些繩子有附屬的線。結繩文字的「語言」或符號從未被解讀過，只是支持了這樣的觀點——它們是某種宗教記錄，由留存下來的兩條織物編織而成。在織物上的編織非常複雜，其中一條有十行，每行由三十個環組成，這些環以斜紋形式織成小組，加起來總共是三百六十五組。而在另一條則總共有二十八個長方形。這些繩子肯定具有日曆的作用。[97]

書寫和紡織品

現在，有些學者認爲，中美洲精緻的編織品「所代表的是像歐洲的冶金術一樣複雜的知識體系」。戰爭結束時，織物往往做爲進貢的貢品，而棉線吊索則用於戰爭。[98]駱駝和羊駝做爲馱畜和駝毛的來源被飼養和使用。紡織品可能比當做貯藏容器的陶器還要重要。「最爲精緻的衣服用直徑爲一英寸的一百二十五分之一的絲線織成，並且在印加的紡織品中已經分辨出大約一百二十五種不同的色彩和顏色深淺的差異。一四九二年歐洲擁有的所有主要紡織技術，印加人都知道——掛毯、錦緞、薄紗，而且他們還掌握另外一種稱爲聯鎖經的紡織方法。」[99]

醫學思想

雖然在一四九二年之前，有很多動物還沒有在新大陸飼養，但是數量衆多的作物的栽培已經爲人們掌握——包括很多歐洲人了解並在此後熟悉的作物：玉米、白甘薯、可可豆、南瓜、花生、鱷梨、番茄、鳳梨、菸草和紅辣椒。在安地斯山脈有三千種不同的馬鈴薯。[100]新大陸的文明非常了解植物的藥用價値，例如，人們知道菊科植物阿司匹林亞（Aspilia）可以用做抗生素；派尤特族（Paiute）部落婦女用來避孕的紫草，後來被發現可以抑制老鼠的促性腺激素。火療（tlepatli）在阿茲特克醫學中被用做利尿劑和治療壞疽的有用藥物，現在已經發現它含有礬松素（plumbagin），這是一種抗菌劑，能有效地抑制葡萄球菌。[101]然而，美洲土著本身還沒有化學概念，對他們來說，植物的藥用作用是一種精神上的事情。

關於藝術的不同思想

新大陸沒有「爲藝術而藝術」意義上的「藝術」，而美洲土著語中也沒有表示藝術的詞（在這方面，宗教也沒有）。[102]這是因爲每一件雕刻的物品、每一首歌或每一種舞蹈都有非常強的實用目的，如果離開了這個目的，是不可想像的。阿茲提克人有時雕刻在器物上絕不會看到的一面，然而這並不重要，因爲它們有象徵意義，這比能被看到更爲重要。換句話說就是沒有美感，只有功能，功能賦予器物意義。[103]因此，在新大陸的任何地方幾乎沒有器樂，因爲在常規活動中，歌曲、舞蹈和音樂是共同交織在儀式中的。只有在中美洲更爲發達的文明中才出現藝術的專業化，只有在這裡才有高雅藝術和民間藝術的劃分，就像在歐洲一樣。[104]因此，只有在這些文明中，藝術家才享有較高的聲譽——而在其他地方，人們認爲任何人都有某種程度的藝術能力。在印加帝國，某些行業（如銀器匠和掛毯編織者）是政府的世襲僕人，因此可以免稅。[105]使事情更爲複雜的是，占星術（或巫術）參與其中。例如阿茲提克人認爲出生時有xochitl（花）記號的人，命中注定會成爲工匠或演藝人員。[106]藝術家的作用與創物神話有重疊。在新大陸，這些神話有趣的不同之處在於新大陸土著不是設想上帝創造了完美的世界（理解這一點當然是學者、神學家和藝術家的任務），而是認爲世界被創造得不完美，而改善這個世界就是藝術家的任務。[107]印加人認爲最早的人類是巨人，是用石頭做成的。但是上帝，即Wiracoqa，對作品不滿意，又把他們變回石頭——這些就是印加人崇拜的巨型雕像。後來上帝Wiracoqa創造了第二種人，大小和他一樣（「依據他的形象」）。[108]馬雅雕刻家在雕刻作品過程中不允許過性生活，但是他們卻將自己的鮮血灑在雕刻作品上，因爲他們認爲這會使他們變得神聖：正像是多才多藝的人，這些藝術家是神聖的。樂器對於馬雅人來說也是神聖的，樂器的雕刻工在製作過程中會祈禱，並用酒擦拭樂器，這樣樂器會「令人滿意，調音準確，產生悅耳的聲音」。[109]藝術家不在作品上簽名，即便是專業藝術家的那些文明中，藝術家也不簽名，他們永遠不會像歐洲的藝術家那樣出名。唯一的例外是詩歌，屬於貴族階級的詩人，即使在他們去世後很久，依然可能爲人們記起。內札華科約特（Nezahualcoyotl）就曾因「詩人國王」之名而爲人銘記。然而，即便是在這種情況下，使他出名並以詩人身分獲得幾乎是同樣名聲的是他的國王身分。[110]

到一四九二年，新大陸的文字體系衰落，很多經典時期（西元一〇〇～九〇〇年）的銘文已經不可能讀懂。[111]阿茲提克人和米斯特克人的文字主要是象形文字和劃痕，這種文字除了適合於雕刻字外，還要記錄對雕刻文章的口頭評論（口頭表達一直是主要的形式）。我們所掌握的（印第安人）法律涉及部落過去的神話歷史，可能是宗教儀式中的主要因素，而其中劃痕形式的文字是對它們的評論。當然那些文字都已經失傳了。做爲哥倫布發現美洲之前的幾個民族之一，阿茲特克人是有意識地蒐集外來和古代藝術品——特別是奧爾梅克人（Olmec）的藝術品。這似乎證實阿茲特克人至少對過去感興趣，他們或許認爲奧爾梅克文明是中美洲的「母親文化」。【112】

新大陸對舊大陸思想的影響

印第安人本身是怎樣對待戰爭的呢？有些印第安民族有聖書，其中最爲有名的是基切人的《波波爾·烏》（*Popul Vuh*），相當於《舊約》和梵語《吠陀經》；不甚有名但同樣有趣，且更適於了解印第安人對待戰爭態度的是《喀克其奎編年史》（*Annals of the Cakchiquels*）。像基切族（the Quichés）一樣，後者有雙重君主體制，國王和副國王分別從王室的直系後代中選出，分別稱爲Ahpo Zotzil 和 Ahpo Xahil。在被西班牙征服以後，Xahil家族倖存者寫下了喀克其奎歷史，並以日誌的形式一直記錄到十七世紀。敘述有條不紊，它描述了大屠殺，但同時也表揚了設法幫助印第安人的西班牙人。所記述的事件中包括一六〇四年瘟疫的爆發，當時作者去世，由另外一個人接過他的筆，還記述了交換大使和家譜。馬雅人編寫了類似的文獻《齊蘭經》（*Books of Chilam Balam*），是用馬雅語言寫成，但是使用的卻是西班牙字母。這些書故意寫得很含糊，充滿雙關語和謎語，因此外界人士不可能理解。這些書同樣續寫到十九世紀：每一個馬雅城都有自己的一本，記錄當地的事情。《齊蘭經》將入侵看做是曆法或編年表的戰爭。西班牙人帶來了他們的曆法——對於馬雅人的思維方式來說是相當拙劣的——並強加給當地土著，因此對於馬雅人來說，這是關於思想的主要戰爭，這就是他們看待敵對宗教體系的方式——看做是關於時間的戰爭。【113】

我們簡單看一下哥倫布發現美洲大陸以前，美洲缺少什麼。最缺乏的無疑是車輛。如果考慮到球類運動在全美洲得到開展並具有宗教意義這樣一個事實，這一點同樣是非常令人吃驚的。雖然人們馴養駱駝，但是，正如我們在本章開始時提到的，牽引用動物同樣非常缺乏。同樣缺乏的還有帆船，這可能與環繞美洲的浩瀚海洋有關。但是這一點與缺乏車輛一起使得美洲人與歐洲人比起來更加局限於一地，更加缺乏旅行。哥倫布發現美洲大陸以前的美洲缺乏創意或創造，還有鑄幣、民族一神論、實驗的思想和文字（一般而言）。沒有窯，因而也就沒有陶釉和弦樂器。美洲缺乏的任何一種——牽引用動物、大帆船、文字、鑄幣——都會限制經濟的發展，特別是限制貿易的發展和盈餘的積累。我們已經看到，不論有多少剩餘，通常都被爲死人舉辦的複雜精緻的儀式消耗掉。這種經濟發展的差異，以及缺乏民族一神教和實驗，也許是舊世界和新世界不同之處中最爲重要的三個重點。

在思想領域，美洲的發現可能給幾乎同時發生的天主教反宗教改革運動（the Catholic Counter-Reformation）帶來一定的影響，因爲它使天主教失去了一些最積極、最有才能的新教傳教士。同樣的，羅馬教堂對美洲發生的事情幾乎沒有發表什麼言論（特倫特公會非常刻意的忽略了這一點），正如約翰·艾略特所言，其結果之一是提高了西班牙王權的權威，「不僅在這個問題上，而且還在這個問題與教堂的關係上」。從當時的作家到當代的史學家，不止一人思考過這個問題——「印度群島的探險」是否吸引了比較激進的人，從而增強了留下來的人當中的獨裁主義和保守主義。

在美洲的發現的確帶來了經濟影響，經濟影響又帶來思想上的革命。例如，一五二一年到一五四四年間，哈布斯堡（Habsburg）地區的礦山產銀量是整個美洲的四倍。但在一五四五年到十六世紀五〇年代末，這些數字倒過來了，導致這些年中經濟力量的決定性轉變，經濟重心從德國和荷蘭轉移到了伊比利半島。【114】約翰·艾略特指出，在十六世紀下半個世紀，「談及大西洋經濟是……合理的」。【115】政治影響是西班牙在崛起，而與她的傳統敵人——伊斯蘭——相比，整個歐洲也在崛起。（只有在這時，穆斯林世界開始對西班牙強大的歷史原因表現出好奇心。【116】）

西班牙的崛起及其崛起的原因，自然吸引了外界的注意力，可以說從這一時刻起，人們開始意識到海上力量在未來政治中產生了最爲重要的作用；可以透過阻止西班牙向歐洲運輸金銀來遏制西班牙的力量；在被宗教——新教和天主教——分裂的世界中，新世界是下一個戰場。在一定意義上，全球政治自此開始。【117】

對美洲的不斷爭奪，加劇了十六世紀日益增長的民族主義，「黑色傳說」在增多，特別是西班牙人，以及人們所說的他們的暴行（據估計，他們屠殺了兩千萬印第安人）。【118】但是不管怎麼說，越來越多的西班牙人開始懷疑印度群島的價值，並且在西班牙出現了所謂的「反金銀通貨主義者的情緒」，對突然暴富的道德意義提出了疑問。相對的觀點認爲，眞正的財富在於貿易、農業和工業，財富應當誠實地獲得並被有效地使用。【119】

然而，對美洲的爭奪卻適時地產生了國際法最初級的形式。新大陸自身面積太大，單獨一個國家很難控制整個大陸，西班牙人在開發新大陸的過程中拒絕承認羅馬教皇的權力，在整體上對人們對待權威的態度帶來了衝擊。正如我們所見，很多人認爲印第安人完全有能力管理自己的事務，他們的自由和自主權應當受到尊重。十六世紀中期，阿方索．德．卡斯楚（Alfonso de Castro）指出，海洋不應當爲某一個國家所有；在這個背景下，荷蘭法理學家和政治家雨果．格勞秀斯（Hugo Grotius）提出了處理國際關係的理論框架。新大陸成爲正在歐洲出現的國家結構和它們之間協定的一部分。可以說，征服美洲，促使人們意識到並可能使人們明確了做爲國際權力指導原則的存在於資源、地理、人口和貿易方式之間的關係。

厄爾．J．漢密爾頓在著名的文章〈美洲的寶藏和資本主義的興起〉（American treasure and the rise of capitalism）中，研究了可能說明民族國家、戰爭和新教出現的各種因素，斷定美洲的發現特別是美洲銀子的發現，是形成歐洲資本的主要推動力量。「在征服墨西哥和祕魯後，貴金屬的生產迅速增長，歷史上還不曾有過這樣的時期。」【120】事實上，這是歐洲強大起來的決定性因素，支持了前面探討過的歐洲早些時期的變化。這一觀點由德克薩斯歷史學家沃爾特．普萊斯考特．韋伯（Walter Prescott Webb）發展和擴充，他在《大邊疆》（*The Great Frontier*, 1953）一書中指出，美洲的發現「決定性地改變了人口、土地和資金這三者之間的比例，創造了經濟繁榮」。【121】他指出，一五〇〇年歐洲的人口密度大約是每平方英里二十七人。美洲的發現開闢了另外兩千萬平方英里的土地，直到一九〇〇年左右才終於滿布了人口。韋伯因此指出，一五〇〇年至一九〇〇年是獨特的歷史時期，「在這個時期，美洲大邊疆塑造並改變了西方文明」。當歐洲再一次向城市發展的時候，大邊疆的開發提供了一種反向的力量。【122】

在中世紀，基督教世界和伊斯蘭世界的貨幣制度之間已經取得了穩定的測量標準，一個世界出產銀子，另一個世界出產金子。但是，美洲的發現打破了這個平衡：一五〇〇年至一六五〇年間大約一百八十噸金子和一萬六千噸銀子輸送到歐洲。這導致價格的劇烈變動，先是從西班牙開始，而後傳播開來，促進了參與新的探險事業的那部分人的資本積累，但是也使得價格在十六世紀上漲了五倍，引發了通貨膨脹、社會動盪和社會變革。在這種情況下，人們同樣有理由擔心「財富所帶來的道德上的危害性後果」。【123】加爾西拉索．德．拉．維加（Garcilaso de la Vega）就對貴金屬的大量湧入持懷疑態度。他在十七世紀初寫道，「財富的大量湧入，弊大於利，因爲財富往往產生邪惡而不是美德，財富的擁有者很容易產生傲慢、野心、貪婪和驕奢淫逸……（我的）結論是，新大陸的財富如果得到正確認識，並沒有增加像衣服和食物那樣人類生活所必需的有用物質的數量，反而使它們變得更加稀缺，使人們的理解力下降，使人們的身體嬌弱，穿著和習慣變得女人氣。人們憑藉過去所擁有而生活得更加幸福，但是對周圍的世界卻更加恐懼。」[124]對此，厄爾．漢密爾頓堅決予以反對，認爲資本主義因價格和工資的上漲而得到加強。這個爭論遠未解決——這個問題很複雜，多數理論都有很多漏洞，但是，毋庸置疑的是美洲的開發，包含著創造巨大財富的巨大機會，而這個時期歐洲財富上的社會不平等明顯地加劇了。

最後一個因素是人口。印第安人口的災難性減少影響了勞動力的供給，而人口減少的原因部分是由於西班牙的殘忍，部分是由於輸入的疾病。而在十六世紀大約有二十萬西班牙人移居到美洲。他們的智力、才幹和精力似乎在一般人之上，所以，他們很可能給在西班牙留下的人口的遺傳素質帶來了有害的後果（但是很多移民將錢寄回西班牙）。

美洲的發現，對歐洲以及世界其他地區產生的影響還未被充分地評價，這種評價可能永遠都不能得出，因爲它的影響太深刻、太深遠了，正如蒙田所說，「亂七八糟的」。但是，不久後人們接受了加爾西拉索明智的觀點，他寫道：「只有一個世界，雖然我們談論舊世界和新世界；但是，這是因爲後者是我們晚近發現的，而不是因爲有兩個不同的世界。」[125]

第二十二章

歷史走向北部：新教的理性衝擊

出售免罪符

「彼得和保羅都身處貧困，但是，十五、十六世紀的羅馬教皇們卻過著皇帝一樣的生活。」一五〇二年，根據議會的一項估算，天主教教會占有法國全國收入的百分之七十五。[1]二十年後在德國，紐倫堡議會估算，教堂擁有德國全部財富的百分之五十。如此巨大的財富必然導致特權的出現。在英格蘭，牧師們總是建議婦女去懺悔室，並要她們以出賣身體獲得特赦。[2]威廉・曼徹斯特（William Manchester）引用的一項數據上說：在英格蘭的諾福克、瑞普頓以及蘭伯斯三個郡，因對婦女進行性侵犯而受到起訴的人中，有百分之二十三是牧師，而牧師占當地人口的比例還不到百分之二。聖艾班斯市的南修道院院長被控「在修道院內買賣聖職、放高利貸、挪用公款，以及與妓女和情婦長期公開同居」。最廣爲人知的腐敗行徑就是出售免罪符，當時有經教皇授權專門出售免罪符的機構或個人。早在一四五〇年，牛津大學的名譽校長湯瑪斯・蓋斯科恩（Thomas Gascoigne）就曾感歎：「當時的有罪之人總是說：『我不在乎讓上帝看到我犯了多少罪過，因爲我只要用四便士或者六便士就可以買到教皇授予的免罪符，從而輕而易舉地完全免除所有的罪過和懲罰。』」他說得有些誇張了，其他的一些記錄上說：「只要二便士就可買到免罪符，或者有時只要一捆葡萄酒或者啤酒就可換到免罪符，甚至是妓女或其他婦女用肉體交易也可換得。」當時有很多人抱怨，說出售免罪符的行爲以及其背後的特權階級扭曲了教堂的形象，教堂不過是個斂財的機器罷了。十六世紀早期，聖保羅教堂的副主教約翰・柯列特（John Colet）就是抱怨者之一。[3]

約翰・特澤爾

一四七六年，當教皇西克斯圖斯四世（Pope Sixtus IV）宣布免罪符也可讓「在煉獄裡受苦的靈魂」得到解脫之後，免罪符買賣達到了頂點。這被威廉・曼徹斯特稱爲「天國的信任詭計」的宣言，馬上獲得了成功：農民們寧願讓家人忍饑挨餓，也要爲死去的親人買免罪符，以使他們免除煉獄之苦。[4]許多修士乘機大發橫財，道明會的約翰・特澤爾就是其中之一，他四處遊走兜售免罪符。他背著一隻銅框的箱子、一包印好的收據，和一個掛著天主教旗幟的大十字架，走村串戶。他乘著教堂的鈴聲而來，在當地教堂的中殿擺下攤子，便開始兜售：「我這裡有通行證……可以讓人的靈魂到達天國的極樂世界。」他會一直強調「價錢眞是非常便宜」，尤其是當有聽衆猶豫不定時，他會再三強調價格的低廉。他慫恿聽衆爲他們死去而未被赦免的親人贖罪，他說：「只要錢幣撞擊缽碗的聲音一響，你那親人的靈魂就會飛出煉獄，直接飛入天堂。」[5] 最爲過分的是，特澤爾寫信向輕信的人們許諾：某個人將來可能會犯的罪行，都可以得到赦免。

北部和南部天主教的差異

他做得太過分了。過去，人們通常認爲，是特澤爾的過火和誇大其詞引起了一個教士的注意，這個教士是德國萊比錫北部維滕堡市的一名哲學教授，名叫馬丁．路德；然而最近，牛津大學的教堂歷史教授迪爾梅德．麥卡洛克（Diarmaid MacCulloch）注意到了天主教其他方面的發展對路德的影響。例如，早在十六世紀早期，北歐和南歐教堂裡的講道就有所不同，在北歐，佈道的重心是聽眾（悔過者），而在南歐，佈道把更多的注意力放在教士身上，強調教士是悔過者罪行得以赦免的仲介。[6] 相較於較北地區，義大利的教士比較不滿意自己的地位，這似乎跟行會有關。[7] 在瑞士國內及周圍地區，國教會正在興起，這是由當地自主管理的教堂，地方長官取代教士的領導地位，傳授教義。[8] 民間流傳的《聖經》也大量增加，幫助越來越多的人內化理解他們的信仰。[9] 一五一一年，法國國王在比薩召開了一個紅衣主教會議，商討教堂改革的問題，[10] 然而在一五一二年，俄利根教（Origen）的一些文籍得以用拉丁文流傳，這些文籍表示：正如人們傳統上所理解的，地獄並不存在，任何人，包括惡魔，都可以得到拯救並重新回到天堂。[11] 從這些文籍看來，情況並沒有絲毫改變。

馬丁．路德

然而，正是路德點亮了變革的火花。他是一個礦主的兒子，「結實而強壯」。讀大學時他曾想成爲律師，但是一五〇五年，在一場暴風雨中，他遇到了一次神祕的經歷，並開始相信「上帝無所不在」。[12] 這是最根本的改變。那之前，他一直是人文主義共濟會的成員，是伊拉斯謨斯的追隨者和同事，曾翻譯過一些經典著作。但是自從那次轉折性的經歷之後，他開始把自己隔絕起來，疏遠了人文主義共濟會的同伴，專注於內心的虔誠。一五一〇年，在文藝復興的鼎盛時期，當達文西、米開朗基羅和拉斐爾都盛名正負時，他去了羅馬。這趟羅馬之行令他深感震驚。誠然，他很喜歡那裡的繪畫和雕塑方面的傑作，以及宗教紀念物，但是眞正令他感到震驚的是當地教士和紅衣主教的行爲，尤其是他們對禮拜儀式的玩世不恭的態度，他覺得這是他們特權的基礎。[13]

一五一二年，他回到維滕堡，過了幾年平靜的生活。他對在羅馬的經歷深感震驚，更加遠離了人文主義者們的世俗名利，同時隨著認識的加深，他也逐漸遠離了天主教階級腐敗的犬儒哲學。取而代之，他認眞研讀《聖經》，尤其是有關教父和聖奧古斯丁的章節。繼而，他對周圍世界進行了觀察，心裡很是沮喪，正如雅各·布洛諾夫斯基（Jacob Bronowski）和布魯斯·麥茲利希（Bruce Mazlish）所說的，此時的他「正在孕育思想和勇氣」。但是到了一五一七年底，他再也忍不住了，十月三十一日，萬聖節前夜，他行動了。他的一項舉動引起了整個世界的反響——他把他的九十五篇攻擊免罪符買賣的檄文釘在維滕堡教堂的大門上，並且宣稱不懼怕任何人前來與他辯論。[14]「我，馬丁·路德，維滕堡的教誡博士，現在鄭重宣言，我主張反對教皇的免罪符……」

路德的攻擊不只針對特澤爾或是其背後的教皇政府，而是直指免罪符所代表的神學。免罪符及相關理論的存在都是因爲「過剩的恩惠」。耶穌及其後的衆聖人做了太多的善行，以致地球上有過剩的恩惠。購買了一張免罪符，購買者就可以「接觸到」這種過剩的恩惠。首先，路德不認爲恩惠可以像馬鈴薯那樣拿來交易，更重要的是，這種做法混淆了下列事實：買了免罪符只能讓購買者逃避對罪行的懺悔，而罪行並不能眞正獲得赦免。在路德看來，免罪符的買賣極具誤導性，也是違背《聖經》的。在提出這個觀點不久之後，路德又提出了第二項新思想，即應該回歸到十二世紀「眞正的內在懺悔」的思想，只有經過完全的懺悔，所犯的罪行才能得以赦免。教皇也許會宣稱所有的懲罰都可以得到赦免，但是，路德強調只有經過完全懺悔，罪行才能得到赦免。接下來的一步也同樣很簡單，但卻更重要。沒有完全的悔過，赦免就是無效的，路德很快就得出結論，「不需要任何來自於教皇的物品」，僅完全的懺悔就可以使有罪者得到赦免。路德認爲只需要根據各人的信仰和悔過行爲施以救助，從而堅決地認爲聖事以及掌管聖事的階級都是沒有必要的。[15]因此，天主教堂的基礎，即仲裁的思想，被徹底拋棄了。

這些簡單的神學思想就構成了宗教改革的基礎。迪爾梅德·麥卡洛克稱之爲「一場偶然的革命」。[16]但是之後發生的事情有了另外一面，有關政治的一面。[17]當路德指責教堂的弊病時，許多人文主義者都表示支持。伊拉斯謨斯等人加入了路德隊伍，把虔誠和基督徒的品格重新介紹到禮拜儀式中，而不是只依靠教義和學者們吹毛求疵的說法。但是當這些支持者們看到路德攻擊的是教堂本身的基礎時，便都轉變了態度，將路德所著的有關教規律條和教皇命令的書付之一炬。[18] 在這裡，民族主義開始萌芽，從而對後來的歷史有著深遠的影響。中途改變支持態度的人文主義者大多不是德國人。

在路德的文章和其他文字作品中，絲毫沒有表示過退縮。他大膽地表示，他把教皇看成是像小偷和謀殺者一樣的人，他希望德國牧師不要對羅馬保持忠誠，他還希望建立一個全國性的教堂，以美因茲的大主教做爲首領。路德一旦有足夠的勇氣打破沉默，他的想像力便驅使著他進入一些其他人都沒有涉足過的領域。例如，他強調，婚姻不是聖餐，大人物的妻子可以有其他情人，直到她懷孕，而且可以說她所懷的雜種是她丈夫的。他說他認爲重婚比離婚「更合理」。[19] 他根據重要程度，給《聖經》裡的各部分進行重新排列，因而有了一五三四年版本的《聖經》，他還把其中他持懷疑態度的章節（例如《馬卡比書》第一卷和第二卷）抽出來，單獨組成一章，稱之爲「僞經」。[20]

對於路德的思想，我們可以想像伊拉斯謨斯會有異議，更別說梵蒂岡了。但是無論如何，路德並非孤軍作戰。畢竟，德國和教皇政府之間的不相容由來已久，可以追溯到授職衝突時期，甚至是蠻荒時代。一五〇八年，甚至是在路德去羅馬之前，德國議會投票表決，要求抵制由免罪符買賣帶來的教皇增收稅。一五一八年，奧格斯堡議會堅持認爲，基督教界的「眞正敵人」不是土耳其人，而是他們所謂的羅馬「地獄之犬」。[21] 理論上說，德國的首腦應該是神聖的羅馬大帝——查理五世。但是他有自己的野心，對因發現美洲而迅速暴富的西班牙虎視眈眈。因此他仍然是個天主教徒，「以羅馬爲靠山」。這一切都對路德有助益。但是他發現，儘管他的批判跟基督教界的各教堂實際情況非常吻合，但是在他的祖國推行改革更爲容易：「他放棄建立一個世界性教堂的想法，轉而打算建立一個德國教堂。」[22] 這種思想在他的《告信奉基督教的日耳曼諸貴族》（*Address to the Christian Nobility of the German Nation*, 1520）一書中有明白的闡述，在此書中，他採用不再那麼革命的論調，否定了教士應該具有「獨立的宗教財產」這個信條，主張德國貴族合理處置未經改革的教士的地產。大量的騎士和皇族正躍躍欲試想要以此得利，以宗教改革開端的這一事件很快就發展成爲一場全國爲爭取政治和經濟權利而進行的鬥爭。[23]

騎士之戰／農民暴亂／重浸禮教徒

然而，在新教徒的「民族主義化」過程中，其腐朽性的最初表現開始顯現出來。在最初的時候，路德教教徒們還認爲，爲了獲得解放，個人不應該有所行動，也不應該違背良心被迫行動。這是完全誠實的眞正過程，也是當時的理論基礎，不只是新教徒們遵從這個理論，也是人文主義者和科技革命的中心理論。但是後來路德的思想發生了變化。在短短幾年中，他慢慢接受甚至開始維護這種想法：應該用劍（「市民力量」）來支持信仰。【24】他是逐漸接受這種思想的，三件交叉進行的事件——騎士之戰、農民暴亂和重浸教——迫使他接受了這個新的觀點。

這三個事件的第一件，騎士之戰，其爆發的直接原因是路德宣導「教堂的土地應該充公」。但是，爆發於一五二二年的這場戰爭失敗了。三年之後，一五二五年，被貴族（受到大量流入的美洲銀幣所刺激，這些貴族開始感受到通貨膨脹的危機）壓迫得忍無可忍的德國農民，在路德「上帝說衆生皆平等」教義的鼓舞下，起義暴動。然而很不幸的是，暴動的領導權落入了重浸教派的手裡。他們是因反對嬰兒浸禮而得名的，他們認為嬰兒太小，根本還沒有信仰，而沒有信仰的赦免是無效的。重浸教的重要性和迫切性在於他們完全反對教皇階級，取而代之的是，他們虔誠地依賴《聖經》中上帝的言語。在他們看來，基督即將又一次歸來，世界的末日「潔禮」即將到來。二十世紀的社會學家卡爾·曼海姆（Karl Mannheim）曾斷言「千年說」（即相信基督即將歸來）的聯盟以及農民暴動，標誌著現代歷史的決定性轉折。他的理由是，這兩方面標誌著社會革命階段的開始。「正是在此時，現代意義上的政治概念開始出現，即政治指的是社會各階層或多或少地主動參與到社會活動和政治決策中，以達到特定的世俗目的，而不是被動地接受『上級』的控制和決定。」【25】

無論曼海姆所言正確與否，需要強調的一點是，這種反應並非路德的目的（又是一次偶然的革命）。事實上，他支持皇族反對農民。他的觀點是：信仰和政治不應該混在一起，基督徒的本分是遵循法律的權威。具體地說，在他看來，教堂是從屬於政府的。「對德國來說，路德思想的結果是把內在的精神生活和外部生活分割開來，內在的精神生活是自由的，而外在的生活則從屬於不可動搖的權威。在德國，這種思想上的二重性從路德時代一直延續到今日。」【26】

事實是，路德性格上的某些部分沒有跟上時代。他一方面喜歡權威，但總體上來說又是路德新教教徒毀滅了權威。說到把人們從宗教權威的統治下解放出來，新教透過另外的方式也做到了這一點。美洲的發現以及科技革命，兩者都與新教的出現時間不相上下，在這種環境中，抗拒權威、展示個性的人輕而易舉就可以獲利。路德本人並不是很喜歡周圍日益增長的經濟個人主義，因為這種經濟個人主義並不總是跟他所看重的虔誠相一致的。但無論如何，他期待宗教上的個人主義卻排斥其他由他引出的形式，這是沒有道理的。[27]

喀爾文

跟路德截然不同的是約翰·喀爾文。他於一五〇九年底生於法國皮卡迪的諾陽，出身資產階級家庭，取名爲加文那或喀爾文。他原本打算去教堂供職，但是後來放棄神學轉向法律。他的父親送他去巴黎，就讀於蒙太古學院，當時伊拉斯謨斯和拉伯雷也正在這所學院學習神學。[28]他黑色頭髮，皮膚灰白，性格「很烈」。喀爾文後來「忽然轉向」新教，但從某種意義上來看，他的這種轉變也是有預示的：他的父親因過世前已被「革除教籍」，爲了讓父親能按照基督徒的儀式舉行葬禮，喀爾文面臨「多如牛毛的問題」。這激怒了他，驅使他走上跟天主教堂相對立的道路。

轉變之後，喀爾文走上了與羅馬對立的道路，他離開法國，在還不到三十歲的年紀，開始撰寫《基督教原理》（*Institution of the Christian Religion*）的初稿，這被稱爲是「宗教改革最重要最耀眼的文章」。路德的文章滔滔不絕，可以說是受壓抑的內心感情的宣洩；與路德不同，喀爾文開始制定一整套論證嚴密、邏輯清晰的道德準則、政策和教義。這本書原先預計是包括六章的，但是十六世紀五〇年代末，內容增加到了八章。[29]「該教義的核心是：人在萬能的上帝面前是無助的。」喀爾文邏輯地甚至是狂熱地總結了路德的思想。他說，人無論做什麼都不能改變自己的命運，他生來就注定是會被拯救還是要下地獄。從這一點看來，喀爾文的教義是絲毫不樂觀的，但是在喀爾文的教義體系中，沒有人清楚自己是被拯救的還是該下地獄的。他說，總而言之，「被選中的人」，即被拯救的人，總是行爲上的「模範」，但是你不能確定自己到底是不是「模範」。因此，從某方面看來，喀爾文的這個論點是一種宗教恐怖。

清教徒倫理

恰巧，日內瓦剛剛推翻了國內的天主教大主教，隨之而來的騷亂證明了他的觀點，即國家應該從屬於教堂，我們首先要服從上帝，其次才是服從國家（這是換了僞裝的授職鬥爭）。當日內瓦國內的反天主教情緒達到頂點，並且宗教形象都被破壞殆盡之後，喀爾文做爲教義的卓越作者，被邀請去日內瓦幫助他們按照《聖經》模式建立一個嶄新的城市。[30]到日內瓦之後，他被稱爲「讀經者」，嚴格地說，不過是個牧師。但這就跟說尼祿只是一個小提琴手一樣，以偏概全了。喀爾文接受了邀請，條件是日內瓦必須採納他所制定的規範，即《教會憲章》和《教職人員法》。從那之後，日內瓦的人們就按照喀爾文的規範生活。牧師每年去拜訪每個家庭一次，以保證他們對信仰的眞誠。任何抗拒的人都將遭到驅逐、投入監獄或者甚至被處死。[31]

喀爾文主義的精髓是：倫理道義必須得到嚴格的推行。新教的教義在喀爾文主持建立的日內瓦大學得到發展。[32] 他爲政府建立了兩個輔助機構：牧師會和教會法庭。牧師會的主要目的是建立一支講道「軍」，他們必須遵循特定的程序和生活方式，爲平民大衆樹立榜樣。而教會法庭的職責是監管道德。該法庭由十八名成員組成，六名政府大臣和十二名長老，該法庭具有革除教徒教籍的權力。該法庭每週四開庭，負責日內瓦的恐怖獨裁，丹尼爾稱之爲《聖經》倫理道德的統治。正是在日內瓦，一種新的生活方式受到推崇並廣爲人知，即早起、努力工作，以及時刻注意爲他人樹立好榜樣（例如只閱讀高尚的文學作品）。節儉和禁欲都是非常重要的品德。正如一位歷史學家所說的：「這是爲了試圖創造新人⋯⋯教堂不僅是禮拜上帝的地方，還有義務培養有資格禮拜上帝的人。」[33] 這被稱爲「清教徒」運動。[34]

但是，由路德主義和喀爾文主義所引發的社會以及認識上的變化，遠比上面提到的更加複雜和微妙。例如，做爲《聖經》原教旨主義者，他們對於科學上的新發現並不感到高興，這一點將在下一章進一步說明。但是從哲學上說，這些發現來源於個人有意識的觀察，新教徒是必須支持的。跟路德主義和喀爾文主義密切相關的變化還有：新牧師不是調解者，並不控制著人與上帝的接觸，而只是「平等的一群人」，引導教徒以本國語研讀《聖經》。在喀爾文教的學校裡，壓力和機遇並存，沒有人能確知自己的將來會如何。[35]

喀爾文的經濟觀點也是前瞻的，而不是復古的（從某種意思上說，是遠離《聖經》的）。傳統的觀點認爲，「除了生存所必需的東西」，人們就不再需要什麼了。喀爾文認爲這種觀點已經過時了。這種中世紀的觀點「誣衊中產階級是寄生蟲，誹謗高利貸者是小偷」。喀爾文反對爲了虛榮目的濫用財富，但是認爲積累財富並且加以合理利用，這是很有意義的。[36] 他也認爲商人應該爲自己借的錢支付利息，以便讓每個人都得利。[37] 在二十世紀初，德國社會主義者馬克斯．韋伯（Max Weber）在他的《新教倫理與資本主義精神》（*The Protestant Ethic and the Spirit of Capitalism*）書中提出了一個生動的論點，他說，儘管在歷史上的很多時候資本主義賴以演變的條件都曾出現過，但直到新教出現之後，隨著「天命」和「世俗禁欲主義」等概念的出現，「激進的經濟倫理」也開始出現。後來，R．H．托尼（R.H. Tawney）在他的《宗教和資本主義的興起》（*Religion and the Rise of Capitalism*）一書中強調，在對待資本主義的問題上，喀爾文主義比路德主義更加仁慈。[38]

然而，以一種更加直接的方式，即透過闡明現代國家興起的方式，宗教改革創造了現代政治。路德思想的成功不只毀滅了天主教階級統治全球的野心，同時也使宗教從屬於國家政權（在日內瓦以外），教士的角色只限於個人「內在生活」的守護者。在接下來的三十年戰爭中，發生在德國、法國，以及之後遍及整個歐洲大陸的宗教衝突，使歐洲出現了諸多主權獨立的國家。[39]在現代歷史上，主權國家和以商業爲基礎的中產階級是最重要的兩部分。路德從沒有打算造成這樣的結果，但是，新教主義是十六世紀和十七世紀之間歐洲權力中心轉移的主要原因，即從地中海國家轉移到阿爾卑斯山的北部。

對羅馬的洗劫

羅馬的統治者低估了北方的形勢。幾個世紀以來，德國跟教皇之間一直糾紛不斷，但仍舊在教皇的羽翼之下。這就可以解釋，爲什麼羅馬沒有對德國國內發生的事情立即做出強烈的反應，以及爲什麼當時的教皇利奧二十四世認爲新教徒的反抗僅僅是「修道士之間的爭吵」。[40]但是無論如何，讓一個腐敗的政府改變是不可能的。其中，唯一一個嗅到危險信號的人就是烏德勒支（荷蘭城市）的紅衣主教布因思（Cardinal Boeyens）。他在一五二二年成爲了艾德里安六世（Adrian VI），是歷史上唯一一個成爲羅馬教皇的荷蘭人。他在紅衣主教學院的第一次演說中就很坦白地承認，貪汙腐敗的現象已經非常嚴重，這些「罪惡昭彰的人」已經麻木，「已經無法感覺到自己的罪行有多麼惡劣」。[41]如果他能夠讓自己的措施切實實施，那麼他能夠讓教會從上到下都得到淨化。可惜的是，他周圍都是義大利人，爲了各自既定的利益對他橫加干涉，以至於他的每個措施都沒有效果。他們的阻撓沒有持續很久，艾德里安在一年後就去世了。紀利奧．德．梅迪西（Giulio de’Medici）繼任，他成爲教皇克萊門特七世（Pope Clement VII，一五二三～一五三四）。他性格軟弱，卻來自一個迄今所知的非常強勢的家庭，這是致命的組合。當路德在德國進行改革的時候，克萊門特開始在世界舞臺上，或者說是他自己想像的世界舞臺上玩起了精心設計的外交遊戲。他想要讓自己和教皇制度的地位變得更爲重要，他挑撥法國國王和神聖羅馬皇帝查理斯五世之間的關係，然後躲在西班牙靜觀事態發展。克萊門特和雙方都簽署了祕密協議，但其行徑暴露，從而失去了雙方的信任。更爲慘重的是，相比於法國和西班牙，教皇的錯誤判斷讓義大利在戰場上變得虛弱無力。掠奪者的眼光轉向了羅馬。[42]

事實上，對羅馬的第一次攻擊不是來自西班牙或法國，而是來自於羅馬的夙敵之一，科隆納。一五二六年，身爲主教的蓬佩奧・科隆納（Pompeo Colonna）領導了一場針對梵蒂岡的攻擊。教皇的數個親信被謀殺，但是，教皇克萊門特卻利用一條祕密走道逃脫了，這條祕密走道本就是爲了預防這樣的突發事件而修造的。發生衝突的兩個家庭都輕描淡寫地說這只是小小的爭吵，但這種小衝突卻更加暴露了羅馬的弱點。眞正的大戰發生在十二個月之後，雖然起義的隊伍在名義上屬於查理五世，但他們事實上是因爲沒有拿到酬勞而新近叛變的朗士克內希特僱雇傭軍，他們打敗了法國國王的軍隊。軍隊的核心是來自中歐德國、信奉新教的條頓人（Teutons），他們對戰爭的毀滅性興趣不亞於宗教信仰，滿懷激情地行進在西部基督教界的首都。[43]

開始於一五二七年五月六日的這場暴亂非常可怕，所有的抵抗者都遭到條頓人的殺害。豪宅和宮殿不是被付之一炬就是遭到洗劫。教皇、居住在當地的大多數主教以及梵蒂岡的官僚往聖安格魯城堡避難，在大門被關之後，一位主教不得不坐吊籃進去。至於其他的人，「婦女，不論其年紀如何，都在街道上被強姦了，尼姑被成群趕入妓院，教士被迫肛交，平民遭到屠殺。在長達一個星期的屠戮和毀壞之後，臺伯河上漂浮的屍體超過兩千具，數以萬計的屍體等著埋葬，此外還有數千具被掏出內臟的屍體橫在街道上，被饑餓的老鼠和野狗啃食。[44] 大約四百萬達克特（ducat）以贖金的形式易手，那些能交出贖金的人得以倖免，其他人被屠殺。墳塋被刨開，聖徒的遺骨被拿去餵狗，遺體上的珠寶被剝去，文件和圖書館全部付之一炬，只留下足夠的紙張鋪設在梵蒂岡的馬廄。這場屠戮和搶劫持續了八個月，直到食物吃光、沒有人能再交出贖金，並且瘟疫出現的時候才停止。[45]

查理五世在財政上的不檢點可能是這場羅馬暴亂的直接原因，但是當時的歐洲還有其他理論，其中最主要的是「神的報應」的觀點。甚至皇家軍隊中一名高級軍官也認爲「事實上，每個人都認爲所發生的一切是上帝對教皇法庭的暴虐和混亂的審判」。[46] 另一方面，條頓人在羅馬所表現出來的野蠻殘暴，被認爲是「新教異端的眞面目」。此外，羅馬終於清醒地認知到他們所面臨的威脅，同時這場大暴亂也讓羅馬變得更強硬，羅馬會以牙還牙以眼還眼，「天主教的上帝就是這麼要求的」。[47]

然而，非常諷刺的是，天主教的醜陋腐敗，雖然迫使許多信徒背離先祖傳承下來的信仰，但卻仍然大行其道。天主教的高級牧師仍然荒淫放蕩，像往常一樣過著奢侈的生活，主教們仍然對其主教轄區不聞不問，梵蒂岡的唯親作風也一如既往。當時的教皇對這些視而不見，委託教堂對異教徒進行惡毒的鎮壓。爲了盡可能地消滅新教主義的各種影響，許多人遭到迫害。【48】正如威廉．曼徹斯特所說的：「所有偏離天主教信仰的思想都受到由六名大主教組成的監管委員會的嚴格壓制，知識分子是重點監視對象……托利多的大主教因爲公開表達了對伊拉斯謨斯的傾慕，被判監禁在土牢十七年。」在法國，私藏新教文學是重罪，宣傳異端思想的人將被送上火刑柱。舉報異端者能得到很多賞金，他可以得到被出賣者三分之一的地產。法院被稱爲火刑室，廣爲人知。【49】

書籍審查／禁書目錄

書籍審查是壓制異端的必要手段。在十六世紀中期，印刷的書籍仍然是稀罕之物，但是，羅馬已經清楚地認知到它們是傳播煽動性異端思想的最佳方式。在十六世紀四〇年代，教堂列出了一系列禁書。首先，地方當局搜出反動書籍進行銷毀，並懲罰書籍的所有者。之後，在一五五九年，教皇保羅四世發布了第一張禁書單，要求所有教堂嚴格遵守。教皇說，這些禁書會讓任何一個閱讀者的靈魂受到威脅。【50】伊拉斯謨斯的所有著作都在單子上（這些書本來是被早先的一些教皇欣賞讚美過的），此外還有《古蘭經》和哥白尼的《天體運行論》於一七五八年被禁，伽利略的《對話》於一八二二年被禁。繼保羅的禁書單後，一五六五年又出了傳統禁書單，差不多禁止了歐洲四分之三的印刷書籍。一五七一年成立了一個禁書會衆，監控書單的執行情況，並增加新的禁書目錄。教會法規要求出版許可，在允許出版的書籍上必須印有「允許出版」字樣，有時候還要印上「沒有違禁內容」字樣以及審查者的名字。【51】禁書單上還包括一些科學文章和優秀的文學作品，例如拉伯雷的《巨人傳》。

但是，人們並沒有因此而屈服。作家們搬離了原來的城市以逃避審查，例如搬離城市以逃避檢查員，像吉恩．克萊斯班（Jean Crespin）就離開法國去了日內瓦，專心撰寫有關胡格諾（Huguenot）受難者的文章。甚至是在天主教國家，禁書單也並不流行，原因很簡單，書籍印刷是一門新技術，具有很好的商機。例如，佛羅倫斯科西莫公爵計算了一下，如果他依從教會的方針，損失在書籍上的費用共計將會超過十萬達克特。他的反應很具代表性。他組織了一個象徵性的焚書活動，燒掉了一些列名在書單上但又沒有多少商業價值的書籍，例如魔術、占星術等方面的書。此外，地方上的禁書代表也常常表示出通融的態度，例如，他們同意赦免猶太醫療書籍，因爲這些書對於科學的進步有利。依此類推，透過這樣或那樣的方式，要麼延遲，要麼耽擱，要麼認定某些書在當地是禁書中的例外，總之佛羅倫斯人想辦法繞過了大部分的規則，禁書或多或少仍然在自由地流通中（這種情況也發生在其他地方，例如法國）。無論如何，信奉新教的印刷商總是鍾愛禁書單上的書籍（因爲會讓普通大衆好奇），並且把這些禁書偷渡到天主教國家。一個觀察者寫道：「教士、修士，甚至是高級教士，都競相在黑市上購買伽利略的《對話》，在整個義大利，黑市上該書的價格從原先的半銀幣漲到六銀幣。」。【52】

天主教教會對路德思想和喀爾文思想的反動反應，被稱爲反宗教改革或者天主教復辟。羅馬的審查以及禁書書目是這場思想戰役早期的兩個主題，並且一直持續到後來，但是並不僅只有這兩個主題。至於其他部分，其中有四個事件對現代世界產生了持續性的影響。

廷代爾事件

最先的一系列事件發生在英國，被稱爲廷代爾事件。威廉．廷代爾（William Tyndale）是一個人文主義者，他跟他的同事一樣，對亨利八世的繼位表示歡迎。【53】當亨利寫信邀請身在羅馬的伊拉斯謨斯定居英格蘭時，倫敦的人文主義者更加受到鼓舞。但是他們想錯了，伊拉斯謨斯一到，亨利就失去了興趣。慢慢的，國王變得比以前都更信奉天主教；在亨利所統治的英格蘭，異端受到嚴酷的對待。

正是爲了反抗這樣的形勢（對一個人文主義者來說，這種形勢算是很嚴峻的了），威廉．廷代爾決定把《聖經》翻譯成英文。當他還在讀大學時（在牛津和劍橋），就已經有了這種想法。一五二一年他一被任命爲牧師，就開始了這項工作。他告訴一位朋友：「如果上帝給我足夠多的時間，我將會讓在地裡耕犁的鄉野小子比你還了解《聖經》。」【54】在當今翻譯似乎是一件毫無危害的事情，因此，當今的我們也許很難理解當時的廷代爾所面臨的巨大困難。但冷酷的事實是，教會不希望《新約》被廣泛閱讀傳播。事實上，梵蒂岡一直積極地阻止《新約》的傳播，只有牧師可以閱讀《聖經》，然後根據羅馬的喜好給出解釋並傳道給一般大衆。【55】在這種情況下，把《新約》翻譯成大衆可以讀懂的版本，這可能是很危險的。

廷代爾遇到的第一個困難是，英格蘭沒有任何一個印刷商願意承印他的譯稿。他不得不橫渡英吉利海峽到了歐洲大陸，首先在信奉天主教的科隆納找到了一個出版商，但在譯稿即將付諸印刷的最後一刻， 消息被洩漏給了當地一位教務長，教務長又告訴了當局，於是出版計畫被迫取消。意識到自己身處險境，廷代爾逃離了這個城市。德國人把這個消息告訴英格蘭的紅衣主教沃爾西（Cardinal Wolsey），後者警告了國王，因此亨利宣布廷代爾是逃亡的罪犯，並在英國所有的口岸張貼告示，下令一見到廷代爾就加以逮捕。[56]但廷代爾對其畢生的事業充滿了熱情，一五二五年在信奉新教的沃姆斯，廷代爾找到了另外一位印刷商彼得．舍佛（Peter Schöffer），他同意出版該書。六千本書（這在當時已經是數量巨大了）被運往英國。但廷代爾仍然是個被通緝的逃犯，他不敢在任何地方定居下來生活，直到一五二九年，他才在自認爲安全的安特衛普（Antwerp）定居下來，但這卻是個錯誤的判斷；他的出現引起了英國人的注意，在亨利的堅持下，他被監禁在布魯塞爾附近的維伏迪城堡達一年多之久。他最終被審判爲異端邪說，被判用螺環絞具當衆處死。爲了確保他不會變成殉道者，他的遺骸被焚燒在火刑柱上。[57]

但是，廷代爾的《聖經》存活了下來。雖然湯瑪斯．莫爾批判廷代爾的翻譯斷章取義，具有誤導性，但是這本譯著算是很好的《聖經》英譯本（成爲一六一一年詹姆士國王版《聖經》的基礎）。偷渡進英格蘭的《聖經》書冊非常流行，人手相傳，深居在鄉村的新教徒四處出借《聖經》譯本，「就像公共圖書館一樣」。英格蘭的天主教階級竭盡全力想要阻止這種行爲，例如，倫敦的主教買下所有他能找到的書冊，然後在聖保羅教堂燒毀。[58]

羅馬對亨利表示感激。早期的教皇曾授予西班牙國王「天主教君主」，以及法國君主「最虔誠基督徒」稱號。至於亨利，里昂教皇授予他「信仰衛士」的稱號。[59]短短四個字，卻沒有比這更大的諷刺了。

特倫特公會

審查和禁書是來自天主教教堂的兩個消極反應。這種態度在保羅三世的身上得到很好的體現，正是他採用了這兩個恐怖措施。在西班牙，很長一段時間裡，私藏書單上的一本書就足以被判死刑[60]（該名單一直被保留到一九五九年，最後被教皇保羅六世廢除）。保羅四世也同樣不妥協。他曾是第一任調查官，成爲教皇後，正是他把無花果的葉子放在梵蒂岡所收藏的著名古代雕塑上。也正是保羅找來了丹尼爾．達．伏爾特（Daniele da Volterra），並讓他把米開朗基羅的名畫《最後的審判》中「裸體的醒目位置」蓋住。[61]正如班巴．蓋斯科恩（Bamber Gascoigne）所說的：「喀爾文被稱爲日內瓦的教皇，但皮爾斯證明自己是羅馬的喀爾文。」另外一位前任的調查官提議把通姦列爲死罪，並且設法消滅城裡的所有妓女。結果他一件也沒有做到，但至少皮爾斯最後終於認知到消極措施是不夠的，也正是他促成了特倫特公會，該公會成立於一五四五年，撤銷於一五六〇年。

特倫特公會，連同尼西亞會議和第四屆拉特蘭大公會議，是教堂歷史上最重要的三個公會。開始時，許多天主教徒希望該公會能夠尋求與新教徒和解的餘地，但是他們失望了。公會的官員完全否定了新教神學，並且堅決反對在彌撒上分發麵包和紅酒，甚至還反對在儀式過程中使用信徒聽得懂的語言。這些從公會召開的日期上就可以看出來。公會的召開花了近二十年，召開日期的一推再推，顯示了階級內不同力量間的矛盾衝突，儘管在一五四一到一五四二年間好幾個貴族已經下定決心要站在哪一方，從而有了達成協議的希望，但最終沒有成功召開。[62]一直以來，羅馬本能地對公會持不信任態度，因爲十五世紀的公會無一例外都會攻擊教皇集權。所以我們永遠不得而知，如果教堂更快地採取行動，新教火焰會不會已經被澆滅了。事實是，當公會召開並開始它的研討時，路德已經不可能是攻擊的焦點了；一五四六年，公會召開數月內，路德就逝世了。

最初，人們並不很重視公會，因爲該公會只包括四位紅衣主教、四位樞機主教、二十一位主教、五位宗教制度的首領，以及各種各樣的神學家和教皇法令方面的專家。[63]第一項議題是決定在公會期間紅衣主教和主教該如何生活，最後的決議是他們的生活方式應該是「節約的、虔誠的和清醒的」。第二年，在參加人數加倍之後，該公會才眞正開始討論核心問題。第一項決定就把矛頭直指新教徒，公會決定要鼓勵天主教堂的「傳統」，例如，教父對《聖經》的解讀跟《聖經》原文具有同樣的權威性。[64]沒有比這更加不妥協的行動了，因爲公會把神學作者的特權授予教堂做爲教堂的傳統，其權威性與《聖經》原文並駕齊驅。[65]但不出所料，主要的爭論還是在於對信仰概念的解讀。路德的革命思想認爲，有罪之人唯一該做的就是相信基督，這樣才能得到赦免。公會重申這是遠遠不夠的。教堂的觀點是，即使是被地獄毀滅了，人還是有從善棄惡的能力，但是他需要基督做爲榜樣，才能有效地從善，而這種榜樣的力量又是透過教堂的講道來傳達的。[66]公會還重申有七個聖禮——施洗、堅振禮、聖餐禮、懺悔、終傳、神品聖事和婚禮，駁斥了路德所說的《聖經》中只有施洗和聖餐禮兩種聖禮的觀點。[67]聖禮的數量理所當然是教會結構的核心問題，因爲只有牧師才有權力聽取信徒的懺悔，而牧師又是由主教任命的。此外，公會堅持，煉獄，實際上也就是六世紀的「天啓」，是眞實存在的。同時這也有利於維護免罪符的規定，雖然公會禁止任何商務存在其中。[68] 因而，特倫特公會的主要目的是在其腐朽榮耀的基礎上重塑天主教義的權威，使許多問題比以往更爲嚴重，更加顚倒黑白。正是特倫特的不妥協爲十七世紀慘烈的宗教戰爭埋下隱患。[69]

羅耀拉和耶穌會士

上面所提到的各種反改革活動都是消極的，要麼是採取禁止的手段，要麼是暴力。但是，天主教階級中也有人認識到眞正有效的方式是要在理論上占據主動性，要進行精神上的戰役，要跟敵人論戰，其中一人就是依納爵．羅耀拉（Ignatius Loyola）。他於一四九一年生於西班牙北部巴斯克地區的羅耀拉城堡。依納爵很容易就可能成爲日益增多的橫渡大西洋的征服者之一，但他主動放棄了「這個世界的浮華」。事實上，他眞的成了一名軍人，但是，他的軍旅生涯很快就結束了，因爲在一場圍困期間，他的腿被大炮的炮彈直接命中。在城堡中休養的時候，他看故事書打發時間，但是他發現手頭的書都令他感到乏味。鬱悶中，他拿起了聖徒的活頁書，而這成了一個轉捩點。當時，他似乎實際上已經決定要成爲一名聖徒，一種新的浪漫英雄，他覺得：「聖多明尼克這麼做了，所以我也必須那麼做；聖法蘭西斯這麼做了，所以我也必須做。」[70] 他把自己訓練成聖徒的方式是，盡可能地注意細節，做到克制。這被稱爲精神鍛鍊，也是羅耀拉所建立的耶穌會會士自我訓練的基本過程。「字面上看來，這是爲時四週的訓練項目，是耶穌的戰士的一條精神攻擊路線，目的是爲了把他們的頭腦與這個世界分開，專注於地獄的恐怖、福音書故事的拯救眞相，以及救世主的例子。」[71] 其中有一項訓練是爲了誘導人們對自己的身體產生厭惡，「讓我們看看自己骯髒和醜陋的身體，讓我們把自己看成是伴隨著可怕、噁心毒物的潰瘍疼痛」。

三十三歲時，依納爵去巴塞隆納大學學習，後來又轉到巴黎。在那裡，隨著他思想的發展，漸漸吸引了一小批熱忱的追隨者，這些追隨者執行他的訓練，最後集體發誓忠誠於基督，把自己託付給羅馬的教皇保羅三世，承諾「完全服從」。[72] 他們在憲章中宣稱，他們的主要目的是「宣傳信仰」，尤其是「向孩子和未受教育者教授基督教教義」。他們把自己看成是基督和教皇的戰士，願意接受教皇的指派去任何地方，「無論是去土耳其人的地方還是新世界，無論是去路德教徒的地方或是其他地方，無論要面對的是不信教的還是忠誠的信徒」。

耶穌會士在東方

在依納爵於一五五六年逝世前，羅馬的耶穌會教堂已經受到教皇的委任。今天，在依納爵的墓地對面，豎立著由他發起的基督戰士的紀念碑。一名來自巴黎的學生追隨者，聖法蘭西斯．塞維爾（St Francis Xavier）領導了基督會一項史無前例的任務，即把基督教傳給東方的不信教者。在這項被稱爲靈魂征服者的活動中，塞維爾從果阿旅行到香料島和日本。他於一五五二年逝世，此時他正等待許可，從而進入東方明珠——封閉的中華帝國。[73]

實際上，基督會會士在東方的經歷是很複雜的。在歐洲時，他們主要是教育貴族，因爲他們的策略就是專注於領導者和思想家。在東方時，他們的策略也是一樣的。但是無論如何，君士坦丁堡有很好的基督教基礎。此外，在一五八〇年左右，他們很成功地說服身爲穆斯林的印度皇帝阿卡巴（Akbar）。然而在中國，情況截然不同。基督會會士取得了中國皇帝的信任，但是是經由科學而不是神學。他們花了很多年跟中國政府談判才得以進入北京，進入北京後，他們送給皇帝的第一批禮物是維納斯雕像和一座會報時的時鐘。皇帝很喜歡時鐘，但對維納斯雕像的反應一般，很快就轉送給了他的太后母親。基督會會士在北京待了有兩個世紀，他們在數學和天文方面的高超技術爲中國人所欣賞，但是他們基本上沒怎麼傳教。相反的，他們發現中國人的很多方面值得他們欽佩，因而他們很快的開始穿清朝的絲綢服裝，並且參加他們祭祀先祖的儀式。[74]

他們在日本的情況似乎要好很多，至少最初看來是這樣的。一五五一年，塞維爾離開日本的時候說，他已經在日本發展了大約一千名信徒，主要是大名和地方領主。十七世紀早期，基督會宣稱他們已經發展了十五萬名信徒，某些統計甚至說信徒人數達三十萬。「武士階層是最易受感化的，也許是因爲他們覺得跟具有貴族或軍隊背景的基督會會士有親近感。」但是，這卻讓基督教成爲日本統治階級的政治議案之一，大約在一六一四年，統治階級的擔憂轉化爲暴力，對新的基督徒進行了猛烈的打擊。日本版的審查開始了，基督徒成爲酷刑下的犧牲品，殘忍程度不亞於歐洲的審查運動。例如在江戶，三分之一或者更多的日本基督徒遭到迫害，他們被頭朝下扔在海灘上，「被漲起的潮水淹死」。[75]

基督會在遠東的努力，總體而言是全面失敗了，他們在西方的傳教要成功很多（今日，拉丁美洲的基督徒是羅馬教堂中最大的一支）。但是在非改革時代，基督會並非崛起的唯一一個修道會，此外還有西亞廷會、巴納會、索馬奇會、奧拉托利會和父釘會（因爲他們的第一次儀式是在一個供奉著一枚聖釘的教堂舉行的，該釘子據說是耶穌被釘死在十字架上時用過的），所有修道會都是以傳教和授道爲目的。羅馬最後終於意識到，在這種新的氛圍中，要保持人們對天主教的信仰，最好的方法就是培養年輕的信徒。

新教教義的多樣性

宗教改革的其他作用還包括好幾種新教主義的出現，除了路德主義和喀爾文主義，還有英國聖公會，該公會主張更多的聖禮和禮拜禱告；而歐洲大陸則更重視講道，把講道放在至高無上的位置，從而導致「從愛爾蘭到立陶宛，改革後教堂內部結構的巨大更改，顯眼的有天篷的木製佈道角塔取代法壇和聖餐，成爲會衆矚目的焦點」。【76】講道是放置一個沙漏，讓信徒知道講道時間的長短。迪爾梅德．麥卡洛克說佈道是劇院裡一個更加流行的形式，比喜劇更受歡迎，在倫敦，每星期有「數百」場佈道，而只有十三場喜劇表演。佈道的流行有賴於教義問答集的增加，即有關教義的小冊子，這些小冊子「在一個多世紀中，一直是整個歐洲最普遍的教育形式」。【77】此外，這種每週的「來自牧師的思想食糧」使新教的歐洲接觸到更多的書，也比信奉天主教的南部更加自覺、更加具有文化氣息。據一項統計，在一五〇〇和一六三九年間，在英格蘭有多達七百五十萬本「主要的宗教著作」出版，此外還有一百六十萬首白話詩歌、戲劇和十四行詩，而在一五八〇年和一六三九年之間，威廉．珀金斯（William Perkins）的作品再版達一百八十八次，莎士比亞的作品再版九十七次。【78】這些對信奉新教的北部產生了不可估量的影響。

新教主義還復興了懺悔的群體性（悔悟覺爲人所熟悉）和所謂的「饒恕劇院」，後者在今天的我們看來就像極大的干涉，但跟韋伯常說的資本主義的克制性密切相關。新教主義讓犯罪率保持在很低的水準，湯瑪斯．克朗默（Thomas Cranmer）的新婚禮服務，第一次肯定「在互助的社會裡」婚禮是令人愉悅的，「兩個人在一起是有助益的，也是很舒服的」。【79】改革後的教堂，第一次注意到在上帝面前婦女平等的思想，把離婚列入婚姻法中。新教主義改變了古老的禮拜是爲了治病的觀點，認爲應該有想要禮拜的願望，不是孤立地禮拜，也不是在一個包含全歐洲在內的教堂，而應該是一小群人的禮拜，這些人最終成爲衛理公會教徒、貴格會教徒等。這些不同的派別代表著寬容氛圍的增長，同時也意味著疑義的產生。事實上是一場偶然的革命。

反改革藝術／巴洛克風格／貝尼尼

一五六三年十二月，在特倫特公會的最後一次會議上，公會把注意力轉向藝術在後路德世界中的地位。[80] 繪畫在教授信仰方面的作用得到重申，在當時的氛圍中，公會堅持神的故事必須忠於《聖經》原文，並授命牧師嚴格監視藝術家。負責解釋公會這個決定的牧師印發了大量小冊子加以宣傳，其中許多條款比特倫特公會原先打算的還要嚴苛得多。[81]

在考察特倫特公會對藝術的影響時，魯道夫·維特科夫（Rudolf Wittkower）說，所有解釋者們，例如聖查理斯·博羅梅奧（St Charles Borromeo）、加布里爾·帕里奧迪紅衣主教（Cardinal Gabriele PaLeotti）、格里爾·達·法畢安諾（Gilio da Fabriano）以及拉法埃洛·波爾吉尼（Raffaello Borghini），他們都強調了三件事：藝術應該是清楚明瞭直截了當的，應該是現實的，應該「透過感情激發人們的虔誠之心」。[82] 維特科夫說，相對於文藝復興的理想化，這個時期的主要變化在於完全地展現眞實「被看成是根本」。在任何需要的地方，都應該展示耶穌被釘死在十字架上的情景，「受折磨、流血、受雨淋、皮膚被割裂、受傷、扭曲、蒼白和慘不忍睹」。另外，要十分注意形象的年齡、性別、表情、姿態和衣著。藝術家必須重視《聖經》的內容，並遵守那些「規則」。同時，公會還禁止圖騰崇拜，「對繪畫和雕塑作品的敬意，歸功於作品所代表的原型」。[83]

這些不固定的認知情況相結合，導致了藝術上的巨大變化。最重要的是巴洛克風格，從根本上來說就是反改革的風格。在特倫特公會之後，是精力充沛的教皇西斯篤五世（Sixtus V）的統治（一五八五～一五九〇），他試圖重建羅馬，以便在大暴亂之後重塑榮耀，這是新的藝術形式的第一步。帕里奧迪紅衣主教對此做了總結，在十六、十七世紀的世紀之交，總結性地描述了羅馬的藝術：「教會想要……既讚美受難者的勇氣，又把其子孫後代的異端靈魂燒毀。」這很清楚地描述了巴洛克藝術的目的。西斯篤的繼任者保羅五世完成了聖彼得大教堂的修建，因而，在西斯篤和保羅期間，異教徒的羅馬變成了基督教的羅馬，目的是爲了「把這奢華的景象展現在信徒面前」，讓教堂成爲「人間的天堂」。爲了達到這個目的，建築和雕塑是主要的方法。[84]「最好、最豐滿的上流巴洛克風格，是建築藝術、繪畫藝術和雕塑藝術的統一，旨在影響觀者的感情，例如，邀請觀者分享聖徒的痛苦和狂喜。」[85] 巴洛克最偉大的代表是貝尼尼（Bernini），他能夠用石頭來表現人們用畫筆都無法表現的東西。

貝尼尼華美豔麗的雕塑作品是古典的巴洛克風格，但是，在十七世紀初出現了人們精神信心的高漲，從而產生了一種簡單但強烈的繪畫風格，卡拉瓦喬（Caravaggio），非常眞實、關注細節而又很虔誠。回顧巴洛克藝術，我們會不自覺地發現，雖然貝尼尼和卡拉瓦喬等藝術家在創作時時刻不忘反改革的目的，但也有很多的藝術家是爲了藝術而熱愛藝術的，但卻爲特倫特公會所棄。此時是保羅五世的在位時期，正是在此時，羅馬建造了許多噴泉，使今日的羅馬成爲一座噴泉之城。

這種新的精神信心也反映在教堂建築時期，尤其是在羅馬，爲新的宗教儀式所建的教堂通常都非常高大。這些巨大的建築是爲了威懾會眾，在這些建築裡有華麗而壯觀的佈道壇，樹著金或銀製的天篷，布料講究，鑲珠嵌玉，上面懸掛著嶄新的畫幅，在這些地方舉行了許多隆重而莊嚴的佈道。跟傳統的耶穌畫像不同，這些畫幅上是英雄式的人物（大衛和歌利亞，裘蒂斯和赫洛夫尼斯）或是懺悔的典範（浪子回頭的聖彼得），或是殉道者的無畏，以及聖潔的場景和狂喜。[86] 相應的，圖畫的尺寸和規模也在增大。正如上文提到的，這種上流巴洛克的代表是貝尼尼，被稱爲「劇院之人」，他曾效命於五位教皇，但最主要的是烏爾班八世（Urban VIII，一六二三～一六四四）。他們一起對藝術採用了一種更符合審美的方法，從而提高了藝術的品質，把藝術從令人作嘔的神祕主義裡解脫出來，這種神祕主義曾是世紀之交的巴洛克的重要特點。最佳的例子應該算是貝尼尼的《聖特麗薩》（St Teresa），一座狂喜中的聖人雕塑，看上去就像懸在半空中。「這是有著含蓄的幻想心境才能創造出來的現實」。[87] 巴洛克藝術中的奇蹟和精采事件都顯得非常逼眞，主要是基於亞里斯多德在《修辭》中的論證，他說，要說服別人，最基本的因素是感情。

此時，藝術上的一系列完全不同的事件是「體裁」的發展，尤其是風景畫、靜物畫、戰爭場景和狩獵場景。許多藝術史學家認爲，藝術在十七世紀邁出了果斷的一步，從一個主要是宗教內容的世界走向更世俗的形式。魯道夫．維特科夫就是其中之一：「在一六〇〇年左右，經過長時間的準備，宗教藝術和世俗藝術之間終於劃清了界線。」[88] 十七世紀過了四分之一後，藝術家第一次可以單靠某一特定的體裁過活了。靜物畫和戰爭場景畫非常受歡迎，但將在所有非宗教體裁中占據首要地位的是風景畫，從而成就了普桑（Poussin）和克勞德（Claude）。

總而言之，巴洛克羅馬的卓越成就在於聖．彼得，但又是一個重要的諷刺。這種壯觀的複合體是經歷了兩代人才完成的（巴格達於一六三六年完工，其他部分於十七世紀六〇年代完成）。但結束三十年戰爭的《威斯特伐利亞和約》（一六四八年）很清楚地表明，從此，歐洲大國會拋開梵蒂岡，自主解決事物。在物質地位達到頂點之後，羅馬的智力優勢也漸漸開始喪失。權力和智力上的領導權都轉移到北方。

第二十三章

實驗天才

科學革命存在嗎？

科學革命「使自基督教產生以來的一切事件相形見絀，使得文藝復興和宗教改革成爲單純的歷史事件，成爲中世紀基督教體系內部純粹的歷史更替」。英國歷史學家赫伯特·巴特菲爾德（Herbert Butterfield）在一九四九年出版的《現代科學的起源：一三〇〇～一八〇〇》（*The Origins of Modern Science, 1300-1800*）一書中如此評論道。[1]這代表了一種關於「科學革命」（the scientific revolution）的觀點，即從一五四三年哥白尼（Copernicus）關於太陽系一書的出版，到大約一百一十四年之後以撒·牛頓爵士於一六八七年發表《數學原理》（*Principia Mathematica*）之間發生的變化，從根本上永遠改變了我們對於自然界的理解——近代科學誕生了。亞里斯多德的世界觀被推翻，取而代之的是牛頓的觀點（與牛頓同時代的人，至少是一部分人，抱怨說牛頓粉碎了人們對夢想的嚮往，扼殺了人們對天使的需求）。正是這個時期，嚴謹、連續和精確的理性，取代了中世紀模糊、任意和超自然的推論。巴特菲爾德同時強調指出，這是自民族一神論興起以來，人類思想上最重大的變化。

這個觀點最近二十五年受到了人們的抨擊，而這些抨擊與人們發現了牛頓的某些論文有很大的關係。對此首先進行論述的是約翰·梅納德·凱恩斯。這些論文表明牛頓除了對物理學和數學感興趣，對煉金術和神學也有持久的迷戀，特別是對《聖經》年代學。這使得某些學者——例如，貝蒂·喬·迪特兒·道布斯（Betty Jo Teeter Dobbs）和I·伯納德·科恩（I. Bernard Cohen）——提出疑問，如果牛頓及其同時代人有這樣的興趣，能否說他們具有眞正的現代意識。道布斯和科恩提醒我們，牛頓力求證明「神的活動」的規律，目的是爲了說明「上帝的存在及其神聖的關愛」，因此，這種思想的變化是否確實具有這麼深遠的意義，非常令人懷疑。他們同時指出，近代化學的出現是在十八世紀，遠在牛頓之後，因此他們認爲，如果我們說科學革命是「一種突然的、根本的和徹底的轉變」，那麼確實不能說這是一場科學「革命」。[2]他們進一步指出，哥白尼在個人生活中是一個「膽怯的保守派」（幾乎不能說是革命派），而在一六〇〇年，世界上的「太陽中心論者」還不到十人，克卜勒甚至是一個「畸形的神祕主義者」。這些「英雄們」沒有一個是理性主義者。因此，在此提醒讀者，下面將要敘述的事件存在很大爭議。本章結束時，我再回來討論這個問題。

對於科學家來說，我們現在的生活中到處皆是第二次科學革命的成果。僅僅在一百多年前，即十九世紀末二十世紀初，隨著量子、基因和無意識的同時發現，第二次科學革命開始了。第一次科學革命起源於一系列類似的同時發生和同樣具有重大意義的事件，這些事件是宇宙太陽中心論的出現、萬有引力的發現，以及對於光、眞空、氣體、身體和微生物的理解的重大進步。[3]現在人們還沒有完全搞清楚，爲什麼這些進步幾乎在同一時間發生。新教自身就是一場革命，它強調個人意識，肯定與此有關係。宗教改革的另外一個結果是，它使得愛思考的人相信，如果在各個方面有這麼多的派別，他們確信各自的神靈啓示，那麼他們不可能全部正確。因此，根據定義，神靈啓示肯定經常是錯誤的。資本主義也是一個影響因素，它強調物質主義、金錢和利益，重視計算。世界上各行各業追求精確的能力不斷提高，也發揮了作用。新大陸的發現，向人們展示了完全不同的地理、植物和人類，影響很大。最後一個一般性的背景因素，或許是一四五三年君士坦丁堡的陷落切斷了與希臘文化的聯繫，也停止了它的作用。在城市陷落之前不久，西西里島手稿經銷商兼收藏家喬瓦尼·奧里斯帕（Giovanni Aurispa）只去了一次君士坦丁堡，就帶回了超過兩百三十八本希臘手稿，向西方介紹了埃斯庫羅斯、索福克勒斯和柏拉圖。[4]

爲什麼穆斯林和中國人從未發展近代科學

托比·胡佛（Toby Huff）還使人們注意到非歐洲科學落後的方式。到十一世紀，在中東穆斯林地區就已經有數百間圖書館，其中設拉子（Shiraz）的圖書館據說有三百六十個房間。[5]但是，在伊斯蘭教之下，天文學家和數學家通常有其他任務，比如在清眞寺中做muwaqqit，即記時員和立法編訂員，因此，他們基本不可能有理由提出會對宗教信仰構成威脅的新思想。胡佛認爲克卜勒所知道的天文學，阿拉伯天文學家都了解，但是，他們從來沒有對其進行思考，得出太陽中心體系。[6]中國人和阿拉伯人從來沒有提出「均等」符號（=），事實上，中國人從來沒有認爲實證研究能完全解釋物質現象。胡佛說，在十三世紀，歐洲的學者數量和穆斯林世界或中國的學者數量是相等的，但是，由於學術的合法性由處在中央的國家或統治者確認，後面這兩個文明從來沒有形成有組織的或集體的懷疑論，這是最終起作用的因素。二十世紀哲學家恩斯特·凱西爾（Ernst Cassirer）在《象徵符號哲學》（*Philosophy of Symbolic Forms*）一書中也論述過這個問題。例如，他指出，在有些美洲部落中，「5」這個詞的實際意義是「使手完整」，而「6」的字面意義是「跳躍」——即到另一隻手上。在其他地方，數字沒有與它所修飾的物體分離開來：例如「兩個獨木舟」不同於「兩個椰子」，而在另外一些地方，計算形式只是簡單的「1」、「2」、「許多」。凱西爾指出，像這種體系要取得突破性的進展，形成高等數學，是根本不可能的。[7]

理解宇宙是科學最重要的目標

在十六世紀，理解宇宙被認爲是科學最爲重要的目標，這主要是指物理學。在宗教社會中，「生命和一切事物的歸宿，與宇宙的運動緊密聯繫在一起：宇宙統治著地球。因此誰理解了宇宙是如何運動的，誰就能理解地球上的一切事物」。[8] 科學革命的主要結果之一——到牛頓的作品被人們吸收理解後就已經清晰——就是宇宙並不統治地球。正如J・D・伯納爾（J. D. Bernal）所說，當時的科學家開始了解到這個問題實際上並不重要，這當然降低了宇宙的地位。然而在這個過程中，新的科學動力學被人們發現，它有自己的數學，即關於微分方程的數學。從此，這一直是理論物理學的基礎。

哥白尼

尼古拉斯・哥白尼（Nicholas Copernicus）是波蘭人，他非常幸運有一位主教叔叔，叔叔對侄子的教育非常感興趣，並爲他支付在義大利的教育費用。我們可以說哥白尼接受了過多教育：他學習過法律、醫學、哲學和純文學，在天文學和航海方面也有淵博的知識。[9] 哥白尼對哥倫布的發現很是著迷，但若是在哥倫布的艦隊上，他不會成爲一位好的航海家，因爲事實上哥白尼是一位不稱職的天文學家——他的觀察不準確是衆所周知的。然而這些不足被他的一個簡短評論遠遠抵消了：人們對天空的傳統解釋是混亂的。哥白尼深信托勒密必然是錯誤的，因爲他認識到自然界絕不會自我形成一個複雜的「本輪」和希臘人認爲的「偏心輪」體系。哥白尼致力於解決這個混亂問題，目的在於簡化這種解釋。他將自己的方法描述如下：「在我著手解決這個非常困難、幾乎不能解決的問題之後，我得到了啓發，如何在某些假設（它們被稱爲公理）成立的條件下，用比較少卻又簡單得多的解釋來解決這個難題。它們的順序是這樣的：第一，不存在一個對所有天體系統的中心；第二，地球的中心不是宇宙的中心，而只是地心引力和月球的中心；第三，所有天體都以太陽爲中心旋轉，因此太陽是宇宙的中心；第四，地球到太陽的距離和天空（換言之，即那些恆星）高度的比率，與地球的半徑和地球離太陽距離的比率相比，要小得多，因此與天空的高度相比，地球到太陽的距離非常短。」[10]

人人都記得哥白尼將地球排除在宇宙的中心之外，然而從上述的議論中可以看出，還有另外兩個方面非常引人注目：一是，他只是說了阿基米德兩千年前說過的話；二是，在理論上與他將地球排除在宇宙的中心之外同樣重要的是，他認爲宇宙——恆星的王國——要比任何人想像的要深遠得很多。這是令人震驚和不安的，然而與阿基米德不同，不久人們就相信了哥白尼的觀點。他享有高度可信性的一個原因是，他的一系列進一步的議論和人們觀察到的事實非常一致，即地球有三種不同的運動。首先是行星每年繞太陽旋轉一大圈；其次，行星繞自己的軸旋轉；第三，地球對太陽的角度有變化。哥白尼指出，所有這一切都說明太陽明顯的運動不是始終如一的。在某些方面，這是他最爲聰明的推理：幾個世紀以來人們一直感到困惑，爲什麼地球上夏季和冬季的時間不一樣長，爲什麼晝夜平分點不在一年的中間，或冬至和夏至的中間。當然，眞正的答案是，行星（包括地球）沿軌道不是做圓形運動而是做橢圓形運動。然而，如果沒有哥白尼關於地球和太陽相對運動的論點，這個關鍵性的認識——我們將要討論的——是不可能形成的。

哥白尼的新思想在他的《天體運行論》（*On the Revolution of the Celestial Orbs*）中得到系統化，人們一般都提及這本書的拉丁文名稱*De revolutionibus*。這些新思想有其缺陷，例如，他依然相信中世紀的觀點，認爲行星是固定在一系列巨大的、中空的同心水晶球上。然而，除了這一點，哥白尼已經實現了他的目標，即摒棄了混亂的論述，取代了托勒密複雜的本輪說。【11】

儘管《天體運行論》是革命性的，但是並沒有立刻被看做是具有煽動性的。當哥白尼最終落筆將其送給主教後，主教在同事中傳閱這份手稿，他們推薦印刷這份手稿。雖然這份手稿是由新教印刷商印刷的，但是，哥白尼的新思想在整個十六世紀皆受到人們極大的尊崇。直到一六一五年才有人抱怨它違背了傳統神學。【12】

布拉赫

這時，哥白尼的工作已經得到丹麥貴族第谷·布拉赫（Tycho Brahe）的發展。布拉赫家族的財富來源於分享丹麥人對通過厄勒海峽（Oresund）進出波羅的海的每一條船所徵收的通行費，這條海峽位於丹麥和瑞典之間。布拉赫是個好辯的人，曾在一次決鬥中被人剪掉了鼻尖，此後，每當在公衆場合出現，總是不得不戴著一個製作靈巧的銀質鼻端，在光線的照射下閃閃發光。但是，丹麥國王認知到布拉赫是一位有才華的科學家，在厄勒授予他一個屬於他自己的島嶼（在那裡幾乎沒有爭論的機會），並允許他在島上建立了「近代第一科學研究機構」，被稱爲烏拉尼堡（Uraniborg）或上帝之門（Heaven's Gate）。[13] 實驗室還包括一座天文臺。

布拉赫的獨創精神或許不如哥白尼，但他卻是一位比哥白尼好得多的天文學家，在他的厄勒實驗室做了很多精確的天文學測量。當一五九九年布拉赫離開厄勒轉到布拉格時，留下了一些觀察結果；到了布拉格，他被任命爲神聖羅馬皇帝魯道夫二世（Rudof II）的首席數學家，魯道夫個性古怪，對於煉金術和占星術非常著迷。布拉赫留在丹麥的觀察測量結果，被那位才能與他不相上下的助手約翰·克卜勒（Johann Kepler）所掌握，並且開始了將布拉赫的測量和哥白尼的理論結合起來的工作。

克卜勒

克卜勒是一位頑強、勤奮且敏銳的觀察者。像哥白尼一樣，開始時他也抱持著傳統觀點，堅信恆星是排列起來的一系列同心水晶球。然而當發現布拉赫的觀察結果與水晶球理論不能調和時，他逐漸拋棄了原來的理論。直到他將焦點集中於火星，而不是試圖將所有行星納入一個體系中時，終於取得了突破性的進展。[14] 火星對天文學家格外有幫助，因爲幾乎在任何時候它都可以被觀察到。利用布拉赫的測量結果，克卜勒明白了在圍繞太陽運行的過程中，火星畫出的軌道不是圓形而是橢圓形。一旦取得這項突破性進展，克卜勒很快就證明所有圍繞太陽、沿軌道運行的行星都是這樣做橢圓形運轉，甚至月亮圍繞地球運轉的軌道也是一個橢圓形。這產生了兩個直接的涵義，一個是物理學和數學上的，另外一個是神學上的。就科學來講，橢圓形雖然是相對簡單的圖形，但遠不及圓形那樣簡單，需要更多的解釋——怎樣及爲什麼沿軌道運行的行星在一些點上比另外一些點上距離太陽要遠？因此，橢圓形軌道的發現激發了對萬有引力和動力學的研究。然而，橢圓軌道的存在對宇宙是由一系列同心水晶球構成的思想有什麼影響呢？它使得那樣的思想站不住腳。

橢圓形軌道

然而一個橢圓形的軌道並不能解釋季節爲什麼不一樣長。橢圓形軌道意味著地球並不是圍繞太陽做勻速運動的，而是當這顆行星距離太陽較近時，運行速度要慢於它遠離太陽時的速度。然而，如克卜勒所發現的，這個系統卻保持穩定性，因動徑（粗略地講，即行星至太陽的距離）而加快的速度保持不變。[15]在對火星和地球進行研究之後，利用布拉赫的計算結果，克卜勒能夠計算出其他的行星圍繞太陽運行的軌道、速度和與太陽的距離。他發現其中同樣存在穩定性：行星運行的週期與其到太陽的距離的比率是平方和立方的比。因此正如湯瑪斯．庫恩所說，宇宙中有一種新的明確的和諧，不管這種和諧是否是指向上帝的，「它確定無疑是指向萬有引力」。

伽利略／望遠鏡

繼哥白尼、布拉赫和克卜勒之後，科學革命的第四個傑出人物是伽利略。伽利略是比薩大學數學和軍事工程學教授，因爲荷蘭和西班牙之間發生戰爭，他不知何故接觸到被認爲是軍事祕密的荷蘭人的發明——望遠鏡。雖然他深知這項設備的軍事用途（能幫助一方計算敵軍數量，而敵方卻意識不到），但是他的興趣卻在探索宇宙。而且當他將望遠鏡指向夜空時，獲得了歷史上最令人震驚的發現。事情立刻變得清晰起來，宇宙包含的恆星比以前任何人所觀測到的都要多。在夜空，人的肉眼能觀察到大約兩千顆恆星。伽利略透過望遠鏡觀察到還有更多得數不清的恆星。這對於宇宙的大小具有更深刻的涵義，因此也對神學提出了挑戰。但是事情不止於此。在望遠鏡的幫助下，伽利略又觀察到最初三顆後來四顆「星星」或「月亮」圍繞木星旋轉，正像行星圍繞太陽旋轉一樣。這個發現確認了哥白尼的宇宙理論，但是同時也爲伽利略提供了一個什麼是本質上的天上的時鐘。這些天體的運動由於距離地球太遙遠而不受地球運動的影響，因而爲人們提供了對絕對時間的認識，同時也爲航海者提供了在海上確定經度的方法。[16]

身爲軍事工程學教授，伽利略的另一個興趣很自然就是武器——尤其是我們所稱的彈道學。在當時，像其他各種知識一樣，人們對動力學（彈道學是其中一部分）的理解基本上是亞里斯多德式的。例如，亞里斯多德的擲矛理論認爲，當矛被擲出時，穿過空氣，矛尖排開的空氣以某種方式運行到矛杆的後面，並推動矛杆向前運動。這種對於運動的解釋顯然不能令人滿意，然而兩千年以來，沒有人能提出更好的解釋。當人們對另外一種相對新式的武器——大炮的炮彈——進行觀察之後，這種情況開始改變。[17]但大炮筒從水平線抬起時，大炮的射程會增加，射程會繼續增加到炮筒與地面成45°角時，其後隨角度的增大，射程又開始減少。正是大炮炮彈的運動方式，激發了伽利略研究運動物體的興趣，另外一個因素是週期性地襲擊比薩和佛羅倫斯的暴風雨；暴風雨來臨期間，伽利略注意到樹枝形的裝飾燈和吊燈會晃動和擺動。他利用自己的脈搏做計時器，爲燈的晃動計時，發現吊燈架的長度和它的擺動之間存在一種關係，而這種關係後來成爲他的平方根法則。[18]

伽利略發表了兩篇著名的論文：《兩個主要的系統》（*The Two Chief Systems*, 1632）和《兩門新的科學》（*The Two New Sciences*, 1638）。爲了將他的思想介紹給更多的讀者，兩篇論文都是用義大利語（而不是用拉丁語）以對話（幾乎是劇本）形式寫成的。對托勒密和哥白尼兩種體系的優缺點的討論，是在三個人之間展開的：薩爾維亞蒂（Salviati，科學家和學者）、薩格萊多（Sagredo，聰明的外行人）和辛普利西奧（Simplicio，愚鈍的亞里斯多德思想的追隨者）。對話中，伽利略同情哪一方表現得很明確，但在同時（間接地）諷刺了教皇。這使得宗教裁判所對他進行了聞名於世的審判，並將他囚禁。在被囚禁期間，他寫成了《兩門新的科學》，同樣是上述三個人之間進行的關於動力學的對話。正是在第二本書中，伽利略提出了關於拋射體的個人觀點，並證明拋射體的運行軌道在不考慮空氣阻力的情況下是一體拋物線。[19]拋物線是圓錐的函數，如同它是橢圓的函數。兩千年來，圓錐曲線論一直被抽象地研究：現在突然間幾乎同時出現了兩種該理論在現實世界中的應用實例，然而宇宙中更大的和諧已經被揭示出來。

具有諷刺意味的是，《兩門新的科學》是在獄中寫成的。對伽利略的囚禁的目的在於扼止哥白尼思想帶來的革命。事實上，這爲伽利略提供了機會，讓他深思熟慮並寫出了引領牛頓、給宗教以最爲沉重打擊的著作。

牛頓

根據一份發表於一九九三年的歷史上最有影響力的人物名單，以撒．牛頓位列第二位，排在穆罕默德之後，而在耶穌基督之前。[20]牛頓出生於伽利略去世的那一年，即一六四二年，在牛頓成長的氛圍中，科學被認爲是非常正常的職業或興趣。這已經與哥白尼、克卜勒或伽利略生活的世界大不相同，在他們的世界裡，宗教和形而上學最爲重要。[21]然而，牛頓又和他們一樣具有超人的品質，尤其是幾乎完全依靠自己獨立工作的能力。因爲他的大部分突破性的工作是在一六六五年他被迫與外界隔離期間完成的，當時瘟疫吞噬著倫敦這座城市，牛頓在他的出生地林肯郡的伍爾索普（Woolsthorpe in Lincolnshire）躲避瘟疫。用卡爾．波以耳（Carl Boyer）的話說，在他的數學生涯中，這是他有正式記載的數學發現中最爲多產的時期。這後來也反映在華茲華斯（Wordsworth）的詩中：「一個思想家永不停歇地／獨自在陌生的思想海洋航行。」[22]

最初牛頓對化學感興趣，而不是數學或物理學。[23]然而，在劍橋三一學院（Trinity College）他開始閱讀歐幾里得的書籍，聽第一位盧卡斯教授（Lucasian professor）以撒·巴羅（Isaac Barrow）的演講，並了解了伽利略和其他科學家的工作。十七世紀早期是數學變得現代化的時期，其形式已經類似於今天的數學。[24]除了牛頓（一六四二～一七二七），戈特佛里德·萊布尼茲（Gottfried Leibniz，一六四六～一七一六）和尼古拉斯·墨卡托（Nicholas Mercator，一六二〇～一六八七）和他幾乎是同時代的人，而在他畢業時，勒內·笛卡兒（René Descartes，一五九六～一六五〇）、皮埃爾·德·費瑪（Pierre de Fermat，一六〇一～一六六五）和布萊斯·帕斯卡（Blaise Pascal，一六二三～一六六二）剛剛去世不久。[25]當時新的數學方法有符號式、字母的使用、數學級數的計算，以及很多幾何學上的新思想。但是最爲重要的是對數和微積分的提出。

十進位

中國人和阿拉伯人已經開始使用某種形式的小數，一五八五年法國數學家佛朗索瓦·韋達（François Viète）極力主張向西方介紹小數。但是布魯日的西蒙·史蒂文（Simon Stevin）在同一年用佛蘭德語出版了《論十進》（*De thiende*）（「The Tenth」；法語名稱La disme），該書以讓每個人能夠或多或少讀懂的方式寫成。但是史蒂文沒有使用小數點。例如，他列舉π的值如下：

0　①　②　③　④
3　1　4　1　6

他沒有使用「第十」、「第一百」等，而是使用「第一」、「第二」等。直到一六一七年，約翰·納皮爾（John Napier）才參照史蒂文的方法，將小數點或逗號當做小數的隔離號。[26]小數點曾在英國成爲標準用法，而逗號曾經（現在）在其他地方得到廣泛使用。

對數和微積分

納皮爾（或奈培，Neper）不是職業數學家，而是一位反天主教的蘇格蘭地主，是梅奇斯頓（Murchiston）的男爵，他的寫作主題很多。他對數學和三角學感興趣，他對對數思考了大約二十年之後才開始發表有關論文。對數這個名詞來源於兩個希臘單詞：Logos（比）和arithmos（數）。自一五九四年開始，納皮爾就一直在思考數的序列，當蘇格蘭詹姆斯六世（英格蘭未來的詹姆斯一世）的醫生約翰・克雷格博士（Dr John Craig）前來拜訪他時，他正在反覆思考這個問題。克雷格告訴他加與減（prosthaphaeresis）在丹麥的應用。幾乎可以肯定地說，當詹姆斯橫渡北海（the North Sea）去迎接他的未婚妻丹麥的安妮（Anne）時，克雷格隨行。一場暴風雨迫使詹姆斯一行在距離第谷・布拉赫的天文臺不遠的地方上岸，當他們等待天氣好轉時，這位天文學家招待了他們，期間有人提到加與減。[27]這個術語來源於希臘單詞，意思是「加和減」，是一組將函數的乘積（即乘法運算）轉換爲和或差數的規則。從本質上而言，這就是對數：從幾何學的觀點看來，將數轉換爲比例，這樣乘法就變成簡單的加法或減法，從而使運算變得容易得多。納皮爾創始的這份表格由牛津大學的第一位薩維爾（Savilian）數學教授亨利・布里格斯（Henry Briggs）完善和修飾，最終提出了十萬以內的所有數的對數。[28]

因此，說牛頓是這麼多傑出先行者的智力繼承人，並不是對牛頓的批評；可以說，氣氛已經醞釀好了。在牛頓衆多煥發著才華的成就中，我們可以先從純粹數學談起，在這方面最偉大的發明是二項式定理，他的無窮小微積分的思想就是在此基礎上產生的。[29]微積分從根本上來說是一種代數方法，用來理解（即計算和測量）物體特性（如速度）的變化，這些特性會以無窮小的差分發生變化，即理解具有連續性的物體特性的變化。我們家中的書房中可能有兩百本書，或者兩千本或兩千零一本，但不會有兩百又四分之三本書，或兩千零一又二分之一本書。然而當我們乘火車旅行時，火車的速度會發生連續的、無窮小的變化，從0mph到186mph（如果是歐洲之星的話）。微積分研究無窮小差異，它的重要性在於幫助解釋我們大部分的宇宙發生變化的方式。

牛頓所取得的進步可以從以下事實中看出：他一度是唯一能夠「求微分」的人（計算曲線下面的區域）。當他撰寫偉大著作《數學原理》時一度非常困難，他不能使用微分符號，因爲他認爲沒有人能夠理解。他的著作的全稱是《自然哲學的數學原理》，出版於一六八七年，被描述爲「歷史上最偉大的科學論著」。[30]

然而牛頓的主要成就是他的萬有引力理論。正如J・D・伯納爾指出的，雖然這時哥白尼的理論已經被廣泛接受，但是「它沒有被任何方式解釋過」。伽利略指出過一個問題：如果地球眞像哥白尼認爲的那樣在自轉，「爲什麼地球上沒有四處都在刮著狂風，風向和地球自轉方向，即自西向東，正好相反」。[31] 以所假定的地球旋轉的速度，產生的大風會摧毀地球上的任何東西。在這個時期人們還沒有大氣層的概念，因此伽利略的異議似乎合情合理。[32] 再就是慣性問題。如果行星自轉，那麼是什麼在推動它旋轉？有人提出是天使在推動行星，但牛頓不滿於此。牛頓了解伽利略就物體擺動所進行的研究，提出了離心力的概念。[33] 伽利略從研究前後擺開始，繼續研究物體的圓形擺動。正是對圓形擺動的研究產生了離心力的概念，而離心力的概念又使牛頓提出了這樣的思想：在行星完全自由地轉動時，是萬有引力在約束著它們（就圓形擺動來說，萬有引力表現爲懸垂物的重量及其向心的方向）。

數學原理／萬有引力

牛頓對萬有引力問題的完美解答令現代數學家驚訝，但是我們不應當忽略這樣的事實——這個理論本身是更爲廣闊的社會中正在改變的態度的組成部分。雖然嚴肅的思想家不再相信占星術，但是天文學的中心問題一直是理解神的思考方式。然而到牛頓時代，天文學的目標更少是神學上的，更多是要解決實際的問題：計算經度。伽利略已經將木星的衛星當做一種計時器，意在理解更爲根本的運動規律。雖然他的主要興趣在於這些基本原理，但是並非對這樣的事實視若無睹，即一套表格——建立在基本原理之上——會非常實用。

科學史家已經復現了萬有引力思想的產生過程。首先是義大利人G·A·布羅伊利（G. A. Borili）提出他稱之爲萬有引力的概念，它是離心力的平衡力量——如不然，他說，行星會沿切線飛走。牛頓也已經掌握萬有引力的思想，但是他更進一步對橢圓形軌道進行了說明，認爲在橢圓形軌道上行星越是接近太陽，運行速度就越快，那麼爲了平衡增加的離心力，萬有引力的力量也必須增加。因此斷定萬有引力是距離的作用。但，是什麼作用呢？羅伯特·胡克（Robert Hooke）是維特島一位牧師的兒子，才華橫溢，他負責起草倫敦一六六六年大火後城市重建的設計圖，他做了很多工作，甚至測量了深至礦杆、上至教堂尖塔的不同物體。但是他的儀器準確度遠遠不足以用來證實他所期待的東西。法國的笛卡兒（Descartes）研究過自己那本伽利略的《兩個主要的系統》，提出了關於太陽系的思想，認爲太陽系的形狀是渦流或漩渦形的：當物體接近漩渦的中心時會被漩渦吸入，除非物體自身有足夠的轉動慣量使自己不被吸入。[34] 這些思想都接近事實，但都不是事實。突破性的進展是因爲艾德蒙·哈雷（Edmund Halley）而出現的。哈雷是一位熱情的天文學家，曾向南遠航至聖·赫勒拿島（St Helena）觀察南半球的天空。哈雷催促數位科學家包括胡克、雷恩（Wren）和牛頓證明平方反比定律（the inverse square law），他後來計畫資助《數學原理》的印刷。從克卜勒開始，有些科學家就猜想橢圓形軌道的時間長度與其半徑成比例關係，但是沒有人做過研究來證明兩者之間的準確關係。至少可以說，沒有人發表過任何這方面的文章。事實上，牛頓在劍橋正在努力工作，研究他認爲重要得多的稜鏡問題；他已經解決了平方反比定律問題，但是由於他不像現代科學家那樣對發表東西有強烈的欲望，因此沒有公開他的研究成果。然而在哈雷促使之下，牛頓透露了他的研究結果。他坐下來寫出了《數學原理》，這是「整個自然科學的《聖經》，特別是物理學的《聖經》」。[35]

像哥白尼的主要著作一樣，《數學原理》不易讀懂，但是這部比較複雜的作品對宇宙的理解卻是清晰的。在解釋「世界的體系」（牛頓指的是太陽系）時，牛頓區分了品質，即物體的密度——物體的固有特性——和「固有的力量」，即我們今天所稱的慣性。在《數學原理》中，從智力上來看，宇宙被系統化、穩定化和非神祕化了。宇宙被「馴服」了，成爲大自然的一部分。天體音樂被完美地描繪出來。但是在他的描述中一點也沒有提到上帝。神的歷史變成了自然史。

現在多數科學史家都承認萊布尼茲發現了微積分，而完全沒有意識到牛頓在九年前也發現了微積分。這位德國人（他出生在萊比錫）和牛頓一樣多才多藝——他發現／發明了二進位運算（將數描繪爲0s和1s的結合）、相對論的早期形式、物質和能量從根本而言是一樣的概念，以及熵（宇宙總有一天會用完能量的思想）；更不用說「單子」（monads）的概念，單子來源於希臘語，意思是「單位」，是物質的組成部分，不僅僅是原子，而且還包括細胞的基本概念，即有機體也是由部分組成的。然而對萊布尼茲和牛頓來說，代表他們最高成就的是微積分。「超越牛頓所達到水準的任何物理學上的發展，如果沒有微積分，實際上是不可能的。」[36]

光學

《數學原理》和微積分本身儘管很完美和完整，但它們只代表牛頓所有成就中的兩項。他另外很大一部分工作是在光學方面。對於希臘人來說，光學包括研究影像和鏡子，特別是凹鏡，凹鏡能形成影像，但是也可以用做取火鏡。[37]中世紀晚期，鏡頭和眼鏡已經被發明出來，後來到文藝復興時期荷蘭人發明望遠鏡，而顯微鏡則是從望遠鏡發展來的。

牛頓將這兩種發明結合起來，發明了反射式望遠鏡。他注意到反射望遠鏡中的圖象，從來沒有直接從望遠鏡觀察時恆星通常具有的彩色的邊緣，他對爲什麼在望遠鏡中會出現彩色的邊緣感到好奇。正是這種好奇心促使牛頓用望遠鏡進行試驗，這種試驗又引起他對稜鏡的特性進行研究。稜鏡最初是很有迷惑力的東西，因爲與彩虹有聯繫，而彩虹在中世紀又是有宗教意義的。然而，任何愛好科學的人都會認爲彩虹的顏色是由太陽光線穿過空中的水珠時產生的。【38】因此，人們認爲彩虹的性質與太陽的升高有關，其中太陽紅光的彎曲程度大於紫光。換句話說，人們認爲折射是一種現象，但對它的理解有缺陷。【39】

在對光所做的第一個試驗中，牛頓在他位於劍橋三一學院的房間的木質窗板上鑿了個小洞。小洞使一小束光線進入房內，牛頓讓光線照射到稜鏡上，然後折射到對面的牆上。牛頓觀察到兩種現象，一是牆上的圖象上下顛倒，二是光線被拆分成不同的顏色成分。對牛頓來說，光是由放射線組成的，而且不同的光色受稜鏡影響程度不一樣，這一點已經明瞭。古代的人有他們自己的關於光線的概念，但是和牛頓的想法相左。以前，人們認爲光線是從觀察者的眼睛投射到被觀察的物體，但是對於牛頓來說，光線本身是一種拋射體，從被觀察的物體投射向不同的方向：事實上，他已經確定了我們今天所稱的光子。在第二個試驗中，他讓光線通過窗子，穿過稜鏡，將一束光的彩虹投射到透鏡上，透鏡又將彩光集中到第二個稜鏡上，第二個稜鏡抵消了第一個稜鏡的作用。【40】換句話說，如果有正確的設備，人們可以任意將白光拆開並還原。正像對微積分的研究一樣，牛頓並沒有倉促發表他的研究成果，但是一旦發表（由皇家學會），人們很快便會認識到它們具有更爲廣泛的意義。例如，自古代（特別是在埃及）人們就已經觀察到接近地平線的星星要比想像的降落得晚而升起得早。只有假定接近地球的地方存在某種物質使得光線彎曲，這種現象才能得到解釋。但在那個時期人們還不理解大氣層這個概念，這個概念的提出要歸功於牛頓的觀察結果。同樣他也觀察到鑽石和油類都能使光線發生折射，因此他認爲鑽石「一定含有油類物質」。當然他是正確的，因爲鑽石主要是由碳構成的。這也是現代思想的先導——二十世紀對光譜學和X光晶體學的發現。【41】

光速

本文已對第谷·布拉赫在丹麥汶島（Hveen）的實驗室作過描述。一六七一年，當法國天文學家尚·皮卡爾（Jean Picard）到達那兒，發現整個地方已經被無知的當地人毀壞時，該實驗室再次受到人們的關注。然而當他在廢墟中四處徘徊時，他遇到了一位青年，似乎與他人不同——奧洛斯·羅默（Olaus Römer）對天文學表現出很大的興趣，而且很有個人的見解。這位青年非常勤奮努力地完善自己的知識，這使皮卡爾深受感動，他邀請羅默和他一起回法國。在皮卡爾的指導下，羅默在法國開始了他自己對宇宙的觀察，並且在剛開始時就非常驚奇地發現伽利略建立在木星的「衛星」運行軌道上的著名理論是錯誤的。「衛星」的運行速度並不像伽利略所說是恆定的，而似乎是根據一年中時間的變化，有規律地發生變化。當羅默坐下來靜靜思考他所得到的資料時，他認識到「衛星」的運行速度似乎與木星和地球之間的距離有關。正是這個觀察結果使羅默產生了非凡的認識：光有速度。很多人在某種程度上相信這一點，但是這個想法確實有各種先例。透過觀察戰場上射出的炮彈，戰士非常清楚聲音有速度：他們肯定是在聽到炮聲前先看到大炮冒出的煙霧。如果聲音有速度，那麼，說光也可能有速度，會不會很牽強呢？[42]

這些是物理學上的巨大進步，反映的是一個革新和創造性思想持續出現的時期。牛頓在一段著名的引語中將自己比爲笛卡兒，在給羅伯特·胡克的一封信中說到：「如果說我比笛卡兒看得更遠，那是因爲我站在巨人的肩膀上。」[43]然而在一個問題上牛頓是錯誤的，而且錯誤很嚴重。他認爲物質是由原子構成的，並進而提出如下的觀點：「考慮到所有因素，在我看來，上帝可能在創世時用實心、有品質、堅硬、不可穿透和可移動的粒子創造了物質，物質所具有的這種大小和形狀、其他的特性，以及它們與空間成比例，都服務於創造物質的目的；實心的原始粒子要比任何由這些粒子組成的多孔坯體堅硬得多；它們非常堅硬，永遠不會被磨損或分成碎片……但是……合成體易於破碎，但不是在實心的粒子中間破碎，而是在這些粒子的結合處，而且結合點只有幾處。」[44]

正如我們所見，德謨克利特（Democritus）早於牛頓兩千年就提出物質是由原子組成的。他的思想由普羅旺斯（Provençal）牧師皮埃爾·卡森迪（Pierre Gassendi）詳細說明，並介紹到西歐。牛頓的理論以此爲基礎，儘管牛頓做出了許多創新，但是他的關於宇宙的觀點，包括關於原子的觀點，並沒有包含變化和發展的概念。他改進了我們對太陽系的理解，但是他沒有考慮到太陽系會有歷史。

人體解剖／維薩利亞斯／達文西

一五四三年，哥白尼最終發表了《天體運行論》，這一年安德列亞斯·維薩利亞斯（Andreas Vesalius）出版了關於人體結構的書。對世人而言，這本書的重要性更高。哥白尼的理論對於十六世紀的思想從未產生過直接的影響——它的理論後果直到更晚期才引起人們的爭論。然而對於生物學來說，一五四三年是很自然的結束點，也是新時代的開始，因爲維薩利亞斯的觀察結果產生了直接的影響作用。[45] 每一個人都對自己的身體結構感到好奇（維薩利亞斯的學生曾懇求他繪製靜脈和動脈圖），十六世紀時在理髮室和公共浴室見到骨骼的解剖圖版是常見的現象。維薩利亞斯對解剖學極爲細緻的研究，同樣引發了人們對於人的目的的哲學思考。[46]

對維薩利亞斯取得的進步應當放在一定的背景中進行考察。在他的書籍出版之前，人類生物學中占主導的依然是伽林（Galen，一三一～二〇一）。伽林在醫學史上是一個不朽的人物，是古代最後一位偉大的解剖學家，但是他的工作環境很不利。自從希羅菲盧斯（Herophilus，生於西元前三二〇年）和艾拉西斯特拉圖斯（Erasistratus，生於西元前三〇四年）的時代起，人體解剖就是遭到禁止的，而且伽林被迫在自己對狗、豬、牛、叟猴[47] 的觀察資料中做出刪減。一千年以來，幾乎沒有人的成績能夠超過他。到了神聖羅馬帝國皇帝和西西里國王佛雷德里克二世（一一九四～一二五〇）時期，情況才發生改變。佛雷德里克二世關心國民，熱心求知，終於在一二三一年頒布法令，規定「任何外科醫生都不可以進行手術，除非他寫過人體解剖學論著」。佛雷德里克二世在薩勒諾向公衆提供「至少每五年一次」的人體解剖。於是，其他國家也紛紛效仿爲解剖學立法。就這樣，到了十四世紀初期，坐落在帕多瓦的威尼斯醫科大學獲得授權，允許他們每年可以進行一次人體解剖。後來，到十六世紀前幾十年的時間，維薩利亞斯到了帕多瓦，接受解剖學方面的培訓。[48]

對待人體的態度的轉變，就是從大約一五一〇年李奧納多·達文西的油畫面世，或者是在維薩利亞斯之前的幾十年開始的。有書面資料證實，達文西早在一四八九年就構思過一本關於「人體」的書（雖然這本書跟他的大部分著作一樣，最終並沒有完成）。[49] 但是，從上面提到的資料，以及從達文西的畫作當中，人們能夠清楚地知道，遠在達文西與解剖家安東尼奧·德拉·托里（Antonio della Torre）聯合從事解剖學之前，達文西就曾經很專業地學習過解剖學。並且，李奧納多·達文西在一五〇六年和安東尼奧關係破裂之後，有很長一段時間仍然在進行解剖學的研究。達文西畫過七百多張草圖，從不同的方面來展示人體的心臟結構、人體的肌肉組織，以及骨骼的構成，從不同的層次展示肌肉及其附件、骨骼的橫斷面，另外還展示了大腦和神經。這些草圖不僅僅對於藝術家來說是夠詳細的，而且對於學醫的學生來說也是夠詳細的。[50]根據資料顯示，到一五一〇年爲止，達文西總共解剖了不下三十具男性和女性的屍體。

安德列亞斯·維薩利亞斯於一五一四年新年夜，出生在布魯塞爾的一個醫生家庭。從幼年時期，就接受涉獵範圍很廣的教育。年輕時就翻譯發表了拉齊（Rhazes）的希臘文醫學著作。後來，維薩利亞斯從布魯塞爾到了盧威恩和巴黎上大學，回家之後做了外科軍醫，在比利時戰爭中服役。最後，他受當地對人體研究相對自由的氣氛吸引，搬到了帕多瓦。一五三七年，在他還年僅二十三歲時，就被安排教授解剖學，也就是在那裡，經過反覆的解剖實踐，他才發現了伽林觀點的錯誤之處。於是，他很快就完全反對伽林的觀點，並且只教授他自己在解剖實踐中的發現。這在當時的學校裡非常受歡迎，學生們都湧到他的課堂上聽課。根據有關資料記載，當時每次去他課堂上課的人數大約有五百人。[51]

在帕多瓦待了五年，在還不到二十八歲的時候，維薩利亞斯發表了《人體的結構》一書，特別獻給查理五世。在巴塞爾出版的這本書，裡面還包括了很多彩圖和木版畫[52]（插圖是他的一個同鄉畫的，叫做約翰·史蒂芬·卡爾卡，他是堤香的學生）。以現在的眼光來看，卡爾卡畫的圖象比較古怪：爲了讓他所描繪的原始、沒有修飾的人體看上去柔和一些，卡爾卡把這些屍體畫成了活人的姿勢，而且把他們放在某種生動的景色中。不管這插圖是不是古怪，當時來講，從來沒有這麼栩栩如生的人體圖畫，因此，這些圖畫對於當時的影響是巨大又迅速的。「維薩利亞斯糾正了伽林的兩百多處解剖學上的錯誤。」[53]當時很多人都公開指責維薩利亞斯，但是，維薩利亞斯做了很巨大的貢獻，這是別人的詆毀和指責無法抹殺的。比如，他證明了人的下頜骨是一塊獨立完整的骨骼，並不像是犬類或者是其他低等動物那樣分開來的。他也證明了人的大腿骨是直的，不像犬類那樣是彎的。他還證明了人的胸骨是由三塊骨頭構成，而不是像想像的那樣由八塊構成。那時候也曾有人試圖爭辯說：人體解剖學從伽林時代就開始發展了，或者是「因爲人們穿緊身褲的潮流才讓人們的大腿骨變直」。神學家們也不爲所動，「人們都廣泛認同的一條教義就是：男人的一邊少一條肋骨，因爲《聖經》上有記載，夏娃就是從亞當身上取下的一根肋骨造成的」。但是，維薩利亞斯卻發現男人和女人兩邊的肋骨數量都是一樣的。[54]但是，當時是十六世紀中期，改革和反改革都在進行當中，教堂的地位是不容取代的。當時外界對維薩利亞斯的攻擊太猛烈，因此他辭掉了在帕多瓦的教書工作，而是做了查理五世身邊的宮廷醫生，後來住在西班牙。

哈威

「但是，維薩利亞斯開啓的事業，卻沒人能夠中止」。[55]在解剖學方面緊隨其後的重要人物就是英國人威廉．哈威（William Harvey）。一五七八年，哈威出生於福克史東（Folkestone），他在坎特伯雷皇家學校上過五年學，十六歲的時候北上到劍橋學習。像牛頓一樣，年輕的時候，他並沒有顯露出才華（當時他非常年輕）；當時他主要學習拉丁語和希臘語，還學習初級物理。但是，在他十九歲畢業之後，馬上動身去了義大利，然後去帕多瓦，這似乎暗示著當時的他對於醫學有著極爲濃厚的興趣。在那裡，他師從當時很有名的老師法布里丘斯（Fabricius）。[56]在哈威到帕多瓦的時候，法布里丘斯六十一歲，那時他剛開始重新認識血管的作用，雖然當時他認爲人的瞳孔會對光線產生反應。法布里丘斯自己本身的知識是非常陳舊的，但是他確實激勵了哈威在醫學方面的極大熱情，這種熱情一直伴隨著他一六〇二年回國獲得博士學位。他又回到了劍橋，這次是爲了獲得醫學博士，而如果想在英國進行醫學活動，獲得醫學博士是非常必要的。他在倫敦開了一家診所，然後不到十年的時間，就被任命爲皇家醫科大學的講師。[57]關於這一點是有資料記載的，是他自己用瘦弱的手指寫下的：他在一六一六年到達皇家醫科大學的一年內，教授人體血液迴圈的原理。但是在這一點上，他卻遠不如維薩利亞斯，因爲我們知道維薩利亞斯不到二十八歲就發表了自己的解剖學觀點。而哈威，我們知道，用二十年的時間教授人體血液迴圈才發表自己的觀點。當他的巨著《心血運動論》（*The Movement of the Heart and the Blood*）發表的時候，他已經五十歲了。

本書的論述非常詳盡。在《心血運動論》（*De motu cordis et sanguinis*，這本書的拉丁文名字）中，他列舉出四十種他見過的有心跳的動物，包括魚類、爬行動物、禽類、哺乳動物，還有一些無脊椎動物。[58]其中有一點他這樣說：「我也發現，幾乎所有的動物都確實有一個心臟，不僅（像亞里斯多德說的）是大型的紅色血液的動物，還有白色血液的甲殼類動物，還有貝殼類，比如蛞蝓、蝸牛、扇貝、蝦類、螃蟹、螯蝦，以及另外的一些貝殼類動物；而且，即使是胡蜂、黃蜂和蒼蠅，透通過放大鏡觀察他們的尾巴上端，我都能看到心臟的搏動，並且把這種現象給別人看過。」[59]這本書只有七十八頁，但卻比牛頓或者哥白尼的著作更爲清晰，而且書中的論證非常通俗易懂，即使是外行人也能抓住意思：人體內的血液是來回迴圈的，而這種迴圈的推動力就是透過心臟的搏動來實現的。[60]爲了獲得突破並且構思出血液迴圈的原理，哈威肯定推理出類似毛細血管連接大動脈和靜脈的物質的存在。但是他自己卻從來沒有發現毛細血管的網絡，他只是很清晰地看到了血液經過動脈到了靜脈「流經了一個迴圈」。不過他提到了一個觀點，就是動脈血液流向靜脈的時候，在組織裡面得到過濾。而這只有在一六六〇年，瑪律切洛．瑪律皮基（Marcello Malpighi）透過透鏡才發現經過動脈的血液通過透明的動物組織的運動。

哈威發現血液迴圈，是他清晰的思路以及敏銳的洞察力的結果。他用繃帶來顯示血液迴圈的方向——總是從靜脈到心臟，然後由心臟到動脈。然後他也測量了迴圈時所帶的血液的數量，以證明心臟確實能夠負擔他所說的那種推動力。經由對心臟的仔細觀察，他發現心臟的收縮把血液擠壓到動脈，然後形成了脈搏。特別是他還證明說，從心臟左側擠壓出去的血液還會再回到心臟左側，因爲僅僅在半個小時之內，心臟透過連續的搏動，會把超過身體血液數量的血液輸送到動脈系統中。[61]正是由於哈威以及他的實驗，人們才認識到，事實上，在生理學上是血液扮演了主要的角色。正是這種觀念上的轉變創造了現代醫學。如果沒有這個轉變，我們肯定還不理解呼吸、腺體分泌（包括荷爾蒙）或者是組織裡發生的化學變化。

基歇爾、列文虎克和微生物

在十九世紀四〇年代，英國考古學家奧斯丁．雷亞德（Austen Layard）在古尼尼微亞述城，也就是現在的伊拉克一座宮殿的廢墟中，發現了一塊透鏡形狀的水晶石。對有些人來說，這是西元前七二〇年到西元前七〇〇年間的「遠古時代的一塊石英透鏡」。[62]很少有人這樣相信：這很可能是一塊火石，就是我們知道的古代用來取火的石頭。在塞內加的「自然問題」中，他說：「我現在補充一下，每種物體在水中觀察，都會比它實際的體積大很多。不管是多小多模糊的字跡，只要透過一個裝滿水的瓶子來看它，都會變得大一些。」甚至是這樣的用來放大物體的方法，也不再是做爲古代掌握放大技術的證據。[63]普遍被接受爲最早提到放大技術的作品，是阿拉伯物理學家阿爾哈曾（Alhazen）在一〇五二年寫的一份手稿中。這份手稿的主題不僅提到了人眼以及視覺原理，還提到了玻璃球或者水晶球，透過這種球體可以讓觀察到的物體變大。羅傑·培根（Roger Bacon，一二一四～一二九四）在他的《大著作》（*Opus Majus*）中也提到了同樣的內容，但這並不會證明培根曾經製造過望遠鏡或者是顯微鏡。

這種情況到十六世紀末改變了。我們知道，當時在荷蘭、義大利和德國，眼鏡的製造是非常普遍的。人們沒多久就會把鏡片放到管子裡，讓兩者結合在一起。英國人倫納德·狄格斯（Leonard Digges，一五七一）和荷蘭人沙加里亞斯·詹森（Zacharias Jansen，一五九〇）都在嘗試組裝望遠鏡，但很可能是伽利略第一個使用望遠鏡，並且成功地組裝了顯微鏡。[64] 伽利略在一六〇八年製成第一臺望遠鏡，一年之後，他就用自己的顯微鏡發現了一些極其微小的物體。一六三七年，在笛卡兒發表的《方法論》（*Discourse on Method*）一書中，就有一頁附錄，上面畫有顯微鏡的圖片。

這都是開場白。第一步詳細介紹微生物的書是亞他那修·基歇爾（Athanasius Kircher）於一六四六年發表的《阿爾斯麥格納盧芝等陰影》（*Ars magna lucis et umbrae*）。在書中，他說，借助一根兩面有凸透鏡的管子，他在腐壞的物質上發現了「微小的蟲子」——在牛奶裡、發高燒的人的血液裡，以及在正常的老人唾液裡都發現了這種物質。[65] 就這樣，基歇爾預見到了疾病的細菌理論。在他之後有荷蘭的代夫特的安東尼·范·列文虎克（Antony van Leeuwenhoek of Delft），他一生當中做過好幾百個顯微鏡，其中有一些據說可以放大物體到兩百七十倍。[66] 列文虎克留下遺言，過世後要把他用過的幾十個儀器送給倫敦皇家學會，這個協會曾經爲他出版過很多書，而他自己也是這個協會的會員。[67] 這些顯微鏡見證了他巨大的成就。從一六七三年列文虎克四十一歲開始，在他整個的事業期，總共給皇家學會寫過三百七十五封信。[68] 在這些信當中，威廉·勞西（William Locy）告訴我們，有三封是非常與衆不同的。「這些信是關於他在原生生物、細菌以及血液迴圈方面的發現。」列文虎克寫道：「一六七五年，我在雨水中發現了一種生物，這種生物在泥質的罐裡待上幾天就會變得發亮。這讓我帶著極大的興趣，全神貫注地看雨水，尤其是那些比蒙斯·斯旺默丹（Mons Swammerdam）說的小幾萬倍的微小生物，蒙斯·斯旺默丹稱這些生物爲雨蚤或者雨虱，這些微小生物可能可以用肉眼看到……我在上面提到的雨水當中第一次看到的微生物，我總共看到五個、六個、七個或者是八個清晰的小球，並沒有看到任何讓它們聚攏在一起或者是裝著它們的薄膜。當這種微生物（或者叫活著的原子）開始移動的時候，會伸出兩隻小觸角，然後不斷地移動自己……」說到微生物的體積，列文虎克說有些被提到的微生物「是一滴血液的二十五分之一」。這項發現的其中一個物理意義，就在於似乎搭建起長久以來尋求的在可見生物和無生命自然之間的橋梁。[69]其他的學者們很快就跟隨這種理論，到一六九三年，世界上就有了第一張微生物的圖畫。此後很長的一段時間裡，在微生物、細胞和輪蟲內部都沒有發現新的分類。甚至到了十八世紀，完全不用顯微鏡而且錯誤解釋微生物的林內烏斯，把這些生物統稱爲「雜亂生物」。[70]

但是在一六八三年，列文虎克發現了一種更小的細菌生命體。他對這種細菌進行了兩年的仔細觀察，並且畫出細菌圖畫之後，才敢發表他的發現（圖畫和他的發現都出現在《皇家學會的哲學轉變》一書中）。細菌的出現是非常必要的，因爲這些圖畫表明了他確實發現了細菌的主要形狀——圓形、桿狀、螺線形。[71]下面是在他自己寫的信中一些詳細的資訊：「雖然我的牙齒通常都非常乾淨，但是當我拿放大鏡觀察的時候，在牙齒縫裡發現裡面寄生有一種像溼了的花那樣厚度的白色生物。我在這些生物中觀察不到它們的運動，但我判斷它們很可能是活的生物。於是我就把一些像花的生物跟沒有任何生物的雨水混合在一起，另一些跟我的唾液混在一起（唾液中不含氣泡避免造成運動）。然後，讓我驚訝的是，我前面說到的那種像花的東西裡面，包含有很多微小的活的生物，它們以極快的速度進行運動。」[72]

列文虎克最終的成功是他確認了血液迴圈的存在。（哈威，記得嗎？並沒有透過放大鏡眞實地看到過血液迴圈。他嘗試過完成迴圈的最後一個關鍵環節——比如，透過小公雞的雞冠、兔子的耳朵或者是蝙蝠的膜翼。但他總是無法發現最終的結果。[73]）然後，在一六八八年，列文虎克透過他的顯微鏡觀察蝌蚪透明的尾巴。「顯微鏡下的景象，比我眼睛發現的更爲清晰地自己展現出來；因爲我清楚地發現，當蝌蚪在水中靜止不動的時候，身體裡不同的地方有五十多次血液迴圈，我可以按照我的觀察，不需要顯微鏡就發布這項發現。因爲我發現，不僅在很多地方是極微細的血管承載血液進行迴圈，從尾巴的中間迴圈到旁邊，而且每條血管都有彎曲或者是迴旋，並且把血液又送回到尾巴的中間，然後血管又把血液輸送回心臟。」[74]除此之外，我們也不能忘記列文虎克在一六七七年發現了精子，儘管精子的眞正用途要到下個世紀才會被確定。列文虎克是世界上第一位讓生物學家注意到顯微鏡下的世界的科學家。[75]

十七世紀的生物學跟物理學一樣繁榮。一六八八年法蘭西斯科．雷迪

（Francesco Redi）證明說昆蟲不是像以前人們認爲的那樣是自行產生的生物，而是由成熟的母體卵生而出的。早在一六七二年，納希米阿·格魯（Nehemiah Grew）就推測過花粉在植物的生殖當中的作用，但是，直到一六九四年，魯道夫·雅克·卡默拉留斯（Rudolf Jakob Camerarius）才在他的《關於植物性別的通訊》（*De sexu plantarum epistola*）一書中宣稱：花粉是植物當中的雄性生殖器官，並且藉由實驗證實了在植物的生殖當中，花粉（通常還有風）發揮了非常重要的作用。卡默拉留斯自己證實了植物界的生殖活動在原理上跟動物是一模一樣的。[76]

培根和科學哲學

法蘭西斯·培根（Francis Bacon，一五六一～一六二六）和勒內·笛卡兒（René Descartes，一五九六～一六五〇）都是中間人物，因爲他們一生都生活在哥白尼發表《天體運行論》和牛頓發表《數學原理》之間。但是在其他方面，他們兩人的作用就不是中間作用了：他們兩人都是激進的思想家，用他們那個時代的科學發現推動物理學向前發展，以服務於那個時代的新發現，也因此預測了很多後來牛頓證實的科學事實。

就像理查·塔那斯（Richard Tarnas）以及很多科學家所指出的，西方物理學分爲三個重要時期。在古代，受當代的科學和宗教的影響，物理學是完全自我的行爲，完全是在扮演闡釋者和其他活動方式的評價者角色。然後，隨著天主教出現，科學占據了獨一無二的突出地位，哲學這時成爲神學的附屬。但是，隨著科學的來臨，哲學從神學中轉移了這種附屬的忠誠——而這種情形在我們今天的社會多少仍然存在。[77]培根和笛卡兒是成就我們今天這種狀態的兩位主要人物。

法蘭西斯·培根寫了很多著作。事實上，在這些著作中，他提議建立一個科學家協會，大家共同透過實驗認識世界，而且不會對理論過分在意（尤其對傳統理論更是完全不會在意）。他的作品主要有《認識的進步》（*Advancement of Learning*, 1605，獻給詹姆斯一世）、《新工具》（*Novum Organum*, 1620）和《新亞特蘭提斯》（*New Atlantis*, 1626）。蘇格拉底在知識和自身道德上都同樣優秀，但對世界聞名同時也是哲學家的培根來說，知識卻是和權力緊密聯繫的。他對於知識抱著一種很現實的觀點，而這種觀點把他的態度轉變爲哲學。對培根來講，科學本身幾乎變成了一種宗教的服從，而且他對待歷史的觀點是：歷史不是循環往復的，而是不斷向前的。正因爲有這種歷史觀點，他才提前預見到嶄新的、科學時代的文明。這就是他的「大恢復」理論，大改革，「在適當的基礎上對科學、藝術和人類知識的完全重建」。【78】培根和他同時代的人持相同的觀點：知識只能建立在對自然的觀察基礎上（而不是靠直覺或者是宗教的「啓示」獲取知識），而且知識只能從實際的具體的數據資料出發，而不是人們的突發奇想這種抽象的東西。這就是他對於古人和教授的批判，以及對那些在前進之前要拋棄的陳舊知識的批判。「要想發現自然界的眞實規律，人的思想就必須從內心的障礙中淨化出來。」【79】但培根同時還認爲，人們對中世紀和文藝復興的理解是錯誤的，因爲那個時候人們認爲經由暴露人的思維和上帝思維的並行不悖，自然界就能顯示上帝的旨意。他認爲，信仰的問題對於神學來講是適合的，但自然的問題就不同了，自然有它自己的一套發展規律。因此，哲學不得不從神學中分離出來，回到最基礎的階段，來檢驗具體的科學成果，然後用這些成果做爲今後推論的基礎。在人類思維和自然界之間的這種「姻緣」，就是現代哲學方法的基礎。培根的觀點對於年輕的皇家學會產生了巨大的影響。「據估計，皇家學會在最初的三十年中解決的大約百分之六十的問題，都是社會大衆的實際需要，而只有百分之四十是純粹的科學問題。」【80】

笛卡兒的方法論

笛卡兒跟培根相比，在他那個時代也是個孩童，雖然在很多方面都跟培根大不相同。他一開始是個很重要的數學家，接受過正統的耶穌教會的教育，在部隊中待過一段時間，並且寫了《幾何學》（*La géométrie*），向他同時代的人介紹分析幾何學。【81】但是，這本書卻不是單獨發行的，而是做爲《方法論》（*Discours de la méthode*）這本書的三節附錄之一出現的，而上面提到的那本書介紹了笛卡兒的主要哲學方法。另外的兩節附錄分別是《折光》（*La dioptrique*），裡面包括了折射原理的第一次公開〔這事實上是威里布里德·斯涅爾（Willebrord Snell）發現的〕，還有《氣象》（*Les météores*），裡面主要包括了相對讓人滿意的關於彩虹的測量解釋，以及其他的知識。【82】至於笛卡兒爲什麼在書中包含這三節附錄，人們一點也不清楚，但是卻對於他把科學和哲學結合這一點給予了很高的評價。【83】

其實，笛卡兒推崇的哲學深受當時流行的懷疑論影響，其中一部分原因是受了塞克斯都·恩皮里柯（Sextus Empiricus）的經典辯護所影響，而這種辯護則是受蒙田影響，蒙田認爲所有的教義都是「爲了人而發明的」，而且什麼事情都是不確定的，因為信仰是由傳統或風俗決定的，因為感覺會誤導人，而且還因為如果自然界和人的思維過程相符合，人們也不會知道。笛卡兒自己提出了自己的懷疑論來對此產生影響。他說，幾何和算術提供的是確定的答案，觀察自然是可以自由辯駁的，並且在現實中，生命永無休止，有一些事情可以提前預見。這是常識。當他看自己的時候，意識到有件事情是很清楚的。這件事情絕不容許懷疑，因為他對此非常確定。那就是他自己的懷疑。（丹尼爾·布林斯汀說，這種「理智生靈的降臨」是在一六一九年十一月十日的晚上。[84]）引用笛卡兒的名言 'Cogito, ergo sum'——「我思故我在」，是非常讓人懷疑的。但是笛卡兒也相信，因為上帝是完美的，它不會欺騙民衆，所以從理智中得出的「事實就是這樣」。這就產生了笛卡兒關於兩個概念的區別：res cogitans——主觀經驗、意識、內在生命，這些是確定的；和res extensa——事物、肉體的物質、外在的客觀的世界，「外面」的世界。因此，笛卡兒構思出了著名的二元論，在二元論中，他認為靈魂就是思想。這是個巨大的進步，遠大於我們今天的想像。因為一下子，笛卡兒否認了世界上的物質具有人的特性，或者任何形式的意識，不管這些物質是岩石蒸汽等等曾經被頂禮膜拜的東西，或者是機器和山脈，所有的物質存在。他說，上帝創造了宇宙萬物，但是在那之後，萬物都開始按照自己的規律運行，由無生命的原子構成。他說：「機械學原理和自然界的法則一樣，是獨一無二的。」因此，對於宇宙的基本理解就是透過數學來實現的，而數學則是透過人類的理智就能掌握。這是一個主要的轉變，因為在這一切之下（但卻未被埋沒），笛卡兒說上帝是人類的理智製造的，而不是由其他方法製造的。神學「啓示」，這種曾經和科學具有同樣地位的知識形式，地位開始下滑。從那時開始，神學「啓示」的眞相需要被理智重新證實。

因此，最後，經歷了兩千多年的黑暗，從古希臘時代開始，經驗主義和理性主義就來到了人類活動的最前方。「在牛頓之後，科學成為宇宙的權威定義者，而哲學也定義為與科學相關聯。」「外面」的世界缺乏人類或者是精神的特性，而且天主教也沒有這種特性。[85]在培根和笛卡兒之後（他們站在哥白尼、伽利略、牛頓和萊布尼茲的肩膀上），世界就開始用新的觀點看待人性；人類不會再從宗教的教義中得到滿足，而是從自然界中得到越來越多的滿足。

英國皇家學會

發生這些事件的同時，英國正處於革命的洪流當中，而革命的最終結果是國王被斬首。在事件突發期間，戰爭產生了一些奇怪的副作用。比如說，有一度查理一世被迫將國家宮廷設在牛津。牛津的教授和教員對國王陛下都很忠誠，但後來卻出現了意外狀況，國王被革命黨逐出牛津，那些跟隨者也被革命黨稱爲「安全威脅」。原來的教授和教員被從劍橋和倫敦來、更具共和思想的人所取代，這些人當中有幾個是科學家。結果沒過多久，科學就在牛津開花結果，表現之一就是，很多著名科學家會參加集會，共同討論他們各自學術上的問題。這種現象是發生在全歐洲的一種新現象。比如，在義大利，十七世紀前幾年，靈伽學院（the Accademia dei Lincei）成立，伽利略成爲其第六位成員；佛羅倫斯也有類似的機構。在巴黎，法國皇家科學院（the Académie Royale des Sciences）於一六六六年正式成立，儘管從一六三〇年以來，笛卡兒、帕斯卡、皮埃爾·德·費瑪等人就一直在非正式的集會中討論學術。[86]

英國有兩派，一派是圍繞數學家約翰·沃利斯（John Wallis）形成的，從一六四五年開始，每週在倫敦的格雷欣學院集會〔沃利斯是奧列佛·克倫威爾（Oliver Cromwell）的愛將，因爲他曾經運用自己的數學天才破譯過地方的密碼〕。另一派包括集中在牛津的具有共和思想的人。羅伯特·波以耳（Robert Boyle）是科克伯爵的兒子，曾經在日內瓦待過幾年，是一位對眞空和氣體非常感興趣的物理學家。雖然身爲富有的貴族，但是波以耳卻曾經要靠他的助手羅伯特·胡克的救助；羅伯特·胡克親自製造儀器並進行試驗（波以耳把自己這一派叫做隱形學院）。確切來講，應該是胡克第一個具有開方法則和重力的想法。[87]沃利斯和他的同伴被克倫威爾安置在牛津，在那裡他認識了波以耳及其隱形學院。於是，派別就擴大了，然後轉化成了皇家學會，儘管日後很長一段時間裡，學會成員還是以「格雷欣哲學家」而聞名，並於一六六二年正式成立。日記作家約翰·伊芙琳（John Evelyn）勸說查理二世開辦學會，但是查理二世可能覺得整個開辦過程很奇怪，因爲根據最近學者的資料顯示，在當時的六十八位教員中，至少有四十二人是清教徒。[88]另一方面，這樣的人員構成使這個學會形成了一種特質——這些人對以前的權威顯示出冷漠的態度。

皇家學會的早期成員中還有克里斯多佛·雷恩，他以爲聖保羅大教堂和倫敦很多教堂的建築師而聞名；另外還有湯瑪斯·斯普拉特（Thomas Sprat），也就是後來的羅徹斯特主教。在一六六七年，皇家學會成立僅七年的時候，他寫了一本自稱是皇家學會的「歷史」的書。但這本書更多的是對所謂「新實驗哲學」的一種保護，它把學會成員身上那種拙劣的政治色彩跳過去了（書中的扉頁插圖，不僅列出了皇室贊助人，還列出了法蘭西斯·培根）。列舉了一堆教條的哲學家（不管是辯證的或者是形而上學的）之後，湯瑪斯·斯普拉特繼續寫道：「新哲學家中的第三類是這樣的人：他們不僅僅反對古人，並且他們自己想出緩慢的、確定的實驗過程……因爲現在，實驗天才大都消失了……所有的地方和角落都在忙碌著……」並且，在書中他還評價了一些學會成員：「他們當中最堅定的是校長塞斯·沃德（Seth Ward），而且他現在是埃克塞特大主教。還有波以耳先生、威爾金斯博士、威廉·配第先生、馬修·雷恩先生、沃利斯博士（數學家）、高德博士、威利斯博士（另一位數學家）、希歐多爾·哈利博士、雷里斯托佛·萊恩博士和胡克先生。」[89]

威廉·配第爵士（Sir William Petty）是統計方法的先鋒（然而他也是牛津的解剖學教授，在牛津進行過很多次解剖；而且他也因爲發明抽水馬桶而獲得榮譽，這種馬桶到伊莉莎白時代才開始使用）。有一次，別人形容他「對他知道的四分之三的知識都感到厭倦」，於是他就發表了《賦稅論》（*Treatise on Taxes and Contributions*）。這本書是第一本意識到經濟價值的書，他認爲經濟價值不是從存儲的財產中來的，而是從生產的能力來的。[90]同年，在配第的幫助下，另一位皇家學會的早期成員約翰·格蘭特（John Graunt）發表了《關於倫敦城死亡表的觀察》（*Observations on the Bills of Mortality of the City of London*），這就成了保險單的基礎。這些內容表現了早期皇家學會成員的實際傾向，以及他們的多種個性。就這一點來講，應該沒人能比得上學會的實驗主任——羅伯特·胡克。胡克發明了現代手錶中使用的彈性平衡定律，他出版發行了第一本顯微鏡下動物的照片——「顯微照片」（一個「令人震撼的驚人發現」），他指出位於格林威治的本初子午線，另外，他還與同事共同提出引力在太陽系中擴張，並使得太陽系中各個形體緊密聯繫在一起。正如我們所知道的，是胡克、雷恩和哈雷他們之間的討論和研究，爲牛頓後來所提出的萬有引力定律提供理論前提。基本上胡克已經被人們遺忘了，因爲他和牛頓就他的光學實驗結果的解釋說明這一問題爭論過。然而，後來，胡克的地位和思想還是被重新認識了。[91]

近似於科學出版物的出版形式，是由英國皇家學會的會員們發展起來的。胡克做爲皇家學會會員之一，他的工作是藉由發表哲學學報並將其出售來幫助保持皇家學會的正常運轉。英國皇家學會的會員以及其他的科學家們相繼開始以自己的科學發現等向學會投稿，這樣一來，學會就成爲一個學術陣地，後來慢慢轉化成學報的出版商，並爲後來的科學團體樹立了榜樣。學會會員們以他們腳踏實地、非常實際的方式做事，他們對自己發表的論文中的語言要求相當嚴格，甚至請詩人約翰．德萊頓做爲委員會成員，監督這些科學家們的寫作風格和語言等。

大學和科學

科學界經常宣稱早期的大學在現代科學發展的過程中作用甚微——大部分研究會和學術團體都是私立的或者是「皇家」的事情。莫迪凱．法因戈爾德（Mordechai Feingold）最近對此問題表示了懷疑態度。他表示，在一五五〇到一六五〇年間，大學的數量有很大的增加（至少在英國是這樣的），數學學科上盧卡斯教授職位於一六六三年在劍橋大學設立，數學學科和天文學方面的薩維利恩（Savilean）教授職位也在差不多同一時間在牛津大學設立。【92】約翰．班布里奇（John Bainbridge），一位早期的天文學薩維利恩教授帶領探險隊觀察日食以及其他天文現象。對數專家亨利．布里格斯（Henry Briggs）於一六三〇年去世，幾乎所有的牛津大學重要人物都參加了他的葬禮。法因戈爾德指出了幾個人物之間的關聯性——亨利．塞維爾（Henry Savile），威廉．坎登（William Camden），派翠克．揚（Patric Young），湯瑪斯．克雷恩（Thomas Crane），理查．邁多克斯（Richard Madox）——他們每個人都是構成全歐洲科學家體系的一員，他們與布拉赫、克卜勒、斯卡利格（Scaliger）和卡森迪（Gassendi）之類的人物相聯繫。他還指出，學生們都可以直接接觸到科學結論，他們的教科書就是將這些科學結果加以修改而得出的。【93】總的看來，他所描述的意思就是說，大學絕對是科學革命的一部分，只是它沒有具體地產生它們自己的或者是重大的發明、發現而已。這也許並不是一個十分重要或者具有轉折意義的貢獻，但是，法因戈爾德仍然堅持這個問題是不容忽視的。我們不該忘記牛頓是劍橋大學的人，我們也不該忘記伽利略是比薩人，還有哈威和維薩利亞斯，都是在大學環境中發展出自己的理論的。

以上這些關於早期英國皇家學會以及大學的細節，把我們帶回到了本章開頭那個關於我們如何評價科學革命的問題上。毫無疑問，過去的一百四十四年時光確實是在哥白尼的《天體運行論》和牛頓的《自然哲學之數學原理》中度過的，沒有一個人能比牛頓更熱中於煉金術和數字命理學等基本要滅絕的學科上。但是，正如湯瑪斯．斯普拉特的書中所言，那時候的人們確實感覺到他們自己正在參與著新的變化，在一場需要與批評家進行辯論來維護自己的冒險事件中，他們把法蘭西斯·培根當做自己的精神領袖，而不是什麼古老的古代人物。他說，實驗正在不斷地擴大。

科學儀器的出現

對於知識正在以新的和更現代的方式被人們逐步認可這一點，我們也毫不懷疑。例如，彼得·伯克早在十七世紀就對此種重新再認可進行了描述。「研究」一詞最早被使用是在一五六〇年艾蒂安·帕斯奎爾（Étienne Pasquier）的《法國研究》（*Recherches de la France*）中。【94】十七世紀圖書館被修補，制定了較爲長期的計畫，進行了學科分類，如數學、地理和工具書等，這些都已經被提升到與神學等同的地位了。【95】天主教的目錄索引是按字母表順序排列的，本質上是一種虛僞的、不符合神學的安排，由於一五七五年到一六三〇年的瘟疫傳播，促使人們計算人口以及法國皇家的人口普查，格朗特和配第早期統計學上的工作加倍擴大了。【96】

理查·韋斯特福爾（Richard Westfall）已經列出在現代科學革命過程中，觀點和理論發生改變時可能採取的更爲重要的方式。他說以前神學是所有科學的女王——現在，它不再被允許做爲「前提」。【97】曾經的基督教文化已經變成科學的一支……當今的科學家們能夠讀懂一六八七年以後的作品。要讀懂一五四三年以前的作品非得一位歷史學家不可。【98】「以最爲廣義的概念來說，科學革命是亞里斯多德自然哲學理論的替代品，除了早期的一些理論之外，亞里斯多德的理論在西歐四世紀前已經完全占據了關於自然的所有觀點。」【99】「我們必須仔細尋找十七世紀以前的科學實驗。實驗還沒有完全被認爲是自然哲學必經的步驟；而到了十七世紀末，實驗的地位已經被完全確定了……可用工具和器材的擴大及其他詳細資料，都與實驗緊密相連。我一直在《科學傳記詞典》（*Dictionary of Scientific Biography*）上尋找關於科學家們的資訊，共蒐集了六百三十一份；其中一百五十六份（只占全部的不到四分之一），要麼自己製造器材，要麼發明創造新的器材。他們遍布在調查研究的每一個領域。」【100】

結果，韋斯特福爾將所有觀點歸結到基督教與科學之間的關係問題上。他引用了一個事件，早在十七世紀，天主教堂，尤其是貝拉米諾紅衣主教，因哥白尼的學說與《聖經》中的某段共知的經文相衝突而對其加以責難。六十五年後，牛頓與一個叫湯瑪斯·貝內特（Thomas Burnet）的人交往甚密，而這個湯瑪斯曾說過《聖經》中關於上帝造物的那一部分描述是虛構的，是摩西爲了某種政治目的而杜撰的。牛頓爲《創世紀》辯護，爭辯道這說明了科學——化學——將指引我們去期望什麼。貝拉米諾紅衣主教用《聖經》來判斷科學觀點的正確性，貝內特和牛頓就用科學來判斷《聖經》的有效性。 這是一個巨大的轉變。神學已經成爲科學的附屬，與原始的地位完全相反，正如韋斯特福爾所總結的那樣，層次永遠沒被顚倒。【101】

從歷史學角度來看，六十五年是一個很短的時間段。毫無疑問，在十七世紀，由於科學而產生的變化是「突然、激烈而完全徹底的」。簡而言之，這是一場革命。

第二十四章

自由、物權和社群：保守主義和自由主義的起源

單一民族國家的出現／絕對君主專制政體

太陽王路易十四於一六三八年生在法國，一六四三年繼位，一六六一年達到法定年齡。直到他統治之前，法蘭西判決書通常是這樣結束：「經大教士和男爵見證准許」，隨後改成了「經參議會討論，國王最終裁決」。[1] 這個改變很明顯地揭示了十六和十七世紀一個重要的政治實情：中世紀和文藝復興時期標誌性的封建王朝和城邦制當中，出現了新興的單一民族國家和絕對君主政體。[2] 逐漸地，這些國家形成了自羅馬時代以來未曾有過的一種形式和規模。與之一同出現的還有新一輪的政治理論體系，這些理論較先前任何一個時代都更深刻，其結果至今仍與我們同在。

這些國家的出現要感謝一連串把歐洲搞得支離破碎的天災人禍。一三〇九年羅馬教皇流放到亞維儂。一三三九年英法兩國之間開始了「百年戰爭」。漸增的饑荒和瘟疫最終導致一三四八至一三四九年的黑死病。一三五八年法國爆發札克雷農民起義。教會大分裂從一三七八年一直持續到一四一七年。一三八一～一三八二年間，英法兩國爆發了起義，哈布斯堡皇室四年後戰敗於瑞士聯邦。一三九五年，土耳其人在尼科波利斯（Nikopolis）擊垮匈牙利軍隊之後開始了其征戰之旅，直到一四五三年君士坦丁堡的陷落才宣告結束。歐洲地區無一倖免，基督教界也深受重創。黑死病導致歐洲大陸人口減少三分之一，但即使如此，食物仍舊匱乏。遍野的災民以及窮困，導致了歐洲史上最爲劇烈的社會變革。[3] 同時，關於宇宙（因此涉及上帝）的理論也開始轉變，結果這片土地上的法律和秩序土崩瓦解。

按照湯瑪斯．阿奎那等人的觀點，上帝決定了生活方式，人們應該遵守，任何改變都不可想像。在阿奎那看來，世俗職權可以存在，但這種存在也是上帝的意旨。雖然人們無比虔誠，根本不會懷疑這種信仰，但人並不是白痴，至少他們當中有些人不能接受混亂和瓦解也是上帝的意旨。

馬基維利／《王子》

第一個嘗試用自己的思維考慮上述問題的人是尼科洛．馬基維利（Niccolò Machiavelli，一四六九～一五二七）。很幸運的是（如果形容貼切的話），他的家鄉佛羅倫斯經歷了三個政府體制——一四九四年之前的梅迪西政府，之後薩沃納羅拉政府，以及一四九八年薩沃納羅拉垮臺後的共和政府。馬基維利被新共和政府任命爲第二法庭的祕書，負責家政、戰爭和一些外交事務。[4] 新工作並沒給他多少權利，但是卻給了他一個從內部審視政治的視角。他因此有機會了解本城邦的民主制，並在與義大利其他城邦的外交活動中，了解威尼斯寡頭政治和那不勒斯君主政治。羅馬之旅還讓他認識了臭名昭著的凱撒・博吉亞（Cesare Borgia）。二十五歲左右，馬基維利出版著述《君主論》（*The Prince*），書中的「英雄」正是凱撒・博吉亞。這本書被公認爲當代政治理論（也可以說是權力政治）的開山之作。事實上，成書的眞正原因只是因爲佛羅倫斯共和制於一五一二年垮臺，梅迪西重獲領導權後，馬基維利失寵，丟掉了工作，受到迫害，隨即又被逐出該市。流放期間的空閒之餘，馬基維利在流放地桑・卡希阿諾（San Casciano）奮筆疾書，很快於一五一三年寫出《王子》，並將此書獻給羅倫佐・德・梅迪西（Lorenzo de Medici，掌權者梅迪西的孫子），以期重新獲寵。但事實上，羅倫佐從沒看過該書，直到瑪律雅佛利去世後該書才出版。[5]

馬基維利是人文主義者，所以《君主論》也籠罩著人文色彩。舉例來說，馬基維利對政治報有強烈的世俗態度；他和李奧納多・達文西一樣崇尚科學；某些人認爲馬基維利是有史以來的第一個社會學家；在以科學爲指導的過程中，馬基維利稱自己開創了一條「新路」。他用「新路」來形容，意思是說他試圖客觀公正地審視政治，以便能廣義概括。他要描述事情本來的樣子，而不是它們應該的樣子。在《君主論》一書中，他和過去徹底決裂。他從沒告訴人們什麼樣的行爲方式才是好或者光榮，相反的，他描述著自己的所見所聞：人們現實中的行爲，「一個君主若想維護統治所必須要做的」。[6]馬基維利是政治學裡第一個經驗主義者。

在某些方面，馬基維利的想法和一個世紀後的伽利略相似。伽利略的觀點之一是不管天堂還是塵世，萬物皆相同。馬基維利主張人性何時何地皆相同。他進一步主張人性善惡皆有，考慮政治意圖時，我們認爲人性本惡。他寫道：「人道德敗壞，他們並不爲你守信⋯⋯除非被迫向善，否則人性變惡不可避免。」也許這一「新路」是由於其自身政治上的失望，也許是由於當時強調邪惡的宗教情結。但不管怎樣，馬基維利在發展自己的理論時的確將政治從宗教中解放出來。爲了證明人總是以自身私欲和利益爲重，馬基維利把政治變成了世俗思想的舞臺。[7]

馬基維利的創新還表現在他對國家的看法上。在人們自私自利、道德敗壞、總有變惡傾向的情況下，唯一的防衛措施就是lo stato——國家。「馬基維利在闡釋政治權力機構時第一次使用該詞，並且很長一段時間裡只有義大利語才有該詞。」[8]哈根・舒爾茲（Hagen Schulze）告訴我們，雖然人們談論過統治（dominium）、政府（regimen）、王國或者國土（regio 或

territorium），「但是當馬基維利和同時期的義大利人維拉及圭恰迪尼談論到國家（stato）時，他們腦海裡已經有了一個從未有人想過的政府型態：不管執行者是誰，以誰的名義執行，在給定的領土內一定要有統一的集權政府型態；不以先驗尺度爲參考的自我辯護機制。」【9】在馬基維利看來，任何一種結果是因爲國家維護的手段需要，都不需要爲生存做辯解，因爲沒有國家的生活不可想像。「君主只需要成功維持其統治，他採取的任何手段會愉悅他人，都被認爲是光榮的。」【10】這個論點有效地表明了神學和政治學已經分道揚鑣——事實上，馬基維利在某一點上力勸讀者更費心關注他們的國家而不是自身靈魂（雖然他覺得教堂應該支持國家，沒有教堂的支持很難成功）。與他同時期的法蘭西斯科．圭恰迪尼（Francesco Guicciardini，一四八三～一五四〇）深化了這一觀點。他主張中世紀時期將政治歸屬神學的做法已經過時，「除非與世隔絕，否則沒人能純粹按上帝的意志生活；另一方面，人們想和世界達成妥協卻又不冒犯上帝，是很難辦到的。」【11】

這裡值得一提的是，馬基維利命名此書爲《君主論》，並且以凱撒．博吉亞爲反面角色，並不是在撰寫擁護暴政的文章。反之，在我們今天看來，馬基維利只是利用這種手段增強書的可讀性，使之便於理解。馬基維利眼中的君主是國家的化身。他的行爲代表著社群行爲，因此他必須樂於「讓自己的良心長眠」【12】。馬基維利在考慮國家的興衰時明確表明了上述觀點。他說，一種有別於宗教法和個人道德的法律在支配著國家的興衰，「國家有著自己的法律、自己的行爲準則，建立國家管理國民的理由（個人若想有所成就，國家必須掌控個人行爲）」。【13】「成立國家的理由」也是個新詞條，自從它出現後，就一直保留在義大利語裡。在本質上，這個詞條意味著如果公共利益（publica utilitas）要求君主收回命令時，君主可以隨時食言，收回命令。同樣，君主憑藉自己的判斷，可以向其子民撒謊來製造有益於國家的輿論，「人們通常靠眼睛來判斷……凡人易受外表和結果的影響」。這無疑是非基督教的思考方式，但是，我們也許可以理解爲它反映出馬基維利在闡述人之本性時的絕對正確性，即人性在政治上惡大於善。

瑪麗安娜和蘇阿韋茲

國家的出現還有一個因素，那就是攪亂基督教界統一的清教徒起義。【14】起義改變了羅馬教皇的權位。至少對天主教來說，義大利是歐洲國家社群裡的一個國家，而不是原來那樣享有羅馬教皇權威的國家，也不像中世紀那樣試圖統治基督教界的國家。路德和喀爾文的重要貢獻在於他們將權威和政治主權從機構轉交給了公衆。[15]

著名新教牧師休伯特．拉格威特（Hubert Languet，一五一八～一五八一）在《反對暴君保衛自由》（*Defence of Liberty Against Tyrants*）一書中，提出「一套契約理論，上帝爲一方，王子和臣民爲另一方」，要求君主和臣民務必保證各自奉行恰當的崇拜形式；國王擔負著組辦轄區教堂的任務，一旦有任何的疏怠，臣民有義務對其敦促。若臣民對王子的「過錯」放任而不反抗，那麼在上帝看來，臣民有罪。「凡人夾在這兩種情感之間，他的確會產生某種作用。」[16]從政治角度來說，這至關重要。

就連天主教和耶穌會，在一定程度上都受到這種思想的影響。耶穌會裡兩個最重要的政治理論家爲胡安．瑪麗亞娜（Juan Mariana）和法蘭西斯科．蘇阿韋茲（Francisco Suárez）。兩人同爲西班牙人，而且他們一向關注外界社會動態。瑪麗亞娜主張社會秩序來自自然，政府的由來是爲了調節文化生活和保護財產。他說，從中我們可以看到整個社群利益應該擺在第一位，而不能處於某個專制統治之下。在他看來，國家是爲了崇拜上帝，基督教生活方式的確立一定要符合基督教義。因此，世俗政府除非得到教堂許可，否則不得強迫臣民的宗教信仰。臣民在這裡也起了作用，但是作用有限。蘇阿韋茲在《論神的立法者的法律》（*De Legibus ac Deo Legislatore*, 1619）一書中主張：「所有權力來自社群；人生來自由，社會用來維護秩序。」因此對他來說，社群不僅僅是個體集合，其本身也是大家認可的一種權利象徵。也就是說，唯有社群才能賦權。這個觀點遠比瑪麗亞娜的強硬。[17]最後，這兩位耶穌會理論家在定義羅馬教皇制的過程中拋棄了傳統主張，他們認爲教皇統治君主這種傳統在過去引發了太多動亂，而且在界定教會領導權的過程中也帶來了過多的麻煩。這兩人主張教皇和其他君主共有領導權，他們公平地協商來維護磋商。[18]

因此，我們可以從上述所有事件和理論中得出四條結論：第一，政治的世俗層面得以強調，臣民有了明確的角色界定；第二，個體思想自由和反抗義務在心理層面劃開了一道分水嶺（這是卡爾．曼海姆的觀點）；第三，國家概念得以解釋和明確；第四，出現了連綿不絕的宗派紛爭，約翰．鮑勒（John Bowle）評其爲「忍無可忍」。[19]從政治角度而言，這導致了中世紀的社會秩序的結束，一個現代社會初見端倪。[20]

布丹

以官僚機構爲核心、以防衛／入侵爲組織結構的現代國家，首先出現在法國。雖然路易十四從未說過「朕即國家」（L'état, c'est moi），但是我們可以肯定地知道這些詞絕對和他有關。[21] 法國當時單數使用_état時是大逆不道的，而複數使用Les états時則意指階層，也就是「天然」地構成法國社會的不同階層——貴族、牧師、與君主共同享有執政權的下院，以及君主（在法國和荷蘭，衆議院的別名是Estates General，至今荷蘭還沿用這樣的稱呼）。十六世紀法國之所以會出現君主獨攬大權這種革命性的觀點，主要是由於當時法國國內四分五裂的戰爭。當時舉國上下萎靡不振、文明準則坍塌、宗教狂熱煽風點火，因而讓法國人文主義者逐漸意識到成立政府、停止內戰，要遠比繼續內戰好，由此法國和英國出現了兩個類似馬基維利的政治學家，分別是尙．布丹（Jean Bodin）和湯瑪斯．霍布斯（Thomas Hobbes）。

由於當時胡格諾教徒流血事件，身爲律師和哲學家的尙．布丹（一五二九～一五九〇）意識到唯有一個強大的中央集權統治才能拯救他的國家，而這也是他君主主權學說產生的一個直接原因。在《國家六論》（*Six Books of the Republic*）中，他主張鞏固國家力量，以便使國家在利益上能夠統領區域自治和宗教信仰。和耶穌會一樣，他認爲保護財產是國家優越性的體現，也就是說，他認爲國家首先要維持秩序。[22] 這種維持是中立的，而且由一個人來承擔，即君主。[23] 這並不是說君主可以利用職權胡作非爲；他必須遵守自然法則和上帝意旨，秉公辦事。「這種君主統治固若金湯。『君主至高無上，除了不朽的上帝外，沒人再比他大……沒有人能夠要求統治君主爲他們的行爲做出解釋。』」這聽起來有些狂熱，但是，布丹的主張確實也源自法國國內的狂熱宗教戰爭。[24] 在他的理論體系下，宗教問題被刻意排除在外，也不允許干涉國家政策。國家政策只是教堂事務，不能以武力解決。[25] 當代國家君主主權理論也就這樣誕生了，「古羅馬聖．湯瑪斯．阿奎那和但丁對世界秩序、基督教的理想境界所做的古典闡釋都被拋棄了」。[26]

許多人都認爲這場轉變對二十世紀來說是個災難。但是，在那個宗教派別爭得你死我活的時代，貴族和平民財產分化加劇，爲了秩序自身，建立一個有效的政府，時下唯一的希望就是發展中央集權政府。

這種想法在十七世紀的法國似乎實現了。那時法國不論在政治上還是文化上都已經成爲歐洲的霸主。其人口兩千萬，是神聖羅馬帝國人口的兩倍，是英格蘭和蘇格蘭總人口和的三倍，是西班牙人口的四倍。封建王廷的統治，使得這裡的封建貴族變得溫和而富有教養。宮廷為朝拜君主提供了場所，「一個崇拜君主的聖殿」。[27] 宮廷朝拜的儀式非常繁瑣，參加儀式的不下一萬人。當時最大的榮耀莫過於此。支撐國家實力和統一的是一支十倍於宮廷人數的常備軍（十萬）。常備軍是保障皇權執行的根本工具（ultima ratio Regis，這些拉丁詞鐫刻在普魯士軍隊的大炮上），這支常備軍軍費昂貴，部分開支來自國家貿易收入。[28] 國家主權和君主名譽依託於國家經濟的繁榮，經濟繁榮反過來又賦予國家控制貿易的權力。這條理論意味著國家將會引入稅收（徵收農業稅來保障國民收入）和發展高端消費品。對於後者，由於歐洲流動資本量大致固定，因此，一個國家只能靠從歐洲之外的地方獲取金錢才能變富。理想的貿易型態就是進口相對廉價的原材料，將其加工成成品，再以高價返銷。那時對法國，這種貿易型態運轉得非常好：其藝術和工藝水準大大高於其他任何地方——法國紡織、陶瓷、家具和香水帶來了巨額收益，其中大部分都收歸國有。很多歐洲國家也都效仿太陽王的做法。[29] 導致君主專制出現的另外一個重要因素就是新的戰術策略。歐洲常備軍數量巨大，有史以來第一次要求用新策略精準地調遣軍隊，這意味著需要更嚴格的紀律，因此導致了國家高度集權的出現，國家的概念確實已經深深地烙在人們的腦海裡。[30] 另外，君主專制政權的出現還跟歐洲十七至十九世紀不斷的戰爭有一些關係。

霍布斯

湯瑪斯・霍布斯（一五八八～一六七八）是第一個充分利用科學變革政治理論的人。他是英格蘭西部威爾特郡馬姆斯伯里教區一個牧師的兒子。[31] 跟約翰・洛克（John Locke）一樣，霍布斯從沒當選過皇家學會成員，但是他的確向皇家學會遞交過學術論文，自己做過生理學和數學方面的試驗〔他的朋友約翰・奧布里（John Aubrey）在《儉樸生活》（*Brief Lives*）中把霍布斯描述成一個熱愛幾何的人〕。霍布斯做過波以耳的祕書、法蘭西斯科・培根的書記員，也見過伽利略和笛卡兒。他有著徹底的唯物主義世界觀，並且發展了因果理論中一條重要的學說，即世界是「無限的因果連鎖」。[32]

雖然霍布斯和布丹在某些方面有著相同的見解和基本相同的理由，但是霍布斯比布丹走得更遠。就在布丹撰寫《國家六論》譴責造成法國胡格諾教徒流血事件的深層背景之時，霍布斯也在著書立說，並在英國國內戰爭結束之後馬上出版了自己的著作。和布丹一樣，霍布斯認為宗教的殘暴是狂熱帶來的幻想所致；因此，他首先尋求民眾和財產的保障——秩序。和馬基維利一樣，霍布斯相信人生性理智但卻貪婪成性。和布丹一樣，霍布斯主張絕對的國家主權政治，然而不一樣的是，霍布斯認爲一個國家主權的所有者可以是個君主，也可以是立法院（他更傾向於前者）。他堅決認爲神職權力應服從世俗權力。《利維坦》（*Leviathan*，《聖經》裡的一隻怪獸，唯一保留著原始人類狼性形態的海中巨獸）是霍布斯最好的政治理論書之一，書中全面涵蓋了霍布斯的大部分觀點。霍布斯也撰寫了其他幾部理論書，知名的有《論公民》（*Tripos*）和《哲學基礎》（*Philosophical Rudiments*）。[33]在這些書中，霍布斯表明他願意爲秩序付出巨大的代價。

《利維坦》

《利維坦——當今混亂時世所引發的關於國民和宗教政府的論述》出版於一六五一年[34]。該書分爲四部分：第一部分「論人類」，研究了人類知識狀態和心理狀態，該章節有數篇論述自然法和社會契約論起源的文章；第二部分「論國民聯邦」涵蓋了該書的精華部分；第三部分，霍布斯發表了其宗教觀點；在最後一部分「論黑暗王國」中，霍布斯攻擊了羅馬教堂。[35]

霍布斯充滿了教條習氣，好爲人師而又頑固，我們處處可見他「科學化」的嘗試。既然能發現物理、生物、天文學裡暗含的眞理，那麼霍布斯相信就一定能發現政治學裡的社會眞理。「就像代數、幾何中存在著某些理論，國民聯邦的發展和維持也遵循著某些技巧理論；並不僅僅只從實踐（如網球）中獲得它們……」[36]霍布斯公然主張國家只是爲了拓展內部個人利益而出現的人爲產物。他否認亞里斯多德關於人是社會動物的論斷。他主張沒有「服從契約」[37]就沒有社會的存在。他認爲人類自然形態就是戰爭。這種觀點是馬基維利式的，更是霍布斯全書悲觀遠景論調所在。霍布斯在第一部分論述人類知識和心理時，根據當時自己的調查研究，他總結出如下結論：自然讓人人都「有著相同的體格和心智，當綜合考慮時，個人差距還不足以遏止人際競爭……所以我們發現人本性中導致人類爭鬥的原因有三：一是競爭；二是自信缺失（霍布斯意指恐懼）；三是榮譽，榮譽導致不好的結果。霍布斯有句名言：「生命是孤獨的，是乏味的，是骯髒的，是粗野的，是短暫的。」[38]

這種情形無人倖免。他評論道，即使是國王和皇后也以「角鬥士格鬥的姿勢和狀態」長久嫉妒對方。因此，霍布斯主張，爲了避免這種原始狀態的持久戰爭，人類必須服從於公認的主權統治。既然自然法則中最重要的一點就是自我保護，那麼人類應該「把自身的所有權力和力量賦予一人或者某個團體，如此一來，衆多的意志就有可能統一成某個單獨意志……」這就是霍布斯透過《利維坦》想要表達的意思。在霍布斯看來，利維坦是人類上帝的化身，有權施行契約和義務。對霍布斯來說，這個契約是至高無上。任何訴諸上帝或是求諸內心良知的做法，在霍布斯看來都是不允許的，因爲「這樣可能會打開大門，讓狡猾的人占他同胞的便宜，這無異於又回到了戰爭狀態」。不管君主做什麼，不管徵了多少稅或設置多少審核機構，這些都是因爲他有著統治根基。對於自己理論的極權主義傾向（這是我們的評價），霍布斯也不是全然不知。他自己也承認生活在底層非常艱難，只不過權衡一下，選擇君主制會更好一些。[39]在三類國民聯邦中——君主專制政體、民主制和貴族制，霍布斯強烈支持君主專制政體，其理由也很明顯。首先，君主個人利益傾向於符合公衆利益，因爲君主總能與他讚賞而又「不反對他」的人磋商。有人批評說君主有自己的偏好，霍布斯對此也不得不退讓，「這的確很麻煩」，但是他又說這種麻煩基本不會有，而「某個團體的偏好卻多得不得了」。[40]

霍布斯知道這本書不會受歡迎，但他並不爲此而失望。事實證明，他的確不怎麼受歡迎，他感覺到自己已經成了新教徒的眼中釘，處境危險，於是他逃亡到了法國。新教徒議會之所以疏遠霍布斯，主要是因爲霍布斯主張「奴性君主專制」；而保皇黨員之所以疏遠他，則是因爲他的理論基礎並不是君權神授，雖然他主張君主專制政體。[41]有個議會委員會受命審核《利維坦》，直到查理二世出面干涉，霍布斯才免遭迫害。[42]人們之所以不接受《利維坦》，還與書裡新鮮出奇的觀點有關。這些觀點與當時的高端精神背道而馳，它們不是建立在君權神授這種道德觀上，而是建立在純效用上。同時，對於人們熟知和藉以慰藉的「自然法」和「天國天堂」的觀念，霍布斯也全盤否認。對霍布斯來說，人們那些證明《利維坦》存在的各式各樣理由並不是眞正的理由。《利維坦》之所以存在，只是因爲它給那些內部成員帶來了利益。

今天，我們發現霍布斯並不像他同時代人那麼令人生厭，因爲事實上，我們當今生活中的理念有許多都來自霍布斯。現在我們認識到恐懼或驕傲確實會支配人類的行動，而且我們還承認二者都很危險。首先，我們生活的社會中常常會有一個隱含的國家切切實實存在，並遏制著冷酷自私人性的出現[43]。因此我們可以肯定地說，馬基維利的悲觀主義經霍布斯的延續，一直持續到了今日的各個方面。

洛克／《政府論》

十七世紀英國和荷蘭的繁榮是兩個因素長期發展的結果：波羅的海鹽濃度的變化迫使鯡魚的生活環境轉變到了北海，這促進了北海地區沿岸國家的漁業繁榮；另外，也是最重要的一點，隨著美洲的發現，海外貿易（與印度）迅速發展，地中海沿岸國家的貿易日漸萎縮，而大西洋航線卻迅速打開。結果，國家之間的貿易競爭日漸取代宗教恩仇和國內鬥爭，新興國家的政治也隨之發生了轉變。經濟的總體繁榮以及商業對政府的持續影響，凸顯了物權的重要，也凸顯了如何自由地允許個人商業擴張的焦慮。正是這些背景孕育了約翰·洛克的哲學主張。

約翰·洛克是英國商業聯盟、法治和法理寬恕的先驅，基於洛克（一六三二～一七〇四）的政治探索，以及君主立憲政體、法理寬恕在英國的實施，法國啓蒙運動思想家們找到了靈感。不過，法國思想家們重新解釋概括了英國思想中更爲自由的層面，結果使一個地方性思想轉變成一個影響世界的力量。[44] 洛克確實代表了那個時代人們的心理狀況：疲於宗教紛爭和國內戰事，迫切需要拓展殖民主義和新興商業階級來獲取利益。和霍布斯一樣，洛克的《人類理解論》（*Essay Concerning Human Understanding*）和《政府論二篇》（*Two Treatises of Government*）不僅涉及政治哲學，而且還探討了人性問題。這兩篇文章之所以富有影響力，其中一個原因就是：兩篇文章都試圖爲政治機構找到更合適、更廣闊的認知體系，而且二者都嘗試用科學去解釋。洛克學醫出身，是皇家學會的成員，而他的資助人則是曾經幫助起草過《卡羅萊納州憲法》的英國大臣沙夫茲伯里（Shaftesbury）伯爵。[45] 洛克爲人非常務實和謹愼，他不喜歡抽象的東西，雖然他認爲眞理不是絕對的而是相對的，這種看法和當時開始掌權那類人的思想沒什麼兩樣。在他的思想認知體系裡，他認爲應該盡可能地遠離君權神授。他認爲聲稱上帝將權力傳給亞當，隨後透過亞當的子孫傳給今日的皇家人物，簡直太愚蠢了。他敏銳地反駁道，假使那樣的話，我們都是亞當的子孫，根本不可能確定誰是、誰不是。在人的自然形態上，他堅決反對霍布斯，他認爲人類的自然形態不是戰爭，而是理性的運用，「我認爲政治力量是一種制定法律的權力……，法律包括死刑處罰，因此所有用於調節和保護私有財產的法律處罰、所有借用社群力量來執行這些處罰的做法，以及所有保衛國家免遭外來侵略的做法，都是爲了保障公衆利益」。[46] 洛克說，人類從本性上來說是一樣的，這點和他的前輩霍布斯一致。但是洛克認爲這種說法膚淺，他進一步在自由和特權上做了區分。他說，沒有特權，自由和霍布斯所畏懼的戰爭沒有什麼區別，因此，國民社會的目的就是運用理性建立「一個大家公認的權力統治，民衆可以求助於它而且務必服從它，這樣方能避免自然形態的不便，避免人人按照自己的判斷行事」。洛克的觀點大大超越了布丹和霍布斯的觀點。洛克說，在他的理論體系裡根本不存在王子和君主，「因為法律不豁免任何人」。大多數人的意志永遠高於個別意志。

洛克進一步主張人類之所以聚集成社會，以法律來約束，是因爲人類想保護他們的財產。他的這個觀點比以往更加如實地反映了英國的情況。既然人類是被「趕進」社會裡的，那麼，「不能超越公共利益允許的範圍而使社會力量蒙受損害。公共利益只能由社會熟知並承認法律規定，而不是由某個臨時君主專制政體的法案，更不能由某個君主的一時興起來規定。另外，這些法律必須由秉公執法的法官執行，只有這樣才能保證臣民和君主明確自己的社會位置」。【47】洛克還爲君主專制政體做了一項重要修正，他說君主永遠不能控制法律。【48】最後，洛克還表達了英國新興商業階級的主要焦慮（擔心政府會干預貿易，就像他們在法國看到的狀況）。洛克主張，任何權力未經許可不得剝奪私人財產，「統治者可以占有一個士兵，但是未經許可，不能占有其財產」。同樣，人人都有自己的財產，勞動力當然也屬於私人財產。這個最重要的結果，如洛克所說，未經許可不得徵稅（我們從「未經請求不得徵稅」的學說裡認識到這一點【49】）。

這是對君權神授最致命的一擊。在洛克看來，國家和個人之間的關係只是純粹的法律和經濟便利，只與人類生存的外在面有關。換句話說，國家根本無權干涉個人信仰或道德。當涉及宗教問題時，洛克堅持主張法理寬恕（對此題材，他專門寫了兩篇文章，《人類理解論》和《政府論二篇》）。他說道，之所以要求法理寬恕，是因爲有一個明顯的事實：每個人的心智都不同，這就像小孩子們雖然出生在一個家庭裡，每個人的成長卻都不一樣。另外，洛克說基督教義要求的也就是寬容，「一個沒有寬容的人，不用愛去信仰而使用武力信仰的人，不可能是個眞正的基督徒……」。【50】因此，洛克堅持認爲教堂應該是一個完全的自發組織；理所當然的是，宗教不能干涉國民權利，「自救是每個人自己的事情」。

霍布斯在《利維坦》中的觀點和洛克的觀點，在我們今天看來再平常不過了，我們認爲這些都是理所然的，可是在洛克生活的時代，這些觀點非常有新意。政府應該從臣民那裡獲得權力的觀點，暗示了只要民衆還需要政府，政府就應該存在。這個觀點「在當時君主權力終身制的統治時代」是個非常驚人的主張，它「提供了一場轉變甚至變革的可能」。【51】

斯賓諾莎／《神學政治論》

巴魯赫·斯賓諾莎（Baruch de Spinoza，一六三二～一六七七）小洛克兩歲。在某些方面，斯賓諾莎的觀點和湯瑪斯·霍布斯的觀點非常相近。和霍布斯一樣，斯賓諾莎認爲主權是我們維持秩序要支付的籌碼。但是關於人性問題，斯賓諾莎的見解比霍布斯更科學，他認爲心智和政治自由可以藉由充分利用新科學來實現。他樂觀地認爲，互助也和「恐懼和驕傲」一樣是人類的天性之一。因此，對斯賓諾莎來說，社會的目的就是拓展人類認識。做出這種設想之後再對人類的心理狀態進行研究，科學工作者就可以發現與人類行爲相符的政治架構。因此，最終也可以找到一個和人性相協調的道德架構。【52】

斯賓諾莎認爲，只有當人類爲實現更高利益而相互協作的時候，才能實現其更高的自身品質，「社群本身就成了實現上述設想的中間媒介」。所以，對斯賓諾莎來說，政府自身就是互助衝動這一「人類本能」的外顯（這個觀點和霍布斯的截然不同【53】）。他在《神學政治論》這部偉大著作中寫：「生活和國家的最終目的是爲了實現本質存在的全面化。國家的終極目標不是統治，不是服從……而是讓民衆從畏懼中解放出來，讓他們在各方面都有保障的情況下生活……政府的目標不是把理性的人變成牲畜和玩偶，而是讓人在有保障的情況下發展身心，解放自身的理智束縛……一句話，政府的眞正目的就是自由。」這種前瞻性的觀點顯然與喀爾文和聖·奧古斯丁所主張的「畏懼生活」對立。爲了拯救，我們沒有必要否認生活。相反的，人類的目標，引用基督的話就是，「爲了一個多姿多彩的生活，國家必須以此爲終極發展方向」。【54】斯賓諾莎也主張寬恕和言論自由，因爲這樣的話，國家會更加可靠。

他在《神學政治論》中還對基督教經文加以客觀分析，其中我們看到了他爲促進思想自由而做出的驚人努力。《神學政治論》和傳統非常不一樣，前十章著重論述了《聖經舊約》的眞實性以及其中自然奇蹟的考證。科學被斯賓諾莎帶進了宗教，這導致了一次硬碰硬的較量。自然法得以從新視角進行審視，斯賓諾莎得出以下結論：「人類的生活不僅僅局限於理性，還有本能的支配，人類生活不僅依靠一個啓蒙心智的理性指導，而且還更像貓一樣在獅子的自然法則下生活。」【55】斯賓諾莎的這個主張非常原創：他雖是科學家，但他卻不像其他科學家那樣以理性束縛自己。但是，斯賓諾莎同意霍布斯的觀點，總結出一個絕對功利主義的見解，「政治義務出於對保障的需要」。同時，斯賓諾莎多少還推翻了整個古典時期和中世紀關於政治是對自然法神化的理性回應。斯賓諾莎和霍布斯一樣，只是純粹地認爲君主專制國家有著「最少的兩大邪惡」。斯賓諾莎建議君主傾聽公衆的心聲，「因爲一個不受歡迎的政府必定不能長久」。他說，民主政治也有其自身優勢，因爲「最怕的就是非理性的統治，大部分臣民，尤其是在數量更大的情況下，基本上不允許一個非理性的模式存在」。【56】「在政府面前，不管貧富，人人主權平等……事實上，君主對其子民的畏懼程度應該限制著他自身權力：成爲他的子民只是因爲有服從這一事實，而不是有服從這一內在意願。國民的首要目的就是構建國家制度以保證任何人，不管地位如何，都能以公衆利益爲重，而不是私人利益；這是一項任務和考驗……公共事務的管理不應該建立在愚民政治和流氓政治之上。」【57】

對斯賓諾莎來說，生活中滿足本能和行使理性一樣重要。人類的才智只是神靈才智的一部分，因此理性也有了自身的缺陷，「我們似乎總會看到某些自然事物荒唐可笑而且邪惡，這是因爲我們對事物認識並不全面，更重要的是我們忽略了自然整體的秩序和一致性，我們按著自己的方式理性地安排自然事物……當個人擁有權力的時候，才能擁有實現自身存在的權利；唯有透過武力或說服將自己的威嚴強加給另外一個人的時候，才能自然而然地擁有對他人的統治；進一步說，一個人做出判斷後，不管判斷是對還是錯，他都會不守誠信，而且往往從利己利益出發。道德價值是人類在人爲花園裡的人爲創造」。【58】

符合這種人性觀點，能與之對應的政治體系就是賦予臣民權力。既然人不可避免地受情感支配，那麼只有基於這項原則人類才能獲得和平。同樣的，唯一能考驗國家的也就是國家能否帶來和平與安全保障。【59】這就不再是便利；國家爲臣民而存在，而不是反之。

與霍布斯和洛克最大的不同是，斯賓諾莎強調知識。既然認知是變化的，那麼「政府也務必要時刻準備迎接改變」。也就是說，「只要國家是個便利，是人爲花園，那麼改變就有可能發生」。【60】

喬納森·伊茲列爾（Jonathan Israel）在其新作《激進啓蒙運動》（*Radical Enlightenment*）中綜合考慮本章節中政治理論和設計，以及先前章節中關於科學革命以及隨後章節中關於宗教疑惑和關於人性法則的初始追尋中，確認斯賓諾莎是一位開創現代性的重要人物。伊茲列爾說，自從笛卡兒開創新哲學——宇宙機械論——觀點之後，斯賓諾莎最根本性地變革了人類的思考模式，並在此過程中開創了現代世界。伊茲列爾認爲，啓蒙運動並不像我們認爲的那樣，是發生在法國、英國和德國等主要國家的一場思維變革，實際上，啓蒙運動是一場首先出現在荷蘭、比利時和盧森堡，隨後迅速席捲斯堪的納維亞、西班牙、葡萄牙和義大利在內的全歐洲範圍內的思想變革。伊茲列爾評論說，是斯賓諾莎點燃了這五個國家地區全面的思想變革，但是，我們往往將這五個國家地區分開來談。斯賓諾莎的思想在這些地區形成了一個涵蓋了哲學、《聖經》批評、科學理論、神學和政治思想的網絡體系。伊茲列爾說，斯賓諾莎在這場變革中的作用並沒有得到公允的評價，因爲當時很多他的支持者們都不公開自己的身分。伊茲列爾研究了當時私下流傳的二十二個斯賓諾莎支持者們的著述，據說當時這些斯賓諾莎支持者們要麼背井離鄉，要麼作品遭到當局禁止。不管怎樣，伊茲列爾揭開了歐洲範圍內衆多斯賓諾莎支持者們的隱祕生活。這些人在宗教、政治和科學上有著相同的觀點，這最終使得新思想像啓蒙運動一樣迅速地傳播開來。[61]

伊茲列爾說道，是斯賓諾莎最終採用哲學取代神學的方法來理解我們的困境；是他將該方式奠定爲政治的基本原則；是斯賓諾莎摒除了邪惡和巫術；是斯賓諾莎展現了認知的平民化——認知不再僅僅屬於某個特殊利益團體（如牧師、律師或者醫生）；是斯賓諾莎比任何前人都更有力地說服我們，「人是自然動物」，在動物王國中有著理性的位置；是斯賓諾莎說服他的同胞以哲學的方式理解自由；是斯賓諾莎爲共和主義和民主主義奠定了根基；是斯賓諾莎解釋了寬恕是解決這些觀點的最好辦法。對於伊茲列爾來說，斯賓諾莎集合了牛頓、洛克、笛卡兒、萊布尼茲、盧梭、拜爾、霍布斯和亞里斯多德（也許）於一身。自阿奎那以來，斯賓諾莎在這方面做出了總結性的解釋。

維科／《新科學》

「就像牛頓能深刻地抓住物質規律一樣，人們也能更深刻地、更明晰地認識自身：因此，比起對外部混沌世界的認識，我們理論上可以更加詳細地、深刻地認識到人類的認知史，也就是我們人類的內在動機和其結果的發展史。」伊茲列爾認爲斯賓諾莎是全世界少數有著獨創意識的思想者，但是最應受到重視的人物是維科（Giambattista Vico，一六六八～一七四四）。維科認爲只有當科學革命徹底改變人類認知的時候，人類才能明白自己做了什麼。事實上，科學革命爲人類認識自身提供了互相對立的角度。這兩個認識角度從未調和過。我們可以認爲維科和其他人一樣，也導致了現代不統一性的出現。[62]

身爲一個哲學家，維科比其同時代的人更關注歷史的重要性。他付出了巨大努力去理解原始人的心智，因爲他認爲，如果我們不去了解他們，那麼我們永遠不能理解自我。爲了了解原始人的心智，維科獨創性地運用了心理學、語言學和詩歌。[63]在一七二五年的著作《新科學》（*Scienza Nuova*）中，維科試圖揭示世俗哲學史。他認爲其中的法則可以指導人們將來設計出有效的政治制度。約翰·鮑勒評價道：從現代標準來看，在人類發現自然選擇和進化論的前一百多年，維科就對生物學有了朦朧的了解。雖然這方面知識有限而且限制了他的視野，但是，卻爲他的工作帶來了一股強大的支撐力。雖然維科和同時代的很多人一樣，堅信上帝透過人際關係法則來統治世界，但是他也同意斯賓諾莎的觀點，認爲這些法則是內在的而不是先驗的——也就是說，不用透過研究和揭示就可以認識它們。它們本身是從人類制度中發展出來的，是可以推論出來的。[64]與霍布斯和其他人不同的是，維科認爲法律不是從外在的法律契約中發展出來的，而是在習俗的本能領域中集合而成，「人性墮落後，再也不能參悟眞理，但是在本能的指引下，人性仍能和上帝在一起」。透過黑暗，臣民仍然能夠領會到那個「公認智慧」、指引著人們向環境挑戰的神聖意圖。

維科在環顧當前時代和回顧歷史之後，稱自己發現了三類本能，分別是對上帝的信仰、親子關係的認知，和掩埋死者的本能。這些本能在宗教習俗和儀式、婚姻和墓葬中都有體現。[65]他認爲人類雖然從上帝的恩賜中墮落，但是隨著逐漸領會到文明生活的進程，人類一定會主宰自己的命運。文明在這個程度上是上帝意旨的再現，而且哲學知識可以補充本能的不足。我們可以透過總結人類事業的集合——法學、科學、藝術和宗教——來發現它們到底展現了「神聖建築師」什麼樣的意圖。[66]

維科的魅力就在於，他的思想一方面在某種程度上老套而可笑，但另一方面卻又現代、令人振奮。比方說，維科堅持了原有觀點，他也認爲大洪災過後，人類就分化成平常人和「生活在洪水造就的沼澤地」裡的巨人種族，並且從這些巨人種族中進化成當今的這種身材比例。文明最早來自對雷電的恐懼，這雷電震醒了巨人族的「野蠻」，讓他們知道了羞恥之心；因爲害羞，他們再也不在公眾場合宣洩自己的本能，而是把自己的配偶帶回山洞，成立了家室。正是這種初始的「粗暴威信」創造了女人生性的溫順和男人生性的高貴。維科博覽史書後提煉出了自己的觀點，比如說，維科旁徵博引異教神話，並認爲雷電是丘比特的特徵之一。同樣，《聖經舊約》裡的巨人族和希臘神話中反抗天神的提坦有著某種關聯。[67]維科稱呼人類歷史發展的第一階段爲諸神時代，在這個階段，人類祖先的目標就是學習紀律。他們認爲海洋、天空、火、農作物都是上帝的化身，並且發展了基本的宗教、家庭生活、語言和財產（維科認爲掩埋死者是財產的由來）。在諸神時代之後是英雄時代，再之後是人文時代。

在《新科學》第三部分，維科將注意力轉移到人類種族。他試圖參考語言（主要是早期人類詩歌和神話）來重構人類歷史。「處在無知深淵中的民族自然會用寓言和神話闡釋他們周遭的事物：語言的發展自然地會和社會的發展相對應。當人類在諸神時代創造言語的時候，語言含糊但卻富有詩意；時光的流逝是靠收成的多少來衡量的；人們用諸神的名字象徵自己對事物和農業的關心。在英雄時代，人類透過符號和紋章來交流」。[68]在另外一章，維科還認爲人類社會的發展來自施加給人性墮落的三宗罪——羞恥心、好奇心和工作的需要。神話裡每個神明和英雄都可以被認爲是這三宗罪中的一宗或所有的再現。

維科的主張對於今天的我們來說，並不足以令人置信，其中的很多細節明顯荒唐。但是，在這荒唐的背後蘊含著一個令人驚訝的現代感——人類的進化不僅僅在生物學上，還在語言、習俗、社會結構、法律和文學上。在所有這些表象背後還有著一個更大的時間炸彈：宗教自身也在進化發展。因此，維科也爲懷疑論的出現提供了契機，這是我們下一章將要討論的。

從一五一三年《君主論》問世，到一七二五年《新科學》出版的這段時間裡，正是科學變革的年代。可以肯定地說，這些哲學家以新科學的原則爲根基，嘗試建立自己的理論，建立一個無國別的政治制度，絕對不是一個偶然現象。雖然將這些新科學運用到人類事務中還爲時過早，但是，這給我們留下了一份永久的遺產，讓我們從中看到了兩派區分：以馬基維利和霍布斯爲代表的人本悲觀主義（獨裁或者保守主義哲學），以及以洛克和斯賓諾莎爲代表的樂觀派（自由主義哲學）。從大方面來說，我們至今仍然生活在這兩個主要的派別區分中，雖然現在我們爲它們取了不同的名字：左派和右派。

做爲政治權力遺產之一的社群概念是貫穿於本章的另一個重點。該詞只有一個涵義，但是有待我們去全面認識。劍橋歷史學者提姆．布蘭寧（Tim Blanning）曾指出，該詞最早出現在那個時代，即十七、十八世紀。「社群」就是「公衆」，布蘭寧稱之爲「一個新興的文化空間⋯⋯在代表宮廷和君主權力的舊文化中，出現了一個私人聚集的『公共領域』，這形成了一個大於各個參加人的整體集合。透過交換資訊、觀點、評論，這些個人創造了一個主導歐洲文化的文化主角——公衆。當今世界的絕大多數文化現象，包括期刊、報紙、小說、新聞記者、評論家、公共圖書館、音樂會、藝術展、公共博物館、國家劇院等，都源於「漫長的十八世紀」。[69]

布蘭寧重點關注了其中的三個創新：小說、報紙和音樂會。他說，十七世紀末和十八世紀初出現了一股「讀書革命」浪潮。爲了支撐這一觀點，布蘭寧引用了當時幾十個論文集。比如在英國，出版的書籍從十七世紀初的每年四百冊一躍升到一六三〇年的六千冊，一七一〇年的兩萬一千冊和十八世紀九〇年代的五萬六千冊。[70] 布蘭寧還注意到，德國在十八世紀時有個「重要的變革」，即不再使用die Gelehrten（學者）這個詞，而是使用了die Gebildeten（受教育的人）。「即使對那些反對天啓教和《聖經》的人，教育也透過文化爲他們提供了一種超脫世俗的手段」[71]。以下是引自布蘭寧書中的一個表格，從中我們可以看到品味的改變和小說的興起。

表14-1　德國出版物：1625～1800年

科目	1625年	1800年
法律	7.4%	3.5%
醫學	7.5	4.9
歷史等	12.0	15.7
神學	45.8	6.0
哲學	18.8	39.6
文學	5.4	27.3

布蘭寧評論道，小說的魅力主要在於其現實主義、想像和以假亂眞的虛構。薩繆爾．理查森（Samuel Richardson）的作品多數表達了瑣碎而悲慘，但是其表達了一個更嚴肅的目的，「透過娛樂的時尚外衣研究基督教條」。[72] 小說的另外一個影響是把對眼前的關注和家庭關係推到了中心地位，因爲中產階級和上層階級女性比男人們更享受到其中的樂趣。

直到十七世紀的後幾十年，歐洲某些地區才出現了新聞期刊由零售向定期發售的轉移。這些地區有：安特衛普、法蘭克福、都靈以及巴黎和倫敦。拜爾的《共和文學報》（*News of Republic of Letters*）於一八六四年首刊。十八世紀三〇年代前，倫敦只有六家日報，而七〇年代後有九家，出版量達到了一百二十六萬份。就連那些沒學問的也在追風，他們聚集在一家家咖啡館、旅館和客棧大聲地朗讀報紙（英國當時有五百五十一家咖啡館、兩百零七家旅館和四百四十七家客棧）。比起法國大革命前夕羅馬帝國的一千多份報刊，這些數字有些黯然失色。[73]

另外，喬納森．伊茲列爾關於「學術期刊」的討論也爲這場景增色不少。「學術期刊」也出現在此時，「在思想界的近期發展中，有教養的公衆不再關注原有的政治權力和古典著述，而是關注於新的、富有挑戰的革新，不管這些革新出現在多麼遙遠的國家和語言中。在這場轉變中，學者和科學家做出了巨大貢獻」。原本，人們要花上幾年才能找到一本用另外的語言寫的書，但是現在人們「一週之內」就可以了解它們的內容。【74】伊茲列爾說，這些期刊，除了能讓人迅速了解周圍資訊外，通常還展現了新的法理寬恕的價值和智力階段水準，爲瓦解「君主、議會和教堂所支持的舊觀念，達到眞理的共同認識做出了貢獻。同時，期刊還試圖普及啓蒙運動中斯賓諾莎所宣導的激進層面」。【75】

雖然書籍的使用價値高度提升，但是其一成不變長達好幾個世紀。相反的，公衆音樂會倒是個新興的媒體。布蘭寧說，現代意義上（觀衆和演奏者得以明顯區分，公衆要支付入場費）的第一場音樂會於一六七二年出現在倫敦的約翰．巴尼斯特劇院〔靠近懷特福利爾斯（Whyte Freyers）地區的喬治客棧〕。這不僅刺激了公衆對音樂會的需要，更刺激了公衆對活頁樂譜的需要，因爲此時公衆已經有了一定的音樂素養。反過來說，公衆的音樂素養又要求一種新的音樂形式的出現，而海頓（Haydn）和之後的韓德爾（Handel）便是這種需求的產物——交響樂在新興的音樂聽衆中非常流行。在一些大城鎭（法蘭克福、漢堡和萊比錫）中，音樂廳開始成爲人們旅途中的主要附加活動。【76】

音樂中的新思想仍然來自那些擁有宮廷的城市如薩爾茲堡、曼海姆和柏林，但是，布蘭寧的觀點是，新興的公衆以及環境帶來了前所未有的國民感。事實上，新的公衆有著自我意識，他們的文化主張要求創立一種強大的開胃品式的東西——一種從未有過的傳播思想的論壇。這種論壇不僅能決定哪些文化思想比較流行和持久，而且還能夠保證文化自身成爲民族主義中最炙手可熱的一面。國家文化應該各不相同的主張既有些激進又有些危險，但這種主張自從十七世紀出現在公衆領域之後就開始發展起來。

第二十五章

「無神論者的恐慌」和懷疑的出現

哥白尼的發現對信仰的影響

哥白尼一五四三年病逝。按著當時習俗，哥白尼在臨終時終於看到了自己在天體方面的著作《天體運行論》的首版。這聽起來是個感人至深的故事，但是再感人也不如它的意義重大。 事實上，《天體運行論》導致了一場革命，但是革命來得很晚。這主要是因爲這本書只有博學的天文學者們才能理解；其次，也是比較重要的一點，哥白尼的研究報告——地球繞著太陽轉的新假說——自一五一五年以後才廣泛地在歐洲學者之間傳播開來。自此之後的二十年裡，人們認爲哥白尼是天文學泰斗之一，哥白尼的同行們更是迫不及待地等著哥白尼新理論的出版。

《天體運行論》一經出版，天文學家們就立即意識到了該書的重要性。[1]很多天文學者都把哥白尼比做第二個托勒密，十六世紀後半葉以來，這本書成了該領域學者必備的標準參考書。但是，有一點卻讓我們難以置信：人們忽略了《天體運行論》中一個重要的觀點，「賞識哥白尼才華或者借用書中表格以及地月間距計算公式的人，往往要麼忽略地球的運動性，要麼乾脆認爲它滑稽可笑」。[2]英國一本一五九四年出版的天體入門教材雖然比《天體運行論》晚了半個世紀，但是仍然認爲地球絕對靜止。這回顧起來更讓人震驚，因爲早在這之前，哥白尼就已經敲開了一扇從未有人敲過的門。

《聖經》的白話翻譯／顯示出的差異

歐洲早就有人開始懷疑基督教的可信性，而且從未間斷過。[3]爲此，新教徒和天主教徒相互廝殺。大家各持己見，誰都不能證明是對還是錯，成千上萬的人也因堅持己見而慘遭殺戮。如上所述， 有些人堅信信仰神靈的正確性，另外還有些人堅決地反對，這也就意味著神靈往往是虛幻的。更諷刺的是，《聖經》本身也成了引發這場屠戮的工具，因爲《聖經》被譯介給不同國家的信徒。正如布萊恩．穆那所指出的：一五二〇年後，《聖經》已經超越了學術和神學領域。根本沒有的外延也變得和《聖經》中原有的涵義同等重要，特別是現在，我們可以清楚地發現「習俗賦予了教堂很多慣例和特權，而非上帝賦予的」。[4]二十八歲的荷蘭平朱姆堂區青年門諾．西蒙斯（Menno Simons）就是其中的懷疑者之一——關於彌撒中爲何把麵包和酒視爲基督的血和肉的做法。他把這種懷疑歸咎於魔鬼，他認爲是魔鬼鼓勵他不忠，並說爲此他經常懺悔，直到最後覺得自己得「刻苦鑽研《新約》……我發現我們受騙了，幸好自己受害不深」。[5]他說沒有發現任何證據，酒和麵包只不過是象徵基督情感的符號罷了，自己迅速解脫了。不管解脫與否，這個發現仍然令人震驚。

《聖經》譯本讓普通人有機會了解《聖經》，但是這也非常危險，教堂就意識到了這一點。比如說，譯本讓普通人很容易發現書中不能自圓其說之處，而先前他們不知道這些矛盾的存在。住在埃塞克斯郡的一個英國年輕人被父親責令閱讀拉丁文版《聖經》，可是他根本不懂拉丁語，不得不閱讀威廉·廷代爾的《聖經》英譯本（當時有很多英譯本偷運進英國）。他把英譯本藏在草墊子下，一有機會就拿出來讀一讀。不久之後，他就開始嘲笑那些長跪在教堂裡、舉手依次觸摸十字架聊表敬意的信徒。有一天晚上他父親睡著之後，他跟母親說這些偶像崇拜的做法違背了上帝的意願，因爲上帝說，「你們不應有自己的偶像，也不能對之躬身膜拜」。[6]

日內瓦的印刷工羅伯特·斯特芬努斯（Robert Stephanus）在一五五一年給《聖經》詩篇編號的做法也產生了一定的作用：很多人能更快捷地找到經書各章節中明顯的矛盾之處。再洗禮教（Anabaptists）指出，《創世記》擁護一夫多妻制。可是，在《馬可福音》裡，基督卻說「男人要忠於他的妻子」（10：6）。《申命記》中允許離婚而《馬太福音》中卻相反。[7]《列王記》中鼓勵人們不納稅，而《馬太福音》中卻堅持一定要納稅。很多沿襲下來大家認可的做法和習俗，實際上在經書裡根本找不到出處。這些習俗涉及天主教堂之外一些包括羅馬教皇制度、牧師不許結婚、聖餐變體、新生兒受洗、追封聖徒爲聖人、不可救贖等……[8]

希臘、羅馬和中世紀歐洲的無神論

伴隨著更多的人發現《聖經》中不能自圓其說之處以及宗教派別之爭，宗教變得支離破碎。這導致了十六世紀末各派別的主張多少都有些極端，而且迅速蔓延到令人茫然無助的局面，由於宗教選擇太多，以至於發現眞理比以往更加困難。其結果之一就是「無神論者」這個詞比先前更常用了。[9]

詞語「無神論」來自希臘。阿那克薩哥拉（約西元前四八〇～前四五〇）是史上有記載的第一個無神論者，當然他也成了第一個因無神論而受到起訴的人，他的自由思想被宣告有罪。[10]但是，蘇格拉底告訴我們，阿那克薩哥拉的著作在雅典隨處都可買到，只要花上一個德拉克馬（drachma）就行；換句話說，當時人們並沒有認爲阿那克薩哥拉的想法有多麼奇特。[11]詩人狄雅戈拉斯（Diagoras）也因無神論的言論遭到起訴。他說根本沒有上帝的存在，因爲很多的不公平行爲並沒有因此受到懲罰。[12]〔據說狄雅戈拉斯曾經劈了赫拉克勒斯（Hercules）的木雕當柴燒，放肆地宣揚上帝週五應該加班炒甘藍〕。歐里比得斯戲劇中不止一個人物譴責諸神，認爲「詩人可憐的故事」中根本沒有眞理可言。[13]古羅馬的自由思想沒有雅典多。西塞羅的書信集和彼得羅紐斯（Petronius）的《薩蒂里孔》（*Satyricon*）中沒有涉及宗教問題，但是裡面的人物卻以嘲弄牧師們爲樂，因爲這些牧師擔當著自己都不懂的神祕職責。[14]雖然這不是徹底的無神論調，但多少也是一種懷疑主義。

詹姆斯·施洛爾（James Thrower）研究了古代一種反對宗教辯解的方式，他稱之爲「傳統主義的二選一」。比如他說印度的路伽耶陀（Lokayata）傳統出現在六世紀。根據一本失傳的《毗溼奴往世書》記載，該傳統從本質上來說是享樂主義者們的處世方式。路伽耶陀傳統基本上與佛教和《奧義書》〔也稱做盧婆伽（Carvaka）〕同時出現，其主要觀點是反對傳統和巫術，認爲肉身和自我合一，也就是說死後無生：人爲享樂而生，只是此時此地。印度流浪苦行僧不蘭迦葉（Purana Kassapa）猛烈攻擊印度教所主張的因果報應說，他認爲沒有來世，道德只是一種自然現象，其目的只是爲了普渡衆生。隨後，順世派（Ajivikas）的創始人阿耆多·翅舍欽婆羅和末伽梨拘舍梨兩人也支持不蘭迦葉的觀點。順勢教派的存在一直延續到十三世紀，它主張用自然主義的觀點看待人。[15]在古代和中古時期印度人的思想中，解釋世界的變化和進化的「自然法則」概念並不少見。[16]

施洛爾還注意到，中國的道家不主張思考自然界的起源和終結，卻強調思考永恆和混沌的道，也就是說天地未有之前萬物皆空，自然界有著最原始的統一——這需要哲學家去理解，而不是憑空創造去理解。中國的荀子（西元前二九八～前二三八）根本不相信超自然力量。他大大貶低祈禱和預言的功效，並且建議人們要學習自然而不是崇拜自然。他的追隨者王充（二七～九八）主張人類的善惡導致了世間發生的一切，而不是超自然的力量導致一切。[17]我們後面還會探討朱熹（一一三〇～一二〇〇）的自然主義觀點。

施洛爾主張融合印度、中國，以及包括愛奧尼亞科學、詭辯論學派、伊比鳩魯學派和羅馬統治權思想（這種思想成功地將皇帝變成了神）在內的希臘和羅馬思想。這種對待自然世界的方式清除了超自然因素，導致了思想鏈條趨於另一個走向，但是，很多歷史學家對這個主張並沒有給予足夠的重視。

異教徒的另一種傳統

羅伯遜（J. M. Robertson）在西方自由思想史中說，一三七六年巴黎大學裡的哲學系學生展現了他們那令人震驚的自由思想。他們共計提出有兩百一十九條建議，其中他們否定了三位一體、基督的神性、復活以及靈魂的不朽。他們堅持認爲祈禱沒用，而且福音書和其他書一樣存在著「謊言和謬誤」。他們遭到了主教的強烈譴責，但是並沒有發生什麼嚴重的後果。[18]

歷史學家尚．瑟茲奈克（Jean Seznec）編撰了異教諸神在文藝復興繪畫中的存留。從波提切利到芒特格納，再從柯勒喬到丁托列托，都有著詳細的紀錄。他認爲中世紀異教遺物並沒有從繪畫中消失，當然還有他們信奉的諸神。勃艮第的公爵爲自己是半神人的子孫而感到自豪，特洛伊人在他們那裡的宮廷很受歡迎。[19] 博韋大教堂裡的地毯都繡上了丘比特和赫拉克勒斯的神像。[20] 十五世紀在錫耶納的帕布利柯宮，教堂以四大神爲代表，其中有阿波羅、瑪律斯和丘比特。[21] 佛羅倫斯的鐘樓裡，人們爲丘比特穿上了僧袍[22]。到現在爲止，與我們論述有關係的是，異教徒諸神一直和基督教諸神肩並肩地共存，直到文藝復興之後，中古時期的人們還是不願意完全拋棄他們的神靈。[23]

蒙田和世俗世界

當歐洲慢慢接受哥白尼的時候，接受了古典教育的蒙田（一五三三～一五九二）由於自己家庭出身的原因（父親是個虔誠的天主教徒，母親則是信奉新教的猶太人），以一種不同於正統基督教觀點的方式審視著世界。他的觀點爲徹底改變人們的觀念提前做好了準備。

由於背景和家庭出身，蒙田相信每個宗教信仰都不可能只有一個神靈。他在宗教信仰上不僅堅持這種看法，而且在道德層面也堅持這個看法。新大陸無數新奇的發現對他思想的形成產生了一定的作用，因爲這些發現在他內心激起了對大西洋彼岸的信仰和習俗多樣性的濃厚興趣，早期的懷疑主義者們稱那些人爲反基督者。[24] 這一切都讓蒙田能夠極大程度地包容他人、包容不同的思維方式，也都促使他反對基督教中的一條重要教義。基督教主張在當今蒙田生存的世界裡，個體智力生活的主要目標就是在來世獲得救贖（他非常反對路德的觀點）。[25] 在這樣一個世界裡，哲學做爲神學的輔助，其主要功能就是「幫助人平安地死去」。[26] 蒙田認爲這是廢話，他把這個思想全面推翻，主張知識的目的就是要教人更好、更充實、更快樂地在塵世上生活。他的這番觀點對心智生活產生了重要影響。蒙田認爲「科學的女王」神學和哲學不再那麼重要了；相反的，心理學、人類文化學和美學代之成爲主要興趣目標。這實際上就是人文科學的誕生。

蒙田這個主張爲世俗世界注入了一股強大的智力血液，爲多樣性的產生奠定了基礎。基督教總是受來世所困，蒙田不僅堅決反對，而且還表達了自己對靈魂不朽性的懷疑。[27]「如果哲學教人如何生活而不是如何死亡，那麼我們必須蒐集大量人類生存方式的訊息，之後靜靜地、公正地分析這些材料。」[28]來自新大陸以及其他地方的訊息材料讓蒙田明顯地意識到，男人和女人都爲了適應環境而採用了好多方式。從中我們很自然地得出上帝傾向於多元化而不是單一性。[29]同樣的道理，蒙田更關注此生而不是來生，極大地挑戰了另外一條基督教義——靈魂的概念，以及傾向於把與靈魂有關的東西都認爲好，而把與身體有關的認爲惡。 這又引發出兩個問題。首先，蒙田的觀點對靈魂命運的調解人——牧師——是個打擊；第二，該觀點將人們從中古時期以來一直認爲性關係是惡的看法中解放出來。蒙田堅持認爲性是高貴的，任何性的實踐都不應有罪。

傳統的猶太和基督教派認爲上帝充滿嫉妒、武斷而又殘酷。蒙田的概念摒棄了這種見解，正如很多歷史學家所說的，蒙田和英國勳爵沙夫茲伯里的觀點一致，認爲「上帝是個紳士」。蒙田從沒有對上帝的存在產生過懷疑，但是他激進地改變了上帝存在的方式。

蒙田之所以沒有懷疑過上帝的存在，其原因之一是，在他的生活中，懷疑上帝的可能性根本不存在。法國歷史學家費佛爾在《十六世紀的無信仰問題》一書中認爲：「絕對否認上帝，在這個時期有很大的、不能超越的思想難度。」「教堂召喚信徒做禮拜的鈴聲一開始，一天活動也隨之開始。每個活動都涉及宗教信仰，牽動了整個社會：它們控制了學者和公衆的生活，甚至行會和大學都成了宗教組織。」人們的飮食都充滿了宗教儀式和禁忌。[30]蒙特佩利爾四旬齋開始的時候，人們砸碎舊的炒肉鍋後要用新的煎魚鍋。要是週五烹飪閹雞的話，那麼就要遭到鞭笞或者當衆受辱的處罰。如果鄉間昆蟲或老鼠成災的話，那麼牧師會第一個被叫去除災。[31]「人們只是還沒有找到懷疑上帝存在的客觀現實。如果科學發現了任何人都不能反駁的客觀現實，建立起一套完整的理智體系，那麼懷疑在所難免。」[32]

另外，人們指控某人是無神論者的時候，他們的意思和今天我們所理解的有些不同。在當時，無神論視同自由主義。[33]法國科學家馬林．默森（Marin Mersenne，一五八八～一六四八）認爲光是巴黎就有「五萬名無神論者」，但是他指名道姓的那些無神論者全部信仰上帝。事實上，默森之所以稱他們爲無神論者，是因爲他們對上帝的看法和他自己的很不一樣。那時，「無神論者」一詞的意思不僅僅有當今我們所指的意思，而且還含有誹謗之意。十六世紀的人們根本不可能稱自己爲無神論者。[34]

不管怎樣，人們的觀點和看法終究開始改變了。蒙田成了這場轉變的領路人，但是，人們從接受哥白尼學說到逐漸領會並實踐其學說的所有外延時，一個世紀已經過去了。在這段時間裡，湯瑪斯·庫恩對改變人們的思想也產生了一定作用。

庫恩指出，天文學者幾十年來雖借用哥白尼學說，但是從未重視過哥白尼的核心主張——地球圍繞著太陽轉，這點我們前章也提及過。這場學術革命來得較晚，因爲哥白尼的學術主張遠遠超越了天文學者們的想像，可是這場學術革命就這麼開始了。起初，人們認爲哥白尼以及哥白尼支持者們的信仰荒謬不稽，尤其是法國政治哲學家尚·布丹對他們更是嗤之以鼻。[35]他寫道：「人只要有一點點判斷，哪怕是一點點兒物理學常識，都不會認爲我們這個沉重、人群擁擠的地球竟然還繞著自己的中心運動，更不用說繞著太陽轉了；因爲地球的一小動都會摧毀我們的城市、堡壘、城鎭、山巒。」[36]

最爲惡意的攻擊來自那些發現哥白尼的理論和《聖經》相衝突的人。早在哥白尼著作出版之前，以及當他的學說開始流行的時候，馬丁·路德在一五三九年一次「圓桌演說」中談到：「人們開始傾聽一位占星暴發戶論述地球旋轉，而不是天體、太空、太陽或者月亮旋轉……這個傻瓜意圖顚覆整個天文科學；但是神聖的《聖經》告訴我們（約書亞10:13），約書亞命令太陽靜止，而不是地球。」[37]人們不斷引用《聖經》來攻擊哥白尼，稱他爲異教徒或者「無神論者」。最後，大概是一六一〇年，當天主教堂也加入聲討的行列中時，哥白尼被正式指控爲異端分子。[38]一六一六年當局將《天體運行論》和那些認爲地球運動的書籍列入黑名單，禁止天主教徒傳授或閱讀哥白尼學說。

庫恩指出，在這段期間，哥白尼主義的外延得到全面理解，因爲人們認識到他的理論將會毀滅一整套思想體系。在此，庫恩的描述值得全部引用：「假設地球是六大星體之一，那麼，該如何延續與基督教生活息息相關的墮落和救贖的故事？如果地球上還有類似的生命體，那麼，仁慈上帝一定會允許他們的存在。如果在其他星球上也有人類，那麼，他們怎麼能是亞當和夏娃的子孫呢？原罪是仁慈全能的上帝爲人類造就的不可理解的苦，那麼，他們怎麼能傳承原罪呢？或者，如果地球是個星體，遠離宇宙的中心，那麼該怎麼解釋人在魔鬼和上帝之間的紐帶關係，怎麼解釋人是他們的中心？……最糟糕的是，如果宇宙像哥白尼認爲的那樣無限，那麼上帝的寶座又在哪裡？在這個無窮的宇宙中，人們又怎麼能找到上帝的居所或者上帝的信使？」所有這些問題都改變著人類的宗教生活。【39】

約翰·鄧恩和約翰·彌爾頓也認爲哥白尼的觀點很可能是正確的（基斯·湯瑪斯告訴我們，彌爾頓時代的英國，人們教育程度很高，其受教育程度是「一戰」之前任何一段時間都無法比擬的），但是，彌爾頓也不怎麼喜歡這個新理論，他在《失樂園》長詩中又回歸到了傳統觀點。【40】新教領導者喀爾文和路德也是積極鎭壓哥白尼學派的聲音，但是，他們從來沒有參與天主教變革中的反動員警機構，因此他們的鎭壓效果相對不大。一六一六年教堂明令禁止傳授或信仰太陽是宇宙的中心這一觀點，一六三三年這道禁令更加強硬。當時很多天主教徒都很吃驚，原因有二：第一，受教育程度更高的人意識到，不斷有新證出現來支持證明新理論的正確性；第二，這是教堂立場的重要轉變：教堂過去一直對宇宙問題保持高傲的沉默，這至少不會讓問題走入歧途，同時也敞開接納新觀點。可是現在一切都不是從前了。【41】

木星的衛星

一五七二年，天空中出現的新行星使得傳統觀點更是站不住腳。隨後，彗星在一五七七年、一五八〇年、一五九〇年、一五九三年和一五九六年接踵而來。所有的小插曲都表明天體變幻莫測，而且和《聖經》中的言論格格不入。【42】人們觀測星體時沒有發現任何誤差，讓他們不得不總結出彗星比月亮離我們還要遠的結論。這意味著彗星占據著天空區間，而不是原來所認爲的天空充滿了水晶球體。逐漸地，人們開始接受哥白尼的觀點。【43】

我們前章提到的，克卜勒發現行星的軌道不是圓形而是橢圓形，也徹底摧毀了水晶球體的觀點。但是，對於自己發現的重大潛在意義，克卜勒不敢面對。直到伽利略用他的望遠鏡發現了無數的證據之後，人們才徹底相信哥白尼的主張。【44】伽利略首先發現了銀河。在我們肉眼看來它是個扁平的發光體，可是伽利略發現它是無數行星的集合體。隨後，他又發現月亮表面覆蓋了坑洞、環形山和山谷（從陰影的大小，伽利略能估測出他們的高度），所有的狀況都表明月亮和地球沒什麼兩樣，這進一步促使人們懷疑地球和天堂的區別是否像傳說的那麼大。【45】

但是，伽利略最有影響的發現莫過於確認有四顆行星以接近圓形的軌道圍繞木星運行。這個石破天驚的發現爲十七世紀人們的思維想像帶來了前所未有的衝擊，因爲它不僅精確地證明了哥白尼關於地球繞著太陽轉這個觀點的正確性，而且更重要的是，它改變了地球是宇宙中心的普遍認知；事實上，地球只是茫茫宇宙中數億顆星的其中一顆。哥白尼理論系統遭受到前所未有的反對，也許這是必然。直到伽利略之後，人們才有可能從眞正意義上懷疑哥白尼理論，但是，這種懷疑在伽利略之後都帶有一種故意的曲解。[46]教堂官員主管，紅衣主教貝拉米諾，雖然譴責哥白尼的學說，但是他也意識到了故意曲解的問題。在一六一五年的一封信中，他寫道：「如果有眞憑實據證明太陽的確是宇宙的中心，地球處在第三區間，太陽不是繞著地球轉而是地球繞著太陽轉的話，那麼，我們不得不更加謹愼地解釋《聖經》中的章節，因爲它們所說的情況恰恰相反。我們寧願承認我們對之認知不夠，也不願意匆匆下錯誤結論，否定它的正確性。」[47]直到一八二二年，教堂才允許刊印那些支持地球絕對運動的書籍。這個遲來的決定，最終給天主教的見解和其聲譽帶來了毀滅性打擊。[48]但儘管如此，人們仍然在兩百年後才眞正地接受了哥白尼學說。在這兩百年裡，人們對上帝的態度也一直在變化。

懷疑的四階段

理查．波普金認爲，懷疑爲「十七世紀思想的第三種力量」，其發展經歷了四個階段，也就是我們常說的純理性的超自然主義、自然神論主義、懷疑主義和全面發展的無神論主義。這裡值得指出的是，懷疑的出現不僅是思想史中的一個篇章，同時還是出版史中的一個階段。傳統主義者和自由思想者（懷疑主義者們的總稱謂）之間的口水戰部分是透過書刊進行的，這個時期是小宣傳冊出現的高峰期（這個時期流行小冊子，裡面內容是篇幅適中的訓誡或者信件）。所有章節中餘下要討論的思想都以書的形式出版，同時也以小冊子的形式出版——篇幅短、紙質薄，通常還有一個挑釁的標題（例如，《反論聖餐變體》，一六八四年；《箴言錄》或《論洪災之前的地球》，一六九〇年；《給朋友的一封信——簡要證明三位一體的無理性》，一六九二年）。

純理性超自然主義

純理性超自然主義是懷疑四階段中的首起階段，在英國非常盛行。它的基本原則主張宗教遵循理性，特別是激情，更應遵循理性。[49]坎特伯雷主教約翰．提羅特森（John Tillotson，一六三〇～一六九四）是這種方式的早期提倡者之一。他主張不管何種宗教，尤其基督教，都是一系列有邏輯支撐的理性觀點。提羅特森主要關心奇蹟的成因，[50]他說，奇蹟顯然是超越人爲能力的，但是奇蹟之所以成爲奇蹟，其中必然也遵循著某個邏輯前提，它不可能是簡簡單單的神奇性的外在展示。他說，正是因爲這個，基督的所有奇蹟都遵循著理性前提：這些奇蹟是爲了達到某種目的，但後面所謂的使徒奇蹟並不屬於這個領域。[51]

約翰．洛克雖然從事不同的活動，但也可以認爲是一個純理性超自然主義者。他認爲基督教由於其基本原則主張，是一個非常理性的宗教；他認爲這些基本原則有著完美的理性（但是做爲法律寬容的支持者，洛克否定宗教教派的言論自由，因爲他認爲它的非理性對國家以及羅馬天主教構成威脅）。[52]這些基本原則就是主張只有一個要求人類按照神靈意旨和諧生活的全能上帝，主張有一個來世，此生造孽，來世必將受懲；此生行善，來世必有好報。這對洛克來說是上帝主宰宇宙的絕好理性方式：這很有意義。他認爲奇蹟可能「超越理性」，但是絕對不違背理性。[53]約翰．托蘭德（John Toland，一六七〇～一七二二）是洛克的緊密追隨者，他主張：「如果上帝要向我們啓示什麼的話，那麼他一定能明朗地啓示給我們。」托蘭德認爲這就是說上帝不希望有任何誤解的可能性，因此眞正的啓示一定符合理性邏輯。對托蘭德來說，某些奇蹟如處女未婚受孕，根本不合乎理性考驗，因此我們應該拋棄。威廉．考沃德（William Coward）在其一七〇二年出版的《再論人類之魂》（*Second Thoughts Concerning Soul*）一書中，主張一種「永垂不朽的精神物質」——人類靈魂的概念與人之肉體緊密相連，是個「很普通的異教徒發明，它與哲學、理性或者宗教所主張的理論格格不入」，他認爲它「荒唐……令人生厭」。[54]

自然神論

懷疑論中的第二階段——自然神論——也出現在英國，隨後迅速蔓延到整個歐洲大陸和美洲。從切爾伯里的赫伯特勳爵（一五八三～一六四八）到湯瑪斯．傑佛遜（一七四三～一八二六）大概持續了一個半世紀，但是事實上，「自然神論信仰者」一詞出自基內瓦斯．皮埃爾．威赫特（Genevois Pierre Viret，一五一一～一五七一），用來喻指某些信奉上帝但否定耶穌的人。科學新發現是影響後世自然神論信仰者的主要因素之一。這些思想向很多人暗示，上帝並不是如同猶太教主張的那樣獨斷；相反的，上帝制定了哥白尼、伽利略和其他人發現的法律。自然神論信仰者因此主張，既然上帝制定了這些法律，那麼他自然要遵守這些法律，而且也讓人類這麼做。在美洲、非洲和其他地方的新發現，都強調了所有人皆擁有宗教意識，但是在其他大陸根本沒有基督這個概念。因此，自然神論信仰者借此來證明宗教不需要超自然因素的支撐，先知能力和奇蹟在「科學宗教」界裡根本無立足之地。這一套信仰適用於所有有理性的人，不管他們身處何方。[55]

所有的自然神論信仰者都反對教權，這也就解釋了當時爲什麼大部分的自然神論小冊子要麼採用諷刺方法，要麼採用好鬥、奚落的語氣。[56]大部分自然神論者們主張，根深柢固的迷信和教堂裡人爲的膜拜機制，簡單來說，就是僧侶制度爲迎合他們自私的政治意圖而虛構的產物。最糟糕的是，這種產物把教父放置在人與神之間做爲橋梁，教父擁有的一系列特權根本不符合《聖經》本意，讓人很難理解。更基本的是，很多人開始攻擊《聖經》，如接替牛頓成爲劍橋大學數學教授的威廉·惠斯頓（William Whiston，一六六七～一七五二）。他認爲在發現重力的過程中，自然神論起了重要作用。另外一個與之思想相似的人是安東尼·柯林斯（Anthony Collins）；他們都認眞研究了《舊約》中的預言，但是並沒有發現充足的證據可證明基督的降生。[57]彼得·安納特（Peter Annet）在其一七七四年出版的《基督復生》（*Resurrection of Jesus Considered*）中，大膽地主張後世基督復生的描述是虛構的。查理斯·布蘭特（Charles Blount一六五四～一六九三）也同樣對原罪的看法不解，他發現這個概念不合理性。關於天堂和地獄，他也抱有同樣的觀點，他說這些全是教父爲了增強其對「恐慌和無知大衆的控制」而虛構出來的。[58]

最有影響的法國自然神論信仰者是伏爾泰。他在某種程度來說是個自然神論者，因爲他年輕時在英國待過，並且很欣賞英國政府體制。他還強烈地希望摧毀法國的矯揉造作和褊狹（他認爲虛幻主義不是無神論[59]）。他嘲笑所有與基督教有關的東西，包括《聖經》被認爲是本神聖的書，以及所謂的奇蹟。對他來說，一切全是騙局。他寫道：「一個人只要有理智，只要是個善良的人，應該覺得基督教是可怕的。神學者的名稱並不多麼受人尊敬，他只不過是個名稱而已。人們唯一應該讀一讀的就是自然這本偉大的書，這是上帝親手寫的，並有自己的簽名。唯一應該遵循的宗教是膜拜上帝的宗教，並且成爲一個善人。」[60]同時，伏爾泰還同意雅典人的看法：他覺得新觀點對於有文化的上層階級來說很好，但是對於底層人來說則需要舊宗教做爲社會的黏合劑。尙·雅克·盧梭（一七一二～一七七八）在《社會契約論》中嘗試把自然神論當做法國國教。他認爲人們應該承認「強大、睿智、仁慈、未卜先知的神靈」的存在，人們應該對待那些「既不能反駁也不能理解的東西」採取愼重的態度。但是，這裡還沒有基督的位置[61]。盧梭所謂的宗教，只不過是一種對正義和慈善的哲學關懷。[62]

德國的伊曼紐爾·康德（Immanuel Kant）雖然鍾情於基督教，接受其基本原則，但是卻堅決反對超自然因素——未卜先知和奇蹟，他把它們稱之爲惡。他也反對中世紀關於優雅的看法，這種看法的氾濫導致了放任的陋習。美國的班傑明·富蘭克林和喬治·華盛頓以及傑佛遜，都是自然神論的信仰者。[63]

自然神論信仰者的主要影響就是導致了人們對神概念的轉變，它是自從六世紀民族一神論發展以來，人類認知中最大的轉變……以色列人部落裡那個有著嫉妒和狹隘偏見的神已經消失。但在基督徒和穆斯林眼中，神依然「威嚴、尊貴」，是整個宇宙的統領，正如亞歷山大·蒲柏所說的，神是和新興天文學與自然科學相協調的。神已經失去了它的「神一般的暴虐」，現在神是一個制定法律和遵守法律的神，與「不停的重複和自然的秩序行爲」等同。[64]這個觀點也與三位一體的原則相違背。

但是在歐洲和美洲，自然神論最終衰落；之所以會這樣，是因爲兩個教派的紛爭。要想撫順那些虔誠、傳統和正統的人有些冒險，而且也太抽象，但是同時改變那些堅定的懷疑者們，自然神論則顯得力量不足。但不管怎麼樣，自從民族一神論誕生之後，自然神論就像路途之中的一座小房子，裡面充滿了最激進思想的轉變。很多人都不能拋棄正統的信仰而直接接受無神論，但是自然神論爲之鋪平了道路。

懷疑主義

湯瑪斯·霍布斯雖然沒有稱自己爲懷疑論者，但是他反覆主張無知，特別是對科學和未來的無知是導致宗教信仰的本質基礎。從他強烈的措辭中，我們很難形成他不是懷疑論者的觀點。他認爲大部分宗教和神學著作沒有價值可言，「它們的喧嘩和騷動充斥著我們的圖書館和世界，我們從中唯一能得到的就是確信自己有罪過」。[65]他的措辭強烈，但是，比他更強硬、更有理性，也因此更具顚覆性的懷疑論者是大衛·休謨（David Hume），法國人叫他「好人大衛」。從他一系列涉獵廣泛的作品來看，我們可以看出他對認知紛爭有著濃厚的興趣。[66]他的作品包括《迷信和瘋癲》（*Superstition and Enthusiasm*, 1742）、《論奇蹟》（*Essay on Miracles*, 1747）以及《論上帝和未來狀況》（*Essay on Providence and a Future State*, 1748）。和維科一樣，休謨以歷史觀點研究宗教，使得他很快就認知了最重要的一點，即宗教與人類其他領域的活動有著很多相通之處。他總結出宗教並沒有特別之處，它的出現只是古代文明中人類活動的一部分。它之所以存活下來，是因爲長輩傳授給他們的子女，子女也因此不會有其他的思考方式。他主張多神論是宗教的最早雛形，是人類從自身對好壞判斷經驗中發展出來的。人們把仁慈的神歸結於好，而邪惡的神歸結於不好。他發現，不管哪種方式，神總是披著人類的外衣。另一方面， 他認爲一神論——神靈更抽象的形態——從人類自然觀察中發展開來。地震、閃電、彩虹和彗星這些最偉大的自然現象和奇怪事件，使人類確信這是由全能並且武斷的上帝所爲。休謨很精確地發現，多神論比一神論更包容。【67】

特別値得一提的是，休謨竭盡全力證明根本沒有上帝存在的證據，人神同形同性論也是錯誤荒唐的。「我們不能以偏概全——知識的一片葉子就能告訴你一棵知識的大樹嗎？」【68】「假設宇宙有個創造者，那麼他可能是個笨手笨腳的人，或者是個死了的神，或者是個男神或女神，或者可能是善與惡的混合，或者精神上根本無關緊要——最後這個假設才是最有可能的。」【69】之後休謨對奇蹟和未來形態給予了顚覆性的批判。他原則上沒有否認確實發生過奇蹟，但是他接受這些證據的標準從未出現過。他主要主張，一個理性的人認可的奇蹟，終歸會有紕漏之處。對於那些認爲上帝會在來生主持公道、彌補衆多不平的想法，休謨也同樣認爲是愚蠢的。他說，人際關係非常複雜，不可能做到公正公平。

法國最重要的一位懷疑論者是皮埃爾·貝爾（Pierre Bayle）。他有著休謨那摧毀奇蹟的熱情，更專注批判《舊約》。貝爾出生在庇里牛斯山脈附近的一個小村莊，在阿比爾教派獨立傳統的環境中，貝爾對約拿和鯨魚的情節嗤之以鼻；他對信仰的過分奚落和諷刺，讓人覺得在所有假證據面前還信仰上帝，實在太可笑了。【70】

近代第一位無神論者瓦尼尼

儘管批判奇蹟的聲音越來越強，人們對「未來狀態」的懷疑也與日俱增，但是這時期很少有人敢站出來平靜地表明自己不信奉上帝。現代意義上第一個站出來講話的無神論者，大概就是義大利科學家瓦尼尼（Lucilio Vanini，一五八五～一六一九）。他遍遊各地演講，很多人都受之影響。但是當局在圖盧茲以異教罪名逮捕了他，切掉了他的舌頭之後，把他綁在火柱上燒死（但是他的書籍還是很受歡迎，伏爾泰還把他比做蘇格拉底）。[71]緊隨牛頓的新發現之後，英國和法國出現了很多理性的無神論者。[72]在英國「從牛津萬靈學院到英國皇家協會中間，流行著英國前所未有的無神論撰稿」。[73]在倫敦皇家交易所附近有一條街叫「無神論小路」（之所以叫這個名字，很可能是因爲包括異教徒在內的很多做學問的人，經常光顧那裡的咖啡屋）。[74]約翰．雷德伍德（John Redwood）在描述小冊子論戰史時告訴我們，書店開始「充斥很多小冊子，以及那些應付無神論恐慌的大頁紙」。[75]當時的劇場也經常成爲無神論者的活動場所。[76]因爲那時演出教人們「如何在沒有上帝造物的情況下生活；如何在不依靠上帝的情況下更好地生活。演出號召人們懷疑上帝的存在……睿智的上帝經常受到人們的忽視……」[77]

法國無神論者繼承了牛頓的智力探索。人們稱他們爲機械論者（因爲他們從宇宙機械論觀點中汲取靈感），拉．美特里（Julien de la Mettrie）是其中最爲有名的一位。他寫了一本《人是機器》，書中採用流行的機械論觀點對人與宇宙進行了全面的分析。他說，這根本不給上帝留有立足之地。他的主張得到了從德國遷住巴黎的保羅．亨利．塞瑞（即霍爾巴赫，一七二三～一七八九）的支持。霍爾巴赫比同時代的人更激進，公開承認上帝的概念和超自然主義是原始人發明的，因爲他們無法解釋自然現象。和貝爾、沙夫茲伯里以及其他自然神論信仰者一樣，他認爲人們接受道德並不建立在宗教基礎上，所以這個看法和伏爾泰不同。他認爲我們可以毫無擔憂地教授大衆無神論。霍爾巴赫還是最先認爲人類和宇宙其他生物毫無兩樣的學者之一。他認爲人應該有著自己的道德觀，而不是從任何超自然權威之處獲得。這個見解非常深刻，並導致了數十年之後理論的變革。

對《舊約》的抨擊

繼哥白尼、伽利略和牛頓的科學新發現之後，學術領域影響宗教信仰最深的莫過於對《聖經》的批判。早在二十世紀初，猶太學者本．以斯拉（Aben Ezra）就向傳統挑戰，聲稱摩西根本不是《摩西五書》的作者，因而導致了史上第一次重要的《聖經》批判。當代對《聖經》的一次重要批判是十七世紀路易士．卡波爾（Louis Cappel）發起的，他說初始的《舊約》不是用希伯來文而是用亞拉姆語寫成的，比先前人們認爲的成書更晚。這個見解最糟糕的結果是，《聖經》不再是上帝獻給摩西的了，換句話說，《聖經舊約》並非神性使然。這是個沉重的打擊（卡波爾這種想法的存在本身就是個重要轉變：《聖經》現在是一本世俗作品，經受不住文本和其他評論）。伊薩克．拉．佩賴爾（Isaac La Peyrère，一五九六？～一六七六）也聲稱摩西沒有寫過《摩西五書》，更引人爭議的是，他說男人和女人在亞當和夏娃之前就已經存在，而且他們是世上唯一的兩個以色列人（他還說大洪水只限於猶太人）。湯瑪斯．霍布斯以此爲基礎，聲明《約拿書》、《士師記》、《撒母耳記》和《列王記》都是在事件發生之後很長一段時間才寫成的。斯賓諾莎肯定了卡波爾和霍布斯的觀點，他主張《創世記》不可能是由一個作者寫成的，而且《舊約》中多數章節成書時間遠比我們原來認爲的晚（斯賓諾莎的見解出現在很多異教徒手冊裡，因爲見解太過爭議而未能付梓）。[78] 隨後，法國天主教學者理查．西蒙（Richard Simon）有了一個發現——《舊約》中章節的出現並不是按著固定的順序。這個在當時來說是重大的發現，歷經磨難之後，最終在十七世紀八〇年代才得以出版。它的重要之處在於使威廉．惠特頓於一七二二年分析《舊約》某些章節的過程中指出的《舊約》有僞造之嫌一事，更加合乎情理。同樣，它使得安東尼．柯林斯關於《丹尼爾記》成書時間比任何人能想像的都要晚的這個主張，更讓人接受。書中的時間框架引起了人們對未卜先知的懷疑：事實上，這些書是在時間發生之後才寫的，在某種意義上，這讓《丹尼爾記》成爲虛構。

之後，一七五三年，一位對《聖經》研究頗感興趣的法國醫生尙．阿斯楚克（Jean Astruc），主張《創世記》事實上是兩個基本文件的混合或者交疊。他說有種說法認爲上帝是神，另外一種說法認爲上帝是「耶和華」。這就是我們熟知而且廣泛接受的E和J說法。[79] 一個叫卡爾．大衛．伊根（Karl David Ilgen）的德國人，支持尙．阿斯楚克的觀點，他主張《創世記》實際上是由將近二十本書、經三個作者揉合而成的。這個觀點仍是時下流行的主要觀點。[80] 湯瑪斯．伯內特在《可見世界考古和理論》（一七三六）中計算出四十天洪災的水流量。他發現水量根本不足以湮滅地球，也不可能沒過最高山的山頂。[81] 他的這些計算，被隨後的湯瑪斯．布朗借用來批判奇蹟。[82]

對《聖經》編年史的抨擊

人們對《聖經》記載是否屬實所表現出來的困惑，讓人們對地球的年齡進行了新一輪的研究。 基督教和猶太教認爲人類歷史應追溯到亞當的誕生。猶太教的編年史計算出上帝造物發生在西元前三七六一年，但是，基督教有著更爲表象和勻稱的見解。在他們的編年史裡，人類有著七個表象時代。根據前文描述的宇宙星期——七個時代，每個時代都持續了一千年。這其中包括了西元前四〇〇〇年發生的上帝造物。基督教時代持續了兩千年，在這之後，會出現最後一次的千禧年（路德是支持這種觀點的人之一；他主張挪亞生活在西元前二〇〇〇年）。還有很多學者做出了自己的估算。斯卡利格（Scaliger）利用《聖經》中的族譜系推算出上帝造物發生在西元前三九四七年四月二十三日。克卜勒認爲是西元前三九九二年，而樞機主教詹姆斯．厄舍則在其《舊約和新約編年》（一六五〇～一六五三）更進一步指出，上帝造物週開始於西元前四〇〇一年十月二十三日星期日，而亞當是在西元前四〇〇四年十一月二十八日星期五造出來的。最後，希伯來語學者約翰．萊富（John Lightfoot，一六〇二～一六七五）進一步補充了厄舍爾的估算，他計算出亞當生於西元前四〇〇四年十月二十三日早上九點。[83]

並不是所有人都同意斯卡利格、厄舍爾或者萊富的觀點。隨著越來越多的人開始懷疑《聖經》，那些建立在《聖經》之上、對地球年齡所做的估算，也就失去了支撐。關於宇宙和地球的科學發現，開始向人們暗示地球的年齡要比《聖經》中宣稱的大得多。測算地球年齡和地質學的誕生緊密聯繫在一起，早期地質學的主要任務就是理解地球形成的過程。人們對早期地質認識之一，來自對法國、尤其是Puy de Dôme地區（靠近克萊蒙－費朗地區）死火山的研究，[84]這導致了人們發現處處可見的玄武岩實際上是凝固的岩漿。早期的地質學家逐漸認識到玄武岩層是很多年前形成的（其間的過程，我們今天可以透過活火山進行觀測，並做出計量），而且層面越往裡，形成的年代越久遠。同樣道理，地質學家通過觀測沉積岩層的沉積率來測定時間。法國地區的岩層通常都是1萬英尺厚，有時厚度超過10萬英尺，這很明顯地顯示出地球的確很老了。同時，人們還發現水—小溪或河流—把岩石切割成數層。這些岩石層可以折疊、扭曲甚至可以全部翻轉過來，表明地球曾經經歷過一段激烈的歷史時期，同時這還暗示著地球的年齡要比《聖經》宣揚的老得多。倫敦英國皇家協會成員羅伯特．胡克（他的《哲學學報》對當時這個最棘手的哲學問題保持著出奇的沉默）發現一種我們今天確定爲化石的物質，其中包含有已經滅絕的動物。[85]因此，他提出某些生物在地球曾經繁衍然後又滅絕的觀點。這也暗示了地球很老，比《聖經》中「這些生物在《聖經》成書之前就繁衍滅絕了」的說法還要老。[86]

因此，在那個時期，與4000年相差甚遠的數字教堂統統認爲是異教觀點。法國自然歷史學家布豐伯爵在《自然史》（1779）中首先計算出地球的年齡是

7.5萬年，之後又推算出16.8萬年，雖然這個數字很接近50萬年這一數字，但是他並未發表這些私人看法。【87】為了迎合正統觀點，他不得不為自己的想法裹了一層糖衣，他也同意七個時代：第一，地球和星球形成；第二，山脈突出；第三，水淹大陸；第四，大水消退，火山開始頻繁活動；第五，大象和其他熱帶動物遷徙到北方；第六，大陸分離（他認識到北美動植物和歐亞的相似，因此得出結論這兩塊兒大陸曾經相連）；第七，人類出現。這裡的見解在當時已經很像一套現代觀點，它為隨後大陸漂移學說和生物進化論學說的出現做了鋪墊。

懷疑的出現對倫理思想的影響在所難免。自從人文主義，尤其是前章提及的蒙田論文出版之後，人們開始質疑倫理的超自然基礎。但是，這時期最明顯的發展線路是繼蒙田之後，先後出現湯瑪斯·霍布斯、沙夫茲伯里和休謨，以及愛爾維修斯和傑瑞米·邊沁。霍布斯毫無疑問地主張，人類倫理以及其他的心理狀態都建立在自我利益基礎之上，生活的困境和伴隨的情感可以分為愉快和悲傷。霍布斯認為，生活行為應該建立在快樂最大化而給別人帶來最少痛苦的基礎之上，沙夫茲伯里（以及貝爾）在此都接受這個觀點所蘊含的涵義，也就是說宗教和道德之間並不是一定關聯。【88】很多人發現宗教和道德分離是不恰當的，但是這種分離卻時刻不停地進行著。因此，任何學說和政策的考驗就成了愛爾維修斯的一句名言：「最多數人的好是最大的好。」【89】我們必須考慮到社會存在以及個體快樂。邊沁（一七四八～一八三二）出版了這種方法論，後世人們稱之為「幸福微積分」。功利主義的核心倫理認為人類是冷漠的理性動物，因此，「最多數人的好為最大的好」是政治家可以實現的目標。

從嚴格宗教意義上而言，反對上帝不僅使信仰衰落，而且還激發了新的歷史態度（過去經歷的時間比任何人想像的都要多），這為大部分現代科學（進化論、大陸漂移和社會學）、現代經濟學（下章將要討論的亞當·斯密的經濟理論）、政治學（雖然今天我們認為「最多數人的好是最大的好」已經過時）奠定了基礎。但是，在懷疑主義出現之前，我們根本想像不到這些科學、經濟學和政治學。懷疑導致了一場宗教和道德的大分家。

第二十六章

從靈魂到意識：探尋人性法則

伏爾泰在英國

一七二六年，身處流放之中的三十二歲法國作家伏爾泰來到英國。不久前在巴黎歌劇院，一個貴族——羅翰騎士（the chevalier de Rohan）——侮辱了他。「M·德·伏爾泰，M·阿魯埃（M. Arouet，伏爾泰的眞名），你的名字是什麼？」這話是暗示伏爾泰竊用「德」的稱呼來爲自己僭取尊榮體面。從不在挑釁面前退縮的伏爾泰當即回擊道：「我的名字並不尊貴，但我至少知道如何爲它帶來榮耀。」兩人險些當場扭打起來，人們不得不強行將他們控制住。但就在幾天後的一個晚上，騎士派六個手下伏擊了伏爾泰，將他痛打一頓。伏爾泰毫不畏懼，向騎士提出決鬥。這個要求在當時是非常大膽放肆的舉動，以至於騎士的家族將他關入了巴士底監獄。伏爾泰若想重獲自由，就得同意離開法國。他選擇了英格蘭。[1]

對伏爾泰而言，這段插曲無論如何都是因緣際會，雖然當時看來似乎並非如此。這場流產的決鬥反映法國貴族階級對特權的濫用，在作家心中點燃了熊熊怒火；從某種程度上來說，他的事業由此成爲一場與權威的畢生決鬥。伏爾泰在英國度過的三年對他產生了深刻的影響，幫助他形成回國之後所進行的絕妙闡發的論點。伏爾泰比任何人都更切身地經歷了後來被稱爲法國啓蒙運動的那一連串事件；雖然在他死後整整十年才爆發法國大革命，但他的思想卻直接影響著像鄧尼斯·狄德羅（Denis Diderot）和皮埃爾－奧古斯丁·德·博馬舍（Pierre-Augustin de Beaumarchais）這些爲一七八九年歷史事件提供智力支援的人們。

在伏爾泰旅居英國期間，所經歷的最重大事件莫過於以撒·牛頓爵士的去世。八十四歲高齡的牛頓是皇家學會會長，所享有的榮譽可謂無以復加。令伏爾泰印象深刻的是，一個出身寒微但天賦異稟的人，竟可以在社會中攀登到如此之高的地位，受到背景各異的同胞如此一致的尊敬。這與他自己「剛剛從路易十四陰影裡走出」的祖國形成了強烈對比；在那裡，正如他自己的困境所揭示的，出身帶來的特權仍然是至高無上的。伏爾泰的書信顯示，他是如何爲英國的智力和政治組織、爲皇家學會的地位、爲英國人所享有的寫任何他們想寫的東西的自由，以及爲他視爲「理性」系統的議會政府所折服。在法國，三級會議在一六一四年以來一個多世紀裡從未被召集過，而且（這是他所不知道的）在一七八九年以前也再不會被召集。牛頓之死，使旅居英國的伏爾泰對這位物理學家的發現和理論產生了興趣，而將這些理念與笛卡兒和約翰·洛克的理論融爲一體，從中產生出他自己的思想混合體，則是伏爾泰本人登峰造極的成就。根據一則逸聞，在伏爾泰回到法國，同時也是回到其情人身邊時，他做的第一件事（或至少也是第二件）就是將牛頓的運動（包括重力）理論傳授給她。他的《英國書簡》（*Philosophical Letters Concerning the English*）廣受讚譽，但是，政府卻展示出伏爾泰所痛加鞭撻的不寬容和橫暴本色，將該書斥爲「不容於宗教、道德和對既定權威之應有尊重的誹謗性著作」而加以焚毀。[2]

在本質上，伏爾泰所做的就是使笛卡兒傳統與牛頓和洛克所集中體現的英國新思潮相調和。做爲理性主義者的笛卡兒，是從更爲傳統的「事物本質」這一先驗論命題出發，該命題乃是透過直覺加以把握，同時還加上必不可少的懷疑過程。伏爾泰則採納了牛頓的體系，該體系將優先地位賦予中立觀察所產生的經驗，原則即由此演繹而來。或許最重要的是，他將此過程應用於人類心理的分析，而洛克恰恰由此出發進行論述——他本人也觀察自己周圍的環境，並對此做出描述。正如伏爾泰所做的關於洛克的評論所言：「在衆多耽於沉思的高人編織了有關靈魂的浪漫故事之後，出現了一個眞正的智慧之士，他以所能想像得到的最不起眼的方法向我們展示了它的眞實歷史。洛克先生向人們展示了他自己靈魂的解構圖，正如某些博學的解剖學家對身體所做的那樣。」[3]伏爾泰認爲，科學已經揭示，宇宙爲適用於一切存在的「自然法則」所支配，而所有的國家——無論是王國還是邦國——都應以同一方式進行統治。伏爾泰相信，這個事實給予了人們以特定的「自然權利」，而正是這套核心信念，最終匯出了革命的教義。折服於牛頓科學成就的伏爾泰深信，經過努力之後，宗教觀念最終必將爲科學觀念所取代。他堅稱，人們不應該再圍繞著彌補原罪來規劃自己的生活，反而應當爲改善自己的塵世存在而工作，致力於改革政府、教會、教育等體制。「工作和規劃將替代禁欲的順從。」[4]至少在法國，伏爾泰的重要地位因下述因素而更加強化——他所宣導的思想變革，恰好與很多人推翻舊制度的願望契合。由此，新思想成爲這種願望的象徵。法國哲學的諸多傳統問題，如意志自由和恩典的本質，被伏爾泰及其追隨者斥爲毫無意義；他們認爲，更貼近實際的東西要來得更爲重要。

狄德羅與《百科全書》

在法國，這一切都發生在抗議和不滿日益增長的大背景之下。早在一六九一年，佛朗索瓦・德・薩利尼亞克・德・拉莫特・費納隆（François de Salignac de la Mothe Fénelon）就先後出版了《檢視國王的良心》（*Examination *of Conscience for a King*）和《致路易十四書信集》（*Letter to Louis XIV*），在其中，他爲所謂太陽王的國度描繪了一幅黯淡的圖畫：「您的人民正在餓死。農業幾乎停滯，所有工業都陷於凋零，一切商業都被摧毀。法國就是一座巨大的醫院。」[5] 一七三七年，達讓松侯爵雷納・路易（René_Louis, marquis d'Argenson）寫成《論法國過去和現在的政府》（*Considerations on the Past and Present Government of France*），揭露了法國體制中深入膏肓的權力濫用與腐敗。腐敗風氣如此之甚，以至於該書直到一七六四年才得以出版。

正是在這道很大程度上由伏爾泰一手造成的大背景下，鄧尼斯・狄德羅著手撰寫《百科全書》（*Encyclopédie*）。這個想法最初也來自英國，因爲狄德羅一開始只是想翻譯伊夫雷姆・錢伯斯（Ephraim Chambers）一七二八年初版於英國的《百科全書》（*Cyclopaedia*）。但是這個念頭後來開始擴大，超越了單純的技術描述和資料統計，而囊括了當時的整個文化狀況，成爲對法國情形的綜合描述和社會／智力審視。狄德羅所宣布的目標不僅僅包括創造知識存量，而且還包括深謀遠慮地改變人們的思維方式：改變大學及人類思維方式。[6] 《百科全書》的出版本身就是思想史上的一個里程碑。該書初次面世於一七五一年，花了二十年時間才出全，其間經歷了審查官員時而歡迎時而壓制的不斷反覆。[7] 出版商從中獲利頗豐，但狄德羅本人卻多次入獄，許多書版和文稿遭到沒收。

《百科全書》一書初露端倪，是在霍爾巴赫男爵（Baron d'Holbach）於其聖若克皇家大道（rue Royale Saint-Roche，今磨坊八路）宅邸內舉行的兩週一次的宴會上，該宅當時被稱爲「無神論者禮拜堂」。[8] 至一七五〇年，已經有八千份《百科全書》的清樣出爐了：訂購者們需要首付六十里佛，加上後續付款，總共要付兩百八十里佛。全書預定八卷，外加兩卷圖版（但實際共出版了二十八卷，包括七萬一千篇文稿）。「A」字打頭的第一卷出版於一七五一年六月，全名爲《科學、藝術、技藝詳解辭典》（*Dictionnaire Raisonn_é des Sciences, Arts et Métiers*），並附有尙・勒隆・達朗貝爾（Jean Le Rond d'Alembert）寫的「開篇提要」，其中寫道，該作品既是一部百科全書也是一部辭典，提供揭示各學科之間相互聯繫的「祕密通道」的知識「鳥瞰」視角。該提要展示了達朗貝爾有關文藝復興以來智力進步的觀點，即後者是一個諸多命題的「大鏈條」。[9] 他說，「人類迄今爲止只發現了」這根鏈條的「少數幾個環節」。的確，根據他的觀點，具體知識一共只有兩種，即有關我們自身存在的知識和有關數學眞理的知識。P・N・佛班克（P. N. Furbank）在其批評性的狄德羅傳記中認爲，《百科全書》只能從其作者對當局試圖審查文稿的反應中得到充分理解（如交叉引證，旨在將讀者引導到別處的異端甚至煽動性觀點的方向）。[10]

第一卷銷路很好，印量直到開印前都在一路攀升，從一千六百二十五本增加到兩千本。後續的各卷受到審查官員的騷擾，但狄德羅在審查部門中有一位負責書籍市場的大臣朋友拉穆瓦農·德·馬勒歇爾（Lamoignon de Malesherbes），這位極其推崇出版自由理念的大臣將手稿藏在他自己家中——此處很可能是全法國最安全的地方。這自然證明了伏爾泰的觀點——在英國，正如雅各·布倫諾夫斯基（Jacob Bronowski）和布魯斯·麥茲利希（Bruce Mazlish）所指出的，該書哪怕包含更大膽得多的東西，也可暢通無阻地付梓。不過在十八世紀六〇年代早期，即使是國王和龐畢度夫人（Madame de Pompadour）也難以不爲《百科全書》的理念所動。[11]

法語的形成

狄德羅的鴻篇巨制，最後在影響力上超過了先前錢伯斯的《百科全書》等同類著作，這樣的成就雖然得歸功於其爲更加雄心勃勃的工程，但在整個十八世紀，法國都是諾曼·漢普森（Norman Hampson）所稱的歐洲「文化上的獨裁者」，也是一個不爭的事實。在文學、藝術、建築，以及興盛於當時、直到今天仍然占有一席之地的附屬藝術，如家具、時尚和烹飪方面，人們將法國看做審美品味的模範和標準。更重要的一點是，當時法語已經取代拉丁語，成爲歐洲貴族社會的通用語。[12] 即使是佛雷德里克·威廉一世（Frederick William I）這位普魯士精神的化身，法語也說得比德語更流利。[13]

法語基本上屬於來自拉丁語當中的一種，這類語言統稱爲羅曼諸語，包括撒丁語、義大利語、羅馬尼亞語、西班牙語、葡萄牙語、加泰隆尼亞語（Catalan）、普羅旺斯語（Provencal）和法語。上述每種語言都發源於士兵、商人和殖民者所講的拉丁口語（粗俗拉丁語），而非文學化的拉丁語（古典拉丁語）。據推測，高盧地區最早使用的是凱爾特語（Celtic）的一種（這種語言很少有書面記載流傳下來），而凱爾特語無論如何都與拉丁語存在關聯。高盧——亦即現在的法國——的拉丁語後來分成兩支，即北部方言（langue d'oïl）和南部方言（langue d'oc），兩種方言區的分界線大體從今天的波爾多（Bordeaux）起，經盧塞克（Lussac）至伊塞爾河〔Isère，格勒諾布爾（Grenoble）〕。古法語自九世紀的《斯特拉斯堡誓約》（*Strasbourg Oaths*，八四二年）時起即已獨立存在，而中世紀法語則在十四世紀初次出現

（一三二八年，瓦羅亞朝國王登基）。[14]

現代法語起源於十七世紀。隨著巴黎做爲首都的地位逐漸確立，法蘭西島（Île de France）地區方言法蘭西語（Francien）成爲民族語言，已是大勢所趨，北部方言逐步取得了對南部方言的優勢。[15]但直到一五三九年著名的「維萊格特雷法令」（Ordonnances de Villers-Cotterêt）頒布，法語才正式確立爲法院用語。[16]即使到了那時，法語仍然被認爲在地位上低於拉丁語，後者仍在新學問——如科學——中得到使用。但是，法語屬於大衆文學的用語，隨著印刷術的出現和閱讀的推廣，它在普及率和使用率方面都有了穩步的增長。一五四九年，杜·貝萊（Joachim du Bellay）寫了《保衛和弘揚法蘭西語言》（*Defense et Illustration de la langue Françoise*），提出法語不應僅僅做爲市井俚言的媒介，而應更加雄心勃勃，甚至「光彩照人」。從那時起，法語就以其他語言未曾有過的方式，成爲法國智力和民族生活中一個具有自我意識的實在。在整個十七世紀，隨著語言的簡化、發展和淨化，「準確用法」（le bon usage）和「優美用法」（le bel usage）一直受到關注。[17]這個趨勢至《波爾·羅亞爾理性普通語法》（*Grammaire générale et raisonnée de Port-Royal*, 1660）達到頂峰：該書提出了基於邏輯的哲學文法這一思想。因此到十八世紀，法語已成爲一種遠比其他語言都更有自我意識，同時在某種程度上也更矯揉造作的語言。這道理性潮流對這種語言美妙風格的形成產生了推動作用，但同時也使它比其他語言更爲乾癟，詞彙量也相對較小。[18]正當其他語言自然傳播的時候，法語卻在某種程度上變成了一種官方語言，也正因爲如此，遲至二十世紀中期，在法國仍有兩百萬人的母語並非法語（如阿爾薩斯語、布列塔尼語、普羅旺斯語等等）。[19]

讀物的出現

從任何意義上來講，二十八卷本的《百科全書》都是一部令人生畏的讀物。狄德羅有可能考慮過將這項工程做爲一項哪怕是附帶性的商業試驗之事實，告訴我們很多有關十八世紀閱讀習慣所發生變化的情況。的確，在這個世紀的後半葉，閱讀習慣在很多重要方面變化不小。傳統的私人恩庇模式消亡了，越來越多的作者開始依靠向新一代讀者出售書稿的收入生活，這些讀者與作者之間完全不存在私人關係。撒母耳·詹森（Samuel Johnson）和奧利佛·哥爾德史密斯（Oliver Goldsmith）就屬於第一批專爲這種新型讀者寫作的作家之列。事實上，這是一個出版商取代庇護人地位的過程，但其間有一個中間階段——公開訂購；《百科全書》就是借助公開訂購方式得以面世的。[20]

我們同樣不應當忘記，在十六和十七世紀，無論對於富人還是貧困者而言，音樂（而非閱讀）才是主要的休閒活動方式。[21]「白鐵匠會唱歌，擠奶女工唱民謠，貨車夫會吹口哨；每一個行業，哪怕是乞丐，都有自己獨有的歌曲；低音六弦琴在客廳迴蕩，爲等待的訪客解悶；而專爲等候的客人們而設的魯特琴、七弦琴和小鍵琴則是理髮店裡的必備之物。」[22]在倫敦，這些樂器占據了劇院，但觀衆卻只是五百萬總人口中的區區二十五萬。笛福（Defoe）和班揚（Bunyan）是生活在斯蒂爾（Steele）所稱的「智慧圈子」，亦即充滿貴族氣的受恩庇作家群體之外的最早作家，至少在英國作家中是這樣。「如果有人檢索許多在十八世紀和十九世紀早期透過自學而出人頭地者的回憶錄，他會發現他們最早接觸的文化幾乎都是透過《天路歷程》（*Pilgrim's Progress*）、《聖經》、《失樂園》和《魯賓遜漂流記》。」[23]

中產階級趣味的出現

根據阿諾德·豪瑟（Arnold Hauser）的觀點，上述現象的一個重要作用，就是將中產階級的審美趣味從貴族階層的壟斷中解放了出來。「它構成了現代意義上的文學生活的歷史起點，這不僅以書籍、報紙和週刊出版的常規化爲標誌，而且首要以文學專家（批評家）的出現爲標誌，這份職業代表了文學世界中價值觀和輿論的一般標準。」[24]文藝復興時代的人文主義者做不到這一點，因爲他們沒有週刊或報紙的出版陣地供其支配。私人恩庇體制就其本質而言，意味著作者享有的收入與其作品的內在價值或一般性的吸引力之間不存在關聯。現在這點改變了：書籍成爲商業社會的一部分，成爲一種商品，「其價值與其在自由市場上的暢銷程度適相符合」。[25]這樣的公衆趣味在歷史、傳記和統計式百科全書領域表現得尤其強烈。

雜誌出版的出現

當時的週刊出版業也表現出欣欣向榮的商業氣息。在《觀察者》（*The Spectator*）第十期中，約瑟夫·艾迪生（Joseph Addison）寫道：「我的出版商告訴我，本刊的日發行量已經達到三千份；所以，如果每份刊物算二十個讀者的話（我認爲這一估算還是相當保守的），我就可以在倫敦和西敏寺獲得六萬個門徒了。」如果這種說法聽起來有些誇張，那麼我們應該記住，當時傳播文化的主要媒介是倫敦的咖啡館；到一七一五年爲止，這種咖啡館僅在倫敦一地就有兩千家。任何一份報紙以這種方式傳經二十個人之手是非常容易的。[26]後來根據某些統計，《觀察者》的印數達到了兩萬到三萬份之間，按照艾迪生的計算方式，其「流通量」達到約五十萬（一七〇〇年的英國人口剛剛超過六百萬）。這一點後來反映在報紙讀者數的增長上：在一七五三年和一七七五年之間，報紙的平均日發行量差不多增加了一倍。[27]書商詹姆斯．拉克頓（James Lackington）在他的回憶錄中寫道：「窮困的農戶，或甚至普通的鄉下窮人，在這個時期以前（前二十年），都將他們的冬夜時間花費在相關故事上，如巫婆、鬼魂、小妖精之類的。一進他們的屋子，你就會看到湯姆．瓊斯（Tom Jones）、羅德里克．蘭登（Roderick Random）的書和其他消遣書堆在他們的烤肉架上。」[28]一七九六年《每月評論》（*Monthly Review*）載文稱，本年的小說出版量比上一年增長了一倍。[29]

大自然的和諧

十八世紀最有影響力的書籍之一是愛德華．吉本（Edward Gibbon）的《羅馬帝國衰亡史》（*Decline and Fall of the Roman Empire*，一七七六～一七八八）。我們所熟知的該書論點是，基督教在摧毀羅馬文明方面發揮了不亞於蠻族的作用，並加速了所謂黑暗時代的到來。不過，還有另一個理由可以說明爲何吉本所傳達的資訊是如此重要。該書顯示了（或至少是聲稱顯示了）宗教可以如何干預——阻礙、延遲——進步。古代文明多半相信靜止或迴圈的宇宙觀，古以色列人民對彌賽亞的期盼可以被看成是一種有關進步的原始觀念，但這種觀念並未流行開來。在古典希臘，普遍的論證路徑——如柏拉圖、亞里斯多德和波利比烏斯（Polybius）——或者認爲文明正在從某個黃金時代墮落，或者認爲它是迴圈的：君主制導致暴政，暴政導致貴族政體，貴族政體導致寡頭政體，寡頭政體導致民主制，民主制導致無政府，從無政府又返回君主制。[30]

上帝的仁愛

但是，對伏爾泰和其他法國「賢哲」而言，晚近的科學發現看起來將帶來的進步前景，以及越來越多的人可以透過閱讀了解到這些進步現象的事實，意味著有關進步的樂觀觀念已經突然降臨到每個人的思想中，這既是宗教信念改變的原因，也是它的表現。直到義大利人文主義者和蒙田爲止，基督教生活都是一種智力上的困境：生活在塵世上的人們追求教會所選定的美好生活，但實際上他們卻又接受了完美創世、墮落原罪和從此之後世界不斷衰退的學說。他們等待的是在另一個世界中的圓滿。[31] 但是，與牛頓學說恰好相符的另一種觀念開始在歐洲傳播，此種觀念最重要的特徵乃是對慈善（bienfaisance）或仁愛原則的假定，這種仁愛既被用來比擬上帝，也被用來比擬人，並且由此認為，地球是「被用來滿足人類塵世快樂的」（Bienfaisance和optimiste都是十八世紀的詞彙）。有些時候，這匯出了一些荒謬的思想：費納隆（Fénelon）就曾經說過，上天對西瓜的形狀和硬度特加設計，以便人們可以容易地切開它；普呂瑟修道院長（abbé Pluche）指出，潮汐的存在就是為了讓船隻更容易地進入港口。[32]

認為自然界的和諧是上帝仁愛標誌的觀念在十八世紀發揮了更大的重要性，因為人們當時已經轉向人自身的研究。如果宇宙的其餘部分被（相對）簡單的——被笛卡兒、牛頓、萊布尼茲、拉瓦錫（Lavoisier）和林奈（Linnaeus）等才俊所認識——法則所統轄，那麼，人性自身也必然是被同樣簡單和可認識的法則統轄著的。對人性和人與社會關係的探究，很可能是啓蒙運動的一個決定性特徵。在這個時代，我們所知的大量現代「學科」——如語言研究（語言學）、法學、史學、道德和自然哲學、心理學和社會學——或者完全發育成型，或者初具雛形，等待十九世紀的最終成熟（例如，「心理學」一詞在英語中直到一八三〇年才獲得通用，而該詞之前就已在拉丁語和德語中使用了）。[33]

靈魂重被看做精神／洛克、語言和心理學

正如羅傑·史密斯（Roger Smith）在其《人類科學史》中所指出的，上述變化的原動力來自將靈魂再定義為意識的過程：意識被從知覺、語言及其與世界的關係方面進行越來越多的理解，與靈魂的不朽性和在來世中的重要地位適成對比。[34] 前面提到過，這種認識路徑主要是由約翰·洛克在其一六九〇年出版的《人類理解論》（*Essay Concerning Human Understanding*）一書中所開創。在該書中（其草稿早在一六七一年即已寫就），洛克使用的是「意識」（mind）而非「靈魂」（soul）一詞，並且將經驗和觀察而非某種「內在的」或宗教性的（天啓的）根源當做觀念的來源。他要求讀者「從出生開始就跟蹤觀察一個孩子，看時間是如何在他身上創造變化的」，而拒絕了一切先天觀念的理論。但洛克也將下列命題視為當然——意識天生包含某些內在的能

力，如反映外部世界的能力，「爲我們自身所感知和反映的，我們意識的內在活動」。[35] 他說，現實世界的經驗給予我們感覺（他的例子包括「黃」、「熱」、「軟」和「苦」）。我們反映這些經驗，並分析它們，以形成我們的觀念。

至少對英國人來說，這就是牛頓和洛克所構築的現代世界。牛頓確立了基本眞理，洛克則用心理學代替了形而上學，「揭示了由經驗產生眞理的精神機制」。[36] 他的擬想和分析是如此新穎，以至於他甚至爲這種觀察世界的新方法專門創造了一套詞彙。這一變革被反映在如下事實中——談論靈魂成了一件令人尷尬的事情，而被更加世俗的意識觀念所代替。同樣，正如批評者迅速指出的，洛克賦予經驗（而非內在知識）至上地位，使他得出結論，即信仰也與經驗有關。他舉出有些人群並無上帝觀念的事實做爲例證，並以此攻擊先天觀念說。這對心理學的產生產生了至關重要的推動作用（儘管當時還不大使用這一術語）。洛克爭辯說，動機根源於經驗—自然（後者也促成了意識的形成），而非來自某些作用於靈魂的超驗力量。他將行動視爲對伴隨感覺的愉悅或痛苦的反應，由此開啓了對人類動機進行決定論／機械論理解的可能性。由此產生一個令人不安的後果，就是將上帝從道德領域進一步驅逐；我們在後文中將看到，這種立場在十八世紀結束時占據了主導地位。道德是被傳授的，而非先天的。用同樣的方法，洛克將「意志」從靈魂的要素中剔除了出去，認爲這是個意識在接收感覺、做出反應後所面對的簡單的選擇問題。或許最爲重要的是，他認爲「自我」或「我」並非與靈魂相關聯的神祕存在，而是「構成經驗的感覺和情緒的集合」。[37]

洛克對現代心理學理念的最後一項貢獻是其對語言的洞察。直到十七世紀，語言在很多人的心目中占有特殊地位。當時的感覺是，詞語是特殊的東西，因爲它們再現了所描繪的客體。《聖經》是上帝的言語，同時，有些人相信每一個存在物在最初都擁有一個確定其存在的名字，而哲學的任務就是揭示這一原初的名字。這種觀念特別被雅各．波麥（Jakob Böhme）這樣的學者所持有，波麥曾論證過「亞當語言」或原初語言的存在，很多人相信這種語言最接近希伯來文。[38] 但洛克認爲，語言無非是習俗和便利的產物，它也有變化和發展，認爲我們（或者說應該）「揭示」某種早期語言形式的存在（就好像這樣能幫助我們找回某種古老智慧似的），是沒有意義的。這一切都使人們震驚和迷惘。

儘管有洛克的論證，很多人仍然不願接受靈魂的降格；他們以雕琢華麗的文體表達了這一點。以有關燃燒的燃素說而聞名的喬治．斯塔爾（Georg

Stahl）認為，靈魂是以整個肉體的形式具象化的。尼古拉斯．馬利布蘭休（Nicholas Malebranche，一六三八～一七一五）認為，上帝透過靈魂創造天生觀念和動機。安東尼．阿諾德（Antoine Arnaud，一六一二～一六九四）和皮埃爾．尼柯（Pierre Nicole，一六二五～一六九五）在他們的《思維的藝術》（*The Art of Thinking*）一書中同樣認為，靈魂負責推理，儘管他們並未承認語言的結構反映了意識運行的方式。[39]萊布尼茲提出：「最基本的存在單位稱為單子（monad）。」[40]他認為，正是這基本、不可分和「最重要的元素」，構成了肉體和靈魂的共同基礎。用羅傑．史密斯的話來說，「萊布尼茲成為下述信念的提出者，該信念強調靈魂在掌握知識和引導行為時的內在和本質活動。」[41]這一有關靈魂的複雜推理，顯示了人們在面對令人尷尬的概念時是如何自找麻煩的。洛克的體系儘管令人震驚，卻要容易解釋得多。

但有關靈魂的研究並未死亡，遠遠沒有。德國人和當時英國以外的其他歐洲人一樣，堅信靈魂是一個不可分的實體，包含了神的創造。[42]例如以「猶太人的蘇格拉底」而聞名的摩西．孟德爾頌（Moses Mendelssohn）就論證說，靈魂包含了一種只針對美麗發生作用的機能，這種機能能讓人對美好事物做出反應、「了解」它並認識它，而分析則永遠不可能以同樣的方式運作。[43]根據這一觀點，是靈魂預先決定了人向高級文化的進步，並且將他與動物區分開。

正如現代意義上的心理學花了很長時間將自己與靈魂觀念區分開一樣，心理學與哲學的界分也是姍姍來遲。伊曼紐爾．康德在這個問題上比其他人做的工作都要多。他的觀點立基於兩個本質區分：一方面是科學知識與哲學（批判思維）的區分，另一方面是科學（嚴格意義上的）與應用知識的區分。康德對本體——我們所講的自我——以及他如何能了解事物的問題十分著迷。他的結論是：並非所有知識都是科學性的，批判思維顯示了我們不可能掌握世界本身。[44]比如有關意識的知識，就不是某些十八世紀的理論模式所擬想的那樣機械。「不可能存在做為『科學』的心理學，因為我們在意識中所觀察到的東西，並不以……在時間和空間上可把握的形式存在。」[45]部分出於這一原因，康德開始對人類學和相面術感興趣，並將之定義為「由人的可見外形和外部存在來判斷人之內在屬性的一種藝術，無論對這種內在屬性是從感知方式抑或思維方式的角度進行把握」。[46]

羅傑．史密斯認為，這正是啓蒙運動的關鍵所在。「在十八世紀，求助於人性，有點像求助於《聖經》中的上帝，二者都是一切事物圍著轉的中心。」[47]撒母耳．詹森聲稱，對人性的研究最初是在十七世紀末成為時尚的。在十八世紀二〇年代，達拉謨主教約瑟夫·巴特勒（Joseph Butler）進行了有關人性的佈道；在一七三九年，大衛·休謨出版了《人性論》（*A Treatise of Human Nature*）。該書並非是在一夜之間成爲經典的（休謨本人稱其爲「從出版社出來的死胎」），但最終它的確推動了啓蒙運動另一個決定性特徵的產生，即相信知識將代替天啓而成爲達到致善的手段。[48]正如馬布里修道院長（abbé de Mably）所言：「爲教導人成爲他應該成爲的樣子，讓我們首先研究人究竟是什麼。」[49]

「神經症」

對人性法則的探尋主要採取兩種形式，生理的與道德的。整個十八世紀，人們沉醉於研究身體、感覺、知覺和意識透過神經系統作用於身體的方式。蘇格蘭內科醫生羅伯特·威特（Robert Whytt，一七一四～一七六六）在斬首青蛙的實驗中，發現沒有腦袋的青蛙仍然移動腿部來清除塗在牠們背上的酸液。他由此斷定，牠們的脊索中存在一個「瀰漫的靈魂」。與羅伯特·威特同時代的威廉·庫林（William Cullen，一七一〇～一七九〇）是第一個創造「神經症」（neurosis）這個名詞的人，但他將該詞用於所有神經失調症狀，從而將該詞的涵義擴展到迄今爲止尙未得到認可的程度。只是到了十九世紀末，神經症一詞才獲得了其現代涵義；但是在十八世紀，沮喪、焦慮和持續惱怒則被描述爲神經衰弱。[50]醫學語言從體液學說的術語中產生，而瘋狂則被解釋爲一種「意識障礙」，這種障礙被理解爲某個寄居在大腦這個身體器官中的東西。

實際上，早在十七世紀六〇年代，大腦就被湯瑪斯·韋利斯（Thomas Willis）研究過，此人是早期科學家的一員，與雷恩（Wren）、胡克（Hooke）和波以耳（Boyle）一起參與創建了皇家學會。韋利斯進行了不計其數的大腦切開實驗（主要是人腦和狗腦），並發展了一種新的將大腦從顱中取出的方法，這種方法從腦底實施取出，從而有助於保持大腦的形狀。他的細緻觀察和切開實驗，再加上巧妙的切片著色技術，幫助他揭示出，大腦被細密的血管網所覆蓋，而且腦室部分（大腦皮層疊合的中央空間）沒有血液供應，因而不像是靈魂的居所，如某些人所相信的狀況。他證實大腦遠比任何人想像的都要複雜，而且還發現了一些新的大腦區域，如紋狀體（corpus striatum），以及大腦透過神經與面部、特定的肌肉群和心臟的聯繫。他的著作《大腦和神經解剖》（一六六四）大大促進了將情緒和靈魂與心臟分離的認識，因而也使他得以在這一進步過程中名垂青史。他發明了「神經學」（neurologie）的範疇，並稱之為神經衰弱的原則。他將此書獻給謝爾登大主教（Archbishop Sheldon），以向公衆表明自己並非無神論者。

這些變革的態度和信念被體現於一本將它們推向極端化的著作中——或許這也是不可避免的，亦即法國外科醫生拉．美特里所寫的《人是機器》（一七四七年出版），為逃避法國的審查，作者不得不在萊頓出版該書。他認為思想是一種物質的屬性，「可以與電流相提並論」，由此便滑向了決定論、唯物主義和無神論，而這些標籤都足以給他惹上大麻煩。他的觀點是，人性和動物性都是同一個連續統一體的組成部分，人性等同於生理屬性；而且他還堅持世界上並不存在「非物質實體」，由此對靈魂是否存在提出了嚴重的質疑。他說，物質由自然力驅動，有其自身的組織能力。他還說，在生物有機體之間並不存在本質差別：「人並不是從更貴重的黏土中製作出來的，大自然用的是同一個麵團，只不過酵母不一樣而已。」[51]

孔狄亞克（Étienne Bonnot, abbé de Condillac，一七一四～一七八〇）認為，所有的精神活動都是由感覺的愉悅或痛苦性質而引起，不過他也說過靈魂先於感覺。博內（Charles Bonnet，一七二〇～一七九三）則認為，精神活動產生於大腦纖維內，但這項活動需要靈魂。

新的自我意識

與從靈魂到意識的變化相適應，另一種發展進程隨之出現了，多若．瓦爾曼（Dror Wahrman）稱之為現代自我意識的出現。有關不同的性別在十八世紀劇院中得到表現的方式、種族被描繪的方式、動物孕育的方式（尤其是巨猿與人類的關係）、當時的肖像畫、小說主角的變化，以及衣著時尚嬗變的綜合研究中，瓦爾曼揭示出下述事實：這個時期對自我的理解發生了很大變化，由某種易變的，取決於氣候、歷史或宗教的事物，演變成某種來自人內部的東西。這並非是對自我的生物學意義上的定性，而是顯示出一種認識，即自我是可以被發展的。對美洲的發現，對歐洲人有關種族、生物學、文化和歷史的思想產生了莫大的影響，但在當時的背景中，對很多人而言構成分水嶺的事件，非美國獨立戰爭莫屬。在這場衝突中，不同國籍的人——英國人、法國人、德國人和義大利人——並肩與英國人作戰：這起事件產生了深刻的影響，迫使人們去思考「自己到底是誰」這個在以前的戰爭中沒有面對過的問題。在身分認同的語境下，動物和人的區分也被重新考慮，並被拿來與階級和性別的區分進行比較。肖像畫在這個世紀之初主要透過衣著來區分作者，而現在開始強調臉部特徵的差別。在瓦爾曼看來，小說的興起是十八世紀晚期「內在性情結」（interiority complex）最鮮明的體現。在該世紀早期，小說角色通常被視爲類型的例示；至十九世紀之初，角色則因其自在性和獨特性而受到稱讚。小說不再按照俗套去關注傳統人物類型所遇到的那些典型問題，而是讓讀者接觸可能與自己擁有完全不同內在生活的「陌生人」，並採用了通感（sympathy）和體驗（understanding）的寫作手法。[52] 正是在十八世紀末，人物角色的發展變化開始受到重視，即德語中的Bildung，該詞反映的思想是：在生命過程中，內在自我的某些部分會發生變化，同時另一些部分則保持一貫性（歌德的思想在此發揮了很大的作用）。出於同樣原因，在藝術領域，兒童肖像畫受到了更多的關注〔例如在約書亞·雷諾茲（Joshua Reynolds）的作品中〕，與之相伴的是有關兒童的新觀點，即他們是「天眞無邪的白板」而非迷你版的成人。[53] 正是對人格、身分以及二者來源的興趣，促成了由人的臉部特徵判斷其人格的面相術的流行。上述所有狀況都反映和加強了啓蒙運動有關自然權利的概念。大的階層群體中的無名成員，是不大可能像具有強烈自我意識的個體那樣自信和自覺。

愛丁堡

巴黎做爲伏爾泰、《百科全書》、孟德斯鳩、笛卡兒、美特里和孔狄亞克的家鄉，是啓蒙運動的中心，在那裡盛行對人性法則的探索也就不奇怪了。該城自十一世紀建立了自己的學校和大學以來，已經成爲才俊和新思想的首善之地。眞正讓人驚訝的是，歐洲極北的一座小城竟然會成爲它的競爭對手。

「從一七四五年高地叛亂（Highland rebellion）到一七八九年法國革命，長近半個世紀的時間裡，愛丁堡小城統治著西方的智力生活。」這是詹姆斯·巴肯（James Buchan）在其新作《思想之都》（*The Capital of the Mind*）中說的話。「在將近五十年的時間裡，一個在過去數世紀一直都是貧窮、宗教上的桀驁不馴、暴力和骯髒的同義詞的城市，爲現代世界奠定了精神基礎……，『垃圾槽愛丁堡』變成了『愛丁堡，大不列顚的雅典』。」在十七世紀的一段時期裡，儘管愛丁堡和倫敦之間每週有三趟郵車，有一次卻發生了這樣的事：往整個蘇格蘭的回郵只有一封來自倫敦的信。[54] 在這種背景下，一群博學之士——大衛·休謨、亞當·斯密、詹姆斯·哈頓（James Hutton）、威廉·羅伯遜（William Robertson）、亞當·佛格森（Adam Ferguson）和休·布雷爾

（Hugh Blair）——成爲現代世界的第一批學術名人，「他們的古怪習慣和無瑕的道德人格，就和他們的精神火花一樣廣爲人知。他們教導歐洲和美洲，如何去思考和談論那些進入十八世紀視野的廣闊新領域：知覺、文明政府的目的、形塑社會的力量、物質的結構、時間和空間、正確的行爲，以及連結和分離兩性的因素。他們可以用乾枯無淚的目光，打量著一個上帝已經死去的世界……，美國愛國者班傑明·富蘭克林在一七五九年偕其子首次訪問愛丁堡後，將這次旅行視爲他所經歷過的『莫大幸福』。」法國學者們的名作《百科全書》在一七五五年用一段鄙夷之辭描繪蘇格蘭（Écosse），但到了一七六二年，伏爾泰卻不無惱怒地寫道：「現在我們得從蘇格蘭學習所有藝術的審美標準，從史詩到園藝。」[55]

這場北方文藝復興的直接推動力是一七四五年的高地叛亂，由查理斯·愛德華·斯圖亞特王子（Prince Charles Edward Stuart）領導、旨在將（天主教的）斯圖亞特家族重新扶上蘇格蘭（以及不列顛）王位的叛亂，在愛丁堡取得了暫時的進展，但隨後查理斯於進軍倫敦途中在德比（Derby）附近被擊敗，他本人被迫逃回法國。此事使許多才智之士集中在愛丁堡，其中很多人不得不做出這樣的結論：他們的未來和英格蘭聯繫在一起，以王族內鬥爲表現的宗教紛爭弊大於利；只有新思想而非舊政治，才是未來的出路所在。

愛丁堡的成功同樣得益於興建愛丁堡新城的規劃。「愛丁堡新城是迷人的，」詹姆斯·巴肯寫道，「這不僅是由於興建了一批鱗次櫛比的美觀建築，而且也因爲這是對市民生活理念的物質表述……它們體現了一個新的社會存在，這個存在溫和、富有階級意識、敏感、守法、衛生並且懼內：一句話，現代。」該城向舊城區北方的擴展不僅顯示了其人口的增長，而且顯示了其勃勃雄心。新興的資產階級需要一個更宜居、有更合理的規劃、更好的商業基礎設施和更好的集會場所的城市，這既反映了社會在經濟層面上的改變，也反映了經由新興科學而得到更好理解的社會關係層面上的變化。僅僅教堂和酒吧已經不夠了：孟德斯鳩不也說過，在首都集中人口會擴大他們的商業胃口嗎？[56]實際情況是，人們前往城市是因爲他們從很久之前就知道：城市是非常好玩的。（直到一七四五年，愛丁堡都處在十分嚴格的清教戒律規制之下；的確，短語「十點鐘人」反映的就是這一情況，蘇格蘭教會長老每到這個時間就要巡查城裡的酒吧，以確保不再提供酒類。）愛丁堡新城是透過公共募捐方式建立起來的，這使它「在十八世紀六〇年代末的運河熱之前一直是全歐洲最大的公共工程」。[57]新城的某些個別建築是羅伯特·亞當（Robert Adam）或其弟約翰（或兩人合力）的作品，但城區整體布局以及它的視覺效果和作爲知識殿堂的地位，卻基本上應歸功於詹姆斯．克雷格（James Craig）。正是他的規劃——寬闊的主街，狹窄的輔路，路兩頭的廣場，新古典／新帕拉迪奧風格的建築外觀，一切都以完美的比例存在——使愛丁堡獲得了「哲學家天堂之城」的美稱。[58] 詹姆斯．巴肯說：「世界上沒有任何一個城市像愛丁堡一樣。」羅伯特．路易士．史蒂文森（Robert Louis Stevenson）則寫道：「巴黎才應該有如此風姿。」再加上高聳在巉岩上的舊城堡，像萬神廟一般俯視著勻稱的帕拉迪奧式新城區，愛丁堡的現實壯觀程度甚至要超過巴黎這座十八世紀市政建設的完美範例（後者壯美的林蔭大道和街景，在十九世紀已經過時了）。在這種壯麗的背景下，可以期待愛丁堡將英才輩出。

大衛．休謨

在英國，尤其是在蘇格蘭，存在一種特別的對靈魂和心理關係描繪方式的虛飾，即所謂道德哲學。這個範疇十分古老，可以追溯到中世紀末期，它反映了如下的觀念：靈魂、人性和社會條件的安排是聯繫在一起的，研究人性有助於揭示道德規範之中的神意。（早期的美國大學同樣講授道德哲學。[59]）有人將道德感論證爲靈魂的機能，即上帝如此這般教導人們如何行事，但大衛．休謨卻將道德建基於對人性的研究之上；我們還將看到他是如何抨擊對宗教的合理性辯護的。一七一一年生於愛丁堡草地市場區（Lawnmarket area）的休謨是貝里克希爾地主之子，在校期間開始對文學和哲學產生濃厚興趣。他最重要的作品早在二十多歲時即已完成，但他卻始終未能成爲教授，這有可能是因爲他的懷疑主義使愛丁堡當局感到迷惑甚至懼怕。當他處於彌留之際時，他的朋友凱薩琳．莫爾（Katharine Mure）勸他，趁還不算太晚，「燒掉你那些小冊子」。[60]

一七三九年一月，二十八歲的休謨出版了《人性論》兩卷本的第一卷。該書爲建立一門人的科學打下了基礎，這門科學可以提供一部理性的道德法典（其副標題爲「嘗試在道德事物推理領域引入實驗方法」）。「所有重要問題的解決關鍵，無不包括在關於人的科學中；在我們尚未熟悉這門科學之前，任何問題都無法得到確實的解決。因此，在試圖說明人性的原理時，我們實際上就是在提出一個建立在幾乎是全新基礎上的完整科學體系，而這個基礎也正是一切科學唯一穩固的基礎。」[61] 他提出了一些極其強有力的論點，對基督徒們很可能是冒犯性的，但即使是這樣，正如一位觀察者所言，他仍然顯示了「自古代起就未被見到過的」懷疑論思想。[62] 像洛克一樣，休謨將其論證建立在牛頓體系之上，但他同時也謹慎地評論道：物理學家儘管描繪了重力，卻未能眞正解釋它。例如他認爲，知識的基礎是因果聯繫。我們之所以能知其然，是因爲我們經歷過事物如此這般的變化。但休謨堅持認爲這是幻覺：我們不可能展示因果本身。他舉過一個著名的例子：當一個檯球「撞擊」另一個，並使其滾過桌面時，並沒有因果被揭示，存在的只是狀態的連續發生。[63]經驗決定生活，「知識成爲信仰或『被思想感受到的東西』，而非理性過程的產物」。基於此，一切宗教——包括它們的終極動因和奇蹟——全都是胡說八道。[64]休謨認爲，理性完全是情緒的奴隸，在此範圍內，一切科學都是可疑的。他說，並沒有什麼自然法則，沒有什麼自我，也沒有所謂存在的目的，只有混沌。與之相似，他並不認爲有可能解釋「靈魂的最終原則」，但認爲有四種與人性有關的「科學」，即邏輯學、倫理學、批評學和政治學。「邏輯學的唯一目的是解釋我們推理能力的原則和作用，以及觀念的本質；倫理學和批評學涉及我們的審美觀和情感；政治學則將人們視爲統一在社群當中，互相依賴。」[65]儘管該書分爲三個部分，分別討論理解、情緒和道德，他卻認爲人性歸根到底是由兩個基本部分組成的，即情感和理解。他堅稱，我們的行爲更受到情緒而非理性的驅策，情緒永遠可以劃分爲愉悅和痛苦，這些感覺影響著我們對善惡的判斷。[66]休謨同樣用意識代替了靈魂，他相信意識終歸是可以被「完滿了解」的。[67]儘管休謨將情緒置於首要地位，但按照他一貫的習慣，他的立場仍然是溫和的。他認爲很多同時代人的觀點「值得贊同」，而且直到去世之前都經常爲朋友們下廚，這些朋友便包括一些神職人員。[68]

亞當．佛格森是神職人員之子，一七二三年六月生於扼守進入蘇格蘭高地東部大道的泰塞德（Tayside）。他從小就脾氣火爆，而且據他的內科醫生約瑟夫．布萊克（Joseph Black）所言，他經常穿得「不是一般的厚」。在經歷一系列的遊歷和供職經歷（包括在黑軍服高地聯隊中擔任隨軍牧師，以及在愛爾蘭和美洲任職）之後，他最終取得了愛丁堡的自然哲學教席。他最廣爲人知，同時影響力也最大的著作《公民社會史論》（*An Essay on the History of Civil Society*）在愛丁堡飽受惡評，大衛．休謨對之也大加撻伐，但在倫敦卻獲得了不少忠實讀者，在佛格森有生之年出了七版。在歐洲大陸，此書也影響極大，德國哲學中的「公民社會」或bürgerliche Gesellschaft這個短語即由此書而來。[69]詹姆斯．巴肯說：「《公民社會史論》在馬基維利和馬克思之間架起了至關重要的橋梁：從公民參與的貴族迷夢到原子化的、『異化』的個體人格之左派夢魘。」[70]

佛格森的論點是，進步既不是線性的，也不是不可避免的。從來就沒有人類由之墮落的黃金時代；反之，人類被四個特徵所限定：創造性、謹愼、頑固和不安分。[71] 人是社會性的，只能「在他們一直就生存的群體中」得到理解。理性世界並非像法國賢哲們想讓我們相信的那樣，歷史也總是在迷霧中前行。「群體的每一步驟和舉措，即使是在所謂開明時代中做出，也總是伴隨著對未來同樣的茫然無知；各民族總是在既存的制度中磕磕絆絆，這些制度的確是人類行動的產物，卻並非人之設計的結果……從沒有合意產生的政制，也沒有規劃出來的政府……」[72] 在少部分人歡迎工業社會發展的同時（他提出了歷史「階段」的思想），佛格森是最早指出下述事實的思想家之一：製造業「將人類變成簡單的手腳運動，人變得思想狹隘和專業化，喪失了公共福利的概念……我們創造了一個奴隸民族，其中並無自由公民可言。」「工資和自由，」他說，「並不是同義詞。」[73] 對佛格森而言，我們對於進步可能熱愛得太過火了。

經濟思想／柯爾伯特

直到十七世紀，仍然沒有出現將「經濟」看成是獨立實體的觀念。大學課程偏重亞里斯多德，事務管理被視爲倫理學的分支。到十八世紀，經濟學問題才和倫理學問題區分開來。那時，貨物的「公平價格」仍然由行會社團和王室代表決定，而非（至少非直接）由市場決定。十七世紀現代國家的興起——法國、奧地利、普魯士、瑞典——邁出了重要的一步，這些國家都試圖理解人口水準、製造業和農業生產三者之間的聯繫，以及國際貿易結餘的多方面影響。結果在十八世紀，上述一些國家（但尙不包括荷蘭和英國）在大學裡開設了經濟和國家管理學，或政治經濟學教席。[74]

此間的一個重要人物是尙－巴蒂斯特·柯爾伯特（Jean-Baptiste Colbert），一六六三～一六八三年路易十四的財政大臣。他相信，國家要想繁榮，必須對社會和經濟狀況有精確的掌握。法蘭西科學院（French Académie des Sciences）在一六六六年剛建立時，就被指定研究這些問題。[75] 這樣一來，信用制度的細節、合同法、自由貿易和貨幣流通就成爲獨立的興趣領域了。貨幣流通量可被計算並且與經濟運行狀況相關的事實，第一次爲人所知。

配第／財政學

經濟學發展過程中的第一個傑出英國學者是威廉·配第（William Petty，

一六二三～一六八七），做爲皇家學會會員，他發明了「政治算術」一詞，該詞並被用做他一本書的書名。他試圖對英國的資本、公共財政和人口進行綜合估算（比聽起來要困難，因爲國會直到一八〇一年才批准進行人口統計；直到一八五一年，該統計才成爲人口普查）。配第追隨霍布斯，將經濟活動視爲爲了自己理性自利而行動的獨立個體所構成的系統。同時，他從市場——交換系統——中排除了一切道德考慮。第二個重要人物是約翰·格蘭特（John Graunt，一六二〇～一六七四），他最早涉足社會統計資料的蒐集（他稱之爲「店鋪算術」）。這最初是爲了打消公衆對犯罪的恐懼，但格蘭特將此方法擴展到不同地區的人口水準估算上。透過該方法，人口死亡率的變化資料開始顯現，這使剛剛起步的人壽保險業受益匪淺。[76]

在小國林立的歐洲大陸，政府中的經濟、社會、醫療和法律事務很少分開，這些被統稱爲「財政學」（cameralistics），該詞來源於camera，統治者的國庫。一七二七年，最早的兩個「財政」科學教席在普魯士的哈勒（Halle）和奧德河畔法蘭克福（Frankfurt-on the-Oder）的大學中設立。但在英國，人們認爲人性才應當支配經濟生活，而非國家。這一時期逐漸得到接受的說法是，社會已進入了一個新時代——它變得「商業」了。人們認爲，商業社會是人類最後（至少是最近的）發展階段。這種思路或態度在另一個偉大的愛丁堡人亞當斯密身上得到了概括。「因此，任何人都靠交換爲生，或者說在某種程度上變成商人，社會本身由此成長爲可以恰當地稱之爲商業社會的型態。」[77]換言之，一個人在社會中的地位取決於他或她（能）買和賣什麼東西。

亞當·斯密／《國富論》

一七二三年，亞當·斯密生於可哥卡地（Kirkcaldy）；他自小體弱多病，某些記載還說他被吉普賽人綁架過。[78]不過他長大後卻成爲一個文藝復興型人才，通曉拉丁語、希臘語、法語和義大利語。他借助翻譯法文著作來提高自己的英語水準，筆觸所及遍至天文學、語言學及「詩歌和雄辯之學」，曾在格拉斯哥擔任邏輯學和修辭學教授，後於一七五二年獲得更富聲望的道德哲學教席。雖然生活和工作都在格拉斯哥，他卻充分地參與了愛丁堡的生活——格拉斯哥到愛丁堡的驛站馬車每天都準時在下午茶時間之前到來。[79]他於一七五九年出版了《道德情操論》（*The Theory of the Moral Sentiments*）一書，《愛丁堡評論》（*Edinburgh Review*）的創始人亞歷山大·韋德伯恩（Alexander Wedderburn）譽之爲揭示了「哲學最深層的原則」。但是，一七七六年出版的《國富論》（*The Wealth of Nations*）才眞正使斯密名垂青史，流芳全球。

在斯密「經歷了智力探索和謹愼社交的一生」而去世之時，一家當地報紙在其訃告（一七九〇年八月四日）中抱怨說，他「將格拉斯哥大學的道德哲學教席變成了貿易和金融教席」。[80] 這可以說完全不是事實，但鑑於斯密在其有生之年就一直受到類似的理解，或者說遭到類似的誤解，這裡有必要再強調一下：斯密是一個學者，一個道德哲學家，對自己的工作抱有一種非常合乎道德的態度。「資本主義」是一個直到二十世紀之交才發明出來的術語〔德國經濟學家、社會學家維爾納·桑巴特（Werner Sombart）在其《資本主義》（*Kapitalismus*）一書中首次提出了它〕，斯密本人則不可能承認這個一用語，同樣不可能認可這種情感。他對金融和銀行業的了解並不特別深入，在他生命的最後時光中，他「對商業社會的道德狀態」表達了極大的疑慮。[81] 具有反諷意味的是，正是斯密創造了一種最終將經濟學與大多數人稱之爲倫理學的領域分開的思考方法和語言。不過，他本人覺得允許經濟活動的完全自由本身即是一種道德形式。他的書，首先是對穀物貿易壟斷措施的超道德憤怒抨擊。[82] 他捍衛消費者利益免受壟斷者之害，認爲消費需求是財富創造的引擎。[83] 我們不應忘記，十八世紀的國家干預對經濟發展具有很大的作用，斯密也從未否認過這一點。[84]

商業社會

正如羅傑·史密斯和保羅·蘭福德（Paul Langford）所強調的，商業社會的形成，爲有關人性現代觀點的發展變化開創了一個新的時代。「『經濟人』這個術語，其實是下列觀念的代碼：所謂社會只不過是一群個體的集合，這些個體以理性自利爲行動準則，以最大化其物質利益和福利爲行動目的。」[85] 就像其他事物一樣，這個觀念又涉及人類心理學問題；在此，有必要對斯密的書所面向的新的消費者世界多加關注。「建築師約翰·伍德在一七四九年列出了自喬治二世登基以來所出現的新鮮事物。便宜而骯髒的地板被鋪著地毯的上乘松木地板所代替；難看的灰泥被隱藏在精巧的壁板後面；石頭壁爐和煙囪傳統上是用經常在地板上留下粉筆灰的石灰水進行清潔，而現在它們被大理石代替了；鑲著鐵構件的脆木門被放棄了，取而代之的是裝有黃銅鎖的硬木門；鏡子的數量多了，而且變得優雅了；設計入時的胡桃木和桃花心木家具取代了粗陋的橡木家具。皮革、錦緞和刺繡爲坐者提供的舒適感，是藤條和燈芯草無法比擬的……。十八世紀六〇年代和七〇年代的很多店主、商人家中的地毯、壁毯、家具，以及廚房和會客廳用具，是他們的父母望塵莫及的，更是他們的祖父母想都不敢想的。」[86]

斯密的理論之所以顯得格外尖銳，是因其與當時在法國這唯一存在可稱得上與之競爭的思想，即所謂重農主義者的理論是非常不同的，而且，事實很快就證明，這種思想無論在成效還是精確性上，都遠不能與斯密的理論相匹敵。重農主義者之所以重要，是因爲他們同樣贊成十八世紀開始向商業社會轉變的思想，並由此將商業和交換接納爲理解人性法則的重要因素。但是，法國的鄉村氣息和農業比重遠比英國爲大，這就決定了以佛朗索瓦·魁奈（François Quesnay，一六九四～一七七四）和米拉波侯爵（the marquis de Mirabeau，一七一九～一七八九）爲代表的重農主義學說的出現。他們在一系列著作中的論點是：所有財富都來自土地和農業生產，文明的核心推動力就在於農業產出相對於爲達到該產出而消耗的食物量剩餘。[87]這一剩餘量以及它所支撐的消費量的增長會帶來人口的增長，增長的人口會開墾更多的土地，如此良性迴圈。魁奈的論證方法使其對社會採取了一種特別的觀察角度：存在一個從事農業的「生產階級」，包括自耕農和地主，地主又包括國王和教會在內，他們透過什一稅、捐稅和地租收取農業產出；與之相對的是另一個社會集團，他用了一個富有啓發性的短語「不育階級」（sterile class），這包括製造業者，因爲他們依賴農業生產，因而，根據魁奈的觀點，不能生產剩餘。[88]

亞當·斯密則持實質上相反的觀點，即人類已經跨過了農業社會階段，進入了文明的新時代——商業社會。斯密說，經濟價值的基礎或財富的源泉存在於勞動，即已完成的工作之中。這當中有一個值得注意的變化——斯密並不將任何一個職業階層看做財富的根本基礎，他認爲，真正起作用的是交換和生產力，即任何交易的附加價值。這樣的思路後來成爲所謂的「古典經濟學」，因此在這裡有必要再次重申：那種孤立於道德關係、文明歷史或諸如英國應如何被治理之類的政治問題的經濟學學科概念，從來就不爲斯密所採用。「他將政治經濟學定義爲『政治家科學的一個分支』。」[89]斯密的觀點，實質上和我們今天所持的並無太大區別：對於一個人，應當從他的理性和道德品質，以及他幫助促進其同胞福利的程度這幾個方面來評判。這促使斯密改變了對某些人（比如企業家）的態度。他認爲，這些人並非陰暗的道德角色，而是發揮著重要的作用；透過積累資本，他們促進了其他人的生產活動。儘管斯密被人視爲自由市場經濟之父，但實際上他相信立法在生活的特定領域對於保持公平和公開發揮著關鍵性的作用，他自己也教授法理學。[90]二十世紀偉大的美籍奧地利經濟學家J．A．熊彼德認爲，斯密的開創性著作《國富論》（1776）不僅是有史以來對經濟學影響最大的書籍，而且是除達爾文的《物種起源》（*On the Origin of Species*）之外，有史以來最好的科學書籍。十九世紀的H．T．巴克爾認爲，《國富論》「可能是他所寫過的最重要的一部著作」。[91]斯密的研究方法和理性主義態度，使數學被應用於貿易和交換的研究當中。雖不總是成功的，但這的確說明了經濟活動遵從特定的規律或秩序，對此，我們應當感謝斯密。他經常被冠以「自由放任經濟學」的標籤，但這是個法文詞，其所指代的觀點出自十八世紀的法國，而在英國則直到十九世紀方流行開來。實際上，斯密本人始終對文明社會中的正義和財富創造給予同等的關注。有關這一點的證明是，他經常將英國和其他地方進行比較。他認爲，賦予勞動價值並不能消除嚴重的不平等，但是，（正如他所預想的那樣）悲慘的貧困狀況在英國比在歐洲其他地方或者印度等地要少得多。他感覺到，人們總是會自然而然地追求他們的自我利益，如果其他因素也具備的話，這將帶來一個高工資、鼓勵消費和生產的經濟體，形成漸進和持續的向上迴圈。值得注意的是，斯密同樣認爲上帝將人性做了如此設計，使得普通人在關心自己以外，同樣對他人具有同情心。他認爲公民人道主義可以與商業社會攜手並進。

馬爾薩斯

亞當．斯密奠定了政治經濟學做爲一門學科的基礎。斯密最有影響力的追隨者之一是湯瑪斯．羅伯特．馬爾薩斯牧師（Reverend Thomas Robert Malthus，一七六六～一八三四），他因有關人口及其與經濟的關係之理論而出名，被稱爲「人口馬爾薩斯」。法國革命風暴及其苦澀的後遺症，使人們開始關注似乎潛伏在每一個角落的政治不穩定，而馬爾薩斯認爲他至少找到了一個答案，如果不是唯一答案的話。像同時代的很多人一樣，他認爲存在可揭示人性法則，但在這一點上他卻相信，進步是有其限度的，而且認爲自己由此觸及了一個最難以駕馭的問題。他於一七九八年出版了《人口原理及其對於未來社會改進的影響》（*An Essay on the Principle of Population, As It Affects the Future Improvement of Society*, 1798），隨後又在一八〇三年出了第二版（幾乎是個全新的版本），在其中擴充了自己的論證。在這些著作中，馬爾薩斯對未來的描繪十分悲觀。他的觀點是，人性法則是存在的，其中一條基本法則就是食物產量只會以算術級數增長，而人口增長率則會以幾何級數增長。從中得出的結論是，匱乏永遠與人類相伴。[92]不過我們不應忽略一個事實——馬爾薩斯本人是一位牧師，是從道德角度來觀察這一發現的；他的結論並非是我們只有坐等餓死，而是我們應當表現出節制（或謹愼），避免給已經不能養活自己的人口規模再增添負擔。他說，上帝利用他所發現的這條規律告誡人類，必須在生育方面保持克制，同時努力創造財富來確保總是有足夠的食物備用。[93]

馬爾薩斯在最初曾被指斥爲邊沁式的功利主義者。在結束這一部分的時候，我們可以考察一下馬爾薩斯在新的東印度學院（訓練東印度公司新雇員的教育機構，東印度公司是英帝國黃金時代在印度的主要權力機構）當助理牧師時的一個同事的看法。在這所學院中，馬爾薩斯遇到了詹姆斯．彌爾（James Mill）即約翰．斯圖亞特．彌爾（John Stuart Mill，一八〇六～一八七三）之父，此人是當時最不妥協同時也是最有科學意識的功利主義者之一。在他的《人類心靈現象的分析》（*Analysis of the Phenomena of the Human Mind*, 1829）中，詹姆斯．彌爾聲稱他的目的是使「人類意識如同從查令十字街到聖保羅大教堂的馬路一樣一目了然」。（換句話說，對於那些了解倫敦的人而言，這段路並不長，而且總體來說是直的。）彌爾告訴我們，他之所以在書名中使用「分析」一詞，是爲了顯示他至少試圖在本書中採用類似化學中所用的方法。正如一個評論者所言：「感覺、聯想和命名是構成人類意識的三大要素，正如碳、氫、氧和氨（氮）是構成人類身體的四大元素一樣。」[94]聯想是早期哲學中的一個重要概念，用來表示各種感覺——痛苦與愉悅、觀念與行爲——聚在一起形成規則範式的方式。這是另一個我們現在似乎視爲理所當然，而在當時卻是嶄新的觀念，因爲這涉及大腦如何處理行爲和經驗的問題，由之開闢了現代心理學的大部分領域，如學習理論、感知和動機等等。[95]

林奈

心理學在十八世紀的誕生充滿了不確定性和遲延，直到十九世紀仍然沒有完全走上正軌，社會學也是一樣。關於人本身以及他與同類具有何種關係的問題，在啓蒙時代存在著相互衝突的觀點。某些人追隨霍布斯，認爲人並不必然是社會的；另一些人則將社會性看做理所當然的東西。毋需是天才就能看到，任何文明社會或城市中的人們都確定了政治生活，因此對很多人而言，「社會」（在此取該詞在十八世紀晚期的意義）法則應當是可以辨別的。[96]

野蠻人和文明人之間的區別受到關注，這個區別使人回想起古代的蠻族／

希臘羅馬人之間的區分。比如林奈（Carolus Linnaeus，一七〇七～一七七八）就在他著名的分類系統中列舉了一些人形生物（Homo）種類，其中包括Homo ferus（野人）、Homo sylvestris（樹人，包括黑猩猩）與Homo caudatus（有尾人，其涵蓋對象有一部分仍然是謎，另一部分則包括未得到充分理解的出生畸形現象）。第一批靈長類動物在這個時期被輸入歐洲（包括猩猩和黑猩猩），從而促成了比較解剖學的創立。像林奈和愛德華·泰森（Edward Tyson）這樣的人能夠觀察到牠們與人類在外形上的密切關係，但當時還缺少足以進一步利用這些相似性的概念框架。查理·達爾文的祖父伊拉斯謨斯·達爾文（Erasmus Darwin，一七三一～一八〇二）在十八世紀九〇年代寫了《動物學：論有機生命法則》（*Zoonomia: Or the Laws of Organic Life*），提出動物是隨時間逐漸演化的。這是早期的進化論，但並未提出自然選擇的思想。當人們在十八世紀旅行途中碰到「野蠻」或「原始」的人群時，他們並不知道這些人群究竟是處於較早的發展階段，抑或較後的、從更高級的文明墮落而來的階段。將人與動物區別開來的是人有靈魂和語言。人們開始蒐集頭骨，以做爲不同「種族」特徵的證據。

盧梭

羅傑·史密斯也認爲，歐洲做爲一個不同於基督教世界的自在實體、一個獨立的文明的觀念，或不同於東方的西方觀念，同樣是從十八世紀開始出現的。關於此點，將在有關東方文藝復興的章節中詳細討論，不過，歐洲相對於較「原始」或「自然」的人群而言，更多人工成分的觀點則從尚·雅克·盧梭（Jean-Jacques Rousseau，一七一二～一七七八）有關「高貴的野蠻人」的觀念中得到了支持。盧梭的精神成長過程絕非一帆風順（母親在他出生時死去，父親在他十歲時失蹤），有些現代史學家乾脆認定他的心理受到了扭曲。[97] 他是在一七五五年進入公眾視野的，那時他向當地的第戎學院提交了一篇論文，討論的問題是：「人類不平等的根源何在？它是否被自然法所容許？」他回答這個問題的方式是試圖描繪和理解人類的原初自然狀態，儘管他也承認這是個困難甚或根本不可能的任務，因爲人爲的虛飾已經在眞相上面層層堆疊了。不過他的結論是：道德生活是文明的產物而非某種自然狀態，在導致道德和文明的過程中，男人和女人喪失了他們的天眞。有所取，則亦有所失。他之所以提出這個論點，是因爲他感覺到人具有精神，或者說對自由的自覺，而靈魂則通過激情展示其自身。「自然支配著每一隻動物，這些野獸都服從她。人也感覺到這種驅策，但他意識到自己可以自由地順從或抵制它；在對這種自由的自覺當中，最可貴的是靈魂的超然性得到了展現。」[98]盧梭的自然人是指「這樣一些個體，他們與他們的感覺純眞地合爲一體，這些感覺既包括對自我確定無疑的自覺，也包括對自身改善的渴望和對他人的同情。」[99]這構成了後文所討論的浪漫主義運動的起源之一。同時，這也是將人和動物區分開的要素。「某些徹頭徹尾的野蠻社會，如加勒比人，在『原始狀態的懶散與我們虛榮心反覆無常的衝動』之間保持著很好的平衡。其他社會產出了鐵和穀物，『它們使人們文明，也毀滅了人類』。製造業和農業的分離導致了勞動的分裂，勞動又產生了財產和不平等……人變成了他們以前未曾成爲過的形象：騙子、剝削者、不平等的立法者、壓迫的辯護者和暴君。」[100]他的《社會契約論》（*Social Contract*）引入了「公意」的概念，由此成爲某些人心中有關法國革命的聖典。

孟德斯鳩

孟德斯鳩（C.-L. de Secondat, baron de Montesquieu，一六八九～一七五五）是《論法的精神》（*De l'esprit des lois*）的作者；這本一七四八年出版的書，提供了與盧梭相反的另一種視角。對孟德斯鳩而言（他本人是個業餘的實驗科學家），社會世界就如同物質世界一樣，展示出規律性與和諧性，實乃自明之理。由此他做出了與佛格森相反的推論：世界並非由盲目的偶然性所支配，人類社會行爲的法則是可以被發現的。「從最寬泛的意義上來說，法則即指從事物本性中引出的必然聯繫；在這個意義上，所有的存在都有其法則……」[101]拋開一些很成問題的說法，比如炎熱的氣候「會擴張神經纖維」從而使人變得懶惰云云，孟德斯鳩更加實質性的論點涉及不同類型政府的審視，如君主制、共和制或專制政治，以及它們各自對自由、教育或社會生活其他方面的影響。他最重要的論點：統治方式與其說取決於政府的體制，不如說取決於有關的個人如何管理政府。在當時的背景下，這被理解爲對君主君權神授主張的批評，因此，《論法的精神》上了禁書目錄。

關於進步的觀念

在十八世紀探究人性法則的最後一種方法，就是借助於正在興起的學術史研究。史學本身當然無甚新鮮，新鮮的有兩點：首先是新的研究方法，這種方法爲將來獨立的學術研究對象奠定了基礎；其次是歷史想像得到了擴展，將文明史包括在內。這推動了現代進步觀念的產生。

無論是伏爾泰的《路易十四時代》（*The Century of Louis XIV*, 1751），還是大衛．休謨的《英格蘭史》（*History of England*, 1754～1762），都對教條的基督教是否有資格占據歷史變革的核心論域提出了質疑，而愛德華．吉本的《羅馬帝國衰亡史》（1776～1788）「描寫基督教在歐洲確立時的語調，與其說是興奮，倒不如說使人覺得這是一個無可挽回的損失」。[102]十八世紀五〇年代出現了一股非教條的史學思潮。例如，所謂的「四階段論」將社會變革的原因歸結爲生存方式的改變——從打獵到放牧到農業再到商業。儘管很多人在這個理論當中發現了漏洞，但與基督教無關的歷史階段的觀念則大受歡迎，因爲它解釋了自地理大發現時代以來獲得展現的世界各民族的巨大多樣性。就這樣，進步的觀念流行了起來。要想實現進步，必須對其進行規定和計量，而這只有藉由對過去的認眞研究才有可能實現。[103]

早在十四世紀，穆斯林哲學家伊本．卡爾敦（Ibn Khaldun，一三三二～一四〇六）就認爲，歷史是一門科學，應當嘗試解釋文明的起源與發展，他並將後者與個體生命進行了類比。[104]法蘭西斯．培根同樣持有進步的觀念。他寫道：「從古時候起，世界一天天變老；比起從現在起向前追溯的時代，我們自己的時代更有資格被稱爲古代。」對他而言，正如成年人被認爲比孩童更有智慧一樣，後人也理應比前人擁有更多的知識積累。[105]笛卡兒同樣特別談到了科學發現所帶來的人類健康的「改善」。但是直到十七世紀末的英格蘭，藉由一系列小冊子的發表，才有了一場討論古代和現代思想孰優孰劣的著名意見交流。一六九〇年，威廉．坦普爾爵士（Sir William Temple）在其《論古今學問》（*Essay upon Ancient and Modern Learning*）一書中甚至否定了哥白尼理論和血液迴圈說的重要地位，認爲畢達哥拉斯和柏拉圖的水準超過了伽利略和牛頓。即使是做爲坦普爾被保護人的喬納森．斯威夫特，在其諷刺作品《書籍之戰》（*The Battle of the Books,* 1697）中也（恰恰）贊成古人的優越地位。威廉．沃頓（William Wotton）在其《古代與近代學術回顧》（*Reflections upon Ancient and Modern Learning*, 1694）中部分地揭露了坦普爾的錯誤，但這場論戰本身恰恰說明了有關進步的觀念已是多麼流行。

古代vs.現代

法國作家伯納德．德．馮內爾（Bernard de Fontenelle，一六五七～一七五七）比任何英國作家走得都要遠。在《漫談古人和今人》（*A*

Digression on the Ancients and Moderns）中，他令人吃驚地得出了五點非常現代的結論，即：從生物學的觀點來看，古人和今人並無區別；在科學和工業領域，一項成就總是依賴於其他成就的，因此「進步是積累性的」，也就是說今人的確已經超越了古人；這並不說明今人比古人聰明，今人只不過是利用了過往所發生的事情，亦即他們積累了更多的知識；在詩歌、修辭學和藝術領域，兩個時代之間並無眞正的差別；我們應當記住，對古人「不加思量的崇拜」是對進步的阻礙。[106]德．馮內爾得到了查理．貝洛（Charles Perrault，一六二八～一七〇三）的支持。貝洛認爲，儘管自古典時代以來知識就處在積累過程中，近代以來的科學發現已經使現代世界趨向完美，以後的時代將不會再增添多少新東西了。「我們只需讀讀法國和英國的期刊，瞥一眼這兩個偉大王國的學術界所取得的輝煌成就，就可以發現，在過去二十年到三十年中所取得的自然科學成就，超過了整個古代學術時期的總和。」[107]安．羅伯特．雅克．杜爾哥（Anne Robert Jacques Turgot，一七二七～一七八一）於一七五〇年十二月在索邦大學做後來以《論人類意識的連續進步》（*On the Successive Advances of the Human Mind*）爲題發表的講座時，還只有二十四歲，但他的觀點卻影響巨大——他聲稱，文明是地理、生物和心理因素的產物，而且，人的生物學構成基本不發生變化。人類擁有共同的知識寶藏，它貯藏在文字當中，建立在過往的基礎上。他區分了智力進步的三個階段——神學、形而上學和科學。他認爲，完美狀態是可能的，終有一天會達到。

伏爾泰寫過三部歷史作品。第一部只涉及一個人物，查理十二世（1728）；第二部則描寫一個時代，即《路易十四時代》（1751）；而第三部，他最重要的作品則是一七五六年的《風俗論》（*Essay on Customs*）。該書的目標比其他的書都要更野心勃勃：按伏爾泰本人的說法，該書旨在解釋「人類思想消滅、復興和進步」的原因。[108]伏爾泰的寫作路徑也很新穎，不去關心政治史，而去關心文化進步。他爲自己定下的任務是揭示「人類在哪個歷史時期從以往的粗俗村野過渡到我們現在的文明禮節」。他將這段過程稱爲人類思想的「啓蒙」，「僅此就足以讓人對這一團糟的事件、派系、革命和犯罪產生關注了」。[109]他並不關心神的或「第一」推動力，僅僅展示事物從那開始是如何運作和發展的。在同一本書裡，他還引進了「歷史哲學」這個短語，意思是歷史可以從批判的角度被看成一門從經驗角度估量證據並排除直覺立足之地的科學。

孔多塞

有關進步的最精緻、很可能也是最完備的理論，是孔多塞侯爵（the marquis de Condorcet，一七四三～一七九四）在其一七九五年出版的《人類精神進步史綱》（*Outline of an Historical Picture of the Progress of the Human Mind*）中提出的。他所持的觀點是：「自然對人類能力的完善並未設置限制，人的可完善性……除了自然把我們安放於此的星球本身的壽命之外，沒有任何限制。【110】」他將歷史分爲十個階段：漁獵時代、畜牧時代、農耕時代、希臘商業、科學和哲學時代，從亞歷山大至羅馬帝國滅亡的科學和哲學時代，從墮落至十字軍時代，從十字軍到印刷術發明的時代，從印刷術至路德、笛卡兒和培根抨擊權威的時代，從笛卡兒至大革命時代——「那時理性、寬容和人道正成爲覆蓋一切的格言」。他將法國大革命看做過去和「光榮未來」的分水嶺，在未來，自然將被更爲徹底地馴服，進步將沒有界限，工業將讓土地產出足以養活每一個人的糧食，兩性將實現平等，「死亡將成爲例外而非規則」。【111】

戈德溫

英國人威廉・戈德溫（William Godwin，一七五六～一八三六）完全從政治角度看待進步，也就是說，他將政治看成是達致人類總體正義的方法，無之則人的自我實現即屬不可能；他認爲，這種自我實現正是進步的目的所在。他的《政治正義論》（*Enquiry Concerning Political Justice*, 1793）出版之時，正當法國革命的高潮，因此引起了一陣騷動不安。據說華茲華斯曾告訴過一個學生：「把你的化學書都燒掉，眞要讀就讀戈德溫的書。」【112】戈德溫的理論是，人類是可以自我完善的，但迄今爲止沒有取得多大進展，原因就在於壓迫性的人造機構，尤其是政府和教會所擁有的強制權力。因此他建議廢除中央政府，不允許強制性政治組織在教區以上的層次存在。他還建議廢除婚姻，平均分配財產。人（如戈德溫所期望的那樣）在自由發揮其理性（除了其同胞的道德監督）時所達致的進步，只有在政治正義的條件下才能實現，而戈德溫認爲政治正義取決於文學和適當的教育。【113】

康德／黑格爾

伊曼紐爾・康德（Immanuel Kant，一七二四～一八〇四）如其同時代人戈特佛里德・赫爾德（Gottfried Herder，一七四四～一八〇三）一樣，認爲歷史有一個宏大的、無所不包的目的，而人則透過依從自然法則的指引，在無意識當中向它靠近（康德本人的法則是一成不變的，他的鄰居可以根據他每天的散步時間來定表）。對他而言，哲學家的任務之一便是爲人類發現這個普遍規劃。他認爲，歷史和進步的自然法則原則上是可以被發現的，正如牛頓的行星法則被發現了一樣。他提出了九點描述人類進步的命題來概括自己的歷史哲學。他的主要觀點是，人永遠存在一種內在衝突，即關心鄰人福利的社會存在，與只關心自己、關心成就和福利的自私存在之間的衝突。他認爲，這場持續的衝突隨時間推移而不斷發生，使社會性和個體性兩極都得到進步。他聲稱，這種創造性衝突只有在存在一個調節社會生活的強大國家和使個體性茁壯成長的最大限度個人自由的情況下，才能發揮最好的作用。他毫不諱言這裡涉及的是進步的道德概念：最大多數人的自由——去實現個體性和去照顧其鄰人的自由——才是目的。[114]和康德一樣，格奧爾格·威廉·佛里德里希·黑格爾（Georg Wilhelm Friedrich Hegel，一七七〇～一八三一）也認爲進步首先關乎自由。黑格爾從整個歷史中劃分出歷史進步的四個主要階段，自由在階段更替中不斷擴展。首先是東方體系，在其中只有一個人——專制君主——是自由的。最後是普魯士體系，所有人在其中都是自由的。這種簡要的概括對黑格爾的觀點未免有點歪曲，但他自己也不得不歪曲不少證據來證明他自己的世界——十九世紀的普魯士——是最完美的世界形式。

聖西門／孔德

最後，在有關進步的問題上，讓我們再回到法國，關注一下克洛德·亨利·德·聖西門伯爵（Count Claude Henri de Saint-Simon，一七六〇～一八二五）和奧古斯特·孔德（Auguste Comte，一七九八～一八五七）的理論。兩人都被看做早期的社會學家，對進步概念的關注，當時是這門羽翼未豐的社會科學的熱門話題。比起僅僅提出有關進步的理論來，這兩個人都更加關心如何實現進步（在這個意義上，社會學的創立本身就是進步的組成部分）。聖西門有一段廣爲人知的文字：「詩人們所夢想的黃金時代是在人類的搖籃階段，他們其實應當將鐵器時代看做黃金時代。黃金時代並不是我們的過去，而是我們的將來。它意味著社會秩序趨於完美。我們的父輩沒能看到它，我們的子孫終有一天會達到它，而爲他們開闢道路則是我們的任務。」[115]聖西門接受了杜爾哥提出的進步三階段理論，並進一步認爲，科學和工業革命的進展爲進步開闢了廣闊的空間。對法國革命的暴力和非理性深感失望的聖西門認爲，工業化是人類的唯一出路，由此他成爲一個雄辯的機器衛道士。尤其是，聖西門頗具原創性地提出了設立某些議會下屬部門的設想：其中一個他稱之爲發明院，包括工程師、詩人、畫家和建築師；另一個是審查院，包括醫生和數學家；第三個是執行院，由工業首腦們組成。他的設想是：第一個部門負責起草法律，第二個部門負責審查和通過這些法律，第三個部門則決定如何執行它們。

孔德在其《實證哲學》（*Positive Philosophy*）中認爲歷史分爲三個大的階段，即神學、形而上學和科學。他在某種意義上也採納了聖西門的主張，認爲社會學家理應引領工業和技術進步（某些人稱之爲「社會學家祭司」），婦女應當充任道德方向的衛道士，工業巨頭們應當負責社會的實際管理。在政治上，他認爲「空想」應當讓位於觀察。孔德死於一八五七年，僅僅兩年後，查理斯．達爾文的《物種起源》就得以出版，其所提出的進化論將一切時代的進步觀念加以改造和簡化。

十八世紀啓蒙運動的一個顯著特點，就是首次嘗試將自然科學的方法和思路運用於人類自身的研究。這並不見得總是成功，但同樣也並非一無所獲。在很大程度上，這個問題至今仍然困擾著我們。我們或許會稱之爲「硬」科學的物理學、化學和生物學已經告別大踏步進步的時代了，而另一方面，「軟」科學——心理學、社會學和經濟學——則從來沒有達到過同樣程度的意見一致，沒有同樣的預見力，也從來就沒有在人類事務的領域產生過像核子物理學、固態物理學、有機化學和基因工程那樣高度有效的技術。在啓蒙運動結束兩個世紀後的今天，我們依然無法斷言人性遵從何種法則，或甚至這些法則是否和「硬」科學中的一樣。這一斷層是本書之後所要討論的主要問題。

第二十七章

工業思想及其重要性

《艱難時世》

「焦煤鎭……是個到處都是機器和高聳煙囪的市鎭，無窮無盡長蛇似的濃煙，不停地從煙囪裡冒出來，怎麼也直不起身。鎭上有一條黑色的水渠，還有一條河，河裡的水被氣味難聞的染料沖成深紫色，許多龐大的建築物上面開滿了窗戶，整天只聽到嘎啦嘎啦的顫動聲響，蒸汽機上的活塞單調地移上移下，就像一個患了憂鬱症的大象的頭。鎭上有好幾條大街，看起來條條都是一個樣子，還有許多小巷也是彼此相通，那兒的居民也幾乎個個相似，他們同時進，同時出，走在同樣的人行道上、發出同樣的腳步聲，他們做同樣的工作，而且，對於他們，今天跟昨天和明天毫無區別，今年跟去年和明年也是一樣。」[1]

除了查理斯．狄更斯本人以外，還有誰出現在他這部灰暗的「工業小說」《艱難時世》中？焦煤鎭、學校校長格拉德格林先生、銀行家和工廠主邦德貝先生、馬夫斯里瑞先生、管理邦德貝先生公司事務的斯巴塞夫人，在日子比較好過的時候，都與「婆雷一家」和「斯帕西特一家」有聯繫。這些在狄更斯作品裡出現的名字，總能爲讀者講述部分故事。用凱特．佛林特的話說，這部書的主題之一是探究人的心態，那些人「堅持把工人看做是有用的工具，看做是『勞力』，而不是充分發揮潛能的、複雜的人」。[2] 但是，狄更斯不是一個說教型的作家。

正如前面提到的，如果西元一〇五〇年到一二〇〇年之間，意識發生了關鍵性的轉變，形成了我們所說的「西方思想」，那麼十八世紀也發生了同樣重要的變革。這主要有三方面的因素。第一是西方世界的重心從歐洲轉移到歐洲和北美之間的某個地區，而這次向西轉移到大西洋中一個假想的點上，是美國革命的結果。第二次重要變革涉及民主的、透過選舉成立的政府，取代了相對更爲傳統的、通常是絕對君主制的歐洲君主國家；除了英國，這種變革主要歸功於引發了十九世紀到二十世紀一系列革命的法國大革命，部分歸功於美國的思想。十八世紀的第三個變革是象徵工業生活的工廠的發展。它與以前的生活是那麼的不同。[3]

最初的德貝郡工廠／紡紗機

爲什麼工廠這類的事最早都發生在英國？[4] 一個原因是，許多存在於其他歐洲國家的封建制度和王室的束縛，英國十七世紀時就已經擺脫了。[5] 另一個我們應該想到的原因是木材短缺，因而迫使次於木材、但是廉價的煤被更廣泛地用做燃料。[6]我們還應記得第一次工業革命就發生在英國的一個很小的區域，向西與什羅普郡的科爾布魯克代爾接壤，向南與伯明罕相連，向東靠近德比，向北緊臨蘭開夏的普勒斯頓。這兩個地方在工業革命中都占有一席之地：一七〇九年，在科爾布魯克代爾，亞伯拉罕·達比（Abraham Darby）用煤冶煉出了鐵；一七二一年在德比，撚絲工湯瑪斯·蘭博（Thomas Lombe）設計並建立了世界上第一個公認的工廠；一七三二年，在普勒斯頓，理查·阿克萊特（Richard Arkwright）出生了。一七四一年或一七四二年，在伯明罕，約翰·懷亞特（John Wyatt）和路易斯·保羅（Lewis Paul）首次應用了滾筒棉花紡紗系統，後來阿克萊特使用並改進了這個系統。[7]

工廠的形成和技術革新的共同影響，首先體現在紡紗上。紡紗機主要工作原理，與人們用他們的手指增加對羊毛或棉花的拉力，從而從中抽出連續不斷的紗線相似。一種型號的機器是詹姆士·哈格里夫斯（James Hargresves）十八世紀六〇年代發明的，而另一種由麵包師理查·阿克萊特獲得了專利。他們的設計使用了一系列的紡錘和滾筒來逐漸加大拉力。大約十年後，撒母耳·克倫普頓（Samuel Crompton）發明了集合前面兩種設計功能的機器，紡紗機幾近於完美。[8]重要的一點是，雖然哈格里夫斯和克倫普頓是發明者，但是只有阿克萊特具有商業頭腦（他甚至從前兩個發明者那裡盜用了一些點子），獲得了水力紡紗機專利並發了財。[9]他認知到未來的發展主要不是依靠羊毛而是棉花，因爲和印度不斷增長貿易才是重要的。用手工紡出結實的棉線不再是一件容易的事。傳統的英國織布工用棉紗做緯紗，用亞麻做經紗織布（在織布機上緯紗是固定的，而經紗隨著梭子來回穿梭，被不斷扯緊）。阿克萊特知道棉線很結實，可以當經紗，他意識到緯紗將改變工業。[10]

第一批工廠用流水做爲動力，這就是它們多數坐落在偏遠的德貝郡河谷的原因，只有在這裡才能全年都依賴溪流獲得充足的水源。孤兒院和貧民窟的孩子是廉價勞動力，這並不是新鮮事——十八世紀二〇年代，丹尼爾·笛福就在約克郡的村子裡發現婦女和兒童在紡紗機前長時間工作。新情況是，工廠和他們所要求的嚴酷紀律。在當時的情況下，鄉下的孩子們沒有多少閒暇時間。但是，十九世紀初，蒸汽機取代了水力，連這種狀況也改變了。因爲蒸汽機使工廠能夠轉移到勞動力充足的地方——城鎮，在那裡也有和鄉村一樣充足的煤炭資源。[11]

蒸汽機／冶鐵技術

早期使用蒸汽機是從礦井中抽水（這是一個老問題。伊凡吉利斯坦．托里切利早在一六四四年就發現抽水機無法把水抽到三十英尺以上的地方【12】）；遠遠低於水平面的、更深的礦井，需要用吊桶排水或者用一組水泵排水。第一個水泵的發動機是湯瑪斯．紐柯門（Thomas Newcomen）在十七世紀與十八世紀之交發明的，應用於康沃爾的銅礦。在早期的發動機中，驅動活塞的蒸汽在汽缸中被壓縮，由此產生的眞空使活塞恢復原位。這勉強可以工作，但缺點是整個汽缸每完成一次衝程，就被用來冷凝水蒸氣的水冷卻了。這是詹姆斯．瓦特（James Watt）開始研究時的狀況。做爲格拉斯哥大學優秀的機械製造者，瓦特對紐柯門的機器功率進行了計算，然後開始研究如何能減少或避免熱量的流失。他的解決方案是把蒸汽壓進一個封閉的空間，而這個空間與整個汽缸相連，但不是汽缸的一部分相連。這種設計意味著冷凝器一直是冷的，而汽缸總是熱的。儘管有這樣的突破，瓦特的發動機在格拉斯哥（Glasgow）的運轉並不令人滿意，原因是當地鐵匠的工藝水準低下。瓦特在伯明罕的馬修．博爾頓的工廠找到了「更好的鑄工」時，事情有了轉機。【13】

從很多方面來說，這是工業革命開始形成的階段，它使現代生活更加豐富多彩。一旦蒸汽成爲動力基礎，煤和鐵就成了工業支柱。事實上，冶鐵技術已經很發達了。直到一七○○年左右，只有木炭能在鼓風爐裡還原鐵礦石。這時，英國嚴重缺乏木材；法國的木材資源還很豐富，所以還能繼續使用木炭冶鐵。但是在英國，豐富的煤資源取代了木材。所有人都知道這一點，並且不止一位發明者知道還原鐵礦石的一種方法就是去除煤中的氣體，把它冶煉成焦炭，這可以更安全地升高溫度。【14】亞伯拉罕．達比和他的家人在一七○九年第一次成功做到這一點。他們把這個祕密保守了三十多年。【15】他們生產的鐵原料還需要提純才能加工成形，但是被彼得．霍爾說中了，一段時間之後，鑄鐵便已成爲當時的可塑材料。【16】

農業革命／管理模式的變化

十八世紀的農業革命也具有相當的作用。湯森德子爵的新莊稼輪作法、羅伯特．貝克韋爾的養牛革新，大大地提高了效率，卻幫助人們離開土地、破壞了鄉村生活，並且迫使人口湧向城市，湧向工廠。【17】

然而，工業革命不只是而且事實上也不是那個時代主要的偉大發明。工業革命產生的長期變革，是由於更深刻的工業管理模式的轉變造成的。[18] 正如一位歷史學家指出的，發明的豐富性和多樣性「難以彙編」，但是它們可以被分爲三類：機器（快捷、規則、精確、持續性）代替手工技術和勞動；無生命的動力資源（水和煤）代替了有生命的（馬、牛等），最值得注意的是把熱量轉化爲功的發動機，向人們展示了無限的動力供給；最後，所有這些便意味著人類可以使用新的天然材料——主要是礦產資源——它們非常豐富。[19]

這些進步的重要性在於它們使人類生產力空前提高，此外，還具有可持續性。在早期，任何生產力的提高總是迅速伴隨著人口的增長，最終抵消了財富增長的部分。「現在，歷史上第一次，經濟和知識快速增長，能進行持續投資和技術革新。」這改變了人們的觀點：認爲某種東西是「新的」，第一次比傳統的、熟悉的、可靠的和久經考驗的東西更具魅力。[20]

改革了的棉花工業

改革的規模可以從英國棉花工業的發展看出一些端倪。一七六〇年（這一年通常被看做是工業革命開始的時間），英國進口了大約兩百五十萬磅原棉。一七八七年這個數字增長到兩千兩百萬磅，到一八三七年增長到三千六百六十萬磅。同時，紗的價格降到原來的二十分之一，除了手工織布工人以外，幾乎紡織工業的所有工人都在工廠工作。現代工業和工廠體系的崛起，「破壞了國內和國際政治勢力的平衡；從根本上改變了社會秩序，改變了人們的思維方式和做事方式。」[21]

工廠城市和工作經驗的改變

史學家推想出，這種改變的主要原因似乎是由於早期的鄉村體系機械化不平衡所導致。例如，織布機是眞正的機器，但是手紡車不需要什麼技能，而且，根據丹尼爾·笛福的描述，「任何四歲或四歲以上的人都可以操作它」。正因爲如此，用它非常合算，婦女把它當做是做家務和撫養孩子之外的第二職業；因此，紡紗通常是整個體系的瓶頸。第二個缺點是，從理論上而言，織工本身是自己的雇主，而實際上他常常沒有其他選擇，只能把織布機抵押給商人。生意不好時，織工不得不借錢謀生，而他唯一的擔保就是他的機器。同時，這也不是一定對商人有利，因爲若趕上好年景，織工通常只要滿足自己和家人的需求就夠了，不會多做。換句話說，一旦織工需要更多工作，體制就會限制他；而當商人需要更多產品時，體制就會限制商人。在這種情況下，不會有過剩的狀況。正是這種（令人不滿意的）狀況導致了工廠的產生。工廠的本質是它使工廠所有者控制生產資料和生產時間，讓他能把需要若干步驟或者若干人的操作過程合理化。[22]新機器被引進；受過一點兒培訓的或者沒有收過培訓的人——包括婦女和兒童——都能使用它們。

對於工人來說，工廠生活根本談不上舒適。成千上萬孤兒院和貧民窟來的孩子加入了工廠。威廉·赫頓（William Hutton）在德比絲綢工廠裡當學徒時穿著木鞋，因爲他個子太小了，夠不著機器。像他們周圍的成年人一樣，孩子們也要遵守工廠的規章制度。這是新體驗：任務越來越專業化，時間永遠更重要。以前從沒有這樣的事；新工人沒有辦法擁有或者規定生產方式；不論男女，他們只不過是僱來的勞力。[23]

當蒸汽機的發明使工業城成爲可能時，工作體驗的根本變化變得更加顯著。一七五〇年，英國只有兩個城市擁有超過五萬居民——倫敦和愛丁堡。到一八〇一年，增長到八個城市，一八五一年增加到二十九個，其中包括九個人口超過十萬的城市。這意味著，截至此時，英國住在城鎮的人比住在鄉村的人多。[24]人們被迫向城市移民——他們不得不去他們工作的地方——但是他們很難熱情高漲，不難看出這是爲什麼。除了城市變得烏煙瘴氣和骯髒之外，還缺少空地，衛生設施和供水的發展落後於人口的增長，城市成爲霍亂、傷寒和汙染引起的呼吸系統和腸道疾病的發源地。法國人托克維爾在一八三五年遊覽了曼徹斯特，他寫道，「文明創造奇蹟，文明人幾乎蛻化成了野蠻人」。[25]但是在工業城市，業主們立刻就能從新發明和新思想中獲益。這也是工業革命的一個重要特徵——智力上和物質上的自我延續。它生產出新產品，特別是鐵製品和化學製品（鹼金屬、酸和燃料），它們的生產大多數需要大量的能量或燃料。這個體系的另一方面是新的工業體系不斷擴展，從原材料的來源擴展到工廠，然後到市場。這也刺激了新思想的產生和對產品的新要求。舉一個例子，是工業革命的發展使茶和咖啡、香蕉和鳳梨成爲日常食品。根據大衛·蘭德斯所說，人們的物質生活的改變比發現火以來的其他任何事更重大。「一七五〇年（也就是工業革命前夕），英國人的物質生活方面，比起凱撒的曾孫來，更接近他的軍團士兵。」[26]

貧富差距

在長期影響中，工業革命還加大了貧富差距，導致空前激烈的階級鬥爭。[27]工人階級不但人數更多而且分布更加集中，也因此更具有階級意識。這種變化值得詳述，因爲它將會具有重大的政治意義。前工業時代的勞動和後來與之相對的勞動本質非常不同。傳統的農民有自己的財產，或者手工作坊，他們也僱傭熟練技工，承擔相應的責任（雖然非常不公平）。然而，工業革命取代了農民或者雇員——「熟練工人」或者「勞力」。它還強化了工作的規律性、程序化和單調性，這些在基於季節和天氣的前工業時代的勞動中是沒有的。【28】（前工業時代的人經常選擇星期二做爲一週工作的開始，星期一被諷刺地看做是「神聖的星期一」。）

工人階級貧窮的原因之一當然是低工資，這是因爲收入被轉移到新的商業階層，他們對新機器和工廠感興趣。工業革命並沒有造就第一批資產階級，「但是它製造了空前龐大有力的商業階層」。【29】這些「煙囪貴族」，正如他們的名字一樣，十九世紀開始主導歐洲大部分的內政。

工業革命有一個非常與衆不同的部分，就是經濟。前面的章節略述了經濟學的起源—規則，可以說明這一點的是英國私人存款於一六八八年之後開始增長。國王利用這些存款爲戰爭提供資金，因而形成了公債；做爲發展的一部分，英國銀行於一六九四年成立，商人和地主在國債中持股，並從中提取利息。【30】一七〇〇年之前，政府貸款利率爲百分之八，但是到一七二七年就已經降到了百分之三，並且對工業革命產生了影響。利率高時，投資者追求快速贏利，但是利率低時，人們更願意考慮將來有可能產生更好的回報的長期項目。這是大筆投資較好的環境，例如建造潛水艇、挖掘隧道或者建設工廠。早期的工廠——在鄉村——規模只是單個家庭能滿足他們自己的生產，但是隨著發展的需要，以及城市工廠的規模像滾雪球一樣擴大，便需要更大的投資來滿足不斷擴大的市場。

英國在工業革命中居於帶頭地位，部分是因爲有很多發明，另一部分則是因爲法國大革命和拿破崙戰爭使歐洲倒退到了一八一五年左右的水準。然而，一旦其他國家政治穩定，它們立刻創建自己的金融仲介形式，特別是成立聯合股份投資銀行，或者信貸公司，來資助大規模資本專案。根據大衛．蘭德斯所說，最早期的例子是半公立機構，設在布魯塞爾的法國興業銀行和柏林的西哈德隆銀行，這些機構爲促進需要大量資金的鐵路建設發展具有特別顯著的作用。【31】

與此同時，興起了各種科技學校，對於歐洲大陸的國家來說，它們是英國反國教學院的代表。法國帶頭，於一七九四年成立了高等工科學校（它的前身是國立中央公共工程學校）。學校充滿競爭的特性——學生必須通過考試才能入學、按社會等級入學、只有部分人能完成學業畢業——因而吸引了最好的學生。希望在新工廠工作的畢業生去了高等礦業學院或高等路橋工程學院，在那裡學習應用科學，並進行工作實習。[32] 中央工藝與手工製造學校旨在培養工程師和工商管理者，它是一八二九年成立的私立學校，但是一八五六年被納入了國立教育體系。其他國家效仿法國的學校遠勝於對反國教學院的效仿，因爲雖然英國「從做中學」的學習策略起初效果不錯，但是到十八世紀末，這種模式就被新方法取代了。現在需要更多抽象的理論教學，在兩個領域——電學和化學——的進步體現在太多不同的地方，以至於學生只有在這些新型學校裡才能學習得到。

電學的發展

電學和化學方面的發展鞏固了許多新興工業的基礎，而這些新興工業促成了工業革命。以牛頓爲主導時代之後電學有了發展，因爲這是牛頓沒有涉獵的領域之一，也是其他科學家沒有受他影響的領域。人們都知道電有幾百年了，例如，人們懂得琥珀被摩擦後就能吸引小的物體。在十八世紀初期，人們就發現摩擦——例如在黑暗中晃動氣壓計——產生了綠光。[33] 但是第一次眞正讓人興奮的是史蒂芬．格雷（Stephen Gray）。一七二九年，他接觸到電學的更新領域，如一些東西可以被發送很遠的距離。他第一次注意到當他摩擦試管（不是軟木塞）時，他放在試管裡的軟木塞吸引了紙屑或金屬屑；經由擴展試驗，他發現甚至從繞著他的花園的管子引出的絲線圈也有同樣的特性；他發現「不需要移動物體，電可以從一個地方流到另一個地方」——電沒有重量；他把電稱做「無法估量的流體」。格雷也發現了一些反常的基本現象，電可以儲存在像玻璃或者絲綢這樣的物體上（這也是電產生的地方），但是它卻無法穿過它們。相反的，那些傳導電的物質卻不能產生或者儲存電。[34]

電學在歐洲掀起了一股狂潮，一七四五年，克萊斯特嘗試著把電流（當時還不叫電流）通過釘子導入一個瓶子之後，這股狂潮刮到了美洲。他拿著瓶子，偶然間去摸釘子的時候被電了一下。很快的，人人都想做這個試驗，甚至法國國王還利用電池電擊整個衛隊，使他們同時跳起來。遠在費城的班傑明．富蘭克林借鑑了這個想法。就是富蘭克林認識到物體裡的電雖然不易察覺，但是它趨向保持自然水準。如果電荷增加了，它就帶正電荷，就會排斥物體，反之，如果它失去一些電荷，它就帶負電，就會吸引物體。富蘭克林還了解到這種吸引會引起電火花和電擊，讓人感受更深的是他發現了閃電本質上就是巨大的電火花。他透過著名的風箏實驗證實了閃電確實是電，還在實驗中發明了避雷針。[35]

一七九五年，亞歷山德羅·伏特（Alessandro Volta，一七四五～一八二七）是帕維亞大學物理教授，他證明了把兩塊不同的金屬放在一起可以產生電。他在兩塊金屬中間放上液體或者溼布，創造出了第一塊電池。但是這種電池成本很高。直到一八〇二年韓佛理·大衛（Humphry Davy）在倫敦皇家學院（Royal Institution in London）分離出新的金屬物質鈉和鉀，電才開始成爲試驗的主題。十八年後，一八二〇年，哥本哈根的漢斯·克里斯提安·奧斯特（Hans Christian Oersted）發現電流可以使指南針偏轉，最後發現了電和磁之間的聯繫。[36]

化學的發展

比發現電更重要的是十八世紀和十九世紀初化學的興起。化學這門學科並不以科學革命爲主要特點，但是它顯示出了自己的長處。它受到抑制的原因之一，是人們對煉金術長久癡迷和尋找煉金方法的熱情。現在看來這並不奇怪。帕拉塞爾蘇斯（Paracelsus）於一五九七年出版的《煉金術》（*Alchemia*）是第一本關於化學的好書。雖然帕拉塞爾蘇斯潛心研究煉金術，但是他承認採煤導致肺病，鴉片可以減輕疼痛。然而，只有當化學成爲理性的科學時，它才能得到發展。人們主要感興趣的領域是燃燒現象，至少是以它開始的。物質在空氣中燃燒時，實際發生了什麼？人人都能看到物質在火焰和煙中消失，最後只剩下灰燼。另一方面，許多物質不易燃燒，雖然把它們放在空氣中它們會發生變化，例如，金屬生鏽。發生了什麼事？空氣到底是什麼？

答案之一來自於貝歇爾（Johan Joachim Becher，一六三五～一六八二）和斯塔爾（Georg Ernst Stahl，一六六〇～一七三四）。他們認爲易燃物質含有一種物質——燃素，它在燃燒中消失（燃素這個名詞來自phlox，或者火焰）。根據這個理論，含有燃素多的物質易燃，反之，缺乏燃素的物質不燃燒。雖然關於燃素似乎有不合情理的地方（例如自十七世紀以來，人們知道金屬被加熱時重量增加），但是，當時有足夠的「無法估量的流體」——磁力、熱、電——使很多人接受了燃素理論。但是燃燒不僅僅是學術問題，例如，面臨危險的瓦斯氣體和「易燃氣體」威脅的礦工，最擔心的還是（混沌的）氣體。[37]正是對瓦斯的關注推動了事物向前發展，因爲至今在燃燒方面的試驗，只測量出含有金屬的礦石。正如伯納爾說的，這不可能使「化學反應式平衡」。考慮到氣體因素，羅曼諾索夫提出了物質轉化定律，一七八五年安東尼．拉瓦錫把它確定爲基礎理論。蘇格蘭醫生約瑟夫．布萊克比任何人都更堅信這一理論，他得出了碳酸鹽如氧化鎂和石灰石在加熱時釋放出的氣體的品質。他發現釋放出來的氣體可以溶於水，氣體品質不變。[38]

氧

布萊克之後，約瑟夫．普利斯特列（Joseph Priestley）提出氣體比它看起來複雜得多；他用他所能找到的所有氣體或者自己製造氣體做實驗；他加熱紅色的汞氧化物，製造出一種氣體，起初他把它稱做「缺少燃素的氣體」，因爲物質在這種氣體中燃燒得更徹底。一七七四年分離出這種氣體之後，普利斯特列繼續透過實驗展示「缺少燃素的氣體」，或者我們現在所說的氧氣，它會在燃燒或者呼吸中被消耗掉。普利斯特列非常清楚這重要性，因此他繼續論證在陽光下綠色植物吸收化合氣體——二氧化碳——並產出氧氣，從而誕生了碳迴圈的概念——碳來自於大氣（當時這也是新觀念），透過植物和動物又回到大氣中去。[39]

普利斯特列是一位試驗主義者，而拉瓦錫是合成者和分類者。像他的英國對手一樣，這個法國人是第一個也是最重要的物理學家（在化學發展之初，許多重要人物都不是化學家，他們在煉金術和燃素方面陷得太深了）。拉瓦錫意識到氧氣的發現——氧元素——改變了化學，有效地改變了燃素理論。正是拉瓦錫認識到現在他可以在亞里斯多德和波以耳基礎上創立更廣闊的、系統的理論，從而創建了現代化學。他發現水是由氫和氧組成的，空氣中含有氮和氧，也許最重要的是他發現了化學合成物主要有三類：氧和非金屬元素構成酸性物質；氧和金屬化合生成鹼；酸和鹼化合生成鹽。[40]拉瓦錫給這些化合物起名爲——也就是我們現在仍在使用的術語——碳酸鉀、乙酸鉛等。這使化學成爲系統科學，並且最終與物理學處於同等地位。「化學不再是需要記住的一些處方，而是一個可以被理解的體系。」[41]

道爾頓的原子學說／結晶學／拉瓦錫

對氣體的研究也促使約翰．道爾頓（John Dalton，一七六六～一八四四）——英國曼徹斯特教友會教徒和教師——研究原子理論。他對液體的彈性很感興趣，就是他結合了物質轉化理論，認爲在不同的壓力下，同等品質的氣體一定有不同的結構。他透過新氣體的合成和對它們品質的研究，創造出我們現在仍在使用的術語——一氧化二氮（N_2O）、一氧化氮（NO）和二氧化氮

（NO_2）。透過對這個系統的研究，讓他了解到化學元素和化合物是由原子組成的，它們根據「牛頓萬有引力定律和電荷相斥原理」組合在一起。[42]他對其他化學反應的觀察，特別是對沉澱物的觀察發現：例如，兩種清澈的液體混合，立刻會生成固體；或者液體顏色發生重大改變，讓他堅信一個基本單位——原子——正在重組。他的推理很快就被新的科學「結晶學」證實。結晶學表明：任何一種特定的物質，其晶體面之間的角度總是一樣的，相關物質有形狀相似的晶體。克利斯蒂安．惠更斯（Christiaan Huygens）是十七世紀的荷蘭物理學家，他認爲這就意味著晶體是由相同的分子堆積在一起所形成的。[43]最後，大衛和麥可．法拉第據此證明了電流通過鹽分離出金屬，如鈉、鉀和鈣，基本上，所有化學元素可以被分爲金屬和非金屬，金屬帶正電，非金屬帶負電。法拉第進一步論證了原子在溶液中的運動速度與物質的品質有關。這個觀點最終引出「電的原子」概念，也就是我們現在所說的電子。但是，電子直到一八九七年才被約瑟夫．約翰．湯森發現。

拉瓦錫除了對化學元素的構成感興趣以外，他還進行了一系列試驗，證明人體活動與火相似，燃燒食物中的物質並以熱的形式釋放能量。根據加熱後物質的性質（有些融化或者蒸發，其他的燃燒，燒成炭或者凝結），物質被分爲化學無機物和有機物。十九世紀的德國科學家對此進行了全面的探索研究。[44]

沃靈頓學院和伯明罕月亮社

值得一提的是，引起了工業革命的許多發明並非來自傳統的科學家，例如經常出入皇家學會的科學家。英國皇家學會一直專攻數學研究，把後牛頓時代當做科學研究的重要時期。在這種理論氛圍裡，實踐型的發明者總是不被當做名副其實的科學家。[45]但是在鮮明的對比下，工廠城鎮出現了「反國教學院」，因爲他們起源於培養不信奉英國國教的牧師——教友會教徒，浸信會教友，衛理公會派教徒——他們不能進入正規的大學學習。但是這些學院很快就背棄了他們的初衷和加入他們的人。三個最著名的反對派學院是曼徹斯特哲學院、沃靈頓學院和伯明罕月亮社，不過其他的學院在城鎮也很出名，例如達文垂學院和哈克尼學院。約瑟夫．普利斯特列的經歷就是這些學院成功的明證。約瑟夫．普利斯特列在沃靈頓學院成立後不久進入學院，成爲第一個英語和其他語言的教師——事實上，在沃靈頓，他可能開設了第一批英國文學和現代歷史課程。但是在沃靈頓期間，他聽了他的同事的一些講座，經由這種方式而接觸到了新的科學：電學和化學。[46]

普利斯特列和威基伍德

幾乎可以肯定十八世紀最有影響力的科學團體是伯明罕月亮社；剛成立時，成員們是在不同的朋友家進行非正式的聚會。正式的聚會開始於一七七五年前後。這個團體由伊拉斯謨斯·達爾文（一七三一～一八〇二）領導，每月離月圓最近的星期一會面。一七九一年普利斯特列家的騷亂之後，聚會逐漸消失。[47]這個團體的核心（至少在它成立初期），是詹姆斯·瓦特和馬修·博爾頓（Mattew Boulton）。瓦特，正如我們所見，在蘇格蘭發明了舉世聞名的蒸汽機，但是他發現北方的技術水準較低，因此加入了博爾頓的團隊。博爾頓在伯明罕的工廠水準要高得多。[48]然而，瓦特和博爾頓絕對不是月亮社唯一的明星。約書亞·威基伍德（Josiah Wedgwood）就是另外一位重要人物。他創立了威基伍德陶器廠，以在義大利伊特魯里亞鄉下發現的古希臘花瓶爲模型；做爲那個時代的代表，威基伍德迫使自己成爲他的工廠裡技術水準最高的人。他發明了高溫計（雖然他堅持稱它爲溫度計）來測量高溫，幫助他發現，在高溫下，所有的物質以同樣的方式發光——無論什麼物質，顏色可標示出溫度。這爲量子論的產生及時地提供了幫助。[49]月亮社的其他成員包括發明了煤氣燈（最先在博爾頓於伯明罕的家庭辦公室裡使用）的威廉·默多克，和電報的發明者之一理查·艾奇沃思。[50]

約瑟夫·普利斯特列直到一七八〇年才到伯明罕，但是他很快就確立了自己領導者的地位。[51]他還成了唯一神教派的牧師。唯一神教派有時被指控爲無神論或者自然神論，結果他們被看做是當時最無畏的思想者（柯爾雷基是唯一神教派信徒）。[52]普利斯特列在他的《論政府的第一原則》（*Essay on the First Principles of Govemment*, 1768）中顯示出足夠的勇氣，他也許是第一個在隨筆中指出最多數人的最大幸福是評價政府的標準。[53]普利斯特列的內兄約翰·威爾金森是月亮社的成員。他的弟弟曾在沃靈頓學院，他的妹妹就是在那裡遇到並嫁給普利斯特列，當時普利斯特列是沃靈頓學院的教師。威爾金森的父親是鐵器製造商，約翰也非常擅長使用金屬。亞伯拉罕·達比和他設計並建造的著名鐵塔，於一七七九年開始使用。威爾金森建造了第一艘鑄鐵船，並駕駛著它從橋下經過。[54]他於一八〇五年去世，依照遺囑，他躺在鐵棺裡下葬。

我們不必把月亮社被排斥的狀況看得過於嚴重。普利斯特列在英國皇家學院做過演講，並且贏得了著名的科普利獎。這個團體和愛丁堡的詹姆斯·赫頓有學術上的聯繫，後文將回顧詹姆斯·赫頓在地球歷史方面的成就。威基伍德與威廉·漢密爾頓爵士關係密切，漢密爾頓爵士收藏的古董花瓶足以裝飾大不列顛博物館，還激發了製作優雅的威基伍德陶瓷的靈感；幾個「瘋子」與亨利·卡文迪什（Henry Cavendish）透過書信進行交流，亨利·卡文迪什對科學的興趣，激勵了後輩以他的名義在劍橋建立了卡文迪什實驗室；他們的活動被德比的約瑟夫·萊特和喬治·斯坦布斯畫了下來。但是兩者之中，月亮社擁有許多第一：它的成員促進了人們在現代生活中接納機器，他們是第一批重視市場、廣告，甚至購物理念的人。他們的成就還包括：對光合作用及其重要性的了解；對大氣的認識（部分得益於他們無畏地乘坐熱氣球升空）；他們首次對理解和預知天氣進行了系統的嘗試；他們建立了現代造幣廠，並且改進了印刷機，使大批量印刷報紙成爲可能。他們想到兒童讀物可以教導年輕人探索神祕事物和科學。他們是廢除奴隸制度的先行者。用珍妮·阿格羅的話說：「他們是收費公路、隧道和新型工廠體系的先驅。他們是一個爲國家帶來高效蒸汽動力的群體。……他們所有人……把想法付諸試驗，把他們對進步的樂觀精神應用到個人生活、國家政治生活和改革……中去。他們知道對事物的認識只適用於當時社會，今後它還會繼續發展，但是他們還懂得知識產生力量，並且堅信這種力量屬於我們所有人。」[55]

讓較早開始對月亮社進行研究的羅伯特·斯科菲爾德（Robert Schofield）來總結它的成就和意義：「上流社會群體透過已經建立起來的國家和風俗習慣，或土地和頭銜，他們也許還在沒有代表性的議會裡爭論，在倫敦的咖啡館裡討論文學和藝術，在懷特俱樂部（紳士俱樂部）裡喝酒、賭博；但是他們所了解的只是世界的影子。在另一個社會群體裡，地位由世俗意義上的成功來決定，這個群體正在創造一個符合他們價值觀的不同的世界。法國戰爭和政治力量推遲了新體制取代舊體制，但正是這個新群體爲贏得戰爭提供了力量……月亮社代表另一個群體，他們奮力爭取在社會中占有一席之地。如果只是它的性質不同於其他群體，那麼這值得進一步研究，因爲在月亮社中可以發現十九世紀的英國的雛形。」[56]

一七九一年，約瑟夫·普利斯特列在伯明罕的家中遭到襲擊，因爲人們相信（後來證明是錯的）他在參加一個宴會，慶祝「攻陷巴士底獄」。這樣的襲擊不是第一次了——這是有組織的活動，反對那些被認爲贊成法國革命的人。在這個事件中，普利斯特列的家被搜查、放火。雖然流言飛語逐漸減少了，但是普利斯特列已經受夠了。他離開了伯明罕，祕密移居到美國。這件事很富有戲劇性和啓迪性：當時，無論他們對法國革命有何觀點，許多不信奉英國國教的科學家和革新家都贊成美國的多元化，原因之一是美國成功地明白了啓蒙運動（下章討論）的意義，另一個原因是更加實際和緊迫的現實。新興工業城鎮，如伯明罕和曼徹斯特，工業革命時還是個小村莊，這是議會中沒人代表他們的利益的結果。【57】

宗教分歧和政治分歧是同一種現象的不同方面。像普利斯特列和威基伍德這樣的人喜歡自由貿易，而自由貿易的觀點直接觸犯了擁有土地的貴族的利益。對這些貴族而言，最重要的就是保持他們領地上穀物的高價，而這就是顯著的差異。德國社會學家馬克斯．韋伯是第一個提出新教，特別是喀爾文教派的崛起，是在現代工業經濟中一個至關重要的因素。以前其他人沒有不同的發現，但是韋伯首次條理分明地闡述爲什麼存在差異，以及爲什麼新教徒的行爲會產生影響。他指出，喀爾文的預言在信徒中造成長久的擔心，他們擔心自己是否會得到救贖；如果信徒遵循一種他們認爲能得到救贖的生活方式，這種擔心僅僅能被控制住。韋伯說，這使他們過著「在這個世界禁欲」的生活，唯一值得做的事就是祈禱和工作。「虔誠的喀爾文教徒節儉、勤奮、不苟言笑。」韋伯說，這種生活方式被及時推廣，甚至不相信救贖的人也像喀爾文教徒那樣生活和工作，因爲他們以爲這樣做是對的。【58】

新教的行爲準則，正如它的名字那樣，不僅僅是慢慢灌輸勤奮思想、節儉和苦行，它還給了我們一個觀點：事物只有能被人們認知、描述，並且有合適的工具可以進行測量時，才是眞實的。根據韋伯的理解，兩種觀念之間的基本差別逐漸在新教徒的意識中形成。一方面，他們認爲世上存在非常個人化的宗教或者精神體驗，另一方面，科技不斷進步，而且大家都能分享科技成果。【59】這種差異現在依然存在。【60】

工人階級的形成

如果我們把新教徒教義的發展稱爲宗教社會學現象，工業革命的主要政治影響，特別是在革命早期，就是加大貧富差距，改變了貧窮的性質，從鄉村的農業貧窮變成了城市貧窮——卑鄙、骯髒、擁擠——雇主與雇員之間的對立變得尖銳。近兩百年來，政治的本質也隨之變化。

湯普森在他的《英國工人階級的形成》（*The Making of the English Working Class*）中指出，一七九〇年到一八三〇年間，他們的典型經驗是：由於勞動者社會地位的降低和削弱，對於英國的工人階級來說，工業革命的本質是失去土地的人喪失了公民權利，「對就業的蓄意操縱，使就業形勢更不穩定」，導致許多行業的貧困者越來越多。[61]一七九〇年以前，英國的工人階級以完全不同的方式生存：他們受壓迫的經歷和逐步喪失的權利，起初是削弱他們的力量，最終成爲主要的團結和加強的力量，這股力量再一次促進現代政治體制的形成。

做爲不斷擴大的差異的另一方面和工業革命在物質方面的勝利（忽略了人的成本）的結果，製造業集團與它在貿易和金融方面的拜把兄弟成爲左右政府政策最有影響的力量——歷史上第一次——接管了擁有土地的貴族的權力。這不僅僅是因爲城市內的工廠非常重要，而且還因爲傳統的土地所有制形式（包括封建特權和公共權益）被無限制的圈地制度蓄謀搶占。這在根本上改變了農村生活中僅剩的東西，因此兩件事情隨即發生了：工人階級被剝奪土地並陷入擁擠、汙穢和不衛生的城市；同時，中產階級的擴大構成了人們日益熟悉的職業——白領工人、工程師和受教育的階層。另外一個第一，「服務業」的新世界，例如，既然鐵路和鐵輪船很方便，那麼旅館、酒店與旅行便互相結盟。最新形成的資產階級，像工人階級一樣是完全自覺的。事實上，他們當中有許多人以與工人階級的不同點爲自己定義。這也是新觀念。[62]

這種分界或許可以被看做是維多利亞文明的特點，它引發出兩個重要領域——經濟學和社會學——的新觀念。

斯密、李嘉圖、馬爾薩斯和邊沁

正如我們所見，直到工業革命，占主導地位的正統經濟觀念是重商主義。重商主義起初被所謂的法國重農主義者破壞，他們的格言是「放任主義」，領導者是佛朗索瓦·魁奈。[63]雖然他們的主張從未被法國以外的地方採納，但是，他們確實展示出他們知道貨物流通的重要性，並且正是這種理念被亞當·斯密吸收（下章介紹他的觀點）。本章重申斯密本人清楚工廠體制對工人生活的惡劣影響，這一點很重要。然而正是那些遵循他的理論的人似乎故意對此視而不見。斯密認爲工人的境遇可以得到改善，但是只有社會發展了才有可能，而社會的發展只有在「放任主義」的氛圍中才可能發生。他堅持認爲工人如同廠主，應該自由追求自己的利益。他說人的本質必須以其本來面目被接受，「把我們的個人幸福和利益看做是非常值得稱讚的行爲準則」並不會有失尊嚴。[64]斯密，一個虔誠的教徒，認爲個人利益會走極端。他在《國富論》中舉出「什麼地方發生了這樣的事，以及商家不自量力最終毀了自己」的實例。[65]

就眼前來說，斯密的書爲工業革命時雇主的行爲提供了純粹理論上的支援，但是，另外兩位經濟學家進一步曲解了斯密的理論，從而使廠主暴露出他們最醜惡的一面。這兩位經濟學家是湯瑪斯·馬爾薩斯和大衛·李嘉圖。我們已經介紹過馬爾薩斯，這裡需要補充的是他的結論——儘管食物的生產只是按算術級數增長，人口卻是以幾何級數增長。也就是說，十九世紀中長期內，民衆的生存條件不可能被改善。這成爲與公衆或者個人施捨相悖的有力論據。

大衛·李嘉圖是股票經紀人的兒子，他的父親是荷蘭裔猶太人。他父親在結婚時皈依了基督教，因此被剝奪了繼承權，有人懷疑是李嘉圖的個人生活環境使他的心腸變硬了。當然，他的理論使他成爲「新統治秩序下的新統治階級」的代言人。[66]他對經濟理論的主要貢獻是，他提出，如果一個工業想要成功，那麼，勞動力生產的價值就必須大於他們的工資。他說，如果保持低工資，使它達到「能維持勞動力的基本生活需要，一代接一代，供養他們的家庭，使他們這個群體永存，既不增加，也不減少」的水準，那麼就不會積聚過多資本，也不會產生全面生產過剩。正如加爾布雷斯所提示的，這被稱做工資鐵律，並且建立了「那些工作的人必須窮，不論任何狀態都會威脅到整個工業社會這座大廈」。李嘉圖在國會中很著名。在那兒，他被當做「聖賢」，他同意亞當·斯密的觀點：膨脹的經濟將全面提高工資水準，但是，這是他對窮人所做出的唯一讓步。[67]做爲經典的「自由」資本主義者，他認爲所有的稅收都會減少可用於投資的資本。他是激怒卡爾·馬克思的人之一。[68]

本章還要談談傑瑞米·邊沁的功利主義。因爲他的「幸福微積分」——快樂和痛苦全部相加——被看做和商品生產的最大化一樣，是新工業主義最具特色的成就。基本思想「最多數人的最大幸福」很快就被曲解成對少數人來說無論多艱難（例如失業），他們都應該忍受。邊沁竟然說：「人應該使自己在面對少數人的同情時堅強起來，或者代表他們採取行動，以免一個人破壞了多數人更大的幸福。」[69]

羅伯特·歐文

並不是所有人都能像李嘉圖和邊沁一樣硬心腸。羅伯特·歐文就是其中一個。在他的《論工業制度的影響》中，他總結道：在英國有九十萬個家庭從事農業生產，一百多萬人從事貿易和製造業，而這個數字還在急劇增長中。歐文毋需論證工廠中長期輪班工作對工人的健康和尊嚴所造成的令人震驚的影響。

他說，在工廠「僱傭」變得「僅僅與錢有關，而與道德責任感無關」。[70]對他來說，道德的缺位是最重要的問題。窮人「看到它周圍的人以郵車的速度匆忙向前趕，去爭取個人財富……」[71]「所有人被孜孜不倦地培養成便宜買進、高價賣出的人；爲了使詭計成功，這些人必須掌握行騙的技巧；各類商人所形成的品質，破壞了坦率、誠實與眞誠，沒有這些，不但無法讓別人幸福，自己也享受不到幸福。」[72]

歐文從他的出生地威爾斯的蒙哥馬利郡搬到倫敦以後，十歲開始工作。他努力追求成功，在曼徹斯特與人合夥做生意，後來成了蘇格蘭新拉納克磨坊的經理和合作夥伴。二十多年後，就是在那裡，他在工業環境下進行了著名的社會改革試驗。當他掌管拉納克時，感到很震驚，「工人失業、貧窮、經常負債；他們常常酗酒，並且以偷盜爲生。他們習慣說謊和吵架，只有在與雇主激烈地鬥爭時才會團結起來。」[73]孩子們的處境比狄更斯小說裡描寫的還要悲慘。他們在愛丁堡的孤兒院長大，然後被迫從早上六點工作到晚上七點，歐文認爲，「他們當中有很多人身心都發育不全，這一點兒也不奇怪」。[74]

他對此事做出了激烈的反應。爲了減少小偷和醉漢，他建立了一套獎懲制度；他把孩子的最低工作年齡由六歲提高到十歲，並且資助了一所鄉村小學，教導小一點的孩子讀書寫字，以及「享受快樂時光」；[75]他改善居住環境、鋪設道路、種植樹木、建造公園。讓他非常滿意的是，他向工人展示他的改進措施，不但使他們的生活變得舒適，而且事實上提高了他們的生產力。後來他四處活動，想把這種模式向全國推廣。[76]

這個計畫有三個目標。第一，歐文希望由政府出資爲所有五歲至十歲的孩子建立免費學校。第二，他四處遊說，爲使多個工廠法案獲得通過，從而限制工人每天的工作時間；雖然歐文自己覺得離成功還差得遠，但是在法案方面獲得了成功，一八一九年通過了工廠法案。最後，他提出建立國家貧困救濟體系；他並不提倡直接發放現金，而是提議建設一系列公社，每個公社大約容納一千兩百人，公社周圍有土地；每個公社都有學校爲之服務，使貧窮的人數隨著公社的居民變成有用的社會成員而降低。[77]他們試著成立了一、兩個這樣的公社（例如，格拉斯哥東面九英里的奧比斯頓），但是這個設想基本上沒有什麼成果（歐文是一個激進的宗教批評家，這意味著他使很多潛在的資助人不滿）。然而，即使沒有像他期待的飛得那麼遠、那麼快、那麼高，但他的另外兩個設想確實成功了：三分之二成功了，結果不錯。從某種程度上而言，歐文確實努力想讓工人階級重新獲得某種尊嚴，一種在他看來隨著工業城市的興起而失去的尊嚴。[78]

饑餓的四〇年代

對坐落在英格蘭什羅普郡的大鐵橋的探訪，證實了英國十八世紀時只是半工業化。第一批工廠建立在鄉村山谷裡的綠茵上。[79]只有在工廠遷到城鎮時，對工業革命的恐懼才眞正顯現出來。直到十九世紀，工業化和貧富分化才共同造就了一個自覺的窮苦階級，這個階級被排斥在工業家獲取的巨大財富之外。根據埃里克·霍布斯鮑姆（Eric Hobsbawm）的理論，前工業傳統消失之前，十九世紀四〇年代時已經受到影響了（例如娛樂的形式，比如摔跤比賽、鬥雞和鬥牛；當民歌仍然是工人的主要音樂風格時，十九世紀四〇年代標誌著一個時代的結束）。[80]

正如幾位歷史學家看到的，重要的一點就是，在十九世紀初工人階級生活條件明顯惡化。霍布斯鮑姆舉出幾個生動的例子：一八〇〇年到一八四〇年間，倫敦肉類供應不足；一八四六年到一八四七年八百五十萬愛爾蘭人中，有一百萬人餓死；一八〇五年到一八三三年間，手搖紡織機織工的平均工資由每週二十三先令降到六先令三便士。人的平均身高——有效地反映營養狀況——一七八〇年到一八三〇年是增長的，之後的三十年是下降的，然後又增長。甚至在當時，十九世紀四〇年代都被認爲是「饑餓的四〇年代」。一八一一～一八一三年、一八一五～一八一七年、一八一九年、一八二六年、一八二九～一八三五年、一八三八～一八四二年、一八四三～一八四四年和一八四六～一八四八年，英國爆發了騷亂，主要與食物短缺有關。霍布斯鮑姆引用了一八一六年在芬斯爆發的騷亂：「我在天地之間，所以上帝，請幫幫我。我寧願失去生命也不願這樣回家。我需要麵包，我要的麵包……」一八一六年，整個東部鄉村；一八二二年，英格蘭東部；一八三〇年，肯特郡和多塞特之間，薩默塞特和林肯城之間的所有地方；一八四三年到一八四四年，又是英格蘭中部和東部鄉村，脫粒機被砸爛，乾草堆在夜晚被點燃，因爲人們只要求最基本的生存。[81]首先，大量發生騷亂，騷亂者才能獲得一些食物。然而，一八三〇年起，動盪的形勢開始發生變化，最後，激發了總工會的想法。總工會在它的軍械庫拿起了「最佳武器——大罷工」（另外，並不完全是諷刺，它還被看做是「神聖月」）。「但是，本質上，把所有運動結合在一起，或者在不時的失敗和分裂之後使他們重新振奮精神的，是人們普遍的不滿，他們在充滿財富的社會裡挨餓，在標榜自由的農村被奴役，他們尋找麵包和希望，卻收到石頭和絕望。」[82]這不只是現在的馬克思主義歷史學家的言論。一位一八四五年路過曼徹斯特的美國人在家書中這樣傾訴：「骯髒的、欺騙的、壓抑的、扭曲的人性支離破碎地躺在社會的每個角落……我活著的每一天都在感謝上蒼我不是英國拖家帶口的窮人。」【83】

恩格斯／馬克思

一八四五年佛烈德里希．恩格斯在曼徹斯特（他認識了歐文）從事棉花貿易的工作，他看到自己周圍發生的事，並且爲其所見感到極度憂心，因此他對新工業化的英國做出了自己的描述。《英國工人階級狀況》就是在那一年出版的，它以詳盡的細節描繪出成千上萬的工人生活在「絕對的痛苦和貧窮」中。雖然他的書很生動，但恩格斯只是爲後來的活動做了準備，但是他的朋友兼合作者很快就使全世界捲入了風暴之中。【84】

卡爾．馬克思被恩格斯的書深深地感動了，但是，正如加爾布雷斯所說，馬克思無論如何都是一位「天生的革命者」，他的一生都被自由問題所困擾；馬克思一生的戰鬥成果，可以被理解爲研究和闡述「一個人與生俱來的自由怎麼躲開了他」。馬克思出生在德國的特里爾，他的父親是律師，也是最高法庭的官員。馬克思被培養成當地的精英，娶了燕妮．馮．威斯特法倫，當地地主的女兒，社會地位低於馬克思。【85】馬克思的改變是他去柏林跟隨黑格爾學習之後開始的。黑格爾的主要觀點，是所有經濟、社會和政治生活都處在不斷的變化中。這是他著名的論點、反題和合題理論。黑格爾說，一旦某種事物的狀態發展了，另一個事物就會出現並與之對抗。這種論點在當時也許比現在更大行其道，因爲當時馬克思跟隨黑格爾學習，新興工業家出現了，並且挑戰舊制度的勢力——舊地主統治階級。【86】這裡的變化是關鍵思想。古典經濟學——特別是李嘉圖描繪的體系——認爲經濟的目標是平衡，而工業社會中，雇主與工人之間、資本與勞動之間的基本關係從沒改變。從黑格爾身上吸取了經驗，馬克思並不能一下子就接受傳統的觀念。

馬克思的觀點並不全部來源於黑格爾和柏林。關於李嘉圖的看法，他自己的經驗也有關係。在普魯士首府待了一段時間之後，馬克思轉到了科隆，成爲《萊茵報》的編輯。這是魯爾流域的新興工業資本家的機關報（這是一個重要事實）。剛開始他做得不錯，但是後來他的報紙逐漸在某些部分開始支持一些觸犯大多數讀者利益的政策。例如，他支持當地人有在附近樹林裡撿枯死樹木的權利。在歐洲的許多國家，這是一項傳統特權，但是這個權利最近被剝奪了，因爲新工業需要木材。因此，冒險進入樹林的當地人犯了非法侵入罪。馬克思還主張更改離婚法，削弱教會的作用。接二連三的激進言論刺痛了科隆當權者，所以馬克思被解僱了。他開始了四處漫遊的生活。他先去了巴黎，打算在那裡用德語爲流亡海外的德國人編寫雜誌。審查者查封了第一期雜誌，普魯士人向法國人抗議「包庇馬克思是不友好的行爲」。[87] 他搬到比利時，普魯士人也到那裡追捕他。經過幾次冒險和被驅逐之後，他在英國結束了他的旅程。

《資本論》／異化

至此，馬克思變得更加革命。在英國，他和恩格斯合著了被加爾布雷斯稱爲「最著名的空前猛烈抨擊的政治小冊子」《共產黨宣言》。在《共產黨宣言》中，馬克思和恩格斯把資本主義制度下的國體稱做「管理整個資產階級公共事務的委員會」，還說「掌握物質生產方式並有權對其進行處置的階級，同時控制精神生產」。他們指出，工業社會分爲「兩大敵對陣營」，無產階級和資產階級根本對立。[88] 因爲對這個主題感興趣，他開始著手寫他的大型三卷本著作《資本論》，恩格斯校訂了第一卷。一八八三年馬克思去世後，恩格斯從他的筆記和手稿中整理出後兩卷。

把馬克思簡單定義爲經濟學家是不夠的。許多人把他與奧古斯特．孔德看做是社會學的創始人，主要是他的興趣比純粹的經濟學廣泛得多。對於馬克思來說，爲了讓人們獲得自由，他必須理解自由，並且向人們展現歷史在物質方面的成果如何妨礙了這樣的認知，這一直是他的目標。對於馬克思來說，這種認知是政治的核心。[89]

最重要的是，馬克思是一個唯物主義者，他斷然摒棄了黑格爾辯證唯心主義歷史觀和正題產生反題的辯證思想。馬克思認爲歷史進程是人類面對物質基礎的結果，[90] 他特別指出，勞動和人們在工作中應用的技術給予或者不能給予他們滿足。但是，他確實用到了黑格爾的概念——異化；雖然他用這個概念表示人們可以表面上顯是自由的（主要在他們的工作中），然而事實上他們仍然帶著枷鎖。[91]

整個十九世紀五〇年代，馬克思在大英博物館的閱覽室中像著了魔一樣發奮讀書。他整理了對資本家和工業實踐的闡述，主張社會的物質基礎——勞動的構成和財富產生的方式——構成了社會的各個方面，「從我們的思維方式到社會能容忍的和贊成的制度」。[92] 這是一個遠大的目標，也是爲什麼說馬克思不僅僅是一位經濟學家的原因。他的主要論點是：物質是基礎，社會建立在物質基礎之上。「所有的社會制度——他所稱的上層建築，例如法律、宗教和構成國家的各種要素——是在物質基礎上產生的。換句話說，權力最重要。」[93] 接著，他同樣詳細地闡述了這個基本現實對個人的影響（這部書有三卷）。在此，他最有影響力的觀點是他對黑格爾異化理論的重新演繹。馬克思指出，在工業社會中，勞動分工是效率和增加價值的基本條件，「勞動者與他自己相異化」。他的意思是工廠管理邏輯和生產把人變成了機器，因爲工人在極大程度上恨他們所做的工作；此外，他們無法控制他們的工作，所以，工廠中人的主要特徵是，他們的地位因爲是「工廠工人」而被貶低。更重要的是，他們還被迫在「他們的能力範圍內好好工作」。這就是異化。[94]

馬克思說工人沒有意識到他們被異化了，這是因爲「意識形態」。社會的組成模式和權力的構成導致信仰——基於當時社會基礎的意識形態——產生了。「意識形態」包括一些關於人本性的理論，也是爲統治階級利益服務的理論；他們幫助維護統治階級的權力，而不是大多數人的權益。馬克思認爲有組織的宗教就是他所說的意識形態活動的明證，因爲它教導人們必須接受神的旨意，接受現狀，而不是採取行動去改變現狀。[95]

馬克思不僅僅是經濟學家，在某種程度上也不僅僅是社會學家，他還幾乎是哲學家。在《資本論》中他沒有討論「人的本性」，若做爲哲學家或者理論學家也許會，但是這是關鍵。對他來說，人沒有抽象的本質：一個人從他的物質環境中產生出來的自我意識並不重要，重要的是在他的生活中與他人的關係，以及塑造他的那些經濟的、社會的和政治的力量。重要的也是困擾著許多人的是，馬克思的論點暗示了一個人可以藉由改變周圍的環境來改變他的本性。革命是精神上的也是經濟上的。[96]

馬克思的新世界觀最後一個層面是人們發現最具有爭議的一點——他的著作是科學的。他在大英博物館裡的研究揭示了迄今還不爲人知曉的事物，但是現在做爲社會的客觀存在而被揭示出來，他的分析揭示了必然的進步。雖然很多人反對這個觀點，另外一些人給「馬克思主義」賦予了具有讓人們相信太平盛世會到來的特點，他的巨著把人類歷史分成越多階段，每一個階段就會由當時主要的生產方式決定其特性。馬克思認爲，現代社會的起源伴隨著從封建制度向資本主義制度的轉變。最著名的是他論證了經濟的不穩定性和階級鬥爭是生產歷史所固有的，它最終導致革命，並且發展爲共產主義。「資本主義私有制的喪鐘敲響了。」（在「革命」之前，馬克思最初使用的詞是「解體」。）[97]

《資本論》的時機很重要。這是一個新的世界觀，一個超出經濟學、社會學甚至超出政治的理論，充滿後啓蒙運動的科學氣息，它提出了（或者聲稱）

在宗教明顯衰落時對人類事務的全面認知。因此，在十九世紀八〇年代，馬克思自己也成爲一位政治人物。尤其是在一八六七年出版了《資本論》第一卷之後，他參加了許多歐洲革命運動。他在大英博物館研究多年之後，提出了革命活動的科學依據。例如，他的觀點支援了國際工人協會，就是成立於一八六四年的「第一國際」，在此第一次使用了「馬克思主義」這個詞。[98]

對工業革命的想像是一系列以英國爲背景工業時期的小說。這些小說包括伊莉莎白．克蘭福德的《瑪麗．巴頓》（1848）和《北方與南方》（1855），大不列顚未來首相班傑明．迪斯雷利的《西比爾》（1845），查理斯．金斯利的《奧爾頓．洛克》（1850），喬治．艾略特的《激進派菲利克斯．霍爾特》（1866），查理斯．狄更斯的《艱難時世》（1854），本章開頭就是從這部書中摘錄的段落。這些書的主題不僅對新社會進行了批判，還反映出對隨時可能從工人階級中爆發的暴力的恐懼。雖然有些書對當時及後世產生了巨大影響，但是對於某些詞的新用法的卓越評論，從二十一世紀的角度被給予更多的關注。英國批評家雷蒙．威廉斯（Raymond Williams）指出，「在十八世紀的最後十年，以及在十九世紀上半葉，在此之前，許多新詞雖然在歷史上已經於語言中應用，但是現在具有頭等重要性，首次在英語中被普遍使用，並被賦予新的重要涵義」。他繼續說，這些詞描繪了新觀點的大致輪廓，反映出生活上和思想上更廣泛的變化，正如我們將要看到的，「見證了我們對普通生活的典型思考的全面改變」。這些詞是「工業」、「民主」、「階級」、「藝術」和「文化」。[99]

工業革命前，威廉斯說，「工業」這個詞可以被理解爲「技巧、一絲不苟、持之以恆、勤勉」。雖然傳統的用法沒有被廢棄，但是，「工業」現在也是一個描述製造業和生產制度與他們的典型活動的集合名詞。[100]它還衍生出「勤勉的」、「工業的」，以及一八三〇年後出現的「工業主義」。他說，核心短語「工業革命」是十八世紀二〇年代一位法國作家所創，顯然是從「法國革命」類推出來的[101]（其他人認爲是恩格斯首次使用的）。「民主」雖然從希臘時期就已經使用，意思是「民治政府」，但是到美國革命和法國革命時才被普遍使用。在英國，雖然曾經可能有過民主，至少在理論上有過民主，然而自從大憲章或者共和國時期，或者從一六八八年以來，它並沒有稱自己爲民主；在十八世紀末，民主幾乎等同於激進共和主義或者暴民統治。「十九世紀末和二十世紀初，民主黨通常被看做危險的破壞性暴民煽動者。」[102]「階級」一詞有著重要的現代意義，可以上溯到一七四〇年。在那之前，它主要用於學術領域，指學校或學院中的一群人。後來出現了「下層階級」，接著是「下層社會」，然後十八世紀九〇年代出現了「上層階級」，接著是「中間階層」或者「中產階級」，「工人階級」直到一八一五年才出現，稍後出現了「上層社會」。「階級偏見、階級立法、階級意識、階級鬥爭和階級戰爭在十九世紀出現。」[103] 威廉斯宣布這是英國社會分化的開始，並不顯得無知，但是他卻固執地認爲新用法反映了那些分化特點的變化。人們更了解分化，並且發現「階級」曖昧的含意比「等級」更有用。以前使用「等級」，但是現在用得越來越少了。

他說，對「Art」這個詞的使用變化和「工業」的使用變化類似，它的本意是「技能」——任何技能。「Artist」指的是有技能的人，就像「技工」。但是，「Art」的手寫字母「A」大寫的話，就代表一種特別的眞理，想像的眞理，使有技能的人變成一個特別的人……一個新的名字，美學，被發現用來描述對藝術的評價……文科——文學、音樂、繪畫、雕塑、戲劇——在這個新片語中被放在一起，因爲它們在本質上擁有共同點，而這個共同點把它們與人類的其他技能區別開來。當藝術家一方面與技工和工匠開始相互區別時，另一方面，天才（Genius）的本意雖是「特性」，但也開始表示「超常的能力」。[104]

「文化」一詞的意義變遷也許是最有意思的。這個詞的本義是對動物的飼養或植物的種植，具有生物方面的含意。它在意義上的變化經歷了幾個階段，「第一個階段，它表示『思想的一般狀態或習慣』，和人類追求完美密切相關。第二階段，它開始表示『智力在一個做爲整體的社會群體中發展的一般狀態』。第三階段，它表示『文科的整體』。第四階段，在十九世紀後期，表示『生活、物質、智力和精神的所有方式』。」[105] 馬修·阿諾德（Matthew Arnold），以《文化與無政府狀態》（1869）著稱，把文化定義爲心靈旅程，試圖使自己擺脫無知。「透過對世上最好思想和言論的了解，在有關我們的所有方面追求自我完善；經由這種認知，形成新的思想潮流，擺脫我們堅定但是機械地遵循的陳腐思想和習慣。」[106] 阿諾德認爲新工業化的社會中每個階層都有「遺老遺少」，這些少數人與具有鮮明特徵的大多數人並存。然而大多數人並沒有被他們那個階層平庸的理念所蒙蔽。根據他所定義的文化，這些人會發展「最好的自我」來建立美和人類自我完善的標準，從而「拯救」絕大多數人。他並不把這看做是任何形式的精英統治論者。[107] 阿諾德的觀點與馬克思、歐文或者亞當·斯密的觀點大相逕庭，「精英文化」的理念就是他眞正的觀點，現在遭到猛烈抨擊，並且在一定程度上衰退了。因此，更重要的是加上阿諾德這些經常被省略的話：「文化讓人們關注人類事務中的自然趨勢和它的連續性，不會讓我們堅定地相信任何一個人和他的行爲。它讓我們不僅看到他的優點，還看到在他身上還有多少必然的局限性和暫時性……」【108】

《大分流》

彭慕蘭（Kenneth Pomeranz）最近在《大分流》（*The Great Divergence*）中提出，英國和歐洲的經濟（和文明社會）在一七五〇年之後開始加快發展，很快就超過了印度、中國、日本和亞洲其他國家，造成了我們現在所看到的世界極不平衡（而一些地區在調整這種不平衡）。然而，他認爲工業革命——通常贊同加速發展和分歧——只是整個景象中的一部分。爲了讓人們全面了解工業革命的影響，他說我們需要承認另外兩個方面，一個是以蒸汽爲動力的交通工具（特別是蒸汽輪船）之發明大大降低了長途旅行的成本；造成第二個方面是新世界的存在，這個新世界是一個更有活力的經濟市場。新世界，擁有礦產和其他資源、奴隸（幫助創造出前所未有的利潤）和它廣袤的土地，提供了完全的市場條件，與工業革命所代表的新技術和規模經濟互利互惠。他說，十八世紀初印度、中國和其他亞洲地區的經濟沒有什麼不同，幾乎與歐洲一樣複雜，如果沒有這些因素的共同作用，西方世界的「第二次加速發展」（第一次是在一〇五〇年到一三〇〇年間）就不會如此顯著。帝國的發展起了作用——它們本質上保護了市場。【109】

百年和平

一個長期的、可能是最重要的工業革命的影響是，世界從一八一五年到一九一四年，和平了一百多年。人們並不經常把這兩者聯繫在一起，但是卡爾．博蘭尼（Karl Polanyi）在一九四四年出版（二〇〇一年重新發行）的《大轉型》（*The Great Transformation*）中列舉了令人信服的理由。【110】博蘭尼的論據是，工業革命形成的巨大財富，將創造相等甚至更大財富的前景和許多新興貿易（棉花、鐵路、航運、藥品）的國際特性，再加上十六世紀以來就已經成熟的證券市場發展到了一定程度。總的來說，外國人擁有國債的實際比例（如百分之十四），意味著歷史上首次出現了「敏感的和平利益」，而這就是他所說的「工業文明歷史上截然不同的階段」。一八一五年後，改變是突然而徹底的。法國大革命的結果進一步推動了爲共同利益而進行和平交易的工業革命浪潮不斷發展。梅特涅聲稱歐洲人民想要的不是自由而是和平。【111】他說，以「和平利益」爲特色的制度是他所稱的大金融集團，也就是國際金融。

博蘭尼不否認十九世紀發生了「小規模戰爭」（不止一次革命），但是他堅持認爲從一八一五年到第一次世界大戰爆發之間，任何兩個大國之間沒有爆發大規模的或長期的戰爭。（勞倫斯．詹姆斯把這個時期描繪成「冷戰」；從尼爾．佛格森在《現金關係》的統計資料來看，這是多麼不同尋常。尼爾．佛格森引用資料來說明一四〇〇年到一九八四年之間爆發了一千次歐洲戰爭：「平均每四年就有一場新戰爭爆發，每七年或者八年就爆發一場大國之戰，也就是一場不只涉及一個大國的戰爭」。）博蘭尼認爲，大金融集團是世界政治和經濟主旨之間的紐帶，這些國際金融家不是和平主義者，也不反對任何較小規模的、短時間的或者區域戰爭，「但是，如果大國之間的大戰擾亂體制的金融基礎，它們的生意就會減少。」他說大金融集團並不是促進和平的工具，它也沒有特別支援和平的組織，但是由於它獨立於任何一個政府，它在世界上成了一股新勢力。如果大戰爆發，政府有價證券和其他投資的絕大多數擁有者，「一定是第一個失敗者」。因此，這些有權勢的人是和平的既得利益者。他認爲重要因素是貸款和續貸取決於信用，信用取決於良好的品行，而這反映在立憲政府和對預算的恰當管理上。博蘭尼舉了幾個例子，金融家在比如土耳其、埃及或者摩洛哥等地短期接管了政府，處理一些威脅到政治穩定的金融問題（通常是債務監管），他認爲這些現象表明了貿易與和平相關聯。正是這個時期見證了金融家的出現，如羅斯柴爾德。一八三〇年，詹姆斯．德．羅斯柴爾德（James de Rothschild）竟然算出戰爭的成本，他說在戰爭中他的租金收入會下降百分之三十。迪斯雷利算出一八五九年法義兩國向奧地利的挑戰造成在股票交易中損失六千萬英鎊，索爾茲伯里的侯爵針對愛爾蘭缺少外界投資的問題提出：「資本家喜歡和平環境，百分之三到百分之十的和平帶有從餐廳裡取出的子彈。」近代學者對這個描述進行了擴充和加深，表明除了第二次世界大戰之後的時間，一八二〇～一九一七年間是民主和民主政治歷史上發展最快的階段。【112】

大金融集團最終沒能阻止第一次世界大戰。第一次世界大戰將導致西方銀行系統的根本改變。一八一五年是個分水嶺，在那之前，政府和商人一直認爲戰爭爲擴展貿易提供了機會。工業革命之後，隨著富裕的中產階級興起，戰爭經濟學永遠地改變了。卡爾．博蘭尼所稱的百年和平使工業革命推動了大衆社會——一種新形式的文明——的發展。

第二十八章

美洲的創造

美洲的寶藏與資本主義的興起

「美洲的發現、繞過非洲的航行，爲新興的資產階級開闢了新天地。東印度和中國的市場、美洲的殖民化、對殖民地的貿易、交換手段和一般商品的增加，使商業、航海業和工業空前高漲，因而使正在崩潰的封建社會內部的革命因素迅速發展……」[1] 卡爾．馬克思和佛烈德里希．恩格斯在《共產黨宣言》中如是說。厄爾．J．漢密爾頓在其著名論文〈美洲的寶藏和資本主義的興起〉（American treasure and the rise of capitalism）中回顧了十六世紀的歐洲所發生的種種變化——民族國家的形成、伴隨戰爭的災難和機緣，以及新教的興起，其結論是這些變化所帶來的影響無一能與美洲的發現相提並論。漢密爾頓相信，美洲是歐洲資本得以形成的主因，「（美洲）發現的後果就是歐洲產業的發展得到促進，歐洲產業必須生產可供與美洲農產品交換的工業品；歐洲與東方開展貿易需要（美洲的）白銀，而東方貿易能爲其投資者帶來豐厚利潤，從而強有力地促進了資本的形成；同時它也引發了歐洲的價格革命，後者又反過來便利了資本積累，因爲工資總是滯後於物價。」[2] 在另一名著《經濟個人主義興起的幾個問題》（*Aspects of the Rise of Economic Individualism*, 1933）中，H．M．羅伯森論證道，地理大發現的意義「並不限於嚴格的物質方面，因爲與之相伴的商業擴張必然意味著思想的擴展」。總之，據他說，當時「新的機遇不斷湧現。……從這些新機遇中崛起了一個具有資本主義和個人主義精神的企業家階級，它在傳統社會中做爲瓦解因素而發揮作用」。[3]

《大邊疆》

沃爾特．普萊斯考特．韋伯（Walter Prescott Webb）在其《大邊疆》（*The Great Frontier*, 1953）中的論述更爲具體。對他而言，歐洲是大都市，而美洲則是大邊疆。儘管遇到諸多問題，而且北美大平原需要採用新的耕作方法，「此邊疆的開闢從根本上改變了歐洲的前途命運，因爲它使人口、土地和資本三要素間的對比發生了決定性變化，從而爲繁榮創造了條件」。[4] 尤其是據他說，在一五〇〇年，歐洲的三百七十五萬平方英里土地供養著約一億人口，這意味著每平方英里的人口密度是二十六．七人。在發現新世界後，這一億人突然獲得了兩千萬平方英里土地的額外空間。韋伯認爲，額外空間的存在啓動了歐洲整整四個世紀的繁榮，「直至邊疆在一九〇〇年前後關閉，這場繁榮方告一段落」。根據該描述，一五〇〇年與一九〇〇年之間的四個世紀是歷史上的獨特時期，在這個時間框架下，美洲「大邊疆」根本改變了西方文明的面貌。[5] 正如約翰．艾略特所言，「關於美洲所帶來影響的研究，最終在三個被反覆討論的問題上達成一致：金銀、貿易和機遇的激發作用。」[6]

於十六世紀到達鼎盛的大發現時代，促成了有史以來第一批全球性帝國的建立。此事件不僅成爲歐洲國家間「遠在赫拉克勒斯石柱（歐洲傳統邊界線）以外的」新一輪爭鬥的根源，而且影響到了各世俗政權和教會之間的關係。梵蒂岡向來主張對全世界的支配地位，但其典籍對新世界卻一無所知，隻字未提。[7] 表面看來，發現有數百萬人生活於基督教福音之外，是給教會提供了擴展其影響的良機。但實際的結果更爲複雜。首先，地理大發現在時間上正好趕上了（歐洲）宗教改革和天主教方面的反宗教改革，後者才是羅馬教廷更爲關心的對象，而非新大陸帶來的機遇。誠然，歐洲的宗教爭論可能也的確因爲大量更擅此道的福音教士橫渡大西洋離開而有所削弱（特倫特公會幾乎沒有提及美洲事務）。但無論如何，傳教士是否可以涉足新領地，取決於世俗權力的許可。特別值得一提的是，西班牙王室被理想化地賦予了指導福音傳教步驟和方式的使命，這一點在其談判取得教皇對其遠征的授權——法律上被稱做「Patronato」——時尤爲明顯。[8] 有人甚至提出，西班牙諸王在西印度群島行使的絕對權力，反過來在歐洲促進了絕對王權思潮的發展。[9] 與之相似，英格蘭的理查．哈克路特（Richard Hakluyt）提出，殖民活動「吸走」了那些最有可能犯上作亂的人。[10]「正如十六和十七世紀國家的威權主義趨勢可能鼓勵了不滿當局者遷離本國一樣，這種遷離可能也強化了該國本身的威權主義特性……可以推想，如果機會和權利能夠透過遷徙而在海外以更低的代價獲得，則留在本國爲之戰鬥的動力就會相應減弱。」[11]

約翰．艾略特證實，在十六世紀四〇年代和五〇年代初，神聖羅馬帝國的重心決定性地從德意志和尼德蘭移至伊比利半島。[12]「這個變化象徵著安特衛普和奧格斯堡的舊金融世界已黯然失色，一個連接熱那亞、塞維利亞和美洲銀礦的新金融樞紐取而代之。在十六世紀下半葉（但不是之前），我們可以名正言順地談論大西洋經濟。」[13]

由此，西班牙及其歷次征服引起法國和英格蘭的嫉妒也就不令人驚奇了。首先是來自祕魯的白銀吸引了這些敵對強權的注意，而白銀的輸送在巴拿馬地峽極易受到攻擊。另一說法是，新教方面有一個「經由西印度群島」占領西班牙的策略，這證明了政治事務日益具有全球性維度，人們開始認識到海權越來越重要。從政治上而言，新大陸同樣在歐洲民族主義的發展過程中發揮了作用。西班牙很自然地認爲，隨著文明的中心轉移至伊比利半島，該國現在已經成爲「天選的種族」。但在十六世紀中葉，西班牙在國外的形象卻因兩部催生了後世所謂「黑色傳奇」（Black Legend）的著作出版而蒙受嚴重損害。這兩本書，其一是巴托洛梅．德．拉斯．卡薩斯的《印度群島毀滅述略》（*Brief Account of the Destruction of the Indies*），一五五二年初版於西班牙，該書公開嘗試在被普遍指爲非人類的印第安人身上找到人性；另一本是基洛拉莫．本佐尼的《新大陸史》（*History of the New World*），一五六五年在威尼斯出版。[14]兩書被迅速譯爲法文、荷蘭文、德文和英文，很快的，胡格諾教徒、荷蘭人和英國人都表示，西班牙人的行徑實在是駭人聽聞。蒙田在讀過「黑色傳奇」後說出了其他人同樣感受到的東西：「衆多美好的城市被洗劫，衆多邦國被毀滅、人煙滅絕，數以百萬計手無寸鐵之人，無分男女、國籍和年齡，全部被屠殺、蹂躪、飲刃而亡，世界最富饒、最美麗和最優秀的部分在珍珠和胡椒的掠取中被糟蹋、摧毀，變得醜陋不堪……」[15]兩千萬印第安人的滅絕由此被當做西班牙人「天生」兇殘的鐵證。據約翰．艾略特稱，至少在歐洲歷史上，這是宗主國的殖民紀錄被用來反對其自身的第一個例子。[16]

此外尚有另一個事實：在發現美洲後超過一個世紀的時間裡，並沒有哪一種知識上的進步可眞正將新世界納入歐洲的思想範式中。首先，如何解釋這片大陸的存在？比如像前面述及的那樣，在神學典籍中並沒有提到美洲。[17]這是否有可能意味著該大陸是一件特別的創造物，在大洪水後期方才出現，或者它在歐洲遭受洪水之後，經歷了一場其獨有的、不同於其他大陸所遭受的洪水，眼下正處在恢復元氣的過程中？爲何新世界的氣候如此不同於歐洲？比如五大湖與歐洲處於同一緯度，但其湖水一年中有一半的時間封凍。爲何新世界如此多的地方被溼地和沼澤覆蓋，爲何它的森林如此茂密、土壤如此溼潤而宜於耕種？爲何它的動物如此獨特？爲何那裡的人群如此原始而又分布稀疏？尤其是，爲何當地人的皮膚非黑非白，而是紫銅色的？最重要的一點或許是，這些野蠻人來自何方？[18]他們是否古以色列迷失支派的後裔？阿姆斯特丹的猶太拉比，瑪拿西．以色列（Manasseh Israel）相信事實就是如此，還拿祕魯神廟和猶太教堂之間的相似性做爲「決定性證據」。對某些人來說，廣爲流傳的割禮習俗支援了這一解釋。或者他們是些迷失的中國人，漂渡太平洋來到此地？他們是不是最偉大的航海者挪亞的後代？亨利．康馬格爾認爲，得到最普遍支持也是最符合常識的理論是，他們是一部分韃靼人，當初從俄羅斯的堪察加半島航行到阿拉斯加，又沿新大陸西海岸南航，隨後擴散開來。[19]

有關美洲是不是亞洲的一部分，抑或一個獨立陸塊的問題，在十七世紀三〇年代塵埃落定。維圖斯．白令（Vitus Bering）於一七二七年奉俄國沙皇之命調查西伯利亞是否延伸至與美洲相連。他帶回來的報告是兩塊大陸之間有海相隔，但語焉不詳，再加上該報告與俄羅斯這邊的沿海土著居民當中流傳的故事頗爲相似，因此其說法的眞實性受到懷疑，引發了一場持續至今的辯論。[20] 西伯利亞堪察加地區的人們知道地平線那邊的陸地並不遙遠，因爲時常有漂木被沖至卡爾根斯克島上，而這些木頭來自一種堪察加本地不產的冷杉樹。一七二八年白令將其任務交給另一個指揮者，一七三二年，他的兩個助手伊萬．費多羅夫和米哈伊爾．格羅茲德夫最後發現了阿拉斯加。

這個問題雖然得到了清晰無誤的解決，但其他有關美洲、它的目的和意義的爭論仍在持續。早期有關新大陸是一個遍布貴金屬、魔法河與七座魔力城市的「黃金國」（El Dorado）的想法從未得到現實的印證。[21] 對某些人而言，美洲是一個錯誤，其最大的特點便是落後。「不要驚訝於美洲人口之稀少」，法蘭西斯．培根寫道，「或者其人群的粗野和無知。因爲你必須將你的美洲居民當做一個年輕的人群來接受，他們至少比世界其他地方的人年輕一千年。」[22] 布豐伯爵同樣論證說，美洲在大洪水後浮出水面的時間比其他大陸都要晚，這就是爲什麼那裡有潮溼的土壤、繁茂的植被和茂密的森林的原因。[23] 他說，一切事物在那裡都不能興旺發展，動物在精神上和肉體上都「發育受阻」，「因爲大自然主要將美洲當成繼母而非母親來造就，剝奪了（土著美洲人）愛的情感和繁殖的欲望。那些野蠻人身體虛弱，生殖器官也小……他們在體力上遠遜於歐洲人。他們更不敏感，但卻更易恐懼，更加膽小」。瑞典教授彼得．卡爾姆（Peter Kalm）認爲，美洲的蟲子太多，植物無法成長，這使得美洲的橡樹「和以之建造的房舍」都很脆弱。甚至伊曼紐爾．康得也認爲美洲土著沒有能力變得開化。[24]

其他人則表達了另一種觀點，即美洲是如此惡劣，以至於根本不可能將其納入歷史的主潮流，也無法使其基督教化或文明化，這種惡劣狀況乃是神針對該大陸被「過早」發現和西班牙人在征服期間犯下深重罪行的懲罰。[25] 美洲野牛是犀牛、家牛和山羊之間不成功和無意義雜交的產物。[26]「在美洲全境，從合恩角到哈德遜灣，」康尼勒．德．波烏修道院長在《百科全書》中寫道，「從未出現過哲學家、藝術家，以及有學問的人。」[27]

費城：「思想之都」

現在，當我們讀到這些的時候，不禁會啞然失笑。因爲，正如美國史學家亨利．斯蒂爾．康馬格爾所揭示的，在很多方面，美國實際上已經實現了在歐洲僅可想像的啓蒙成就。「美國人同樣有自己的賢哲，但他們很少有人專以哲學甚至科學爲業。通常來講，他們都忙於農事、醫療、法律或管理。更重要的是，他們缺少法院、教堂、學院、大學和圖書館等爲舊世界的哲學提供了諸多庇護和滋養的機構。他們信任理性和科學（前提是它們有用），很多人在歐洲學習過；這些人回來的時候帶回了歐洲文明，但卻基於自己的選擇，因爲對自己的所見，他們所不贊成的更多於贊成的，而這是最重要的。」【28】

事實的確如此。早期的美國人在進行自己的啓蒙運動時並不遲緩，這場啓蒙運動被小心且明智地設計，以適應新的條件。比如，其中不包含國教的確立、清教主義或天主教反宗教改革的狂熱。早期美國人的思想是世俗和實用主義的。在費城，自然神論者班傑明．富蘭克林創建了美國哲學會（American Philosophical Society，以倫敦皇家學會爲樣本）並擔任會長，直至其一七九〇年去世。【29】費城這個威廉．佩恩（William Penn）的「神聖試驗品」迅速成爲美洲的「思想之都」，擁有一家圖書公司、一所後來成爲大學的學院、一家醫院、一處植物園和兩個博物館（約翰．亞當斯稱之爲英屬北美的「松果體」）。【30】早年的費城，就其本身而言，與愛丁堡之類的城市一樣聲名卓著。大衛．穆林伯格神父是一名植物學家，對上千種植物進行了清楚的識別和歸類；身爲數學家和天文學家的湯瑪斯．古德佛里（Thomas Godfrey）發明了一種新的四分儀，其子撰寫並上演了新大陸的第一部戲劇《帕提亞王子》（Prince of Parthia）。費城是殖民地第一所醫科學院的所在地，三個在愛丁堡受過教育的人——約翰．摩根、愛德華．西平和班傑明．拉許——都是費城人。費城還是當時像班傑明．維斯特、畫過貴格派紳士的馬修．普拉特和亨利．本布里奇這樣的藝術家的自然集中地。查理斯．威廉斯．皮勒在費城建立了第一所美術學院，像湯瑪斯．潘恩和約瑟夫．普利斯特里博士這些從舊世界遷來的著名人士，以費城爲目的地並在此定居。

富蘭克林

最值得一提的是班傑明．富蘭克林這個「首席天才」。【31】做爲一個優秀的諺語製造者（「歲月既往，一去不回」），「他的天才在這裡尤其有用武之地……一七五四年奧爾巴尼會議中，他起草了一份預示美洲最終走向聯合的計畫；在下議院，他捍衛美洲對外部管制和內部稅收的區分；在卡本達大堂，他協助傑佛遜起草了《獨立宣言》；他參加的委員會起草了建立一個新國家的《邦聯條例》。在路易十六的宮廷，他的參與贏得了法國的支持；在最終承認美國獨立的和平談判中他同樣在場。最後，他也出現在爲這個新國家起草了一部憲法的聯邦制憲大會上。」[32]這些僅僅是他做過的事的一半。在英格蘭有十四年時間，在法國有八年時間，多才多藝的富蘭克林可算做美、英、法啓蒙運動的一個主要因素——他是出版家、新聞家、科學家、政治家、外交家、教育家和「最優秀的自傳」的作者。[33]

班傑明·拉許

班傑明·拉許（Benjamin Rush），是富蘭克林在費城地位的繼承者。他與富蘭克林一樣才華橫溢，興趣也幾乎同樣廣泛。做爲愛丁堡和倫敦大學的畢業生、約翰·洛克的高足，拉許絕不僅僅是個醫生；和富蘭克林一樣，他也是個政治家和社會改革家。[34]回到美國後，他被任命爲新建的費城學院化學教授，但仍然有時間研究印第安人的疾病和推動廢除奴隸制。[35]他建立了第一個診療所，接種預防天花的疫苗。據說是他爲湯瑪斯·潘恩的小冊子取名爲《常識》。[36]在簽署《獨立宣言》後，他立刻投筆從戎。

「美國的荷馬」

來自康乃狄克的喬爾·巴羅是耶魯大學畢業生，在擔任教區牧師期間接受了早期的進化論思想。但他更廣爲人知的身分是「文化民族主義者」、「共和國第一個詩人」。他潛心寫作二十年，創作出一部長度堪與荷馬、維吉爾媲美的美國史詩《哥倫布的夢想》（*The Vision of Columbus*, 1887），該詩展現了「舊世界的陰鬱歷史，並做爲對比描寫了新世界的光榮前景……拜倫本人不知是出於欽佩還是嘲諷，稱他爲美國的荷馬」。[37]在巴羅不寫詩的時候，他也是一個不錯的思索者：居住於巴黎期間，他的沙龍成爲時尚中心，托姆斯·潘恩和瑪麗·沃斯通克拉夫特都是那裡的常客。潘恩被監禁期間，巴羅確保了《理性時代》的手稿得以成功出版。瑪拿西·卡特勒和巴羅一樣，也當過牧師，而且和班傑明·拉許一樣，也絕不僅僅是個醫生——他同時兼爲律師、外交家和地理學家；做爲另一位疫苗接種的積極鼓吹者，他也是第一個開始系統研究印第安土丘的人。[38]「正是從他的教區，第一批無畏的遷徙者帶著他們的牧師、《聖經》和毛瑟槍啓程前往俄亥俄原野——新的朝聖者在前往新世界的路上。」[39]

約瑟夫·普利斯特列（他已成爲英國政治中的美國「利益集團」的一分子）在六十一歲高齡時橫渡大西洋遷居美國。[40]賓夕法尼亞大學和維吉尼亞大學都邀請他前去任教，但他卻選擇了賓夕法尼亞邊疆一座俯瞰薩斯奎哈納河的農莊。普利斯特列對舊世界感到沮喪和幻滅，一度想與友人雪萊、騷塞和柯勒律治一起在美國尋找世外桃源。雖然這從未實現過，最後他仍然完成了其卷帙浩繁的《基督教會通史》，在書中比較了耶穌和蘇格拉底各自的教導（他將此書獻給了傑佛遜）。[41]

潘恩

湯瑪斯·潘恩（Thomas Paine）在英格蘭、美國和法國都經營著事業。儘管他不是個隨和的人，也不容易將他歸入哪一類，他的能力和激情（甚至他的狂熱）仍然到處得到承認，而且他無論到哪裡都能結識傑出人物——在美國是富蘭克林，在英國是普利斯特列，在法國是孔多塞。潘恩是個愛惹是生非且名副其實的極端激進分子，同時也是一個大膽的作者，具有將複雜問題簡單化的天賦。「正如莫札特洋溢著旋律一般，他也洋溢著警句格言。」[42] 也許是因爲他並未接受過特別的良好教育，因此將啓蒙運動的核心思想簡化成一種得到廣泛反響的形式。他論證說，調節著「宇宙的巨大機械和構造」的自然法則本身就內含了自然權利。這種邏輯使他歡迎革命；令他滿意的是，他確實目睹了他所居住的三個國家中有兩個發生了革命。

與很多賢哲不同，潘恩並非學者或美學家。他首先關注實踐的進展，急切地要求改善弱勢群體的物質生活條件和更加平等地分配資源。[43]《人權論》（*The Rights of Man*）的第二部分如其標題所言，「將原則和實踐結合」，由此他成爲奴隸制的早期批評者，而且爲撰寫了《賓夕法尼亞法案》（該法案在賓州境內禁止奴隸制）的序言而感到自豪。在他的其他作品，尤其是那部「並無深邃涵義」卻賣了十二萬冊的《常識》（*Common Sense*, 1776）中，潘恩力主徵收累進所得稅和遺產稅，以資助旨在促進社會福利的各種專案。[44] 他還主張發給年輕人津貼，以便使他們在婚姻生活中有好的開始。此外，他鼓吹給窮人的孩子提供免費的學校教育、爲失業者提供金錢和物質支持。「湯瑪斯·潘恩是一個世界級人物，但卻是美國造就了他，正是在美國，他發現了他畢生的事業。在英國和法國均將他拒於門外之後，他最終仍然回到了美國，美國才是他希望的中心。在舊世界的每一個地方，『陳規陋習』都在維護著暴政……美國是政治世界中唯一一片淨土，在這裡，全面改革的原則能夠得到展開。」[45]

傑佛遜／《維吉尼亞筆記》／美國與歐洲比較

上述人等皆爲英傑之士，美國適逢其時擁有這批人才實爲幸運；正如我們將看到的，他們集聚啓蒙運動的精華思想，以美國憲法爲載體，創造出了一種新的共同生活方式，這種生活方式將以不遜於以往任何經驗的說服力證明：自由、平等和繁榮緊密聯繫，互相支持。不過，他們的首要任務卻是改變很多自高自大的歐洲人所墨守的一些不良或者錯誤的印象，這一任務又是與第一批大學的創立、早期的醫院和對學術的最初探討緊密相連的。回顧以往，美國人早年生活的改善速度之快，已經超出了所有人的預期。

湯瑪斯·傑佛遜本人就是最有權力同時又最有激情的美國擁護者。[46]比如，在回答新大陸的自然條件貧瘠而使人憔悴的觀點時，他舉出賓夕法尼亞，「一個眞正的伊甸園，河流布滿魚類，草地上有千百種鳴禽」。如果新世界的土壤果眞如此貧瘠，那麼，爲何「全歐洲的人都爲了玉米、菸草和水稻而前往我們的土地——任何一個美國人的飲食比歐洲大多數貴族都要好」？如果美國的氣候果眞使人衰弱，那麼，爲何資料顯示倫敦和巴黎的降雨量比波士頓和費城要多？[47]

一七八〇年，年輕的法國外交官巴勃·馬布斯侯爵有意與美國一些州的州長深入切磋，向他們請教有關他們各自政治共同體的組織和資源等方面的問題。傑佛遜的回答最爲詳盡和雄辯，同時迄今爲止也最爲著名——《維吉尼亞筆記》（*Notes on Virginia*）。該書和今天的現實距離有點遠，但它所抨擊的弊端在當時卻被眞切地感受到。傑佛遜正面回擊了布豐和其他歐洲的懷疑論者。他比較了經由精算數據確定的歐洲人和美洲人各自的工作率，得出了有利於美洲人的結論。[48]布豐曾聲稱，新世界沒有任何動物可以與「尊貴的大象」或「強大的河馬」或獅子、老虎等相提並論。傑佛遜認爲這純屬無稽之談，並舉出巨爪樹懶（Megalonyx，意爲大爪子）爲證。「這種生物的爪子長八英寸，而獅子的也長不過一·五英寸。對這樣一種生物，我們將做何感想？」甚至早在一七七六年，就已經有很多猛瑪的化石骨骼被發現，證實了猛瑪乃新大陸土生的動物，這種巨獸的體形經常是「五～六倍於」一頭大象。[49]在傑佛遜及其美國同胞將目光轉向人口水平時，又發現了另一些富有意義的對比。他們指出，在歐洲的鄉村地區，出生數量大於死亡數量，雖然相差並不太多，但足以維持人口數量的穩定。但在城市，情況就嚴峻得多了——人口數量在下降。僅在倫敦一地，每出生四個人就會有五個人死去，以至於該城在本世紀上半葉僅僅增加了兩千人口，這還是靠周邊鄉村人口遷入才實現的。在英國和法國全境，六分之一的嬰兒沒能活過他們的週歲生日，在某些地方則更糟，如在布雷斯勞（Breslau），百分之四十二的兒童在五歲以前死亡。[50]而在大西洋對岸，「在黑人之間也如同在白人之間一樣」，從北到南，人口都在迅速增長。英屬殖民地在十八世紀早期擁有二十五萬人口，而到獨立浪潮開始興起之時，這一數字已增長至超過一百五十萬。遷入只是造成這種情況的一部分原因。在一七九〇年匯總的第一次美國人口普查中（比英國的第一次普查早十年），統計出的居民人數接近四百萬，但在統計學上，這一人口數的意義卻遠不同於歐洲。「在倫敦、巴黎、阿姆斯特丹或柏林，平均一次婚姻生育四個孩子，而在美國，這一數字更接近於六個半。在英格蘭，每二十六個居民會發生一次生育，而在美國，每二十個居民就會發生一次生育。」[51]有關死亡的數字甚至更能說明問題：當時歐洲人的平均壽命爲三十二歲，而美國爲四十五歲。

甚至連傑佛遜本人都可以做爲美國針對歐洲的絕妙回答。就是這個人，將帕拉第奧（Palladio）的建築風格引進了維吉尼亞，在蒙蒂塞洛建造了加利·威爾斯（Gary Wills）稱之爲美國最美的建築。傑佛遜熱切地接受了亞當·斯密的新經濟學，進行穀物和植物試驗（他曾說過，農業是「一門最爲首要的科學」），並且在創建了一個遠離舊世界罪惡的新國家之餘，仍然有時間學習希臘文和拉丁文。[52]至少在智力上，傑佛遜在馴服荒野的努力中具有示範作用。他進行了甘藍和菊芋、各種堅果、無花果和水稻、桑樹和軟木樹以及橄欖樹的養殖實驗。「他通宵不眠，觀察倫巴底人如何製作乳酪，以便將工藝流程傳回美國……並且試過將夜鶯引進北美，雖然失敗了。」[53]他進行過天文觀測，而且是第一批發現在巴拿馬開鑿運河將帶來巨大收益的人之一。[54]

印第安人問題

早期美國人所具有的堅定的實用型樂觀主義所帶來的成功遠多於失敗，由此造就了一種留存至今的民族氣質、性格和生活方式。僅僅在一個領域，美國人不是那麼有自信，這就是與印第安人的關係方面。布豐和其他法國賢哲（從三千五百英里之外）稱呼印第安人爲退化的人種。爲反駁他們，傑佛遜回應道：「你會改變你的調門的。」[55]他指的是明古族酋長洛根（Logan）的優美言辭和雄辯：這說明印第安人的思想和身體一樣，在適應其所處的環境方面不比歐洲人差。[56]但是，如果洛根及其印第安同胞果眞被賦予了傑佛遜所說的所有品質，如果這位印第安領袖果眞如傑佛遜所說的，具備德摩斯梯尼

（Demosthenes）和西塞羅的所有品質，那麼白種美國人有什麼權利如此大量地屠殺他們、強占他們的土地呢？[57] 對此，美國人的觀點經常變化，前後不一，有時傾向早期西班牙人的說法，認爲印第安人不是完整的人類，缺乏回應信仰感召的能力，有時傾向賢哲們的說法，認爲他們是些原始人，有時又傾向浪漫主義者的說法，認爲他們是高貴的。隨著時間的推移，他們確立了一種更加現實的觀點，菲尼摩爾·庫柏（Fenimore Cooper，一七八九～一八五一）在其著作中概括地表現了這種觀點。但傷害在那時已經造成了。

民主

不過，早期美國人的敏銳才智在政治方面表現得最爲突出。這裡，再次與舊世界進行對比，有助於澄清美國人是從何種環境中逃離的。在很大程度上，歐洲的政治實踐反映了一套陳舊的政治觀念，而現在它們黯然失色了。

英格蘭和其他地方一樣糟糕，其政治方面的統計資料令人汗顏。當時它擁有約九百萬人口，但其中只有二十萬人有選舉權。[58] 這一僅占人口百分之二·二的少數占據了政府、陸軍、海軍、教會、法院和殖民地管理機構的所有職位，除蘇格蘭外，只有他們有資格進入大學，在那裡所有人都能受到委任。其他地方也好不到哪裡去。許多國家正處於絕對專制時期，君主的統治從不借助議會和社會各階層的支持。在國王統治下的法國，只有能夠證明自己祖上四代均爲貴族的人才有資格獲得軍官的委任。歐洲的很多地方，政府職位是世襲的，而英格蘭有七十個議會席位所對應的選區根本沒有選民。「在匈牙利，貴族對公職有獨占權，占據了教會、軍隊和大學的所有職位，並且免納大部分賦稅。」[59] 德意志的安斯巴赫侯爵在打獵時，由於一個隨從人員敢於頂撞他而被射殺，拿索伯爵迪根也同樣處決了一名農民，只是爲了顯示他不會爲此受到任何懲罰。[60] 擁有十五萬人口的威尼斯，只有一千兩百名貴族有權參加大議事會。[61] 在低地國家（它們貸給新生的美國數額可觀的款項），存在著自由的出版界、自由的大學和更高程度的文化普及率，富人和窮人之間的差別似乎不是那麼明顯。[62]「即使是這樣，阿姆斯特丹仍然被三十六個世襲職位且終身任職的人所統治。」[63]

鑑於以上情況（我主要依賴於亨利·斯蒂爾·康馬格爾對美洲早期生活的描述），不難理解爲何富蘭克林、傑佛遜及其同時代人的追求與之不同。不過與此同時，美洲也具有得天獨厚的自然優勢。這是一片沒有君主的土地，不存在國教和束縛人的等級制度。沒有帝國，沒有既存的法律制度，沒有傳統的空架子，政治制度自然會從這一切當中受益。

舉例來說，美洲的原始狀況確保了民主制度在大西洋西岸得以確立；與此同樣重要的是，這種民主制在每個社區都是相似的。城鎭會議和地方法庭在所有初具雛形的州都以大體相同的方式出現，而且，賓夕法尼亞、維吉尼亞、北卡羅萊納、佛蒙特和喬治亞也都以大體相同的速度向男性普選權過渡。「在這個世界以外，班傑明．富蘭克林和查理斯．湯森在賓夕法尼亞出現，撒母耳．亞當斯和約瑟夫．霍利在麻薩諸塞出現，亞歷山大．麥克道格爾和阿倫．伯爾在紐約出現，派翠克．亨利和愛德蒙．彭德爾頓在維吉尼亞出現。」在舊世界，正如很多人所說，這些人都將被排除在政治活動之外。再者，富蘭克林家族和彭德爾頓家族也沒有住在與其選民隔絕的首都或深宮之中。[64]

聯邦憲法

當然，缺點也曾經存在。早期各州的憲法均對選民資格施加了宗教限制。賓夕法尼亞在其他方面如此自由，又擁有豐富的石油資源，按理說建州時不應採納宗教限制，但當時卻規定所有公職人員必須是新教徒，而且必須發誓信仰《舊約》和《新約》都是受神聖啓示而作。[65]有些時候公職似乎被某些家族把持（就像在康乃狄克、紐約和南方那樣），但這與歐洲的世襲制完全不同。

起草聯邦憲法的制憲會議顯示了早期美洲的理想形象。這一「半神的集會」（傑佛遜語）有史以來第一次規定，所有公職（毫無例外）都對每一個男性開放。即使是對總統本人——在新大陸相當於歐洲君主的職位——也只有兩個限制條件：他必須在美國出生，且年滿三十五歲（要記住，當時歐洲人的平均壽命週期是三十二歲）。除此之外，同樣沒有宗教的限制，這是近代歷史上又一個空前的革新。「在美國，柏拉圖終於夢想成眞了：有史以來第一次，哲學家成了國王。」[66]

這些事件推進的絕對速度與它們的內容和導向一樣重要。歐洲民族已經花了好幾代數個世紀的時間才發展出各自不同的身分，而在美洲，一個新民族形成羽翼豐滿的、有自我意識的、與衆不同的身分，只由英明的一代人就完成了。用湯瑪斯．潘恩的話說，「我們在美國的公民身分就是我們的民族性格……我們偉大的名號就是美洲」。

「不僅美利堅民族主義確立的速度史無前例，而且由此確立的是一種新型民族主義。它不是被某個征服者或君主強加的。它不依賴於某種所有人都在聖壇前膜拜同一個神的國教，也不依賴於某個統治階級的權力。它並不從某個傳統的敵人身上獲得力量。它來自人民；它是意志行爲。」【67】我們同樣不應忽視這一事實，即對於很多美國人而言，他們的國家是對舊世界那些最醜惡現象有意識或無意識的摒棄。不少人是被迫逃離的，相比之下，他們的新國家更幸福、更生機勃勃，更加讓人滿意。人民所享有的自由在舊世界幾乎沒法想像：他們可以自由地跟任何一個人結婚，自由地崇拜任何一種神，自由地從事任何一種職業，自由地上任何一所學院，而且，最重要的是，自由地言其所言，想其所想。在這個意義上，美洲的創造是一種義舉。【68】

有兩個因素使這一點更易實現。其一是印第安人的存在，這些W．H．奧頓所稱的「被打敗的人群」，促使新來者聯合起來以反對這個共同的敵人，同時也爲美國人提供了他們獨有的發揮想像力的對象。【69】另一個因素是宗教上的持異見者和派系分子第一次成爲多數。誠然，在美國也曾有過國教，比如公理派和英國國教，但大多數親身經受過宗教偏執之害的人們並不願意讓這種罪過永久存續下去。【70】

最後，我們不能忽視革命本身和導致革命的諸種進程，它們包含的一系列事件促成了共同的天命意識和民族精神的確立。來自不同州的人們並肩戰鬥，沒有僱傭兵參與其間。除他們對一支舊世界的龐大軍隊取得的軍事勝利之外，革命給他們提供了一系列傳奇和英雄人物——華盛頓和福奇谷（Valley Forge），南森．黑爾和約翰．保羅．鍾斯，並給了他們新國家的象徵，星條旗和白頭鷹。【71】（休．布羅根說，星條旗是合衆國僅有的兩個神聖事物之一，另一個是白宮。【72】）

早在一七五四年，《奧爾巴尼聯合計畫》中就有了建立一個殖民政府的初步嘗試。十八世紀六〇年代，反印花稅大會將來自九個殖民地的代表集合到一起，其中有一些後來參加了獨立革命。這就意味著在第一次大陸會議召開時，很多美國領導人已經互相熟識了。這對日後在約克頓戰役之前半年建立起聯盟是至關重要的。「如果之前沒形成強有力的聯盟，可能永遠不會有約克頓大捷……在舊世界難以想像的意義上，美國民族主義是人民自己的創造物：它是自覺和自我成長的；是邊疆開拓者和農場主、漁夫和伐木工、店主和學徒、小鎭上的律師（這兒沒有出庭律師）、村子裡的神職人員（這兒沒有主教）和鄉下的學校教師（這兒沒有學監）在爲這面民族主義大旗穿針引線。」【73】一七八二年，M．G．吉恩．德．克雷夫科爾，一個法國民族主義者，認爲美國已經造就了「一個新的人類種族」，並將之喻爲「大熔爐」。【74】

法律的作用／法律是美國最初的文學

在沒有君主、宮廷、國教和千百年積累的「傳統」的情況下，新共和國的開國之父們以其智慧轉向了法律。正如亨利·斯蒂爾·康馬格爾所觀察到的，在四十年時間裡，新國家的每一個總統、副總統和國務卿，除華盛頓本人外，全部是律師。[75]

《獨立宣言》是由律師們寫成的，各州憲法和新合衆國的憲法也是律師們起草的，這個事實影響了早期美國文學的形成。在獨立革命時期的美國，沒有一個詩人、戲劇家甚至小說家的作品堪與傑佛遜、約翰·亞當斯、詹姆斯·麥迪森、湯瑪斯·潘恩或詹姆斯·威爾遜的政治作品相媲美。這個新國家的思想集中在政治和法律方面，「他們廢除了教會法、行政法甚至大法官法，並限制了普通法的適用範圍——它整個散發著舊世界特權和腐化的臭氣。」正是從這種態度中產生了司法優位和司法審查的思想，也正是從這種態度中產生了分權機制。它產生了法學院，也促成了出庭律師和訟務律師區分的廢除。[76]如果沒有清教革命，沒有約翰·洛克和孟德斯鳩的思想，沒有對共和時期羅馬的了解，就不會有今日我們所知的美國；但當湯瑪斯·潘恩（用約翰·佛林的話說，就是個「整天做夢的空想家」）說出下面的話時，它無疑是正確的：「美洲的情形和環境，完全和創世之初相仿……我們有幸走到一起，目睹了政府的誕生，就像我們生活在時間的起點一般。」[77]

「傳統」一詞籠罩著一層光環，在舊世界尤其如此。但對它的另一種詮釋是：傳統即死人統治活人的原則，這不符合美國人的風格。早期美國人希望他們的新世界是開放的、可塑造的，所以他們希望傳統能待在應該待的地方。這就是爲何開國之父們允許憲法進行修正的原因。[78]實際上，這一手段用得相對保守。

聯邦政治

不那麼確定無疑的一點是，美國政治法律制度中最爲輝煌同時也是最爲脆弱的一部分，恰恰是聯邦主義。十三個州，每一個都強調自己的獨立和主權的條件，要從這些州當中創建一個眞正的聯盟，頗費了些周折。新的合衆國是一個邦聯還是一個國家，這個問題將不止一次地被提出，最著名的一次就是美國內戰。美國第四任總統詹姆斯·麥迪遜和以往一樣一絲不苟地全面研究了其他的邦聯，包括義大利、漢薩和瑞士的城市同盟，尼德蘭諸省邦聯以及神聖羅馬帝國的歷史。他的結論是，這些聯盟都有一個致命的缺陷：它們都太軟弱，無法保護自己免受外敵侵犯或內部動亂之害。對於麥迪遜及其同僚而言，中心問題始終是如何創建一個強大到足以抵禦外敵和遏制內部分歧的聯邦政府；同時，這個政府也不能太過強大，以至於威脅到其公民的自由或得益於地方政府施政的繁榮局面。[79]

這些人在為聯邦政府和各州分割許可權方面做得恰到好處。他們做得不太成功的地方，是在設計中央政府可藉以迫使桀驁不馴的州遵守分權條款的各種手段方面。開國之父們採納的解決方案——在內戰期間受到威脅，但在其他時期運行良好——是將所有權力賦予合眾國人民，是他們做為主權者在州和國家之間適當地分配各種權力；後兩者之間的衝突不應用強力而應用法律解決。[80]在這裡，一個「精妙的」區分被提了出來：「武力不應被用來反對州或國家，而只應用來反對違犯法律的個人。」[81]州和國家之間的這種權力平衡，或許是憲法中最值得稱道的因素，也為政府的權力帶來了制約（此時絕對專制主義在歐洲正甚囂塵上）。這就是所謂聯邦支配的概念。[82]但第二個值得稱道的、僅次於權力制衡的成就則是權利法案。當然這早有先例，尤其是在英格蘭：一二一五年的大憲章，一六二八年的權利請願書，一六八九年的不朽的權利法案。[83]麻薩諸塞早在一六四一年引進了一個同樣受到大憲章啓發的「自由體」，但附於憲法之中的美國權利法案卻是基於與此完全不同的一種秩序。[84]在英格蘭，權利從不是「不可轉讓的」，國王和議會都曾經撤銷過它們。這就是大憲章和美國權利法案的關鍵不同之處。大憲章保障正當法律程序，禁止殘酷和非常的刑罰、過度罰金和保證金；後來，不經議會同意也禁止保持常備軍；干涉自由選舉也同樣被宣布為非法，議會對公共錢袋的控制也得到確立。美國憲法及其權利法案則保證宗教自由、言論自由、出版和集會自由，以及其他諸種自由。五個州禁止自證其罪；六個州特別規定了文官高於軍隊。北卡羅萊納和馬里蘭禁止建立壟斷，將之宣稱為「可憎、與自由政府的精神相違背」。德拉瓦廢除了奴隸貿易，其他州隨之效仿；新建立的佛蒙特州則徹底廢除了奴隸制。[85]傑佛遜曾堅持在《獨立宣言》中加入「追求幸福」這句短語，包含在這幾個詞中的熱情深深影響了美國的自由。[86]

托克維爾造訪美國

在遠方目睹這一切的倫敦牧師理查．布賴斯博士寫道：「人類進步的最後一步，將在美國邁出。」他幾乎說對了。但從美國人的天才中獲益最多的，實際上是法國。一七八九年八月的《人權宣言》大體上是拉法耶特、米拉波和尙．約瑟夫．穆尼埃的傑作，「但在哲學上，它來源於美國的權利宣言」（旅居巴黎期間，傑佛遜經常祕密爲拉法耶特出謀劃策：「追求幸福」在拉法耶特的法語中變成了「la recherche du bien-être」）。[87]在很多方面，法國的《人權宣言》甚至走得比美國版本還要遠得多。它廢除了奴隸制，取消了長子繼承和限嗣繼承，根除了教士的各種榮譽和特權，解放了猶太人。它還確保以公共開支維持窮人、年長者的生活保障和社會的教育事業。[88]

法國人還率先對「人類進步的最後一步」做出了評判；即使從今天來看，這項評判在許多方面仍然是最睿智、最少派系偏見的。阿列克西．德．托克維爾（Alexis de Tocqueville）於法國革命曆第十三年熱月十一日或一八〇五年七月二十九日在巴黎出生。身爲諾曼第公爵的兒子，他成了一名司法官，長期熱心於獄政改革，並期望在政治上有所作爲。不過，由於他父親效忠於被廢黜的波旁君主，阿列克西認爲還是偕同其朋友和同僚古斯塔夫．德．博蒙特前往美國更好一些。他們出訪的表面理由是學習新大陸的獄政體制，但他們遊歷廣泛，回國後都寫了關於美國的書。[89]

他們在美國待了一年，去過紐約、波士頓、布法羅、加拿大和費城。他們去過邊疆地區，沿密西西比河順流而下到了紐奧良，再經南方返回華盛頓。他們見識了美國和美國人的各個方面。在波士頓，他們住在美國第一家大型豪華飯店——特瑞蒙特酒店，那裡的每間房都有會客室，每個客人都有一雙拖鞋，他們的靴子有人負責擦亮。[90]「在這裡，奢華優雅觸目可見，」托克維爾寫道，「幾乎所有婦女都會說流利的法語，所有我們見過的男士都去過歐洲。」[91]據他說，這和紐約美國人「差勁的」傲慢有所不同；當他們寄宿在「時髦的」百老匯一座旅館中時，見識了「某種粗魯的舉止」，人們在談話時會吐唾沫。[92]

從開始直到他們抵達邊疆，他們都在爲美國缺少樹木而感到失望，也爲印第安人失望；後者手腳細弱，「因我們的酒而變得殘酷無情」。[93]他們訪問了哈德遜河畔的新新監獄，會見了約翰．昆西．亞當斯、山姆．休士頓（德克薩斯州的創始人，曾將其牡馬送到密西西比的船上），並爲美國哲學會（博蒙特在那裡感到厭煩）所接納。[94]隨著旅途的繼續，雖然他們的生理愉悅並未增長（他們在俄亥俄河上所乘的汽船觸暗礁沉沒），托克維爾對美國的欽佩之情卻與日俱增；回到法國後，他決心寫一本有關美國最重要的特徵——民主——的書，他認爲正是這個特徵將美國與世界其他地方區別開來。他的書有兩個版本，第一版面世於一八三五年，集中探討政治方面的問題；第二版面世於一八四〇年，增加了某些關於我們稱之爲民主的社會效應的作者思想和評語。後者比前者更爲陰鬱，因爲托克維爾道出了他所感覺到的民主的最大問題——存在人的思想變得平庸的危險，這可能最終危及他們的自由。

但是，除此之外的幾乎所有方面，他對美國的民主精神和體制充滿欽佩。他發現，美國人形成了這樣一個社會：階層之間的差異要比歐洲小得多，甚至一個普通的店夥計也沒有法國下等階級的那種「襤褸外形」。「這是一個商業民族，」他的同僚博蒙特在某處寫道，「整個社會似乎都已融合爲一個中產階級。」【95】兩人都爲婦女的較高地位、社會的苦幹精神、普遍的高昂精神狀態和沒有軍事力量的現實所深深觸動。更令他們感觸頗深的是，他們視爲最典型美國人的小土地擁有者堅定的個人主義精神。【96】「美國人並不比其他人民更有美德，」托克維爾寫道，「但卻比我所知的任何人民受到遠爲充分的啓蒙薰陶（我說的是大衆）……」【97】在《論美國的民主》中，托克維爾對美國體制的穩定性強調有加（雖然他也注意到了期望升高所帶來的危險），並將之與法國、在某種程度上還有英國（他也造訪過那裡），進行了對比。【98】他將之歸因於普通美國人比其歐洲同胞更深入地參與了政治生活、市民生活和宗教生活，以及如下事實：美國社會運行的方式與歐洲諸國幾乎截然相反，「地方共同體的組織成形先於縣，縣先於州，州又先於聯盟」。【99】托克維爾高度讚揚法院在美國所扮演的角色，它們的地位比政客要高；他還讚揚一個事實——出版界在「暴力」方面雖不下於法國出版界，但卻保持了獨立：甚至沒有人想過要審查準備發表的言論。

他並非對美國的問題視而不見。他認爲，種族問題是不可能解決的。在古代世界，奴隸制與征服相關；而在美國，他觀察到這是個種族問題，並因此認爲該問題沒有解決的途徑。他得出結論認爲，民主傾向於選出平庸的領導人，後者早晚要阻礙進步；他還認爲，多數會對少數過於不寬容。做爲例證，他舉出下述事實：破產法之所以在美國未獲通過，是因爲很多人認爲他們自己將破產；禁酒也是一樣，雖然飲酒和犯罪之間的聯繫甚至在那時就是不言自明的。【100】

在純粹觀念的領域，他認爲民主將更有利於應用而非理論學科的發展；華盛頓城的建築成就，尤其是在一個怎麼說也「不比蓬多瓦茲大」的小城裡表現壯麗氣魄的手法，令他印象深刻。他預見到詩歌將在美國蓬勃發展，因爲「這裡有如此多的自然」。他發現這裡的家庭比歐洲的更加親密、更容忍獨立的思想，而且他個人打心眼裡喜歡婚姻建立在愛情和關懷之上，而非經濟和王朝政治考慮的基礎上的趨勢。【101】

儘管提出了警告，托克維爾對美國及其對平等的迷戀（做爲法國大革命三位一體思想的一部分）仍然懷有欽敬之情，這一點在書中隨處可見；該書在出版後即獲得了廣泛接受。在法國，它獲得了一萬兩千法郎的蒙特揚獎（Montyon Prize）；在英國，J · S · 密爾（J. S. Mill）將托克維爾的著作描述爲「論述現代民主第一部偉大的政治哲學著作」。[102] 從那以後，其他著作也試圖與托克維爾的書競爭，但後者最終確立了經典的地位。當然在某種意義上，這些書儘管迷人，卻是無足輕重的。對美國最靠得住的評判來自離開歐洲和世界其他國家遷居美國、在那裡追尋自由和繁榮的巨大人口。時至今日，他們仍然在用腳投票。

第五部分
從維科到佛洛伊德

第二十九章

東方的文藝復興

葡萄牙保守發現新大陸的祕密

葡萄牙人還在非洲西海岸探險，進而發現了巴西和遠東的時候，印刷術的發明正悄然改變著歐洲人的知性生活。儘管讀寫能力的提高在一定意義上代表著巨大的進步，但是，這卻使葡萄牙人在保守他們的重大地理發現方面變得更加困難了。

毫無疑問，葡萄牙人在保守消息上不約而同達成了一致。例如在國王約翰二世（一四八一～一四九五）統治時期，葡萄牙國王曾使用咒語和包括死刑在內形式各異的刑罰阻止人們走漏消息。一四八一年，國會請求國王禁止外國人在王國內定居，特別是熱那亞人和佛羅倫斯人，「因爲他們盜取了關於非洲和海島的王國祕密」。[1] 在稍後的一五〇四年，曼紐爾國王重申繼續嚴格保密王國在東南和東北的航海祕密，違令者將處以死刑。「從那以後，涉及前往非洲、印度和巴西等航海路線的所有航海圖、地圖和航海日誌，都被放置到皇家的海圖收藏室，並處在巴斯孔塞洛斯（Jorgé de Vasconcelos）的保管之下。」[2] 不少歷史學家曾經指出，官方修訂記載的葡萄牙人地理大發現的編年史，不止一部被有意的漏缺，目的就是爲了保護重要資訊不被洩露。唐納德．拉克（Donald Lach）在他所做有關葡萄牙統治的數據調查中說，查禁有關非洲大發現和貿易消息的政策，幾乎確定無疑地被每個葡萄牙人貫徹執行：「很難相信偶然性能單獨解釋這樣的事實——記錄亞洲新發現的著名作品，一五〇〇年和中世紀期間已有數本在葡萄牙出版了。」[3]

這樣的禁令不會持續很久。葡萄牙的地圖製造者們叫賣他們的服務，並散播他們掌握的有關海外世界的訊息，以高價把他們的內部消息出售給那些最高出價者，正如同那些曾經經歷過這種航行的航海家和商人所做的一樣。有些人看起來對這樣的行爲懷有負罪感，而且經常忽略了詳細的軍事機密。但是，慢慢地，隨著十六世紀帷幕的展開，地理大發現變得稀鬆平常起來。令人興奮不已的線索竟然出現在葡萄牙國王頒布的一般公告中，國王們透過官方書信把這些消息告知教皇和歐洲的其他君主。傳播這些消息的另外一個途徑就是在里斯本的大量義大利商人，這些人中有一部分是威尼斯的間諜。於是，通往印度的路線儘管規定爲國家機密，卻仍然成爲許多早期著作的主題，這些作品的作者都是來自葡萄牙國內的外國人。如果一張普通的圖畫模糊不清了，總會有樂意做這些事情的人把它重新改造一番。[4] 葡萄牙保守祕密的政策，用拉克的話說就是，盛行了五十多年後，在中世紀的時候被打破了，正當人們認清葡萄牙在香料生意上不可能再維持以往的壟斷地位的時候。大約一五五〇年以後，遊記文學作品開始在社會上風行，同時耶穌會會員開始出版他們著名的「字母書」。多年以來，這些作品提供了對遠東地區最爲全面翔實的描繪。[5]

耶穌教和印度教的關係

十六世紀出版一系列有關教皇的叢書，使葡萄牙國王能創造出些漸漸被稱做保教權（padroado，不同於西班牙語中的patronato）的事物。葡萄牙國王被准予使用一部分教會收入去從事探險活動，並被賦予向教皇舉薦一些候選人去擔任非洲和印度地區的主教且能領取聖俸的權利。[6]因此，印度的果阿（Goa）被確立爲耶穌會會士活動的指揮中心；一五四二年，方濟各．沙勿略（Francis Xavier）到達那裡四個月之後，寄了一封信給他在羅馬所待的修道會的神父，信中儼然認爲果阿已經成了一個「完全信仰基督的城市」[7]（它最初的名字叫做Ticuari，意思是「三十個村」）。隨著沙勿略的到來，耶穌會會員成了保教權內基督教傳教士事業公認的領導者。

早期的每次探險活動中都會有同一類或不同類的傳教士或牧師參加，而且他們當中的很多人都記錄了自己的探險經歷。但是，直到耶穌會會員成了海外傳教使團最活躍的人員時，一個完整的通信聯繫體系才算確定下來，消息的分發正式成了日常事務。依納爵．羅耀拉（Ignatius Loyola）就明確要求他的修道會成員在羅馬寄信給他。重要事務需要以正式信件郵寄，而那些不重要的或者私人信件，另外寫在一種名叫hijuela 的薄板上，與正式信件一起郵寄。所有信件都被謄寫三份，並且經由三條不同的路線發往羅馬。[8]「這些消息都經過深思熟慮的加工包裝，因爲它們被用做教會的教誨和指引，並激發公衆對分布廣泛的事業產生興趣。」[9]一所辦事處在羅馬設立，專門負責與傳教士的書信往來事務、接收海外來信並編輯翻譯書信內容，之後傳播信中的情報，使之遍及整個歐洲大陸。就這樣，有關印度民族、文化和思想觀念的資訊第一次傳播開來。隨著果阿漸漸變成管理中心，所有的資訊，無論它來自何方（比如說中國或日本），都變成了「印度字母」（Indian letters）而爲人所知。也就是在這個時候，一所耶穌會大學在葡萄牙的科英布拉（Coimbra）建立起來，這裡同樣變成了發往歐洲的耶穌會信件的收藏室和派發處，這些信件會中轉到羅馬。[10]一共有五種類型的信件——已經提到過的hijuela、爲使歸家的修士增加對東方的興趣所寫的激勵性信件、宣傳上很受限制的公開分配帳目、個人帳目，和做爲有效附錄的「相關文件」，例如部落的詳盡歷史、關於具體事件的歷代記和一些關於傳教士們認爲回來的人們應該得到更多詳細知識的爭議。[11] 最後，當這些信件類型逐漸固定下來以後，羅馬和科英布拉的耶穌會就終止了把這些信件翻譯成不同的歐洲語言的行動，而採用了拉丁文出版的措施，就像《方濟各印度通訊》（*Epistolae indicae*）一樣。[12]

耶穌會會員的著述與非教徒作家不同，因爲這些非教徒中有不少人並不關心貿易。他們也提及軍事行動，但是一般情況下，他們關注文化事件、思想觀念和實踐、遠方人民的制度與習俗。例如，關於備受關注的馬拉巴爾〔Malabar，馬拉巴爾海岸處於印度西海岸，就在現在的孟買（Bombay or Mumbai）南方〕，耶穌會會員記述那裡的統治者的死亡儀式，描述了哀悼者如何在一個場地集合去參加火葬，講述了他們如何徹底刮淨自己的身體，直到「只留下睫毛和眉毛」，介紹了他們如何清洗自己的牙齒，並避免在十三天之內食用蔞葉、肉類或魚類的情況。[13] 同樣，他們的記述提到了司法行政部門如何根據罪犯的社會等級制定刑罰、依靠酷刑的審判是如何常見，有些罪犯還被強迫把他們右手的兩根指頭伸進滾燙的油鍋裡，「假如被告的手指被燙壞，他將被拷打、強迫他坦白是怎麼處理偷來的物品；無論承認與否，他仍將被執行酷刑。如果被告的手指沒有被燙壞，他將會被釋放，而原告將會受到或罰金或被流放的懲處。」[14] 孟加拉人被描寫成「圓滑世故的英俊黑人，目前所知最精明而富有才智的種族」。[15] 但是，他們同樣被指責爲「過於謹愼而又背信棄義」。記錄者談到，在印度的其他地區，如果把某人稱做孟加拉人，將會被視爲一種侮辱。這些紀錄進一步指出，在葡萄牙人未到達之前，孟加拉早已被穆斯林統治了大約三百年了，這確實是一個不爭的事實。也就是從葡萄牙耶穌會會員那裡，整個歐洲才第一次這樣詳細地了解到蒙兀兒王朝（Mughals）在印度的降臨，也明白了他們和阿富汗人之間爭奪最高霸權的鬥爭。[16]

大部分的耶穌會會員意識到，認識印度的關鍵在於掌握它的當地語言和研究它的當地文學著作。[17] 在對印度教追根溯源的過程中，他們獲得了一些聖書，而且有時候會把這些書翻譯出來，並將譯稿送往歐洲，其中就包括《摩訶婆羅多》（*Mahabharata*）的十八本書。但一般來說，耶穌會會員很少有系統地研究印度教，他們拋棄了很多被看做「神話」的傳說。[18] 印度教中毗溼奴（Vishnu）、溼婆（Shiva）、梵天（Brahma）三位神的名字傳到了歐洲，但在這裡，印度人所建立的一種三位一體的模式Tri-murti，也被歐洲人看成是「毫無希望的迷信」。這些信中經常提到印度教徒的寶塔，把它們描述成「由石頭或大理石建成的很大的房子」，塔「裡面有公牛、母牛、大象、猴子和人的圖象」。[19] 有些耶穌會會員對這些紀念碑的尺寸留下了深刻的印象，他們相信這些建築都是由亞歷山大大帝（Alexander the Great）或羅馬人建造的。耶穌會會員認爲印度教存在三種類型的牧師，即婆羅門（Brahmans）、瑜伽士（Yogis）和古魯（Gurus）。他們觀察並描寫了前者從七歲開始就搭在肩上的細絲，每一條細絲代表敬奉不同的神，而且還記述了三條細絲在某個地方打結，「因此他們（印度教徒）宣稱擁有了像我們宗教中一樣的三位一體」。但一般而言，耶穌會會員並不尊重這些等級，而且令他們感到震驚的是，印度教的牧師竟然能夠結婚。[20]他們對於印度的社會等級制度和普通的婚姻習慣感到著迷，有個觀察者提到，有「很多人娶了他們的堂姊妹、姊妹和姑姨」。這個觀察員甚至把印度人的習俗當做與主教論爭的依據，他鼓勵主教允許有血緣關係的第三和第四等級的人之間在歐洲可以通婚。但是，耶穌會會員從未表現出對本地人的學識或印度博大文化的敬意或者同情，這也是東方的文藝復興在發生之後所產生影響的原因所在。

中國的「國家復興」

中國，儘管遙遙遠離歐洲大陸，然而，在思想領域同樣呈現出一些新奇深奧的類似之物。例如，十六世紀末，它經歷了自己的文藝復興，戲劇、小說和哲學的發展達到了頂端。許多知識分子都歸屬於一個政治和文學社團，即「復社」（the Society Renewal）。再例如，佛教以及良知的觀念或「性本善」的影響已不斷擴大，從一定程度上來說，這是中國式的柏拉圖主義，它認爲人的頭腦在被個人主義觀念和欲望侵蝕之前存有與生俱來的善的準則，它需要人自身努力去探求。這種「心學」學派引來很大的爭議，因爲這個學派的提倡者公然指責孔子學說蒙蔽了存在於每個人心中的想法。[21]十六、十七世紀中國文藝復興的另一個部分表現在書院和藏書樓的大量出現，因爲中國抓住了西方鉛活字印刷術的發明這個契機。[22]

同時代的另一個創新包括《律學精義》（音律的本質），這本書由朱載堉（一五三六～一六一一）所著，他是世界上第一個詳細說明等程調律的人。[23]李時珍（一五一八～一五九八）著有《本草綱目》一書，在書中記錄了上千種有藥用價值的植物和動物。而且，他第一次提到了天花接種的方法，這種方法幾乎同於稍後在西方發展起來的免疫科學中的療法。社會學的原初形態也被王夫之引介到了中國，他認爲社會在自然產生的強大作用力下進化發展，這種思想在中國的文化背景中影響特別深遠，因爲它扼殺了一部分人所持有的一種希望。這些人認爲如果舊有的觀念方法能夠復興，那麼，他們就可以回復到歷史的黃金時代，即漢朝。王夫之實際上看到了久遠的過去的「蠻荒性」，[24]他堅持認爲歷史不會倒退回去；在中國，這是一種相當有影響力（也是不受歡迎的）的姿態，因爲它被打上了反孔子的烙印。

正如有自己風格的文藝復興一樣，中國的明朝也同樣具有自己箝制思想的制度。這主要是因爲一六四六年以來恢復了官場文職職務競爭的制度——科舉考試。[25]之所以恢復這些考試還有一個原因，就是大量的私人書院如雨後春筍般地出現了。因爲明朝嚴格控制考試的科目，所以，它能夠控制大部分人的思想，並且減少針對王朝的反對浪潮。十八世紀早期，這種措施最終帶來了更加直接的控制和一套類似西方同等產物的機制，其中包括一系列被查禁的書：名冊上一次列出了一萬零兩百三十一個書目，而實際上有兩千三百個書目是不可觸及的。與此同時，會對那些持有不同政見的人採取一定的懲罰措施，強制做苦力、流放、抄家，有時候會處以極刑。[26]

就像英國和法國那樣，十八世紀早期，中國在百科全書方面也產生了興趣。採用活動的銅字模印製的一本百科全書內容不下一萬章。一七一六年，最著名的字典《康熙字典》誕生了，這本書直至二十世紀都是西方漢學家研究中國的基礎書目。總而言之，正如謝和耐（Jacques Gernet）所說，十八世紀有超過五十部「大手筆」出現，把中國的知識文化編成經典，在教化民衆的大業上發揮著和西方歐洲相似的作用。思想並不是總沿著同一條道路前行，耶穌會會員的影響主要表現在天文學、製圖法和數學上。一七〇二年，學者岡石（Gangshi）要求耶穌會神父安東尼·湯瑪斯（Antoine Thomas）把里（li）的長度固定下來做爲地球經線的函數。這種革新雖然比英里（mile）晚，卻早於以同樣方式在歐洲固定下來的公里（kilometer）。[27]

對中國的狂熱

隨著十八世紀的慢慢遠去，中國成了令歐洲人產生極大興趣的主題，有時候幾乎到達一種瘋狂的地步。「很快，所有的人或者宣揚孔子的聖明，或者高度讚揚中國教育的優勢，或者把他們擁有的東西塗飾成中國式樣，或者在體現中國風格的花園裡建造塔狀建築……」[28]一六七〇年，耶穌會會員亞他那修斯·基歇爾（Athanasius Kircher）曾記錄說，中國被醫生（應爲「士大夫」）統治著，就像柏拉圖之主張。此外，勒孔德（Le Comte）神父在他的《中國現勢新志》（*Nouveaux mémoires sur l'état de Chine*）一書中談論到，中國早在兩千多年前就已經踐行基督教中的美德了。[29]這種言論使他受到了來自巴黎大學學者的責難，他們認爲他讓基督教顯得「多餘」了。萊布尼茲認爲，在關涉道德和政治等大多數的事情上，中國領先於歐洲；而且他不斷努力宣揚應該教授中文，使之成爲普遍語言。伏爾泰（Voltaire）持有相同觀點。

中國式的美學席捲了歐洲，就連「所有的王室都被捲入了這美的潮流」。在山索斯（Sans Souci），有一座中國式亭閣；一座瓷質宮殿屹立在德雷斯頓（Dresden）；維瑪城裡有一個中國式公園；更有一個名叫廣州（Canton）的中國村莊坐落於瑞典國君盛夏避暑之地皇后島（Drottningholm）。除此之外，在卡塞爾（Cassel）城外有一座中國村落，英國克佑區（Kew）和德國寧芬堡（Nymphenburg）這兩個地方都有寶塔。坎伯蘭郡（Cumberland）的公爵在泰晤士河上有一艘中國式遊船，其表面雕刻著一條龍，華托（Watteau）和布歇（Boucher）都是用中國式樣上的色，每個人手中都端著瓷質杯子品茗中國茶。[30]

對於歐洲旅行者來說，伊斯蘭世界距離家鄉的路程要比遠東文明社會近得多。關於伊斯蘭教，首先值得一提的是，它的教義本身已經證實它獲得了極大的成功。十八世紀期間，穆斯林的宗教信仰從大西洋一直傳播到了中國南海，從烏拉爾河流域幾乎一路散播到贊比西河的河口。它成了最占優勢的宗教信仰，在陸地上占有的面積至少是基督教的三倍。

波斯的伊斯法罕（Isfahan）脫穎而出，成爲繼巴格達和托萊多之後最有力的繼承者，變成了伊斯蘭教在藝術、文學和哲學方面文藝復興的中心。在那個歷史階段，波斯語是伊斯蘭世界的通用語，而不是阿拉伯語。伊斯法罕是薩法維（Safavi）帝國的首府，那裡興起了一個微型畫畫家流派，由出身地毯織工的比哈札德（Bihzard）領導，同時還出現了一個個性化極強的散文作家流派。伊斯法罕的榮耀也吸引了很多學者，特別是法爾薩法赫茲（falsafahs），儘管以當時正統宗教的觀點來看，哲學仍然是一個存有疑問的事情。當時出現了重新解讀亞里斯多德、柏拉圖和「異教徒」價値觀的風氣，在這些哲學家中，米爾·達馬德（Mir Damad）（一六三一年去世）就是一個例子，他認爲整個世界全部由光組成；而柏拉圖學派的蘇哈拉瓦迪（Suhravardi）認爲，在別的地方存在一個想像的領域。這段「波斯的繁盛」同樣孕育了三大法律、文學傳記的新體裁、繪畫和書法鑑賞的新理論，以及翻譯的新流派。[31] 在某種意義上，這次繁榮相比於義大利的文藝復興，它更是一次「充滿詩情畫意」的運動，而不是一次「實證主義的」變革。[32]

十六、十七世紀左右，除卻「充滿詩情畫意」或柏拉圖式的特點，伊斯蘭教也是蘇菲派禁欲神祕主義的阿布·法茲改革。當然，嚴格說來，把蘇菲派禁欲神祕主義稱爲「柏拉圖主義的」或「新柏拉圖主義的」不是很準確；或者根據某些學者意見，把它看成「神祕的」也不正確。然而，這也正是許多人之所以認爲蘇菲派禁欲神祕主義是一個極其個人化的伊斯蘭教形式的原因。他們認爲它是通往上帝之所在的道路、苦行僧式的追求途徑，它深埋於人的自身，在我們與生俱來的本性中都存有這種模糊的概念（正如中國人所解釋的「心學」）。蘇菲派教徒（sufis）有穿著羊毛製品的習慣（sufi的意思就是「羊毛」），而且有時候他們把自己打扮成塔里格（tariqah）的形象，他們接受自己獨特的、接近上帝方法的教育。因此，有時候就會讓他們陷入崇拜聖徒的感情中，比如那些接近上帝並已經在天堂的蘇菲派教徒。除了柏拉圖主義，這裡還出現了和佛教重疊的事例。

阿布．法茲（Abulfaz，一五五一～一六〇二）並沒有以伊斯法罕爲基地，而是依託於阿克巴（Akbar）的宮廷，他著有《阿克巴—那瑪，阿克巴之書》（*Akbar-Namah, the Book of Akbar*）。[33] 按照阿布．法茲的解釋，蘇菲派的基本理念與文明的組織狀態有關，它是男人和女人之間溫和文雅關係的鼓勵，這種關係反映在所有事情上的撫慰。這種觀點不同於許多人對伊斯蘭教的認識（特別是「九一一事件」發生之後的現在），而且十九世紀末，有相當多的穆斯林疾呼宗教信仰的改革，因爲墮落腐敗確定無疑地滲透進伊斯蘭教中去了（這也讓我們再次想起了中世紀時中國的佛教也滲透進了墮落腐敗因素），從而煽動起暴力行爲的發生。穆罕默德．賓．阿卜杜勒．瓦哈比（Muhammad bin Abd-al-Wahhab，死於一七九一年）對蘇菲派提出了詳細的異議，特別是對於聖徒的崇拜，他認爲這種崇拜類似邪神崇拜，實際上是對穆罕默德的背棄。在正統的教義中，這是很嚴重的罪過，所以，瓦哈比和他的信徒們，加上之後加入的伊本．沙特（Ibn Saud）——他是阿拉伯半島上沙烏地阿拉伯當地的一個首領——一起努力，他們建立了一個以強硬的教義爲基礎的國家。然後，令整個穆斯林世界感到恐怖的事情發生了。他們開始破壞許許多多的宗教聖地，不僅僅是蘇菲派的，也包括主流伊斯蘭教的，因爲他們認爲這些地方也浸染了邪神崇拜的惡劣因數。爲了完全控制這個國家，瓦哈比還大肆屠殺了許多參拜這些地方的朝聖者。

雖然遭遇了很多困難，他們最終仍被鎮壓，但是，瓦哈比卻永遠不會完全消失。短期來看，他們的被鎮壓產生了異樣的結果，因爲他們被一支新型的土耳其軍隊征服了——這支軍隊採用了已在西方有所發展的武器和戰術策略。這件事情表明了部分土耳其人在思想上的一個顯著轉變。[34] 正如我們將要看到的，伊斯蘭教和西方以及西方的思想觀念之間的聯繫，呈現了多樣化。

穆斯林世界對西方國家的冷漠

儘管從一四九二年開始在西班牙衰退，並且在一六八三年取得了一次勝利，但整個穆斯林世界很長時間以來都保持著一種警戒的狀態，理智地說，他們甚至以默然的態度對待西歐所發生的一切。[35]知名的伊斯蘭教專家伯納德·路易斯（Bernald Lewis）曾寫道：「早在幾世紀前發生的偉大的翻譯運動，曾經爲穆斯林和其他阿拉伯讀者帶來了許多用希臘語、波斯語和敘利亞語創作的作品，但是這個運動走到了盡頭，所以，歐洲最新的科學著作幾乎全不爲他們所知。直到十八世紀晚期，只有一本醫學方面的書被翻譯成中東語，那是一篇十六世紀關於梅毒的論文，在一六五五年被呈送給了土耳其的蘇丹穆罕默德四世。」路易斯說這次翻譯不是意外的。據說梅毒來源於美國，而且已經從歐洲傳播到伊斯蘭世界（在阿拉伯語、波斯語、土耳其語和其他語言中被稱爲「法蘭克疾病」的梅毒，仍然爲人們所熟知）。甚至當重大的概念突破發生在伊斯蘭世界的時候，他們也並不認可。例如，威廉·哈威（William Harvey）在一六二八年出版的《心臟和血液的運動》，就被十三世紀一個名叫納菲（Ibn al-Nafis）的敘利亞醫生的作品搶先闡明與哈威相似的觀點。他的論文大膽地辯駁伽林和阿維森納（Avicenna）的傳統學識，闡明了循環理論，但它仍然不爲人知，在醫學實踐上也沒有產生影響。從神聖的羅馬君主那裡去拜訪土耳其國蘇丹的大使奧吉爾·蓋斯林·德·布斯貝克（Ogier Ghiselin de Busbecq）在一五六〇年寫就的一封信中曾這樣評論：「每個民族都情願接受其他民族所創造的有用的發明。例如，他們會很適當地去使用大大小小的加農炮和我們的其他發明。然而，他們從來都不可能去印刷書籍並裝配公共時鐘。他們堅持認爲，如果他們的宗教書籍被印刷的話，那他們的經文將不再是經典了；而且，他們認爲，如果安裝公共時鐘，那麼，他們的敲鐘人和古代儀式的權威性將會受到削弱。」[36]

當然這種看法不可能完全正確，或者此評論只提供了一個不全面的描述。但有一個事實確實存在，有很多土耳其人總感覺精神上超越歐洲人，他們認爲歐洲人是無信仰的「空虛」者，「總是在無知中歡呼雀躍」。這種感覺時不時使他們自負地認爲不必向西方學習任何東西。[37]但是，從十六世紀以來，越來越多的最新學術成果表明，土耳其人確實追隨西方的發展，特別是軍事、採礦、地理和醫學領域。伊斯坦堡早在一五七三年就擁有自己的天文臺，塔基丁（Taqi al-Din）做爲首席天文學家，手底下就有十五個助手，儘管這個天文臺七年之後就被毀壞了。塔基丁思索出了一種新的計量星球緯度和經度的方法，這種方法比以前所創制的計算方法更準確。同時，他還發明了一種新式的天文裝置。[38] 土耳其帝國的大使曾分別於一七二一年和一七四八年在巴黎和維也納參觀了天文臺，而且用義大利語和法語寫成的天文學著作在一七六八年和一七七二年也被翻譯成了土耳其語。[39]

穆斯林退步的理論

埃克梅勒丁．伊沙諾格魯（Ekmeleddin Ihsanoglu）教授是土耳其研究科學史的專家，他指出，在土耳其大陸上的宗教學校數量從十四世紀的四十個增加到十五世紀的九十七個，到十六世紀，數量已經攀升到了一百八十九個；再後來，整個帝國的數量達到了六百六十五個。[40] 特別是土耳其人，他們創作了許多地理學方面的書籍，其中，卡蒂布．切萊比（Kâtip elebi，一六〇九～一六五七）是那個時期土耳其最著名的自傳作家和翻譯家，他爲讀者提供了對歐洲的科學和藝術機構進行廣泛調查的資訊，並第一次（以暗示的方法）表明了土耳其在科學上是倒退的。[41] 切萊比的著作（*Kesfü_z-zünun*）表述了對文藝復興學術界的批判性調查結果，而且他還翻譯了墨卡托的著作。

翻譯歐洲書籍的聯合行動大約開始於一七二〇年，是遵循來自內夫謝希爾（Nevsehirli）的大宰相易卜拉欣．帕夏（Damat Ibrahim Pasa）之指令進行的，當時是蘇丹艾哈邁德三世（AhmetⅢ）統治期間，在鄂圖曼帝國歷史上被稱爲「鬱金香時代」。[42] 這次潮流在大使及其隨員們的推動下，蔓延到了之前提到的歐洲（有一股延伸到了聖彼得堡，另外還有巴黎和維也納）。在一七二〇～一七二一年之間，前往巴黎的大使法特瑪武官戈西克（Fatma Müge Göçek）關於大使館全體成員前往巴黎的記述表明，在法國以技術物品做爲回報的時候，土耳其帶來了軍事贈品。[43] 戈西克說，在那個時期，土耳其的醫學院正處在消滅狀態，同時國家也面臨著掌控未受培訓的從業者的棘手問題。[44] 法國人被告知，儘管當時伊斯坦堡擁有二十四個公共圖書館，但充滿謊言的書籍（有關歷史、詩歌、天文學、哲學）都不能捐贈或遺留到這些圖書館中。

所以，最新的學術成就所形成的描述就是土耳其的戰利品——君士坦丁堡和伊斯坦堡，儘管它驅使很多攜帶或未攜帶手稿的希臘和拜占庭學者前往西方，這也確實喚醒了伊斯蘭學術的復甦，它的思想家們對西方和文藝復興思想很感興趣。因爲某些原因，這種興趣在十七世紀減弱了，只是在十八世紀的早些年裡又開始復興。

然而，整個十八世紀，土耳其國從歐洲分離的進程逐漸緩慢，而且，慢慢出現了一批前往穆斯林國家的新遊客，他們是由現代所稱的專家和爲伊斯蘭雇主提供專門服務的個人組合而成的。在遠東的穆斯林國家，這是完全眞實的，比如在蒙兀兒王朝統治下的印度，義大利醫生馬努齊（Manucci）就在那裡被僱用。這種現象最終促使許多穆斯林在態度上發生了變化，他們感到震驚：人們能夠向先前曾受歧視的異教徒學習。[45]同時有很多從東方到西方的旅行路線，在世紀初，只有俘虜和外交特使曾走過那條路途。畢竟歐洲並沒有値得穆斯林去朝拜的聖地，理論上說，那裡也不是對奢侈品感興趣的商人嚮往的地方〔有一個例外，那就是艾佛利雅．切萊比（Evliya çelebi），他曾在十七世紀下半葉在歐洲遊歷，並有精采的紀錄流傳下來〕。十八世紀是一個開始變動的世紀。正如古爾菲尙．汗（Gulfishan Khan）最近指出的，有許多穆斯林和印度教徒的印度人前往歐洲旅遊。[46]現在不僅被派遣出去的外交特使的數量在增長，他們負有出外考察的使命，而且他們對待外國人的態度也和善多了。一家數學院校在一七三四年由一名法國人發起而推薦給了土耳其的軍隊，而且，在一個匈牙利人的指導下已於一七二九年建立了一家印刷廠。然而，這種進步仍然是不協調的。伯納德．路易斯描述了哥倫布地圖中的一張土耳其版本的地圖（現已遺失），這張地圖繪製於一五一三年，倖存於伊斯坦堡的托卡比宮（Topkapi Palace）；它一直被放置在那裡，無人問津，直到一九二九年被一位德國學者發現。[47]

但是，從東方前往西方的旅行確實在繼續增加。首先是埃及的帕夏，然後是土耳其的蘇丹，再後來波斯的伊朗王，各自派遣學生到巴黎、倫敦和其他西方城市留學。儘管剛開始他們是爲了追求學習軍事技術，但是，這也促使他們必須學習法語、英語和其他歐洲語言，而且他們也確實這樣做了，這些外交特使可以很自由地閱讀經由這種方式而獲得的任何東西。然而，在此需要一提的是，在一定意義上，他們是存在缺陷的。這是因爲伊斯蘭教認爲基督教是一種更早的啓示形式，所以倒退回去沒有多大意義，因此，他們的興趣還是主要集中在西方的經濟和政治上。[48]

在西歐國家的伊斯蘭外交特使們主要對兩種政治觀點感興趣，首先是愛國主義，特別是來自於法國和英國的觀點；這種思想尤其吸引那些年輕的土耳其政客，他們認爲如果土耳其國家的愛國主義得以普及的話，它能夠團結不同的人民和帝國的各個部落共同熱愛國家的領土，同時這也意味著共同效忠國家的統治者。第二種思想就是民族主義；民族主義更普遍地存在於中歐和東歐，它很大程度上關注種族和語言的同一性，長遠看來這種觀點不是很成功，它會導

致分裂和瓦解，而不是團結統一。【49】

除去政治，吸引外交特使更多目光的主題是婦女、科學和音樂的地位問題。「伊斯蘭教既允許一夫多妻又允許納妾。到歐洲旅遊的穆斯林遊客總會吃驚地，有時甚至恐怖地談論西方婦女的無禮和魯莽，以及她們自身獲得的難以置信的自由和荒唐的尊重，還有歐洲男性缺少男子氣概的警覺去反抗婦女放縱帶來的不道德和男女亂交的行爲。」【50】這種態度來源於基本的伊斯蘭道德規範，根據這種教義，有三類人不能享受全部的保護——異教徒、奴隸和女人。【51】對數學和天文學的興趣，在十八世紀晚期的穆斯林印度正在增長，牛頓的《數學原理》也在十九世紀二〇年代被翻譯成了波斯語，翻譯者是加爾各答的一位穆斯林。早產兒保育器發明於埃及，天花疫苗也被引進了土耳其。【52】

針對阿拉伯／伊斯蘭世界中這種「不協調」的成就，曾有各種各樣的理論解釋。【53】一種理論把它和中東地區貴重金屬的耗竭聯繫起來，這也正與歐洲人在新大陸發現金銀和其他貴重金屬的事件產生關聯。另一種生物學上的理論把阿拉伯世界的衰退歸結到他們表親婚姻的流行上。還有一種生物學上的觀點把責任歸咎於可憐的山羊，因爲是牠們撕裂了樹皮、扯掉了草根，從而使曾經肥沃的土地變成了荒漠。其他的理論則把眼光放在與之有關的現代化之前的中東對有輪交通工具的放棄上，可是這種觀點看起來主要是提出問題而不是解決問題。「爲人熟知的古代文物在中世紀變得非常稀有珍貴，這種狀況一直延續到它們在歐洲的影響或規則下被再次提出。」【54】

這些解釋都沒有讓人覺得很滿意，其中一個原因就是，到現在伊斯蘭世界不再等同於中東，因爲在印度、遠東以及非洲也有許多穆斯林。正如之前所提及的，伊斯蘭教已經在全世界的傳播上取得了巨大的成功，這完全是以精神（而不是以物質）來鑑定的，本來是阿拉伯人的宗教信仰，這種信仰取得了極大的成功，做爲舶來品絕不遜色。關於這種「不協調」更廣泛的解釋，如果有的話，那肯定起因於世界的廣泛開放，那個時候是一個探險的年代。歐洲人在這個時候進入了亞洲、澳洲和美洲，並且在那裡發現了廣闊的土地和相關的植物群、動物群及自然資源。總之一句話，這個巨大的市場以前所未有的規模需求交易、革新和資本構成。這是最簡單不過的解釋，卻也是最值得相信的解釋。

十七世紀法國國王路易士十四得知，葡萄牙在印度的定居者並不像他們所期望的那樣安全，由此路易士十四看到了自己的機會。他毫不慌亂地增加了六個年輕的耶穌會士——他們都是科學家，同時也是高級教士，加入了國王派往暹羅的外交使團。[55]他們被安置在印度南部的海岸，以第一個法國的「印度使團」（與葡萄牙人相對立）的身分，獲得了榮譽和遠揚的名聲，一方面是爲了他們所經歷的嚴酷考驗，另一方面是蒐集能詳細記錄他們經歷的《耶穌會士書信集》（*Lettres édifiantes et curieuses*）。相較於以前的使團人員，這群耶穌會士有更多同情心，也更樂於幫助印度人，在所謂的「讓步」中更能清楚地表明這一點——他們允許崇拜天主教信仰。這些舉措產生了有名的馬拉巴儀式（rites malabars）或稱爲中國儀式（cérémonies chinoises），這是一種宗教崇拜的混合物，在羅馬，它受到公然指責，並且在一七四四年被宣告有罪。但是，如果這種寬容的方法不能夠使羅馬教廷滿意的話，它將會向艾比．比格儂（abbé Bignon）尋求幫助，他是法國國王的圖書管理員，並在法國重組銘文學會；他要求傳教士注意印度的經文，因爲他渴望獲得這些材料去構建東方圖書館的主幹。一七三三年，他們在《耶穌會士書信集》裡做出了回應：他們發現了一本完整的《吠陀經》，長期以來這本書一直被認爲已經丟失了。[56]〔實際上它是一本完全用格蘭他文字（Grantha）寫成的《吠陀經》。[57]〕假使這些法國耶穌會士沒有採取那些寬容的、樂於助人的策略，他們根本無法接近當地的牧師和知識分子，從而也不能見到印度的經文，更不可能意識到它們的存在。許多年以後，由於羅馬教廷的不夠寬容，耶穌會士和有文化的印度人之間關係惡化了，以致從次大陸出發的貨運也終止了。然而，從那以後，歐洲便受到梵文的影響，這也成了知識領域的一個重大事件。

「只是從一七七一年開始，世界才眞正變成圓的；智慧地圖的另一半也不再是空白的了。」這是雷蒙德．施瓦布在他所著的《東方的文藝復興》一書中所說的話。雷蒙德是一位法國學者，書的題目取自愛德格．奎內特（Edgar Quinet）在一八四一年所寫的一本書，書中提到有很多梵文手稿在十八世紀流入了歐洲，並把這些手稿和荷馬的《伊利亞特》和《奧德賽》進行了比較。[58]在此，我引用了奎內特和施瓦布的題目做爲本章的標題，接下來的內容很大篇幅都借鑑了他們的作品。施瓦布所表達的意思是，印度經文及注解的引入和與此同時流入的埃及象形文字作品，或多或少比得上古代希臘語和拉丁語作品的引進，其中許多用阿拉伯語翻譯的書籍在十一、十二世紀已經轉變了歐洲人的生活。施瓦布則認爲，梵文語言和文學的發現是「思想界一項重大的發現」。[59]

這種轉型差不多開始於一七七一年，當時並「不出名」的安基提爾－杜伯龍（Anquetil-Duperron）就在這一年於法國出版了他的翻譯著作《阿維斯陀經》（*Zend Avesta*）。施瓦布認爲，「這是有史以來第一次成功地破解了亞洲的一種晦澀語言。」[60]安基提爾被愛德華．薩義德描寫成一名法國學者和「信仰的泛基督教主義者（詹森教派信徒、天主教徒和婆羅門）」。他在蘇拉特的時候抄錄並翻譯了《阿維斯陀經》，用施瓦布的話說，他「將陳舊的人道主義驅逐出地中海盆地」。[61]他是第一個前往印度以學習經文爲明確目標的西方學者。起初，他把梵語稱做Sahanscri、Samcretam 或者 Samscroutam。

威廉．瓊斯和孟加拉亞洲協會／梵語、希臘語和拉丁語的關係／破解象形文字

然而，東方的文藝復興應該從威廉．瓊斯到達加爾各答，和一七八四年一月十五日孟加拉亞洲協會成立開始算起比較恰當。這個協會是由一群有著很高才能的英國文職雇員組織而成的，他們受雇於東印度公司。除了每天幫助管理次大陸的工作外，他們有更廣泛的興趣，包括語言的學習、對印度經典著作的整理和翻譯、天文和自然科學。其中有四個人特別值得一提。第一位，沃倫．赫斯廷斯（一七三二～一八一八），孟加拉地方長官，是一位頗受爭議的政治家，後來因爲腐敗而遭受指控（持續了七年時斷時續的審判，最後被宣告無罪），但是在此期間，他仍然精力充沛地推動協會的各項活動。[62]赫斯廷斯確保有學問的婆羅門聚集到威廉堡補充那些最可信的文稿，因爲這些書稿闡明了印度的法律、文學和語言。這個組織的另外幾個人就是法官威廉．瓊斯、亨利．考布魯克（Colebrooke，「梵語大師」）和查理斯．威爾金斯。這些人一起成功地完成了三件事情：他們搜尋、整理並翻譯了印度主要的印度教和佛教經典；他們展開對印度歷史的調查，其中，瓊斯以他卓越驚人的才智發現了梵語和希臘語、梵語和拉丁語之間巨大的相似之處，並在這個過程中用一種新的方法改寫了歷史，這種方法我們將在本章的剩餘部分深入探討。

這些人都是富有才智的語言學家，尤其是瓊斯。他的父親是數學教授，而他除了是才華橫溢的詩人，更稱得上全才。十五歲那年，他就出版了希臘語詩集。十六歲時，因爲之前他曾藉由閱讀《敘利亞人在倫敦的生活》一書而學會了波斯語，因此他把哈菲茲的詩作翻譯成了英語。[63]後來他說過，他已經學習了二十八種語言，並且精通其中的十三種。

除卻瓊斯之外，另一個令人矚目的人物就是簡．佛朗索瓦．商博良（Jean François Champollion），他譯解了埃及的象形文字。一八二二年，佛朗索瓦寫了著名的《寫給達西爾的一封信》，在信裡他指出了辨認象形文字的關鍵，就是利用由三種語言書寫的羅塞塔石碑銘；這個石碑是從埃及帶回來的，它成了關鍵所在。「一八二二年九月十四日早上，佛朗索瓦從他住處的深藍色芸香叢

中飛奔而過，跑進銘文學院（Institut des Inscriptions）圖書館，他知道能在那裡找到哥哥——（簡・雅克）商博良－菲熱克在那裡工作。他大聲喊叫著對哥哥說，『我明白了』，然後跑回家不省人事了。昏迷了五天之後醒來，他立刻理清自己的思緒，終於實現了他一生的夢想，懷著虔誠的心情完成了筆記。九月二十一日，他口述了一封信給他哥哥，署上的日期是二十二日；然後在二十七日，他把這封信讀給法蘭西銘文學術院聽。」[64]

解讀的過程現在已經為人所熟知了。羅塞塔石碑有三種語言，這個事實既是一個機會也是一個障礙。其中一種是希臘語，這是已知的。另外兩種語言，一種是表意文字，也就是意義的圖象標記法；另一種是字母文字，口語聲音的標記法。[65] 當人們認識到某些少數且經常提及的特徵一定為母音，橢圓形裝飾是在用一種上下倒置（比如A是B的兒子）的方式專供國王命名使用的時候，表意文字就被突破了。商博良意識到，這些不能辨識的字母字跡是對希臘語的翻譯，而且象形文字只是同一意思的速記形式罷了。

孟加拉亞洲協會成立於一七八四年，沃倫，赫斯廷斯被授予會長職務，但是他拒絕了這一任命。所以，瓊斯接受了會長職務，那時他來印度才剛滿十八個月。他有一個重大的發現，那就是梵語和希臘語、拉丁語之間的關係，他在亞洲協會的第三次週年紀念會上透露了這項重大成果。任職的十一年中，每年他都會為了紀念協會的發現而做重要的演講，其中不少內容都是關於東方文化的重要評論。但是，他的第三次演講是最為重要的一次演說，這次的題目是「關於印度教徒」，發表於一七八六年二月二日，他說道：「梵語這種語言無論怎樣古老，它都有一套令人感到奇妙的系統；它比希臘語更加完美，比拉丁語更加豐富，比兩種語言中的任何一種更加精緻優雅，然而與它們卻有著更為緊密的關係，這種關係既表現在動詞的詞根上，也表現在語法形式上，也許這些只是巧合；這種關係如此密切，以致如果不相信它們有著某些共同的起源，那麼將沒有語言學家能夠分析這三種語言了，儘管這些共同之處或許並不存在。」[66]

今天看來，我們很難去領會這種觀點的全部影響。瓊斯把梵語和希臘語、拉丁語聯繫起來，並堅持認為，如果有什麼區別的話，那就是東方的語言要早於西方語言，並且比西方語言優越。這個觀點沉重打擊了西方文化的根基和西方文化優於其他文化的（至少是默許的）設想。思想和態度上需要一個重大的再定位。這也只不過是個歷史。安基提爾翻譯的《阿維斯陀經》是第一次用基督徒和古典傳統完全忽略的方式寫成的亞洲作品。這就是施瓦布所說的，現在世界眞的變成了圓形：東方歷史至少和西方歷史處在同等的地位上，而不再從屬於西方，也不再是西方歷史的一部分了。「基督神教的普遍性已經結束，一種新的宇宙神教占據了新的位置。」菲力克斯．拉科特（Felix Lacôte）在對法國亞洲學會進行研究的過程中，在一篇題爲〈印度主義〉（L'Indianisme）的文章中指出，「歐洲人懷疑古代印度有值得探索的價值，這是一種頑固的歧視，沃倫．赫斯廷斯在十八世紀後半期一直不遺餘力地反對這種歧視。」[67]然而，直到一八三二年，事情完全顚倒過來了，德國的浪漫主義代表奧古斯特．威廉．施萊格爾（August Wilhelm Schlegel）有著不同的觀點，他認爲在他的世紀裡更多有關印度的知識被創作，「比從亞歷山大以來的二十一個世紀時間裡創造的還要多」。[68]（施萊格爾就像瓊斯一樣，也是語言方面的天才，十五歲時，他就能說阿拉伯語和希伯來語；十七歲，還在赫爾德就學當中，就能做神話學方面的長篇演講。[69]）十九世紀時，德國的東方學家佛烈德里希．馬克斯．穆勒（Friedrich Max Müller）成了牛津大學第一位比較哲學方面的教授，他曾談道：「如果有人問我，帶著敬意來看十九世紀的人類古代史，其中最重要的發明是什麼，我將會用下面的簡短句子做爲回答：梵語Dyaus Pitar＝希臘語Zeùs，Πατηρ＝拉丁語Juppiter＝古挪威語Tyr。」[70]

梵語是開啓這些發現的鑰匙，卻不是唯一的突破。施瓦布總結了這個階段五個重大的發現，每一個發現都在思想領域產生了意義深遠的傾向，它們就是一七八五年梵語的破解，一七九三年巴拉維語的譯解，一八〇三年楔形文字的辨識，以及一八二二年和一八三二年象形文字和阿維斯陀語的破譯，「這些發現推倒了長期橫在語言探索前面的高牆」。這些發現的直接影響就是第一次抹去了在遠東研究中的神祕色彩，遠遠超出了猜測。從一六四〇年以來，牛津大學就成立了阿拉伯研究勞德教席（Laudian chair），但是，對印度和中國的研究現在才開始走入正軌。[71]

西方國家的《沙恭達羅》

一八二二年，英國人從亞洲運回倫敦的西藏和尼泊爾的宗教書籍開始爲人所知，其中最爲重要的是佛教正經，有一百卷是用藏語寫成的，八十卷是用梵語寫作的。它們都是由英國人類學家布賴恩．霍奇森發現並運回西方的。由於這些典籍的翻譯，西方的學者開始意識到基督教和佛教之間的相似之處。在德國，歷史哲學家約翰．戈特佛里德．馮．赫爾德（Johann Gottfried von Herder）受到了安基提爾所翻譯的《阿維斯陀經》的深刻影響，而且他被派遣把某個《薄伽梵歌》（*Bhagavad Gita*，一七八四年被翻譯成英文）的維爾金斯英文版帶回了德國。但是對於赫爾德來說，當他讀到瓊斯英文版迦梨陀娑的《沙恭達羅》德譯本時，他的思想發生了重要變化。施瓦布如此總結了其重要性：「眾所周知，赫爾德繼對『一個想像中的印度』的熱情之後，又重新點燃了歐洲對『一個已破譯的印度』的強烈興趣，借此，將印度看做是人類早期搖籃的看法，在浪漫主義者之間廣為傳播。」[72]同樣地，《薄伽梵歌》和《牧神讚歌》（*Gita Govinda*）的德語譯本出版於十九世紀的前十年，它們對佛雷德里希．施賴爾馬赫（Friedrich Schleiermacher）、謝林（F.W. Schelling）、奧古斯特．施萊格爾、席勒、諾瓦利斯（Novalis），以及後來的哥德和亞瑟．叔本華，都產生了巨大的影響。

在《沙恭達羅》中記錄了這件重大且令人驚奇的事。它不僅俘獲了赫爾德，同時也吸引了哥德，雖然他不太在意佛教所宣揚的多神論，但即便如此，他卻寫下了這些話：「Nenn'ich Sakontala dich, und so ist alles gesagt」（意思是「當我接觸了《沙恭達羅》，所有的事情都明瞭了）。《沙恭達羅》是促使施萊格爾學習梵語的一個因素。瓊斯因為翻譯《沙恭達羅》而獲得的名氣，與他發現了梵語和希臘語、拉丁語之間的相似點而取得的名聲一樣輝煌，以至於哥德稱讚他為「無與倫比的瓊斯」。「《沙恭達羅》第一次把真實的印度和它的根基聯繫在一起，靠著這種根基，赫爾德在人類民族的初期建構了印度國家。」[73]海涅也模仿了《沙恭達羅》中的很多詩篇。一八三〇年，安東尼．德．謝才（Antoine-Léonard de Chézy）翻譯的迦梨陀娑的經典著作，在法國的出現是「一個形成十九世紀結構的文學事件，不是靠它的直接影響，而是因為給世紀文學引入了不可預料的競爭。」[74]謝才的翻譯作品用哥德著名的詩句做為引言，在這些德國詩句中公開承認《沙恭達羅》是一顆「把黑夜照耀得比白天還要明亮的璀璨明星」。拉馬丁在謝才的翻譯作品中看到了「一篇詩作中體現出來的三倍於荷馬、忒奧克里托斯（Theocritus）和塔索（Tasso）三者的才華。」[75]到一八五八年，《沙恭達羅》在法國已眾所皆知且受到尊重，以至於被改編成一部芭蕾舞劇，在巴黎上演，其中音樂由恩斯特．雷耶（Ernst Reyer）創作，劇本由泰奧菲勒．戈蒂埃（Théophile Gautier）改編。

施萊格爾、波普和洪堡

《薄伽梵歌》的影響確實是意義深遠的。它的作詩法、它的智慧、它的純然的複雜性和豐富性帶來了一種重大的變化，就是對待印度、東方及其包容性的態度的轉變。法國學者尚－丹尼斯．朗奇耐（Jean-Denis Lanjuinas）寫道：

「從這些非常久遠的印度古代英雄史詩的片斷中，能夠探尋到系統的輪迴轉世說、上帝存在和靈魂不朽的高明理論、斯多噶派哲學的所有高尚理論……完全的精神上的泛神論和上帝主宰一切的幻想，這是一件令人驚奇的事情。」【76】其他人在印度發現了斯賓諾莎和貝克萊的先驅，而且朗奇耐自己也不斷地評論說，Hitopadesha（政治、友誼和世間智慧的教誨，可以追溯到西元前三世紀）之中蘊含了一個適用於所有時代的崇高的精神道義，有著與《聖經》和教父同等的訓誡力。佛雷德里希·施萊格爾在《論印度人的語言和智慧》（Über die Sprache und Weisheit der Indier）中進一步確認了這些結論，他認爲印度形而上學的傳統與希臘和拉丁思想有著同等的地位。這在當時比我們現在所感到的要重要得多，因爲相對於自然神論和懷疑論，這種態度承認印度人在上帝眞實方面有著和歐洲人一樣的、全面的知識和信仰。但是，這與教堂所傳授的非常不一致。瓊斯已經推測出梵語、希臘語和拉丁語有著同樣的起源，但是，有人懷疑梵語實際上並不是上帝創世以來最原初的口頭語言，而是「完美」的語言。婆羅門和亞伯拉罕之間有什麼關係呢？

梵語的豐富與啓蒙運動的信條有衝突，啓蒙運動認爲語言是從最初的簡單空泛逐漸發展得越來越複雜精美的。【77】這種情況卻帶來了一個越來越明顯的結果——維科的觀點是正確的，語言的結構能揭示出很多人類古代的情況。再者，這種狀況開創了語言學的偉大時代，正如十九世紀所得到的稱謂，語法和詞彙都得到了學習研究，從而揭示了語言的語群。例如，從希臘語、拉丁語和波羅的海（斯拉夫）語中分離出了日耳曼語。【78】施萊格爾和佛蘭茲·波普（Franz Bopp）的作品影響了威廉·洪堡（Wilhelm von Humboldt），他在一八一八年幫助梵語確立了在德國頂尖的位置。【79】洪堡對於語言能夠教給我們不同民族的心理這一點特別感興趣。那個時候，很多宗教信仰者仍然相信，最早的（最完美的）語言必定是希伯來語，或者極其像它的語言，因爲它是上帝子民的語言。波普反對這種偏見，他認爲甚至在幾千年以前梵語就已經相當複雜精美了，在這個過程中，他對希伯來語是最早的語言這一觀點產生了懷疑。以這種方式思考的話，語言被認爲有著很自然的歷史，而不是神聖的歷史，所以語言研究實際上極易受到科學探索的影響。【80】

謝林接受了瓊斯的觀點，並往前發展了一步。一七九九年他在一次題爲《神話哲學》（Philosophie der Mythologie）的演講中提出，正如肯定存在一種「母語」，世界上肯定存在一個爲所有民族共用的神話。他認爲德國受過語言訓練的學者有責任去爲現代歐洲人創作「一個所有人類神話傳統的融合物……印度和希臘以及斯堪的納維亞和波斯，所有的傳說必須被接受爲一種新的世界信仰的一部分，這種信仰能夠再生一個由唯理論攪亂的世界」。[81]希波呂忒·泰納（Hippolyte Taine）有著極其相似的觀點，他認為佛教和基督教的和諧一致是「歷史上最偉大的事件」，因為這揭示了世界的源神話。[82]印度是如此的遼闊，如此的富有生機，它的信仰如此的深奧微妙，以致它絕不再是如此簡單地受詛咒的異教徒，不能驅逐他們，而應幻想有一天能夠使他們皈依基督教。基督教必須吸收已有千年之久並且充滿活力的異教。[83]

再深究一步，我們就能發現，最終發明的東西要深刻影響人們，最有決定性和最基本的方式蘊藏在「變化」的概念中。如果信仰處在不同的發展階段，然而它們都以某些神祕的方式聯繫著，只假設這麼多的話，是不是這就意味著上帝，而不是人類，可以被說成「正在變化」，活在地球上的剩餘生命能夠以典型希臘人的基督教傳統被理解呢？顯然，這是一個很重要的問題。所有變化的觀點，最重要的部分就是自然神教被賦予了一種新的改進狀況或前景的機會。上帝將被看到，而不再是一種神、人同形同性的感覺，但他是一個抽象的超自然的實體。於是，上帝和人類之間再次出現了一種實際存在的非常巨大的差異。[84]

人類的語言以一種系統的方式相聯繫，正被逐漸理解，同時它以近似於林奈所發明的生物學上的分類方式存在著，伴隨著赫頓地質學上的進展，在強化關於進化過程中，「什麼將變得出名」這個早期觀點方面發揮了重要作用。但是，東方的文藝復興在極為不同的發展過程中發揮了至為重要的作用，它的影響甚至支配著今天的生活。這也是它與浪漫運動起源的聯繫所在。

印度的研究和德國的浪漫主義之間的關係，是最明顯和最重要的關聯。印度學說在德國因為多種民族主義而流行起來。坦率地說，德國學者似乎認為，印歐語／印度語／波斯語的傳統與最初羅馬帝國的野蠻入侵有關係，同時也和斯堪的納維亞人的神化有關係，這就為希臘和拉丁的地中海古典主義提供了一種可供選擇（更多的是來自北方）的傳統，儘管這種地中海古典主義在之前的兩千五百年裡一直支配著歐洲人的生活和思想。更進一步說，佛教和基督教之間的相似點、世界精神的印度教觀點，這些對德國人來說都是神意顯現最簡單的形態，實際上是最初的形態，這是猶太教和基督教得以成熟的形式。但是，這種形式意味著上帝的眞實目的被隱藏在東方宗教信仰的某處之中，在基督教會之前做為世界上第一個宗教信仰，不知何故而在印度的古代典籍中被發現了。這種觀點暗示著，全人類只有一個上帝，而且有一個世界神話，對這種觀點的理解將十分重要。用赫爾德的術語來說，這種祖傳的神話是「我們人類童年時代的夢想」。[85]

影響浪漫主義的一個更深刻的原因是，最初的印度經文是以詩歌的形式寫成的。所以有一種觀點變得很普遍，它認爲詩歌是「母體語言，詩句是人類從上帝那裡獲取智慧的最初形式（人類是能唱歌的一種動物）。詩篇被認爲是伊甸園裡最早的語言，而且藉由印度的古代詩篇能重新發現伊甸園似的世界。透過這種方式，語言學家和詩人們聯合起來創造施瓦布所說的『多元主義對一元統一性的報復』」。[86] 與此同時，科學家們正忙著尋求控制世界的方法，想像著世界將以越來越少的自然規則而運轉。當每一次進步的理論渴望經驗的縮減時，社會學家們此時都希望在一個相同的方向上有進展，而語言學家和詩人們卻走了另外一條道路，他們想藉由新的宗教去尋求社會的重建。這種觀點認爲，人類種族有一個最原始的統一，但是經過一段時間以後，它卻發展成了同樣具有合理性的不同的信仰，它的傳說和神話以及踐行具有同等的權威性，同樣都適合於它們所影響和控制的環境和鄉村。根據這種評論，曾經存在一種最原初的一神論，而後來分裂變成了多神論，這就意味著解放的概念在理論上和神話學上並不是不一樣。「印度和希臘的所有傳說，斯堪的納維亞人和波斯人的所有傳說，『必須被』理解爲一種新式普遍宗教的元素，這些元素將會重建一個由唯理論攪亂的世界。」[87]

受東方文學影響的西方作家

受到這些觀點影響的一系列詩人、作家和哲學家們，在地域分布上甚至跨越了大西洋。愛默生和梭羅（Thoreau）皈依了佛教。愛默生第一批詩作中的一篇叫做〈梵天〉，其靈感就來自《薄伽梵歌》。他的文章中包含了很多介紹瑣羅亞斯德、孔子、印度教和吠陀經的內容。他在一八四八年十月一日這樣寫道：「我感恩於見到《薄伽梵歌》的那個重要日子。它是一本最有價值的書；對於我們來說，它就像一個帝國，絕不是弱小或者毫無價值，而是宏大、尊貴、穩固；另一個時代和環境中的古老智慧的聲音，已經思考並解決了仍在考驗我們的相同的問題。」[88] 梭羅把他蒐集的東方書籍留給了愛默生。惠特曼承認，在創作自己詩作時已經提前閱讀了印度的詩篇。哥德開始學習波斯語，他在《東西歌女》（*West-Ostliche Divan*）的序言裡談道：「現在我想洞悉人類種族的第一個起源，當他們還仍然靠著世俗的語言從上帝那裡接受訓誡的時候。」[89] 海涅在波恩和柏林分別師從施萊格爾和波普學習梵語。[90] 正如他所記錄的：「我們的抒情詩，目的在於歌唱東方。」施萊格爾相信，印度的原始居民——雅利安人——被北方吸引了，所以他們是德國人和斯堪的納維亞人的祖先。施萊格爾和另一位德國東方學家斐迪南·艾克斯坦（Ferdindand Eckstein）認爲，印度、波斯和古希臘的史詩取材於相同的神話，而這些神話形成了《尼伯龍根之歌》的基礎。《尼伯龍根之歌》是德國一部偉大的復仇史詩，華格納就是參看這部史詩而創作了他的音樂劇《指環》。[91]艾克斯坦尋求「在異教信仰的古代存在先前的基督教……」[92]「對於施賴爾馬赫，就像對於整個諾瓦利斯的周圍一樣，所有宗教信仰的源頭『能夠被找到』。按照理查·胡赫（Ricarda Huch）的說法，『在無意識之中，或者存在於東方，這是所有宗教信仰的來源之處』。」[93]

叔本華接觸東方之後發生了轉變。他對佛教的觀點是，「從來沒有一種神話這樣接近眞理，儘管它也不能」。[94]他深信，「我們的宗教信仰不會，或者以後也將不會扎根於印度；人類民族最初始的智慧，不允許因爲發生在加利利的越軌行爲而從自己的道路上轉移」。[95]叔本華說，基督教而非猶太教，「在精神上是印度的，所以很大程度上是印度的起源，而且直達埃及，儘管只是間接地」。[96]然後，並非完全從邏輯論理出發，他繼續檢驗他所看到的做爲基督教的印度伊朗起源：「在一些本質的方面，儘管基督教僅僅宣傳一些整個亞洲很久以前就知道的東西，甚至更好的東西，但是對於歐洲人來說，這卻是一個新的、偉大的發現。」然後他繼續談道：「《新約》……一定包含了一些印度起源；它的道德規範——把道德倫理變成了禁欲主義——它的悲觀主義、它的降凡都證明了這種起源……出自印度教智慧的基督教教義，已經完全替代了與它的教義格格不入的一支舊派猶太教。」[97]

拉馬丁承認，印度的哲學轉變了他的大部分思想。「對於我來說，它超越了其他思想：它是大海，而我們只是雲彩……我讀了又讀……我大聲呼喊，閉上了雙眼，我懷著敬佩的心情被它徹底征服了……」[98]對於一系列的詩句，他有自己的設計，那是「靈魂的史詩」，他把它描述成Hindoustanique一樣，但是卻從來沒有意識到。[99]「從那裡（印度）能夠立刻吸入神聖、溫柔和悲哀的氣息，對於我來說，就好像從一座遠離人類的伊甸園裡經過一樣。」[100]對於拉馬丁來說，印度的發現和它的文學不僅僅是「加於古老圖書館上面的新翅膀；它也是船隻失事的船員所歡呼的新大陸」。[101]對於另一個偉大的法國作家維克多·雨果，東方既讓他著迷又使他反感。一八七〇年九月，他發表了題爲〈致德國人〉的演講，在演講中，他極力讓聽眾去寬恕巴黎；而在這種努力的過程中，他打了一個被多次使用過的比方，實際上德國人也喜歡這樣談論他們自己，「德國是西方的祖先，正如印度是東方的祖先。讓我們尊敬她吧。」[102]他的詩多次提到夜叉、恆河、婆羅門、「巨輪」和根據「鳥的聚會」而來的神奇的鳥。[103]古斯塔夫·福樓拜寫道，「生命的每一個原子躍動於巨大的印度森林」[104]，而魏爾倫（Verlaine）「投入到印度神話中」度過了自己的休假。[105]

華格納的佛教思想

一八六五年，法國（自封的）伯爵、臭名卓絕的種族理論家約瑟夫·亞瑟·德·戈比諾（Joseph-Arthur de Gobineau）出版了《中亞的宗教與哲學》（*Les religions et les philosophies dans l'Asie centrale*, 1865），這本書的主要觀點是，所有歐洲人起源於亞洲。當時，戈比諾正在寫作一本書，爲了證明他的觀點，他還曾經在一八五五年去波斯旅遊。[106]他不同意別人所認爲的北歐的語言來自印度的觀點，但是他卻承認北歐的人民是從印度遷徙過來的。對他來說，雅利安人是人類中的貴族階級，他認爲「Aryan」這個單詞與德語「Ehre」（意思是「榮耀」、「正直」）有關係。在《關於人類民族的不平等》最後一部分，他稱之爲「土著德國人種的能力」，他認爲德國的雅利安人是神聖的，是世界上種族的領袖，最後他的總結宣揚：「德國民族已經吸取了雅利安民族所有的活力……在他之後的白種人，沒有任何強大和積極的東西可以提供。」[107]

在他生命的最後日子裡，華格納「匆忙投進了戈比諾的懷抱」。[108]他見到了戈比諾，並爲其文集作序。華格納發現這個法國人的哲學觀和「知識」與他自己的目標非常契合，他試圖以「未來音樂」的形式取代法國－義大利歌劇在卡農裡的中心地位，並因此促進了一種截然不同的傳統的形成——德國的史詩、異教信仰，「不可改變的純淨之源」。[109]「正如華格納在《我的生命》中所敘述的，就在一八五五年創作管弦樂曲作品《英雄傳喚使》（Die Walküre）的時候，發生了幫助他完成他的人生使命的事情：「布諾夫（Burnouf）所寫的《印度佛教的歷史》（*Indian Buddhism*）導論，是我擁有的書裡面最讓我感興趣的一本，在書裡我找到了創作優秀詩篇的材料，從此以後，這些內容一直在我腦中醞釀著……按照佛教的觀點，在他之前存在的每個生命的前世（有著前世的眞身）就如現在一樣清楚明白地維持不變。」[110]華格納的日記中加注解釋了佛和佛教的概念，「對於我來說，任何事都是離奇的。我常常對著天堂的國度投去懷舊的目光。但是在我眼裡，天堂會轉瞬變得非常憂鬱。」[111]《羅摩衍那》的元素在《帕西法》（*Parsifal*）中出現，而且在某個時期，一位作曲家計畫從《恆河的聲音》（*Stimmen vom Ganges*）一書提取要素，創作一齣戲劇。[112]

那時，東方的文藝復興意味著許許多多的事情。它為宗教信仰、歷史、時代、神話以及世界人民之間的關係點亮了新的光芒。在啓蒙運動和工業改革中間，它為詩歌和看待俗世瑣事的詩意化和審美的方法注入了新的生命。短期來看，它是一種動力，幫助創造了浪漫主義革命，這也正是下一章的主題。但是從長遠來看，梵文和希臘文、拉丁文共同起源的發現，將會形成現代科學哲學的部分，而這種哲學與遺傳學、考古學和語言學有關係，這些學科已經教給我們許多有關世界人類的知識，更準確地說，這些知識是我們人類歷史最偉大和最重要的部分。這代表著一種重大的思想轉變，而相對於十八世紀的其他發展進步，卻經常被忽視了。

第三十章

價值的偉大顛覆——浪漫主義

法國作曲家埃克托．白遼士（Hector Berlioz）是位傑出人物。「每件關於他的事都被抹上了傳奇色彩，」哈羅德．勳伯格（Harold Schonberg）在其《作曲家的人生》一書中說，「他幾乎是憑一己之力打破了歐洲音樂的固有傳統。在他之後，音樂變得截然不同。」[1]即使是做爲一名學生，他的特立獨行也令人驚訝。「他既不信上帝，也對巴哈（Bach）不屑一顧」，作曲家、指揮家和鋼琴家斐迪南．希勒（Ferdinand Hiller）以這種方式描述白遼士，「高高的前額，突出的眼眶下鑲嵌著深陷的眼睛；大大的彎曲的鷹鉤鼻；薄薄的漂亮的嘴唇；相當短的下巴，滿頭蓬鬆的淺棕色頭髮，可以令擁有最驚人的創造力的理髮師也無能無力——不管誰見到他的腦袋，都會難以忘懷。」事實上，白遼士差不多就是以他的腦袋、他的行爲和他的音樂而聞名於世的。一天晚上，法國劇作家恩斯特．樂高佛（Ernest Legouvé）在一次觀看韋伯（Weber）的歌劇《魔彈》（*Der Freischütz*）的演出過程中遭遇到了騷亂，「我鄰座有個人從座位上站起來，彎著身子以雷鳴般的聲音朝管弦樂隊大吼：『你們根本就不需要用兩支長笛，你們這些蠢貨！你們要用兩支短笛！兩支短笛，聽到沒有？哦，眞是些蠢貨！』這個人的吼叫引發了大規模的騷亂，我回頭看到一個年輕人情緒激烈，渾身戰慄，緊握著拳頭，眼睛不停地閃爍，滿頭的亂髮——這頭亂髮看起來像一把巨大的傘，一把撐在灰色的鳥喙上面的可移動雨篷，在不停地伸縮頭顱捕食。」那時的漫畫家們抓住機會，在這上面大做文章。[2]

白遼士站起來當然不是純粹爲了表現自我或者大出風頭，儘管當時有人這樣認爲。孟德爾頌（Mendelssohn）是其中一位受到他影響的人。在他們第一次見面之後，孟德爾頌寫道：「這種純粹外露的熱情，這種在女性面前流露的絕望，這種張揚的天才的傲慢，毫無緣由地感染了我。」[3]這不是對白遼士雄心壯志的公正評價，尤其是他對管弦樂隊的態度，耶胡迪．梅紐因（Yehudi Menuhin）歸因爲一種新的社會觀。[4]音樂界普遍認爲白遼士是歷史上最偉大的管弦樂改革者。直到十九世紀三〇年代，管弦樂隊很少會由六個演奏者組成。早在一八二五年，白遼士用一百五十名演奏者組成了一個管弦樂隊，但是他坦言，他「夢想中的管弦樂隊」應該由四百六十七人組成，外加三百六十人的合唱隊；其中包括兩百四十二把絃樂器、三十架豎琴、三十架鋼琴和十六把法國喇叭。[5]正如勳伯格所評價的，白遼士遠遠超前於他的時代，這是音樂上第一次眞正的浪漫派的表現，他充滿熱情和改革精神，是音樂領域內一位「無法無天的君主」，是第一位有意識的先鋒人士。[6]「他放蕩不羈、高度情緒化、機智、雄辯、獨特，且非常強烈地意識到自己身上的浪漫主義精神。

他非常熱中於浪漫主義思想：渴望表現自我和追求奇異的事物，從而與古典主義思想所強調的秩序和克制形成了鮮明對比。」【7】

浪漫主義：歷史上的三個轉折

浪漫主義是一場宏偉的思想革命。與法國大革命、工業革命和美國革命非常不同，浪漫主義幾乎毫無基礎。以賽亞·伯林（Isaiah Berlin）說：「西方政治思想史上（儘管他是在廣義上使用政治一詞）出現了三次主要的轉折點，我們所說的轉折點，指的是所有觀念領域的劇烈轉變，由此匯出了新的問題：新思想、新詞彙、新關係，在這種關係下，舊的問題無法得到充分的解決，它們看起來更加遙遠、陳舊，有時顯得莫名其妙，以至於過去那些令人煩惱和懷疑的問題，看起來像是使用了舊時代留下的想法和疑問。」【8】

以賽亞·伯林說，這些轉折點中的第一個出現在西元前四世紀末的短暫間隔中，從亞里斯多德（Aristotle，前三八四～前三二二）之死到斯多噶學派的出現，當時雅典的哲學學園「開始停止在單純的社會生活環境中思考個體所扮演的角色，並且停止探討和公衆以及政治生活相關的話題，好像這些問題已不是探討的中心，甚至不再有意義，而這些之前一直是學術和學園談論的中心話題，但人們談論的話題突然轉變爲單純討論內心體驗和個體拯救。」【9】這種偉大的轉變表現在價值觀上就是——「從公衆轉向私人，從外部轉向內部，從政治轉向倫理道德，從全市居民轉向個體，從社會秩序轉向非政治化的無政府主義」——（轉變）是如此深刻，以至於後來再也沒有同樣的轉變發生。【10】

第二個轉折點是由馬基維利（Machiavelli，一四六九～一五二七）開創的。他認爲人的「自然本性與道德品行存在差異，並設想政治價值不僅與基督教倫理不同，而且從原則上來說，也不可與之調和。」【11】這導致在對不信任任何形式的政治安排所進行的神學辯護過程中，產生了一種宗教功利主義。這也是一種新的且令人吃驚的觀點。「人們事先還沒有被號召以開放的心態在一系列不可調和的價值間做出選擇，如個人與公衆，無所目的的存在在這個世界上，並且被預先告知原則上不存在什麼終極的、客觀的評價標準可供選擇。」【12】

第三個偉大的轉折點——伯林認爲是迄今爲止最偉大的——孕育於十八世紀末，以德國爲先鋒。【13】「當浪漫主義思想還處於雛形時，它目睹了眞理概念以及倫理和政治合法性的破滅，絕不是客觀和絕對的眞理，而是包括主觀和相對的眞理——合法性也是這樣。」伯林說，這產生了巨大且難以估量的影響。他說，最重要的轉變是，這樣的設想已經蘊含在西方思想中。過去，人們一直理所當然地認爲，所有的普遍性問題都遵循同樣的邏輯模式：它們都是關於本體的問題。它遵循這樣的觀點，即一旦所有相關的訊息都已蒐集完畢，人生的重要問題就可以得到最終答案了。換言之，我們可以這樣來解讀道德和政治問題，比如：「對人來說，什麼是最佳的生活方式？」「權利是什麼？」「自由是什麼？」原則上來講，同樣準確的回答應該像這樣的問題：「水是由什麼組成的？」「有多少星星？」「尤利烏斯．凱撒（Julius Caesar）是什麼時候死的？」[14]伯林說，回答這些問題的戰鬥已經打響，但是，「我們始終在假定答案已被揭示出來」。這是因爲，儘管各種宗教的不同之處隨著時間的流逝依然存在，然而有一種基本的思想與人緊密相連，它包括三個方面，[15]「第一，有一個關於人的本性的實體，它是自然或超自然的，只有相關的專家才能理解它；第二，具有一種特殊的本質，試圖追求達到某些特殊目的，從而對它施加影響或使其成爲上帝或者事物的非人特性的一部分，正是追求達到這些目的才使人成其爲人；第三，這些目標以及相應的利益和價值（這是神學、哲學或科學需要去發現和闡明的）相互之間不能發生衝突——事實上，它們必須形成一個和諧的整體。」[16]

正是這種基本思想催生了自然法的概念，也開始了人們對和諧的尋找。人們已經意識到某些矛盾的存在——如亞里斯多德發現火在雅典和波斯以同樣的方式燃燒，然而兩地的道德和社會法則卻不相同。雖然如此，直到十八世紀，人們始終假設，一旦能夠蒐集到足夠的資料，世界上所有發生的事情都可以得到和諧一致的解釋。[17]伯林用來強調這一點的例子是這類問題：「我可以追求公正嗎？」「我可以踐行仁慈嗎？」任何經過深思熟慮的人都能看出，一旦出現對這兩個問題（大部分人會附和）都回答「是」的情形時，就會出現自相矛盾。按照傳統的觀點，往往假定一個眞命題不能和其他眞命題發生邏輯矛盾。浪漫主義的論辯對手對諸如價值、行動與選擇問題的答案這類思想表示懷疑，認爲它們根本不可能被發現。浪漫主義認爲這些問題中部分沒有答案，是完全難倒人的、是沒有結果的或推理過程的。（從源頭上來追問）他們進一步認爲，原則上，我們無法擔保價值不會互相衝突。相反的，他們堅持認爲這是一種「自欺」之談，並且會引來麻煩。最終，浪漫主義創造出一系列新價值觀，實際上這是一種看待價值的新方法，它和舊的方法截然不同。[18]

維科的預見

第一個約略提到這種新方法的人是詹巴蒂斯塔·維科（Giambattista Vico，一六六八～一七四四），身爲那不勒斯的一名法律系學生，他以強烈的純樸和破壞性的啓蒙思想來看待科學中心主義。一七二五年是值得記住的一年，維科出版了《新科學》（*Scienza Nuova*），書中他宣稱，「自從人類能夠有把握地知道，並因此建立了一門關於他們自己創造的科學，（有關人類文化的知識）比有關物理自然科學更眞實了。」他說，人的內心世界可以透過一種方法來了解，這種方法不是簡單地——也不可能——用於那個並不是我們創造的，那個外在的、物理的、被當做傳統科學研究對象的世界。在此基礎上，維科說，語言、詩歌和神話都是由人類創造出來的，它們都是眞理，我們可以比後來取得成功的數理哲學更有理由宣稱它們的有效性。「眞理之光永恆且永不熄滅，它超越所有問題：公民社會無疑是人類創造的，因此只能在人類思想的範圍內探索它的組織原則。不管是誰，對它的思索都不能認識人類自身，但是令人大爲驚奇的是，哲學家們集中所有的精力去研究那個既然由上帝創造那就只有上帝知道的自然世界：他們忽視了研究不同的民族，或者說公民社會，而這個世界是人類創造的，人類能夠了解它。」[19]

維科說，非常重要的是，如果這樣簡潔明瞭地去理解的話，事物都會隨它而來，但是人類忙於探索外在世界而注意不到這種現象。例如，人們共用同一個自然，必須以相似或類似的方式將他們的文化整合起來。[20]他說，這使嚴謹的歷史學家可以做到，甚至必須要做到，即重建其他時期和階段的人類思想歷程。[21]他認爲公民社會中的每一個人都應該具備某種普遍信仰——這是從普遍意義來說的。他還發現各地都有三種相同的重要信仰，它們是普羅維登斯的一種貫穿全部歷史和所有宗教的對神的信仰、靈魂不朽觀，以及需要控制激情的觀念。[22]他說，人類已經在歷史進程中表現出他的本性，因此我們可以說神話和詩歌「是人類內心世界的眞實記錄」。[23]從以上提及的所有內容可以看出，維科使人文科學發生了重大轉變，他提高了人文科學的地位，從而使它們與自然科學獲得了同樣的價值。

赫爾岑

維科的創新精神，幾十年裡都沒有在其他地方受到重視，一直到康德，這種新方法才被人肯定。康德的偉大貢獻在於，他認知到是思想改造了知識，知識被改造的過程中存在一個本能的直覺過程，對於世界上的各種現象，我們最能夠確信的只是「我」或「非我」的區別。[24] 他說，從這個意義上來講，理性「就像一盞照亮了自然界隱密之所的燈」，然而做爲一種解釋來講，它又是不充分和錯置的。[25] 康德說，取而代之的是，出生過程是一種更好的隱喻，因爲它暗示出是人類理性創造了知識。爲了決定我在一個特定環境中應該做什麼，我必須聽取「內心的聲音」。康德的這種思想具有極大的顚覆性。從科學角度來看，理性在本質上是具有邏輯性的，用於研究自然可行。[26] 但是內心的聲音無法和這種精緻的邏輯思維方式相一致。它的命令不一定是眞實的表述，此外，它並不必然是正確或錯誤的。「命令也許是正確或是錯誤的，也許是懷有私利的或是無私的，也許是可理解的或是晦澀難懂的，也許是微不足道的或是極其重要的。」內在聲音的目的，通常是爲某人樹立一個目標或確立一種價值觀，而科學對這些無能爲力，只能由個體來創造。這是個體觀的基本轉變，是一種全新的個體觀。[27] 首先（第一），人們認識到，道德是一種創造性的過程；第二，同樣重要的是，它是對創造性的新的強調，這同時也提高了藝術家的地位，使其與科學家並駕齊驅。[28] 藝術家們從事創作，以此表現自我，並創造價值。藝術家不像科學家（或哲學家）那樣去發現、計算和推理。在創作過程中，藝術家設定好目標，然後以自己的方式去實現這一目標。「赫爾岑（Herzen）問道，作曲家把歌曲創作出來之前，它在哪兒呢？」在這個意義上，創造性活動是人唯一完全的自主性活動，因爲這個理由，它要求創造者擁有卓越的才華。「如果人的本質是自制——有意識對自己的目的和生活方式做出的——這是一種以激進的方式與舊的模式劃清界限，而人在宇宙中的地位的概念原本處於舊模式的控制下。」[29] 伯林堅持認爲，當人類習慣於按照通行全宇宙的法則做事的時候，浪漫主義想像或許意味著和諧的觀點以突然一擊摧毀了自然法則的概念，如果按照傳統的自然法則，那就意味著和諧的思想，人應當找到自己的位置，從而遵循通行於全宇宙的自然法則。出於同樣的原因，藝術也發生了改變，表現範圍也擴大了。藝術不再僅僅是模仿或表現，而是表達，它遠遠上升爲一種更爲重要、更有意義和志向遠大的活動。當人在進行創作的時候，他才是最眞實的自我。「那不是理性所能具備的能力，而是源於自我內部的神聖火花；在那樣的過程中，我扮演了上帝的角色。」這種新的道德準則使得人與自然之間形成了一種新的關係，「自然是我想注入我的意志的物體，是我要塑造的。」[30]

我們依然生活在這場革命所產生的影響中。兩種相互對立的觀察世界的方式——客觀的科學理性散發出冷漠、超然之光，而藝術家則精神高漲、充滿創造的熱情——構成了現代的無序狀態。它們的出現有時是同等眞實和合理的，但是有時又在根本上水火不容。正如以賽亞．伯林所描述的，我們認知了這種不可調和，我們艱難地一步一步移動。

這種分裂首先並且最爲清晰地出現在德國。十八、十九世紀之交見證了拿破崙在奧地利、普魯士和德國許多小公國的一系列偉大勝利，明顯地顯示出德語世界在經濟、社會和政治方面的落後。戰爭的失敗造成了復興德國的渴望，做爲回應，很多說德語者開始轉向對內在精神的探索，試圖透過理性（知性）和美學來團結並激勵他們的人民。[31]「浪漫主義來源於痛苦與不幸，在十八世紀末，德語國家是歐洲遭受痛苦最深者。」[32]

哥德和赫爾德

在十八世紀七〇年代，知識分子的文化活動和精神活動主要集中在大德意志帝國各公國的宮廷中，這種活動方式延續了維科和康德所開創的傳統。[33]薩克森－魏瑪的卡爾．奧古斯都公爵（Karl August）同時僱用了約翰．伍爾夫岡．哥德（Johann Wolfgang Goethe）和約翰．戈特佛里德．赫爾德（Johann Gottfried Herder）來到他的宮廷。我們簡單提一下哥德，但是首先得說說赫爾德。他起初學習神學，後來在哥尼斯堡隨康德學習哲學，在那裡，康德向他介紹了休謨（Hume）、孟德斯鳩（Montesquieu）和盧梭（Rousseau）的著作。[34]在他們的影響下，一七八四～一七九一年之間，他被激勵開始撰寫四卷本的《人類歷史哲學的概念》一書。在這些書中，赫爾德有意識地拓展了維科的思想，他認爲，展現在文學和藝術中的人類意識的增強，是歷史進程（通常是積極的）的一部分。[35]「我們生活在一個我們自己創造的世界裡。」[36]對於赫爾德來說，正是人類天性中那種「自我表達的力量」造成了世界各地文化的多樣性。接著他認爲，人類本性只有透過不同民族間歷史的比較才能被理解。[37]赫爾德說，每個「Volk」（民族）都有它自己的歷史，產生了具有本民族特色的道德思想、藝術和文學，更不用說它們的語言。[38]「一個民族的所有東西中，還有什麼比祖先傳下的語言更寶貴呢？」他說，詩歌和宗教凝聚成一個民族，理解它們的內涵需要透過精神的或象徵性的方式，而不僅僅是從功利角度來理解（他說，古典詩歌是民族精神的活化石）。[39]正如羅傑．史密斯（Roger Smith）所說的，赫爾德之後對人文學科的研究——特別是歷史和文學——成爲理解社會的新方式的中心元素。[40]

費希特和自我

創造活動中的一個重要因素是意志。約翰．戈特利布．費希特（Johann Gottlieb Fichte）是最早具體介紹這種思想的人。[41]費希特從康德停止的地方開始研究，他認爲：「我開始意識到自我，不是做爲某些更大結構中的一個組成因素，而是透過與非我的衝突，Anstoss，透過與死亡抵觸產生的猛烈影響，面對它，我反抗，我必須屈從於我的自由的創造欲。」由於這個原因，費希特將自我描述爲「活躍、努力和自律。他下定決心改變，透過思想和行動來瓜分世界，使其和自己的觀念類型相一致」。康德把自我構想成一種無意識的直覺過程，但是在費希特看來，倒不如說它是「一種有意識的創造活動……我不能接受任何東西，因爲我必須這樣」，費希特堅持認爲，「我相信它，因爲我願意」。[42]他說，存在兩個世界，人都屬於這兩個世界。有一個物質世界，它「外在於我們」，由因果律掌控，同時存在一個內在的精神世界，「它完全是我自己的創造」。[43]這種洞見（本身就是一個創造）對哲學的理解帶來了激烈的轉變。「我的哲學以我爲本，並非反之亦然。」因此，意志在人類心理學中扮演了越來越重要的角色。費希特說，所有人的理性思考在本質上都是採用了通用的方式，他們的不同在於其意志；這能夠並且肯定會導致衝突，但是理性不能做到，因爲邏輯就是邏輯。[44]

這個思想影響巨大。首先，對作品的理解改變了。人們改變了以前將工作視爲醜陋的必需品之觀念，而變成視爲「人的神聖任務」，因爲只有透過工作——意志的一種表達方式——能使人發揮出他的與衆不同之處，以及創造的本性，來對自然中的「死的原料」加以改造。[45]人類現在離中世紀的僧侶理想越來越遠，現在的眞正本質不是經由沉思來理解，而是藉著行動來理解。在某種意義上，尤其是在德國浪漫主義之中，路德教會的職業觀被浪漫主義思想所吸收，但是取消了本來做爲人的活動目標的上帝及其崇拜活動，而現在則是追求個人自由，尤其是「當個人目的達到後，創造活動就結束了」。[46]藝術家現在所做的事就是要表現「動機、正直、眞誠……純潔的心靈，自發性」。目的，而非智慧與成功，才是有價值的。傳統的模式——只有聖人能夠知道，並且透過理解而獲得「幸福或美德或智慧——已被悲劇英雄所取代，他們不惜一切代價來認識自我，對抗各種失敗的可能」。[47]世上的成功都是無關緊要的。

價值的顚覆

價值的顚覆不能誇大。首先，人創造了自我，因此不存在決定了人如何行動、如何反應和思考的自然；與以前的任何思想都不一樣，他對這種結果的出現不負責任。第二，它已被證明非常駭人聽聞，此後，人的價值不是被發現，而是創造出來了，沒有方法可以將它描述出來或系統化，「因爲它們不是事實，不是世界的眞相」；它們完全在科學、倫理學和政治學領域之外。第三，令人不安的事實是，不同文明或民族或個體的價值可能會相互抵觸。和諧不可能得到保證，即使是一個人自己的價值觀也可能隨時會改變。[48]

思想轉變的重要性也不能無限誇大。過去，在一次宗教戰爭中，如果一個基督徒殺了一個穆斯林，他也許會感到惋惜，認爲一個如此勇敢的對手爲信仰而死是不應該的。但這是問題的關鍵，眞實的情形是，他會說，穆斯林這種衷心的錯誤信仰只會使情況更加惡化。敵人和他的錯誤靠得越近，便越少獲得尊敬。[49]浪漫主義者持有完全相反的觀點。在他們看來，那些殉教者以及悲劇英雄爲了他們的信仰，勇敢地和他們幾乎不可能戰勝的敵人抗爭，這是穆斯林教徒心中的完美形象。[50]他們所欣賞的價值就是戰勝對手，在失敗時能激發出蔑視妥協的精神，或取得世俗的勝利。[51]藝術家或取勝無望的英雄就是這種方式下誕生的。

正是這種思想導致了一種立即使我們認可的文學、繪畫和（最爲生動的）音樂形式的出現——反抗乏味和庸俗的社會殉教英雄、悲劇英雄、被排斥的天才、遭受痛苦的野蠻人。[52]正如阿諾德．豪塞爾（Arnold Hauser）的正確評論，現代藝術的每個方面都與浪漫主義的某些重要部分密切相關。「現代藝術的全面繁榮、混亂和熱烈……它的無節制、不留情面和喜出風頭癖都來源於此。這種主觀的、自我中心主義的態度，已經成爲對我們來說很重要的事情，以至於我們發現這是我們必須經歷的過程，絕對不可避免，也不可能通過不涉及自身感覺的抽象思維訓練來複製。」[53]

狂飆突進運動

浪漫主義運動起源於十九世紀八〇年代，在最初的十年裡，湧現出一場聲勢浩大的狂飆突進運動，德國年輕一代的詩人反抗他們所受的嚴格教育和社會習俗，從而自由地表達他們的情感。[54]這些「考慮不充分的」作品中，最著名的是哥德的《少年維特之煩惱》（*The Sorrows of Young Werther*, 1774）。[55]此書有堪稱完美的浪漫主義樂章，書中的個體試圖反抗並表現出與社會的格格不入。維特是一個年輕、充滿激情、熱情洋溢的個體，然而他卻被嚴格的、缺乏活力且虔誠的路德教會孤立在外。然而哥德僅僅是開始，夏多布里昂（Chateaubriand）和盧梭（Rousseau）的絕望和醒悟、多愁善感和憂鬱則引發了浪漫主義，哥德與他們一同探索新的方式，按照他們的價值觀，傳統社會已不能滿足浪漫主義英雄的精神需要。維克多．雨果（Victor Hugo）那種宏闊的、多方延伸的全景圖象，泰奧菲爾．戈蒂耶（Théophile Gautier）和大仲馬（Alexandre Dumas）的「波西米亞樹林」，在其中，政治野心和個人野心相互交織，雨果得出的觀點是「浪漫主義就是文學的自由主義」，【56】司湯達爾（Stendhal）和普洛斯柏．梅里美（Prosper Merimee）將藝術視爲「普通人禁止進入的神祕天堂」，強調了浪漫主義的一個目標，這就是我們說的「爲藝術而藝術（l'art pour l'art）」。巴爾扎克（Balzac）強調，一個作家「不可避免地」要站在客觀的角度關注時代的重大問題，否則他就不能稱之爲一名藝術家。【57】

拜倫、柯勒律治和華茲華斯／浪漫的「自我」

正如法國浪漫主義從本質上是法國大革命影響的一樣，英國浪漫主義也源於工業革命的影響（拜倫、雪萊、戈德溫和雷．亨特都是激進主義者，儘管瓦爾特．司各特和華茲華斯有所保留，或者說相對保守）。正如阿諾德．豪塞爾所界定的，「浪漫主義」激情從本質上來說，就像很難想像城鎮沒有從鄉村獨立出來一樣，要是沒有工業化城市中的冷漠和不幸，就沒有他們的悲觀主義。【58】年輕一點的浪漫主義者——雪萊、濟慈和拜倫——採用了毫不妥協的人道主義，他們意識到工業化的生活方式對人們的生活產生了廣泛的非人性的影響，甚至保守主義的典型代表華茲華斯和司各特都在他們的作品中表現出「民主主義的」同情心，其目標在於普及——甚至是政治化的——文學（的普及）。【59】跟他們的法國和德國同道一樣，英國浪漫主義詩人相信，超越的精神是詩歌靈感的來源。他們沉迷於語言，探索意識，試圖尋找那些有能力創造出詩歌般語言的人，從而與柏拉圖所說的某種神聖意圖相一致。這和柯勒律治的著名警句中所說的「詩人是未獲人類承認的立法者」的意思一樣。（華茲華斯害怕「想像的啓示」。【60】）在這個意義上，詩人成了他們自己的上帝。【61】雪萊也許是典型的浪漫主義者：無神論者和天生的反抗者，他將世界視爲一場正義力量和邪惡力量的偉大鬥爭。甚至他的無神論，據說，他把上帝當做暴君來反抗，而非否定自我。與雪萊一樣，濟慈的詩瀰漫著普遍的憂鬱，哀歎「美不是生活本身」，因爲美超出了他的領悟能力。藝術的神祕在於取代信仰的神祕過程。

拜倫也許是最著名的浪漫主義者。霍華德．孟福德．瓊斯，（Howard Mumford Jones）比較恰當地指出華茲華斯的以自我中心只是一種主觀性的行爲，而拜倫則是「想讓全歐洲都關注他」。[62]）拜倫把他作品中的英雄描寫成一個永遠無家可歸的流浪者，這在一定程度上是由於他自己天生的野性，而絕不是獨創。但是早先這種類型的英雄由於游離於社會之外，所以總感覺自己是有罪的或表現出憂鬱不安。然而在拜倫眼中，這種局外人的角色轉變爲「自以爲是地反抗」社會，「孤立的感覺發展成忿忿不平的孤獨」，他的英雄們比好出風頭者更勝一籌，「他們公開展示他們所受的創傷」。[63]這些叛逆者向社會宣戰，他們是十九世紀文學的主宰。如果這類英雄由盧梭和夏多布里昂創造，那麼到了拜倫的時代，這已經變成了自戀。「英雄對自己不留情面，對他人同樣殘忍。他知道無法得到寬恕，也不向上帝或人類祈求寬恕。儘管生活悲慘，但他從不後悔，也不指望有任何不同……他粗野而狂熱，但他有著高貴的血統……他身上散發出一種奇特的魔力，任何女子都無法抵禦，而與他來往的男子，要嘛是朋友，要嘛是敵人。」[64]

拜倫的意義甚至超過以上這些。他的「墮落天使」的思想做爲一種原形被許多人借鑑，包括拉馬丁（Lamartine）和海涅（Heine）。在其他事情中，由於背離上帝，十九世紀被抹上了愧疚的色彩，並且，拜倫式的悲劇英雄總是力求盡善盡美。從長遠影響來看，拜倫所促成的其他轉變也同樣重要。例如，是拜倫鼓勵讀者與英雄保持親密關係，由此增強了讀者對作者的興趣。直到浪漫主義運動之前，作家的私生活大部分是不爲人所知的，讀者對他們的私生活也沒多大興趣。拜倫的自我表現改變了一切。在他之後，作家和讀者的關係變得更加緊密，從某方面來說，就像醫生和病人以及電影明星和影迷的關係一樣。[65]

「第二自我」

與此相關的是另外一個主要轉變，即出現了「第二自我」的概念，這種信仰存在於每一個浪漫主義人物中，存在於幽暗和混亂的隱祕靈魂中，是完全不同的人，一旦接近第二自我的方式被發現的話，一種非正統且更深層的本體將無所遁形。[66]這事實上就是無意識的發現，在此可以解釋爲隱藏在理性思維之外的一種實體；雖然如此，理性思維依然是非理性思維的來源，只有這樣，非理性才能解決問題，揭示祕密，或沉迷於某物，而意識是高於神祕的、夜間活動的、奇異的、鬼魂似的和恐怖事物的。[67]（哥德曾經將浪漫主義描述爲「醫院詩歌」，諾瓦利斯把生活描寫成「一種思想的疾病」。）第二自我，即無意識，被視爲放大精神世界的一種方式，並被寄予希望對做爲浪漫主義特徵之一的抒情詩有所貢獻。[68]無意識的發現將有專章闡述。

此外，心靈比其他人更爲敏感的藝術家的思想也非常重要，它也許有著通向神聖之境的一條直接途徑，這可以追溯到柏拉圖，具備這種思想的藝術家自然會和資產階級產生衝突。[69]十九世紀早期思想的焦點是先鋒概念的出現，帶有先鋒思想的藝術家被看做超越於當代的人，當然也超越資產階級。藝術是個「禁果」，它只適合創始者，最不可能和「無教養」的資產階級扯上關係。與此思想相去不遠的是，年輕人被認爲比年長的人更具創造性，而且肯定優於他們。年輕必然會知道即將到來的是什麼，肯定會抱著極大的熱情去迎接新思想和新風尚，並自然地對越來越多固有思想產生隔閡。天才的概念激發了人的本能活力，促使他們透過一生努力而艱苦的學習來培養自己新的才能。

特納和德拉克洛瓦／貝多芬

在繪畫上，浪漫主義孕育了特納（Turner），約翰．霍普納（John Hoppner）說，欣賞他的畫就像是看煤火（一個對白遼士音樂的比喻）；德拉克洛瓦（Delacroix）也說，一幅畫首先應當是一場視覺盛宴。但是在音樂中，浪漫主義超越了自我。浪漫主義作曲家中的偉大一代都依次在十年之內出生——白遼士（Berlioz）、舒曼（Schumann）、李斯特（Liszt）、孟德爾頌（Mendelssohn）、威爾第（Verdi）和華格納（Wagner）。然而，在這些人之前是貝多芬（Beethoven）。孟福德．瓊斯說，所有的音樂都以貝多芬爲歸宿，所有的音樂都以貝多芬爲起點。[70]貝多芬、舒伯特和韋伯組成一個小組，我們可以稱之爲前浪漫主義作曲家，他們改變了音樂思想和音樂表演的面貌。

貝多芬（一七七〇～一八二七）和莫札特（Mozart）最大的不同在於，貝多芬認爲自己是一個藝術家，他只比莫札特大十四歲；而莫札特從來都沒有說過自己是藝術家——與海頓（Haydn）和巴哈（Bach）之前所說的一樣，他把自己視爲一個熟練的工匠，爲他人提供商品。但是貝多芬把自己看做異類中的一員，一個創造者，並且把自己擺到與王族以及其他高貴靈魂同等的地位上。「我內心中所包含的東西，」他說，「必須被釋放出來。」[71]哥德就是能感受到貝多芬個性力量的人，他寫道：「我從沒遇到過這樣一位精神專注又強烈、這樣充滿活力且擁有如此偉大心靈的藝術家。我很能理解，對他而言，要找到一種適合這個世界及其運行方式的藝術形式是多麼的困難。」[72]例如，甚至他的音樂手稿中劃去的部分都帶著強烈的情感，而莫札特在這方面就有所缺陷。[73]就像在他之後的華格納一樣，貝多芬感覺到世界應感謝他的存在，因爲他是個天才。一段時期內，兩位維也納王子給貝多芬固定的年金，試圖讓他留在這座城市。在他們其中一位意外喪生後，貝多芬將其財產送交法庭，要求強制性地付款給他。他覺得這是他的權利。[74]

在貝多芬一生所創作的許多優美音樂中，有兩部曲子最爲突出，這兩部作品永遠地改變了音樂的發展進程，它們是首演於一八〇五年的《英雄交響曲》，以及首演於一八二四年的《第九交響曲》。[75]哈羅德·勳伯格想知道，在《英雄交響曲》首次演出的這個重大場合中，聽眾的思想到底經歷了什麼樣的震撼。「這是面對一個交響曲中的怪物，它比以前所寫的任何交響曲都要長得多，它有個太爲龐大的總譜；它有著複雜的和絃與巨大力量；它有著強烈的不和諧音；它有一段葬禮進行曲，在其強度之下，聽眾幾乎陷於麻痹狀態。」[76]這是一種新的音樂語言，對許多人來說，《英雄交響曲》及其悲愴感將永遠無法超越。喬治·馬雷克（George Marek）說，聽《英雄交響曲》的經歷，就類似於聽到原子彈爆炸的消息時的反應。[77]

無論如何，貝多芬是個浪漫色彩十足的人物，但是大約在《英雄交響曲》首演時，聽力障礙開始折磨他，並立即發展成完全的耳聾，這些都促使他運用心靈來創作。他的重要歌劇《費德里奧》（儘管劇中人物太多），大提琴和鋼琴協奏曲，著名的奏鳴曲，如《華爾斯坦》和《熱情》，都有神祕和不朽之處。但是《第九交響曲》是其中的關鍵，它也獲得了後繼浪漫主義者的最高禮讚。根據所有的證據表明，它的首次公演慘不忍睹，僅僅兩次彩排之後，許多演唱者唱不出高音（領唱者請求貝多芬換掉高音，但是他拒絕了——沒有人比他擁有更宏偉的願望）。[78]然而，《英雄交響曲》和《第九交響曲》的共同之處是什麼呢？是什麼使得它們聽起來如此新穎、如此不同於莫札特的音樂呢？因爲貝多芬最關注的是人的內心狀態，那種自我表現的迫切渴望和靈魂的激烈震盪。「貝多芬的音樂並不文雅。他所呈現的音樂是一種富有同情心的戲劇，充滿鬥爭和堅定，這是以前或迄今爲止，沒有哪個作曲家能做到的……《第九交響曲》並不優美，或者說，甚至並不吸引人，它僅僅是莊嚴和崇高……這是音樂的向內探索，是靈魂的音樂，是極端主觀性的音樂……」[79]正是《第九交響曲》中「反抗和放棄」及其激烈交戰深深影響了白遼士和華格納，樂曲中保留著布拉姆斯（Brahms）、布魯克納（Bruckner）和馬勒（Mahler）的理想成果（他們在很大程度上做不到）。[80]德布西公開承認，偉大的時代即將拉開序幕，而對於作曲家們來說，這些偉大的成就是一個「普遍性的噩夢」，他的意思是說，只有極少數作曲家能與貝多芬比肩，也許只有華格納才能超越他。

舒伯特

佛蘭茲·舒伯特（Franz Schubert）被描述為「古典主義浪漫派」，他短暫的一生（一七九七～一八二八）都活在貝多芬的陰影之中。[81]他強烈地感覺到自己只能成為一位藝術家，他告訴他的朋友，「我來到這個世界上，除了作曲之外沒有其他目的」。從一個唱詩班的兒童歌手，他開始了他的音樂生涯；在成長發育期變聲後，他不得不在學校裡以教授音樂為生。他不喜歡這個行當，並將精力轉向了作曲。和五英尺四英寸（約一百六十三公分）的貝多芬相比，他同樣身材矮小，只有五英尺一·五英寸（約一百五十六公分）；他的綽號是「施沃恩」（像圓筒一樣的）；貝多芬的聽力不好，而他則是視力不佳；更重要的是，他是擁有兩個自我的浪漫主義音樂家的「完美」榜樣。一方面，他為哥德、席勒、海涅等人的詩歌譜曲，這些作品被人們廣泛接受，並為他贏得了聲譽；另一方面，他酗酒並且染上了性病，可以說，對快感的渴望將他的身體搞垮了。這在他的音樂作品，尤其是B小調交響曲《悲傷之歌》中得到了展現。[82]同時，他也是為無伴奏歌曲譜寫音樂的大師。[83]

貝多芬逝世後，翌年，舒伯特也與世長辭。那個時候，所謂的「現代社會」即將來臨，新的鐵路線正迅速地將人們連接在一起。工業革命為資產階級帶來了巨大的財富，也（為無產階級）帶來了令人絕望的貧窮。這些方面都對音樂界造成了直接的影響。音樂不再僅僅是宮廷藝術，而成為新興的資產階級欣賞的對象。資產階級發現舞蹈音樂，尤其是華爾滋的伴奏樂，已經成為一八一四～一八一五年維也納議會時期的流行時尚。在十九世紀二〇年代的狂歡節上，僅一個晚上，維也納就舉行了多達一千六百場舞會。[84]這座城市還擁有四座劇院，不時地上演歌劇，大學和其他一些地方也分布著為數眾多的禮堂。中產階級打造音樂的時代來臨了。

指揮家

對音樂會和歌劇來說，除了那些新建的劇院，技術革新對樂器本身也產生了意義深遠的影響。貝多芬增加了管弦樂隊的人數（本章開頭曾經提及），白遼士進一步擴大了其規模。與此同時，得益於新的金屬製造工藝，一些原本不太可靠的十八世紀的管樂器得到了很大的改進。例如，由此設計出的按鍵和氣閥，使喇叭和低音管演奏的曲調更趨一致。[85]新的金屬工藝，以及鉸接的按鍵，還保證了演奏者的手指能夠準確地按住氣孔。大號得到了改進，阿道夫·薩克斯（Adolph Sax）發明了薩克斯管。[86]同時，管弦樂隊人數的增加產生了對樂隊指揮者的需要。那個時候，大多數的樂隊要不由首席小提琴手指揮，要不由演奏鍵盤樂器者指揮。貝多芬時代之後，大概在一八二〇年前後，出現了我們今天所熟知的指揮家。作曲家路德維格·施波爾（Ludwig Sphor）和卡爾·瑪麗亞·馮·韋伯（Carl Maria von Weber），以及巴黎音樂學校管弦樂隊（建於一八二八年）的建立者佛朗克斯·安東尼·哈貝內克都是這樣的指揮家，路德維格和卡爾·瑪麗亞用指揮棒指揮樂隊演奏他們創作的曲子，佛朗克斯則用弓來指揮。

鋼琴／第一位超級名家

也是在那個時代，現代鋼琴誕生了。它代表了兩個方面的進步。第一，在工業革命中發展起來的鋼鐵鑄造技術賦予了鋼琴全新的鋼結構，也就是說，它比莫札特時代更加堅固和結實了。第二個方面的進步可以用尼柯洛·帕格尼尼（一七八二～一八四〇）的事例來說明；他是一位音樂天才，十九歲就登臺表演，可能是迄今爲止最偉大的小提琴家。[87]帕格尼尼既是堂堂正正的技藝大師，也是令人眼花撩亂的雜耍大師；他喜歡在演奏時故意將一根弦撥斷，整個晚上只用三根弦演奏，可以稱得上是第一流的「超級名家」。[88]然而，他的小提琴演奏技巧也是有紮實的基礎，並且努力尋求技術的發展，不僅「玩」出了新的運弓法、指法、和聲法，他還在過程中鼓勵其他樂器的演奏者，更廣泛地仿效他的新方法。[89]

在鋼琴演奏速度方面，最善於仿效帕格尼尼的是佛蘭茲·李斯特，他是歷史上第一個開個人演奏會的鋼琴家。爲了滿足新興富足的資產階級對音樂會的需求，以及他們對欣賞大師們表演的渴望，許多音樂大廳如雨後春筍在歐洲應運而生（在北美也小規模地建立）。當然，這在某種程度上也必須歸功於像李斯特這樣的大師。而許多音樂大廳的建立也有助於造就一大批作曲家和演奏家，這時湧現出韋伯、孟德爾頌、蕭邦、李斯特四大鋼琴家，以及白遼士、孟德爾頌、韋伯、華格納四大指揮家。[90]

哈羅德·勳伯格說：「大概在一八三〇～一八四〇年這十年間，音樂的和聲詞彙發生了巨大的變化。這看起來有點毫無來由，然而，作曲家們突然間紛紛用起了第七、第九甚至第十一和聲、可變和聲、彩色和聲，而不是古典的全音階和聲……不平常的曲調組合、複雜的不協調和聲，使那個時代守舊的心靈備受折磨——這也恰恰展示了浪漫主義音樂的特質。」[91]因此，可以說，浪漫主義音樂有它自己的「聲音」——它豐富多彩，富有美感；它表達著自己的情緒，甚至帶有神祕主義色彩。它還有煥然一新的一面：它有一個「節目」，即傳達一個迄今爲止仍讓人難以置信的故事。[92]此種新的發展強調了音樂和文學之間一種新的密切聯繫，其目標是描述人的內心情感與理智的狀況——這個目標也是貝多芬首先追求的。

韋伯

如果不是從嚴格意義上與貝多芬和白遼士相比，那麼，卡爾·瑪麗亞·馮·韋伯和舒伯特一樣，就可以稱得上是具有非常鮮明的浪漫主義色彩的音樂家。韋伯髖部患病，走起路來一瘸一拐，他還患有肺癆——這是屬於浪漫主義時代的疾病，也是一個悲劇，病魔慢慢地吞噬了他的生命（美女拉·特拉維亞塔和拉·博海米也是肺癆患者）。韋伯是吉他高手，而在他不小心喝了一杯硝酸弄壞了嗓子之前，他還是個完美的歌手。他擁有一雙大手，意味著他能夠演奏相當數量的樂章，而普通人是難以做到的。[93]他被招到德雷斯頓掌管歌劇院，在那裡，他建立了樂隊指揮一個人主導整個樂隊的演奏模式（剛開始就是他自己當樂隊指揮）。他努力工作，抗拒人們對義大利歌劇的狂熱（主要是對羅西尼的作品）。由於韋伯的努力，德國歌劇傳統得以確立，並由華格納集其大成。韋伯的歌劇《自由射手》在一八二〇年首演，開創了新的紀元。這部歌劇在十九世紀深受歡迎，劇中講述了一個陰謀，並表現了超自然和魔鬼的神祕力量。他自己說，歌劇中最重要的詩句出自英雄馬克思之口，即「我深陷黑暗，跌跌絆絆」。[94]

白遼士

儘管白遼士也曾從莎士比亞、拜倫、哥德那兒「取經」，但他是歷史上第一個以坦誠的自傳方式在音樂中表現自我的作曲家。[95]他被描述爲「第一個眞正的音樂狂人」，從上述的角度來看，貝多芬在他面前也黯然失色。有這麼一個人，他靈活機變，富有革新精神，擁有和貝多芬一樣對自己的天分的意識——浪漫主義運動正是由此促成，他著有生動的自傳，他的音樂也具有自傳性。白遼士的第一部偉大作品——也可能是他一生中最偉大的作品——《鴉片噩夢》，是一部和聲幻想曲，記載了他對愛爾蘭女演員哈麗特．史密森強烈的愛意。【96】儘管從傳統的意義上而言，這段情事一開始並無多少浪漫可言。從他看到她在舞臺上表演，到他們正式會面，這一段時間裡，白遼士一直在寫信批評她，這些信太熱情太曖昧了，弄得他很迷惑甚至害怕起來（他說他將去劇院看她表演，但是只會憤怒地嚎叫；在她的歌迷擁抱她時，他會離開）。當他聽到關於她的一些傳聞後感到非常失望，他就讓她在他的交響樂最後一幕中扮演妓女的角色。當他得知謠言純屬子虛烏有時，白遼士對樂章做了改動。某天下午，當她終於同意在他的一場演出後公開見面時，大衛．卡恩斯說，「這是他們的浪漫日曆上的一個節日」。【97】到白遼士為止，音樂從來沒有以如此的程度講述故事，這個理念改變了作曲家和聽衆。在這些作曲家中，給人印象最深的是華格納，他認為只有三位作曲家值得人們關注，他們是李斯特、白遼士和他自己。這對舒曼和蕭邦恐怕有欠公平。

舒曼

就某些方面而言，羅伯特．舒曼是最完美的浪漫主義作曲家。他的家庭深陷精神錯亂和自殺的泥潭，他一生都憂心忡忡，擔心自己不得善終。做為一個書商和出版商的兒子，他是在哥德、莎士比亞、拜倫和諾瓦利斯等偉大的浪漫主義作家的作品薰陶下長大的，這些大作家對他裨益至巨（他曾淚雨滂沱地拜讀拜倫的《曼佛雷德》，並在後來為它配樂）。【98】舒曼嘗試自己寫詩，並且在其他許多方面仿效拜倫從事他熱愛的事。十八世紀五〇年代初，他曾經有一個星期腦袋裡充滿了幻覺，當時，他覺得天使們在向他口授音樂，而野獸正要攻擊他。他曾跳河自殺但未遂。此後，按照他的要求，他被送進了精神病院。他最知名的，也可能是他最受歡迎的作品是《安魂曲》，在《安魂曲》中他描繪了他的朋友、他的妻子克拉拉以及蕭邦、帕格尼尼和孟德爾頌（《安魂曲》對布拉姆斯有重大影響）。【99】

蕭邦

儘管蕭邦與許多浪漫主義作曲家交往密切，其中包括德拉克洛瓦（舒曼寫過許多信給他，探討關於喬治．桑的愛情故事），但是蕭邦還是裝作對他們的追求不屑一顧。蕭邦對德拉克羅瓦的畫作禮貌但缺乏熱情，他對閱讀浪漫派的作品興味索然，但他跟貝多芬、白遼士和李斯特一樣清醒地意識到自己是一個天才。他生於波蘭，十九世紀三、四十年代住在巴黎，那時巴黎是浪漫主義運動的中心，在音樂出版商普雷耶的晚間音樂沙龍上，他和李斯特、孟德爾頌等四人一組演奏鋼琴。[100] 蕭邦發明了新的鋼琴演奏法，就是我們今天熟悉的那種。這反映在他區別於其他演奏者的指法上，至少在當時，他發展了鋼琴演奏技藝，雖然具有實驗性，但鋼琴發出的樂音確實也更優雅動聽了。「藏在花叢中的一尊大炮」，舒曼對此評價道（這樣的多愁善感一去不復返了）。[101] 蕭邦引入關於踏板法、指法、節奏等新理念，事實證明，新的理念影響深遠。他偏愛英國布勞德伍德公司的鋼琴，雖然跟一些很實用的鋼琴相比，它並不夠先進。[102] 他的作品具有如印象派繪畫那樣的鮮明色彩和微妙之處，正如人們能夠由德加了解德諾瓦，人們一聽到這樣的音樂就能夠了解蕭邦。他從沒有認爲他是一個浪漫主義者，但是他的波蘭連衫裙和夜禱卻隱含浪漫主義特徵（在他和他的波蘭連衫裙以及他的音樂中，我們能體會到他熱愛祖國的拳拳之心）。[103] 不提蕭邦，我們就無法完全理解鋼琴樂曲。

李斯特

同樣，也不能不提李斯特。和蕭邦一樣，李斯特也是一位傑出的藝術大師（他十歲就登臺表演獨奏）；和貝多芬（李斯特得到了他的布勞德伍德鋼琴）、白遼士一樣，他也很有號召力——這一點自然得益於他英俊的相貌和精湛的鋼琴演奏技藝。[104] 他是一開始就登臺表演的一流鋼琴演奏家。在他之前，鋼琴演奏者都是將手腕貼近鋼琴演奏。（表演時）他會先坐下來，扔掉手套，舉起雙手，然後開始按琴鍵（這時，婦女們會搶著去撿李斯特扔下的手套）。[105] 然後，他就變成一個雜耍大師，許多人也認爲他是牛皮大王。[106] 但毫無疑問，他是鋼琴演奏者中最富浪漫氣質的人，而且是迄今最偉大的一位，他汲取了白遼士、帕格尼尼、蕭邦的藝術經驗。他首創鋼琴獨奏曲，歐洲各地的鋼琴家紛至遝來向他學習。他對華格納影響巨大，並開創了新的音樂形式，特別値得一提的是交響詩——這是一種標題音樂，具有由詩或劇本傳達的象徵意義。[107] 在他那大膽的半音音階的音樂中，他引入了不諧和音，這一點爲從蕭邦到華格納之間的每一個作曲家所仿效。李斯特最終成爲一位德高望重的音樂老人，他比他同時代的人多活了幾十年。做爲歷史上自大的人之一，他長了一頭平滑的白髮，臉上布滿了疣子，這使得他的相貌與他年輕時那個年代的人相比，顯得與衆不同。[108]

孟德爾頌

佛利克斯·孟德爾頌可能是在莫札特之後取得最廣泛成就的音樂家。他是一位優異的鋼琴家，也是當時最偉大的指揮家、風琴演奏家。他還是一位出色的小提琴家，他的詩集和哲學著作也被人們廣泛閱讀（阿佛雷德·愛因斯坦稱他爲「浪漫的古典主義者」）。【109】他出生於富裕的猶太銀行家家庭，是哲學家摩西·孟德爾頌的孫子。他是一個強烈的愛國者，他相信他的同胞在所有的藝術領域都能夠做到出類拔萃。確實，如果眞是這樣，那麼孟德爾頌將會超越文化。在他還是小孩子時，家人就讓他五點起床，學習音樂、歷史、希臘文、拉丁文、科學和比較文學等功課。他出生的時候，母親看著他的手評論說，「這是彈奏巴哈賦格曲的手。」【110】和許多浪漫主義音樂家一樣，他也是一位少年天才，而且他非常幸運，他的父母僱得起交響樂隊來演奏他創作的曲子，由他擔任樂隊指揮。他曾到巴黎拜訪李斯特、蕭邦和白遼士。他創作的第一首曲子從莎士比亞的《仲夏夜之夢》獲得靈感，莎翁劇本中的仙境是完美的浪漫主義材料（儘管孟德爾頌從不相信魔鬼）。【111】離開巴黎後，他以音樂導演的身分來到萊比錫，短時間內他就使萊比錫成爲德國的音樂中心。身爲使用指揮棒的指揮家，他以指揮棒使萊比錫交響樂隊成爲當時成功運用各種樂器進行演奏的樣本——精確、省時、追求速度。它擴大了樂隊規模並修改了劇碼。【112】孟德爾頌可能是第一個採取今天還受歡迎的霸道風格的指揮家，也是我們今天所知的基本劇碼的主要制定者之一——當然還包括莫札特和貝多芬，海頓、巴哈（孟德爾頌使他沉睡了百年的《馬太受難曲》重放光彩）、李斯特、蕭邦、舒伯特、舒曼亦有貢獻。孟德爾頌設計出了我們現在能夠聽到的大多數音樂會的構成：一部前奏曲，一部大規模的作品（比如說一部交響樂），緊接著是一部協奏曲（人們認爲，直到孟德爾頌爲止，大多數交響樂還是太長了，難以一次聽完；孟德爾頌的樂章之間點綴著一些較短的、設計有欠用心的片段）。【113】

歌劇是所有的藝術形式中最爲熱情奔放的，它的發展爲偉大的浪漫主義運動進一步開疆拓土。十九世紀產生了兩個偉大的歌劇國度，一個是義大利，一個是德意志。

威爾第／《福斯塔夫》

朱塞佩·威爾第（Giuseppe Verdi，一八一三～一九〇一）不同於同時代的音樂家，他在兒童時代並沒有表現出天才行徑。他的鋼琴彈得並不好，首次投考米蘭音樂學校也沒有成功。他的第一部歌劇還說得過去，第二部很失敗，但他的第三部歌劇《那布果》（Nabucco）使他在義大利家喻戶曉。這部歌劇排演時，油漆工和機械工都放下了手頭的工作，因爲歌劇的音樂太激動人心了，他們都圍著樂隊看起了表演。除了音樂之外，威爾第採用了規模更大的交響樂隊，《那布果》之所以在義大利家喻戶曉，是因爲這部歌劇被看做是義大利人民反抗奧地利侵略和統治的象徵。《飛吧，思想，乘著金色的翅膀》（va, pensiero）合唱關注猶太流亡者對家園的渴望，這一點與義大利人民對自由的渴望是一樣的。[114] 歌劇第一次上演，觀衆們就爲它起立鼓掌。[115] 威爾第自己就是激進的民族主義者，他希望在活著的時候能看到義大利的統一，此後他（勉強）成爲新議會中的一員。在奧地利占領期間，字母「V. E. R. D. I.」被刻在義大利各個小鎭的牆上，人們將它理解爲：維托里奧。[116]

在《那布果》之後的兩部歌劇——《倫巴第人》（I Lombardi）和埃爾納尼（Ernani），特別是在《馬克白》中，威爾第創造了一種新型歌劇音樂，這種音樂以前從來沒有聽到過，但是浪漫主義作曲家曾經做過提示。威爾第不是試圖創造優美動聽的、克制的音樂，而是在尋找歌唱者的聲音所能創造的並反映歌唱者的內心狀態——他們的騷動，他們的愛、恨、心理壓力和絕望的聲音。在《馬克白》將要進行彩排的時候，威爾第寫信給巴黎大劇院的導演，信中清楚地闡明了他的目標。在其他事情上，他反對當時的一位著名歌手尤金妮亞．塔多利尼的選擇。「對扮演馬克白夫人來說，塔多利尼具有的優點太多了。可能你會認爲這麼說有點自相矛盾！塔多利尼面容姣好，而我卻喜歡馬克白夫人扭曲、醜陋的面容；塔多利尼嗓音完美，而我根本不希望馬克白夫人開口唱歌；塔多利尼嗓音清晰、響亮、絕妙、富有磁性，而我卻希望馬克白夫人發出粗陋、混濁、空洞的聲音。塔多利尼的聲音像天使一樣，馬克白夫人的聲音卻應該如同惡魔……」[117] 威爾第把精力轉向了音樂劇、情節劇，在這些劇作中呈現粗陋的情緒——「愛、恨、復仇、強烈的權力欲得以呈現其原始色彩」。[118] 這是由悅耳的樂調而不是交響樂隊的協調一致造成的，所以它具有華格納所欠缺的人性主義。[119] 即便如此，這和過去的所有事情還是有所不同，意味著他的歌劇大受觀衆歡迎時（第一次上演時，劇院大門提前四小時打開，觀衆非常之多），也會受到空前的批評和攻擊。一八五五年在紐約上演《弄臣》（Rigoletto）時，兩個男人要把《弄臣》告上法庭，禁止其演出，理由是它太淫穢了，不適合女性觀衆觀看。[120]

威爾第在其長達八十七年的生命的最後時期成爲義大利音樂協會的主席，

他重新從莎士比亞的作品中獲得啓示，創作了歌劇《奧賽羅》（Otello）和《法斯塔夫》（Falstaff）。在莎士比亞的原著中，法斯塔夫是一個悲劇與喜劇兼具的人物，也可能是莎士比亞竭力塑造的典型（威爾第的合同中規定：在著裝彩排後，如果不妥的話，他可以取消歌劇）。我們可以喜歡法斯塔夫也可以不喜歡他。我們認爲讓一個傻瓜能成爲悲劇人物是很難的，當然，他可以自得其樂。威爾第的音樂爲莎士比亞的故事增添了莊嚴感，這樣我們就看到悲劇眞的誕生了，儘管很明顯並沒有悲劇英雄。從這個意義上說，一八九三年二月威爾第的《法斯塔夫》在米蘭拉斯卡拉劇院的首演，意味著浪漫主義的終結。[121]

華格納／《尼伯龍根指環》

那時，華格納和他的浪漫主義招牌也成爲明日黃花了。且不論華格納是否是比威爾第偉大的音樂家，他都可以稱得上是一個更偉大、更複雜的人物，他具有像法斯塔夫一樣的性格，堅強而溫和。華格納具有貝多芬／白遼士式的性格，甚至使他們黯然失色，而且他能夠一直意識到自己的天分。他的歌劇細胞遍布全身。[122]「我不喜歡模仿別人，我的作品必須有自己的特色和亮點。這個世界虧欠我許多。我不能像風琴演奏大師巴哈那樣靠可憐的薪俸生活。」[123]和威爾第一樣，他的音樂生涯開始較晚，直到十五歲時聽到貝多芬的《第九交響曲》和《菲德里奧》，他才決心要成爲一名音樂家。對於鋼琴，他並不能比修補匠做得更多，他也承認他並非最好的樂譜讀者。哈羅德·勳伯格說，他的早期作品「並無天才表現」。[124]和白遼士相比，華格納的音樂強烈到使他最初的愛好者都感到恐懼；和舒伯特相比，他一直處於負債狀態，至少在他職業生涯的早期是這樣。在萊比錫，他收到了一些學費（但很快就被解職），人們都知道他是酒鬼、賭徒，缺乏自控力，獨斷專行，喜歡空談。

在一系列的冒險之後，當他的債權人到處尋找他的時候，他寫出了五幕劇《黎恩濟》（Rienzi），這使他聲名大噪，就像《那布果》使威爾第名滿天下一樣。[125]《黎恩濟》在德雷斯頓成功上演，這使接下來的《漂泊的荷蘭人》（Der fliegende Holländer）的成功有了保障，此後華格納被任命爲德雷斯頓合唱團指揮。華格納接著寫出了《唐懷瑟》（Tannhäuser）和《羅恩格林》（Lohengrin），這兩部劇作都很受歡迎，尤其是後者，由木管樂器和絃樂器混合演奏。由於在一八四八年的起義中他支持革命一方，因此不得不逃離德雷斯頓。[126]他祕密移居到魏瑪，和李斯特待在一起，然後流亡到蘇黎世；在瑞士的六年，他沒有創作出任何樂曲。他開始寫他的音樂理論著作，熟讀了叔本華，最後寫出了一系列的著作，包括《藝術與革命》（*Art and Revolution*, 1849）、《未來的藝術作品》（*Are Work of the Future*, 1850）、《猶太教與音樂》（*Judaism and Music*, 1850）以及《歌劇與戲劇》（*Opera and Drama*, 1851），他還根據中世紀日耳曼人的尼伯龍根傳說寫出了一部大型劇本。這部劇作就是華格納所謂的「綜合藝術品」，是各種藝術的統一，在這樣的藝術品中，華格納要求所有偉大的藝術——語言、音樂、布景、服裝必須都以神話爲依據，並且做爲上帝之音的第一份紀錄和他的神聖手稿上的現代（也是浪漫的）光澤。對華格納來說，回到前基督教傳統是非常必要的，因爲基督教過去一直比較反常。一種可能是像東方的文藝復興所展示的印度雅利安人神話，但是華格納根據德國的狀況，選擇了與古典的地中海傳統相對應的北方傳統。這就是他選擇日耳曼人的尼伯龍根傳說的原因。[127]除了新的神話，他還發展了新的演說形式，或者毋寧說他對舊的形式加以娛樂化，頭韻（Stabreim）喚起傳奇中隱藏的詩情，在第一行出現的母音會在下一行的第一個音節或單詞中重複。在此基礎上，他產生了關於交響樂隊的新想法（對華格納來說，它甚至比貝多芬和白遼士的樂隊規模更大）。他發展了關於貫穿一部作品的完整音樂的概念，所以，交響樂隊和歌手一樣，變成了戲劇的一部分（華格納驕傲於他從來沒有寫過一頁「吟誦曲」，他將之稱爲「我們這個時代最偉大的藝術成就」）。[128]

一位批評家說，以上事件造成的結果是，當整個歐洲都在吹噓威爾第的時候，他們也談論起了華格納。許多人（到現在也）不喜歡這種新型音樂，另一位（英國）批評家認爲華格納的音樂簡直是「噪音」，應該將其解聘。其他人認爲華格納的作品充盈著強烈的生命力，《崔斯坦與伊索德》的創作成功證明了這一點。「在音樂史上還從來沒有過與其在幅度、強度、諧音的華美、管弦樂作曲法的厚重、知覺、力量、想像力和色彩諸方面可以相比的格局樂譜。對十九世紀後半葉的樂壇來說，《崔斯坦與伊索德》開幕的和音是一次叛逆、一個新的概念，正如貝多芬的《英雄交響曲》和《第九交響曲》對於十九世紀上半葉的樂壇一樣。」華格納後來說，他在創作這部歌劇時有點神情恍惚，「可以完全相信，我當時沉浸在對靈魂事件的深思之中，並且之後勇敢地從思索之中跳出來創作能夠表現它的外部形式」。《崔斯坦與伊索德》是一部入木三分的作品，「他剖示了人內心深處的潛意識層」。[129]

華格納得到了瘋狂的巴伐利亞國王路德維格二世的救助，在這段時間裡，他確立了他在音樂史上獨一無二的地位。路德維格是一個同性戀，他愛上了華格納的音樂，可能也愛上了華格納本人。他對華格納說，在巴伐利亞，只要華格納開口，他可以毫不遲疑地做任何事情。華格納說：「我是最富德國氣質的人，我是德國精神的代表，我認爲自己的作品具有無與倫比的魔力。」【130】儘管由於他的奢靡和對政治的誹謗性攻擊，有一段時間被迫流亡，但他和路德維格的這段緣分，最終還是使得他達到了職業生涯和浪漫主義運動的頂點。這就是華格納所獻身的理想——在拜羅伊特節日劇院演出《尼伯龍根指環》（Der Ringdes Nibelungen）。一八七六年拜羅伊特迎來了戲劇節，節慶中首次上演了華格納用二十五年時間創作的《尼伯龍根指環》。【131】在首屆歌劇節上，有四千多門徒來到拜羅伊特，德國國王、巴西國王和王后，還有七個其他國家的王室，大致有六十名來自世界各地的新聞記者參加了戲劇節，其中包括兩名紐約的記者，他們被准許使用跨洋電纜傳送資訊，以便他們的報導能夠在第一時間與美國讀者見面。【132】

儘管有人對華格納的作品吹毛求疵，而且一直如此，但是《尼伯龍根指環》造成的席捲之勢，已成爲音樂觀念上的又一個轉捩點。「愛可以使力量恢復的宇宙戲劇」是一個寓言，它能夠解釋爲什麼只有傳統價值觀才能將現代社會從不可避免的厄運中解救出來，他對基督教也毫不妥協。【133】雖然這一點是借助神話來表現的，但它也是現代的，這就是他的吸引力（華格納還聲稱，歌劇所講的故事與他的家庭有相似之處）。「聽眾被捲入了遠處永恆的某一時間之中，並爲自然力脅迫。《尼伯龍根指環》具有如下理念：他不涉及女性／男性們，而是涉及個體；不涉及整個人類而涉及某個民族；不涉及意識而涉及潛意識；不涉及宗教而涉及基本儀式；不涉及整個自然界而涉及自然現象本身。」【134】從那以後，華格納就生活在王室和神性之間，得到讚美，受到款待，錦衣玉食，沉浸在一片馨香中，並利用一切機會來提高自己的寫作水準和音樂水準。在頭骨學上，對猶太人的觀點聲稱，雅利安人是從上帝一派相承的——這一觀點不如華格納的音樂能經受考驗。坦白說，其中某些觀點很可笑。但毫無疑問，華格納非常自信，他具有尼采哲學所謂的意志力，他將拜羅伊特當做他躲避日常瑣事的庇護所，這有助於他靜下心來進行思考——在十九世紀後期的德國能生活在這樣的氛圍中，很不容易。【135】在音樂方面，他對李斯特、布魯克納、馬勒、德沃拉克甚至勳伯格和伯格（Berg）都有重大影響。韋斯特、德加、塞尚的作品都具有華格納風格，奧迪龍·雷登（Odilon Rdeon）和亨利·芳汀－拉托爾（Henri Fantin-Latour）的繪畫也從他的歌劇中汲取了靈感。馬拉美和波特萊爾也表示他們從華格納那裡獲益良多。再後來阿道夫·希特勒說：「要想了解國家社會主義的德國，就必須了解華格納。」【136】

這項評論令人遺憾。浪漫主義的眞實意圖，或者說根本目的，已被詩人濟慈闡明，他說，他寫詩是爲了減輕「神祕現象的負擔」。從某種程度上來說，浪漫主義一直是做爲宗教信仰瓦解的一種反應而存在的，在十八世紀它已經表現得很明顯，在整個十九世紀也是。科學家們試圖——或者說希望——對神祕現象做出解釋；而浪漫主義者對其很感興趣，並在許多方面充分利用它。這一點科學家是不會或不能理解的，也可以說明爲什麼詩歌和音樂成爲浪漫主義的領導主力——因爲它們更善於「減負」。

這種科學觀點與藝術觀點的背離，也就是以賽亞．伯林所說的不相容或不一致，不能再繼續下去了。浪漫主義的世界和陰暗、熱情、神祕的內心世界會創造出一種補償性的美，甚至創造出智慧。但是在講究實踐的維多利亞時代，新的技術和新的科學重大發現不斷湧現。十九世紀，外部世界被前所未有地拓展、征服和控制，我們需要適應這個時代，至少應該嘗試去適應。這種適應促成了兩個方面的發展，它們都與本書的內容相關。在文學和藝術領域，在音樂、繪畫、詩歌方面，出現了我們所知的「現代主義」運動；在科學領域，出現了到現在爲止還很時髦的科學——探索潛意識的科學。

第三十一章

歷史，史前史和深時間的產生

拿破崙在埃及／西方考古學的興起

一七九八年五月，人類思想史上一次異常重要的探險活動拉開了序幕，這次探險活動的出發點位於法國的土倫市（Toulon）。大約有超過一百六十七名專家（savant）被聚集在一起，其中有化學家、機械工程學家、生物學家、地質學家、建築師、畫家、詩人、音樂家以及醫生等等，主要的目的是爲一支在法國南部港口集結的、超過三萬八千人的軍隊提供指導和幫助。與這支軍隊中的士兵一樣，這些專家似乎並不知道這次探險的目的地在哪裡，因爲他們年輕的指揮官拿破崙·波拿巴一直把探險的目的地當做軍事祕密。這些專家們的平均年齡不超過二十五歲，其中最年輕的人只有十四歲，但是這群人當中還是包括了很多當時著名的人物，比如皮埃爾－約瑟夫·雷多特（Pierre-Joseph Redouté），一位擅長畫花卉的畫家；還有格勞泰特·德·多洛米厄（Grautet de Dolomieu），一位重要的地質學家，著名的多洛米厄山脈就是爲了紀念他的功績而得名的；還有尼古拉斯·孔德（Nicholas Conté），一位卓越的化學家和自然學家。[1]

事實上，他們這次探險活動的目的地是埃及，維克多·雨果（Victor Hugo）曾經在自己的作品中將這個地方稱爲「西方的穆斯林聖地」，拿破崙乘坐的勞倫特號（L'Orient）航船最終選擇了附近的亞歷山大港港口靠岸。這次探險活動不僅是一次文化和知識上的探險，而且也是一次殖民活動。拿破崙在公開宣稱這次探險活動的目標時，就表明此行的目的不僅僅在於對這個地方的征服和占領，而是要綜合埃及法老的智慧以及利用伊斯蘭教徒的虔誠，最後，這個軍團在埃及所做的一切「都會由阿拉伯語《古蘭經》得到精確的解釋並合法化」。與這個軍團在一起，這些專家和學者們獲得了充分的自由去學習中東世界的文化知識，他們費盡心思所做的這些事情也帶來了讓人驚異的結果。當時周圍的生存環境是嚴酷的，這些專家們必須隨時接受各種考驗。在這種條件下，孔德發明了一種新型的水泵，以及一種新型的寫字鉛筆，這種鉛筆不必使用石墨做原料。而外科醫生拉雷（Larrey）在這種情況下似乎變成了人類學研究者，他對於由猶太人、土耳其人、希臘人組成的混居族群與貝多因人（Bedouin）[2]之間的關係做出了有益的解釋。每隔十天左右，這些學者們就要出版一期雜誌，一方面是爲了給軍隊的士兵提供一些生活樂趣，另一方面也是爲了記錄下自己的活動和取得的重要發現。拿破崙還親自爲這些專家們舉辦定期的辯論會，做爲他們自己的娛樂消遣方式，辯論的話題大部分都是關於政府、宗教和倫理學的問題。[3]更爲重要的是，最後，這些專家們爲後來出版的那本《埃及記述》（*The Description of Egypt*）一書蒐集了豐富的素材，這部書總共分爲二十三個大卷，每一頁都足有一平方公尺的面積那麼大（請記住，公尺制在這時成了一種新型的尺度），並在之後的二十五年裡漸次出版。這本書探究了許多事情，其開頭部分包括一個一百多頁長的導言，這個導言是由當時著名的學者吉恩－巴普蒂斯特－約瑟夫·傅立葉（Jean-Baptiste-Joseph Fourier）完成的，他是當時埃及學院的祕書，而這所學院是拿破崙祕密設立的。傅立葉清楚地證明了以下觀點：法國將埃及視爲「偉大記憶的中心」，是亞洲、非洲和歐洲的重要交叉地（尤其是亞歷山大港口在早些時候所處的位置，更是證明了這一點），而且埃及「在藝術、科學和政治方面都富含意義」，未來將有更多偉大的東西值得期待。《埃及記述》還詳細介紹了在埃及自然存在的那些新型動物種類和植物種類、新的化學物質和新的地理特徵。但是，最能激發起這些專家想像力的東西就是這裡遍地的考古寶藏，他們也因此成爲世界上最早的埃及古物學者，並且在回到自己家鄉的時候受到當地人們的普遍歡迎；當地考古寶藏的數量之多，讓每個到訪者都不至於空手而歸。尤其是那時一塊巨大的花崗岩在羅塞塔（Rosetta）附近被發現，這塊花崗岩是一組士兵小分隊在清理出一塊地，準備構築工事的時候發現的。這塊花崗岩上刻印了三種文字，一種是象形文字；一種是通俗化的、草書書體的埃及文字，還有一種就是希臘文字。這塊花崗岩的發現，使象形文字在不久之後被破譯成爲可能。【4】

人們可以說西方的考古學是伴隨著這次探險活動而開始的，在這一點上，我們要感謝拿破崙。事實上，在思想領域中，我們需要感謝拿破崙的遠不止這些。他從埃及探險歸來之後就參加了與德國之間的戰爭，這場戰爭也產生了間接的作用。在這場三十年戰爭（the Thirty Year War）中，大約有兩千個實行自治的小分隊存活下來，他們都說德語，但是到了十九世紀初，這個數目卻銳減到三百左右。與他處相比，這已經算剩餘得比較多的了。一八一三年，在普魯士（Prussia）的領導下，德國人最終戰勝了拿破崙，在戰爭的過程中，德國人一直在學習服從命令和遵從統治，並且在此後運用得相當熟練。【5】這對於一八七一年德意志帝國的統一來說是相當重要的一步。

洪堡的德國教育改革

在十八世紀，以德語爲母語的小國家，分裂猶如萬花筒中的碎片一般，無論是從政治自由、貿易繁榮、科學進步，還是從工業革命方面來說，已經遠遠落後於荷蘭、比利時、大不列顚和法蘭西等國。正是拿破崙在最終失敗之前的快速挺進，使人們認識到這一點。十九世紀，不僅是政治上的而且是智力上的發展，德國的崛起有目共睹。大約在十九世紀二〇年代，直到拿破崙橫掃歐洲大陸，德國缺少大學的實際狀況才顯現出來。在十八世紀，只有哥廷根大學（Göttingen）能夠獲得學術榮譽。然而，拿破崙發動的戰爭使德國人受到了羞辱，並促使人們採取行動，比如親法的普魯士大臣威廉．馮．洪堡（Wilhelm von Humboldt，一七六七～一八三五），在拿破崙崛起之前一直待在巴黎，此時他毅然通過實施一系列的行政改革來推動德國的發展，這些行政改革對德國人的精神生活影響極大。更爲特別的是，洪堡還構想出現代大學的理念，認爲大學不應該僅僅是培養牧師、醫生和律師的傳統形式的學院，而應該是把從事學術研究當成主要活動。與此同時，洪堡要求德國高等學校的教師必須要有教師資格學位。這在當時是讓大學與普通學院的聯繫更爲直接的創新，並且有助於在德語社會中傳播一種理念，那就是在獨創研究的基礎上建立獎學金。博士學位這種建立在獨創研究基礎上的較高學位理念得以引進，德國人的精神生活得到了改進，不久以後，這種模式開始逐漸影響到歐洲和北美洲。【6】

哲學博士

這只是德國智力上產生影響力的黃金階段之開始，接下來，一九三三年，這種影響因爲阿道夫．希特勒的暴政而結束。這些發展最初體現在柏林大學（後來的洪堡大學）。在那些著名的思想家中，有哲學家格奧爾格．威廉．佛雷德里希．黑格爾（Georg Wilhelm Friedrich Hegel，一七七〇～一八三一）、歷史學家巴特德．喬治．尼布爾（Bartold Georg Niebuhr），還有法學家佛雷德里希．卡爾．薩維尼（Friedrich Karl Savigny）。這不僅僅是名號，新的學科在傳統的法學、醫學和神學衰落之前已經建立起來了，比如哲學、歷史學、化學、生理學的專門化，在那時變得日益深入和影響廣泛。【7】專業化的理念使新學科獲得了新的力量，比如歷史學家的歷史學、化學家的化學。就像羅傑．史密斯（Roger Smith）曾經指出的，就是在這個時候，專業化的文學和一般意義上的閱讀差別顯現出來了。史密斯還說，這些新的理論學科還不包括社會學和心理學，社會學和心理學始於更加實踐性的方式，遠離大學，主要出現在監獄、收容所和勞教所。【8】

黑格爾和歷史學的興起

黑格爾對於歷史學的發展也具有一定的作用。在他的著作《歷史哲學》（*The Philosophy of History*）中，他進一步闡明了自己的觀點，「神的意志」隨著時間的流逝而呈現，就像宇宙呈現出自己的樣子，歷史實際上也是在描述「神的意志」。對於黑格爾來說，這意味著做爲理解終極眞理的方式，神學被歷史學取代。在黑格爾的解釋中，人類不是被動的接收者，也不是歷史的旁觀者，從任何意義上來說，人類都是參與者、創造者，或者說是歷史的合作創造者，即人類和神一起創造了整個歷史。黑格爾提出了關於歷史如何向前發展的著名理論——正反合理論。他的觀點就是，在特定的關鍵時期，「世界歷史人物」（比如拿破崙）的出現會使一個時代的中心觀點升華和典型化，這個觀點支持了許多關於過去以及過去如何走到現在的最令人滿意的觀點。[9]

文獻學

但這不僅僅是黑格爾。我們還了解到，這個學科也指引了德國歷史研究的復活——語言學，亦即語言的比較科學。甚至在十九世紀，雖然威廉·瓊斯爵士（Sir William Joans）關於梵語、拉丁語和希臘語之間關係的調查使語言研究發生了改變，但是，古典語言還是占據著一個特定的位置。瓊斯的見解已經產生了它應有的影響力，因爲在那個時代，很多人對古典語言相當熟悉，不僅僅是博士論文，甚至是自然科學方面的論文，都必須用拉丁文寫作。在學院裡，因爲古典學者致力於邏輯學、修辭學和道德哲學的發展，希臘文和拉丁文受到重視。威廉·瓊斯的開創作用以及隨後古老印第安《聖經》的發現和翻譯，變革的不僅僅是語言學，還包括對於所有文本的研究。至關重要的一步首先發生在十八世紀晚期的哥廷根大學，因爲那時《聖經》文本遭到了衆多的批評和質疑。在這段時間裡，它對神學的研究產生了非常深刻的影響，而且這意味著在十九世紀早期，語言學成爲新的大學中的主要學科，至少是與人類學一樣重要的學科。[10]

洪堡自己也對語言學特別感興趣。在巴黎，洪堡曾經與孔狄亞克（Condillac）成爲朋友。孔狄亞克這個法國人幫助推翻了語言起源於單個神賜的語言，並且其他的語言由此代代相傳的權威觀念。和孔狄亞克一起，洪堡接受了語言不斷進化並且受到不同部落和民族不同經驗的影響的觀念。[11] 洪堡認爲，語言是「精神行爲」，而且它反映了人類的進化經驗。[12] 所以，這就是語言學和歷史學爲什麼會成爲大學學術的中心之故，在十九世紀，這個中心將變得更爲重要。伴隨著東方的文藝復興，語言學使印度一度成爲學術活動昌盛的地區，而且，語言變化的分析好像暗示有四批人曾經先後從這片原始的土地經過中東移民到達歐洲。這個觀點現在已經不再爲人們所接受，但它依然證明了自己的重要性，因爲它正處於一場爭論的語境中，一八一九年，佛雷德里希．施萊格爾（Friedrich Schlegel）首次使用「雅利安人」（Aryan）這個詞來描述最初的操印歐語系（Indo-European）的族群。這個觀點遭到了後來理論家的肆意篡改。【13】

在洪堡改革的德國大學系統中，迄今爲止，關於歷史學／語言學的學術最具爭議，然而卻是最有影響的形態，就是對於《聖經》和與之相關聯的文獻的考訂。【14】因爲世界是開放的，加上東方復興和拿破崙的足跡遍至各地，在埃及和其他中東地區，越來越多的手稿被發現（比如在亞歷山大帝國和敘利亞），這些手稿呈現出的多樣性既有趣又有益，它們不僅告訴學者們早期的思想是如何變化的，而且還證明了它們有助於完善年代測定技術。語言學家轉變成了歷史學家，就像利奧波德．馮．蘭克（Leopold von Ranke，一七五五～一八八六），他們是臨界校驗和測定原始資料年代的先驅。

《聖經》的文本批判／施賴爾馬赫／大衛．史特勞斯的耶穌生活

尤其是人們的注意力逐漸轉向了《新約聖經》（*New Testament*）。關於文本意義理解的注釋沒有什麼新東西，但是，新一代德國語言學家們更加野心勃勃：他們配備了新的技術，並且取得的第一個成就就是精確地標注了福音書的日期，其效果更展示了不同敘述之間的矛盾，以至於它們的整體可靠性也開始受到質疑。必須指出的是，這既不是瞬間發生的，也不是深思熟慮的結果。最初，F．D．E．施賴爾馬赫（F. D. E. Schleiermacher，一七六八～一八三四）等學者僅僅是希望能概括出可以被任何正常人所接受的《聖經》的敘述規律。但是在這個進程中，文本本身存在著太多的疑問，所以耶穌做爲歷史人物的眞實存在的觀點開始瓦解，而且還冒著破壞基督教的獨特意義的風險。【15】最具爭議且具有爆炸性的德語文本作品是一八三五年由大衛．史特勞斯（David Strauss，一八〇八～一八七四）出版的《耶穌傳》（*The Life of Jesus, Critically Examined*）。史特勞斯深受德國浪漫主義的影響——他創作了一部浪漫主義悲劇而且上演了，他還對磁性和催眠療法表現出非常濃厚的興趣。用這種方法，他得出了對上帝的理解，即上帝在本質上是無所不在的，而不是干預歷史進程的某人。【16】因此，史特勞斯就用歷史來對抗宗教，認爲其詳細資料是不充

足的，從長遠來看，實在無法支持基督教在十九世紀存在下去。他的發現很有煽動性——耶穌不是一個神聖的形象，奇蹟從來不曾發生，我們身邊的教堂跟耶穌的存在幾乎沒有一點關係。一八三九年，史特勞斯被蘇黎世大學授以教授之職，引發了當地一場令地方政要非常焦慮的騷亂，以至於史特勞斯甚至還沒有機會坐上教授之位就不得不「退休」了。但是，他的觀點卻不會這麼輕易就「退休」了。在英國，比喬治・艾略特（George Eliot）還有名的瑪麗亞・埃文斯（Marian Evans）「幾乎讓自己陷入絕望，因爲將史特勞斯的著作翻譯成英文的經歷讓她的靈魂變得麻木，但是她仍然認爲這是她對人類的職責」。[17]史特勞斯的作品只是十九世紀與宗教鬥爭的個案之一，而這一切就開始被冠以「上帝死了」的名號。

破解楔形文字

拿破崙・波拿巴二十八歲那年，成功取得了義大利戰役的勝利，他說：「當那些巴黎人看到我三、四次以後，不是我這個人讓他們轉頭看我，他們想看到的是功績。」[18]就如我們所見，他在埃及獲得了下一個勝利；在那裡，他帶領一百六十七個專家和學者，這些人發現並爲歐洲社會帶來了充滿魅力的早期文明。這些發現不久之後就被其他人進一步開拓，並且爲十九世紀帶來了另一門新的歷史學科——考古學的新生和英雄時代，至少在西方是這樣。

考古學這個名詞最早開始使用是在十九世紀六〇年代，它擴大並深化了語言學的工作；考古學走到了文本之前，並且確定人類在有文字記載以前有更加深遠的歷史——史前史。一八〇二年，校長喬治・佛雷德里希・格羅芬（Georg Friedrich Grotefend，一七七五～一八五三）交給哥廷根科學院三篇文章，詳述了他對波斯波利斯（Persepolis）楔形文字手稿的譯讀。他主要是透過重新排列楔形文字組（「就像鳥的爪子站在柔軟的沙子裡」）和確定字母組之間的空格，然後將他們的排列與梵文連繫起來才破譯的，因爲楔形文字和梵文是（地理上）相近的語言。格羅芬猜測有一些碑銘是國王的，一些國王的名字也是可知的。[19]幾年之後，其他楔形文字包括古巴比倫文字都被譯讀出來。十九世紀二〇年代，商博良（Champollion）破譯了古埃及的象形文字，一八四七年，奧斯丁・萊亞德（Austen Layard）爵士挖掘出了尼尼微（Nineveh）[20]和尼姆魯德（Nimrud）[21]，就在現在的伊拉克。在那裡，他發現了亞述（西元前八八五～前八五九年）和森那恰瑞布（Sennacherib，西元前七〇四～前六八一年）的國王阿舒爾二世（Assurnasirpal II）那令人驚奇的宮殿。大門的偉大守護者被發現了，有不完整的公牛、獅子，比正常的形狀要大得多。這些發現在歐洲引起了震動，並且爲考古學的流行貢獻良多。這些挖掘最終還導致了記載著史詩《吉爾伽美什》的楔形文字塊的發現，《吉爾伽美什》之所以出名，有兩個理由：首先，它比《荷馬史詩》和《聖經》更爲古老；其次，許多敘述的情節，比如一場大洪水，是對《舊約全書》中往事的追憶。

尼安德塔人的發現

每一個發現都把人類的歷史往回推進了一步，而且開始爲新的手稿照亮了道路。但是，除了《吉爾伽美什》史詩，沒有什麼東西對於新的年代測定是有根本性意義的：它與《聖經》的年代表並沒有根本的矛盾。流入萊茵河的德塞爾河（Düssel）流經一個名叫尼安德谷〔德國的尼安德谷（Neander Thal）〕的山谷，一八五六年，當工人們開始清理在尼安德谷邊的一個小岩洞時，所有的一切都開始改變了。在那裡發現了一個頭骨，它和其他的骨頭一起埋在泥土下一英尺的地方。發現它們的工人們將它們帶給當地的一個朋友，工人們認爲這個朋友接受過足夠的教育，並且能夠幫助他們。這個朋友將骨頭帶給了波恩大學的解剖學教授赫蒙．夏夫豪森（Hermann Schaaffhausen）。夏夫豪森鑑別出這些遺骨是一個頭骨的最頂端、兩塊腿骨、左臂的一部分、骨盆的一部分，還有一些碎骨。在後來總結的發現報告中，夏夫豪森特別提到了幾點：骨頭的厚度，大面積的傷疤留在跟骨頭連接著的肌肉上，眼睛上面有顯著的凸起，低窄的前額。更爲重要的是，夏夫豪森認爲這些骨頭並沒有變形，不僅因爲它們在那裡保存了非常長的時間，還因爲一些病態的過程。「充分的證據表明，」他寫道，「假設人類與在洪積層中發現的動物共同存在，假設更多野蠻的種族在史前已經滅絕，人類與古代動物生活在一起，這時哪個種族的自身結構提高了，哪個種族的基因就傳續了下來。」他總結道，他所選的樣本「可能指的是野蠻的原始人，他們在德國人（Germani）之前就居住在歐洲北部」。[22]雖然這與我們今天所說的尼安德塔人不完全相同，但儘管如此，它仍然是一個突破。這種觀點沒有立即改變人們對時間的態度，因爲它太具爭議性了，但是卻構成了十九世紀晚期思想「背景輻射」的一部分，憑藉這個觀點，布歇．德．佩爾特（Boucher de Perthes）等人的洞見和發現才得以鞏固。就像我們現在理解的，史前史最早的輪廓之一，是約翰．魯伯克（John Lubbock）一八七〇年所著的《文明的起源》（*The Origin of Civilisation*）與《人類的原始狀態》

（*The Primitive Condition of Man*, 1870）：「從早期粗糙的石器工具到青銅和鐵製工具的發現，考古學爲技術能力的穩步提高提供了證據。當缺少支援人類生物學上進化的化石證物時，進化論者抓住了人類文化上進步的證據，這至少是支持他們主張的間接證據。史前史考古的偉大進展發生在十九世紀晚期，其允許一系列的文化時期的構建，足以支援人類進程的順次演進，但很少考慮到不同的文化可以在同一個時期共同存在的可能性。」[23]

到這時，「科學」這個術語開始顯示出它的現代意義〔「科學家」這個名詞是一八三三年由威廉．維衛爾（William Whewell）創造的〕。直到十八世紀末，「自然哲學」和「自然歷史」這兩個名詞才被提出來。之所以這樣，是因爲自然哲學聽起來更溫和、更人道，而且還因爲它是一個混成術語：許多當地的「自然歷史」學會舉辦諸如文學主題、人文學科和哲學的演講。漸漸地，隨著各種各樣學科的形成，又因爲專業化的發展，首先在德國，然後在其他國家，科學開始成了指稱這些新活動的術語。

現在我們要理解這些可能有些困難，但在十八世紀末十九世紀初，當語言學家們開始動搖基督教的根基時，科學人士並沒有在大規模參與進去。大部分的生物學家、化學家和生理學家們仍然是虔誠的宗教信仰者。林奈（Linnaeus）就是一個恰當的例子。林奈是啓蒙思想的主要代表人物之一，而且是現代生物學的創始人之一，他構想了一部分進化的深層背景，但他與伏爾泰等人卻大不相同。關於生物鏈（the Chain of Being），最早的突破是由自然主義者約翰．雷（John Ray）實現的，他認識到，在新大陸和非洲發現的數以千計的物種中，每一個物種都不能在有意義的層次上分級，它們的生命以多種多樣的方式變化著。因此，林奈認爲對世界上的物種進行重新分類，可能會使他產生新的關於神的計畫的想法。他沒有說自己了解上帝的想法，也沒有隨意地公開承認他的分類體系是人爲的。但是，他認爲這個分類可能會與造物主神聖的設計更接近一些。特別重要的是，在他自己的植物學領域中，他吸收了R．J．卡梅拉魯斯（R. J. Camerarius）關於植物性徵的發現（在一六九四年），這意味著林奈把生殖器視爲關鍵特性，在此基礎上建立了他的體系。[24]（在那時，人們不同程度地把有性生殖歸結爲是自然發生的，歸結到「微生物」，歸結到雄性和雌性的胚種在子宮裡「結合」，這些微生物或者說胚種的流動性帶有「記憶」，這就確保它們知道它們將要發展成爲哪種形式。）林奈還在《植物種志》（*Species Plantarum*, 1753）、《植物屬志》（*Genera Plantarum*, 1754）和《自然系統》（*Systema Naturae*, 1758）中發明了雙名法，物種、類屬和家族等之間的系統性類似也引起了他的注意。造物主的計畫不是直線式的，這一點變得很明顯，這也導致了布封（Buffon）對林奈進行攻擊時提出了他的「退化」理論，比如已知的兩百種哺乳動物的種類都起源於三十八種「原始」形態。這就是較早的進化觀念。[25]

地質學的誕生

但是，另一種學科——地質學——正在形成的進程中，地質學將會把歷史，特別是史前史，置於不同的根基之上，並且進一步爲達爾文的學說鋪平道路。地質學在根本上不同於哲學及其他所有科學，就像查理斯．吉利斯皮（Charles Gillispie）所說的，地質學是關注自然歷史勝於關注自然法則的第一科學。

岩石水成論者與熱月學家的對壘

在十七世紀，笛卡兒（Descartes）是將新天文學和新歷史學聯繫形成統一的宇宙觀點第一人。按照他的觀點，甚至太陽——更不用說地球——只不過是另外一顆星球罷了。他推測地球有可能是由冷卻的球狀灰燼形成的，並且被太陽的「漩渦」所捕獲（爲了避免教會的批評，他說僅僅是「可能」發生而已）。伯納德．豐特奈爾（Bernard de la Fondenelle）在他的著作《各種社會》（*A Plurality of Worlds*, 1688）裡面就已經強調了人類在事物新秩序中的無意義，甚至懷疑其他星球是否有人居住。[26] 物理學在宇宙萬物中執行相同的法則，此觀點是思想上一個主要的改變，這種觀點不可能出現在中世紀人們的頭腦中。至少在西方的理解中，關於天地的根本觀點是亞里斯多德學派所持的觀點，而且天地這兩個領域有根本的不同：一個不能引發另一個。[27] 最終，笛卡兒的物理學被牛頓的理論所取代，「漩渦」理論被地心引力理論所代替，但是這並沒有使早期的地質理論產生多大的改變。一六九一年，湯瑪斯．伯內特（Thomas Burnet）出版了他的著作《地球的神聖原理》（*Sacred Theory of the Earth*），在書中，他認爲地球是由多種多樣的材料凝聚而成的，中心是密集的岩石，然後是密度較小的水，然後是一層很輕的硬殼，我們就居住在這層硬殼上面。這就合宜地解釋了大洪水——洪水即是在稀薄的地殼之下的巨大遼闊的水。幾年之後，一六九六年，牛頓在劍橋大學的接任者威廉．惠斯頓（William Whiston）認爲，地球是由一顆彗星留下的一大團塵埃所形成，這些塵埃凝聚成固體，然後這個固體又被另一顆經過的行星留下的水所淹沒，於是形成了地球。[28] 地球曾經被廣闊的海洋所淹沒，隨即海水又撤退了，這一觀點被G．W．萊布尼茲（G. W. Leibniz）證明是不朽的。萊布尼茲補充了這個理論，他認爲地球曾經比現在要熱，因此地震也比現在更猛烈（甚至在當時，認爲現今的地震對地球表面的影響是微不足道的，這個觀點也是很明確的）。

地質學與《創世記》

十八世紀時，在自己的「星雲假說」理論中，康德認爲整個太陽系都是由於氣體雲團的冷凝作用形成的，威廉．赫茲（William Herschel）後來的發現也有力地支持這一理論，赫茲那座經過極大改進的望遠鏡顯示，或者說看起來能夠顯示出，很多在夜晚中看到的星雲或者「模糊的微粒」，都是由氣體和塵霧「明顯地冷凝之後形成了中心的星體」。[29]布豐在此基礎上進一步發揮，但是與之前的笛卡兒一樣，他也尋求與教會的妥協，認爲整個地球在起源的時候是一個炎熱的大火球，但是經過了七個重要的階段之後，地球才逐漸冷卻成現在這個樣子（類似於《聖經．創世記》中認爲的一週七天一樣），正是在這七個階段中的最後一個階段裡，人類產生了。

隨後逐漸興起了一種觀點，認爲地球本身隨著時間的流逝也發生了很大的變化。雖說如此，然而地球已經形成，早期的地質學家們必須要面對的一個核心問題，就是解釋那些由於水的沉積作用而形成的水積岩如何能夠仍然屹立在乾燥的陸地上。正如彼得．鮑勒（Peter Bowler）所指出的，答案無非兩個：要嘛是海平面降低，要嘛就是陸地升高了。「有一種觀點認爲是那些水積岩沉積在現在已經消失的廣闊海洋的平面，這種觀點就是後來爲人熟知的岩石水成論，它在羅馬海神說之後產生。」[30]而另外一種觀點就是岩石火成論，它在火神說後產生。迄今爲止，十八世紀最有影響力的岩石水成論者，事實上也是當時無論在哪方面都最有影響力的地質學家，就是亞伯拉罕．戈特洛布．沃納（Abraham Gottlob Werner），他是當時德國佛賴堡（Freiburg）礦業學校的教師。他指出，當地球發生冷凝過程的時候，其表面是不平坦的，而在不同的地區，潮水退卻的速度也有差異，岩石的形成就可以透過這種不同來解釋。最早形成的岩石將會最早顯露出來。緊接著，假如說潮水的退卻足夠緩慢的話，它就可以對先前形成的岩石進行侵蝕，侵蝕作用可以導致岩石被潮水重新帶回海洋中，這些沉積物將會在潮水退卻得更遠時顯現出來，形成第二層次的岩石群，而且這個過程在重複不斷地進行著。經由這種方式，不同種類的岩石相繼形成，並且連續性地構成了五個歷史階段。第一個階段形成的是「最原始」的岩石，包括花崗岩、片麻岩和斑岩等種類，它們是在最早的潮水沖刷過程中結晶形成的。而最後一層的岩石，是在所有的潮水都退卻之後形成的，是由於火山活動的作用而形成，比如說，這就可以用來解釋火山岩和凝灰岩是如何形成的。根據沃納的觀點，地球上的火山爆發都是由於沉積在地底的煤炭燃燒所引起的。[31] 他一直認爲火山活動對於地球的形成並不會產生太大的影響，而且，雖然他對宗教毫無興趣，但是他的岩石水成理論還是與《聖經》中關於大洪水的記載非常契合，這也是爲什麼他的觀點能夠在歐洲如此普及的一個重要原因。所以說他的觀點也被人們稱爲「建立在《聖經》基礎上的地質學」。

這個理論清晰明瞭，値得推薦，但是它也同樣存在著一系列嚴重的問題。首先，他沒能解釋爲什麼沃納記錄下來的一些種類的岩石比其他種類的岩石出現的時間要晚，但它們存在的位置卻在其他種類的岩石之下。另外一個更加重要的問題就是，維持地球上所有陸地的潮水的總量處於不斷變化中。如果計算的話，似乎需要有深達幾英里的潮水存在，這又反過來向我們提出了一個更大的問題：當潮水退卻的時候，它又會有怎樣的變化？

對沃納來說，他在當時遭遇到的理論上的最大對手是來自啓蒙中心愛丁堡的蘇格蘭人詹姆斯．赫頓（James Hutton，一七二六～一七九七），以及他的岩石火成理論。從十八世紀中期開始，就有許多自然學家開始認爲火山活動曾經給地球帶來一些影響。比如說，人們就曾注意到在法國中部的一些山脈中，雖然歷史上沒有關於火山活動的紀錄，卻存在著火山的形態。其他人還指出，愛爾蘭「巨人之路」（the Giant's Causeway）看起來是由玄武岩材質的圓柱所構成的，這些石柱是由熔融狀態凝結而成，因此，它們的起源應該是火山。赫頓並沒有從地球的起源著手，他要求自己多進行觀察，而不是思考。他察看了自己生存年代發生的可以看到的地質變化，並且接受了這種地質變化過程仍將繼續進行下去的觀點。透過這種方式，他認爲地球的殼，它的最表層，也是最易受影響的一層，是由兩種類型的岩石組成，其中一種是火成論起源的岩石（是由地熱所形成的），另外一種是水成論起源的岩石。而且他還更進一步地觀察到那些火成論起源的岩石（包括花崗岩、斑岩和玄武岩），一般都位於水成論起源的岩石層下方，但也有一種情況例外，那就是由於地下巨變的力量將火成岩從下面翻到上面。和其他的地質學家一樣，他也認爲風化作用和侵蝕作用在今天仍然把大量的砂石、石灰石、黏土以及鵝卵石的細沙沉積在河口附近的海底。接著他就問，是什麼使這些沉積物轉換成爲我們今天到處可見的堅固岩石？他認爲最終的原因只能是地熱。水的作用最先被排除了——這是一個重要的突破，因爲如此之多的岩石基本上是不溶解於水的。那麼，這麼多的地熱是從哪裡來的呢？赫頓總結認爲，這些熱量來源於地球的內部，是藉由火山噴發的活動釋放出來的。他意識到，火山活動就可以用來解釋在世界的各個地方都可以看到旋轉的、成角的地層現象。他指出，現在的火山活動仍在繼續，不同的大陸仍在升降著（那時候就存在有蘇格蘭和瑞典地區的大陸正在提升的證據），而且正如現在很多人看到的狀況，河流仍然攜帶著大量的沉積物奔向海洋。[32]

赫頓的理論觀點最早於一七八八年發表在愛丁堡皇家社會協會的《學報》（*Transactions*）上，緊接著在一七九五年，又發表了他的兩卷本著作《地球的理念》（*Theory of the Earth*），「這篇論文也可以被看做是最早的關於地質學綜合研究的論文，而不僅僅是一種設想」。[33]赫頓理論體系中一個至關重要的前提就是：最早時期化石的存在都是完全固定的（「化石」最初意味著地下挖掘出來的任何東西）。在十七世紀的地質學家尼古拉斯．斯泰諾（Nicholas Steno）和約翰．伍德沃（John Woodward）看來，這些化石不過是當時存在的生物的遺骸而已，這些生物中有很多已經滅絕了。[34]但是從中也可以認識到：那些位於山頂的動物化石的出現，要歸因於挪亞的大洪水。當赫頓的著作出版的時候，潮水的歷史眞相就再也不是人們質疑的問題了。「當地球的發展歷史開始被證明是地質學發展歷程的時候，它告訴人們的就是，一場遍及地球的潮水肯定曾經對地球帶來了極大的改變，而且這也是形成現在地球表面情況的最初原因。它的出現也證明了上帝不僅是一位創造者，而且還是一位統治者。」正如同水成論不會引發質疑一樣，《聖經》中對於世界產生的敘述，如其在《創世記》（*Genesis*）所揭示的，也應該是無可爭辯的。正是由於這個原因，生命產生的時間長度還一直被人們認定爲大約是六千年，雖然開始有人懷疑這個時間是不是還要再長一些，但是很少有人認爲地球的生命還會更加古老。問題是，動物的產生是否要比人類的產生早？但是即使如此，人類的歷史也沒有自然而然地變得更加古老。[35]

毫無疑問，赫頓的岩石火成論要比沃納的水成論更加符合歷史事實。然而，很多批評家反對岩石火成論，因爲它指向了地質時代廣闊的領域，「一個難以想像的年代，遠遠地超出了以前任何人可以正視的領域」。[36]正如沃納和其他學者所觀察的，現在的火山和地震活動對於地球表面只是產生「微乎其微」的影響。如果事實總是如此，那麼不僅僅是說明地球必定有相當久遠的歷史，因爲很多大的山脈被提升到了如此的高度，而且赫頓的觀點也爲地球安置了一種「恆穩態」。這和以前的一種觀點形成了鮮明的對比，在以前的觀點看來，地球的溫度曾經比現在高很多，而且當時的地質活動——諸如洪水或者不是洪水而是別的——更爲壯大。這至少暗示了地球的發展。當然，赫頓的理論也包含著一些平淡無奇的事情，因爲他認爲我們現在所認識的地球是由一系列「極微小瑣碎的事件」所引發的，而並非經歷了諸如洪水等劇烈的大災害。要想使赫頓的理論和《聖經》達成和諧，另外還需要一些機敏的智力上的詭計。因此就曾經出現過「大蒸發」的概念（這可以用來解釋那些潮水是如何消失的）。然而，正如查理斯．吉利斯皮（Charles Gillispie）所說的，在十九世紀有很多聲名顯赫的科學界人士，不顧赫頓的理論，仍然贊同水成論，其中包括約瑟夫．班克斯爵士（Sir Joseph Banks）、哈默福里．大衛（Humphry Davy）以及詹姆斯．瓦特（James Watt），更不用說W．海德．沃拉斯頓（W. Hyde Wollaston）這位皇家社會學會（Royal Society）的祕書。[37] 在一八〇二年約翰．普雷菲爾（John Playfair）出版了一個通俗版本之前，赫頓的理論並沒能在社會上眞正流行開來（見下文，關於十九世紀的普及者們所產生的至關重要的作用，以及他們在信仰下滑時引起的作用）。

但是，赫頓（一位自然神論信仰者）確信這一正在進行中的探測過程將會獲得最終的勝利，而且當時和他持同樣觀點的人還有不少。一八一五年，威廉．史密斯（William Smith）——當時一位運河修築者，後來也常常被人們稱爲英國地質學之父——認爲分布在整個地球不同地方的相似類型石塊，裡面都可能包含著同樣的化石樣本；這些化石樣本中的很多生物現在已經滅絕了，而這個事實暗示了物種產生、繁榮，直至最後消失和滅絕的全完整程。這個過程發生在漫長的時間變化中，它使岩石安頓下來並且變硬。此一理論在兩個方面有著重要的意義：首先，該理論證實了岩石分層的連續性現象的形成，不是瞬間實現的，而是經歷了漫長的歷史過程；第二，該理論強化了認爲存在著各自獨立的、大量的創造和滅絕的觀點，這個觀點和《聖經》中所記錄的觀點存在著很大的分歧。[38]

《聖經》中的觀點一直遭到人們的質疑，而且反對的聲音一浪高過一浪。不過，在十九世紀初期，幾乎沒有任何人質疑過大洪水的觀念。《聖經》中所提出的水成論觀點，仍然是最受歡迎的觀點。彼得．鮑勒（Peter Bowler）曾經說，當時，地質學方面的書籍銷量有時候甚至超過了暢銷小說的銷量，但是這種地質科學「要想受到人們的尊重，只需要看起來是不打破當時的宗教和社會傳統的」。[39] 然而，水成論的觀點在一八一一年也曾經遭受過一次嚴重的歪曲，法國人喬治．居維葉（Georges Cuvier）出版了他的著作《化石屍骨研究》〔*Recherches sur les ossements fossils*（*Researches on Fossil Bones*）〕。這本書在十年當中先後被重印過四次，作者認爲書中所提到的一種新型的、更加具有時代性的水成論才是人們最需要的。居維葉是當時法國歷史自然博物館的館長，這座博物館是一七八九年在前法國皇家植物園的基礎上建立的；居維葉認爲在地球最早存在的那段時間裡，人類是不存在的，當時地球上僅僅存在水災等自然災害而已。他總結認爲，依照赫頓的方式來看，由於山脈區域附近生活的猛瑪和其他大型的脊椎動物都可以在冰中「完整地嵌入」，所以當時自然災害的發生肯定是突如其來的。他同時還指出，如果當時所有的山脈升高到海平面以上的話，這些自然災害帶來的損傷絕對是無法想像的強烈，強烈到整個物種都會被滅絕，而且毫無疑問的也包括人類的早期形態。[40]巴黎盆地的出土文物，更進一步地證明了鹹水和淡水中沉積物的變化情況，這也被用來暗指「在陸地和海洋這兩個對應的環境中所發生的不同的變革」。[41]但是，居維葉的研究還是和《聖經》上的紀錄存在著很多不一致的地方。他同樣認爲在岩石深處的那些生物標本與現存的生物個體之間存在著極大的區別，這個發現是相當重要的，而且更爲難得的是，世界上任何地方的化石分布都遵循著一定的層次性。這種層次的順序依次是：魚類、兩棲類、爬行類，以及哺乳類。他還據此總結，在岩石層中越是古老的動物，成爲滅絕種類動物的可能性也就越大。因爲在當時看來，沒有任何形式的人類化石被發現，所以他總結認爲：「……人類的產生必然是在某一個特定時期實現的，這個時期就是上一次的自然災害和再向前推算一次的自然災害之間的那個時間。」[42]他同時還證明：前往埃及的探險活動，帶回了那些已成木乃伊的動物屍體，這些動物大都存在於幾千年前，它們同樣和現在存活的很多動物種類存在著一致性，這也證實了物種存活和發展過程的穩定性，也就是說，化石中的物種在滅絕之前必然生存過相當長的時間。[43]這種觀點在某種意義上來說，是《聖經》故事中不完整的一部分。在水災到來時，人類被創造出來，但不是動物，因爲動物要比人類古老多了。

然而，居維葉的發現促進了水成論和災變說兩種觀點的普及，尤其是在英國；而且正是由於這兩種觀點的壓制，使得赫頓的理論直到十九世紀二〇年代才在這裡出現。羅伯特·詹森（Robert Jameson）是愛丁堡韋氏（Wernerian）社會學研究會的權威人物，甚至連他自己都設法控制赫頓的理論，防止它在自己的家鄉產生過大的影響。[44]事實上，還有另外一個原因可以解釋爲什麼地質學家，尤其是英國的地質學家，會逐漸接受水災理論：因爲存在著很多與地質學家生活的大陸周圍種類完全不同的巨大石塊。用現在的觀點看來，這些石塊大多是冰川期（Ice Age）的冰川沉積之後形成的，但是決定它們分布的首要原因卻是大洪水。這種觀點最爲堅定的擁護者就是威廉·巴克蘭（William

Buckland）——牛津大學的第一位地質學教授。在一八一九年一次著名的以「地質學和神學解釋之間的關係」（Vindiciae Geologicae; or, the Connexion of Geology with Religion Explained）爲題的就職演說中，他竭力「解釋地質學研究越來越趨向於證實自然宗教理論的根據；而且從這個理論發展出來的很多事實，與歷史書籍中的創造物和大洪水的相關紀錄達成了一致」。[45] 此外，當他在牛津大學之前的很長一段時間裡，一些礦工於一八二一年在約克郡的皮克林山谷偶然發現了一個山洞，在山洞中，他們發現了很多「雜類屍骨」的遺跡。巴克蘭找到了證明自己觀點的機會。他迅速趕到約克郡，並且很快地確定出這些屍骨大部分是土狗的屍骨，除此之外，還有大量的鳥類以及其他物種的屍骨，包括很多動物種群在內，在英國都還沒有發現——比如獅子、老虎、大象、犀牛以及河馬。更進一步來講，由於這些被發現的頭骨中，每一件都是殘缺的或者是已經損壞了，而且損壞的方式都是一樣的，所以他總結認爲，這群礦工們發現的洞穴不過是一個土狗窩而已。他將自己的發現寫成文章，先是做爲一篇學術論文發表，並且因此獲得了皇家社會學會頒發的科普利獎章，在此之後，他還整理出一份更加通俗的報告。他當時寫作這篇文章的目的是爲了強化大洪水的存在以及後來的人類出現，但這些理論並沒有產生太大的作用，主要原因在於：這些礦工所發現的大部分屍骨屬於現今歐洲已經滅絕的生物物種；但是這些屍骨在沙子和淤泥沉積的河道裡並不存在；而且也沒有證據表明，在水災來臨之前，這些動物曾經在歐洲生存過。在這之後，巴克蘭認爲，那些礦工們所發現的動物遺骸，肯定是在挪亞時代來臨之前就已經被埋藏在那裡了。他最後認定，這些遺骸的最頂層屍骨在泥土和淤泥中保存得如此完好，「說明它們一定是突然被埋藏的，而且根據覆蓋著泥土的後洪積世層的鐘乳石來判斷，這些屍骨的產生，距今頂多不過五、六千年。」[46]

古生代的確定

然而，大洪水理論本身還存在著很多無法解釋的問題，尤其是世界各地多種多樣的證據都證明洪水發生的歷史時期各不相同，這一點連巴克蘭本人也承認。（巴克蘭與其他科學家一樣，從來不願意自己的信仰與科學研究的方向發生太大的偏離。）[47] 除此之外，到了十九世紀三〇年代，在解釋爲什麼古代的地質活動會比現在的地質活動要強烈和頻繁的問題上，冷卻理論得到了人們的普遍認可，這更加證明了地球是不斷發展的，而且以前的生命形式與現今的生命形式存在著極大的區別。一八二四年，巴克蘭自己描述出了最早爲人們所知的恐龍，這是一隻巨大的斑龍，當時「恐龍」（dinosaur）這個詞還沒被人們正式創造出來，這個詞是著名的解剖學家理查·歐文（Richard Owen）最先創造的。也正是在這一年，約翰·菲力浦（John Philips）確認了地質組成的先後次序分別是：古生代（即魚和無脊椎動物時代）、中生代（即爬行動物的時代）和新生代（即哺乳動物的時代）。[48]這項研究成果是部分建立在亞當·塞奇威克（Adam Sedgwick）以及威爾斯人羅德里克·默傑生爵士（Sir Roderick Murchison）的研究成果基礎之上，他們兩人較早開展了古生代的研究工作。古生代大約處於距今五億五千萬至兩億五千萬年間，在這段時期，植物逐漸從海洋中轉移到陸地上，魚類開始出現，緊接著兩棲動物和爬行動物也先後走上陸地。在兩億五千萬年前左右，這些新生種群全部被消滅了，具體原因尚不得而知。從塞奇威克和默傑生的研究分析中，我們可以發現，地球上早期生命形態異常古老，最初的生命起源於海洋之中，後來逐漸向陸地轉移。這項研究成果與《聖經》中關於生命的起源形成了戲劇性的衝突，歷史上是否發生過災難性的大洪水，已不再是爭論的焦點。[49]

綜合有關化石、岩石層研究與快速發展的胚胎學成果進行考慮，人們會得出很多有趣的結論。其中的突出代表人物就是卡爾·恩斯特·馮·巴爾（Karl Ernst von Baer），當時社會的主流觀點認爲，人類的胚胎生長濃縮了無脊椎動物、魚類、爬行類到哺乳類動物的進化過程，但巴爾認爲所有的生物晶胚在誕生之初都十分簡單，演變發展出的特殊生理特徵是爲了適應各自的生活環境，巴爾尤其強調，低等動物群種並非人類未成熟的雛形。[50]馮·巴爾同時指出，生命形式的構成並非遵循「人類等級中心」論，人類僅是特定物種的最終進化結果。羅伯特·歐文在他的《脊椎動物的原型和異體》（*Archetypes and Homologies of the Vertebrate Skeleton*, 1848）以及《四肢的創造》（*On the Nature of Limbs*, 1849）兩本書中指出，脊椎動物存在著基本相似的組織結構，爲適應不同環境各有變化，但變化的趨勢並非向人類方向轉化。[51]

賴爾的地質學原理

我們的研究超越了自我，也走在地質學研究的前面。居維葉、巴克蘭、塞奇威克以及默傑生等人研究發現的重要性不僅僅在於他們本身固有的成就，更是因爲他們帶來了觀念上的決定性變化，由此也對查理斯·賴爾（Charles Lyell）的思想產生了一些影響。在一八三〇年，賴爾出版了他後來著名的三卷本著作《地質學原理》（*Principles of Geology*）中的第一卷。賴爾的主要觀點在這部書的副標題中清楚地體現了出來：《對地球表面的早期變化進行解釋的嘗試，對於進化過程的相關研究》（*Being an Attempt to Explain the Former Changes of the Earth's Surface, by Reference to Causes Now in Operation*）。他也同時受到了喬治・斯克羅普（Georges Scrope）的極大影響，斯克羅普是當時法國著名的學者，他的主要觀點體現在對中央高原的研究當中，他認爲「在過去很長的一段時間裡，由於河流自身的作用，逐漸形成了很多小山谷」。賴爾在他的這本書出版之前，曾經前往歐洲遊覽和考察了一番，會見了自己的地質學同行，比如艾蒂安・德塞爾（Étienne de Serres），了解到大量的地質學特徵，尤其是研究了西西里活火山，在這裡他發現了一系列長期的小型火山噴發而形成的巨大火山錐。更爲重要的是，火山灰停留在一些新近出現的岩石層上，正如我們現在發現的軟體動物的化石和今天的軟體動物有很多相似之處一樣。這讓賴爾認爲沒有必要一定得用災害理論來解釋這座山的形成。

均變論

但是，從本質上說，《地質學原理》這本書是綜合之作，而不是原始研究，賴爾從已經出版的材料中證實和解釋了自己所持有的兩個結論。第一，異常明顯的是，主要的地質學特徵可以根據歷史上的很多地質活動來進行推斷，正如我們現在可以從當下的地質活動來推測現在的地質規律一樣。在對這本書所作的評論中，地質均變論的術語開始被使用，並且爲人所理解。賴爾的第二個目標就是反對那種認爲大洪水或多次的水災導致了我們現在所看到的地球的地質特徵的觀點。他非常重視斯克羅普的觀點，同樣認爲是地球上的河流開拓了自己的山谷，而且「那些彎曲的河床」不應該是強烈的事件所致，也沒有發生強烈的事件，而應該是一些小小的自然災害造成的。從宗教的角度來看，賴爾持有的還是一種常識性的觀點，堅持認爲並不應該是上帝干涉了人們自然生活的規律，從而導致了一系列自然現象的發生。正相反，他說，假定人們可以將歷史回溯得足夠深，那麼，當時發生的地質活動如同今天所表現出來的一樣靜寂溫和，但這些足夠我們解釋「那些岩石上的紀錄」。[52] 他還附帶說，這裡有足夠的證據來證明，貫穿整個歷史，火山曾經週期性地爆發，但是這與大洪水和大災害的出現沒有任何的關係。而且他還比較了地質分層學、古生物學和自然地理學等學科的發現，在此基礎上確定了以三種不同的生命形式爲根據的歷史時代。這三個歷史時代分別是上新世、中新世和始新世，其中，始新世可以追溯到五千五百萬年前。然而這裡再一次證明了存在著比《舊約全書》

記載的內容要古老得多的時間框架。

《地質學原理》這部書的第一卷開篇以大洪水做爲主題，並且以此開始一步步駁斥那些思想。在書的第二卷裡，賴爾推翻了《聖經》中關於創世的觀點。透過對岩石上一些生物化石的研究，賴爾認爲人類的產生和種族的滅絕都存在著持續性的變化規律，這一點對所有不同的物種都是適用的。十八世紀，生物學家林奈一直堅持認爲世界上肯定存在一個「地球的特殊角落」，可以一直被用做人類生命起源的「神聖的孵化器」，在這裡，生命和新的物種開始出現。賴爾指出了這種觀點是多麼的荒謬。他認爲生命的產生過程源於不同的「物種的聚焦」。他認爲人類的產生是在相對較近的時期，但其過程與其他動物物種的產生過程在本質上是沒有什麼區別的。[53]

賴爾理論的一個重要問題就是他使赫頓的地球「平穩狀態」理論重新復活，這種觀點認爲，我們現在所看到的世界是很多建設性力量和破壞性力量共同作用的結果。但是上述的這兩種力量是從哪裡來的呢？熱力學在十九世紀中期的幾年中獲得了長足的發展，諸如勞德·凱爾文（Lord Kalvin）等多位物理學家都認爲地球必須冷卻，以此爲基礎推算，地球至少有一億年的歷史。這與事實相差甚遠，但是仍然比《聖經》中所記錄的東西要偉大得多（一直到二十世紀，物理學家們才意識到特定元素的放射保證了地球中心處的溫度）。[54]後來人們才意識到，賴爾的書是對進化論觀念的調侃和顛覆；但是它也不過就是個調侃而已：他對自然選擇沒有什麼特定的概念。正相反，它確實顛覆了水成論的觀點。

然而，歷史上還有過一系列不計後果的嘗試，這些嘗試都試圖將《聖經》中的敘述和現實中興起的科學發現整合在一起，而且這種整合在後來一系列被稱爲布里奇沃特論文（Bridgewater Treatises）發表的時候達到了高潮。「這一系列奇特的甚至對於現代讀者來說勢不兩立的論文，都是在當時的牧師法蘭西斯·亨利·艾格頓（Reverend Francis Henry Egerton）的授意下發表的，艾格頓也是布里奇沃特地區的第八位伯爵，一位聲名顯赫的牧師，他總是『勤勉』得連自己的教區都忽視了；他在一八二九年去世。艾格頓牧師欽定了自己的執行者，包括坎特伯雷的大主教、倫敦的主教，以及皇家學會的主席，他們的任務就是選擇八位科學研究者，每一位研究者都要來自自然科學的重要分支領域，這些人必須能夠論證『上帝的權力、智慧，以及仁慈，正如在《創世記》中所揭示的一樣。還必須要借助一些合理的理論闡述來證實這一觀點，比如說，上帝在動物界、植物界以及礦物界的創造物所展示出來的多樣性和形態……』。」被選出來的這八位「科學」學者，他們主要由神職人員、醫師和地質學家組成。[55]他們當中的任何人都不會說一些超過爭論話題本身的內容，但是這一系列爭論的存在都可以顯示出：很多學者在盡量設法使科學待在原地不動，在這一點上，他們準備得非常充分。這些被使用的論據大部分都是借用了這個觀點：宇宙萬物的產生是不可能用統計學的方法來推算清楚的，因此必然會存在一種「神聖的指引」在發生作用，我們的世界之所以如此慈善，只能是因爲上帝在發揮作用——證明這種觀點的例子就是，魚的眼睛所發揮的作用是爲了適應海底的光線；另一個例子是，鐵礦石一般是與煤一起發現的，藉由煤，鐵礦石可以得到更好的冶煉。相關的例子還有很多很多。[56]在最後一篇論文中，湯瑪斯·查爾莫斯博士（Dr Thomas Chalmers）堅持認爲，人們心中存有的良心，亦即道德的準確指示，都是「高雅的、莊嚴的和諧已經存在過的確證……」[57]

這些論文都被證明是普遍流行的。它們都在一八三三年到一八三六年期間發表，到十九世紀五〇年代，這些論文中的任何一篇都至少被重印過四版。這些論文的主要缺點就是他們對待科學的草率態度，每一篇論文都是由結論性的話語組成，就好像地質學、生物學、哲學以及其他的多門學科都不會再有重要的突破性發展，也好像要將這些業已發生，並且已經成爲這些論文的議題都一筆帶過。

《造物遺痕》

對於布里奇沃特論文，一個最爲迅捷的反應就是查理斯·巴貝奇（Charles Babbage）所寫的非官方的《第九篇布里奇沃特論文》（*Ninth Bridgewater Treatise*），這篇論文在一八三八年出版，論文主要認爲創造者可以像他自己發明著名的「可程式設計電腦」那樣來工作，可程式設計電腦就是後來電腦的前身，而且在這篇文章裡，巴貝奇還指出，他可以根據自己在操作過程之前制定的規劃，來操縱機器改變操作。由此也產生了一種備受歡迎的觀點，那就是「創造者的規則」，與物品複製的規則在很大程度上是一致的。這個觀點被羅伯特·錢伯斯（Robert Chambers）發揮到了極致；他是當時愛丁堡的另外一位重要人物，《造物遺痕》（*Vestiges of the Natural History of Creation*）一書是他的代表作，於一八四四年出版，這本書中提出的觀點，在當時是一種激進性的變革，激進得讓錢伯斯在書出版時不得不選擇了匿名的方式。這本著作雖然無法預期達爾文的物競天擇論，但它提出了進化論的基本觀點。錢伯斯將生命發展的全過程看做是一個單純的自然發展的過程。他的觀點是透過以下方式展開的，他認爲生命經由自然發生而開始，「並且把那些特定的實驗當做根據，這些荒謬的實驗希望證明那些小動物的產生明顯地是由於電流的作用而導致的」。【58】拿巴貝奇的《第九篇布里奇沃特論文》做爲例子，他用那些含混的造物規律來說明進化過程。但是他的最主要貢獻，是將那些古生物納入一種上行的體系，並且指出人類的生存發展規律，從任何角度上來看都不能自外於自然世界中的其他生命體。雖然他並沒有抓住自然選擇理論的題中之義，或者說沒能精確地揭示出進化論是如何運作的，但是錢伯斯確實涉及了進化論的一些觀點，這些觀點的提出要比後來的達爾文早了將近十五年。【59】詹姆斯·斯科德（James Secord）在他的《維多利亞時代的轟動》（*Victorian Sensation*, 2000）一書中，揭示了《造物遺痕》的全部影響。他的觀點更爲徹底，他認爲，從某種意義上來講，達爾文就是被錢伯斯「搶先報導」出來的。還有就是英國社會廣大的、各式各樣的群體都在探討《造物遺痕》。在大不列顛協會裡，在時尚的知識分子沙龍以及社團中，在倫敦、劍橋、利物浦以及愛丁堡，而且也波及到了下層社會群體組織中，這本書中提出的觀點引發了廣泛的討論，這些觀點在繪畫、展覽以及在新型的、大衆化普及的報紙上的卡通畫中一再被提及，而且在女權主義者和自由思想家那裡也得到了普遍的討論。斯科德就是要使人們相信錢伯斯並不是一位眞正的科學家，在某種程度上而言，他不過是一位出生於出版世家的平庸知識分子，而他的那本書表面上看是在本質上提供了一種關於歷史「進程」的敘述，但實際上更多是借用了近來流行的如同科學研究一樣數目龐大的小說寫作技巧而已（這些小說也是新近興起的一種文化現象）。錢伯斯認爲他的這部書將會引起公衆極大的興趣：他之所以匿名出版這本書的原因，一方面是防止這本書確實反響糟糕，另一方面是防止其反響太強烈。但是從作者本人的角度來講，斯科德認爲他之所以匿名出版的最主要原因就是，關於進化論的所有問題在十九世紀四〇年代一直懸而未決，而且也是備受爭議的。最爲至關重要的一點就是，這本書的出版，開始將進化論的觀點普及到更大範圍的人群當中（這本書有大約十四個版本）。而且從這裡也可以看出，達爾文的《物種起源》（*Origin of Species*）一書在當時解決了一個關鍵性的問題，但是卻沒有引發出另外的一個重要問題，那就是「進化論的觀點並不是達爾文的一個中心觀點」。這是人類思想史上一項重要的歷史修訂。【60】

冰川期

另外一個對於布里奇沃特論文相當具有說服力的回應，在錢伯斯《造物遺痕》這本書出版的同時出現，也同樣試圖展開對於科學本質的探討。這個回應就是冰川期的發現，是由路易士·愛格西（Louis Agassiz）和他的同事一起完成的。愛格西是著名的瑞士地質學家，一八四七年，由於他在冰河作用研究方面的重要貢獻，得以受聘於哈佛大學任教。但是最早關於冰川期的思想卻不是愛格西提出的，而是在一七九五年由詹姆斯·赫頓完成的，赫頓思考過程中的一個重要例子就是，他急切地想證實那些在日內瓦（Geneva）附近的奇怪的、「無確定路線」的漂石是否是由於當時已經退卻的冰川帶來並且停留在那兒的。但是，確實是愛格西最先蒐集和比較證實了大量的具體細節，這些細節的敘述打消了人們的質疑。賴爾針對地球的遺跡做了相當多的研究，愛格西則對冰川期做了大量研究。

透過對現存的一些冰川的研究（其實在瑞士阿爾卑斯山附近，這樣的冰川還是很多的），愛格西開始得出以下結論：很早之前，歐洲北部的大部分地區都曾經被巨大的冰川所覆蓋，在很多地方，冰川的厚度甚至可以達到三千公尺。這個結論的得出（由於愛格西當時研究的主要興趣在於魚類化石，所以他的所有觀點都是那麼不平凡），主要的根據就是現在也存在的、在冰川邊緣所存留的三種形式的冰類，分別是「漂礫」、冰磧以及冰漬。「漂礫」是一些巨大的類似石頭一樣的東西，和日內瓦附近的冰塊十分類似，它們的構造與周圍的岩石存在著巨大的差異。[61]它們是由於周圍冰川的邊角產生的推力所造成的，當冰川增多的時候，就會漂浮到一個「陌生化」的環境之中，當地球再次逐漸升溫變暖的時候，這些冰塊又會重新退卻。地質學家們研究發現了大量的花崗岩，而這個區域的其他部分都是由石灰岩組成的。早期的地質學家們一致認爲這種現象的產生是水災氾濫造成的，但是，愛格西卻堅持認爲這一現象是冰川作用的結果。冰漬是冰塊向地面延伸的時候所形成的沙礫形式，按照J·D·馬杜格（J. D. Macdougall）的話說，它的形成就如同是在地球表面鋪上了一層沙紙一樣[62]（這些沙礫的形成，爲現代化的建築事業提供了大量的原料）。冰磧是大量的冰漬堆積在一起，在冰川的邊角附近形成的大規模物體：紐約州長島（Long Island）的絕大多數島嶼就是一塊從頭到尾長約一百一十公里的大冰磧。愛格西和其他研究者都認爲，最近的大冰川期是從十三萬年前開始的，在兩萬年前達到發展的最頂峰，在一萬兩千年前到一萬年前這段時間迅速地消失。時間上，這與早期農業活動出現的明顯證據表現出了一致性，被證明是相當有意義的。[63]這也證實了地質年代發展與文化演進兩者的一致性。

拉馬克

「進化」這個專業術語最早的起源是應用於生物學領域，而且具有排他性，僅僅適用於胚胎的成長和發育。在最早的拉丁語中，它的意思是「繼續發展和生長」。除了這方面的應用之外，諸如「進步」和「發展」等詞語也被用來代指那些簡單的生物有機體一步一步成長爲複雜生物有機體的（至今也不爲人知的）整個過程。相關研究領域的專家分成了兩個派別，爭論的主要話題就是，這樣的說法是否同樣適用於人類。接下來，進化這個詞語被應用到文化研究領域，尤其是在維科（Vico）、赫爾德（Herder）以及其他學者的探索之後，他們認爲人類社會的發展正在經歷從最初的原始社會向後來更加先進的文明形式前進的過程。彼得．鮑勒指出，早期的人類學家如E．B．泰勒（E. B. Tylor）以及L．H．摩根（L. H. Morgan）認爲，不同的民族在文化發展上都要經歷一個相似的歷史階段，那些「原始」民族仍舊歸屬於「文化發展比較遲緩的階段，而這個階段，在白種人是很早之前就已經經歷過了的」。[64]

拉馬克是進化論的一位重要擁護者。吉恩－巴蒂斯特．德蒙特，拉馬克爵士（Jean-Baptiste de Monet, chevalier de Lamarck，一七四四～一八二九）並不是人們眼中一直粉飾的那個放蕩不羈和愚昧的人物形象。正是他發現了很多生物化石與現在活著的很多生物之間存在著許多共同之處。這個發現啓發了他，他開始思考這些生物化石代表的生物種群可能還沒有滅絕，正相反，它們很可能得到了某些進化和改變，然後以另外的生物形式繼續發展，透過這種方式來應對地球環境的變化，也就是說，這些生物種群現在仍然存在，不過是以一種「進化過的、我們辨識不出來的生物形象」繼續發展。這也可以看做是達爾文生物適應環境理論的早期雛形。[65]拉馬克對於地球發展所經歷時間的長久性深信不疑，而且他也一直肯定動物們在如此漫長的時間段中必須不斷地進化和改變才能夠更良好地生存下去。而且他還進一步指出，人類正是這一變化發展過程的最終產物。[66]拉馬克的進化理論具有雙重重要意義。首先，他提出了自然界在經歷從低級向高級發展和進化的過程中，必然包含某種必然的規律。第二，他確信任何生物有機體的器官在被經常使用的時候，會發展得更加完善和更加迅速，這將會爲自己的後代帶來某些更加優越的生理特徵。而且這種變化一般「對於不同的性別都是一樣的，或者說對那些能夠繁衍後代的生物來說都是適用的」。[67]

正是由於這些原因，以及下面我們將要提到的其他原因，可以說，在十九世紀中期的社會上流行著很多觀念，正是這些觀念的共同作用導致了達爾文後來所提出的物競天擇論的產生。[68]關於生存領域競爭的理論，最早在馬爾薩斯（Malthus）的理論體系中體現出來，這一理論早在一七九七年就被提出來了。馬爾薩斯認爲，每一個部落或者民族之間都會展開關於資源的競爭，在競爭中失敗的部落或者民族就將面臨滅絕的危險。「現在我們知道，除了參照了馬爾薩斯的觀點之外，達爾文在構建理論體系的過程中還從閱讀亞當·斯密（Adam Smith）以及其他政治經濟學家的著作中獲得了洞察力。專業分工的概念反映了由於勞動分工所自然形成的經濟上的優勢」。[69]另外的一種理論由威廉·查理斯·威爾斯（William Charles Wells）於一八一三年提出來，名爲《一位白種女性的敘述》（*An Account of a Female of the White Race of Mankind*），他認爲人類種族的形成過程發生在群族移動到未被開墾的領域過程中，因爲在那裡他們將面臨著一種完全陌生的新環境。[70]人群中的某些偶然的變異，意味著一些個體能夠較好地適應新的環境，而這些適應性較強的人群最終將會成爲新的種族群體的首領。

不管人們從哪個角度來看待十九世紀中期這段時間，在社會和自然兩個領域，戰爭以及競爭所引起的作用對每個人來說都是顯而易見的。[71]現在看來，那些刻在石頭上的證據已經毋庸置疑了，因爲一幅人類歷史發展全過程的畫面已經清楚地展現在我們面前：「最早的化石（大約在六億年前）主要是一些無脊椎動物的遺骸，而最早的魚類大約應該出現在志留紀（也就是四億四千萬年到四億一千萬年前這段時間）。中生代（兩億五千萬年前到六千五百萬年前）這段時間起主導作用的生物類型是爬行動物，包括恐龍。雖然哺乳動物在中生代時期還屬於少數類型的生物，但是到了新生代（也就是六千五百萬年前至今這段時間裡），哺乳動物成爲世界的主宰，而且在此基礎上，哺乳動物得到了進一步的進化和發展，其中就包括了人類種群的產生。」[72]（當然，括弧中所提到的時間並不是十九世紀被人們接受的。）在這種情況下，人們必然會對這一進化全過程中的最後物種產生想像，包括最先進的物種是什麼，以及向人類進化過程中必須經由的歷史階段，並且會揭示出「具有象徵意義的發展全過程」。在當時的一些書中，大部分的「生物進化樹」都將一棵樹描繪得比其他物種要粗得多，這棵最粗的樹代表的就是人類。

當然，這張圖表還必須根據詹姆斯·斯科德後來的工作進行進一步的修訂。在斯科德的書中，爲達爾文主義的很多觀點提供了例證，這些例證是他在大英圖書館閱覽室閱讀到《造物遺痕》一書時完成的。在這次爭論的許多方面，達爾文的影響並不是特別大（他本人並沒有購買過自己的這本書），但是《造物遺痕》這本書處於當時「流行風潮的最頂峰」，這本書對於達爾文產生了明顯的影響，允許他將物競天擇論與其他對立的理論清晰地區分開來。[73]

華萊士

在這場「主張思潮」中，在這種「普遍流行的觀念」中，「進化」以及進化如何才能實現，成爲最終的因素，一個決定性的因素就是阿爾佛雷德·拉塞爾·華萊士（Alfred Russel Wallace）的著作。華萊士在進化論發展史上的聲譽以及角色，在近代也經歷了一次「進化」的過程。多年以來，人們認爲，他在一八五八年送交給達爾文的那篇題爲《從原始形態向不確定形態的多樣化發展傾向》（On the Tendencies of Varieties to Depart Indefinitely from the Original Type）的文章，明顯地蘊含著物競天擇論方面的內容，因此，達爾文不得不開始著手出版自己的那本《物種起源》。也正因如此，很多學者一直爭論說華萊士並沒有獲得與他的巨大成就相匹配的榮譽，甚至暗中指責達爾文和他的追隨者們故意將華萊士排斥在聚光燈之外。[74]但是，最近這些年來，對於華萊士文章更細緻的研究表明，他關於物競天擇論的觀點與達爾文的觀點存在著很多不同之處，華萊士的觀點和理論還遠不能做爲一項解釋性的原理來運用。尤其是在物競天擇論的闡述上，華萊士並沒有強調個體與個體之間的相互競爭，而是將注意力集中在個體與環境之間的競爭上。在華萊士看來，那些不太適應環境的個體，將會遭到淘汰，尤其是周圍的環境發生巨大改變的時候，這種淘汰就會更加殘酷。在這種競爭淘汰體系下，每一種動物都會竭盡全力地與周圍的環境抗爭，而且它們的命運將不會依賴於其他的任何個體。[75]這種區別是根本性的，它也可以用來解釋爲什麼華萊士對達爾文不抱有任何的怨恨，甚至是在華萊士將自己相關的論文提交給達爾文一年之後，達爾文才出版了《物種起源》。[76]

達爾文

但是先前所述的這些觀點，都不應掩蓋這樣一個事實：在《物種起源》這本書於一八五九年出版的時候，它向人們介紹了「關於生物進化論問題上的一種全新的——起碼對達爾文同時代的學者來說是這樣的——完全意料不到的方式」。達爾文的生物進化理論揭示出了生物界中一種全新的變化機制，這些是當時的學者都沒能完成的。它揭示了一種生物是如何導致另外一種生物產生的，用恩斯特·梅爾（Ernst Mayr）的話說，就是「這種理論不僅取代了原有的那種進化論觀點（傳統觀點認爲物種的發展是永恆不變的），而且更爲重要的是，產生了一種對於世界和自身概念重構的需要；更爲具體一點來說，就是這種理論的出現，需要西方人打破自己原來廣爲傳播和備加珍視的觀點」。對於彼得·鮑勒來說，他認爲：「思想方面的歷史學家把這種生物學上的進化，視爲整個西方社會在價値體系上更大規模變革的象徵，正如同關於人類和自然的基督教義上的觀點將會被唯物主義的觀點所取代一樣。」【77】達爾文主義中更加重要的一個觀點就是物競天擇論——全書的支撐點，這部書的全名其實是《依據物競天擇或在生存鬥爭中適者生存的物種起源》（*On the Origin of Species by Means of Natural Selection, or the Preservation of Favoured Races in the Struggle for life*）。任何物種的個體都會針對環境變化表現出一些生理上的變異，而且那些適應性更加出色的物種將會繼續繁衍後代，維持物種的延續。透過這種方式，那些比其他變異更加具有適應性的變異特徵將會得到繼承和發展。在這種理論中，任何「設計」都是無濟於事的，或者說那些比其他進程都更爲簡略到極致的進程，可以從各個方面加以評論。【78】

雖然說達爾文確實是在和華萊士交往之後，受他的激發才創作出版了《物種起源》這本書，但不容懷疑的是，達爾文在十九世紀三〇年代後期就有了生物進化論觀點的初步設想，也就是他參加完了現在著名的《小獵犬號航海旅行》（*Beagle*）中的旅程之後。他在美洲南部的那些時光，尤其是在加拉巴哥群島（Galapagos Islands），教會了他研究生物進化必須從種群入手，而不是從生物個體入手，正如同他從一個島嶼到另一個島嶼來觀測研究生物體的變異一樣。他當時已經對普通美洲鴕的生活情況瞭若指掌，這是一種不會飛的鳥類，在牠們前往巴塔哥尼亞（Patagonia）寬敞的彭巴斯草原的旅途中，牠們不斷地改變著自己的習性和食物。達爾文因此注意到，當一塊領地被不同的兩個物種同時發現的時候，牠們之間必然會爆發一場爭奪霸權的戰鬥。他也開始希望探索爲什麼在不同的兩個島嶼或者大陸會出現密切相關的物種——是不是造物主曾經來到過這些地區，並且做了這種精妙安排？【79】透過對於藤壺的研究，達爾文認識到了在一個物種內部存在著多麼複雜的多樣性，這些觀察和引發的推測逐漸地彙聚在一起。當達爾文的書在一八五九年十一月二十四日這天正式出版的時候，第一天發行的一千兩百五十冊很快就被讀者搶購一空。他親自在約克郡的依克利（Ilkley）裝上水，然後靜靜地等待著暴風雪的到來。[80] 這個過程沒有經歷太長的時間，而且也很容易解釋原因，恩斯特．梅爾總結說，達爾文的理論體系主要蘊含著六條哲學意義上的啓示：(1)用世界的進化論觀點來取代世界靜止的觀點；(2)證實了神創論的不可信和荒謬；(3)對於宇宙目的論的駁斥（這種觀點認爲宇宙的產生是出於某種特殊的目的）；(4)拋棄了各種形式的「人類中心主義」觀點（這種觀點認爲世界的產生就是單純爲了人類生存和發展的需要）；(5)透過單純的唯物主義的進程來闡釋世界的「設計」觀念；(6)用種群思維的觀點來取代本質主義的觀點。

我們必須對《物種起源》這本書的影響有清楚的認識。這一方面是由於達爾文自身影響力的原因，另一方面也是因爲這本書的出版得到了相當多不同觀點的支持，因爲這本書的寫作是任何一個獨立的個體都無法完成的。[81] 而且這本書產生的影響還與一個重要的事實有著密切的關係：詹姆斯．斯科德所指出的，這本書解決了——或者說看起來是解決了——一個生物學研究上的危機，而不是因爲提出了一個危機。從本質上說，物競天擇論是進化論發展史上蓋棺定論的一個組成部分，是這一理論的重要組成部分，而不是開始的部分，這種觀點提出了一種運行機制，從一種生物體衍生出另一種生物體的過程就是這種機制起作用的結果。按照彼得．鮑勒的話說，《物種起源》一書的非革命性本質，在斯科德書中的圖表中可以清楚地反映出來，這個圖表顯示認爲，一直到二十世紀之前，《物種起源》一書的銷售情況一直不如《造物遺痕》好。[82]

事實上，《物種起源》這本書的出版也引發了巨大的反對聲浪，甚至達爾文自己都意識到物競天擇論將會被證明是最容易引發爭議的話題，他的這種憂慮也確實是正確的。約翰．F．H．赫歇爾（John F. W. Herschel）是達爾文非常崇拜的一位哲學家，他都將達爾文的物競天擇論稱爲「一種混亂不堪的貪婪的理論」，與此同時，塞奇威克（他既是牧師也是科學家）也將達爾文的這一理論稱做是「一種道德上的汙蔑」。[83] 很多擁護《物種起源》的評論都對物競天擇論持冷淡的態度：比如賴爾，他從來就沒有完整地接受過這個理論，並且將這種理論描述爲「令人噁心」的理論，而T．H．赫胥黎（T. H. Huxley）也不認爲達爾文的這個理論能夠經受得住實踐的考驗。[84] 在十九世紀晚期，也就是進化論的觀點得到了普遍認同的時候，物競天擇論仍舊遭到了人們的忽視，這在很大程度上是因爲它要讓人們相信，所謂的進化不過就是「朝著一個特定的目標發展，就如胚胎要一步一步地發展成爲成年個體的經歷一樣」。如果從這個角度來看的話，進化論將不再像它有時所表現出的那樣，成爲宗教的潛在威脅。[85] 事實上，《物種起源》一書的研究內容中有兩章是以生命有機體的地理分布狀況做爲基礎的，充分借鑑和運用了上面所說的地質學和古生物學等學科的成果，人們很容易地就可以理解和接受這種理論，而不像物競天擇論那樣令人難以接受。《造物遺痕》一書已經爲這個理論開拓出了道路。恩斯特．梅爾曾經認爲，達爾文進化理論體系中的選擇理論一直到二十世紀三〇年代和四〇年代的演化綜合理論，才獲得了人們的普遍接受。[86]很多人都簡單化地認爲，《物種起源》一書中給我們的啓示在道德上都是說不過去的，他們仍舊堅持認爲這個世界是按照一定的等級體系建立起來的——根據上帝和神靈的旨意排定秩序——所以達爾文關於偶然性變異的（雜亂而貪婪的）進化論觀點，將不可能帶來如此的和諧狀況。他們認爲達爾文主義是自私和無用的，仁慈的神靈是不會允許這個進化過程的。音樂才能以及解答抽象數學題目的能力，在達爾文主義看來，存在的目的是什麼呢？[87]應該說達爾文本人對於使用「天擇」這個詞也並不是非常樂意，而且還有很多人對於如何解釋「適者」這個詞還存在著很多的誤解。一些批評都認爲達爾文的理論建構過程是不科學的，因爲達爾文理論是經不起反證法驗證的。

孟德爾

當然，達爾文的理論也存在著一個重大的缺陷，那就是沒有解釋遺傳特徵（「剛性的遺傳特性」）借助何種機制傳遞下去。這是由修道士格里哥．孟德爾（Gregor Mendel）於一八六五年在莫拉維亞（Moravia）發現的，但是，達爾文和自己同時期的所有人都沒有對此給予充分的重視，一直到了一九〇〇年，這個理論才被重新揭示出來，並且被普及到普通人群當中。一直到孟德爾被重新發現的時候，德國生物學家奧古斯特．魏斯曼（Auguste Weismann）的理論才引起人們的充分重視，尤其是關於「種質」的觀點，這個觀點是從細胞理論中發展而來的。細胞首次被觀測到是在顯微鏡發明之後，當時它們被稱做「小球」或者是「氣泡」。到了十九世紀早期，顯微鏡在設計上有了長足的進步，在瑪麗－佛朗西斯．賽維爾．比查特（Marie-François Xavier Bichat）之後，生物學家們逐漸認識清楚了動物的二十一種組織結構，並且認識到這些組織都是由細胞構成的。現在看來，它們構成了這些組織的組織壁，在內部包含著黏性的「生命物質」，也就是J．E．浦肯野（J. E. Purkinje）在一八三九年所提取出來的「原生質」。[88]最終揭示出所有的動物和植物都是由細胞構成的，這兩位學者是J. J. 施萊登（J. J. Schleiden，一八三八年對植物的揭示）以及希歐多爾．施沃恩（Theodor Schwann，一八三九年對動物的揭示）。魏斯曼注意到了細胞中的細胞核，並且在此基礎上得出了以下結論：這些種質自身並不是由全部生發細胞組成，不過只是集中在細胞核的棒狀結構上，因爲有著不同的著色而得名，這就是染色體。但是，甚至到了孟德爾的發現被人們重新認識的時候，他的種質的機制在某種意義上也並沒能被人們普遍看做是「完全」達爾文化的理論。這其中部分原因就在於，關於選擇機制在發生作用的時候是產生連續變異還是不連續變異的話題上，產生過一場激烈的爭論。也就是說，某些特徵（諸如藍色或者棕色的眼睛）是屬於不連續的變異，而比如高度等特徵，則屬於連續變異。孟德爾選擇的似乎是不連續的變異（諸如花的顏色，不管它的種子是否是褶皺的），因爲在他看來，這些清楚明瞭的例子都可以證明他想論證的觀點，而且因爲與達爾文相比，孟德爾持有一種相反的觀點，也就是認爲選擇機制在混血兒問題上發生了重要作用，以及在仲介體方面的作用（混血兒問題在傳統上是一個神學方面的問題，憑神的力量創造的種類之間出現的形式），孟德爾的遺傳學對於達爾文進化論的重大影響作用，一直到了二十世紀二〇年代才被人們了解和認識。[89]

人類的起源

達爾文並沒有僅僅止步於《物種起源》方面的研究。關於達爾文主義的論述，都不能忽略《人類的起源》（*Descent of Man*）。「進化論」的觀點在十九世紀的任何領域中都有所體現，正如我們所看到的那樣，甚至在物理學領域，諸如康德和拉普拉斯的星雲假說，這個觀點認爲太陽系是大片煙塵構成的雲團在重力作用的影響下凝結而成的。[90]

這就是爲什麼社會學、人類學以及考古學等學科開始在十九世紀中期出現，並且聯合起來，在進化論的框架中得到繼續發展的原因。早在一八六一年，亨利．梅恩爵士（Sir Henry Maine）就在他的《古代法》（*Ancient Law*）一書中，介紹了現代法律體系得以實現的具體途徑，介紹了這個體系是如何從早期基於「族長制家族群體」的實踐活動中發展過來的。[91]同樣經歷了這種類似方式的主題著作還包括約翰．盧布卡（John Lubbock）一八七〇年寫作的《文明的起源》（*Origin of Civilisation*）以及路易斯．摩根（Lewis Morgan）在一八七七年寫作的《古代社會》（*Ancient Society*），雖然迄今爲止最有影響的一部書還是詹姆斯．佛雷澤（James Frazer）在一八九〇年寫作的人類學巨著《金枝》（*Golden Bough*）。早期的人類學家也受到了殖民主義經歷的重要影響：對於殖民地當地居民進行教育普及的嘗試多次發生，主要的目標就是爲了將他們自身的文化發展導向爲歐洲「明顯」更爲優越和先進的文化發展模式。事實上，他們這種嘗試最終被證明是失敗的，這至少說服了一些人類學家，也就是說「在文化發展的過程當中，存在著一種固定的階段發展次序」。[92] 所以，任何人都不可能人爲地將文化從初級階段提升到稍後的發展階段。路易斯·摩根將這些主要的階段定名爲蒙昧社會、野蠻社會以及文明社會，這種劃分對於殖民統治者來說，成了一項令人鼓舞的教條。他所討論的主要觀點包括政治觀點的發展、家族觀點的發展，以及財產觀點的發展。[93]

正是在這種智識氛圍中，考古學家們開始思考關於石製手斧的進步和發展問題，尤其是「三個階段的發展體系」（即石器、青銅器、鐵器三個階段）概念被提出來之後。接下來我們還會發現，在最初的一段時間裡，「石器時代」的提法遭到了大多數人的強烈反對。幾乎沒有人能夠接受早期的人類是跟現在已經滅絕了的生物生存在一起這種構想，一直到了布歇·佩爾特（Boucher des Perthes）的發現公布出來之後，這種反對的聲浪才有所減弱，佩爾特在法國北部沙礫河床中發現了並存在一起的石製工具和已經滅絕了的生物遺骸。而另一方面，大致說來是在一八六〇年左右，由於《物種起源》一書的出版，人們的思想觀念出現了一次重大的發展，人類更加古老的歷史最後終於被人們所接受。查理斯·賴爾（Charles Lyell）最後也終於接受了地球的「進化論」觀點，並且在此後蒐集了大量證據來證明自己的這個觀點，並且在自己的專著《古代人類的地質跡象》（*Geological Evidences for the Antiquity of Man*, 1863）一書中進行了詳細的分析和闡述。

早期的石製工具異常粗糙和簡陋的特點證明：當時人們的社會和文化生活狀況還是非常原始的。這個發現也啓發了約翰·盧布克（John Lubbock），他認爲，社會的進化也很可能是從最早的野蠻狀態一步一步發展而來的。此觀點在當時看來更加讓人震驚，因爲在十九世紀的宗教思想家看來，與早期亞當夏娃被驅逐到人間之前相比，現代人無疑是更加墮落的。正是在自己的《原始時代》（*Prehistoric Times*, 1865）一書中，盧布克第一次使用了「舊石器時代」和「新石器時代」這兩個術語，用來描述從舊石器時代向新石器的過渡，他認爲這兩個社會階段的劃分完全可以根據使用殘缺的石器到使用打磨過的石器這類變化來劃分，雖然更多有說服力的區分標準在日後逐漸得以發現。[94]

三紀的體系

對於很多人來說，關於人類是不是由類人猿進化而來的觀點引發的諸多爭論，其最關鍵的分歧就是關於靈魂的認識。如果說人類並不比猿類高明很多的話，那麼傳統的觀點，也就是說將有沒有靈魂當做人類和其他動物之間最根本區別的觀點，是不是就應該遭到拋棄？達爾文的《人類的起源》（*Descent of Man*）一書出版於一八七一年，他想闡述的主要觀點有兩個，第一個就是向那些懷疑論者證明人類是由動物進化而來的，同時，在此基礎上進一步清楚地解釋這對人類意味著什麼——以及人類如何獲得他們獨特的特性。

「雖然達爾文逐漸拋棄了上帝造物的理論觀點，但是他確實更傾向於希望在不可避免地（假如是不規律地）要發展向更高級的物種時，白種人確實代表著較高的起點。」[95]達爾文知道，在《人類的起源》一書中，最爲重要的一點是，他必須解釋從猿到人的進化過程中出現的思維能力的巨大提高。[96]如果說進化過程是一個漫長的、漸進的過程，那麼爲什麼在思維能力上會突然出現一個如此巨大的鴻溝？這也正是那些宗教懷疑論研究者們一直在尋找的答案。達爾文提出了「人類具有一種獨一無二的生理屬性」的觀點，這個特殊的生理屬性就是直立行走的姿勢。達爾文認爲這種直立行走的姿勢，以及兩腳落地行走的能力，將可以大大解放人們的雙手，所以，在此基礎上，我們終於能夠發展和提高自己使用工具的能力。而且，達爾文認爲正是這種情況激發了這群猿類在智力上的飛速發展。[97]達爾文在《人類的起源》一書中並未提出具有說服力的原因，來解釋諸如爲什麼原始人要採取直立行走方式等問題，一直到了一八八九年，華萊士才首次指出這種直立行走的姿勢是對於新環境適應性更強的表現。他推測認爲，正是由於環境的變化，迫使早期的人類走出叢林，轉而進入寬廣的大草原進行生活，他還認爲這或許是因爲氣候變化的原因，這種變化導致了森林面積的急劇減少。而對於草原生活來說，雙腳行走似乎是一種適應性更強的行走方式。

儘管直立行走這個觀點是由達爾文本人提出來的，但是此觀點的顯著性和重要性在剛開始的時候並沒有立即顯現出來。一直到了尤金・迪布瓦（Eugene Dubois）在一八九一～一八九二年左右發現了「爪哇猿人」，也就是現在所說的爪哇直立猿人，這個理論才算眞正得到了認同（並且證實了發現尼安德塔人的重要性）。爪哇直立猿人的遺骸中包含有支持直立行走的特殊關節，還有一塊特定尺寸的頭骨，它的大腦容量介於人類和猿類之間。即便如此，人類直立行走姿勢的重要性，一直到二十世紀三〇年代才得到了人們的廣泛認同。[98]

舊石器時代和新石器時代

達爾文主義產生的深遠影響是相當複雜的。「在很多人眼中，進化論的出現是區分現代文明與西方思想中傳統根源的分水嶺。」[99]這個理論的適時出現，不必說它在智力本質上的重要性，僅是在歐洲思想世俗化的過程中，已經發揮了主要的作用，這些內容會在後文中介紹和探討。[100]達爾文主義要求人們接受一種新型的歷史觀，也就是說歷史的發展是偶然的，沒有任何的既定目標，也沒有最後的終結點。除了消除了人們對於上帝的依賴和需要之外，此觀點還顚覆了智慧的概念，諸如一些看似可以獲得的東西，在實際上卻是遙不可及的。這個觀點全方位地顚覆了傳統的觀點，並且顚覆了未來發展的可能性。在這裡，主要就提兩點：首先，正是因爲達爾文主義的社會變更模式，引導馬克思提出了社會進步避免不了革命衝突的觀點；第二，也是達爾文主義的生物學觀點，引導佛洛伊德構想出了無意識精神活動的「前人類」本質的觀點。正如同我們在後來的章節中要介紹的，在進化論觀點的背景下，達爾文關於什麼構成了「適合度」的概念被很多人誤解，並且，不管是有意識的還是無意識的，這又導致了很多不公平的，甚至可以說是殘酷的社會活動。但是，自從一九〇〇年基因規律再次被人們發現，以及在此基礎上實現的科學技術全面繁榮的情況，達爾文主義最後獲得了勝利。除了一小部分特定的美國鄉村地區還有個別尷尬的「創世論者」固執己見，關於地球的進化思想，關於古老歷史人類的進化論思想，現在已經深入人心了。

第三十二章

人類秩序的新思想：社會科學和統計學的起源

吉約坦和斷頭臺／法國大革命的影響

一七三八年五月二十八日，約瑟夫－英格納茲．吉約坦（Joseph-Ignace Guillotin）出生於法國西部的聖恩特斯（Saintes）小鎮，他在家裡排行第九。頗具反諷的是，吉約坦的母親是因爲偶然目擊了一場殘忍的公開絞刑而早產生下了吉約坦。或許正由於如此，隨著約瑟夫－英格納茲的長大，他經常關注到，法國和其他國家地區一樣，由於罪犯的不同身分，死刑的執行方式也存在著巨大的差異。大體看來，貴族成員獲得的是一種快速的死亡方式，而在貴族身分等級以下的那些人，往往遭受的是備受折磨和異常痛苦的死亡方式。在十八世紀的法國，有超過一百多次這樣的死刑懲罰，這其中最讓人驚恐的一次是佛朗索瓦－達米恩斯（François Damiens，一七一四～一七五七）的死刑；他生前曾試圖用一把匕首刺殺國王路易十五（Louis XV），並且成功地劃傷了國王的手臂。在他的死刑執行過程中，達米恩斯胸脯、胳膊和大腿上的肉被燒紅的火鉗撕破，他擎著匕首的右手被硫磺燒焦，燒熔的導線和滾燙的熱油被澆灌到他那些皮膚已經被撕裂的肉體上，接著他的軀體被四匹朝著不同方向奔跑的馬掙裂爲四塊。死刑執行者都同情這個犯人，用尖利的匕首把達米恩斯關節上的跟腱割斷，以使他的身體能夠更輕易地被撕裂開。

在法國大革命的時候，約瑟夫－英格納茲是一個有地位的、知名的醫生，更是巴黎大學醫學院的解剖學教授和醫師主管。他還是當時國民大會（National Assembly）的代表之一，同時也是和平主義者，並且在人道主義情懷的驅使下，於一七八九年十二月向國民大會提出了旨在創造一種新型且更加人道的刑法典的六項主張，這些主張要求在不同等級的刑事處罰中，平等、不加區分地對待每一個罪犯。新的刑法典第二章提議：自此之後的死刑，在執行的時候應該採用一種新型和簡單的機械裝置。在採納吉約坦醫生的提議之前，議會花費了很長一段時間討論，在爭論中，一位記者問道：「這項裝置是不是應該命名爲吉約坦或者是米拉伯（Mirabeau）呢？」這個問題尖刻而浮誇，因爲一個新型的裝置還沒有被設計出來，更不用說去製作出來了。

吉約坦既沒有設計也沒有製作那個裝置，確實，這個裝置是以他的名字命名的。設計者是另外一位醫生安東尼－路易士（Antoine Louis，在某個特定階段，此計畫曾經打算稱呼這個新裝置爲「路易士裝置」），而眞正創建了這種死刑裝置的人是古登〔Guedon，又稱爲吉登（Guidon）〕先生，一位爲國家提供絞刑臺裝置的木匠。這種新型裝置在一七九二年四月十七日進行了首次測試（使用了稻草、羊以及一些屍體），當一具脖頸異常粗壯的屍體經過三次斬首都無法成功斬斷的時候，路易士醫生升高了絞刑臺的高度，並且將刀刃的形狀從凸起的弧形轉變爲呈四十五度角的直立型。人們舉辦了宴會來慶祝「吉約坦之女」的誕生，並且譽之爲「爭取平等的最著名的工具」。

可以說吉約坦裝置的首次使用是在「憤怒」中完成的。一週之後，也就是一七九二年四月二十五日，小偷兼刺客雅克·尼古拉斯·佩萊蒂爾（Jacques Nicholas Pelletier）接受死刑。[1] 數以千計的人們聚集起來觀看這種新型裝置，但是很多人感到失望——死刑執行過程如此快就結束了。

不論是吉約坦醫生還是路易士醫生，都未能預見到這種新型的、經過改進的絞刑裝置將會在未來的幾年中多麼頻繁地被使用，或者是它在實現身分平等上究竟能取得多大的效果。一七八九年的法國大革命之所以被人們牢記，最爲關鍵的是由於黑格爾所說的「聳人聽聞的結果」，五年的血腥恐怖活動、私刑和大屠殺，以及喧囂的持續多年的政治劇變，最終以拿破崙·波拿巴（Napoleon Bonaparte）的獨裁統治和發動二十多年的戰爭做爲高潮而結束。被送到吉約坦裝置行刑的人當中，很多是出於蒼白無力的原因，所以，其中很多人的死依然能讓人感到震撼：安東尼·拉瓦錫（Antoine Lavoisier），化學家，因爲他早先是一位稅務官而受刑；安德列·切尼（André Chénier），詩人，因爲他的一篇不爲某人喜歡的社論而受刑；喬治·丹東（Georges Danton）、卡米爾·戴斯芒林斯（Camille Desmoulins），被羅伯斯比爾（Robespierre）抨擊而受刑；羅伯斯比爾本人以及另外的兩千五百人也死於吉約坦裝置之下。羅伯斯比爾的忠實追隨者菲力浦·勒·布拉斯（Philippe Le Blas）竭盡所能地盡忠，但是即便如此，仍然被送往戰爭廣場（現在稱爲協和廣場），並且同樣被斬首。人們經常提及「癲狂的絞刑臺」以及被「絞刑臺的擁護者」所鼓舞的「紅色大衆」。[2]

從這種大混亂中能得到什麼教訓呢？歷史學家雅克·巴祖恩（Jacques Barzun）指出，那些要求君主制、貴族制和僧侶制的革命者發生了轉向，而打著「自由、平等、友愛」大旗的是一群觀點鮮明的普通人——律師、工匠、地方官員和土地擁有者——他們在很大程度上缺少政治經驗和管理經驗。這些個體中即使有些人接受過教育，但在行爲表現上有時候依然是一群烏合之衆，這也可以用來解釋導致結果向壞的方向轉變的原因。在國外，尤其是在英國看來，法國大革命是異常令人恐怖的。[3]

但是，法國大革命產生的影響要比以上所述的內容複雜得多，當然從很多方面來說也是很積極的。很多人嚴肅看待這些事件，從一七八九年以後[4] 的十年裡，盧梭（Rousseau）的《社會契約論》（*Social Contract*）平均每四個月就被重新印刷一次，由此可見一斑。整個體系的變革建議被提出來，雖然其中的一些沒有持續下來，但是大部分得以保留。大學和重大的機制被重新塑造，從而降低了教堂的權威，皇室圖書館按照藏書國有化的要求重新組織，公立藝術學校被建立起來，在這裡，音樂家們能夠以公費接受專業訓練。

測量上的革命

最爲不朽和有影響力的發明是公尺的量度。在舊有的體制裡，法國有令人難以置信的超過二十五萬種不同的重量和尺寸度量單位，雖然應用最爲廣泛的長度單位是「派得」，與國王腳的長度相一致，這也有其他方面的應用——比如說，印刷方面「點」的單位，按照腳長度大小的一百四十四分之一做爲單位。在戰爭背景下，或許沒有什麼是比這更具有煽動性的事情了，即使是在這個例子當中，一七八九年的事件不過是自一七七五年開始討論事情的沉澱，當時的主管者杜爾哥（Turgot）要求康德塞特（Condorcet）制定一個建立在鐘擺一秒擺動基礎上的、關於重量和尺度衡量的科學體系的計畫。這又回到了伽利略的創意，伽利略認爲長度的基本單位應該是鐘擺敲響時在一秒鐘時間內所擺動的距離〔這實際上是特里蘭德（Talleyrand）的創意〕。但是，關於這個創意還存在很多問題，主要和地球並不是一個完美球形體之事實有關，因爲地球在極點處是扁平的，但是在赤道處卻是凸起的。甚至牛頓都已經發現，隨著緯度的變化，重力也在發生輕微的變化，並且不遵循始終如一的規律，所以鐘擺的擺動比人們想像的要不穩定得多。之後的一個提議是，將計量單位建立在取自自然界的一些東西之上，法國還成立了一個專門的考察團，來選擇這種按照地球圓周長度爲基礎的計量單位，在這個圓周上，每個法國人都可以有自己的標杆。考察團認爲，一個能夠和可被分爲四千萬單元的圓周保持一致的衡量尺度，足以保證與法國的「昂」一樣的精確度，人們普遍認同的日常的三倍腳的長度。[5] 這種計量方法受到了普遍歡迎，這種歡迎更大程度上反應爲以此爲基礎所建立起來的一整套合理的計量體系：一克的重量是一立方釐米的雨水在達到最大密度的溫度（攝氏四度）時，在眞空中的品質；一法郎是〇．一克黃金，可以進一步劃分爲一百生丁。除了十進位的時間表達方法之外，所有這些都得到了認可。十進位的時間把三十天一個月的十二個月根據自然來命名（霧月，法國共和曆的二月，相當於西曆十月二十二日到十一月二十日，霧的月分；熱月，法蘭西共和曆的十一月，相當於西曆七月十九日到八月十七日，熱的月分；風月，風的月分），這很難被人理解。將一天分爲十個小時、將一小時分爲一百分鐘的做法也很難讓人理解。人們不習慣以五點做爲一天正午或者十點做爲午夜的創意，因此這種計量體系被拋棄了。

但是，公尺制的重要性遠遠超過它本身。它經歷了著名的試驗過程，或者說是七年的探測過程，讓－巴普蒂斯特－約瑟夫·戴勒姆博雷（Jean-Baptiste-Joseph Delambre）和皮埃爾－佛朗索瓦－安德列·莫琛（Pierre-François-André Méchain）兩人繪製了從敦克爾克（Dunkirk）到巴賽隆納（Barcelona）的子午線（其間穿越巴黎），並藉此確定了地球圓周的精確長度，公尺制也就在此基礎上建立起來。這次探測活動直接導致了一七九九年第一次國際科學研討會的召開，協商和探討戴勒姆博雷和莫琛提供的證據，並且給出最終的長度決議。諷刺的是，這項探測活動也產生了一些錯誤，由於錯誤具有重大意義，它們也成爲了精確統計學產生過程中的一個重要階段；關於這方面的內容，將在本章後面的部分詳細論述。[6] 上述兩人對於地球圓周長度的估算與現代衛星探測結果有很大區別，在這本書上將會用不少於七頁的內容來介紹這些事情。

社會學

但是，一七八九年事件帶來的一些零散性後果當中，首當其衝的自然是恐怖行動（Terror），隨後就是理事會（Directorate）和領事館（Consulate）。對大多數人來說，這只是意味著原有的壓制逐漸被一種新型的壓制方式所取代。在另一些人看來，結果不過是強化了一種觀點——人的眞實本質是邪惡和野蠻、報復心強，認爲人在世俗和精神領域中追逐最高權威的需要是理所當然的。[7] 還有第三種觀點是不同的，這種觀點堅持認爲革命已經失控，因爲在很多人強烈要求把自由擺放在秩序之前的時候，另外的很多人卻希望改變這種優先順序，要求把秩序擺放在自由之前。最大化發揮自由的最佳秩序形式是什麼？這是導致社會學創意產生的根本性觀點之一。

西耶斯和孔多塞

羅傑·史密斯（Roger Smith）注意到是法國革命者描述了社會學的變革，而且最先涉入此領域的人是西耶斯（abbé Sieyès）的《什麼是第三階層？》（What is the Third Estate?），他們竭力去驗證，在法國，與君主、貴族或者教會相對應的平民階層的精確定義是什麼。在西耶斯和他後來的支持者看來，社會科學實際上是觀念發展的一個階段，世俗社會觀點的一個進步，因爲當時人們關注的是社會構成、社會秩序，而並不訴諸於政治集團。[8] 孔多塞（Condorcet）——在其他身分之外，他還是社會科學學會的常任祕書長（曾經因爲逃避斬決而躲藏過）——繼承了西耶斯於一七八九年建立社會科學學會時的觀念，學會的具體目標是運用政治學的社會道德觀念進行法國的社會重建。雖然社會科學學會在孔多塞去世後沒能存在多久，但是在他被捕入獄的過程中，社會科學的觀念一直在持續，而且伴隨著一七九五年大學和重大機制的改革，政治學的社會道德觀念在新型大學中成爲一門學科，定名爲社會科學。【9】

社會科學在法國的流行根本不是一件值得驚訝的事情。經歷了大革命之後，法國民族已經不再由原來的「國民」所組成，而是由新型的「公民」所組成，人們感覺這就意味著需要學習一種共同生活的新方式。這一點變得異常緊迫，因爲不管是左翼的公民還是右翼的公民〔這些術語最早在一七八九年以後用來反映法國國民大會（the French Constituent Assembly）的席位設計〕，都渴望一些新的生活方式。【10】

聖西門和實證哲學

假如說西耶斯和孔多塞最早創立了社會科學這個術語，那麼最早配得上社會科學家頭銜的人，起碼在法國，就應該是克勞德－亨利．聖西門（Claude-Henri de Saint-Simon，一七六〇～一八二五）。他曾經在獨立戰爭當中爲美國民衆而戰，因此，他很熟悉在一個新生的共和國中該如何運用啓蒙思想：如果運用得當，這些思想將會爲國家帶來民主、科學和進步，像和他同時代的一批人一樣，他在很大程度上受到了近年來數學領域和自然科學領域的進步帶來的影響。這些學科的平穩發展與政治領域的混亂和無目標性之間形成的強烈對比，促使他進入了社會科學的研究方向。科學的這些進步以及隨之而來的普遍的樂觀主義態度，促使他提出了「實證主義」這個術語，用來描述那些最終消除對形而上學闡述的依賴的人類活動。聖西門認爲伴隨著法國大革命，尤其是假如生理學能夠保持它當時的發展勢頭繼續向前，人類科學將會變得越來越充滿活力。他堅信在「諸如氣候、健康、飲食和勞動等社會生活的具體環境」當中，必然存在著固定的規範和模式。他堅信在生活中必然存在著與政治（或者神學之類）無關的機制。對於聖西門來說，醫藥學，尤其是生理學，是社會機制運作的一個比較理想的隱喻模型。他開始探究在社會管理過程中是否存在著尚未被人們發現的規範，就像在一段時期內，血液循環的規律一直是個令人不解的謎團一樣。【11】

英國的工業城市

但是，如果社會科學做爲一種新型的思考方式和人類秩序的新型理論而最早在法國出現的話，那麼，隨著工業化的快速發展，尤其是在英格蘭出現的大規模從農村向城市的移民活動，社會科學這種新方法便成了顯而易見的實際需求。在一八〇一年到一八五一年之間，英格蘭和威爾斯的人口數量大約增長了一倍，從一千零五十萬增長到兩千零八十萬，但是城市人口增長的速度大大超出此比率。伯明罕（Birmingham）的人口數量從七萬一千增長到二十三萬三千，增長達百分之三百二十八；格拉斯哥（Glasgow）的人口數量從八萬四千一躍增長爲三十二萬九千，增長達百分之三百九十二；曼徹斯特／索福德（Manchester/Salford）的人口數量從九萬五千增長到四十萬一千，增幅達到了驚人的百分之四百二十二。[12]人口的迅猛增長不可避免地帶來了嚴重的後果，這其中最爲嚴重的就是惡劣的居住條件、過度擁擠的工廠、不道德且殘忍地使用童工、原始和匱乏的醫療衛生設施，以及隨之而來的各種疾病。即使不能用百萬來計算，數十萬名工人居住在侷促和擁擠的住房中，居住在被鍋爐冒出的煤灰和濃煙弄得醜陋不堪的、連最基本的設施都不具備的建築物中。居住環境如此惡劣，以致在伯明罕和斯托克之間的整個區域，因其「黑區」（the Black Country）的綽號而遠近聞名。[13]

童工和疾病

約翰·馬克斯（John Marks）蒐集了很多關於童工和疾病恐怖事件的報導。「大部分貧困孩子在七歲時就被送到雇主那兒，每天要工作超過十二個小時，連星期六也不例外，他們生活在工頭的監督之下，經常要遭受皮鞭的抽打，有些兒童甚至一天要工作十四或者十五個小時，一週工作六天，連吃飯的時間有時都要因爲擦洗機器而被擠占……這是一八三一年到一八三二年提交給政府工廠童工委員會（Committee on Factory Children's Labour）的一部分證詞：『在凜冽的清晨，這些女孩什麼時間就得去工廠呢？』『在凜冽的清晨，大約有六個星期，她們必須在凌晨三點出發，一直工作到夜裡十點，有時候要拖延到十點半。』『在這十九個小時的勞動過程中，允許她們有幾次休息和吃飯的時間？』『早飯，十五分鐘；晚飯，半個小時；喝水，十五分鐘。』『這些時間當中是否還會被擦洗機器的時間所占用？』『她們一般還要去做她們稱之爲「基調」（dry down）的事情；這件事情有時要擠占整個早飯或者喝水的時間，而且她們要盡自己最快的速度來吃晚飯或者早飯；如果時間不允許，她們只能將飯帶回家裡再吃。』」[14]從一八一九年開始，通過的議會法案（Acts of Parliament）限制這種過度的壓榨，但是這個法案遠遠不夠充分，情況依然慘不忍睹。

在這樣的體系下，兒童們經常累得筋疲力盡，因此，早上無法自行起床，甚至有很多兒童還必須依靠成年工頭的幫助才能穿好衣服。「在一些煤礦裡，生存條件更加惡劣——很多兒童在他們四歲的時候就被工頭帶走，去從事開關通風閘門的工作，他們必須在偏僻的小角落蹲坐數個小時，從事壓碎煤塊的工作，按照一位委員會成員的話說，他們的工作『就是在最壞的環境當中做著最爲孤獨的工作』。」[15]不出所料，這種安排帶來的兒童死亡率的上升是發人警醒的，很多兒童在工作過程中因爲過度勞累而睡著，不小心就被捲入機器當中。這起碼還是比較迅速的死亡方式。更爲殘忍的是，工廠骯髒的環境還會導致很多疾病的產生，尤其是肺結核、霍亂和傷寒綜合症。

孔德

狄更斯和其他作家們還因此創作了他們所謂的「工業小說」，羅伯特·歐文（Robert Owen）和其他競選者致力於呼籲法律的變更，但是認爲工業化做爲一個主題需要進行系統研究的第一人，卻是法國人奧古斯特·孔德（Auguste Comte，一七九八～一八五七）。値得一提的是，孔德有一雙不正常的短腿，在一個全由女人組成的家庭裡長大，這似乎對他帶來了相當深遠的影響：他總是和女人糾纏不清，而且老是對比他處境差的人感興趣。[16]做爲一個城市僕人的兒子，他經由自己的努力進入了巴黎理工學校，衆所周知，這所學校以科學和工程學的課程而聞名，孔德致力於研究法國人和工業化變革。在巴黎理工學校，孔德確立了他終生的研究目標，即把物理科學的方法運用於社會學。[17]孔德用最基本的判斷認識到他所處的社會正在發生變革：他所謂的「神學」和「軍事學」的價値正被「科學的」和「工業化的」價値所取代。他認爲，在這樣一個社會裡，工業家取代了勇士，科學家取代了牧師。社會科學家們「掌控了人類社會的和諧，實質上是在新的社會秩序中執行了高層牧師的角色」。[18]

在一八一七年至一八二四年，也就是從巴黎理工學校畢業之後，孔德一直擔任聖－西門（Saint-Simon）的祕書。在他們因爲意見不和而鬧翻之後（孔德認爲聖－西門在他公開發表的論文中沒有給他足夠的榮譽），孔德獨自離開。孔德是階段論的忠實信徒，在他的著作《實證哲學》〔*Cours de Philosophie*

Positive（*Course of Positive Philosophy*）〕中，他認爲人文科學和自然科學都經歷了三個階段。[19]第一個階段即神學階段，人們用神學解釋一切現象；第二個階段是形而上學階段，人們將一切都歸因於抽象的力量或形式；第三個階段，他稱爲實證階段，在這個階段，科學「放棄了對終極原因的探索」，而是「在可以觀察到的現象中」尋求規律性和可預言的次序。他相信，人類在主要科學領域的研究已經取得了系統性的發展：物理學在十七世紀的成就、生命科學在十八世紀，以及他所處的十九世紀早期的成就。孔德認爲，從現在開始，科學，尤其是生命科學，應該成爲文明化進程的核心[20]。在他看來，生命科學被稱爲「有機物理」，並分爲生理學和後來被稱爲社會學的社會物理學兩部分。社會學是孔德發明的新名詞。孔德認爲，社會物理學實質上是從生理學中分化出來的，「它有它自己的主旨，即不能轉變爲其他學科規律的社會世界規律」。[21]孔德明確而愼重地試圖用社會學來代替政治哲學，以此做爲社會和諧的基礎，甚至是道德的基礎，這個基礎不偏袒任何黨派，他認爲這是「不可避免的」。他認爲社會現象就像其他現象一樣，有自己永恆的自然規律。但他對兩種社會形式加以區分：一種是「靜態」社會，控制著社會的結構，產生秩序和道德；一種是「動態」社會，控制著社會變化發展的規律。[22]

但是不久之後，孔德陷入了嚴重的困惑之中。他對於社會秩序的困惑，與他對於有組織的宗教（更不用說熱烈的愛情了）的輕蔑觀點結合起來，這些引導他嘗試建立他自己的社會秩序形式，在這種新宗教裡，其目的就是「讓人們生活在愛中，這種愛是建立在實證知識基礎上的」。孔德熱中於宗教儀式，他認爲這種儀式有助於促成社會和諧，但是，以他的名義建立的這些慈善機構中，卻很少有這種「實證」的存在。事實上，最重要的是，這些儀式類似於天主教的禮拜儀式，只不過他們崇拜的對象是對人類的愛。[23]因此，孔德的創造性精神發生了偏離和消解。這阻礙了他的社會物理學體系的成熟，並且這一體系最終因爲兩個重要的原因而坍塌，在他的體系中沒有爲心理學和個體動機留下絲毫的餘地。並且，他受困於社會秩序以及實現這一秩序的方式是如此之深，以致他忽視了社會衝突的作用以及權力的殘酷現實。這些缺陷留給了馬克思去塡補。[24]

赫伯特·史賓塞

孔德有一個英國同行叫赫伯特·史賓塞（Herbert Spencer，一八二〇～一九〇三），史賓塞就像法國人一樣，深受自然科學和工程學的影響。從史賓塞的情況來看，他在英國中部鐵路沿線的一個小鎮德比（Derby）長大，史賓塞的第一份職業就是爲鐵路公司工作。他受到自然科學和工程學的影響，與此有很大關聯。但是，他和孔德有一個最根本的區別：孔德的最終目的是用社會學來影響政府政治，而在史賓塞看來，社會學所表達的政府「應該盡可能地少干預公衆事務」這樣的觀點，令他深感憂慮。史賓塞是亞當·斯密和查理斯·達爾文的崇拜者，並接受了他們的觀點來構想社會，他認爲社會好比一個工廠，變得日益複雜，因而既需要機構的區別，又需要分工的專門化。他說，這是必需的，因爲在達爾文的觀點中，這樣的結構能使社會具有更強的適應性。史賓塞堅持認爲變革發生在社會的每一個階層，結果就是「適者生存」（這個詞語是他所創造，雖然他僅僅是吸收了一部分的物競天擇論），他認爲這個過程將淘汰適應性較差的人，衆所周知，這就是社會進化論的社會進化方式。[25]

史賓塞比孔德更受歡迎，特別是在大不列顚王國和美國，他的《社會學研究》（*The Study of Sociology*, 1873）既以精裝書模式出版，又在出版社的系列叢書中出版。史賓塞受到了廣泛的追捧，原因之一就在於，維多利亞時期的中產階級們從他那裡聽到了想聽到的內容：個人的道德修養是變革的動因，因此，社會學支持「自由主義」經濟學的思想，以及政府應最低限度地干預工業、健康和福利的思想。

馬克思

在十九世紀的學科發展中，德國社會學家們的研究趕上並超過了他們在法國和英國的同行們。「冷戰」時期，伴隨著史達林主義的恐怖和許多東歐國家的嚴峻形勢，卡爾·馬克思（Karl Marx，一八一八～一八八三）的名字背負了許多的壓力。然而，在很多人看來，馬克思一直被認爲既是政治理論家，又是社會學家。他的社會學觀點緊緊圍繞著他所謂的異化和意識形態兩個概念展開。[26]異化的概念指的是人們的生活和自我形象被現實的工作環境所決定，以及經常被破壞的程度。馬克思說：「那些在工廠裡做工的人們，已經淪爲了工廠工人。」也就是說他們會越來越感受到無力控制自己的生活，並且經常不得不去做那些遠低於他們能力的工作。馬克思用「意識形態」來指占統治地位的世界觀，不知不覺地在社會中反映出來。舉個例子來說，「意識形態」促使人們相信，我們對事物所處的狀況束手無策、一籌莫展，是因爲所有狀況都是「自然而然」的。馬克思的其他社會學觀點圍繞著社會的「經濟基礎」和「上層建築」展開。在他看來，生產條件構成了社會的經濟基礎和根本現實，而社會制度——法律、發言權、行政事務，或者宗教——構成了社會的上層建築。對馬克思而言，人類最根本的科學是經濟學，而不是心理學，而且，在闡述這一理論時，他也創造了一種看待人類事務的新方式，所謂「人類事務」指的就是信念、知識或者社會制度與權力操縱之間的關係。「儘管啓蒙主義作家和十九世紀的自由主義者都從主張人性展開他們的思考，但是，馬克思卻顚覆了這種平衡，並且尋求透過歷史學和經濟學因素來解釋人性。」[27]

直到十八世紀末，馬克思的觀點還沒有眞正爲西歐所接受，哈羅德．珀金斯（Harold Perkins）曾經說過，在十九世紀八〇年代之前，英國幾乎沒有人知道馬克思主義，這種狀況現在看起來會讓人驚訝，但剛開始時就是這樣。首先，在俄國，人們對馬克思表現出極大的興趣，那時侯俄國是一個政治和社會發展都非常緩慢的國家，俄國人開始思考在這樣一個落後的國家能否實現短時期的跨越式發展，或者是否需要經歷不同的改革、革命和復興，就像西方剛剛經歷的一樣。不久，馬克思的思想也引起了西方世界的關注，而恰在此時，俄國爆發了暴力革命，馬克思的思想似乎獲得了官方的認可。

另一些促進了社會學學科的形成，並且影響了整個二十世紀的德國社會學家，包括馬克思．韋伯（Max Weber）、斐迪南．托尼斯（Ferdinand Tönnies）和格奧爾格．齊美爾（Georg Simmel）。像馬克思一樣，韋伯的理論主要是側重經濟學領域的，但是他仍舊把自己的理論歸功於對於孔德的借鑑，他也是最先稱自己是社會學家的德國人（這裡涉及社會的概念，實際上在十九世紀末期以前，「社會」還不是一個普遍性的稱呼。人們會提及「政治社會」、「野蠻社會」等，但是不會提及更加抽象化的概念[28]）。

德國社會學家關注的主要思想是「現代性」，即現代生活與過去生活在社會、政治、心理、經濟以及道德感等層次上的具體差異。這一廣受關注的思想在德國表現得更爲明顯，因爲德國在一八七一年一月一日正式獲得了統一。馬克思．韋伯的所有工作都旨在證實是什麼使得現代的西方文明如此與衆不同，但是，正如羅傑．史密斯（Roger Smith）所描述的，所有早期的社會學家都對現代性產生的原因有著濃厚的興趣。這是史密斯記錄下來的一張表格：

赫伯特‧史賓塞：現代性意味著由好戰的（軍事）社會向工業社會的轉變。

卡爾‧馬克思：這一變革是從封建主義向資本主義的轉變。

亨利‧梅恩〔Henry Maine，英國社會學家／人類學家，他的最主要貢獻是《原始法律》（Ancient Law），採用了一種進化論的方法〕：認為社會變革是從身分制向契約制的轉變。

馬克思‧韋伯：由傳統權威向理性—法制權威的轉變。

斐迪南‧托尼斯：由禮俗社會（共同體）向法理社會（現代社會）的轉變。【29】

韋伯

韋伯認爲社會科學應當得到發展，透過精確地分析和澄清究竟什麼是「必然發生的現代化的社會和經濟環境」的方式，來證明剛剛獲得統一的德國。在各種各樣的學者圈中，他都是其中之一，但主要是經濟史學家。一八七二年，他成立了一個社會政策學會（Verein für Sozialpolitik，英文爲Society for Social Policy），這個學會的目標就在於研究社會環境和工業化之間的關聯。【30】如他們所見，該學會的成員認爲德國正面臨著一個進退兩難的選擇。他們普遍認爲，在他們生活和工作的德意志第二帝國（the Second Reich），除了接受工業化之外，別無選擇，但同時，他們也意識到經濟發展不能讓所有人平等受益。因此，他們建議政府應該根據這種現實，制定相應政策，比如說國民保險制度，以降低工人階層的貧困程度。【31】

在社會學領域中，韋伯是一個博學者。他首先撰寫了經濟學史，接著就做了一個關於十九世紀八〇年代普魯士經濟大蕭條狀況的調查，在轉向歷史學的另一個不同領域的調查之前，以色列、印度和中國的原始宗教都爲他研究現代西方的經濟發展提供了一個比較視角。【32】這增加了他的著作《新教倫理和資本主義精神》（*The Protestant Ethic and the Spirit of Capitalism*）的權威性，這本書於一九〇四年出版，是他所有著作中最爲人熟知的。在這本著作裡，他力圖解釋「資本主義做爲現代社會中至關重要的經濟發展模式，首先是由新教徒實施的一種實踐，即使是在天主教的國家也不例外」。【33】而且，這些新教徒們並不一定關注於財富的創造，同樣的，儘管錢可以買到奢侈品，但是，更爲重要的是，工作做爲一種履行道德義務的形式，做爲一種職業，它同時也是一個人對上帝履行應盡的義務的最好方式。事實上，如同天主教徒的最高理想是透過逃離世事和內省的方式（像僧侶一樣歸隱）來淨化靈魂，而對於新教徒們來說，相反的方面才是正確的：只有在幫助他人的過程中才能獲得圓滿。[34]

雖然韋伯是一個充滿激情的政治學家，但是他也像孔德一樣熱中於能夠提出「價值中立」事實的社會學，也就是說，這些事實是不涉及從事這種研究的科學家的個人價值或者集體價值的。同時，韋伯竭力指出：科學不能提供價值或者告訴我們怎樣生活，它只能提供新的事實來幫助我們決定如何生活。韋伯認爲現代社會學的顯著作用是它帶來了覺醒。他說，這是一個「連上帝都沒有，也不可能有一個歸宿」的社會。[35] 對於韋伯來說，現代性意味著合理性，各種事務機構建立在效率、秩序和物質滿足的三位一體基礎之上。照他看來，這要透過日益控制人與人之間關係的法律、商業、官僚政治機構來實現。韋伯也看到，問題在於，存在著自由和其他利益的商業化及工業化社會，給我們的生活帶來了覺醒，也消解了人類任何「精神上的目的和追求」。[36] 他沒有想到有什麼方法可以解決這個問題，覺醒存在著並時刻伴隨著人類。

韋伯的最終觀點是建立新的人文科學，社會學就是其中之一，它在根本上區別於自然科學。我們可以根據因果法則的運用來解釋自然界所發生的事情，但是，人類行爲「有其固有的意義」，而且毫無疑問是需要用一種本質上獨一無二的方法來加以「解釋」和「理解」的。[37] 在現代社會，韋伯主義的二分法仍然中肯而具有活力。

托尼斯

儘管沒有二分法這麼有影響力，但是在當時，斐迪南．托尼斯（一八五五～一九三六）劃分社會區別的觀點也很重要。一八八七年，托尼斯形象地描述前現代社會是建立在禮俗社會（共同體，community）的基礎之上，而他所說的現代社會則是建立在法理社會（協會，association）的基礎之上。傳統意義上的共同體自然有機地存在和發展，建立在每個共同體成員具有的共同「宗教」價值觀基礎之上，這些價值觀絕大多數是不成問題的。而另一方面，現代世界範圍中的社會卻以理性和科學的準繩來規範，依靠官僚機構來維繫和發展。按照托尼斯所說，現代社會難以避免地會出現一些虛僞和專斷之處，無法保證共同合作的人們達成屬於自己的一致性價值觀。這些觀點和看法經常在一些現代性的作品中得到體現。

齊美爾

十九世紀德國的第四位重要的社會學家是格奧爾格·齊美爾，他在一九〇三年發表了文章〈都市和人的精神生活〉（The metropolis and mental life）。他解釋說：「情感生活的激烈化是都市個性確立的心理基礎，而情感生活的激烈化則是由於外在和內在刺激快速且連續地轉化而導致的。」[38] 齊美爾指導過卡爾·曼海姆（Karl Mannheim）和格奧爾格·盧卡奇（Georg Lukács）兩人，他認爲十九世紀的大多數新型城市（大都市，不包含一些中型的大學城市）都提供了一種新型的空間，對於人們的交感產生重要的暗示作用，「這個空間既是令人興奮的又是彼此疏遠的……由於客體文化的過度膨脹，導致了主體個性文化的萎縮……」[39] 如果第一個短句中所描繪的城市如同印象派畫家極力想描繪的那樣，那麼這就可以用來解釋爲什麼齊美爾在柏林經常被稱做「哲學界的莫內」。齊美爾其他有影響力的觀點還包括對客體文化和主體文化的區分。齊美爾認爲的客體文化也就是我們通常所說的「良好修養」，即馬修·阿諾德（Matthew Arnold）描述的那種經過思考、寫作、構建和描繪出來的最好的文化。這種文化形式之所以是客觀的，是因爲它屬於「向那邊」（out there）類型的文化，有具體的存在形式，就是每個人都可以看、聽或者閱讀，而且，齊美爾認爲人們如何與這一評判標準發生關聯，是界定一種社會或者文明的最好方式。而與此相反，齊美爾認爲在主體文化中，個體注重於「自我滿足和自我實現」，與「向那邊」類型的文化沒有任何關聯，而是透過他或她自身的資源來實現。在主體文化之中根本不存在或者只存在少許可以分享的東西。齊美爾認爲主體文化的一個經典範例就是商業文化；每個人都關注自己的利益。也就是說，每個人都或多或少地滿足於自己的所得，而沒有意識到集體利益的不滿足狀態，表現出一種疏離感。一八九四年，齊美爾成爲教授明確地被稱爲「社會學」課程的第一人。[40]

塗爾幹

齊美爾再一次帶我們回到了法國，因爲那裡有他的對手埃米爾·塗爾幹（Émile Durkheim，一八五八～一九一七）。一個來自洛林（Lorraine）的猶太學者的兒子，一個徹徹底底的來自鄉下的猶太人，塗爾幹是雙重的邊緣人，這也爲他的探索提供了契機。在一七八九年之後，法國又經歷了多次的政局動盪——如一八四八年革命，一八七〇～一八七一年的普法戰爭和對巴黎的圍困——這些動亂都導致了塗爾幹對社會穩定狀況的持久興趣，是什麼導致了社會穩定，又是什麼破壞了社會穩定，以及哪些因素能夠給動亂中的個體帶來使命感，讓他們保持誠實和樂觀的品格。[41]

從職業意義上來說，塗爾幹是法國隨之而來的一系列教育改革的受益者。伴隨著巴黎圍困和巴黎公社起義，法國共和黨人和天主教的君主主義者展開了關於控制權（尤其是教育控制權）的爭鬥，並以共和黨人取得最終的勝利而告終。在他們的教育改革措施中，大學教育改革首當其衝，他們宣導依照德國模式建立科學研究院。這些改革的潮流，塗爾幹都趕上了：一八八七年，他已經供職於波爾多大學（Bordeaux University），並開設了一門叫做「社會科學」的新課程。[42]也正基於此，當官方像對待其他大學一樣開始重建波爾多大學的時候，塗爾幹迅速取得了一個優先的位置，並且開創了（至少在法國來說）一門全新的社會學學科。感覺到屬於自己的機會來臨了，塗爾幹迅速行動，編著了一部本學科的教材，出版了兩本視角更精細、更引發爭議的著作，即《社會分工論》（*The Division of Labour in Society*, 1893）和《自殺論》（*Suicide*, 1897）。一年之後，他又創立了一本雜誌——《社會知識》（*L'année sociologique*）。一九〇二年，他被推選進入了索邦神學院（Sorbonne，巴黎大學的前身）。

自殺——大混亂

《自殺論》一書是塗爾幹最爲知名的作品。如羅傑．史密斯（Roger Smith）所言，從表面上看來，這本書好像和社會學的主題毫不相干。[43]除了隱祕化、私人化和主觀化之外，它一無是處〔紀德（Gide）後來就曾指出，自殺在原則上是無法解釋清楚的〕。但這卻正是塗爾幹的觀點：試圖解釋心理學存在著社會學的維度。舉個例子來說，在這本書的第一部分裡，他運用統計學的觀點來揭示自殺數量的變化，這與一個人是新教徒還是天主教徒有關，與一個人是居住在鄉村還是居住在城市有關。這些觀點在以前從來沒有人提出過，所以，當時的人們都被塗爾幹的這些發現震驚。但是，塗爾幹自己並不滿足於這些明顯的數量上的變化。他同時認爲，一些不太明顯的社會特徵也同樣重要，並且將自殺現象劃分爲利己主義自殺、利他主義自殺、社會反常的自殺、宿命性自殺四種。他將「利己主義」描述爲「社會試圖成爲個體情感的中心，但卻慘遭失敗的一種衡量尺度」。[44]存在這些失敗的社會裡，相當大比例的人們的生活是無目標的、「不完整的」。他所定義的「社會反常」衡量的是一種缺乏社會規範的社會，這種社會裡的人們過著一種無規律的生活，受到大量副作用（比如高犯罪率）危害的困擾。因此，塗爾幹論證說存在著社會這樣的環境，必然也就存在著相當多的社會現象，如利己主義、社會混亂，從某種意義上說，這些現象的存在完全超出了個人的範疇，而且不能簡單地歸結爲生物學或者心理學學科。[45]

社會化的醫藥學

塗爾幹用社會學的方法研究人類行爲所取得的又一大成就，就是他爲社會化的醫藥學，也就是我們現在所稱呼的流行病學，提供了理論分析的基礎。當然，塗爾幹並不是唯一進入這個研究領域的人——在十八世紀的德國、奧地利以及瑞典，有很多學者開始爲這個研究目標蒐集大量的資料。但是，社會化的醫藥學，也就是流行病學，也同樣在一些工業化程度比較高的大都市產生，在人們應付當時氾濫成災的社會問題和試驗中產生，而不是僅僅局限於衛生學領域。最早的一個例子出現在英國，最早在此領域取得顯著成就並爲其他學者產生示範和借鑑作用的學者是約翰．斯諾爵士（Sir John Snow），他運用統計學／社會學的研究方法來分析當時流行的霍亂疫情。在一八五四年，倫敦爆發了一場空前嚴重的霍亂疫情，在不到十天的時間裡，死亡人數就超過了五百人。根據已故患者和受感染患者的名單進行的數據分析中，斯諾注意到：大多數的霍亂病例都發生在布羅德大街（Broad Street）的臨近地區。「在對已故患者的家庭成員進行採訪的基礎上，斯諾篩選出了一個共同的因素，那就是布羅德大街的水井，每一個病例中的受害者都曾經喝過那口水井中的水。與在布羅德大街區域的調查一樣，對當地工廠的調查也同樣提供了確鑿的證據，只有極少數的工人感染上了霍亂，而且這些感染者病例中，絕大多數患者是在進入工廠之前就已經感染上了霍亂。斯諾分析並且建議工廠的人用一個獨立的水井飲水……。斯諾的認眞調查，最後證實了霍亂疫情的原因在於布羅德大街水井中的水不夠純淨，斯諾請求官方當局盡快封閉這一處水井。」這個舉動終結了霍亂疫情。雖然這種做法並沒有帶來立竿見影的效果，但是這一段小插曲已足以成爲一段傳奇。使斯諾的調查更加不同尋常的原因在於，直到他的調查過去了二十八年之後，羅伯特．科赫（Robert Koch）才發現了霍亂菌。[46]

流行病學與統計學

疾病的病菌理論一直到十九世紀八〇年代才被徹底揭示出來。也就在同一時期，斯諾形成了他的理論，匈牙利人伊格納茲．塞麥爾維斯（Ignaz

Semmelweis）也發現了外科醫生在接生時勤洗手可以減少產褥熱。一八六五年，約瑟夫·李斯特（Joseph Lister）在此基礎上更進一步，他提倡在外科手術過程中可以將碳酸（石碳酸）運用到病人的傷口上。但是，一直到了路易士·帕斯特爾（Louis Pasteur），才注意到弱化的病菌可以用來提供對這些由它們所致的疾病的免疫力，接種疫苗的創意開始形成，並且很快被應用到一些迅速擴散的傳染性疾病當中，這些疾病一般在大城市中擴散，例如肺結核、傷寒、霍亂。【47】

城市化與人口普查

城市化問題的加劇，也促使英國從一八五一年開始建立十年一度的人口普查制度。人口普查的目標是：爲現代化英國的社會化尺度提供一種看似簡單但卻是經驗性的依據。同樣，人口普查也刺激了第一次系統化地嘗試來評估貧困化程度和住房問題。羅傑·史密斯就說過，人口普查「轉變了整個國家的政治自覺和道德自覺」。【48】

人口普查反映出了人們對於統計學興趣的增長。英國科學促進會（本身是一個新機構，建立於一八三一年）同年即成立了專門的統計調查部門。曼徹斯特統計學會也於兩年之後建立，隨後一年，倫敦統計學會也建立起來。直至今天，人們都這樣理解：蒐集關於病態狀況的數據，也就是說，可能是關於犯罪或精神錯亂的影響範圍，也可能是關於社會營養狀況的事實，這些數據將會爲政府某些部門制定社會政策以及大學裡的社會科學研究提供經驗性的依據。那時，突然之間，人們可以獲得大量的數據，用來描述倫敦或者其他地方的生活狀況，或者說大約看起來是這樣。這些大量的詳細數據催生了更爲複雜化的統計分析的產生，而不再僅僅停留於清點數據的工作上。統計方法的兩種類型之一關注於生活某一特定方面的統計分析的分布狀態，而後一種類型則看到了統計分析之間的相關性。除了具有輔助社會政策制定的功能外，這些統計技術還有兩個更爲深遠的影響。它們展示了如此不同的社會現象是如何被聯繫在一起的，並且催生一些更爲新鮮的話題，此外，它們還揭示了在一定程度上，這些相關性永遠達不到完美融合。由於這些統計分析在不斷變化（與此同時，分布狀況也在變化），問題主要聚焦到世界的不確定性上，這成爲當務之急的問題，在二十世紀的學科裡，這個問題顯得尤爲突出，即使在物理學等自然科學學科裡，也不例外。【49】

凱特勒／拉普拉斯／勒讓德

更加正式的統計學調查是從比利時天文學家L．A．J．凱特勒（L.-A.-J. Quetelet，一七九六～一八七四）開始的。他於一八二三年前往巴黎學習天文學，在那裡接觸到了或然率的理論，這個理論由天文學家皮埃爾－西門．拉普拉斯（Pierre-Simon Laplace）在七十歲時創建的（他於一八二七年去世）。在此，我們要重新提到戴勒姆博雷和莫琛兩人的研究，他們兩人發展了公尺制的精確計量標準。肯．阿爾德（Ken Alder）在他關於這次研究的書中指出，上述兩人在他們各自的工作方式上存在著極大的不同。戴勒姆博雷把他的每一處發現都用鋼筆記錄下來，記在標注了頁碼順序的筆記本上：他的每一處錯誤都可以被所有的人發現。而莫琛卻恰恰相反，他習慣於用一些單頁的紙張，有些時候甚至是隨手拿過來的便條紙，用鉛筆在上面草草書寫，這些記錄很容易就褪色、擦掉，或者丟失。不管這些不同的方式是否具有象徵性，但很明顯的是，對於戴勒姆博雷來說，當他們兩個人交換意見時，他的同伴就會根據自己的主觀願望，粗製濫造大量的數據。他們之間的這些「分歧」產生另一個重要原因是：事實上，地球的形狀比莫琛所預料的要不規則得多，這也就意味著子午線的長度會發生輕微的變化，在某一特定的點上，重力也會相應地發生輕微的改變，因而也就影響到他們當時正在使用的鉛垂線。但是，莫琛認爲他早就獲得了這種不規則的結果，因爲他在三角測量試驗中誤算了恆星的位置。而現在，不管是在天文學領域還是在數學領域，確定恆星的精確位置幾乎已經成爲一個經典問題。在面對這道問題的時候，決定恆星的精確位置（以及它的視動）看起來很簡單，但是實際上一點也不簡單。在公尺制計量方式產生之前，人們普遍認同的是，即使運用最爲先進的望遠鏡，距離遙遠的恆星的精確位置也很難得以確定。這些觀測也帶來了一系列的後果。首先，這些觀測所獲得的算術平均數被當做是「眞正」的答案。那麼，就會出現這種情況：人們在他們的讀數中出現系統性的差異，因此成組成組的研究者都致力於消除這種偏見。但是，很多數學家對此仍不滿意：他們感覺到接近平均數的觀測數據應該比遠離平均數的觀測數據更加具有效力和影響力。這引起了兩項重要的發展。首先，爲了達到這一目的，數學家阿德里安－馬里．勒讓德（Adrien-Marie Legendre）創建了一種最小二乘方的方法。運用這種方法，任何一組觀測數據的最佳匹配都可以被找到，「這就可以使每個數據點偏離曲線的誤差值平方最小化」。【50】從我們的觀點來看，至關重要的一點是勒讓德創建了他的理論，並且解決了戴勒姆博雷和莫琛在數據上產生的問題。

高斯／皮爾森／平均人

拉普拉斯、凱特勒以及勒讓德開創的這項工作，在卡爾·佛雷德里希·高斯（Karl Friedrich Gauss，一七七七～一八五五）這裡得到繼承，他促成了這個理論的第二次飛躍。實際上，這種天文學技術已經表明，當由不同的天文學家做出的觀測報告繪製在同一張圖表上時，就會發現，用正式的術語說，它們是「規律分布」的。人們還發現，這種規律分布同樣適用於很多現象，因此，這種規律分布又被人們稱爲「標準化分布」（平均數爲中心）。十九世紀九〇年代，這個觀點得到了英國數學家卡爾·皮爾森（Karl Pearson，一八五七～一九三六）進一步的提升，他率先提出了「常規分布曲線」這一專業術語，這也就是後來有名的響鈴曲線。這或許也正是所有觀點中最有影響力的觀點，起碼在當時看來是這樣，因爲凱特勒運用響鈴曲線提出了他所謂的平均人（l'homme moyen）概念。[51]也正是此概念引發了大多數人的想像力，並且這個概念在不久之後就被作家、商人以及製造商們廣泛使用。但是除此之外，這個發現也帶來了很多問題，而這些問題看起來提出了很多關於人性的根本性論題。那麼，平均人的概念是否理想化？或者說這個概念是很庸俗的？處在這種分布方式邊緣的人們是否是奇異的，或者說是墮落的？平均人的概念是否代表著人類的本質？[52]

人們逐漸意識到在統計學中存在著一些基礎性的東西——甚至可以說是神祕性的東西。一般性分布的概念以及平均人的概念都意味著：不管是男性還是女性，他們的行爲活動的產生，在某種程度上都遵循著大多數群體成員的行爲邏輯。舉例來說，雖然大多數的個體謀殺事件是難以預測的，但是，犯罪統計學仍然可以解釋一種普遍性的規律，抑或說是一種穩定性規律，就是在一年又一年的變化過程中，可以預測出全年基本上有多少謀殺事件發生，以及大體上會在哪些地方出現。塗爾幹在自殺學的研究中也探討過同樣的話題。但是，這又如何來解釋現代生活的複雜性呢？難道這些多種多樣的表現形式應該被隱藏著嗎？「因此，統計學看起來日益成爲一種方式，社會事實的研究可以借助於這種方式，變得如同物理學等自然科學研究的事實一樣，更加客觀和更加精確化，而且，社會科學可以借助這種方式，變得像物理學一樣，能夠揭示一般性的規律和法則。」這些觀點也讓一部分人看到了成功的希望，他們堅信「社會競爭體系……必須爲了基本的社會福利進行重建」，政府也應參與進來，對由片面工業化帶來的破壞，至少可以給予適當的緩衝。[53]這是費邊社（Fabian Society）的一個核心觀點，它於一八八三～一八八四年誕生於倫敦，同時也是倫敦經濟與政治科學學會的核心觀點，在這裡，社會學從一九〇三年就開始被列入教授課程。[54]

查德威克和「死亡的原因」

但是，在十三～十四世紀，測量法的發展、精確度的提高，以及計量觀點的形成，是導致現代化的西方出現的原因之一，也是在維多利亞時代此領域取得的飛躍式發展。這一領域的最終影響產生於埃德文．查德威克（Edwin Chadwick），他堅持認爲「死亡的原因」這個特殊問題，必須包含在政府調查的範疇之內。[55]查德威克是兩項皇室議案的研究員和「探求眞相專員」〔這兩項議案分別涉及《濟貧法》（Poor Law）以及勞動者的衛生狀況〕。而且，多虧了查德威克，維多利亞時代對於計量的狂熱才算是有了統一的標準〔爲濟貧法律委員會（the Poor Law Commission）蒐集的統計資料就達十五卷之多〕。查德威克統計出的最駭人聽聞的數據是，透過對七萬七千名乞丐的調查研究發現，至少有一萬四千人是由於感冒發燒而導致貧困。[56]這個相關性的結論，印證了一個從來沒有人設想過的、以前就存在的問題，甚至某種程度上而言，至今仍然伴隨著我們。查德威克確證了這種關聯性，並且公布了很多駭人的數據，比如在工業化城市裡日益增長的死亡率，在過去的十年裡已經增長了一倍；他還指出，在貧困區域，基本上是平均一百二十人——沒錯，是一百二十人——「通常擁有平均不到一個廁所」。[57]

這些數據激怒了維多利亞時代中產階層群體中的許多人，在現代化政治的發展過程中也產生了重要的作用（比如，成立了工黨）。同時，維多利亞時代的另外一些人認爲，鼓勵計量是一種控制方式。歷史學家G．M．楊（G. M. Young）撰文指出：「列車時刻表的設置，對規範旅客行爲普遍具有相當重要的意義。」[58]但是，在一個大衆社會裡，統計學是必須的，而且，事實證明，統計學遠不止是一種控制方式，對大多數人來說，它是一種獲取自由的方式。對維多利亞時代的人們來說，統計學是令人振奮的；從哲學意義上而言，統計學向人們揭示了公共生活中的諸多確定性和不確定性，而且在實踐層面上，統計學有助於政府管理新興的、且常常是情勢嚴峻的大都市。在今天，對於大多數人來說，統計學已經變得枯燥乏味，而且喪失了它曾經擁有的令人振奮的光環。儘管如此，在現代社會裡，即使不考慮福利社會的想法，沒有統計學的生活也是無法想像的。

第三十三章

民族主義和帝國主義的使用與濫觴

英國人的「第一個帝國」／英國人的「第二個帝國」

一六四八年，也就是印度以及美洲地理大發現一百五十多年之後，《威斯特伐利亞和約》終於簽訂了。這宣告了三十年戰爭的結束，在這場戰爭中，新教國家和天主教國家為了實現各自的利益而相互爭鬥，在如何闡釋上帝旨意的問題上糾纏不清。和約簽訂之後，他們終於達成一致的決定，即每一個國家都可以自由地進行自己喜歡的解釋。為了這個結果的達成，人們已經流了太多的血，因為不同的觀點不可能以這樣或那樣的方式得以闡釋，那種「苛刻的容許」機制看起來才是唯一一條可行的道路。[1] 然而，不可迴避的是，這種新型的處理方式也帶有負面作用，這也是事實。首先，傳統的教皇制被拋到一邊；西班牙和葡萄牙等國的權力逐漸衰微，歐洲的中心開始轉向北方，轉移到法國、英格蘭，以及剛剛取得獨立的荷蘭王國。[2] 但是迄今為止，越來越明顯的事實是，整個地球的情形比最早的探險家所料想的要大得多且多樣化，加上難以掌握，這個事實使得北部國家的民眾在敏感性上得到了大大的改變，他們的存在價值在三十年戰爭當中早已得到了進一步的確認。這些北部興起國家的人們並不關注西班牙人在對待美國印第安人時候的汙蔑，他們反而對交易和商業更感興趣。（移民到尚未獨立的拉丁美洲國家的西班牙人和葡萄牙人中，女性僅占大約四分之一，然而，管北美鼓勵本地的英國居民帶著自己的孩子和妻子一起移民到拉丁美洲，所以，極少數的英國移民者在本地居民中尋找自己的性伴侶。）這種在早期的天主教人群和後來的新教人群中感情上的改變，與以下事實密切相關——重商主義階層的勢力正在日益取代傳統的軍事以及領主貴族的勢力，成為最主要的政治決定力量。這也導致了智力因素和道德因素在經濟基礎上的發展：商業在不同的黨派看來，皆日益被看做文明化和人性化的力量。「商業不僅僅是簡單的商品交易，而且還包括交流和忍讓。」[3]

至關重要的是在一些新教國家裡的情況，如英國和荷蘭。這些國家都有著悠久的商業傳統，因為它們都藉由付出一定的代價來換取宗教的寬容，這些國家不願意讓新開拓疆域中的原始居民遭受和他們一樣的痛苦。如果他們能夠做到的話，他們將會把這些「原始居民」從異教徒中拯救出來，做為他們商業活動的輔助目標，但是他們將不會使用暴力。[4]

假如說有什麼區別的話，英國在這方面的重視程度要比荷蘭更強。英國在美洲有自己的殖民地，而且在與法國的七年戰爭結束之後，它已經迅速成為歐洲海運實力最強的國家。但是，七年戰爭也使得英國背上了巨大的債務負擔，它開始嘗試著透過商業來彌補自己在戰勝中的損失，藉由收取美洲殖民地的稅收，並且透過在議會提案中否決殖民地國家的直接表決權做爲輔助措施，這最終也導致了美國獨立戰爭的爆發（雖然美國的稅率水準與英國等國相比要低很多）。[5] 這雖然不是預期中的結果，但是與此同時，對於很多人們來說，不管是在英國還是在其他地方，殖民政策不再能夠做爲一項長期策略而使用的觀點已經再明顯不過了。這些事實表明，不管是那些依附於強大的國家並且資源被他們榨取殆盡的殖民地，還是那些曾經在經濟發展上顯露出獨立性的自給自足型的國家，都希望能自由地走自己獨特的發展之路。亞當．斯密的一句預言極其中肯，他認爲，自由的美國人將會證明他們比受壓制下的美國人更適合做商品交易的夥伴。奈爾．佛格森（Niall Ferguson）說這是一個很好的理由，可以證明，爲什麼到了一七七〇年，新英格蘭人民會成爲「這個世界上最富裕的人民」。

歷史學家們經常把美洲稱爲英國的「第一個帝國」，與「第二個帝國」——即亞洲、非洲和太平洋等地區——做區別，在這兩個帝國的地區之間，英國的殖民政策存在著極大的差異。在第二帝國區域的統治措施中，主要採用的是軍事進駐的方式，完全征服並非預期的（或可實現的）目標。[6] 這一觀點從東印度公司以及荷蘭東印度公司的名稱就可以清楚地體現出來，這兩個公司後來成爲第二帝國時期的主要特徵，它們主導性的標誌就是貿易，而且是受保護的貿易。英國在東方的這些殖民地大多被葡萄牙人稱爲原料產地、加工廠、自我管理的宗主國，如同在合約中規定的殖民地一樣，目的就是使它們成爲歐洲商人和亞洲商人的大規模貿易公司。除了一些必需的防禦措施之外，英國在這些地方基本上沒有什麼像樣的軍事武裝力量——比如在印度，他們不可能形成威脅蒙兀兒勢力的力量。九百名英國國內的公職人員以及七萬名英國士兵就足以管理超過兩億五千萬的印度人（對於他們是如何實現這種管理的問題，在另一本書中有解釋）。[7]

但是，借助於穆斯林勢力的衰弱、及時的商業化的勝利，以及東印度公司在勢力和影響力上的逐漸增長，帝國主義的勢頭一直在增強確實是事實。在印度很多地方，這些公司最後甚至成爲當地很多大地區最有實力的統治者，但是，即使如此，就像安東尼．派格登（Anthony Pagden）所說，印度仍然與美國以及後來非洲的一些殖民地有很大的區別。他說：「印度和亞洲很多地方只不過是商品流通的通道，而不是做爲居住地而存在……，不同人群的無意識曾經在印度的歐洲人之間出現過。這裡從來沒有出現過克里奧爾人群或者多數的混血種人，他們可是能夠將很多早先的西屬美洲殖民地人群的血統轉化爲眞正混合多元化的人種。」[8]

沃倫·赫斯廷斯的彈劾

即便如此，當兩種不同的文化相遇，並在相互之間產生摩擦的時候，固有的一些風險和弊端就會顯露出來。在前文中我們已經看到孟加拉亞洲團體的活動是如何幫助人們復興東方文化的，威廉·瓊斯（William Jones）將注意力集中於梵語、希臘語以及拉丁語之間深層次的共通性研究，以及沃倫·赫斯廷斯（Warren Hastigs）這位孟加拉的總督，聚集了大量印度學者到加爾各答來研究印度的經文（他自己本身也精通波斯語和北印度語）。但是，到了一七八八年，也就是他的總督生涯結束三年之後，赫斯廷斯被倫敦議會指控，控告他「私藏」了巨額的個人財產，這些財產部分來源於東印度公司，部分受賄於貝拿勒斯和阿瓦杜的統治者。赫斯廷斯在被指控後，經歷了漫長的七年，最終被無罪釋放，而他的審訊成爲了一件十分「戲劇化的事件」，這場審訊的主要監督者是艾德蒙·伯克（Edmund Burke），赫斯廷斯早先的總督職位也沒有再被恢復。伯克確信東印度公司背叛了它當初的信條，它當初宣揚和貿易一樣「在帝國範圍內普及文明和帶給人們啓迪」，但伯克認爲實際上恰恰相反，赫斯廷斯領導下的東印度公司已經成爲專制和腐朽的象徵，「它一直壓制印度人，背棄了它起初宣講的仁愛的信條」（後來的歷史學家卻得出了截然相反的結論，他們認爲赫斯廷斯對印度文化研究得越深，他就越值得人們尊重【9】）。按照伯克的說法，赫斯廷斯已經背叛了帝國的最高信條，也就是人性化地普及西方的文明，這也是拿破崙時代的觀點。這些話放在伯克（包括拿破崙）身上看都是沒有誠意的。實際上赫斯廷斯被指控的事件眞正表明的是整個帝國在思考上的自負心理：這種他們制定的頗有野心的目標，其實與第一帝國時代更加赤裸裸的軍事進攻的殖民策略相比，並沒有他們想像中那麼大的不同。奈爾·佛格森曾經列出了做爲「第二」大英帝國存在基礎的九條特徵，並且希望把這些觀點散布出去。這些特徵分別是：英語、英國的土地使用和占有形式、蘇格蘭和英格蘭銀行業、通用的法律、新教主義、群體運動、受限的或者「守夜人」形式的國家政府、典型化的集會形式，以及自由主義的觀點。【10】

現代奴隸制度／黑奴貿易

接下來一個有爭議的話題，就是奴隸制度的問題。帝國主義的統治體系中，總會包含著這種或者那種形式的奴隸制度。我們應該不會忘記在雅典和羅馬城都有奴隸，但要注意的是，在遙遠的希臘和羅馬時代裡，奴隸們不必遭受到人格上的侮辱和歧視。在那個時代裡，不幸的奴隸也不過是被送往軍隊服役或者在煤礦裡勞作；幸運的奴隸甚至還可以被主人請去做孩子們的啓蒙老師。

但是，現代的奴隸制卻和以前大相逕庭：奴隸貿易本身的含意就表明了奴隸制度的歧視性和殘酷性。「奴隸貿易最早開始於一四四四年八月八日的早上，一艘貨船搭載了兩百三十五名非洲奴隸，他們大多來自於現在的塞內加爾國，在葡萄牙占領的港口拉各斯上岸。最初的奴隸交易市場被安排在貨船的甲板上，迷糊和恐懼的非洲奴隸，蹣跚著從那些待了好幾個星期、狹窄陰暗、缺少衛生保證的船艙中走出來，按照年齡、性別以及各自的健康狀況，被像牲口群一樣分成不同的小組。」[11] 奴隸貿易一直到了亨利王子的「航海家」號發布許可通知，並且到達港口碼頭之後，才正式得到認可。做為這一政策的發起者和支持者，亨利王子有權獲得奴隸貿易收益五分之一的好處，也就是在這次奴隸貿易中，他將獲得46個奴隸所含有的價值。也就是在他的支持下，奴隸貿易「黑金」（由於奴隸而得名）的交通運輸業興起了。

雖然奴隸貿易在歐洲來說還是新生事物，但是它在非洲的存在時間已經有好幾百年，只不過現在和以前在奴隸數量的需求上存在差異而已。歐洲的奴隸貿易是由一種新興的商業活動所驅動的——那就是蔗糖的種植。據安東尼·派格登所言，在一四九二年到一八二〇年期間，整個歐洲對於蔗糖數量的需要達到了驚人的地步，「被運往美洲的非洲奴隸數量是歐洲白人數量的五倍到六倍」。雖然這個數據是衆所周知的，但是它仍舊具有極強的震撼力。此活動塑造了後來的整個美洲，但同時也極富爭議地爲美洲帶來了相當多難以處理的尷尬問題。長期以來制約美洲發展的一個深層原因就在此一事實：現代的奴隸制度包含著一種對於奴隸主和奴隸之間關係的新型認識。[12] 不管是亞里斯多德還是西塞羅，都無法順理成章地接受奴隸制度這種說法。必要的時候，他們都曾試圖爭論說奴隸們是一種不同「類型」的人，但是他們也明白，這種說法有時候會不能讓人信服，尤其是奴隸們一般都會出現在戰敗方的陣營當中。主流的一神論也持同樣的觀點。儘管《舊約全書》和《古蘭經》都授權抓捕奴隸，但這僅僅適用於「戰爭這非常時期」。[13] 早期的基督教徒並不支持其他基督教徒抓捕奴隸的做法，但是同樣的憐憫卻永遠不會施與那些非基督教徒們。在奴隸貿易開始的幾年裡，一些天主教的牧師和陪審員們試圖宣稱非洲的那些「戰爭」是「正義的」，但是很少有人拿這一觀點當回事；到了一六八六年，也就是宗教法庭聲討和譴責奴隸制度的時候，一種更爲進步和相反的觀點被提出來。但是，很明顯的是，這種聲討並不是反對奴隸制度本身。[14]

羅馬教廷對奴隸制的觀點

小國梵蒂岡的觀點，反映出在一段時期內對奴隸問題的普遍看法——奴隸貿易要比一般的奴隸制度本身殘酷得多。但是反對者的數目也一直在急劇增長，並且開始將注意力集中在一個事實上：在此觀點背後，隱藏著一個悖論。很多人一直認爲黑人是「劣等人群，僅僅比動物稍微強那麼一點點」，而且與這個觀點相一致的是，黑人們經常被雇主稱呼一些類似於寵物的名字——費都、跳躍者等等。但是這種態度卻直接被一系列的事實所反駁——雖然認爲奴隸們劣等，雇主們卻經常讓他們去做一些需要很強的精神和知識素養的工作。[15]女性奴隸遭遇到雇主性騷擾的可能性也絲毫不會減少，她們會生育下混血的後代，並導致新型社會問題的產生。所以，雇主和奴隸之間的關係充滿著矛盾和緊張。

種族主義和奴隸制度／威爾伯福斯

種族主義的觀點一直占據著重要的地位，甚至持續到奴隸制度最後被廢除的時候。威廉．威爾伯福斯（William Wilberforce）正是一個支持廢奴主義的人，在他的信念中，歐洲的基督教文明將會是廢除奴隸制度強而有力的力量。在這一點上，他堅持認爲奴隸們的最終解放「很可能沒有透過基督教教義以及英國的法律、制度和文化所帶來的充滿光明、眞理與快樂的統治重要」。但是，威爾伯福斯卻是當時試驗性的殖民地獅子山事件的強烈支持者，該殖民地建立於一七八七年，目的是爲了「在國與國之間引入文明，並且藉由自由勞動力來開發這片土地」。獅子山確實因此繁榮起來，而且它的首都自由城也成爲新的皇家海軍反奴中隊的一個基地。[16]最終，丹麥在一七九二年成爲了第一個在法律中取締了奴隸貿易活動的歐洲國家。英國在一八〇五年採取行動取締了奴隸貿易，而到了一八二四年，奴隸貿易活動被正式確認爲一種要遭受絞刑的犯罪活動。但是在其他地方，奴隸制度又延續了半個多世紀的時間——最後一個廢除奴隸制度的地方是一八七〇年的古巴。[17]

維也觀納會議／「親德派」

一六四八年的《威斯特伐利亞和約》，重新開創了一系列的歐洲國家。維也納會議在一八一五年召開，用來重新確定拿破崙帝國覆滅之後的整個歐洲版圖，重新創建歐洲新秩序。各國在那時候的態度和現在截然相反。英國外交大臣卡斯爾雷（Castlereagh）是歐洲新版圖的重新構建者之一，他認爲義大利這個名字充其量不過是一個「地理上的概念和構想」而已，義大利妄圖統一為一個國家的做法，簡直就是「無法想像的」。【18】會上的一個德國人對他自己的國家和其他人有相同的看法，那就是維持國家的現狀。卡斯爾雷認為，「德國所有的各個部落組合成一個單一的、密不可分的國家」，不啻於是在做夢，這個設想早已經「被幾千年的歷史經驗駁倒，而且最後將會被廢除……這是人們憑藉自己的努力也永遠無法實現的夢想，即使經由血腥的暴力革命也無法實現；這個目標不過是一群瘋子們追求的空想而已」。他還總結，假如統一的觀點能夠在整個歐洲占據勢力的上風，那麼，「緊跟著的血腥戰亂帶來的荒蕪和廢墟，將會是我們能留給自己後代的唯一財富和遺產」。【19】

維也納會議的最主要目標就是極力阻止歐洲再次爆發革命，以及阻止有組織的外交家和政治家們著手重建版圖，尤其是阻止他們按照類似於一六四八年以後的版圖模式進行重建。「西班牙和葡萄牙被先前的統治力量成功復辟，荷蘭與先前奧地利所屬的尼德蘭合併（尼德蘭也就是後來的比利時），瑞士重組成為永久中立國，瑞典繼續與挪威保持聯盟關係。由於是五國聯盟制度，五個主要領導國家組成的權力機構中缺少法國是不可想像的，所以，法國被規定保持它在一七九二年時的疆界範圍。」【20】但是，這個小心翼翼維持平衡的歐洲體系，是建立在對中部歐洲保持分裂化、混亂化和無權化的基礎之上。【21】很多參加維也納會議的人都會被當時稱為「親德派」的人們所干擾，這些人堅信德國可以統一，並且組建為一個一體性的國家。正如法國外交大臣查理斯－莫瑞斯（Charles-Maurice）從維也納寫給路易十八的信中所說的：「他們試圖推翻那些觸犯了他們的命令、按照自己的意願重新變更整個歐洲的版圖，並且希望透過一個單一的權威主體來取代德國的所有小政府。與他們站在同一陣線的是一些來自大學的人們，這些年輕人被灌輸了相關的理論，而且他們一致認為，德國極端主義是因為在德國的戰爭過程中所產生的傷痛導致的。促使祖國德國的統一是他們的宣傳口號，也是他們的信念和信仰，他們熱切地為此奮鬥，甚至到了狂熱的程度……。誰能預測到這種狂熱將會產生的巨大影響呢？如果整個德國的人民都能夠像這樣聯合在一起，他們將會產生多大的攻擊性呢？誰又能夠說清楚，這樣的群眾運動會在什麼時候停止下來呢？」【22】

文化民族主義

換句話說，在這個問題上，正如哈根．舒爾茲（Hagen Schulze）所指出的，對於國籍的原則，僅僅在那些與君主統治的合法性密切相關的地區得到認可，比如在英國、法國、西班牙、葡萄牙、荷蘭和瑞典，也就是北歐和西歐地區。說德語的那些地區以及義大利，則不在這個範圍之內。這就可以用來解釋，爲什麼民族主義以及文化民族主義的觀念會最早出現在德國了。這些地區在政治上的分裂狀況，實際上正是歐洲現有政治秩序產生的邏輯結果。任何人都可以透過檢視地圖來發現這個問題產生的原因。「從波羅的海到伊特魯里亞海是條中軸線，中間的歐洲中部將兩端權力抗爭的地區分隔開，使得他們相互之間保持適當的距離以減少直接面對時產生的衝突。」【23】他們之中的任何一個人都不願意獲得對歐洲中部的高度集權，因爲如果其中任何人獲得了這個中部的權力，就會很容易成爲「整個歐洲的情婦」。【24】從很多方面來說，分散的弱小的義大利和德國可以保證獲取一些自由。雖然義大利和德國處於類似的境地，但是有一個方面不同，那就是義大利的大部分地區都被外國力量所占領（北部受制於奧地利，南部受制於波旁王朝），這也就可以用來解釋爲什麼現代的民族主義最早出現在德國了。事實上，德國乃至義大利的統一，是十九世紀當時非常重要的政治事件，再加上後來的美國內戰，它們帶來了整個十九世紀最後幾十年裡的工業化方面的激烈競爭，促使形成著我們的現代社會，但是同時最後也導致了第一次世界大戰的爆發，爲後來多災多難的二十世紀提前布置了社會背景。特里蘭德的預言多麼準確啊！【25】

印證我們現在所稱的「文化民族主義」觀點的第一人是約翰．戈特佛里德．赫爾德（一山四四～一八〇三），雖然偉大的德國歷史學家佛雷德里希．梅內克（Friedrich Meinecke）曾經說過，佛雷德里希．卡爾．范．莫瑟爾（Friderich Karl Von Moser）於一七六五年最早「在德國那些能夠在一天的旅途當中見到二十多個小城的地區」發現並創立了「民族主義精神」的概念。伴隨著十七世紀後期具有自我意識的「公衆」出現（不僅僅在德國），基礎已經打好了。赫爾德說：「大自然區分民族的標準已經不再僅僅是樹林和高山、大海和荒漠、河流和氣候，而是更多即使透過語言、愛好和性格來決定，征服原有的專制政權可能看起來更加困難，整個地球的四個季節很可能都不能夠塡滿一隻木馬的胃口。」【26】在赫爾德看來，民族是不能削減的概念，和帝國主義的概念不相容，與全世界人民「自然化的複數」是相對應存在的。【27】德國希望獲得統一，建立一個完整的單一型國家，這個一想法必須經過「耕耘」，因爲他們在自己的國土上經歷了太長時間的歐洲列強之間的爭鬥，在那裡，「今天的統治者很可能就會在明天轉變成爲自己的敵人」。[28] 拋棄那些占領中部歐洲多個世紀的「混亂拼湊的國家」，十九世紀存在兩種日益形成的大衆化力量，而轉變的類型不可以被過高地估計。

愛國主義的重生

對於德國和義大利的這種觀點，很多歐洲民族都做出了回應，這些回應在哈根．舒爾茲那裡被稱做「愛國主義的重生」。[29] 這樣的行爲在法國顯得更爲眞實，比如說，法國的整個教育體系都被放置在爲民族主義目標服務的位置上。在經歷了革命和戰爭的反覆失敗之後，歷史學課程和民族政治學課程的設置開始成爲民族主義重生的原因。最爲明顯的，也有人說是聳人聽聞的例子，就是G．布魯諾（G. Bruno）的小說《戰爭中的法國兒童》，該書講述的是一個十四歲的小男孩安德列．瓦爾登和他七歲的小弟弟朱利安的故事。這個故事發生的背景是法蘭克和普魯士戰爭的爆發，這兩個男孩子在戰爭中成了孤兒，並且在已經被德國吞併的家鄉法爾斯堡的生活難以繼續下去，所以他們從家鄉逃走，並且開始了在整個法國的探險和流亡生活，最後在一個小鄉村裡建立了新的生活方式；正是由於這段探險過程，讓他們感受到了新生活的美好。這本書最早在一八七七年出版，在後來的三十年內，曾經先後被重新印刷過二十多次。在那個時期，另外一個充斥著濃厚民族主義情感的例子就是，在儒勒．費里（Jules Ferry，一八三二～一八九三）擔任教育祕書的時候，學校的每一間教室都被要求張貼一張法國地圖，而且在這張地圖上，淪陷的阿爾薩斯和洛林被黑色的紗布蒙住，以示紀念。儒勒．米什萊特（Jules Michelet，一七九八～一八七四）在書中將法國形容爲「現代化文明的教皇」，意指它是現代啓蒙文化運動的先驅者，「法國關於文明化的觀點和看法，因此成爲整個民族主義地區觀念的核心。」（《馬賽曲》也因此於一八七九年被採納爲民族主義的聖歌。）[30]

英格蘭也對這個問題做出了回應，但採用的卻是另外一種不同的方式。在一八八〇年到第一次世界大戰期間，大英帝國殖民地領土面積的擴大達到了空前的規模，下面這張表格就能清楚地反映出此趨向：

殖民附屬國面積（以千平方公里為單位）

	英國	法國	德國	西班牙	義大利
1881年	22,395	526	0	432	0
1895年	29,021	3,577	2,641	1,974	247
1912年	30,087	7,906	12,907	213	1,590【31】

這當時的一部分統計數據，我盡可能詳細地把它們引用進來；它們不僅用來顯示殖民地面積的事實，同樣也顯示出殖民地分布的範圍是如此之廣。「帝國主義已經成爲我們民主化的民族主義最新和最高的集中體現。它已經成爲我們民族意識的體現。」（威斯敏斯特公爵所說。）「大英民族是迄今爲止這個世界上可以見到的最偉大的統治者民族。」（約瑟夫．張伯倫所說。）剛看到悉尼港口的時候，達爾文曾經寫道：「我的第一感覺，就是慶幸自己生來便是英國人民。」「我堅持認爲我們大英民族是世界上最爲領先和優越的民族，我們占領的殖民地越多，對於全人類來說就越好……，因爲上帝已經很明顯地選擇說英語的民族做爲工具，借助它，上帝可以創造出許多完全建立在公正、自由以及和平的基礎之上的國家和社會，如果我們做一切力所能及的事來爲這個民族提供盡可能多的機會和能力，那麼我們的幫助就注定是遵循上帝的意願的。我認爲，如果存在著上帝的話，上帝一定很樂意看到我們正在做的事情，那就是盡可能地將非洲地圖上越來越多的地區染上象徵著大英民族的紅色。」〔賽薩爾．羅德斯（Cecil Rhodes）所說。〕【32】

民族主義爆發的頻率在減少，但是它們卻也更加種族主義化，這從後來出現的一系列利益上看來，好像是必然的。在法國和德國出現的反猶太主義看起來似乎尤爲有害。這些事件產生的部分原因是由於英國人的嫉妒【33】：法國人和德國人建立的帝國與英國人的帝國相比，在面積上要小得多，正如愛國主義陣線的創立者保羅．德洛萊德（Paul Déroulède）所說，他們形成了一種觀點：在法國人看來，「在治癒國內的各項社會弊病之前，我們不期望干預國際上的任何事情。」【34】而且毋庸置疑的是，當前國內公認的永遠的敵人就是猶太人。一八八六年，艾杜德．杜魯門（Edouard Drumont）發表了《法國的猶太主義》（*La France juive*）一書，這是關於猶太人生活和風俗習慣的眞實寫照，雖然這本書看起來非常蠻橫且粗製濫造，但是這並不妨礙它長期成爲一本暢銷書。也正是這本書，在後來被證實拉開了整個國家反猶太主義浪潮的序幕，並且反猶主義在後來的德萊佛斯冤案事件中達到了高潮，在這起事件中，一位猶太官員被錯誤地指控爲德國間諜。在德國，這種事情被稱爲沙文主義，即「文化衝突」，雖然這些事情通常都是在學校的監管和教區牧師的授權下發動的，但它們其實就是新教教徒所做的強制天主教教徒遵守普魯士國家政策的嘗試。在這些無法忍受的事情當中，猶太人的角色問題必然會被討論到。

民族主義實現它最終形式的時間，大約是在世紀之交的那段時期，體現在莫里斯．巴雷斯（Maurice Barrès）的《自我崇拜三部曲》（一八九七～一九〇三）當中。巴雷斯的觀點認爲，對於自我中心主義的崇拜是造成文化墮落的主要原因。「民族應該被放置在自我中心主義位置的前面，而且在一個人的一生當中，民族利益應當具有絕對的最高優先權。在民族向某個人傳達了國家指令的時候，個人除了無條件地服從之外，沒有任何自我選擇的餘地，『這是他生存的整個世系發展的神聖法則』，他們必須要遵守和『傾聽來自泥土和死去的人們發出的指令』。」[35] 正如哈根．舒爾茲正確指出的，民族主義以及民族的觀點，做爲在十九世紀轉型期的一項看似烏托邦的理想，以及做爲一項自然化的政治生活和文化實體，早已經成爲了二十世紀轉型期一項在國內政治上經常引發爭論的因素。「它已經不再位居緊密聯繫社會的政黨之上，而是自身轉化爲一個政黨或者是一個獨立存在的社會。」這些結果和影響，看起來似乎是災難性的。

十九世紀的德國創作高潮

此外，需要我們重視的還有這個事件的誇大化問題。民族主義在很多領域看來是災難性的，但是在某些領域它也存在著積極性的一面。這些積極性的方面，最爲明顯地體現在十九世紀德國知識分子階層的繁盛，不管它是否是由德國的國家統一帶來的，還是伴隨著國家統一導致的偉大的民族主義自豪感所帶來的，然而不可否認的是，知識分子的繁盛確確實實地是在這同一時期出現的。

西格蒙．佛洛伊德，馬克思．普朗克，恩斯特．馬赫，赫爾曼．赫爾姆霍茲，馬克思．韋伯，尼采，易卜生，斯特林堡，馮．霍夫曼斯塔爾，魯道夫．克勞修斯，威廉．倫琴，艾杜阿德．馮．哈特曼……，這些人都是德國人或者是說德語。但是在一八四八年和一九三三年之間，也就是處於世紀之交的轉軌期，即這本書的最後所描述的那個時期，德國天才競相出現在此時期的現象卻經常被人們忽視。「二十世紀看起來似乎就是德國人的世紀。」這些話語都出自美國歷史學家諾曼．康德於一九九一年所寫的書中。這樣的觀點，同樣得到了法國哲學家雷蒙德．阿隆（Raymond Aron）的呼應，我們可以在他與德國歷史學家佛里茲・斯特恩（Fritz Stern）的談話中猜測到，當時他們正在柏林參加紀念物理學家阿爾伯特・愛因斯坦誕辰一百週年的展覽活動。奧托・哈恩（Otto Hahn）和莉澤・邁特納（Lise Meitner）也同樣出生在一八七八年到一八七九年之間，這就促使阿隆強調地說出了這句話：「看來這確實應該是德國人的世紀。」[36]康德和阿隆的意思是說，在他們看來，一八四八年到一九三三年之間，德國的思想家、藝術家、作家、哲學家以及科學家就當時的全世界而言都是最優秀的，他們的努力，將這個剛統一的國家帶到了一個新的、難以企及的高度，但是事實上，他們的這些努力也是伴隨著阿道夫・希特勒帶來的歷史性災難一起到來的。

任何懷疑這個觀點的人——也就是懷疑一八四八年到一九三三年這個階段屬於德國世紀的人——只需要參閱一下以下文章中所列出的人名就可以了。任何人都可以隨便從任何一個領域著手來看，他們的優勢是如此的全面完整，但我們還是從音樂學的領域開始看起吧：約翰內斯・布拉姆斯，理查・華格納，安頓・布魯克納，佛蘭茲・李斯特，佛蘭茲・舒伯特，羅伯特・舒曼，古斯塔夫・馬勒，阿諾德・勳伯格，約翰・史特勞斯，理查・史特勞斯，阿爾班・伯格，安頓・韋伯，威廉・福特文格勒，布魯諾・沃爾特，佛里茲・克萊斯勒，亞瑟・霍尼格，保羅・辛德密斯，庫爾特・韋爾，佛蘭茲・萊赫，柏林交響樂團以及維也納交響樂團。醫學和精神心理學領域也並不落後，除了佛洛伊德以外，還有大名鼎鼎的阿爾佛雷德・阿德勒，卡爾・榮格，奧托・蘭克，威廉・馮特，赫爾曼・羅夏，愛米爾・克萊佩林，威廉・賴希，卡倫・霍尼，莫雷尼・克萊恩，恩斯特・克雷齊默爾，格札・羅海姆，雅各・伯魯爾，理查・克拉夫特・艾賓，保羅・恩里希，羅伯特・科赫，瓦格納・馮・賈雷格，奧古斯特・馮・瓦塞爾曼，葛列格・孟德爾，恩里克・切爾馬克，保羅・克雷蒙斯，在繪畫領域，有馬克思・利伯曼，保羅・克林，馬克思・培西斯坦，馬克思・克林格，古斯塔夫・克利姆特，佛蘭茲・馬克，李維斯・科林斯，漢斯・阿普，喬治・格羅斯，奧托・迪克斯，馬克思・斯勒福格特，馬克思・恩斯特，萊昂・費寧格，馬克思・貝克漢，阿歷克塞・雅佛林斯基；瓦西里・康定斯基雖然出生在俄國，但是他取得現代繪畫藝術上獨一無二的重大突破——即印象畫派——卻是在德國城市慕尼黑。在哲學領域，除了有名的尼采之外，還有馬丁・黑格爾，艾德蒙・胡塞爾，佛蘭茲・布倫塔諾，恩斯特・凱西爾，恩斯特・海克爾，加特勒布・佛雷格，路德維希・維特根斯坦，魯德爾夫・卡爾納普，斐迪南・托尼斯，馬丁・布伯，西亞多・赫茲，卡爾・李卜克內西，莫里特斯・石里克。

在學術和歷史學領域，德國有朱利斯·梅爾·格雷佛，利奧波德·馮·蘭克，特奧多爾·蒙森，路德維希·帕斯特，威廉·博多以及雅各·伯克哈特。在文學領域，除了雨果·馮·霍夫曼斯塔爾以外，還有海因里希以及湯瑪斯·曼，雷納·瑪利亞·里爾克，赫爾曼·黑塞，斯蒂芬·茲威格，傑哈德·豪普特曼，加特佛里德·科勒，西亞多·馮塔納，沃爾特·哈森克萊沃，佛蘭茲·沃費爾，佛蘭茲·韋德肯特，亞瑟·史奈茲勒，史特芬·喬治，貝特霍爾德·布萊希特，卡爾·克朗斯，威廉·狄爾泰，馬克思·布勞德，佛蘭茲·卡夫卡，阿諾德·茲威格，埃里希·瑪利亞·雷馬克，卡爾·楚克邁耶。在社會學和經濟學，有維爾納·松巴特，格奧爾格·齊美爾，卡爾·曼海姆，馬克思·韋伯，約瑟夫·熊彼特以及卡爾·波普。在考古學和神學研究領域，除了D·F·史特勞斯，還有海因里希·謝里曼，恩斯特·庫爾提烏斯，彼得·霍克海默，格奧爾格·格羅特芬，卡爾·理查·萊蒲賽斯，布魯諾·邁斯納。最後是自然科學、數學以及工程學等領域（雖然以它們的重要程度來說可以放在第一位），這方面的名人有：恩斯特·馬赫，阿爾伯特·愛因斯坦，馬克思·普朗克，歐文·施羅丁格，海因里希·赫茲，魯道夫·迪塞爾，赫爾曼·馮·赫爾姆霍茲，威廉·倫琴，卡爾·馮·林德，斐迪南·馮·澤佩林，埃米爾·菲斯克，佛里茲·海博，赫爾曼·格根，海因茲·章克思，喬治·康德，理查·康蘭特，亞瑟·薩姆費爾德，奧托·哈恩，莉澤·邁特納，沃爾夫岡·保利，大衛·希爾伯特，沃爾茲·海森堡，路德維希·馮·貝塔朗菲，阿爾佛雷德·韋格納，更不用說下面的這樣或者那樣的著名機械公司了：AEG，博世，賓士，西門子，赫西斯特，克魯普，梅塞德斯，捷豹，萊卡，帝森。

即使這樣也不能完全公正地描繪出德國所有的精英知識分子。一九○○年，一個時代的終結，這一年見證了三位重要的歷史人物尼采、羅斯金（Ruskin）和奧斯卡·王爾德的死亡，同時也見證了三種思想的橫空出世，興許可以毫不誇張地說，這三種思想形成了二十世紀知識分子的脊梁，當然，就科學而言，這些觀點和研究領域就是無意識、基因以及量子。這三者，都起源於德國。

在解釋一八四八年到一九三三年這一段時期內德國思想取得巨大和快速發展的原因時，我們需要研究三個重要的因素，其中的每一個因素都對德國和德國人的思想具有特殊的作用，而且還是這一章節的題中之義。首先，我們必須先了解德國人關於文化的觀點，也就是說，在德國人眼中，什麼是文化、什麼構成了文化，以及它在整個民族生活體系中所處的具體位置是什麼？舉例來說，在英語當中，「文化」這個詞在區分生活的精神領域和科學技術領域上並沒有什麼嚴格的界限，但是在德語當中，文化的涵義意味著創造性活動中的智力、精神或者是藝術的領域，但不包括生活中社會的、政治的、經濟的或者科學技術的領域。因此，在英語中，文化和文明是同一事物的兩個補充部分，但是在德語中，卻不是同一個意思。在十九世紀的德國，文化的涵義是精神創造活動的顯示，也就是藝術、宗教哲學等領域；與之相對比，文明指代的則是社會、政治和科學技術機構，而且最爲重要的一點是，這些領域都被規定爲處在一個比較低層次的位置上。尼採制定出了這其中的重大區分，而且這也是一個至關重要的區分，沒有這個區分，要完整地理解整個德國思想界在十九世紀取得的成就是不可能的。

這就是因此在德國經常具有的、被C．P．斯諾（C. P. Snow）曾經稱爲「兩種文化」的精神實體，他們之間甚至相互衝突。這種區別帶來的影響之一，就是強調和加深了做爲其中一方的自然科學與另外一方的藝術和人類社會科學之間的區分。很多自然和社會科學家，在他們的本職工作上形成了一種和機械科學、商業以及工業有機的關聯。但是，與此同時，儘管他們在各自的相關領域成就非凡，這些科學家還是無法得到藝術家的尊重。儘管彼時在諸如英國和美國等國家，科學家和藝術家在很大程度上不過是同一種事物的兩種不同的區分方式而已，他們相互協作構成了完整的知識分子精英體系，但是這種現象在十九世紀的德國看來是不能接受的。一個很好的例子就是在一九〇〇年發現了量子定律的德國物理學家馬克思．普朗克，他在量子論中提出，世界上所有的能量都來源於一些非常小的訊息或者是量子物體。普朗克出生於一個也有點學術研究性的宗教世家，而且他自己是個非常出色的鋼琴演奏家。儘管普朗克關於量子論的物理大發現一直是自然科學領域最爲重要的發現之一，但是在普朗克自己的家庭中看來，人文社會科學學者的地位顯然要比自然科學家的地位高尚許多。【37】普朗克的表兄，也就是歷史學家馬克思．蘭茲（Max Lenz），曾經開玩笑地說過這樣一句調侃的雙關語：自然科學家不過是生存在現實森林中的人——換句話說，就是現代人經常說的十足的鄉巴佬。【38】

恩斯特．馬赫（Ernst Mach）所做的工作更加證實了這一觀點。馬赫（一八三八～一九一六）是一位極爲有影響力和感召力的還原論者，在他的名號下有相當數量的重要發現，其中包括了內耳中的半圓弧形通道對於維持人的軀體平衡具有至關重要的作用，以及由於人體的高速運轉導致眞空的出現，而且在這種眞空條件下，人體以超光速的運動速度創造出兩種震動波，其中一波在前，而另一波在後（也就是我們經常提到的「馬赫數」概念）。但是，馬赫極力反對各種形式的形而上學，並且強烈譴責那些在他眼中的「誤導性概念」，例如上帝、自然界以及靈魂。他將佛洛伊德的「自我」的概念看做是「毫無用處的假說」。他感覺到即使是「自我」這個概念都是「不可逆的」，也就是說所有的科學知識將被簡化爲感覺，並且科學研究的工作就是盡可能透過精神上的方式來描述這種感覺。當時，馬赫的觀點被廣泛地接受：不管是列寧還是他的門徒，以及維也納．西克爾（Vienna Circle），都成爲他的忠實追隨者。馬赫堅信科學能回答所有的問題，而諸如哲學和心理分析等學科才是沒有什麼用處的。【39】

一方面是自然科學，而另一方面是藝術學和人類社會科學，這種深刻的劃分導致了極爲嚴重的後果。與此相關的一個極其重要的後果，就是藝術學中的直覺概念得到了人們更加充分的尊重，這大大的提升了它的地位，這種現象在當時的德國表現得最爲充分。當時的德國，不管是在什麼領域，直覺的地位都遠遠高於其他。這個觀點也可以在第二層次的概念區分中得到印證，也就是在藝術和科學之間的區分，以及文藝和文化之間的區分上。這也類似於感性和權力之間的相對，或者說是智力和精神領域的努力，與權力和政治力量控制的領域之間的相對。這裡必須要說的是關於感性和權力之間關係的認定；先拋開文化或者國家之間的優先權應該如何排序不談，在德國一直沒有找到完全令人滿意的解決辦法。這些影響都是相當重要的，都與原有的關於政治化的／社會化的歷史體現出來的看法有著相當程度的偏離。

一八四八年，德國的資產階層革命最終失敗，隨之而來的便是，德國的專業人員和商業階層努力爭取，要求獲得與舊制度相等的政治與社會地位。換句話說，德國在促進社會政治進步方面遠遠沒有實現英格蘭、荷蘭、法國以及美國等國家所實現的目標，甚至連某些國家的前幾代也不如。德國的自由主義，或者可以說是類似的自由主義，建立在本國的中產階級要求獲得「自由的貿易，以及一個法律的框架，來保護他們在社會中的經濟和社會空間」的需求。當這種在憲法層面上的努力確認失敗之後，到了一八七一年，在普魯士國家的領導之下建立起來的德意志帝國，就是歷史的必然了，這種很不尋常的社會環境成爲一種歷史的現實。在眞正意義上，正如戈登．克萊格（Gordon Craig）所指出的，德國人民在德意志帝國創立的過程中基本上沒有發揮任何作用。「新國家的建立不過是一件『禮物』，只是禮物接受者的意見被忽略了。」【40】憲法中並未對此進行確認，它不過是德意志帝國中很多小國的衆多王子之間所簽訂的一個簡單的協定而已，實際上，這些人直到一九一八年才獲得了王權。從代人的觀察角度來看，這種做法還產生了很多額外的影響。比如說，其中的一個影響就是「德意志帝國的國會並無實際權力，政黨缺少接近國家管理權的通道，以及政黨選舉的結果並不能對整個管理機關的構成產生相應的影響」。除了我們所說的德意志帝國國會之外，還存在著另外一個權力機構，就是聯邦議會，它雖然同樣不是競選產生的機構，卻是整個國家的領導機關，和國會一起分享著國家的統治管理權力，但是他們當中的任何一個都不具有罷免國家首腦和大臣的權力。更進一步來講，各個獨立小國的自身事務管理並沒有受到一八七一年事件的影響。比如說普魯士國家的特權（普魯士國家的人口占據了整個國家人口總數的五分之三），取決於一個國民繳納稅收的數目，也就是說，那些納稅數量最高的百分之五的納稅人，享有全國三分之一的選舉權，他們享有的選舉權比重和社會最底層占百分之八十五的人口享有的比重是一樣的。[41] 國家首腦的統治也沒有得到內閣的有力支持：帝國的各個部門隨著時間的影響，勢力在不斷壯大，都由一些附屬國家的祕書掌握著實權。這些都和在西方存在的各個德國的競爭對手所進行的運動截然不同，甚至是完全落伍的（雖然這種「落伍」在現代很多學者看來是一個值得爭論的話題）。雖然德國的工業化實力一直在不斷增長，但是在德國國內，居於統治地位、掌握實權的仍舊是那些占領著大量土地的封建貴族。這些工業化勢力越來越集中到傳統人物的手中，因爲城市化進程在加劇，商業化在發展，工業化也在擴大和延伸，原本拼湊在一起的各個小國勢力越來越小，整個帝國開始形成一個整體。整個國家因此開始具有更加權威性的力量，在掌控和管理國家的經濟和社會事務上發揮了越來越重要的作用。簡單地說，由於越來越多的人們加入了德國工業化、科學化和智力化的成功，越來越多的工業化成就集中在少數人手中，那就是土地所有者以及軍事力量的領導者，他們這些人的眞正上層領導就是整個帝國本身。這種必然導致的混亂是「德國化」在世界大戰前興起的根本性原因。這也是歷史導致的時代錯誤之一。[42]

對於我們來說，這場重要的混亂狀況產生了兩個重要的影響。首先，那些被排除出了政治生活領域卻強烈希望獲得平等權利的中產階層，轉而開始將目光移到教育和文化上，希望將教育文化當做他們獲得成功的首要領域，希望藉由這個領域獲得與貴族階層一樣的平等，在競爭的民族世界與他者相比獲得優勢。「高層次的文化」因此在帝制下的德國比其他的領域都能產生更重要的作用，這也正是爲什麼帝制在一八七一～一九三三年的德國發展得如此繁榮的原因之一。但是這個趨勢也爲自己的文化奠定了一個基調：自由、平等，或者個人化的區分，趨向於被放置在個體「內部的隱祕空間」裡，而與此相對的是，整個社會則被形象化地描繪成「隨意的、外在的、日益敵對化的世界」。第二個影響與第一個影響有重合之處，它導致了人們開始選擇民族主義做爲逃避的空間，但是，這個由階層決定的民族主義轉而反對新興的工業無產階級階層（和活躍的社會主義階層）、猶太人階層，以及非德意志民族的少數群體。「民族主義看起來似乎是道德上的進步，不過似乎是一種理想化的烏托邦，實現的可能性很小。」[43]第二個影響中的另外一個效果就是對早些年代的理想化，這個時期位於工業無產階級階層產生之前，尤其是中世紀和文藝復興時期，它代表著前工業化時代那種完整的日常生活形態，因此也被稱為「黃金時代」。與發展中的大眾社會背景相對，受過教育的中產階層將文化看做是一種提升了他們生活狀況的穩定的價值形式，是將他們與那些佛洛伊德所謂的「烏合之眾」區別開來的形式，而且尤為重要的是，這種價值形式大大增強了他們的民族主義傾向。文化，將很多平常德國人民曾經具有的半神祕、懷舊的特徵重新展現出來，那就是知足的、能幹的、關心政治的「純粹」的人民。

「內省」的概念

多種多樣的因素聯合塑造出了一種德國特有的文化概念，這種概念幾乎在英語中找不得合適的詞語來翻譯，但卻是能幫助我們理解整個德國在十九世紀向二十世紀轉變過程當中思想發展的至關重要的因素，此概念還能幫助解釋無意識概念的產生（尤其是在德國國內），以及為什麼德國在無意識的研究領域中處於如此主導性的位置。這種概念在德國被稱為「內省」（Innerlichkeit）[44]，在可以被翻譯的範圍之內，它的大致涵義就是趨向於退出政治活動領域，或者對政治活動保持必要的冷漠，轉而關注於個體的內在心理活動。「內省」意味著藝術家們有意識地逃避權力和政治，而是由主動參與甚至書寫這種內在思想的信念所引導，他們認為對於藝術家們來說，個體的內在要比外在的世界真實得多，個體內在才是最根本存在的實體。舉個例子來說，正如戈登．克萊格告訴我們的，在一九一四年以前，除非被外部力量煽動和刺激，否則藝術家們僅在少數特殊場合才會關注政治和社會事件或者話題。即使一八七〇～一八七一年事件，也並沒有真正撼動這種政治上的冷漠。「法國革命的成功以及德國的國家統一，並沒有在激發文學、音樂或者雕塑等藝術事業上產生太多促進作用。」[45]作家們和雕塑家們並沒有找到盡情發揮自己智力才能的「足夠的詩意」的條件。「由於新的德意志帝國的基礎設施建設正在進行，德國的藝術家們開始盡情地發揮自己的想像力，他們的研究範圍涉及涅瑞伊德斯、半人馬座以及希臘神話等漫無邊際的內容」，甚至連偉大的華格納在進行他的音樂劇創作時，都取材於和他所生活的時代毫無關聯的遙遠時空〔《齊格佛里德》（*Siegfried*），1876年，《帕希法爾》（*Parsifal*），1882年〕。[46]

克里姆特、拉加德和朗伯恩

當然也存在例外情況。比如說在十九世紀八〇年代，藝術界曾出現過一次轟轟烈烈的自然主義運動，這場運動的出現部分是由於法國小說家埃米爾·左拉（Émile Zola）所推動，運動的目標是描述工業化帶來的社會弊病和社會不公。但是，與歐洲其他國家的文學發展情況相比而言，德國的自然主義運動在試圖對社會弊端進行理性化批判時並不熱心，不徹底，因而自然主義從來不會將它關注的重點放在整個德意志帝國體系內部明顯的政治危機上。戈登·克萊格在他關於德意志發展歷史的書中寫道：「確實，這些社會危機越來越明顯，威廉二世狂熱的帝國主義思想開始抬頭，瘋狂的軍備競賽也日益開展起來，整個國家的大部分小說家都開始將視線轉移並且退回到他們所謂的『內省』之中，當整個現實世界對於他們來說過於混亂不堪的時候，『內省』成爲了他們唯一的永久避難所。」[47]在德國不存在與左拉、蕭、康拉德、紀德、高爾基或者甚至是亨利·詹姆斯同一水準和等級的人物。對當今（德國）重要的人物當中——史蒂芬·喬治、雷納·瑪利亞·里爾克、雨果·馮·霍夫曼斯塔爾等人來說，艱難、嚴酷的社會現實從屬於他們的內心情感，他們希望將自己心中短暫的所想所感、一時的心緒、生活的迷茫統統記錄在自己的作品當中。霍夫曼斯塔爾創造的「變動的自然」概念，表明任何事物都在變化，沒有什麼可以一成不變，這些事物都被模糊化、複雜化的規律所控制，這將在最後一章中仔細探討。古斯塔夫·克里姆特（Gustav Klimt）在雕塑行業中的相同做法精確地體現了這樣的趨向，而且他的例子是相當有啓發性的。

克里姆特於一八六二年出生在維也納附近的城市布姆加特，他的父親是一位金匠。克里姆特名字的來源是因爲他自己用寬大的壁畫裝飾了環城大道的建築群。這些裝飾是他和自己的哥哥恩斯特一起完成的，但是，在一八九二年恩斯特去世之後，古斯塔夫隱退了五年時間，在這五年的時間裡，他努力學習了詹姆斯·麥克內爾·惠斯勒（James Mcneill Whistler）、奧布雷·比爾茲利（Aubrey Beardsley）以及愛德華·孟克（Edvard Munch）的作品。直到一八九七年他才重新復出，並且呈現出一種全新的藝術風格。這種全新的藝術風格不僅新穎，而且大膽又難以理解，它有三個典型的特徵：對於金箔材料的精心使用（運用了從他父親那裡學到的技術）、對於彩虹色斑點條紋以及硬物瓷釉的使用，還有就是特別針對女性那種無力的性特徵的暗示。克里姆特的作品和佛洛伊德的觀點並不相同：他的女性特徵並不是神經質的，或者說一點也沒有。德國的婦女解放運動在對女性內在方面的關注要比其他國家更重視得多，而克里姆特的作品恰恰反映出了這一點。[48]她們是冷靜的、平和的，超越一切邪惡的，但是她們仍舊把「本能的生活轉化爲藝術」，正如霍夫曼斯塔爾所說。在關注女性行爲不檢點的問題上，克里姆特顛覆了以佛洛伊德爲首的、原有的關注女性點滴生活的傳統思路。這是對於理查·克拉夫特·艾賓（Richard Krafft-Ebing）報告的曲解，這部報告名爲《性欲的精神變態》（*Psychopathia Sexualis*），同時導致他們在當時的焦急和震撼。克里姆特的新型思路立即導致了整個維也納分成了兩個派別，但是這也同時爲他帶來了來自大學的聘任通知書。

三個相關的領域也被納入研究日程中，包括哲學、醫藥學以及法學。這三個領域都曾掀起過一段時期的狂熱，但是由於人們對醫藥學和法學的狂熱都不過是在重複模仿對哲學引發的混亂，因此這也被人們簡單地描繪爲「光明對於黑暗的勝利」。克里姆特所做的不過是一個隱喻，人們身體的「擴散性的混亂」不斷地傳遞給周圍的旁觀者，到達相互之間，並且被一片空白所環繞。哲學系的教授們都異常憤怒。克里姆特也因爲發表了「透過模糊的形式表達模糊的觀點」而備受人們的蔑視。傳統上，哲學這門學問是理性化的學問，它「透過嚴格的科學論證來尋求客觀眞理」。克里姆特的初衷並非如此，而且這個觀點的後果也不是他想看到的：八十多名教授聯合起來請願，強烈要求在大學裡不許再展示克里姆特的作品。這位雕塑家得到了他的酬金，而且被禁止日後在大學中繼續授課。[49]這場爭論的重要性在於，克里姆特在這些作品中試圖發表一種主導性的聲明。他一直在詢問，當非理性、直覺和無意識主導著人們生活的主要內容時，理性如何才能夠取得勝利？理性是不是就是擺在我們前面的唯一出路？本能和直覺實際上是更爲古老且更有權力的力量。它很可能是返祖性的，是古老性的，而且不時會展示出隱藏著的巨大黑暗力量，但是，我們若拒絕它，能帶來什麼樣的利益呢？[50]

「內省」的概念在佛洛伊德或者說曼恩、舒茲勒以及克里姆特的認知裡則是另外一回事——它是原始性的、活動性的、富於挑戰性的。但是也同樣存在另一方面的認識，以保羅·拉加德（Paul Lagarde）和朱利斯·朗伯恩（Julius Langbehn）爲典型代表。他們之中的任何一位現在看來都不如佛洛伊德、克里姆特和曼恩廣爲人知，但是在當時，這些人的名氣一樣大。而且他們之所以出名，就是因爲他們對於現代性的強烈譴責和抗議，因爲他們看到了現代性的全部，在他們看來，一些虛幻和現代性的小發明之中，除了腐敗和墮落之外，根本一無是處。拉加德是一名經學研究者（德國這方面的學術成就在世界上處於領先位置），他對於現代性的仇恨程度與他對於過去的濃厚興趣一樣，都是相當深刻的。他堅信人類的偉大和意志：他一直認爲理性應當位於次等重要性的位置。他一直堅信每個國家都有自己的靈魂，堅信日耳曼和德國主義：他認爲德意志國家應當包含具有獨特意志的德意志英雄們所從屬的民族。拉加德也是那些呼籲建立新宗教的人物之一，這個觀點在後來的阿爾佛雷德．盧森堡、格林以及希特勒身上都有具體的呈現。拉加德批判新教教會缺少宗教儀式和神祕感，它不過是超越了世俗主義而已。在擁護新教主義建立的過程當中，他說他希望看到「福音書中古老的教條伴隨著德國的民族特色一起煙消雲散」。最爲重要的是，拉加德極力尋求德國民眾的覺醒。他首先採納了所謂的「內在移民」，他認爲人們應當在自己身上尋求拯救自身的方法；但另一方面，要擁護德國接管那些奧地利帝國中的非德國家。原因很簡單——德國民族是異常優越的民族，而其他民族，尤其是猶太民族，是非常劣等的民族。【51】

一八九〇年，朱利斯．朗伯恩發表了《做爲教師的倫勃朗》（*Rembrandt as Teacher*）一書。在這本書裡，朗伯恩的目的是爲了譴責和質疑知性主義和科學。在他看來，藝術並非科學或者宗教，它是一種更爲高貴的商品，是科學和美德的眞正源頭。在科學中，古老德國的一切美好德行都丟失了，比如儉約、主體性、個性。《做爲教師的倫勃朗》一書可以看做是「對現代德國知性主義溫床的尖利控訴」，在朗伯恩看來，這種知性主義的溫床將會讓很多鮮活的生命窒息而死；它體現的是一種對於民眾和國家的理性力量回歸的強烈要求，被物質文明壓制得實在太久了的德國民眾的理性主義。倫勃朗是一位「完美的德國人和無與倫比的藝術家」，他被人們描繪爲站在整個現代文化的對立面，並且被人們尊稱爲德國「第三次改革」的楷模。【52】整本書的主題就是：德國文化正在遭受到科學與知性主義的破壞，它獲得重生的唯一途徑，就是促使能反映出偉大人民內在的精神品質藝術的解放和覺醒，充分喚醒整個社會英雄主義、藝術氣質和個性化的精神力量。在一八七一年以後，德國早已喪失了她的藝術氣質和偉大的個性，朗伯恩甚至被看做是邪惡的象徵。商業化和唯物質化（曼徹斯特化與美國化）的毒藥正在逐步侵蝕普魯士國家原始內在的精神品質。朗伯恩認爲，藝術必須受到充分的尊重，所以，自然主義、現實主義以及各種各樣的如左拉或者曼恩等人關注的反映整個社會不公的任何事情，在本質上都是對現實的詛咒。【53】

換句話說，十九世紀的德國正在生產一種特殊的藝術形式，這種特殊的藝術形式趨向於觀察人們的內心深處和回顧歷史，透通過這種形式，德國人對文化的熱愛促使了一系列文藝騷亂的發生。當然，這種觀點可能存在爭議，而且爭議已經開始。從其他方面看來，這種形式爲科學化的種族主義的產生提供了深刻的歷史背景。

現代化的（科學化的）種族主義來源於三個因素。首先，啓蒙主義的觀點認爲，人們的生活狀況取決於他們的生物本能的狀況（這個觀點與理論化的觀點完全相悖）；第二，不同民族之間的大範圍聯繫，是透過帝國主義性質的征服來實現的；第三，以全世界爲界，對於不同文化特徵的國家所進行的達爾文進化論思想的使用和誤用。

瓦雷的生物種族主義

早期生物種族主義的代表人物之一是儒勒．瓦雷（Jules Virey），他是法國的醫生，曾經於一八四一年在法國做過關於「文明的生物起源」主題的講演。瓦雷將整個世界上的人群分爲兩種類型，第一種是白種人，也就是「基本上達到了完美的文明化程度的人」；另外一部分人是有色人種（包括非洲人、亞洲人和美洲的印第安人），他們將會遭到斥責，原因是他們「一直無法達到文明化的程度」。瓦雷對於「有色人種」將會達到「充分文明化程度」的看法一直持異常悲觀的態度，他指出，就像白人一樣，很多圈養的動物，諸如牛之類，都會有白色的外表，而那些野生的動物，比如說鹿，都具有深色或者黑色的外表。雖然這種看法和當時的科學發現有很多不一致的地方（比如說當時廣爲人知的是，在十六世紀的時候，所有的人在皮膚和外表上都是同一種顏色），但是，對於瓦雷來說，他認爲，自己的這種「基礎性」的區分能夠用來解決所有類型的所有問題。比如說，他認爲「正如野生的動物經常要被人們捕殺一樣，黑種人也命中注定了要淪落到被白種人捕殺的地步」。【54】換句話說，奴隸制度一點也不殘酷，因爲它是與整個自然界的規律保持一致的。【55】

戈比諾

一個新的關於平等的觀點興起於十九世紀，歐洲內部對種族主義的思考有所進步。一個我們非常熟悉的名字就是亞瑟．戈比諾（Arthur de Gobinean），他的主要作品是《人類種族的不平等》（*On the Inquality of the Human Races*, 1853-1855；在達爾文和自然選擇理論提出之前，但是在《造物遺痕》一書之後），在這本書中，他認爲德國和法國的貴族（不要忘記，他自己的貴族身分也是自詡的）「保持了雅利安人的各種原始特徵」，雅利安人是人類種族的正統起源。而與此相對照的其他各個種族，都不過是一些混血的種族而已。[56]這個觀點在當時並沒有廣泛流行，只是在宣揚北部的新教教派和南部的天主教派的區別上達到了較大的效果，這個觀點認爲，北部新教教徒們的特徵是勤勞、虔誠，甚至有些憂鬱，而南部的天主教教徒的特徵是「慵懶、積極、暴虐」。或許不必吃驚的是，很多北方的新教教徒將會發現（查理斯·迪爾克就是其中之一），很多人都堅信那些北方的「民族」，諸如盎格魯－薩克遜民族、俄羅斯民族以及中華民族，將會引導未來的文明發展之路，而其餘的民族將會構成世界上所謂的「垂死掙扎中的民族」。[57]

拉波格

這一觀點和論證在另外一位法國人喬治·瓦赫·拉波格（Georges Vacher de Lapouge，一八五四～一九三六）身上體現出了局限性。拉波格長期進行原始動物頭骨的研究，他一直堅信種族是一種正在形成過程中的物種，種族上的不同是「先天且無法根除的」，而且那種想把種族中的不同抹殺之想法是與生物發展的規律相衝突的。[58]對於拉波格來說，整個歐洲由三個種族群體所統治和主宰，分別是：歐洲種族——身材較高，有著白色皮膚以及狹長的頭骨；第二是阿爾卑斯種族——身材較小，膚色較深，具有圓球的頭骨；還有一個是地中海種族，也是具有狹長的頭骨，但是有比前面說到的阿爾卑斯種族更深的膚色和更短小的身材。[59]拉波格將民主看做是一場災難，而且堅信那些圓頭型的種族將會接管整個世界。他認爲長頭型的種族在歐洲人口中所占的比例正在日益減小，原因是大量的人口開始遷移到美國，並且他建議免費提供酒給歐洲種族，讓他們盡可能的自相殘殺。他的設想並不是在開玩笑。[60]

薩姆納、菲斯克和凡勃倫

在達爾文的名著《物種起源》出版之後，並沒有用太長的時間，這個生物學中的經典理論就被擴展和延伸到了人類社會學領域，達爾文主義最早在美國的人類社會學領域得到宣揚。（達爾文在一八六九年被美國哲學學會吸納爲榮譽會員，而十年之後，他才被自己的母校劍橋大學授予類似的榮譽學位。[61]）美國社會學家威廉·加漢·薩姆納以及（William Graham Sumner）耶魯大學的索爾斯坦·凡勃倫（Thorsten Veblem）、布朗恩大學的萊斯特·

沃德、芝加哥大學的約翰．德文、哈佛大學的威廉．詹姆斯和約翰．菲斯克（John Fiske），以及其他的學者，一直在爭論政治、戰爭以及人類社會被劃分爲多個社會階層的問題，他們所借助的理論背景，就是達爾文主義的「生存競爭」以及「適者生存」理論。薩姆納確信達爾文看待人類的新型思路已經提供了一個最終的解釋，也是最合理化的解釋。它有效地詮釋了自由放任的經濟政策，這也是在商人之間流行的更加自由和更加解放的新型競爭方式。其他人也同時認爲這個理論解釋了世界上比較普及的帝國主義結構，在這樣的社會結構裡，「主動適應」的白種人的地位將會「自然而然」地放置在那些「墮落」的有色人種之上。[62]

菲斯克和凡勃倫的理論與薩姆納的理論直接衝突，他們兩個人的代表作《有閒階級論》（*Theory of the Leisure Class*）一書在一八九九年出版，因爲薩姆納一直堅信只要用心去做，就可以達到生物學上的適應性標準。凡勃倫則在現實中將這個觀點集中到了它最爲關鍵的地方，他認爲在商業世界裡，那些被賦予了典型化特徵的「主導性群體」其實並不比野蠻人強多少，只不過是對於更加原始社會化特徵的一種「回歸」而已。[63]

拉采爾的生存空間論

在說德語的國家裡，眞正的顯赫的科學家們與冒牌的科學家們、眞正的哲學家們和冒牌的哲學家們，還有知識分子和僞知識分子，在吸引公衆注意力上彼此展開了激烈的競爭。佛雷德里希．拉采爾（Friedrich Ratzel）是一名動物學家，也是一名地理學家，他認爲所有的生命有機體都圍繞著生存空間展開激烈的競爭，在這些競爭裡，勝利者將失利者驅逐出去。同樣，這種競爭也延伸到了人類生活領域，那些成功的種族爲了避免滅亡，維持自己種族的生存和繁衍，就必須極力拓展自己的生存空間。[64] 恩斯特．海克爾（Ernst Haeckel，一八三四～一九一九）是來自耶拿大學的動物學家，他特別讚賞社會達爾文主義，並將其視爲第二自然規律。他將「競爭」看做是「每天生活必備的口令」。[65] 然而，海克爾卻是種族特徵遺傳規律的堅決擁護者，而且和史賓塞有所不同的是，他比較贊同那種採用強權力量的形態。人們根據他體現出來的好戰的種族特徵，以及對於閃族種族的反叛，一般將他的行爲看做是納粹主義的表現。[66] 而對於休士頓．史都華．張伯倫（Houston Stewart Chamberain，一八五五～一九二七）來說，做爲仰慕英國的群體中一個反叛分子的兒子，他隻身前往德國並且迎娶了華格納的女兒，相比於對歷史和文化

「科學化」的理解而言，種族間的衝突才是最爲根本的。[67]張伯倫將整個西方的歷史描述爲「精神和文化上不斷創新和開拓的雅利安種族，與唯利是圖、物質主義的猶太人種族之間無休止的戰爭和衝突」（實際上他的第一位妻子就具有半猶太種族的血統）。[68]在張伯倫看來，德意志民族是雅利安種族最後的叛變者，但是隨著與其他種族之間的通婚和生育，這支民族的勢力正在不斷地削弱。

諾爾道的惡化論

馬克思・諾爾道（Max Nordau，一八四九～一九二三），出生在布達佩斯，他和塗爾幹等人一樣，都是猶太學者的兒子。他最爲知名的書是兩卷本的《退化》（*Degeneration*），儘管這本書長達六百多頁，但它仍舊成爲了一本國際暢銷書。諾爾道確信「在整個歐洲存在著一場嚴重的精神瘟疫」，這種精神瘟疫類似於黑死病和歇斯底里症等病症，正在日益影響著整個歐洲，逐步侵蝕著它的生命力，並且表現出一系列的病症，比如「斜視眼、畸形的耳朵、發育遲緩……悲觀情緒、冷漠、衝動、情緒化、疑神疑鬼，以及缺少最起碼的正確和錯誤的辨別能力」。[69]在他看來，歐洲的每一個角落都充滿著退化和墮落；[70]印象主義畫派之所以出現，是由於墮落的哲學所導致的視角的震顫，這種視角的變化使他們採用了模糊和朦朧的方式來進行作品的創作。在波特萊爾、王爾德和尼采的作品中，諾爾道和左拉都發現了一種「猥褻性的困擾」。諾爾道堅信退化的產生完全是工業化的必然結果——具體說來表現在鐵路、蒸汽機、電話和工廠等因素帶來的形式上的困擾。因此在佛洛伊德拜訪諾爾道的時候，他發現諾爾道實際上承受著別人「無法承受的精神上的空虛」，而且他完全沒有幽默感。[71]這裡的社會達爾文主義並不僅僅停留在理論研究的層面上，在歐洲國家中，這種現象在奧地利最爲突出。兩位重要的政治領導人格奧爾格・馮・舒納（Georg von Schönerer）以及卡爾・盧戈（Karl Lueger），他們將這個理論渲染上了政治化的色彩，主要強調了兩個方面的原因，首先是爲了農民們的權力（因爲他們堅持在與腐化的城市來往的過程中要保持自己的「無汙染狀況」），第二條原因就是更加嚴肅地反對閃族氣質，因爲在那裡，猶太人被描述成是墮落的代名詞。當年輕的阿道夫・希特勒於一九〇七年到達維也納，就讀於這裡的一所藝術學校時，也就是這種錯誤和充滿邪氣的觀點鼓動了他。

羅伊爾

與之相對比的是在法國，這裡對於社會達爾文主義的宣傳是相對遲緩的，但是當此理論一經傳入，就表現出一種尤為激昂的社會達爾文主義形式。在《社會達爾文主義的起源》一書中，作者克萊門斯・奧古斯特・羅伊爾（Clemence Auguste Royer）持有很堅定的社會達爾文主義的觀點，他將「雅利安種族」看做是遠遠優越於其他種族的種族，並且指出這些種族之間爆發的戰爭和衝突是為了民族的積極進步而必然出現的。[72]在俄羅斯，無政府主義的代表人物彼得・克魯泡特金（Peter Kropotkin，一八四二～一九二一）於一九〇二年發表了《互助論》（*Mutual Aid*）一書，在書中提出了另外一種觀點：雖然種族之間的競爭無疑是社會生活中的事實，但這也恰恰說明了相互之間合作的可能性，這種相互間的合作在動物界裡普遍流行，並且逐步成為一條人人共知的自然法則。與凡勃倫一樣，他也在史賓塞理論的基礎上做了一些額外的發揮，提出在人類生活的領域中，暴力被證明為一項極不正常的舉動。社會達爾文主義與馬克思主義相比，並不僅僅是非自然的，而且並不僅僅存在於俄羅斯的知識分子群體頭腦之中。[73]

羅林・布雷斯

類似的爭論同樣存在於大西洋另一端的美國南部各州。達爾文主義被描繪成是所有民族的共同起源，而且因此被人們用來做為反抗奴隸制度的證據，尤其是它被賈斯特・羅林・布雷斯（Chester Loring Brace）如此使用之後。[74]但是另外一些人卻持相反的意見，約瑟夫・孔德（Joseph de Conte，一八二三～一九〇一），與拉波格和拉采爾一樣，都是有學問的研究者，並不是什麼鄉下人，而是經過培訓的理論家。當孔德的《南部的種族問題》（*The Race Problem in the South*）一書在一八九二年出版的時候，他被人們熱情地推舉為美國社會發展協會主席。他的觀點是殘酷的達爾文主義。[75]他一直認為當兩個種族一經發生交往的時候，就必然會發生一個種族統治和主宰另一個種族的狀況。

社會達爾文主義最為重要且迅速的影響就是優生學運動的產生，這場運動隨著新世紀的到來而產生。上述的所有作家都對這場運動的產生有過重要的促進作用，但是最早的起源者，即「優生學之父」，卻是達爾文的表兄法蘭西斯・加爾頓（一八二二～一九一一）。在一九〇四年發表的一篇文章中（在《美國社會學期刊》中發表），他指出，優生學的實質就是種族間的「劣等性」和「優越性」可以被客觀明顯地描述和衡量出來。[76]

種族主義，或者說是近來的相互之間從不妥協的民族中心主義，正在塑造著生活中的一切事情。理查・金（Richard King）是一位研究原始印度哲學的權威學者，在他看來，是十八世紀和十九世紀東方的一些學者「很有成效地創造」出了印度教和佛教。[77]他的意思是，雖然東方人眼中關於信仰的複雜體系在過去的幾個世紀裡發生了很大程度的演化，但是居住在那裡的人們並沒有認同那種關於宗教信仰的概念，也就是將其「做爲包含著一系列相關的如信念、教條以及禮拜儀式等要素的單塊實體」。他說，宗教信仰的題中之義就是要將其當做有機化的信仰體系，運用神聖化的經文，具有隨時爲之獻身的知識階層，這是一個歐洲化的概念，根源於三世紀時期的耶穌，由他來重新定義拉丁詞彙「religio」（即宗教）。首先，這個稱呼上的改變，意味著對他們祖先所實行的傳統宗教儀式進行的「重新解讀」，但是，早期的耶穌教徒，迫於來自羅馬教廷的壓力和威脅，早已經進行過這個詞語的重新解讀，所以對他們來說，這個詞語的意思是「密切聯繫在一起的集體，在這裡，『虔誠這一條紐帶』將會把所有的信徒緊密團結在一起」。[78]金說，也就是從這個角度上，宗教信仰已經成爲一個完整的體系，它強調「有神論，以及在人類世界和神靈的先驗世界之間存在的排他性、根本性的二元論……，到了啓蒙運動時期，所有的文化儀式透過這種理論都能被人們理解和廣泛接受」。[79]

事實上，在金看來，「Hindoo」這一術語最早來源於波斯語，它不過是梵文Sindhu的翻譯而已，意思是代指印度河。換句話說，波斯人創造這個詞的初衷是爲了指那些生活在印度河附近區域的部落，在開始的時候，這個術語根本沒有任何宗教的意思。[80]金認爲當英國人到達這個地方之後，最早開始將這群生活在這裡的居民稱爲「要嘛是魔鬼的孩子，要嘛就是Gentoos（來源於葡萄牙語，異教徒的意思）或者是印第安商人（尤其是商業在印度北部流行開來之後）」。但是，早期的殖民者們並不情願將這些連基本的宗教常識都不明白的人描述爲理解了這個術語，而且是他們將此複雜的體系稱爲「異教徒的宗教」。[81]一直到十八世紀末期，「Gentoo」這個詞才被改爲「Hintoo」，而且之後直到一八一六年，根據金所說，印度當地的一位知識分子羅姆默罕・羅伊才第一次使用了「Hinduism」這個詞語。[82]

佛教的產生與此如出一轍。金說：「無論如何也不能肯定地說，藏族人、僧伽羅人以及漢族人在十八世紀和十九世紀接受歐洲人的影響之前，僅僅憑藉他們自己的認識就搞清楚了做爲佛教徒的一切要旨。」[83]在這種情況下，尤金・博諾夫（Eugène Burnouf）成爲了一個極爲關鍵的因素，他的代表作

《佛教在印度地區的引入》一書有效地開創了我們今天看到的這種宗教形式。這本書在一八四四年出版，是在一百四十七頁梵文手稿的基礎上編著的，這些手稿是布里安·哈德森（Brain Hodgson）於一八二四年從尼泊爾帶回來的。

金說，不管是上述兩種方式中的哪一種，現在看來，當前這些宗教顯示出的儀式都是傳統經典樣式「退化」之後的版本，他們都需要進行較大程度的變革。這種起源上的「神祕性」實現了三個目標。首先，透過展示和證明東方的「腐敗與落後」，整個西方帝國的存在會被看做是合理的。第二，當東方還處於一種原始的蒙昧狀態時，與之相比，西方人已經達到「現代化」而且進步的狀態了。第三，東方原始的宗教滿足了人們對於宗教起源的懷舊情結，這在當時是非常流行的觀念。佛雷德里希·施萊格爾已經道出了許多人的想法，尤其是當他寫下「所有的一切，是的，所有的一切都毫無例外的有它在印度的起源」。【84】

帝國主義與文化

沃倫·赫斯廷斯，我們在前面已經提到過這個名字，他在一七七二年當選爲孟加拉的總督。他一直堅信的觀點就是，英國在印度的統治如果要強盛，就一定需要印度人自身的統一和支持。這種方式讓人難以置信的就是他看起來沒有干擾任何人的意思。正相反，他開創了一系列教育上的前沿改革，借此來向印度的高層搖尾乞憐。首先，他在牛津大學籌建了一個波斯語的教授職位。這個做法一無所獲之後，他開始了下一步的行動，和威廉·瓊斯以及其他的學者一起創建了孟加拉亞洲學會，這一部分的內容我們已經在前文介紹過。更多的實際性舉措就是赫斯廷斯爲那些東印度公司的官員們提供了學習波斯語的機會，波斯語在當時是顯赫的孟買法庭採用的官方語言；而且他還派遣大批印度梵文學家前往加爾各答教授這些人梵語，並且在教授的同時翻譯一些原始的經文。這些舉措的一個重要後果就是：印度一些官員的後代開始逐漸熟悉當地的地方語言，並且對印度和穆斯林文化懷有深深的同情。以下是從赫斯廷斯翻譯的《薄伽梵歌》序言裡摘出來的幾個觀點：「任何學者觀察到的印度人的角色特徵都將會帶給我們一種異常慷慨的感覺，尤其是針對他們的自然權力，而且他們教會我們用我們自己的方式來評估他們的做法。但是，諸如此類的例子只能夠在他們的筆下存在；這些例子只能在英國對於印度的主宰狀況中止時才能夠成爲現實，或者說只有到那些資源僅僅從屬於財富和權力的時代一去不復返的時候，才能成爲現實。」【85】

赫斯廷斯的成就在一八〇〇年得到進一步的支援，在這個時期，新的總督馬奎斯・衛斯理（Marquess Wellesley）創建了福特・威廉學院，這間學院後來成爲鼎鼎有名的東方大學。在這裡，語言學的教學得到了進一步的拓展，除了波斯語和梵語之外，阿拉伯語以及另外的本地語言也都被納入學科之中，與它們一起做爲研究對象的還有印度語、穆斯林以及印度本地的法律、科學和數學知識。衛斯理尤其注意西方教學技術的引進，且重視書面考試和公開的討論。「很多年來，這些辯論展開時借助的儀式一直被看做是最爲重要的社會事件。」這所學院被當做一項極爲重要的事業來看待，至少在早期的那些日子裡是如此。學院擁有自己的印刷出版社，曾印刷出版過教科書、印度經典書籍的翻譯著作、印度歷史和文化及法律課程的研究成果，而且一座新型的圖書館也建立起來，裡頭蒐集了大量稀有的經文古籍。【86】

但這項啓蒙性的政策並沒有持續太久。當東印度公司的「法庭」開始提出質疑的時候，這項政策第一次遭遇到了挫折。東印度公司建議整個學院，或至少教授歐洲學科的那部分學院，應該被轉移到英國本土興建。隨後，緊跟著英國人在印度南部城市瓦洛的大屠殺，政策發生了決定性的變化，決議認爲英國在亞洲次大陸的權力要想繼續得以維繫的話，就必須要求印度當地的民族大衆要有認知上的轉變。【87】這是一個根本性的轉變，因爲除了再次發生戰爭之外，這樣的變革將永遠不會發生。一本被命名爲《印度人的辯護》的慶祝性小冊子，作者是孟加拉的官員，陸軍上校「印度人」斯圖爾特，他認爲任何企圖促使印度大衆發生轉向的嘗試都注定要失敗，其中的一個重要原因就是，印度的宗教大多「在很多方面是更爲優越的……大量印度人眼中的神都不過是現實中很多美德的具體表徵，而那種輪迴說的理論則更適用於包含天堂和地獄的基督教觀念體系」。【88】

這並不是件多麼有益的事情，隨著一八一三年國會對於東印度公司憲章的重新恢復，加爾各答地區的主教轄區重新建立起來，威廉・福特學院在這個過程中被拆除，圖書館裡大量的藏書和經文也遺失到各個地方。一八五四年一月，學院被官方徹底取締。【89】孟加拉亞洲學會也被放置在一邊自生自滅。學院的存活，以及整個社會的狀況，都成爲更廣範圍內的社會變革的晴雨錶。十八世紀晚期到十九世紀早期，英國人一直延用著東方主義的政策，這些政策至少幫助西方人更加充分地了解了東方人的知識。這種新型的態度，關於大衆轉向的嘗試，至少幫助印度實現了殖民者和被殖民者之間的兩極分化。

在思想領域，帝國主義遺留了什麼給我們呢？答案是複雜的，而且不能夠脫離開整個現代世界以前的殖民地社會、政治以及經濟發展的實際情況。在第二次世界大戰結束後的很多年裡，隨著各地非殖民地化運動的加速開展，帝國主義國家也背上了沉重的負擔：這是帝國主義在對殖民國家進行控制的過程中體現出的種族主義、過度的經濟開發、文化上的盲目自大必然帶來的結果。很多後現代運動都開始將重現前殖民文化當做自己的主要目標。印度人阿馬蒂亞．森，曾經獲得諾貝爾經濟學獎，並且在哈佛大學和劍橋大學舉辦過專門的學術講座，他在報告中說，英國人離開印度之後，印度的饑荒現象大大減少了。

但是，近來又出現了一些讓人迷惑的新的現象。「假如沒有了英國在整個世界統治區域的延伸，那麼就很難讓人相信，自由資本主義的結構能夠在世界上經濟狀況千差萬別的國家如此成功地建立起來，這根本是天方夜譚……。印度做爲世界上最大的民主制國家，更要對英國的統治感恩戴德。印度本地的精英學校、大學、公共服務、軍隊、新聞界和整個議會體系，都具有明顯的英國模式的痕跡。最後一點，就連英語自身都……十九世紀的大英帝國不容置疑地開創了自由貿易和自由資本流動（勞倫斯．詹姆斯曾經將這場運動稱爲『看不見的金錢帝國』），而且還導致了奴隸制度的廢除，產生了自由勞動力。大英帝國投入了大量的資金來進行全球化交流網絡的發展。這一網絡在更大的範圍內普及和增強了法制觀念。」奈爾．佛格森早就明確地指出，在一九一三年整個帝國處於發展輝煌期的時候，外國直接投資中的百分之六十三都被用到了這些國家的發展上，然而到了一九九六年，這個比例僅僅保持在百分之二十八的份額上。一九一三年，世界股票基金的百分之二十五被投資到這些國家中，相當於每個人收入的百分之二十，或者說略低於美國人均國內生產總值的水準；而到了一九九七年，這個比例一直下降到百分之五。一九五五年，也就是殖民統治時期末期，尙比亞的國內生產總值有整個大英帝國的七分之一那麼多；而到了二〇〇三年，也就是該國獲得獨立四十週年左右，這個比重卻僅僅是二十八分之一。近來有一項關於四十九個國家的統計調查顯示，「那些實行習慣法統治的國家對於投資者權益保護的水準，要比法國等國的民法進行的保護水準高得多。」那些廣大的實行習慣法統治的國家，基本上都曾經被英國統治過，美國的政治社會學家希摩爾．馬丁．李普賽特（Seymour Martin Lipset）曾經指出，那些曾被英國統治過的國家與被其他國家統治過的國家相比，在獨立後實現「持續化的民主」方面，具有相當顯著的機遇和優勢。而另一方面，殖民主義的消極影響，在他們統治以下這些國家的過程中顯露無疑，這些國家已經具有了較高的城市化水準，具有自己源遠流長的文化（比如印度和中國），在這些國家裡，殖民者們最感興趣的是搶劫，而不是爲這些國家興建發展所必需的新設施。佛格森認爲這可以更充分地解釋人們經常說起的「巨大的分歧」，那就是上述兩個國家爲什麼由世界的領先地位——領先的時間最晚可以延續到十六世紀——淪落到相對貧窮的境地。

因此，帝國主義並不單單是指赤裸裸的征服。它的目的是爲了建立一個國家政府，形成對於全球的控制，而且並不僅僅是指獲得權力上的控制。殖民主義的研究者不僅包括塞西爾．霍德斯（Cecil Rhodes），而且還包括沃倫．赫斯廷斯以及威廉．瓊斯。[90]

東方主義的發展在多大程度上影響了帝國主義，這個問題在二十世紀晚期一直是學界爭論的焦點話題，而且話題還一直延續到今天。此話題之所以引起了人們更加強烈的關注，是因爲巴勒斯坦的批評家同時也是紐約哥倫比亞大學比較文學學科的教授愛德華．薩義德（Edward Said）的推動和促進。在兩本著作中，薩義德都指出，首先，十九世紀的大部分文學作品都將東方描述爲一個充滿幻想的地方，那裡充滿著各種漫畫類型以及簡約化的特徵。比如說，簡．萊昂．格羅邁斯的作品《耍蛇者》（*Snake Charmer*, 1870），就表現了一個年輕的男孩渾身赤裸，身上彎曲纏繞著一條蛇，站在一塊地毯上與前來圍觀的人們一起娛樂，周圍有一群佩帶著來福槍和寶劍的深色皮膚的阿拉伯人，他們正沿裝飾著阿拉伯圖飾以及阿拉伯經文的牆腳來回地閒逛。薩義德的觀點就是，東方學術的知性發展與實踐中的西方學術相比，在很大程度上由於政治權利的干擾而變得腐化，那種認爲「東方文化」是一個獨立發展實體的觀點，相對於包含著多種文化、多種宗教信仰、多種種族群體的廣大區域來講，無疑是荒謬和渺小的。他同樣也舉了一個例子，法國人西爾維斯特．德．薩西（Silvestre de Sacy）的著作《阿拉伯文選》在一八〇六年出版，他在書中竭力宣導將「東方文化研究」放到和拉丁文化、希臘文化研究同等的位置上，這個觀點幫助人們開始接受東方文化和傳統的希臘、羅馬經典文化是處在同一個層次的觀點。薩西認爲，透過這種方式，整個世界開始被分爲兩個部分，由於不平等的政治權力導致的不平等的經濟文化交流所引起。他認爲西方人在看待「神祕的東方文化」時，頭腦中存在著「想像力的魔鬼」，致使他們一直認爲「東方人」永遠都是懶惰的、充滿欺詐的，而且是非理性的。[91]

薩義德在《文化和帝國主義》（*Culture and Imperialism*, 1993）一書中進一步拓展了自己的觀點。只有在薩義德所謂的「偉大的文化檔案」之中，「知性和美學中跨越海洋的支配作用才顯得尤爲明顯。假如你是十九世紀六〇年代的英國人或者法國人，你將會看到或者感受到，印度和北非給你的就是一種熟悉卻又有些距離的感覺，但是在這種感覺裡，你永遠不會感受到他們具有獨立的主權。在你的小說中、歷史故事中、旅行故事以及探險活動中，你的感覺都是自己的意識一直在代表著絕對性的權威……，權力影響下的你將永遠也不會認爲那些所謂的『當地人』，也就是那些不管是屈從於你還是消極地配合你的當地人，會有足夠的能力來要求你放棄對整個印度或者阿爾及利亞的統治。或者說，即使他們敢於說一些與你們的想法和觀點相左的話，向你提出挑戰的事情……」[92] 在一些更基本的層面上，薩義德一直堅信：「帝國主義說到底就是思考怎樣才能居住和占領那些所有權不屬於你的土地，那些遠方的土地，那些被他人所居住並且爲他人所擁有的土地……。對於十九世紀的英國和法國公民來說，帝國是很自然的文化關注的重要議題。英國所屬的印度以及法國所屬的北非自身，都在英國和法國社會的意識、經濟、政治生活和社會機構等方面發揮著異常重要的作用，如果我們提到下面這些人物的話，將僅僅能夠描繪他們集體智慧創造出來的巨大藝術成就的一隅。這些人包括德拉克羅瓦、艾德蒙·伯克、魯斯金、卡萊爾、詹姆斯以及約翰·斯圖亞特·密爾、吉卜林、巴爾扎克、納瓦爾佛里、福樓拜，還有康拉德。」這是薩義德自己的觀點，他認爲「偉大的歐洲現實主義小說」出現的最主要目的，就是爲了維繫社會對海外擴張的支援。[93]

珍·奧斯汀

薩義德更加關注一八七八年這個時段。在這個時段裡，帝國主義「瓜分非洲」的狂潮正式拉開了序幕，也正是在這個時期，現實主義小說達到了它創作上的最高峰。「到了十九世紀四〇年代，英國小說做爲一種審美形式和一種知識分子的聲音，在英國社會達到了它發展的一個顯赫時期。」[94] 所有主要的十九世紀的英國小說家都接受了全世界的觀點，他們都表示不能夠忽視整個英國的海外勢力。[95] 薩義德還列舉了符合他所述觀點的一些作品：諸如珍·奧斯汀的《曼斯菲爾德莊園》以及夏綠蒂·博朗特的《簡愛》、薩克雷的《名利場》、查理斯·金斯利的《西行記》、查理斯·狄更斯的《遠大前程》、迪斯雷利的《坦克雷》、喬治·艾略特的《丹尼爾的半生緣》，以及亨利·詹姆斯的《婦女的肖像》。他認爲，帝國在任何地方都是一個至關重要的設置。薩義德認爲，「在很多情況下，帝國更主要是做爲一項法典，爲十九世紀的歐洲服務；在小說中，這種作用只是被輕微地提及，就像那些在豪華的大家庭中提供服務的傭人，他們的工作被認可，但僅僅是名譽上的，很少被學習和借鑑，或者被重視……」[96]

比如說《曼斯菲爾德莊園》（*Mansfield Park*, 1814）一書的主要敘事線索就是沿著主人公芬妮．普萊斯的命運展開，她在十歲時離開了位於朴茨茅斯附近的家園，前往曼斯菲爾德莊園，展開新生活。在這個家庭裡，芬妮很快得到了整個大家庭的尊重和喜愛，尤其是家中多個姐妹的一致喜愛，並且因此贏得了莊園主長子的愛情，芬妮在這本書最後的結局裡也就是與他結婚，成爲後來這個莊園的女主人。但是，薩義德更加關注的卻是作者奧斯汀的一些額外的評論，大意就是說湯瑪斯．博特拉姆爵士出國，照看著他在西印度安提瓜島的財產。薩義德說，這些引用所表現出來的內容與當時世界上的實際情況存在著很大的衝突。但是事實是存在的，那就是「眞正能夠適宜生存的地方就是安提瓜島上的博特拉姆莊園，它的經營狀況並不是很好」。[97] 奧斯汀看得很清楚，她認爲經營和管理曼斯菲爾德莊園其實就等於是在經營和管理一個帝國的財產，更不用說狀元與帝國之間無法忽視的聯繫了。「能夠保證一個莊園內部平靜和吸引人的和諧因素，就是來源於其他莊園的生產和自律。」[98]

正是這種平靜與和諧讓芬妮鍾愛有加。正如她自己就是一個被從外部帶入曼斯菲爾德莊園的人物一樣，她其實同樣是「被轉運的商品」，正如在安提瓜島生產出來的糖，成爲曼斯菲爾德莊園維持莊園平靜與和諧必須借助的工具一樣。正基於此，奧斯汀實際上將社會和政治聯繫在一起，舊的血液都需要借助新鮮的血液來進行更新：整個帝國在很多方面看來都不是很突出的，但是它在經濟上的作用卻異常重要。薩義德的潛台詞就是說，奧斯汀本人由於自身的人文氣息和藝術氣質，使得她在不經意間認同了奴隸制度以及隨之而來的殘酷，正如認同了殖民地一定要淪爲大都市的附屬一樣。他在此引用了約翰．斯圖亞特．密爾在《政治經濟學原理》一書中關於殖民地的理論：「它們（殖民地）在很大程度上不能夠被當做正常的國家來看待，看待它們的最合適方式就是將其當做更大更強的國家提供農業和製造業原料的外在商品和銷售市場……。這裡所用到的資本都是英國提供的；這裡所有的工業活動基本上都是圍繞著英國的工業市場需要進行的……。與西印度等地的商品貿易根本算不上外部的經濟交易，而實際上更像是城市和鄉村所進行的交通運輸。」[99] 在薩義德看來，《曼斯菲爾德莊園》做爲一個財富和智慧的混合體、教規的一項華麗的組成部分，它所遮蔽的東西與它所彰顯的東西同樣重要，這就是它那個時代的典型特徵。

吉卜林

吉卜林（Kipling）和康拉德兩人都將表現帝國時期的這段經歷當做自己作品的主題，比如前者的《凱姆》（*Kim*, 1901），後者的《黑暗心靈》（*Heart of Darkness*, 1899）、《領主吉姆》（*Lord Jim*, 1900）以及《諾斯特羅莫》（*Nostromo*, 1904）。薩義德將《凱姆》這部書看做「勇往直前的男性」小說，這本書中塑造了兩個非常有吸引力的男性形象；凱姆一直以男孩的形象而存在（這部書描述了他從十三歲到十七歲的經歷），而且這部小說最爲重要的背景，「偉大的遊戲」——即政治、民主和戰爭，都被看做是一場大鬧劇。艾德蒙·威爾遜關於《凱姆》的著名論斷曾經認爲：「展現在我們面前的是兩個並排存在但卻截然不同的世界，它們相互之間不存在眞正的了解……像兩條平行線一樣永遠不會相交……在吉卜林的小說中從來不存在任何根本性的衝突，因爲吉卜林從來不希望面對任何的衝突。」【100】與此相反，薩義德認爲：「《凱姆》中的殖民服務與對於印度公司的效忠之間的矛盾之所以無法解決，不是因爲吉卜林不願意面對衝突，而是因爲在他看來根本就不存在什麼衝突。」在吉卜林看來，印度最好的命運就是要接受英國的殖民統治。【101】吉卜林尊重印度社會裡出現的各種社會分層，對於他們的存在並無反感，他和小說中的人物都不曾對這種社會分層提出干涉。他說，到了十九世紀晚期，印度存在著六十一種根據社會地位進行的劃分，印度當地人群和英國人之間的愛恨交織的關係「來源於雙方人群體現出來的複雜的階層態度」。【102】「我們必須閱讀這部小說，」薩義德總結道，「這是一系列偉大積累過程的最終實現，它在十九世紀的最後一段時期達到了印度獨立之前自身發展的最高潮：一方面，英國實現著對印度的監督和控制；而另一方面，印度的各個方面又能夠吸引和博取人們愛慕……當我們今天閱讀《凱姆》這本書的時候，將會看到一位偉大的藝術家，在關注他時，我們會產生一種自身看待印度的視角被遮蔽之後的感覺……作者深深喜愛這種感覺之下的印度，但是卻不能眞實合理地擁有它。」【103】

康拉德

在那些積極熱中於帝國爭奪戰的人群當中，約瑟夫·康拉德由於拋棄非洲「過剩的財富」而知名。體驗了在不同的商業船隊中做水手的多年生活之後，康拉德開始沉寂下來，專心進行自己的小說創作。他最爲知名的小說作品有《領主吉姆》、《黑暗心靈》（一九〇二年以書本形式出版）、《諾斯特羅莫》以及《密碼代言人》（*Thr Secret Agent*, 1907），這些作品廣泛吸收了達爾文、尼采及諾爾道等人的觀點來開拓一條界線，這條界線存在於二十世紀科學、自由和技術的樂觀主義，以及人類本質的消極主義之間。有一次在報導中，他告訴H·G·威爾士說，「威爾士，我們倆之間的不同是根本性的。你不關注人性本身，但是卻認爲它是可以改進的。我雖然關注人性本身，但是卻知道它是無法改進的！」【104】康拉德原來的名字是提奧多·康拉德·科澤尼沃斯基，一八五七年出生於波蘭的一個小地方，在這個被多次瓜分的國家裡，他的出生地早在一七九三年就被俄國占領（他的出生地就是現在的烏克蘭）。他的父親叫阿波羅，是一位失去了土地的貴族，原因是在一八三九年反俄暴動的時候，他們家的土地被強制徵收。康拉德十二歲之前一直是個孤兒，他的生活一直依賴於自己慷慨的、慈母般熱情的叔叔塔德蘇茲，他每年都定期向康拉德提供補助，直到一八九四年他去世的時候，還留給了自己的侄子康拉德大約一千六百英鎊的財富（約相當於現在的十萬英鎊）。這一時間正好和康拉德的第一部作品《奧爾邁耶的愚蠢》（這本書於一八八九年開始寫作）出版的時間保持一致，並且在這時開始使用約瑟夫·康拉德的筆名。從此開始，他成爲一名作家，開始將自己做水手時的經歷和故事寫成小說。【105】

在他的叔叔去世之前，康拉德在返回波蘭的途中曾經在布魯塞爾駐留過一段時間，接受當時比屬剛果地區的一個工作的面試，這個面試對他來說是至關重要的，決定了他在一八九〇年六月到十二月之間在比屬剛果的生活經歷，而且在這裡生存了十年之後，他寫出了自己的名作：《黑暗心靈》。在那十年裡，剛果一直存留在他的腦海裡，並且他在等待一個合適的契機把這段經歷在文章中表現出來。這個契機最後產生於一八九七年對於「貝南灣大屠殺」案件的揭示，以及斯坦利等人在非洲的冒險活動。《貝南灣——流血的城市》一書於一八九七年在倫敦和紐約出版，是一個向西方的文明世界展示當地印度人血腥禮拜儀式的令人驚駭的故事。在一八八四年的柏林會議結束之後，英國對尼日爾河流域那塊區域實施了保護國的統治策略。當地國王杜博爾採用人牲的方式祭祀祖先的慶典活動開始時，一個前往貝南灣（現在奈及利亞的一個小城）的英國使團遭到屠殺。爲了報復，英國派遣了一個探險團來占領這個國家，使其長期成爲奴隸制國家。這支探險團的司令官R·H·培根在自己的文章中記敘的某些內容，與《黑暗心靈》一書中的記載基本上保持一致。當培根司令官到達貝南灣時，他即使具有最最豐富記實的語言表達方式，也無法描述出自己當時看到的情形：「用什麼話語來描述這個地方令人恐懼的狀況，都是毫無用處的，每一個地方都充斥著死亡、殘暴和血腥，而且這裡散發的味道根本就不適合於人們的呼吸甚至生存。」康拉德拒絕了對於組成「恐怖，恐怖」因素的具體描述，而「恐怖，恐怖」是這部小說的最後結尾裡最爲著名的兩句話。正如庫爾特（Kurtz）所認爲，在後來的瑪洛和英雄嘴裡都得到過具體的印證。但是康拉德把這些東西看得很渺小。而在培根看來，將這看做是「磨難之樹」，這棵樹被成堆的頭骨和屍體所包圍，鮮血塗抹在所有地方，甚至包括青銅製成的雕像和象牙上。

然而，康拉德的目的卻不單單是爲了激發西方文明社會對這裡的暴行進行報導的回應。培根司令官也在文章中例證了這種觀點：「……那些當地人絕對不會看不到，那些白種人所謂的和平與完善的統治，意味著快樂、滿足和安全。」同樣的觀點也出現在庫爾特的報告中，這份報告是他爲研究野蠻文明壓制的國際社會學會提供的。瑪洛在描述這份報告的時候形容它是「這部作品中最精采的部分」，「依靠它雄辯的說服力讓人震撼」。可是，在文章的最後，光明和可怕，如同寂靜夜空中陡然出現的閃光燈一樣，「終止一切暴戾」。【106】

這些文明人內心深處的野蠻同樣在白人商人的行爲中顯示出來，在瑪洛眼中，他們被稱爲「朝聖者」。白人旅行家的故事對康拉德的文學創作也產生了借鑑作用，這些故事與H．M．斯坦利在「黑色非洲」中所敘述的一樣，在寫作的過程中都毋庸置疑地添加了歐洲人優越於當地人的心理。《黑暗心靈》在構思過程中將文明和暴戾、光明和黑暗進行了諷刺性的對換。以下是斯坦利小說中的一個細節，記錄在他的日記當中。由於需要食品，斯坦利就告訴當地的人說：「我們必須擁有食物，否則我們就會死亡。你們必須出賣食物來換取我們的珍珠，紅色的、藍色的或者綠色的，黃銅電線或者是貝殼，抑或是……，我在他們的喉嚨處做了一個十字形的手勢。這就足夠明瞭了，他們馬上就明白了我的意思。」【107】而與之相對比的是，在《黑暗心靈》這本書中，瑪洛對他們在探險過程中所遭遇到的那群食人部落的克制力印象深刻，這群饑餓的人群獲得了少量的金屬線，但是他們沒有食物可以拿來出售，因爲他們食用的那些河馬肉早已經變質，散發著歐洲人無法忍受的刺鼻味道，於是這些肉被歐洲人扔到了岸上。瑪洛非常不解的是「爲什麼這些人不跟隨著我們，然後拿我們當一頓豐盛的晚餐」。【108】庫爾特是一位有代表性的人物，當然（「整個歐洲都對庫爾特形象的塑造產生了促進作用」），康拉德尖銳的諷刺力量在瑪洛的敘述話語中清晰地體現出來。帝國的文明化與野蠻的掠奪在本質上是沒有什麼區別的：「對於戰利品的可恥掠奪，曾經在很大程度上損壞了人類道德的歷史」，正如康拉德曾經在很多地方所描述過的一樣。【109】

在《黑暗心靈》這本書出版的時候，曾經出現過，或者說在以後也可能會持續出現，康拉德會對他的一部分讀者表示出厭惡。這種反應正凸顯了他自身的價值。這種現象或許可以在理查．科爾身上得到最好的解釋，他是最早關於康拉德全方位研究的作者，他的作品在一九一四年發表。[110]科爾能夠認識到，對於很多人來說都會有一種持續性的需要，那就是堅信雖然這個世界在現在這個時期是讓人不安的，但是透過人們的集體努力和選擇使用合適的自由主義哲學，這個世界的發展就會被重新納入正常的軌道。和自己同時代的小說家威爾士和高爾斯華綏有所不同，康拉德一直嘲弄這種觀點至多不過是一種幻想，如果把握不當，還會導致走向令人絕望的毀滅之路。[111]證據顯示，由於在非洲的那段經歷，康拉德病倒了，不僅是身體上的，更是心理上的，而且自此之後，他開始跟那些當時非洲和亞洲的帝國主義者以及種族掠奪主義者劃清了界限。《黑暗心靈》一書在終結利奧波德的殘暴統治方面發揮了關鍵性的作用，但這種統治方式後來被用到比屬剛果的統治上。

英語的歷史

雖然出生在波蘭，而且儘管《黑暗心靈》這本書確實是以比屬剛果做爲主要的寫作背景，但約瑟夫．康拉德卻是用英語來完成自己的著作。帝國主義策略最早正式開始於美洲，但是在後來的印度和瓜分非洲的狂潮時達到高潮，這策略的一項重大成就便是英語的廣泛普及。今天，印度說英語的人數已經和英國本土說英語的人數持平，而且是北美的五倍；全世界說英語的人數已經達到了十五億。而在先前的很多年裡——幾個世紀以來——英語都不過是少數群體的語言，因爲它比較難以掌握，所以使用的人比較少。至於它後來所取得的成爲世界上最有用的語言的成就，正如梅爾文．布拉格（Melvyn Bragg）所說，是一次意義深遠的探險。

我們最早粗略地了解英語是在西元五世紀，當時德國的很多勇士最早學習說英語，他們曾經被邀請到當時的英國，成爲僱傭軍，一起保衛即將分崩離析的羅馬帝國。[112]大不列顚島的最早居民是凱爾特人，他們說凱爾特語，當然由於羅馬人的影響，他們的語言中也會或多或少地帶上一些拉丁語的特點。但是德國的各個部落——薩克遜、盎格魯和朱特——都說各種各樣的方言，只有他們相互之間才能夠溝通，而且這種情況一直持續到盎格魯部落最終統一德國之後。現在佛里斯蘭省（位於荷蘭北部靠海的位置）使用的語言，被認定爲和早期的英語有最親近的關係，在那裡，諸如trije（three，即「三」）、

froast（frost，即「霜凍」）、blau（blue，即「藍」）、brea（bread，即「麵包」）以及sliepe（sleep，即「睡覺」）等詞語，還一直沿用到現在。[113]

早期的英語借用了很多來自拉丁語和凱爾特語的文字，比如說「win」（wine）、「cetel」（cattle）以及「streat」（street），但是現在使用的大部分英語單詞都是來源於古老的英語——比如you、man、son、daughter、friend、house等等。當然也有一些源於北部的詞語，諸如「owt」（anything）以及「nowt」（nothing），分別來源於「awiht」以及「nawiht」。[114]在表示地點的詞語中，凡是以「ing」結尾的詞語都指「正在做……的人」——比如reading、dorking、hastings；以「ham」結尾的詞語都意味著這裡原來是一片農場，比如Birmingham、Fulham、Nottingham；以「ton」結尾的詞語都意味著是圍場或者是鄉村，比如Taunton、Luton、Wilton。而在德國的各個部落，帶來的卻是北歐古代的字母表，它被視爲字母表中的字母產生後的第一張字母表。這些字母大多都是由筆直的線條所組成，這樣就可以更簡單地用石頭或者木頭來製成。這樣的語言方式總共有二十四個字母組成，缺少j、q、v、x以及z，但是包括æ、p、ð和uu，最後一個後來成爲w。[115]

英語在起源的時候被人們稱做「Englisc」，一直到了北歐海盜入侵的時候才得到了長足的發展，在這之後，結尾加上「by」的詞語開始表示地名，用來暗指一些農場和城鎮：比如Corby、Derby、Rugby。丹麥人將「son」用在了個人的名字中，將它置於名字的最後用來指代父親：比如Johnson、Hudson、Watson。在當時，另外一些被納入到英語的詞彙還包括：「birth」、「cake」、「leg」、「sister」、「smile」、「thrift」以及「trust」。[116]

在一〇六六年，赫斯廷斯戰爭爆發後的三百年時間裡，英語遭受到了嚴重的威脅。當時的「征服者」威廉在耶誕節那天於西敏寺大教廷舉行了自己的加冕儀式，在這一年裡，所有的儀式都被用英語和拉丁語來執行，但是國王本人卻從頭至尾一直在說法語。法語成了教廷以及議會的官方語言。但是，英語也獲得了生存和發展，很多法語詞彙的引入，使得英語的很多詞彙意思發生了改變。法語的引進主要使用在對於社會等級的描述上，比如說：army（*arm'ee*）、throne（*trone*）、duke（*duc*）、govern（*governer*），還有在烹飪行業上，比如說：pork（*porc*）、sausages（*saussiches*）、biscuit（*bescoit*）、fry（*frire*）以及vinegar（*vyn egre*）。[117]古老英語中的那些詞彙並沒有絕跡，很多時候它們被相應地改變了。比如說，古老的英語單詞中「蘋果」原來是指所有種類的水果，但是當法語詞彙「fruit」被引入之後，古老英語中蘋果的詞彙就改變了意思，用來指代一種單一的水果，那就是現在我們通常使用的「apple」。[118] 其他在這一時期進入英語領域的法語詞彙還包括：chimney、chess、art、dance、music、boot、buckle、dozen、person、country、debt、cruel、calm以及honest。詞彙「checkmate」來源於法語詞彙eschec mat，這個詞語同樣也是轉義於阿拉伯詞彙*Sh h mt*，意思是說「皇帝死了」。[119] 這些詞彙一起構成了我們後來所說的中世紀的英語。[120]

中世紀的英語開始取代法語在英格蘭的地位，是在十四世紀晚期才出現的。英國在這個時期發生了巨大的變化，就像與此同時其他國家發生的巨變一樣，主要原因就是黑死病的蔓延，它奪取了相當數量牧師的生命，這些人大部分都說法語或者拉丁語。農民革命的興起也大大促進了英語的復興，因爲他們都將英語做爲自己的主要語言。當理查二世在史密斯菲爾德向自己的將帥沃特・泰勒以及他的士兵們發表演講的時候，據布拉格所述，他採用的就是英語。而且據歷史記載，理查二世是已知文獻中第一個一直使用英語的君主。一三九九年，當蘭卡斯特的公爵亨利自立爲王，並且將前任理查二世罷免的時候，他也同樣使用被官方歷史稱爲他的「母語」的語言，那就是英語。[121] 作家喬叟使用的大約四分之一的詞語都來源於法語，[122] 雖然它們的很多詞義現在已經丟失了（比如「lycour」＝moisture，「straunge」＝foreign、distant），但是他仍舊信心十足地使用英語，這標誌著英語語言使用的一個轉向。[123]

這種自信心同樣反映在很多學者迫切要求將《聖經》翻譯成英文版本。雖然約翰・威柯利夫（John Wycliffe）被認爲是最先嘗試這項工作的人，但是在布拉格看來，來自牛津女王學院的尼古拉斯・赫福特（Nicholas Hereford）才是在這個領域做出了最大的貢獻。他翻譯的手稿，至今被密封保管在牛津；這份手稿曾經被傳出有很多個版本——據說至少存在一百七十五個版本。[124]

> In the bigynnyng God made of nouyt heuene and erthe
> Forsothe the erthe was idel and voide, and derknessis weren on
> 　　the face of depthe; and
> 　　the Spiryt of the Lord was borun on the watris.
> And God seide, Liyt be maad, and liyt was maad.

由此可看出，拼寫在當時還是比較混亂的。Church經常被拼寫成cherche、chirche、charge、circhе，而people經常被拼寫爲pepull、pepille、poepul或者pupill，這些在當時都是被允許的。拼寫的規範最早被用於master of chancellery，這個名稱後來被簡寫為chancery。這個機關的作用就是位於法庭、稅收機關以及政府的執政機關白廳之間，它漸漸成了官方授權的機關，而且「chancery English」也改稱為「official」，成為一種官方使用的語言。Ich被 I 所取代，sych 以及sich 被suche 所取代，righte成為了right。當印刷術產生之後，拼寫變得更加確定化，同時伴隨著母音使用上的重大變革，此變革對於英語的整個發音體系具有重大的變革作用。沒有人知道為什麼這個變革會發生，但是布拉格給出的一個例子就可以清楚地證明這項變革的重要性；他給出的一個句子是，在變革後，我們可以將這個句子理解為「我把我的船命名為皮特」，但是假如母音變革不發生的話，這句話拼出來的意思將會與我們的原意大相逕庭。【125】

所有上述的內容都是日益增長的自信心的體現，一六一一年出現了一項重大的變革，那就是金．詹姆斯（King James）所譯出的《聖經》版本，這份翻譯是在威廉．泰勒（William Tyndale）翻譯的基礎上進行的。在他的翻譯裡，我們可以清楚地看到現代英語的形成過程，包括它的實質性內容和具體表現形式：

Blessed are the povre in sprete: for theirs is the kyngdome off heven.

Blessed are they that morne: for they shalbe comforted.

Blessed are the meke: for they shall inherit the erth.

Blessed are they which honger and trust for rightness: for they shalbe filled.

在文藝復興和那個發現的年代，由於多國語言相互交流，英語的發展實現了大爆發：比如說bamboo（馬來語）、coffee 以及kiosk（土耳其語）、alcohol（阿拉伯語）、curry（泰米爾語）。人文主義的興起，以及對於傳統經典的持續興趣，重新促使了很多希臘和拉丁詞彙的復興（諸如：skeleton、glottis、larynx、thermometer、parasite、pneumonia）。它們的廣泛使用導致了所謂的墨水壺之爭的興起。墨水壺是用來盛放墨水的羊角小壺，以便於使用羊毛筆蘸墨水來書寫，這個詞後來被指代那些喜歡創造詞語，並以此來炫耀自己對於傳統經典多麼博學的人。這種創新在後來已經逐漸地少了，雖然我們現在還經常使用前文已提到的那些詞彙，比如說，「fatigate」（使……疲勞）、「nidulate」（搭建一個窩），以及「expede」（impede的反義詞）。【126】莎士比亞也是文藝復興運動中的重要人物，他也是最早使用那些特殊的詞語和短句的人，而不在乎這些詞語和短句是自己創造的還是借用別人的。他所有的書都是用莎士比亞式的英語編寫而成的，但是在他的作品和戲劇中，我們仍舊可以發現以下這些新鮮的詞語和短句：諸如：obscene、barefaced、lacklustre、saladdays，在我眼中看來，失落方面的詞語要比憤怒方面的詞語使用得多。他還使用過很多罕見的詞語，比如：cadent、tortive、perisive，甚至是honorificabilitudinatibus這樣的詞語。[127]

在美國，新的景象和新人的出現激發了很多新鮮詞彙和新字的的產生，這些詞包含了從foothill，一直到bluff、watershed、moose，以及stoop，然後又出現了squatter、raccoon（在一段時間是rahaugcum），以及skunk（segankw）。很多我們熟悉常用的詞彙被放在一起，用來描述一些新的事物和經歷，比如說bull-frog、rattlesnake、warpath。在新大陸，很多傳統詞語意義發生了變化：樹林「lumber」這個單詞在倫敦的語言體系中是垃圾的意思，而到了美國語言體系中，這個詞的含意又變成了砍樹。諾亞．韋伯斯特（Noah Webster），一位普通的學校教師，他曾經寫出了暢銷書《美國語拼寫手冊》（*American Spelling Book*）。這本書在新的語言世界裡曾經被翻印過多次，成爲銷售量僅次於《聖經》的暢銷書。他在這本書裡解決了整個國家在關於詞彙拼寫上的困惑：於是如今，儘管在英國人仍然發cemet'ry以及laborat'ry的音，但是美國人卻習慣於讀出單詞的所有音節，那就是cemetery、laboratory。[128]是韋伯斯特最先將colour和labour中的「u」去掉，並且將traveller中的第二個「l」去掉。在他看來，這些字母都是完全沒有必要的。他還將theatre和centre兩個單詞的形式改爲theater和center，這樣看起來更加清晰，正如將cheque的單詞形式改爲check也是如此。Music和physic的形式也發生了變化，將詞尾的「k」給省略掉。[129]由於對外來詞彙吸納的大門敞開，很多印度的詞彙也被引進來——比如maize、pecan、persimmon、toboggan，雖然這其中的很多詞語諸如tamarack以及pemmican並不像其他的外來詞語使用得那麼頻繁。那些貧窮的人乘坐著木筏，依靠船槳來做動力，到西方考察，這曾經被稱做是riffs，但是在此之後，這個一稱呼轉變爲「riff-raff」。「pass the buck」以及「the buck stops here」這兩個短語都來源於西方流行的紙牌遊戲。「buck」這個詞原來的意思是指帶著一個鹿角把手的匕首，這個物品傳遞的含意就是那些有權威的人或者正在進行商品交易的人。[130] OK這個詞，或者寫成okay，是公認的在英語語言中使用最頻繁的詞語，據說它有很多種源頭上的解釋。喬克托族的印第安人認爲這個詞應該寫作Okeh，意思是「正是如此」。但是在波士頓，這個詞被人們看做是Orl Korrekt的縮寫形式，一些倫敦東部的英國人聲明他們也是如此理解和使用這個詞。在路易斯安那州工作的勞動者經常在自己搬運的棉花包裝袋上塗寫上Au quai的字樣，表示這些包裝袋已經準備好，可以隨時沿著河道運送到海邊。但是這些關於這個詞語起源的解釋都是很表面的，它的深層次含意到現在還很少有人觸及。[131]「Jeans」這個詞語淵源揭示的功勞歸於李維．史特勞斯先生，他曾經用過一塊叫做「geane fustian」的布料，這種布料最早是在熱那亞地區手工製作的。

啓蒙運動和工業革命自然也幫助引入了更多的新鮮詞彙——比如reservoir、condenser、sodium（一八〇七年）、centigrade（一八一九年）、kleptomania（一八三〇年）、palaeontology（一八三八年）、gynaecology和backterium（都是在一八四七年）、claustrophobia（一八七九年）。據估計，在一七五〇年到一九〇〇年之間，世界上出版的科學類報刊中有一半是用英語出版的。[132]在大英帝國對印度的統治發展到最高潮的階段時，是由印度人還是由英國人掌握語言權，是一個富有爭議的問題。而且，做爲印度化的歐洲語言，大部分英語的深厚遙遠的文化背景是梵語。但是從印度傳到英語中的新詞彙主要包括：bungalow、cheroot、thug、chintz、polo、jungle、lilac、pariah、khaki（意思是帶顏色的沙漠），以及pyjamas。[133]在英語中將原來的 Kolkata 改寫爲 Calcutta，雖然後來不久它的稱呼又改回原來那個。

但是在十九世紀，英語伴隨著大英帝國領土的擴張而普及，它在澳大利亞、西印度、非洲以及中東的很多地區都得到了普及，它的成就已經達到了先前阿拉伯語、拉丁語以及法語所取得的成就，成爲一種國際化交流的通用工具，而且這種作用和地位從那時開始，一直延續到現在。甘地曾經意識到自己的國家被英語所奴役，而且他也的確這樣說過，但是那些用英語進行小說創作的印度小說家表現得如此完美，受到如此的追捧，使得這種意識很快就被掩蓋。英語在全世界實現普及的例子，反映出早期的關於民族主義和帝國主義的觀點，但是英語的普及卻比它們進行得更爲順利。英語不僅僅是一種屬於帝國的語言，而且還是一種屬於科學、資本主義、民主以及網路的語言。

第三十四章

美國式的思想和現代化的大學

帝國主義在舊的歐洲大陸得到空前發展的時候，正好和美國獨立戰爭爆發的時期相一致。因此，就某種程度上來說，每個大陸都面臨著一個相似的困境——如何才能讓不同民族、不同種族的人生活在一起。所以說，美國獨立戰爭不管從哪個層面上而言都是美國發展史上的一個分水嶺。雖然在當時能夠意識到這一點的人並不多，但是，在奴隸制度上進退兩難的窘境，還是讓國家出現了衰退的景象。正是這場戰爭，最後才使資本主義和工業化充分釋放出了自己的能量；也是直到內戰結束的時候，這個國家才獲得了充分的自由來實現自己早期做出的承諾。

一八六五年時，美國的人口數量升至三千一百萬，相對而言，這個數量與當時主要的歐洲國家相比仍然是微不足道的。與其他事物的增長一樣，知識分子的人數也正在形成和擴大的過程之中。[1] 在一七七六年獨立戰爭勝利之後，憲章得以頒布，這些事在很多歐洲人看來都是足以振奮人心的，他們感覺到美國人原來對自己並非缺乏自信。但是即使這樣，仍舊有很多不確定的因素：國門仍舊在持續開放（導致產生了如何處理和平原印第安人之間的關係等問題），而且移民形式也正在發生變化。一八〇三年，美國從法國手中購買了路易斯安那州，因此，不管從哪個方面來看，種族、部落、國籍、宗教歸屬以及民族身分等各種問題都會一直存在。在這種情況下，美國必須學會裝扮和掩飾它自己，設計出很多能夠滿足自身需要的思想和理論體系，而且在適當的場合還可以沿用舊世界的思想。[2]

歐洲的思想觀點逐步被納入美國語境中，並且被理解和吸收的過程，已經被理查．霍夫施塔特（Richard Hofstadter）和路易士．梅納德（Louis Menand）記錄下來，而且在後者的紀錄中更新、更充分。路易士．梅納德是哈佛大學的英語教授，他進行記錄時使用的方法是對十九世紀很多個小群體中的個體人物編寫傳記，這些個體人物都是思想新穎的英國人，他們相互之間都非常了解，而且正是他們當中的一部分人創造了我們今天所說的現代思想的典型美國傳統，也就是美國式的思想。這個章節的第一部分內容在很大程度上依賴於梅納德的這本著作。[3] 這些選取的個體，專業涉及哲學、法學、心理學、生物學、地質學、數學、經濟學和宗教學，尤其值得一提的人物包括：拉爾夫．瓦爾多．愛默生、奧利佛．溫德爾．霍爾姆斯、威廉．詹姆斯、班傑明．皮爾士，以及查理斯．皮爾士、路易士．愛格西和約翰．杜威。

「這些人在個性上存在著極大的區別，而且他們在很多觀點上並不都能保持一致，但是仍然在很多觀點上存在著共同的想法，所以他們團結一致的時候，會比其他群體更有推動作用，尤其是在將美國思想推進到現代社會的過程中……。這些人的觀點改變了美國人的思考方式，而且進一步來考慮的話，還改變了美國人的教育、民主、自由、公正和容忍度。正是這些因素改變了美國人的生存方式——他們學習的方式、表達自己觀點的方式、了解的方式，以及如何對待周圍不同於自己的人的方式……。我們可以說這群思想家們共同的地方不在於他們各種各樣的觀點，而在於一個單一的觀點——關於創意學的觀點。他們一致認同觀點並不是『放置在那裡』等待人們去發現的東西，而是一種工具——諸如刀叉以及微晶片之類的東西——這種工具是人們發明出來用於解決自己在世界裡尋找自我時產生的問題的。而且他們認為，正由於觀點是對於瞬間出現的、無法複製的自然環境的臨時性反映，所以它們自身的生存並不依賴於它們的永恆性，而是它們的適應性……，他們教會了人們一種懷疑主義的方法，這種方法教會了人們在一個另類的、工業化的、大眾市場化的社會裡如何生活，在這個社會裡，年長的人控制著文明的發展，社會的形式看起來正在逐步地削弱……。當然，在他們的作品當中也存在著很多模糊的地方，比如說，什麼思想能在戰爭中增加人們的快樂這個問題。」[4]沿著這條路思考，我們將會更加關注美國很多知識分子中心的產生——比如耶魯大學、普林斯頓大學、芝加哥大學和約翰．霍普金斯大學、哈佛大學，以及在麻薩諸塞州的劍橋麻省理工學院。

星期六俱樂部

最早創造出這種美國傳統的人是奧利佛．溫德爾．老霍爾姆斯。他的朋友圈子比較好，圈裡包括了卡伯特家族、昆西家族，以及傑克遜家族，其中傑克遜一家來自一個古老的土地所有者家庭；但他本人卻是曾經在巴黎大學學習過醫藥學的教授。正是老霍爾姆斯最早創造出了「波士頓婆羅門」的術語，用來指代那些出身比較優越的學者。也正是老霍爾姆斯，在做醫生的那段時期裡，發現了分娩熱的病因，並解釋說這種疾病是由於醫生自己在一次接一次的分娩過程中傳染的。這個發現並沒能使他在自己的醫生同行們面前獲得認同，但是在當時看來，這卻是疾病細菌理論和防腐消毒研究領域發展的一項重大進步。[5]老霍爾姆斯在擔任哈佛醫學院的院長時，在學術上達到了頂峰，雖然在很多人看來，老霍爾姆斯有名更是因為他在很多人眼中是他們見識過的最好的演說家，以及他曾經主導創建了形而上學俱樂部，同時也以「星期六俱樂部」而聞名，在這裡，大家晚餐時主要討論一些文學類的話題，這個俱樂部中的其他成員還包括愛默生、哈索恩、朗費羅、詹姆斯．拉塞爾．洛厄爾，以及查理斯・伊里亞德・諾頓。老霍爾姆斯同時還幫忙創立了《大西洋月刊》；他親自爲這份雜誌取了這個名字，用來反映在新的世界體系和舊的世界體系之間的關聯。[6]

愛默生

美國知識分子傳統的另外一位創立者就是愛默生。老霍爾姆斯和愛默生是很好的朋友，兩人之間相互影響，相互交流。一八三七年，愛默生在哈佛大學就「美國學術」這個主題作了一場著名的美國大學優等生之榮譽學會（Phi Beta Kappa）的專題演講，而當時，老霍爾姆斯還是場下的聽衆。這只是愛默生一系列演講的第一場，在後來的很多演講中，愛默生不斷宣揚美國文學獨立性的概念，催促他的公民夥伴們採用一種自身特有的寫作方式，而要與他們熟悉的歐洲傳統相互區別開來（雖然在他崇拜的人中，基本上沒有幾個美國人）。一年之後，在哈佛神學院舉行的一場聲名卓著的演講活動中，愛默生解釋了他是如何因爲宗教佈道的原因而「偏離自己的研究主題」的，而且還把自己的手工製品人工化和外邊正在飄飛的大自然雪花進行比較。他自己說，這個行爲（加上平日裡的很多思考）導致他斷絕了自己對於超自然的耶穌力量的信任，放棄了對有組織的基督教的依賴，轉而支持一種個體化力量的昭示。正是部分由於這樣的原因，導致了哈佛大學——後來還有一座喀爾文教派的學院——整整有三十年都沒理睬愛默生。[7] 老霍爾姆斯一直對他的朋友表示出眞誠和支持，最重要的是，他分享了愛默生在美國文學上的主要觀點，這也正是他爲什麼在興辦《大西洋月刊》的過程中全力以赴的原因。[8]

對於小霍爾姆斯來說，愛默生帶給自己的啓迪可以與自己的父親老霍爾姆斯相媲美。在很多年後，小霍爾姆斯還談到，做爲一八五八年時哈佛大學的新生，正是愛默生的觀點在他的心頭「燃起了一把火焰」。但是小霍爾姆斯自己的觀點並不是和他的老師一模一樣。雖然小霍爾姆斯在宗教問題上同樣贊成廢奴主義，但是他基本上很少參加直接針對黑人的社會運動。不同的是，小霍爾姆斯能夠更加清楚和深刻地認識當時的形勢，他認爲《匹克威克外傳》（*The Pickwick Papers*）令人作嘔，因爲它在對待西印度人時的做法欠妥當，而且他同樣痛恨吟游詩人的表演——他們的做法在小霍爾姆斯看來帶有明顯的「自我歧視性」。[9] 他同意愛默生的觀點，認爲科學化的世界觀不應該排除道德化的個體生活，或者換句話說，就是與那些處在規範化宗教體系之外的朋友們交流，要遠比處在規範化體系中的朋友交流容易得多。

奧利佛·溫德爾·霍爾姆斯和普通法

正是因爲小霍爾姆斯心中一直持有這樣的觀點，因此一八六一年美國國內戰爭的爆發，爲他眞正參加一些實踐活動提供了機會。他兌現了自己的承諾，在「道德責任感的鼓舞」下，他毅然參加了戰爭。【10】他參加的第一場正式的戰爭，就是當年十月二十一日爆發的伯爾的布拉夫（Ball's Bluff）戰爭，這場戰爭絕對稱不上成功：一千七百多名聯軍戰士試圖穿越大河，但是最終安全返回的只有不到一半的人。小霍爾姆斯胸口附近被擊中一槍，是隊伍中最先受傷的三個人之一；正如梅納德在書中所說，就是由於這些傷口，塑造了小霍爾姆斯。（小霍爾姆斯信中的字跡絕對稱不上完美，他告訴通訊員說，因爲這些信件都是他受傷後平躺著寫出來的。）【11】此後，雖然他會時不時地回憶起自己在戰爭中的經歷，但是卻從不閱讀關於美國內戰這段歷史的書籍。【12】他知道對於重新追憶那場令自己恐懼的戰爭，自己所知道的東西和手中所擁有的東西都是起不了什麼作用的。主導美國內戰這場戰爭的因素是現代化的武器和後現代化的戰爭策略。關於步兵團武器的訂單已經做出，就是用來對抗火槍，這種槍的射程可以達到八十碼。而十九世紀的步槍射程可以達到四百碼左右。這也可以用來解釋美國內戰人員傷亡慘重的原因，在這場戰爭當中，大量的美國人失去了生命，這也是爲什麼美國內戰能讓小霍爾姆斯和其他人如此震撼的原因。【13】

在見證了這些人員的傷亡之後，小霍爾姆斯學到了在他一生中一直堅持的原則，那就是對於確定性和肯定性說法的不屑一顧，以及對於「過度絕對化必然會導致暴力衝突」【14】觀念的認同。他審查了自己的遭遇之後評論道，雖然一八五〇年時的廢奴主義者在某些北方人看來是顚覆性的危險分子，但是到了戰爭結束的時候，他們卻成了「愛國者」。他因此總結道：「生命中絕對不會僅僅存在一種必須的生活方式。」【15】這種觀點指引了他，並且促使他形成了後來所謂的發散性的評判標準。他的這種智慧體現在了他最爲知名的著作《普通法》（*The Common Law*）一書中。【16】這部書開始寫作的時候正值洛厄爾在哈佛大學進行十二場演講，屋子裡都坐滿了人，洛厄爾的所有演講都是在沒有講稿的情況下完成的。【17】

小霍爾姆斯的個人傳記作者馬克·德沃爾夫·豪（Mark DeWolfe Howe）說過，他是英國或者美國第一位將普通法放在屈從於哲學家的分析理解以及歷史學家解釋的位置上之律師。【18】小霍爾姆斯觀點中體現出來的哲學思想認爲，法律並不具備超越個體的目標和觀點（這一觀點正是他從美國內戰帶來的巨大災難中得出的）。[19]並且這個觀點沿此方向繼續發展。[20]至少從事實發生的角度來看，每一件案情的存在都是獨一無二的。當它被轉交到法庭上時，就立即存在於梅納德稱之爲意圖、假設以及信念所構成的「漩渦」之中。舉個例子來說，在某一具體案件中確實存在著尋求公正的解決方法的意圖。而與此同時，在案件進行判決的時候，同樣也會產生一種意圖，這種意圖一般與以往發生的類似案件保持一致。在案件判決的時候同樣也會產生另外一種意圖，此意圖將會對社會整體產生最大的幫助——藉由它的證明來組織其他社會形式的產生。[21]同時還會有一系列並不是特別緊迫的目標產生，這些目標都會對最終的判決產生重要的影響，其中一部分，小霍爾姆斯並沒有提出來，因爲它們是無法表述的，包括對於資金重新分配的願望，也就是希望資金在那些不能夠維持自己生存的政黨中（一般都是受害者），以及那些能夠維持自己生存的政黨中（一般是製造商和保險公司）實現公平的流動。「然而在這種（全部存在在動機之中的）整體狀況下——可以說，在任何案件產生之前，整體狀況一直在發生變化——存在的是一種單獨化的指令：不讓這些指令出現。這樣的觀點產生的後果看起來是主觀的，然而不可否認的是，與合法的慣例是不相容的美，這就是所謂的禁忌，法庭當然不願意爲那些魯莽的行爲開脫（比如說在一個靠近繁華居民區的地方興建鐵路），但是它一定不願意產生對社會宣導的活動的依賴（比如說興建鐵路）。」[22]

小霍爾姆斯的才智首先表現在面對那些相互之間沒有嚴格區別的事實上。這些事實的區分在他的一句名言之後變得十分清晰，這句話就在他的著作《普通法》一書開頭：「法律的生命並非邏輯性的，而是體驗性的。」[23]他一直認爲說出苛刻的眞相是自己的責任，而不是編造一些歷史神話故事說給人們去聽。[24]他認爲，最爲重要的是，普通的法官都會先做出決定，然後得出他們如何才能到達那裡的「似是而非的理由」。他甚至認爲法官在審判過程中可以受到「無意識」的影響，這是對這個詞語早期且頗有趣味性的使用。[25]小霍爾姆斯並沒有在他的聲明中說法官的工作是任性的、隨意的，甚至是異質的。他不能確定的只是經驗可以被還原爲基本性的規律，雖然人們在試圖嘗試這些行爲上花費了太多的時間。「生活中的所有樂趣都存在於一般性的觀念當中，」他在一八九九年寫道，「但是生活中的所有應用都體現在具體的解決方式上——這些並不能透過一般性的規律得出，正如一幅畫並不一定能夠由於知道了畫畫的規則之後就被創造出來一樣。它們是透過人們的洞見以及具體的科學知識來實現的。」[26]此後，他還在自己關於經驗觀念的基礎上實現了他對於民法的巨大貢獻——「理性人」概念的發明。小霍爾姆斯認爲，經驗的核心是它乃「集體性和共同一致」的，是社會的而不是個人心理的。這種看法涉及現代義務體系的核心概念，並且是現代法律對待老問題「我們該如何才能生活在一起」的一個主要觀點。在傳統觀點看來，正如梅納德所說，很多人由於其他人的所作所爲而受傷害，導致了以下問題的產生：什麼原因導致了公民義務的產生。從傳統上來看，在這個問題的解決上存在著三種觀點。第一，用它可以充分證明這個問題產生的原因。所有的公民都在履行著他們自己的義務，因此他們也就必然承擔他們的行爲可能招致的花費和後果，而不管他們在從事這些行爲之前是否能預見到事情最終可能導致的後果。這就是所謂「嚴格的義務」的說法。第二，公民要對他或她自身招致的傷害負責，而對那些自己從未料想到的傷害不必承擔責任。這在法律上被稱爲mens rea——也就是一種被稱爲「犯罪意圖」的學說。第三，對於疏忽大意導致的傷害也存在著一種觀點：即使一個公民以一種特殊的方式來進行活動的時候，雖然他從未預料到這會給其他人帶來傷害，但是如果這種行爲是疏忽大意或者粗魯的，那麼這個公民也必須要對自己的行爲帶來的傷害付出責任。[27]

小霍爾姆斯在這個領域的貢獻就是將傳統法律上的術語「罪行」以及「錯誤」替換爲諸如「疏忽」和「魯莽」之類的詞語。[28] 他認爲經由做這些事情，經由那些被看做「魯莽的」和「疏忽的」行爲，可以將他們所要表達的觀點解釋清楚。在他看來，主要的問題就是確認什麼是以及什麼不是活動中「可以允許產生的副產品」。他的答案就是「經驗」，而且他在這方面的主要成就乃定義了「經驗」的概念。[29] 在這種語境下，他的意思是，它是「社會中一個聰明的或者魯莽的成員」的行爲活動。在他看來，法律並不是一個「在天空中沉思的上帝」；它必須根據社會平均化成員的活動來制定規範，最好的執行者就是陪審員。[30] 「當人們生活在社會中的時候，」小霍爾姆斯堅持認爲，「一些特殊化的行爲以及個體特性的喪失……對於維護社會的安寧來講都是必需的。」因此正是「理性人」，他的信念和行爲指導著小霍爾姆斯對於義務和責任的理解。正如梅納德所說，這是一個統計學上的設想，而且是阿道夫・凱特勒（Adolphe Quetelet）「平均人」（homme moyen）概念的「表兄」。「由於『經驗』的指引作用，『理性人』更加了解到，在給定環境中發生的特殊行爲——也就是說，在普及化比較強的地方進行一些代表性的實踐活動——同樣會產生致使別人受傷的風險。」[31]

小霍爾姆斯同樣也說過，在一定層面上，一個法官「不應該具有特定的政治傾向」。雖然他自己本身是支持資本家的，因爲在他看來，資本家是風險的承擔者和財富的創造者，正因爲這一點，所以有很多人一直認爲，他的觀點在實質上已經將法律從嚴格的義務體系中轉移到了疏忽引發的責任體系之中，這樣一來，大商人就可以輕而易舉地避開需要對工人和客戶承擔的「義務」。「然而，在他的民事侵權理論中，小霍爾姆斯運用了達爾文關於偶然變異的進化理論，以及借鑑了麥克斯韋的大氣動力學理論：他把自己專業領域的理論運用到十九世紀的重大科學發現中，認爲個體行爲的決定因素可以根據對於大衆層面上的人口統計進行規劃。」[32]這是法律民主化前進過程中至關重要的一步。

威廉·詹姆斯、查理斯·皮爾士和實用主義／新實驗心理學

「經驗」這個詞，在奧利佛·溫德爾·小霍爾姆斯的法律研究領域中是如此的重要，這對來自於星期六俱樂部的自己的同事、哲學家及心理學家威廉·詹姆斯來說，意義也是相當重大的。儘管詹姆斯這個名字是一個地地道道的威爾斯人名字，但是事實上，詹姆斯本人卻具有純正的愛爾蘭血統。[33]

第一位威廉·詹姆斯，也就是我們這裡所說的哲學家詹姆斯的祖父，是一位紡織業的百萬富翁，要是當初沒有約翰·雅各·阿斯托（John Jacob Astor）的話，他的祖父就會是當時紐約州最富有的人。[34]他的兒子亨利異常喜歡收藏花瓶古董，甚至因此導致了財產繼承權被剝奪，但是在父親死後的財產爭奪戰中，他還是獲得了最後的勝利。根據理查·霍夫施塔特書中的記載，哲學家威廉·詹姆斯是此後十九世紀六〇年代和七〇年代期間美國出現的科學教育的第一位受益者（這在本章節的後半部會有詳細的論述）。相比於做爲一個優秀心理學家的哥哥亨利來說，詹姆斯更適合於被稱爲優秀的作家。和溫德爾·霍爾姆斯一樣，威廉·詹姆斯同樣質疑決定性的存在。他的比較有名的一句話就是：「讓那些確定性的東西都見鬼去吧！」[35]除了正式的學校教育之外，威廉·詹姆斯與他的家人一起在歐洲旅行過好多次，所以，儘管他從未在一所固定的學校待過很長時間，但是這些旅行同樣能給他帶來很多經驗（在很多地方他都提高了自己的能力）。[36]他最後在科學研究領域找到了自己的歸宿，一八六一年在哈佛大學，他輔佐於路易士·愛格西（Louis Agassiz）周圍，愛格西是「冰河時代」概念的發現者，也是當時敢於在公開場合堅持說他的判斷是建立在科學之上，並大聲指責達爾文主義的著名批評家。[37]在取得了初期的一些成就之後，他的大量財富都因爲一次出版投機活動而流失，愛格西的財產開始轉向下坡路。他依靠舉辦一系列的講座活動來挽回自己的損失，而且他在波士頓舉辦的一系列講座都是相當成功的（甚至有一段時間，星

期六俱樂部一直被人們稱爲愛格西俱樂部）。當他在波士頓的那段時間，哈佛大學正在興建該校的科學學院（見這一章的後半部分），而且這個科學學院爲他預留了一個職位。[38]

正是因爲愛格西與達爾文之間在觀點上的衝突高度吸引了詹姆斯的注意力，他的一個傳記作者這麼說：是因爲瑞士人愛格西所樹立的榜樣，導致了詹姆斯最終選擇成爲一個科學家。[39] 愛格西是一位自然神論信仰者，他描述達爾文的理論是「一個錯誤」；他根據事實進行爭辯，並且認爲它比嚴肅的科學要有害得多。[40] 詹姆斯對此並不是非常有把握。他質疑最爲強烈的就是愛格西的教條理論，儘管他認可這個理論曾經激發起多種新觀點的產生，而且他最願意做的事情就是揭示生物運動變化過程中實際的、注重實效的原則。在詹姆斯看來，自然選擇之所以被人們所推崇，主要是因爲他是實效的而且實用的，但是它的適用性並不比那些一經遇到問題就可以解決的實際經驗強。[41] 詹姆斯經常提起，生活就是依靠經驗的多少來進行評判的。[42]

一八六七年結束了在哈佛大學的任職之後，詹姆斯來到了德國。在十九世紀，九千多名美國學生來到德國，在那裡學習，德國的大學授課方式和我們現在看到的一樣，根據不同的學科和專業來組織教學，而不是根據教授對象是牧師、醫生和律師的不同場合來組織教學。在這段時間裡，詹姆斯有機會和當時頂尖的實現心理學家威廉・馮特（Wilhelm Wundt）一起參與研究；馮特在萊比錫建立了世界上最早的心理學實驗室。馮特研究的專業——生理心理學——也被人們認爲是心理學中最有發展前途的領域。生理心理學的基本假設就是，所有的意識產生的過程，與大腦的思維過程是有密切聯繫的，也就是說，每一種有意識的想法或者行動，都有一個有機的、物理化的基礎。這種假說的一個重要影響就是實驗的方法取代了個人自我反省的方法，成爲調查的主要方法。在這種所謂的新型心理學領域中，感覺和思考都是「大腦分泌物」起作用的結果，器官的變化逐步屈從於具體的實驗性操作。詹姆斯對這種新型心理學備感失望，而且也對馮特表示出失望的情緒，這在今天的書籍中很少能夠表現出來（事實上馮特本人也開始從嚴格的實驗中轉向心理狀態的研究）。[43] 馮特留下來的主要貢獻是：他證明了心理學研究的主要立足點要放在具體實驗的方法上。這也改變了詹姆斯進行心理學研究的立足點。

如果說馮特對詹姆斯的影響是偶然的，那麼皮爾士對他的影響則是更加必然的。如同溫德爾・霍爾姆斯家族以及詹姆斯家族一樣，皮爾士家族也是讓人非常敬佩的父子組合。班傑明・皮爾士（Benjamn Peirce）可以被稱爲世界上最早的美國籍頂級數學家（愛爾蘭數學家威廉・盧旺・漢米爾頓也認爲皮爾士是「他曾經親密交往過的最有智慧的數學家」），而且班傑明本人還是星期六俱樂部的十一位創始成員之一。[44]

他的兒子查理斯·皮爾士（Charles Peirce）給人的印象同樣深刻。他在十一歲那年就寫出了一本關於化學發展歷史方面的書，十二歲就擁有了自己的實驗室，這不能不說是一個奇蹟；他可以同時用自己的雙手寫字。了解了這些之後，那麼他在哈佛大學的表現就不足爲奇了，他在哈佛待煩了，經常酗酒，因而畢業的時候在班級九十個人中排名第七十九。[45]這是他生命中的低潮時期。後來他繼承了他父親的研究，而且兩個人都接受了實用主義哲學，這種哲學建立在數學的基礎之上。「想準確地定義出實用主義的概念是非常困難的：義大利人帕皮尼一直認爲，與其說實用主義是一種哲學，倒不如說實用主義不過是一種思考的方法。」[46]首先，班傑明·皮爾士深深地著迷於皮埃爾·賽門·拉普拉斯（Pierre-Simon Laplace）以及卡爾·佛雷德里希·高斯（Karl Friedrich Gauss）的理論和估算方法（這些已經在前文中介紹過），尤其是他們關於或然率的觀點和理論。[47]或然率，或者說成錯誤產生的規律，對十九世紀產生了極爲重要的影響，主要因爲偶然出現的波動會導致一種現象偏離它的常規「法則」帶來的自相矛盾。這種規律應用於人類的事實，最終指向了決定論。[48]

查理斯·皮爾士卻不是贊同這種觀點的人之一。他堅信自己可以看到周圍自發出現的生命輪迴（而且就此觀點，他曾經在印刷物上攻擊過拉普拉斯）。在界定概念這一點上，他一直爭論說，自然規律本身也在不斷地進化過程中。[49]他在堅信偶然性和不確定性的觀點上，足以稱得上是一位典型的達爾文主義者，而且他最終選擇的哲學研究道路，也正是爲了解決這種混亂。[50]一八一二年，拉普拉斯在自己的著作《或然率分析理論》（*Théorie analytique des Probabilités*）一書中指出：「我們必須……設想現在關於宇宙的認識必須受到先前對其認識的影響，而且也必定會是以後對其認識產生的依據和原因。」這就是牛頓關於物質的彈球理論，具有極大的普適性，甚至對於人類學這個或然率作用並不明顯的領域都適用。[51]爲了反對這種觀點，蘇格蘭物理學家詹姆斯·克拉克·麥克斯韋（James Clerk Maxwell）在他一八七一年出版的《熱力學理論》（*Theory of Heat*）一書中認爲，大氣中分子的活動可以被理解爲或然率（皮爾士是在一八七五年訪問劍橋大學的時候結識麥克斯韋的）。[52]密閉容器中空氣的溫度是分子運動導致的結果——它們運動的速度越快，相互撞擊的機會就越大，所以就導致了空氣溫度的升高。但是，這種觀點中最爲重要的一點就是，空氣溫度的高低是與分子的平均運動速度密切相關的，氣溫在分子個體移動速度的變化前提下產生變化。這種平均速度是如何實現的，而且它又是如何才能夠測定出來的？麥克斯韋認為微小顆粒中的分子運動速度變化的原因，與在「最小空間內的方式」（這一探測過程首先是在天文學領域進行的）探測過程中錯誤產生的原因遵循同樣的規律。[53]麥克斯韋指出，他的觀點對於整個十九世紀產生的最為重要的意義就是，物理定律並不是牛頓所說的那樣，也不可能是完全精確的。皮爾士在生物學達爾文主義的領域中把握住了這種顯著性。事實上，他開拓出了自然選擇理論可以發揮作用的社會環境。梅納德指引我們拿鳥類的生存和發展做為例證。在很多特定的物種中，比如說雀類，大多數的個體都會長著「正態分布」的喙，但是偶爾會有些長著超常規的喙的鳥出生，如果說這算是一種進化上的進步，那它就是「選擇」的結果。在這一層面上說，進化過程是偶然的，也是要遵循統計學規律，並不是完全隨意的。[54]

皮爾士對這種思考方式印象深刻。如果連一些物理現象，一些最小的，或者在某種程度上看來最基礎的小事情都無法確定，而且甚至對最簡單的事情的理解，比如說確定一個行星的位置這樣的問題，都容易犯下錯誤的話，那麼還有什麼人的頭腦能夠眞實地「映射」現實呢？最簡單的眞理就是，「現實不可能一動不動地站在那裡，給你充足的時間去精確地映射和認識它本身」。在這一點上，皮爾士與溫德爾．霍爾姆斯以及威廉．詹姆斯的觀點是一致的：經歷是異常重要的，即使在科學化的審判過程中，這也是必需的。也就是說，知識的存在是社會化的。[55]

上述這些都可以看做是實用主義產生的「深刻的背景」（由於某些奇特的原因，皮爾士在當時基本上沒用過實用主義這個詞；皮爾士描述這個詞是「如同說劫匪具有安全感一樣荒誕」）。[56]這一看法要比第一次接觸這個詞語時的反應深刻得多，而且也比那種認為是「經常性的使用導致了實用主義這個詞的出現」的觀點要深刻得多。或許正是這種思考方式證明人們認同了美國世界第一的位置。這也是科學領域不確定性開始出現導致的結果，這就是二十世紀思想界的一個重要特徵，而且也是思想界進化和發展的特徵，甚至可稱為主要特徵，是另外一次通往個人主義道路的螺旋式發展。

這是一個經典的實用主義問題，霍爾姆斯對此非常熟悉，此問題在詹姆斯那裡得到充分的運用，並且被梅納德充分加以強調。舉個例子來說，假如說一個朋友異常信賴地告訴了你一些事情。後來，當你和第二個朋友交談的時候，你將會得到兩個發現：第一，第二個朋友在與你交談的時候沒有意識到你已經知道了一些事情；第二，在你看來，如果你不告訴他你知道消息的話，他將會犯一個非常大的錯誤。在這種情況下，你將會如何選擇？你是會選擇忠誠於你的第一位朋友，維持你們相互之間的信賴呢，還是打破你們之間的這種信賴，告訴第二位朋友你知道的消息來幫助他避免傷害和尷尬呢？詹姆斯認爲，最終的選擇結果將會取決於哪位朋友對你更加重要，這會成爲他觀點的一部分。浪漫主義的代表人物一直認爲眞正的自我是在人的內心深處發現的，但是，詹姆斯認爲，即使是在這種最爲簡單的情境之下，在人的內心深處要嘛存在著多個影像，要嘛一個也不存在。事實上，他寧可認爲，一直到一個人選擇從事一項活動，並且開始了具體的行爲之後，他都不一定能夠清楚地認識到究竟是什麼力量在支使著自己的行爲。「最後，你將會做出你自己認爲正確的選擇，但是這種正確，事實上不過是你對於自己深思熟慮的過程所進行的自我安慰和鼓勵而已！」[57]我們能夠理解的其實僅僅是思考，詹姆斯說，如果我們明白了思考和行爲之間關係的話，「決定在餐館裡點龍蝦，可以幫助我們產生一個希望品嘗龍蝦的衝動；認定被告有罪，可以幫助我們在這個具體案件中建立起公平化的標準；做出維護與朋友間信賴的選擇，可以幫助我們將誠實升華爲一項原則，而選擇背叛這一原則的話，幫助我們衡量朋友之間友情的價值。」[58]自我在行動中得到發展，而不是在其他活動中。這些都是和浪漫主義的觀點相矛盾的。

詹姆斯強烈地想要去解釋這種做法絕對不會讓我們的生活變得混亂或者使得很多人做事情的動機變得更加自私。「我們之中的大部分人都不會感覺到自己在做關於道德生活方面的決定時，會變得自私。」他認爲過去的我們和我們的行爲，以及別人和他們的行爲，證明我們認識到我們所做的所有判斷。而這些事情所組成的一系列並不盡善盡美的假設，就是我們的內心活動。[59]對於詹姆斯來說，做出正確的決定就是一個循環的過程：「在確定一種特殊信仰是否正確的過程中，從來不會存在非循環性的標準，也沒有超出通往信仰本身的過程之外的任何標準。思考的過程就是一個循環的過程，在這個過程中，一些思考停滯了，一些思考導致了最終決定的產生，在思考進行之前就已經存在了……眞理產生於觀點之中，它變成爲眞，被許多事件造成爲眞。」[60]

正在詹姆斯形成了他觀點的雛形時，在所謂的新（實驗）心理學研究領域又出現了一個顯著性的進步。柏克萊大學的愛德華．桑代克（Edward Thorndike），將小雞們放在一個有小門的籠子裡，如果小雞們踩踏籠子邊上的一個桿子，籠子的小門就會自動打開。利用這種方式，小雞們可以透過把頭伸出籠門的方式獲得吃到食物的機會。桑代克評述說：「雖然在開始的時候，小雞們做出了很多次這樣的舉動，但很明顯都是無目的、無意識的。只有在牠們饑餓的時候做出這樣的舉動，我們才說牠們眞正地學會了這種行動方式。」[61] 對於這個結果，詹姆斯並不感到意外，但是這個實驗更加驗證了他的觀點，雖然是透過一種有趣的方式。小雞們已經學會了只要牠們踩踏那根桿子，籠子的小門就會自動打開，牠們就會獲得食物做爲獎賞。詹姆斯在此基礎上更進一步研究，不管從什麼意圖和目的上來看，這些小雞們都會認爲只要自己踩踏那個桿子，小門就會自動打開。所以他得出的結論就是：「牠們的信念爲牠們的行動提供了指令。」而且他認爲這些指令非常具有普適性。「如果我們在有充分自由的意志或者認爲上帝存在並可以滿足我們一切願望的前提下進行活動，那麼我們很可能不會相信這一點；他們應該是實用的、眞實的……，『眞理』應該是這樣一種概念，它必須能夠在信念層面上向我們證明它存在的優越性。」[62] 換句話說，更加苛刻一點說，眞實並不是「在那邊」等你發現那麼簡單，它和「一件事情是什麼」並沒有太大的關係。詹姆斯說，這並不是我們爲什麼會思考的原因。頭腦是與達爾文主義相適應的：它幫助我們成功通過難關，在思考和行爲之間架起一座橋梁。

所有觀點中引發爭議最多的就是詹姆斯將他所謂的理性應用到知覺當中，應用到先天的觀念中。儘管洛克早就說過，所有觀念的產生都源於感官經歷，但是康德一直堅持認爲一些最爲基礎的概念——比如說原因的概念——都不會從感官經驗中獲得，因爲我們是「看」不到原因本身的，只能夠推斷它。因此他總結道，這些概念都「肯定是先天性的，與自身出生時的狀況密切相關」。[63] 詹姆斯繼承了康德的觀點（起碼在大部分觀點上是），也認爲很多觀念都是天生的，但是他並不認爲在這個問題上存在著神祕化或者神聖化的東西。[64] 在達爾文主義的觀點中，很明顯的是，那些「先天性」的觀念不過是經過自然選擇之後產生的變異而已。「不支配先天觀念產生的那些思想，就要受制於支配先天觀念產生的那些思想。」但是這並不是因爲那些觀點在抽象和理論的層面上更加「眞實」；恰恰相反，眞正的原因是它們能夠幫助有機體做出更好的適應。[65] 我們堅信上帝存在的那種觀點（當我們確實信仰上帝的時候）產生的原因，是因爲當時信仰上帝能夠給我們帶來回報。當人們停止對上帝的信仰時（在十九世紀，有相當多的人已經這麼做了，我們將在下一章節中介紹），是因爲這種信仰已經不能給人們帶來任何回報了。

約翰・杜威

美國的第三位實用主義哲學家，在皮爾士和詹姆斯之後，就是約翰・杜威

（John Dewey）。杜威是芝加哥大學的教授，由於他濃重的佛蒙特州語調、無框的眼鏡以及絲毫沒有時尚感而聞名。但是從多個角度來看，他卻是所有實用主義哲學家中最爲成功的一個。與詹姆斯的觀點一樣，杜威也認爲每個人都有他自己的人生哲學和自己的一套信仰，而且這種哲學將會幫助他們過上一種更加快樂和更有成就感的生活。杜威本人也是一個多產的學者，經由在報紙上發表文章、出版暢銷書，以及與一大批其他的哲學家進行辯論的方式——例如《偉大的存在之鏈》（*The Great Chain of Being*）作者特蘭伯・羅素（Bertrand Russell）和亞瑟・拉夫喬伊（Arthur Lovejoy）等人——杜威走出了一條和多數哲學家們不同的成名方式。[66]和詹姆斯一樣，杜威是一個忠實的達爾文主義者，堅信科學和科學方式需要融入生活的其他領域中。尤其重要的是，他認爲科學發現必須與兒童教育密切聯繫在一起。在杜威看來，剛剛開始的二十世紀將是「民主、科學和工業化」的年代，而且他爭論說，這將會對教育產生深刻的影響。與此同時，社會對兒童的態度也在發生急劇的變化。一九〇九年，瑞典女權主義者艾倫・凱（Ellen Key）出版了著作《兒童的世紀》（*The Century of the Child*），在這本書中宣揚了她希望對兒童群體進行重新審視的觀點，重新審視兒童成長的過程中存在著一種新型歡樂形式的可能性，重視兒童與成年人之間，甚至相互之間巨大差異的客觀現實。[67]這對我們來說不過是個常識而已，但是在十九世紀那個年代，兒童的高死亡率還一直沒有得到解決，家庭規模相當大，但是孩子的死亡率也相當高，想做這樣的調查簡直是不可能實現的，所以，在當時關於兒童、時間、教育以及情感方面的調查次數，和現在是無法相比的。杜威認爲這種調查對於教學活動會產生深刻的影響。自此之後，學校教育，尤其是在美國的學校教育，開始由專業化的權威老師進行嚴格把關，因爲在此之前，美國的學校教育和歐洲相比，太過於放縱學生。這些權威性的老師都具備嚴格的教學理念，明白應該如何來教育自己的學生，而且明白自己的工作就是要讓學生了解，知識的本質是「對於事物固有本質的探索和思考」。[68]杜威是藉由兩個方向來實現改變這種思考方式的主要領導人物。他認爲傳統教育的觀點根源於一種休閒和貴族社會的基礎之上，但是現在，這種社會背景在歐洲早就消失了，在美國都沒存在過。現在的教育必須要滿足民主的需求。第二，也是非常重要的，教育必須依據不同的學生在能力和興趣上存在巨大差異的客觀現實，爲了讓他們在能力範圍之內最大限度地爲社會做貢獻，教育必須關注於學生自己的能力。換句話說，就是要把實證主義哲學的觀點應用到教育領域中。

杜威的觀點，以及佛洛伊德觀點中的一些類似觀點，都在增強童年教育重要性上產生了毋庸置疑的促進作用。關於個人成長以及關於知識概念傳統的、權威性的認識遭到排斥，以及教育必須如何尋求發展等問題提出之後，這些問題的概念開始普及到一般人群中（杜威的直接目的就是透過教育的促進作用，來使社會變得更加「有價值、充滿愛心而且更加和諧」）。[69] 在美國，存在著地理分布廣闊的大量移民群體，一種新的教育方式能夠證明促使多種個性的產生。與此同時，「成長運動」的觀點開始承受著被深刻化的危險，兒童們深深受困於人們制定好的規範中。在很多學校裡，老師們都堅信「任何學生都不應該品嘗到失敗滋味……」的觀點，考試和等級劃分都被取消。[70]

杜威的哲學觀點與詹姆斯和皮爾士的觀點是一致的。現在，它應該與在這個世界上的生存情況密切相關。[71] 思想和行動不過是同一個問題的兩面而已。知識不過是自然的一部分而已。我們都盡力在這個世界上開拓出自己的生存道路，我們邊行走邊懂得什麼是對我們有益的，什麼事是無益的，行動並不是在它產生的時候就被設定好的。[72] 他感覺到這種方式應該被應用到哲學當中，在這個領域，人們已經困惑於主觀思想和客觀世界很長時間了。正因爲如此，那個著名的哲學謎題：「我們是如何產生認知的？」從某種程度上來講就是一個錯誤的命題。杜威透過梅納德強調的類比方式來論證他自己的觀點：沒有人曾經爲這個至關重要的問題所困惑，這個問題可以被具體地描述爲手和世界之間的關聯是怎樣的。「手的重要功能就是幫助生物有機體來應付環境的變化；在手的功能不能夠解決問題的形勢下，我們就會採取其他的方式來解決，比如用腳、一個魚鉤，或者一篇評論。」[73] 他的觀點就是說，在手的功能不能夠解決問題的時候，不能夠「與生存環境保持關聯的時候」，我們不必擔憂。在手能夠發揮作用的時候，我們就用手，在腳能夠發揮作用的時候就用腳，在舌頭能夠發揮作用的時候就用舌頭。

杜威一直認爲思想在很多方面和手有相似之處：他們都是用來處理與世界關係的工具而已。「一種思想的產生並沒有比簡單的刀叉具備更多形而上學的高度和意味。當你使用刀叉在喝湯感覺不方便的時候，不必擔心刀叉本身所具有的局限性，只需要去取一個湯勺就可以解決問題了。」思想的產生與此是相似的。我們經常陷入迷惑的原因，就在於「思想」和「現實」兩個概念僅僅存在於我們抽象的思想意識當中，他們同樣具備我們在看待其他物體的時候所發現的局限性。「這樣一來，探討主觀思想和客觀世界之間的分界線，就如同探討手和客觀環境之間的分界線以及刀叉和湯之間的分界線一樣，都是沒有多大意義的。」他在文章中寫道：「所有的東西都不過是它們經歷的具體表現而已。」[74] 根據梅納德的思想，杜威認爲哲學在剛開始形成的時候就出現了錯誤，我們甚至可以考慮到類似於古希臘社會等級結構作用下的情景。畢達哥拉斯、柏拉圖、蘇格拉底、亞里斯多德，以及其他的哲學家們，在更大程度上屬於清談者，「安全和自戀的」階層，他們行動的結果就是爲了加強哲學的實用性效果。他認爲，自此之後，哲學就因爲遭遇到類似的階級偏見而延誤了，這些偏見強調價值上的分離，強調穩定勝於變化，確定性勝於偶然性，高雅的藝術勝於實用的藝術，「頭腦完成的事情勝過手完成的事情」。[75]這種觀點帶來的後果是我們都很熟悉的。「當哲學家們還在一門心思的考慮那些人爲設置的謎團時，科學早已經開始使用先進的工具和實驗性的方法，改變了整個世界。」實用主義一直是哲學所要追尋的目標和方向。

實用主義哲學在美國的出現應該是無可置疑的，而且事實上也沒有一點質疑的必要。黑格爾、拉普拉斯、馬爾薩斯、馬克思、達爾文以及史賓塞等人的機械唯物主義教條，本質上而言是決定論的，儘管在詹姆斯和杜威看來，整個世界——如同非洲一樣——是一直在前進創新的，「這些地方並不存在著什麼預先設置的定論，而且所有的問題正在透過杜威所說的『智力行動』實踐得以解決」。總之，他認爲道德問題與其他所有的事情都是一樣的，並不例外。這是達爾文主義的一個重要演繹，它能夠在很短的時間內被推斷出，但是，它在當時沒有得到過多的推崇，「照顧病人的經歷可以教會我們，如何才能好好地保持自己的健康。」[76]

我們這裡所說的威廉．詹姆斯（William James）是一個生活在大學中的人。在不同的學校裡從事教學，他的名字是和哈佛大學、約翰．霍普金斯大學以及芝加哥大學緊密聯繫在一起的。與十九世紀的九千多名美國人一樣，詹姆斯也在德國的大學念過書。當愛默生、霍爾姆斯、皮爾士和詹姆斯等人開始顯露出自己的才智時，美國的大學教育正在逐漸形成，因此他們這些人的才能都是在德國和英國的教育體制中實現的。尤其是在英國，追溯到中世紀，大學被看做類似於原始機構。從某種意義上而言，的確如此，但也不能掩蓋的一個事實是，正如我們現在所知，大學更多是十九世紀的產物。

十九世紀的牛津大學和劍橋大學

衆所皆知，一直到一八二六年，英國才僅僅存在兩所大學，就是牛津大學和劍橋大學，而且這兩所大學提供的教育課程十分有限。[77]在牛津大學，每年招生的人數不過才兩百人，而且招來的學生當中還有一部分人無法堅持到畢業就退學了。英國的大學大都只對英國國教徒開放，這是根據《三十九條條款》的要求而來的。十八世紀時，學校的學習狀況日益惡化，僅僅留下一門被學生認可的課程，起碼在牛津大學是這種情況，這門課程就是狹義上的經典課程「對於亞里斯多德哲學的簡單認識」，而在劍橋大學，正式存留下來的考試科目也就僅僅剩下數學科了。任何地方的大學在當時都不存在入學考試這個環節，而且更荒謬的是，在很多學校裡，貴族可以不參加考試就獲得學位。考試在後來被人們日益強調和重視，是在十九世紀的最初幾十年裡，從後來所發生的事情來看，關於考試環節更重要的事情卻是三位蘇格蘭人——法蘭西斯·傑佛瑞、亨利·布魯厄姆和西德尼·史密斯——在愛丁堡發起的對於牛津大學和劍橋大學的攻擊。三人中的前兩位都是牛津大學的畢業生，在他們創辦的雜誌《愛丁堡評論》中，拿牛津大學和劍橋大學做靶子，指出它們提供的教育大多數著眼於經典文化，因此都是沒有什麼用處的。「這種偏見對於人們的思想影響如此深遠，以至於我們遇到一個英國人時，如果不注意他們白色的頭髮以及眼角皺紋的話，很容易誤以爲他們是在學校裡求學的。他們之間的交流使用的是拉丁語；而且很明顯的是，如果一個人的年齡狀況和他精神層面上的進步是密切相關的，那麼，那些八十歲的老人看起來就比年輕人大不到一天……」【78】西德尼·史密斯（Sydney Smith）是這場攻擊的主要宣導者，之後他又指責牛津和劍橋兩所學校的學生缺乏科學方面的知識，缺乏經濟或者政治方面的知識，缺乏英國自身的地理知識，也缺乏英國與歐洲之間的商業關係的知識。他認爲，那些傳統的經典文化不過是增加了學生們的想像力而已，對他們的智力發展是毫無用處的。

倫敦和愛爾蘭的大學

我們在這裡還要提到兩種反應。首先是英國國內的一些內部學院的建立，尤其是以大學學院和國王學院爲代表，這兩個學院的建立都有意識地開始納入一些非國教徒，而且這兩個學院的建立都以蘇格蘭的大學以及它們異常出色的醫學院做爲基礎。倫敦學院的首創者是湯瑪斯·坎貝爾（Thomas Campbell），他曾先後參觀過柏林大學（建立於一八〇九年）和波恩大學（一八一六年），藉由參觀這些大學，他創造了一種專門的學費收繳支出體系，在倫敦以及蘇格蘭兩個地方採用；這種學費收繳支出體系與牛津大學早先使用的體系存在著極大的差別。他靈感的另一個來源是維吉尼亞大學，建立於一八一九年，建立過程中，湯瑪斯·傑佛遜（Thomas Jefferson）的努力功不可沒。這種學校機制的理想模式最早出現在州議會的報告之中，這次會議於一八一八年在藍嶺（Blue Ridge）的岩魚口（Rockfish Gap）召開，所以這份報告也經常被稱做《岩魚口報告》。報告中介紹說，這所大學建立的具體目標就是「促使政府人員、立法人員和法官的形成，因爲國家的繁榮和個人的幸福都要依賴於這些人……」，政治、法律、農業、商業、數學及物理科學和藝術都包含在此範圍之內。倫敦學院一直延續著這種實用主義的態度，而且更爲實用的觀點被提出來，就是動員一些公衆公司來資助大學的設施建設。不分宗教派別的大學教育也開始在英國發展。[79]

紐曼的「大學觀」

這一點構成了他們相互間爭論的主要框架——這場爭論在一八五二年達到了最高潮，也就是約翰．亨利．紐曼（John Henry Newman），即後來的卡迪納爾．紐曼（Cardinal Newman），在都柏林所做的五場專門的演講，演講的主題就是關於「大學教育的思想」。直接刺激紐曼進行上述演講的事件是一批新型大學的建立，比如說倫敦大學以及愛爾蘭女王學院〔貝爾法斯特（Belfast）、科克（Cork），以及哥爾韋（Galway）〕，在這些學院裡，神學學科的教育原則上是被禁止的。紐曼的這些演講，後來成爲所謂「自由教育」的經典辯護詞，他的演講主要有兩個要點。第一點，「毫無瑕疵的基督教必須成爲所有教育模式的構成元素和執行需要遵循的原則」。[80]紐曼堅持認爲所有的知識分支都是緊密相連的，那種認爲將神學排除出知識體系的做法是對知識和才能的扭曲。第二點，知識是它本身的最終歸宿，也就是說大學教育的目的並不是立即就能夠顯示出它的優越性，它的成果要在日後的生活過程中逐漸地體現出來。「一旦人形成了思考的習慣，這一生都不會摒棄它，這個習慣的特徵就是自由、公平、平靜、適度，以及富有智慧；先前的一些思考模式要求我們必須形成一種思考的習慣……知識可以成爲它自身的結果。」[81]紐曼的開創性觀點，也就是最能引發爭議的觀點——直到現在它還在爭論之中——是在他的第七次演講中提出的（他的五場演講是在都柏林舉行的，但是另外有五場演講雖然公開了，但是並沒有發表出去）。在這次演講過程中，他說：「……那些已經學會了思考以及推理的人，學會了對比、區分以及分析的人，還有那些學會了提升自己品味、形成自己的判斷能力，以及塑造了自己的思考角度的人，不一定能成爲律師、辯護人、口頭演說家、政治家、物理學家、好的領主、商人、士兵、工程師、化學家、地質學者或者是古文化研究者，但是他一定會被人們放在知識分子的行列中，他可以從事任何的科學研究活動，或者從事我曾經宣導的行業……，他們是安逸、優雅、全才以及成功的，在這些層面上，他們都是不同於他人的。從這個角度來看，精神文化被認爲是相當有用處的。」[82]

拋開紐曼對於「自由化」教育的關注不談，他對於宗教的強調和重視也並不是如人們所說的那樣不適當，尤其是在美國這樣的國家。如喬治·M·馬斯登（George M. Marsden）所認爲的，在他對早期美國大學的調查中，有五百所大學是在美國內戰爆發前建立的，在這些大學之中，只有兩百所倖存到了二十世紀。這其中五分之二的大學都是長老會或者公理會的學員，比傑佛遜時期的數量要減少了一倍多，這可是以犧牲衛理會、浸信會以及天主教的利益做爲代價的，這場運動在一八三〇年之後加速進行，尤其是在一八五〇年之後最爲明顯。[83]在十九世紀的美國，尤其是在教育領域，存在著一種信念上的共識，科學、常識、道德以及眞正的宗教之間「是牢固地聯繫在一起的」。[84]

哈佛大學／耶魯大學／威廉·瑪麗學院／普林斯頓大學

十七世紀中期到十八世紀中期的這些年裡，哈佛大學和耶魯大學一直是美國僅有的高等教育機構。一直到這段時期即將結束的時候，美國南部地區才出現了一所英國國教學校，也就是威廉·瑪麗學院（在一六九三年被授權興建，一七〇七年正式開放，並且逐漸發展爲一所正規的學院）。除此之外，後來成爲著名大學的很多學院，都是由長老會教派「新光」（New Light）的教士宣導建立的，比如說紐澤西的普林斯頓大學（一七四六年）、布朗大學（一七六四年），位於魯特格斯的女王學院（一七六六年），以及達特茅斯學院（一七六九年）。「新光」是美國對於啓蒙運動所做的宗教回應。耶魯大學在一七〇一年得以創建，就是看到了神學的正統教育在哈佛大學裡的衰落，並對此所做的反應。新的道德哲學預示著「美德」將會在理性的基礎上實現，也就是說上帝將會向人們揭示生活的道德基礎是建立在理性之上的，正如同上帝向牛頓揭示了宇宙運動變化的規律一樣。這也正是耶魯大學得以建立所必需的基礎。[85]不久之後，這種新的方式發展成爲我們後來所了解的大覺醒，在美國的社會背景當中，這種覺醒被描述爲一種對待人類本質的消極觀點向積極觀點的轉變，以英國國教的發展做爲典型。這是一種更加人性化的思想觀念（不像哈佛大學那樣，那裡一直還保持著喀爾文教的傳統），並且導致了在這些大學裡對於啓蒙運動成就的更大認可，比如說普林斯頓大學，緊隨著耶魯大學也肯定了啓蒙運動的成就。

這種思想在一八二八年著名的耶魯報告中發展到了頂峰，這種思想認爲人類的個性是受到各種因素影響而成的，而在這些因素之中，最爲重要的兩個就是理性和道德，而且這些因素必須要保持一定的平衡。所以說，教育的目的就是要「保證文學和科學等不同的學科分支之間要有一個恰當的分布比例，如此才能夠塑造出在性格上完全健康的學生」。[86] 而且，這個報告還進一步探討認爲，傳統經典應該成爲這種平衡人格形成過程中的核心因素。

這些學院的一個重要使命，就是要將基督教的教義傳播到在一八三五年時仍到處都是未開化人群的西部。在《對西部人的呼籲》（*Plea for the West*）一書中，作者萊曼·比徹（Lyman Beecher）強烈呼籲，要對大洋對面的人群進行教育，單憑從東部地區往西部派遣教師是遠遠不夠的——西部必須建立起屬於自己的大學和神學院。這時就出現了一種天主教將會占領和控制整個西部地區的恐懼，而歐洲南部天主教國家移民的大量湧入，更加滋長了這種恐懼情緒。這個警示得到了人們的重視，而且截至一八四七年，長老教會已經在二十六個州建立起一整套包含有一百多座院校的教育體系。[87] 比如說伊利諾大學在一八六八年建立，加利福尼亞大學在一八六九年建立。也正是在這個時候，德國體系開始受到推崇，很多教授和大學管理階層人員紛紛前往普魯士，專門學習那裡的學校管理方式。透過這種方式，宗教開始在美國的教育體系中占有了一定的位置。比如說，德國在歷史學學科上處於領先位置的事實更加強化了神學本身也是歷史發展體現的論點，而且這還導致了對於《聖經》的批判。德國也一直認同一種觀點——教育應該是整個國家的義務，而不僅僅只是個人的私事。最後，德國流行著一個觀點，認爲學校應該是所有學者們（包括研究者和作家）的家，而不只是教師的家。

這種情形在哈佛大學最爲明顯。一六三六年，也就是哈佛大學最初建立的那段時間，是以清教徒學校的形式存在的。麻薩諸塞海灣殖民區的三十多位合作者都是劍橋大學艾曼紐學院的畢業生，所以說他們在波士頓附近創建的大學基本上參照的是艾曼紐模式，而且也同樣受到了蘇格蘭模式，尤其是亞伯丁模式的影響。蘇格蘭的大學都是非居住性質的，是民主的而不是宗教的，而且都是由當地的權貴所掌控的——這其實就是代理聯合會的前身。

艾略特

第一個提出我們現在所看到的現代大學構想的人是查理斯·艾略特

（Charles Eliot），他是麻薩諸塞州科學學院的化學系教授，在一八六九年他剛滿三十五歲的時候，就被委任爲哈佛大學的校長，他曾經是這裡肄業的學生。當艾略特來到哈佛大學時，只有一千零五十名學生以及五十九名教師。但是，到了一九〇九年，也就是艾略特退休的時候，學生數量已經是當初人數的四倍，教師數量更達到了原來數量的十倍。但是，艾略特關注的事情不僅限於學校規模，「他去除了繼承下來的原來有限的文學院課程，並且重新創建了專門化的學校來將這些課程納入大學教育的重要組成部分。最後，艾略特推行了一種研究生教育模式，並且因此建立了常規的模式，這種模式被後來其他抱有研究生教育發展雄心的學校所沿襲。」更爲重要的是，艾略特沿襲了德國高等教育的運作模式，這種模式曾經爲整個世界培養出了普朗克、韋伯、史特勞斯、佛洛伊德以及愛因斯坦等著名的人物。而且在知識領域，約翰·費希特、克利斯蒂安·沃爾夫以及伊曼紐爾·康德都是重要的代表性人物，他們一直在思索教育的問題，將德國獎學金的機制從神學的控制之中解脫出來。因此，正如我們所看到的，相比於它的歐洲競爭對手們，德國的學者就獲得了明顯的優勢，不管是在哲學領域還是在語言學領域以及物理科學領域。舉個例子來說，也正是在德國，那些大學中的物理學、化學以及地質學學科方面的知識才能夠與人文學科保持平等的地位。【88】研究生討論會、博士學位的設立以及學生的自主權力等觀點，都是最先由德國人提出的。

從艾略特開始，美國的大學都開始爭相效仿德國的教育模式，尤其是在研究領域中。然而，雖然德國的這種教育模式在推進知識進步和發展的層面上給人的印象是深刻的，而且能夠爲工業化發展提供更好的技術支援，但是，這種模式也破壞了美國原有的「大學的生存發展模式」，破壞了在校生和教師之間親密無間的互動關係，而這種緊密的互動關係，在美國效仿德國教育模式之前，一直是美國大學教育的主要特徵。這種效仿而來的德國教育模式在威廉·詹姆斯看來，最應該爲他稱之爲「博士章魚」（the PhD octopus，即博士學位的過多）負起主要責任。耶魯大學在一八六一年授予了第一個博士學位；但是到一九〇〇年時，耶魯大學每年的博士畢業生數量都會超過三百人。【89】

效仿德國教育模式的代價就是要突破和廢除原有的英國式教育體系。在很多大學裡，爲學生提供住宿的公共宿舍已經完全消失，而且也不再提供任何的公共飲食。在十九世紀八〇年代的哈佛大學，德國模式被如此千篇一律地效仿，甚至學生每天到課堂聽課的義務都是沒有必要遵循的，他們必須要做的事情就是準時參加最後的學期考試。在這個問題上產生了很多不同的反響。這些反響最先出現在芝加哥，到一九〇〇年爲止，這裡已經率先修建了七座學生公寓，「儘管在這個問題上他們受到了西方人的強烈蔑視，認爲他們的做法是一種對於中世紀的、英國式的以及獨裁專制式的教育模式的回歸」。耶魯大學和普林斯頓大學在不久之後也採納了相同的做法；哈佛大學也在二十世紀二〇年代重新遵循了舊有的英國教育住宿模式。【90】

發現的時代

大約在同一時期，星期六俱樂部的實用主義學者們正在逐步增進他們之間的友誼，形成他們的觀點，這個實用主義團體的活動對美國人的生活產生了至關重要的影響。大約從一八七〇年開始，美國產生了這個民族有史以來發明和創新能力極強的一代新生命，甚至在其他國家也沒有出現過。湯瑪斯．P．休（Thomas P. Hughes）在他對美國發明史的紀錄中自豪地認爲，一八七〇年到一九一八年之間半個世紀的美國發展，可以和伯里克利統治時期的雅典、文藝復興時期的義大利，以及工業革命時期的英國相媲美。在一八六六年到一八九六年這三十年期間，美國每年申請的專利數量都以每年兩倍的速度增長；在一八七九年到一八九〇年這段時間裡，專利的申請數量從每年一萬八千兩百個增長到了每年兩萬六千三百個。【91】

在著作《美國生活中的反智主義》（*Anti-Intellectualism in American Life*）裡，作者理查．霍夫施塔特（Richard Hofstadter）已經詳細地介紹了美國國內商人階層和知識分子階層之間的緊張關係，赫爾曼．梅爾維爾（Herman Melville）警告說，「當下流行的科學使人們更加貶低自己，變得更加殘忍化」，范．維克．布魯克斯（Van Wyck Brooks）斥責馬克．吐溫，原因就是認爲「他對於文學的熱情與對機械製造科學的熱情相比，是沒有任何意義的」。亨利．福特也曾經做出過著名的論斷：「歷史不過是一句空話而已」。【92】但是，美國第一代的發明家們看起來並不是特別反對知識分子。更確切地說，他們生活在一種完全不同的社會文化環境中，原因很簡單，正如我們所看到的，學術成就和研究在十九世紀的大學校園裡仍在慢慢地形成當中。他們仍舊是宗教占據主導地位的院校，在十九世紀末之前，並沒有成爲我們現在所說的那種模式的大學。

同樣，因爲在一九〇〇年以前，工業化的研究實驗室並沒有得到廣泛的推廣應用，大部分的早期發明家們繼續在自己創建的私人實驗室裡進行研究。正是在這種背景條件下，湯瑪斯．愛迪生發明了電燈和留聲機，亞歷山大．格拉厄姆．貝爾發明了電話，萊特兄弟發明了他們的早期飛行器，而且電信技術和無線電技術也在這種背景條件下獲得了推廣和使用。[93]也正是在這種背景條件下，埃爾莫·斯派瑞（Slmer Sperry）爲海軍創新出一種迴旋羅盤以及自動化的控制裝置，西拉姆·史蒂文斯·馬克沁（Hiram Stevens Maxim）於一八八五年投入生產，並且成爲「當時世界上最具有破壞力的機槍」。透過借助火藥筒後座力的影響來連接下一次的子彈發射，馬克沁機槍成功地取代了原來的洛林機關槍，後者是在一八六二年發明出來的。正是由於馬克沁機槍的發明，導致了帝國高潮時期的到來，殖民地出現了多次的恐怖暴力活動。[94]也正是德國的馬克沁機槍導致了一九一六年七月一日在薩莫河發生的六萬人死亡的暴力事件。正是在這些發明出現的基礎上，以及伴隨著很多金融公司的出現，創造了美國經濟持續不斷的發展和教育機制的發展，以及現在很多大的集團出現——例如通用電氣、AT&T、貝爾電話公司、愛迪生公司以及MIT。

在這本書當中，或許電報的出現是値得單獨拿出來一提的。運用電力做爲信號傳輸方法的設想早在一七五○年就出現了，但是，第一次應用電報來進行信號傳輸的人卻是法蘭西斯·羅納德（Francis Ronalds），他的第一次試驗是一八一六年在倫敦海莫史密斯他自己的花園裡完成的。查理斯·維特斯頓（Charles Wheatstone）是倫敦國王學院實驗哲學學科的教授，也是最早進行電流速度測量的第一人（雖然測量結果是錯誤的），他最先意識到歐姆這個概念是電阻的衡量方式，也是電報中最爲重要的一個概念，在一八三七年，查理斯與同事福澤吉爾·庫克（Fothergill Cooke）一起申請了這項專利。能與他們的成就相媲美的是，維特斯頓和庫克提議將傳輸電線沿著新建成的鐵路來進行鋪設。這樣能夠確保電報的廣泛傳布，雖然約翰·塔維爾（John Tawell）在斯勞斯的一場謀殺案後逃走，但是由於電報的作用，他很快就被警方逮捕，並沒有給人們帶來更大的損害。當然，撒母耳·摩斯（Samuel Morse）電碼也同樣起發揮了至關重要的作用，摩斯也是希望鋪設跨大西洋海底電纜的美國人之一。這種電纜的鋪設將會是一次巨大如史詩般的冒險活動，這並不屬於本書要探討的內容範疇。假如這種電纜鋪設成功的話，那些懷有高尚目標的人就可以利用這種資訊上的快速傳遞功能，來促進世界的和平，保持世界各國之間的有機聯繫。這種希望看起來是徒勞的，但是這種傳輸電纜，還是在一八六六年鋪設成功了，在商業方面取得了巨大的成就。而且，正如吉利安·庫克森（Gilliam Cookson）在《電纜——改變了世界的電線》（*The Cable: The Wire that Changed the World*）一書中所敘述的，「從此刻開始，在兩個說英語的民族之間，將會產生一種經驗共用的感覺，不同國家之間可以進行文化的交流和集中。」[95]

第三十五章

十字架與《古蘭經》的敵人——靈魂的終結

十九世紀信仰的喪失

一八四二年，英國小說家喬治．艾略特（George Eliot）就停止去做禮拜了。她很早就對基督教表示了懷疑，但是她已經深受大衛．佛雷德里希．史特勞斯（David Friedrich Strauss）的《耶穌傳》（*The life of Jesus, Critically Examined*）的影響，這本書於十九世紀三〇年代中期在德國出版，並由她翻譯成英文。在她艱深晦澀的譯文中，史特勞斯宣稱：「有一點我敢肯定地說，耶穌存在過；至於教堂對自身所賦予的信仰和現實中發生的那些奇蹟和超自然事件以及關於耶穌的命運，可以相當肯定地說，沒有發生過。」[1] 極爲相似的是，當坦尼森（Tennyson）閱讀賴爾（Lyell）在一九三六年寫的《地質學原理》時，他就對很多方面產生懷疑了，根據賴爾對古化石的研究，「地球上的生物像其他事物一樣，都會發生改變。不僅個體生命會消亡，而且所有的物種都會滅亡。」[2]

在十九世紀，對於許多人來說，儘管令人傷感，信仰還是無情地緩慢喪失了，作家A．N．威爾遜（Wilson）以另外的方式對這種特別現象進行了細緻的研究。透過他對艾略特（Eliot）、坦尼森（Tennyson）、哈代（Hardy）、卡萊爾（Catlyle）、斯溫伯恩（Swinburne）、詹姆斯．安東尼．佛魯德（James Anthony Froude）、亞瑟．克拉夫（Arthur Clough）、托爾斯泰（Tolstoy）、赫伯特．史賓塞（Herbert Spencer）、山謬．巴特勒（Samuel Butler）、約翰．羅斯金（John Ruskin）和艾德蒙．戈斯（Edmund Gosse）的考察，進一步證實了其他人所說的信仰缺失，「上帝死了」，不僅是一個理性的轉變，而且是情感的轉變。專業的書籍和爭論已經轉變觀念，人們的思想氛圍普遍也有了一些改變，對於一個事物持續的混亂影響，然後是對其他事物的影響，通常有著相當大的區別。[3] 一八七四年，達爾文的表兄法蘭西斯．高爾頓（Francis Galton）向一百八十九位貴族成員發出了一份問卷調查，針對他們的宗教信仰情況進行一番調查，而他對調查的結果感到十分驚訝。百分之七十的人在問卷中描述自己是現有教會中的一員；有些人說他們沒有宗教信仰；許多人是某一類或其他類的非國教徒（如衛斯理公會教徒、天主教徒），或者另外一些形式的教會組織。問卷中也提問道他們的宗教信仰是否會以任何方式對科學工作產生具有威懾力的影響，將近百分之九十的人回答說「毫無影響」。[4] 在那些人當中，一直到一八七四年，依然有人信仰上帝，這些人包括邁克爾．法拉第（Michael Faraday）、約翰．赫歇爾（John Herschel）、詹姆斯．朱爾（James Joule）、詹姆斯．克拉克．麥克斯韋（James Clerk

Maxwell）和威廉·湯遜（William Thomson，即凱爾文男爵）。威爾遜指出，在上述情形中，不同人的信仰缺失都有不同的理由，其中一些人比其他人更確信上帝死了，而有些人試圖同時既反上帝又反科學。[5]

與十六、十七世紀透過知識的力量來抵制無信仰不同，十九世紀有更多的問題是還懷有信仰的人必須要面對的，對《聖經》眞實性的懷疑甚囂塵上，尤其是其中所記載的那些所謂神蹟。威爾遜把風氣開始發生轉變的時間定位在十八世紀晚期。他說，法國啓蒙哲學家們所宣揚的無神論就是轉變原因之一，但是在英國，有兩本書比其他書都更有力地破壞著信仰，它們是愛德華·吉本（Edward Gibbon）的《羅馬帝國衰亡史》和大衛·休謨（David Hume）的《自然宗教對話錄》，前者一七七六年到一七八八年之間，分三部出版，後者出版於休謨死後三年，即一七七九年。威爾遜說，吉本並沒有提供形而上學的或者神學的重要論點。[6]取而代之的是，「吉本是信仰的破壞者……在他輕鬆的革命中，一頁接著一頁，不僅嘲弄那些基督教的英雄們，而且還包括他們所謂的至高思想，在吉本筆下，他們的行爲完全爲人所不齒。爲了達到嘲諷的目的，吉本不僅多次對某個基督徒的不道德行爲進行刻意揭露，更過分的是，在吉本的所有觀點中，他堅決否認基督教曾給『文明』發展留下任何有貢獻的印記。」[7]將前基督教文化所展現的「顯而易見的智慧」與早期基督教的迷信、非理性行爲和愚昧無知（野蠻）相比較，是吉本一貫的做法，而他的這種做法也深深影響了讀者。[8]

休謨對於宇宙「理性」和秩序的批判，我們已在較前面的章節中進行了探討。按照康德的觀點，這些概念正如上帝、靈魂以及永生一樣，是永遠不可能被證明的。[9]如果以上這些可以被視爲信仰缺失的「深層背景」，那麼，十九世紀肯定還有其他的特有因素。歷史學家歐文·查德威克（Owen Chadwick）把這些因素分爲社會的和知識文化的。其中，包括自由主義、馬克思主義、反教權主義和「工人階級心理」。

查德威克說，自由主義主宰了十九世紀。[10]但是他承認，這個詞的涵義變化多端，它的一個原始義是自由——源於約束的自由。經過後來的變革，它意味著過分的自由，放縱、放肆或者無法無天，這就是如約翰·亨利·紐曼等許多人在十八世紀中葉所理解的自由主義的涵義。但是，不管你喜歡與否，自由主義主要是屬於基督教的。按照宗教信仰的不同來劃分歐洲，改革逐漸引發了信仰自由，但是，基督教在某種程度上一直在尋找一種基於內心的信仰，對個體良心保持敬畏，而不僅僅是外在的禮拜儀式。查德威克說，最後並且不可避免地削弱了人們對完全順從的渴望，「基督徒的良心因而成爲歐洲

非宗教化（世俗化）的力量：它允許在一個洲中有宗教活動或者沒有宗教活動。」【11】

從自由中生發的信仰自由按照自身所需，演變成了愛的自由，自由做爲一種權利（我們要記住，這是約翰·洛克的貢獻，也是法國大革命之所以爆發的不言自明的原因之一），直到一八六〇年到一八九〇年間，即使是西歐那些先驅國家也沒有眞正產生這種思想。【12】查德威克說，對於約翰·斯圖亞特·彌爾（John Stuart Mill）來說，自由包含很多內涵，彌爾於一八五九年發表了一篇題爲《論自由》（*On Liberty*）的文章，同年，達爾文出版了《物種起源》一書。然而，彌爾對自由的考察包含了他對新問題的看法。由於受孔德的影響很大，認爲自由可能受到專制政府威脅的觀點對他的干擾較小，那種看法只是一個人們耳熟能詳的陳舊觀點。與之相反，他更加關注新的民主形式，即對大部分人施行民主，而對個人和少數人施行專制，對知識分子採取高壓統治。他發現他周圍的「人民」正慢慢獲得權力，他希望他們像過去時代中的民衆經常做的，能夠敢於否定別人，捍衛表達不同觀點的權利。【13】他因此著手定義新的自由觀。「唯一的目的，是爲了使權力能被正當運用在受教化團體中的每一個成員身上，約束他的意志，防止他危害他人。他自身好的方面，不管是身體還是道德，都不是一個充分的理由。不能以正當的理由強迫他去做或者忍耐，因爲這更適合他做，因爲這會使他獲得更多的快樂，因爲參考他人的意見去做是明智的，或者說，甚至是正確的。」【14】這比表面看起來要重要得多，因爲這意味著一個自由人「有權利被說服和深信」，這和所謂「一人一票」的民主的涵義一樣重要。同時它和自由主義及現世主義相關聯。彌爾的文章第一次提出了世俗政府的全部內涵。至於文章從頭至尾缺乏激情，那是因爲彌爾舉了一個例子來說明國家事務是如何被管理的。【15】

世俗主義的到來

經由觀察普通人的言談和舉止，查德威克覺察至少在一八六〇年到一八八〇年期間，英國社會才開始實現世俗化（非宗教化）。【16】他說，從這個時期的傳記和小說中，我們可以看到當時一般人的閱讀習慣和交流方式，並且湧現出越來越多自發的虔誠者，他們聲稱要和不虔誠者建立友誼，「以尊重他們的眞誠，來代替譴責他們的信仰缺失」。【17】這種變化也可以在新的傳媒方式——流通印刷品——所扮演的角色中看到。【18】這種印刷品實際上扮演了很多角色，其中之一就是燃起激情，煽風點火地使那些不同的思想更爲對立，使他們之間的口舌戰更爲激烈，從而使很多公民第一次成爲政治人物（因爲他們現在是見多識廣的）。這也是世俗化的一種影響，主要的教育任務是鼓勵民眾投身政治，從而以之取代宗教。當教師開始區別於神職人員時，新型的記者行業也開始發展。【19】

新聞報紙的作用

隨著文化水準的提高，新聞業也隨之獲得了發展，自由的思想經由另外一種方式表現出來。個人自由在經濟意義上，或者用於道德或觀點方面，人們發現它和眞正意義上的政治自由與心理自由是不一樣的。透過報紙，人們比以前更加意識到如果任工業自行發展的話，只會進一步加大窮人與富人之間的分化。「適用於大城市的學說不可能包含所有的眞理，它在貧民窟往往失效。」【20】這給自由的思想內涵帶來了深刻的轉變——毫無疑問，它開始改變自由主義本身的涵義。查德威克說，這種轉變標誌著我們稱之爲集體主義思考的開始，人們開始對政府的行爲提出越來越多的干預，並以此爲途徑來增進公眾福利。【21】「（自由）從此以後更能按照社會的要求而不是個人的；（自由）很少透過約束來限制自由，而是透過具有高度責任感的社會來達到，生活在這樣的社會中，人們更有機會享受自由。」【22】

馬克思主義、社會主義和無神論

這種新的思考方式使馬克思主義更具吸引力，其中包括他的基本宗旨，即認爲宗教是不眞實的，這是導致社會世俗化（非宗教化）的另一個因素。【23】馬克思對宗教的持續流行做出解釋，當然是爲了說明，這種現象是社會處於病態的徵兆，「它使病人忍受其他人所不能忍受的痛苦……」【24】他說，宗教對資本主義社會來說是必需的，它能使民眾安於現狀：藉由對他們的未來生活做出某些許諾，他們將更容易接受現在失去的大量財富。【25】大部分宗教，包括基督教，使人們甘於接受社會中現存的貧富分化，「安於」被剝削，他們覺得他們的不幸正是對他們罪惡的懲罰，或者說是一種考驗（磨練），接受懲罰是崇高的，是對自己道德的提升。馬克思主義變得重要起來，不僅因爲十九世紀發生的一系列事件——巴黎公社、公社運動對國際社會的影響、德國社會主義者、俄國革命黨的崛起等，這些事件似乎在宣稱它們的思想才是眞理——而是因爲馬克思主義也在教導人們如何看待來世：革命，隨後它便能將公正和極樂帶回人間。查德威克分析說，藉由提供世俗的來世，馬克思主義無意之中製造了一個副產品：社會主義和無神論聯繫在一起，宗教被政治化了。

但是無論如何，馬克思不是孤獨的。恩格斯在《一八四四年英國工人階級狀況》一書中寫道：「人們幾乎普遍對宗教表示冷漠，或者說，自然神論出現了某些跡象，但發展得不夠充分，至多還只是隻言片語，也可以說是出現了模糊的不信宗教和無神論的言論……」[26]徹底的無神論者從來都不普遍，但在十九世紀五〇年代中期的全英國，第一個「世俗社會」建立起來了。自相矛盾的是，這些組織都有清教徒色彩，他們的許多行爲和節欲運動連繫在一起。這種情形在一八八三年到一八八五年之間最爲明顯，其中一個原因是無神論者掌握了議會權力。[27]

另外一個造成衆多世俗世界出現的普遍因素是城市化本身。德國和法國的數據顯示，在幾十年裡，參加禮拜的人減少了，尤其在大城鎮，人數下降得非常厲害，接受聖職的人也同時減少了。[28]這與部分宗教組織活動的失敗相比，也許算不了什麼，但這種現象的大量出現卻意義非凡，它表明教會沒有能力迅速地適應城鎮的發展。「巴黎人口在一八六一年到一九〇五年間增長了將近百分之一百，教區的數量卻只增長了大約百分之三十三，牧師數量增長了大約百分之三十。」[29]

啓蒙運動觀念的變化

有一種觀念認爲，我們現在已經經歷了啓蒙；啓蒙當然是件「好事情」，因爲啓蒙是一個社會發展階段，一個向現代社會前進的必經階段，但這不是十九世紀的觀點。[30]對於勝利者來說，十九世紀是一個以斷頭臺和恐怖結束的時代。湯瑪斯．卡萊爾（Thoams Catlyle）就是其中一位，他們認爲伏爾泰和他的自然神論是「不足取」的。對卡萊爾來說，拿破崙是最後一位偉大的人物；同時讓卡萊爾引以爲豪的是，自己的父親「從未受到懷疑論的引誘」。[31]在整個拿破崙時代，甚至直至維多利亞女王統治時期，「人們將啓蒙運動想像成一具屍體，一種走入死胡同／陷入絕境的思想，那是一個充滿破壞性的時代，在這個時代裡，如同做爲物質文明的標誌被毀壞一樣，知識也被破壞無遺，而正是藉由這些物質文明的標誌，人類社會可以以文明人的方式生活。」[32]

直到十九世紀七〇年代，觀點才開始改變。事實上，英文詞彙啓蒙最初被用來指稱德語中的啓蒙，開始於一八六五年，它出現於J．H．斯特林（J. H.

Sterling）寫的一本關於黑格爾的書中。但即使是在這本書裡，這個詞仍是貶義的——直到一八八九年之前，它始終沒有被賦予積極的涵義，在愛德華．凱爾德（Edward Caird）對康德的研究中，第一次使用了「啓蒙時代」這個短語。[33]但是，眞正將啓蒙和其世俗價值從一個被確定的狹隘領域中「拯救」出來的，是《兩週評論觀察》雜誌的一位記者，他叫約翰．摩爾利（John Morley，他也是個MP），摩爾利意識到英國對一七八九年（法國大革命）影響的反應已經被概括爲啓蒙哲學，內心世界中的浪漫主義激情已經混合在他稱之爲將「十八世紀的眞正成果遮蔽起來」的平庸形式中；這刺激他在一系列文章中揭示啓蒙的世俗價値，因爲他發現自己像是耶穌，在試圖扼殺實證科學。[34]

法國也同時發生了一個轉變，那裡也有像卡萊爾一樣的人，約瑟夫．德．梅斯特爾（Joseph de Maistre）。他寫道：「崇拜伏爾泰是心靈墮落的標誌，任何人如果被他的作品吸引，可以肯定說，上帝不會喜歡愛這樣的人。」[35]儘管拿破崙對教會的態度模稜兩可，據說他也曾命令手下的御用作家攻擊伏爾泰。

然後是歷史學家儒勒．米什萊（Jules Michelet）。在十九世紀四〇年代早期，米什萊和一群朋友一起——維克多．雨果和拉馬丁也在其中——他帶頭攻擊教會。他說，天主教教義狹隘得無藥可救，禁欲是不近人情的惡習，懺悔是對隱私的濫用，耶穌會會員們是狡猾的操縱者。這些猛烈抨擊的言論出現在法蘭西科學院舉行的一系列激進的演講中，和在其他地方的演講不同，他攻擊的焦點不是科學而是道德。然而具有諷刺意義的是，伏爾泰狂熱地反對他自己所鼓吹的狂熱。米什萊以「公正和自由的名義」抨擊教會，由於他的這些抨擊，在法國，伏爾泰成了有關邪惡思想鬥爭的焦點。[36]例如，在路易．拿破崙即位的一八五一年，各地圖書館被強制性地將伏爾泰和盧梭的作品從書架上撤掉。舉另外一個例子，一位在其他方面很受尊敬的學者，編輯了伏爾泰的論文，並警告他的讀者說，是伏爾泰引發了一七八九年（法國大革命）和一七九三年的恐怖事件（霧月政變，拿破崙上臺）。[37]一八八五年，當伏爾泰和盧梭的遺骸不在先賢祠的謠言開始在巴黎播散時，事情到了危機關頭，因爲他們本應該長眠於顯赫的先賢祠裡。[38]在一八一四年，據稱，一群保皇黨員無法忍受這些遺骸放在這個神聖的地方，於是他們在死亡夜將遺骸搬走，並將它們扔到荒地裡。謠言是根據一些偶然事件來的，但是謠言獲得了廣泛的信任，並且激怒了伏爾泰的支持者，以至於在一八九七年，一位政府委員奉命調查了此事。調查非常迅速，公墓被打開，人們發現遺骸保存完好。委員會宣稱，這些遺骸就是伏爾泰和盧梭的。[39]人們終於認識到，這些所謂的爭論實在扯得太遠，而最後遺骸被改葬在屬於他們的地方。隨著這場令人困惑的事件結束，關於啓蒙的觀點開始發生轉變，並且或多或少地接近了我們現在的觀點。

史特勞斯、賴爾和達爾文思想的傳播者

正如我們已經看到的，喬治．艾略特受到了她所相信的大衛．史特勞斯的著作《耶穌傳》的影響，但是她還不完全具有代表性。受到更爲普遍影響的是瑞士人，他們威脅性的騷擾使得史特勞斯於就職之前就被迫離開了他的教授崗位。十九世紀的大部分著作，我們認爲非常重要，因爲是它們導致了宗教信仰的衰落，而這種衰落是很難在衆多人群中實現的。普通公衆並不閱讀賴爾、史特勞斯或者達爾文的著作，他們閱讀的是大量流行作家的書籍，比如卡爾．沃克特（Karl Vogt）關於達爾文的研究，雅各．摩爾斯查特（Jakob Moleschott）對史特勞斯的研究，路德維希．布克納（Ludwig Buchner）關於新興物理學和細胞生物學的研究。他們閱讀這些書，是因爲他們都有意超越這兩本書的作者。《物種起源》和《地質學原理》不會攻擊宗教。書的內容就在那兒，但是那些流行作家們對這些書進行了解釋，並且爲更廣泛的讀者群做出了詳盡的闡釋。「對於大部分人群來講，宗教比物理學和生物學更能引起他們廣泛的興趣。」歐文．查德威克說，「他們對宗教與科學對決的興趣要遠遠大於科學本身。」正是這些流行作家敏銳地採用了可行的解釋方式將維多利亞時代中產階級的思想觀念表達了出來，而這些思想觀念同樣適用於我們當今世界。他們並沒有立即說所有的宗教都是錯的，而是舉出了一系列《聖經》中準確眞實和貌似眞實的疑點。[40]

最偉大的流行作家當屬德國人恩斯特．海克爾（Ernst Haeckel），他於一八六二年出版了《宇宙演化史》（*The Natural History of Creation*）一書，僅僅在《物種起源》出版後三年，這本可讀性很強且富有爭議的書支持達爾文的觀點，並且詳細闡述了《物種起源》的內涵，到十九世紀末，這本書出版了九版，並被翻譯成十二種文字。一九〇〇年以《宇宙之謎》（*The Riddle of the Universe*）爲題將*Die Welträtsel*這本書翻譯成英文，解釋了新的宇宙觀；與德文版一樣，英文版賣出了十萬冊。[41]海克爾著作的讀者人數遠遠超過達爾文，並且在一段時間內和達爾文一樣知名——人們成群結隊地去聽他演講。[42]

就像海克爾解讀達爾文一樣，其他流行作家在解讀史特勞斯的過程中同樣出名的是恩斯特·勒南（Ernest Renan）。他起初被指定爲牧師，但他漸漸喪失了信仰，開始將新的觀念加入許多書中，其中，《耶穌傳》比其他書的影響要大得多。[43] 儘管他在不同的時間持有不同的觀點，但是看起來正是歷史研究摧毀了勒南的信仰，他的關於耶穌的書對其他人也產生了同樣的影響。[44] 這本書之所以產生影響，部分原因在於它精緻的法語，當然也因爲它將耶穌視爲一個歷史人物，否定了他的超自然行爲，以一種清晰的方式展現出勒南的學識，他對耶穌的神聖性表示懷疑，並且還帶有一種同情的態度將耶穌置於「人性的塔尖」上。他的智慧和道德教誨改變了世界。可以看出，勒南賦予耶穌以明顯的同情，從而使得他所強調的耶穌的缺點更能令人接受。同時，他破除了教會、聖餐和教義的需要。和孔德一樣，勒南認爲實證哲學能夠成爲一種新信仰的基礎。[45] 他強調耶穌是一個道德領袖，一個偉大的人，但不是在任何超人的意義上——有組織的宗教只存在於十九世紀，和耶穌沒有任何關係。這是一種形式化的宗教信仰，一種理論化的人性主義，許多在新式大學中接收教育的人都能接受這種宗教信仰。他的建議正當其時——合理，而且非同尋常。「神性的喪失永不停息，人的一生中不可能永遠是上帝之子。」這和古希臘思想中半人半英雄的神有某些相似之處。勒南的書引人注目的原因和精神論在十七、十八世紀引人注目的原因一樣——它證明人們拋棄對自然實體（存在物）的信仰，而不是完全拋棄他們的信仰。大部分人不可能直接從有信仰者完全過渡到無信仰者。在十九世紀，勒南所著的《生命》在法國的出版是當時最著名的話題，它在英國也是轟動一時的事件。

令人印象深刻的是，在以上這些由勒南提供的充滿同情和憐憫的話語中，他揭示了基督教並不穩定的基礎。例如，瑞士歷史學家雅各·伯克哈特（Jacob Burckhardt）讀了史特勞斯的《耶穌傳》後認識到，《新約聖經》的歷史「不能承受信仰試圖尋找家園之重」，許多人對此也有相同的看法。[46]

經過修正的「教條」的概念

另外一個導致十九世紀的世俗化與十六、十七世紀世俗化不同的新因素是，產生爭論的原因在於捲入了經過修正的概念「信條」。起初，信條的意思是一種信仰的確定，或者說教義；換句話說，它有確定不移的特點。但是這個意思逐漸發生了改變，所以在啓蒙主義時代，獨斷意味著無知和放棄選擇解釋眞理的權利。[47] 這是一個重大的轉變，因爲儘管天主教僧侶集團毫無與異端邪說爭鬥的經驗，但是現在信條概念本身成了被攻擊的對象。實證科學中取得成功的思維方法提供了一種選擇，並且不斷被用來當做攻擊教會的工具。現在，一個組織如果充滿幻想也許沒什麼，但在那個時期卻是典型，那是一個相互驗證的社會。這個群體（主要是人類學家）非常熱切地想證明沒有靈魂存在，他們都把身體託付給社會，那樣他們可以透過被解剖而使他們的理論獲得驗證，消除那種靈魂可能存在於某個地方的思想。他們用史前陶器或者人類體腔裝著食物就餐，也許用的是長頸鹿的頭蓋骨，以此來強調人類殘骸沒有什麼特別之處，它們和動物殘骸沒有區別。正如珍妮佛．邁克爾．赫克特（Jennifer Michael Hecht）在她關於靈魂終結的書中所指出的，一位人類學家寫道：「我們已經證明許多體系試圖維持道德和法律的基礎。說實話，這些努力只是幻想……良知只是本能的一個特殊部分。本能只是一種遺傳習慣……沒有非同一般的靈魂存在，沒有永恆與不朽，沒有死後世界的威脅，也就不再有任何處罰。」[48]

在這樣的情形下，天主教的反應更多是怨恨，這對它們來說已經成爲一個問題，日益增多的反教權運動是導致世俗化的另一個原因，至少對於那些大聲叫嚷的少數者來說是這樣的。查德威克說，在英國，一八六四年五月，《星期六觀察評論》雜誌的一位領導者第一次受到衆人的注目，他批評頑固無能的羅馬元老院不承認現代科學的進步，尤其是伽利略的發現和洞察力，到那時已經有上百年的歷史了。透過這種方式，教權主義被等同於愚昧主義以及保守政治，反教權主義還被擴大到羅馬天主教會之外的所有教會，因爲它們對包括政治思想在內的現代思想都加以抗拒。[49]各地受過教育的天主教徒中，有些人對羅馬教廷的反現代立場表示遺憾，但是在義大利還存在其他問題。

一八四八年是貫穿整個歐洲的革命年，義大利人發起了反抗奧地利的自由戰爭。這場戰爭將教皇皮烏斯九世（Pius IX）置於難以獲勝的境地。義大利和奧地利都是教會的子民，羅馬教廷將站在哪一邊呢？在那年的四月底，皮烏斯九世宣布，做爲「偉大的教堂牧師」，他不能對任何低一級的天主教徒宣戰。對於許多義大利民族主義者來說，這裡面包含的意味太多，於是他們轉而反對羅馬教廷。這是第一次在義大利發生反教權運動。

法國反教權主義者

在法國，反教權主義者對官方宗教造成了嚴重破壞。除了對上述宗教權威——史特勞斯、達爾文、勒南、海克爾等——的攻擊之外，天主教神職人員有計劃地被驅逐出高等教育機構，這意味著，隨著時間的流逝，教會對年輕人思想的控制力越來越弱。[50]法國教會之所以要付出這樣的代價，是因爲在十八世紀，國家的主教們曾經一度毫無異議地來自貴族階層，而大革命消滅了大部分貴族，法國教會對其形象做了很大改變，即教皇被迫逐出所有主張限制教皇權利的天主教徒，並且拒絕將任何主教神聖化。法國教會因此和羅馬教廷中斷往來一段時間，儘管這多少緩和了一點反教權情緒，但對許多普通人來說，羅馬教會現在比以往更加遙遠了。[51]

在法國，出現了一個更爲複雜的情形，一些人試圖調解教會與大革命目的之間的關係。這是由費利西特·拉姆內（Feticitede de Lamennai）領導的，他是一個牧師，但他卻全身心致力於世俗教育。他創辦了一份日刊《未來》（*L'Avenir*），鼓吹宗教自由、教育自由、出版自由、集會自由、全民選舉和地方分權。這些觀念非常現代，而且是太現代了。《未來》的政治主張是如此飽受爭議，以至於日刊出版被推遲了很長時間。主教就此發布了一個名爲*Mirarivos*的通諭，譴責這份特別的期刊。[52]拉姆內於兩年後發表《信仰者的話》（*Paroles d'un croyant*）做了回應，在這篇文章中，他宣稱資本主義建立在宗教基礎上，他號召工人階級起來反抗，並且要回上天賦予他們的權利。這引發了另一份通諭名爲《孤獨的我們》（*Singutari nos*），它批評《信仰者的話》是「一個篇幅小但影響巨大的邪惡」，並且說它傳播與上帝的聖諭相對立的錯誤思想，招致混亂。格里高利（Gregory）要求各地的天主教會結束聽從所謂「確定不移的權威」。但是這在一定程度上導致了非常相反的結果，因爲它是在一八四八年革命前不久出現的，它使得法國天主教會中的共和論調得以復甦，也因而第一次出現了相當數量的教會僧侶集團似乎對革命抱有同情。[53]

皮烏斯起初是個自由主義者（他五十五歲當選，對於教皇來說，這個年齡是相當年輕的）。但是和其他義大利同行一樣，一八四八年的事件改變了他。「現在要拯救所有的自由主義者」，皮烏斯給紅衣主教三人同盟自由重建羅馬獨裁政府的權利。[54]然而，由於這種努力伴隨著更廣的統治領域內傳統權威的普遍喪失而失敗了（如義大利反抗奧地利的獨立戰爭、德國的統一）。他的唯一結果是引發了新一輪的反教權運動。一八五七年，古斯塔夫·福樓拜（Gustave Flaubert）在《包法利夫人》中塑造了一些人物，他們大部分時候對牧師很反感，即使他們的孩子接受了洗禮，他們還繼續從牧師那裡接受最後的禮拜式。[55]在法國，對宗教漠不關心的一般民衆逐漸增加，這狀況正如恩格斯十多年前在英國所提到的一樣。

十九世紀的最後幾十年中，反教權運動在法國首當其衝的是學校的非宗教化。對羅馬教廷來說，失去學校這塊陣地，意味著他們的影響力終將消失。[56] 這就是爲什麼大量天主教大學在十九世紀七〇年代中期紛紛建立的原因，教會試圖透過這種方式收復一些他們失去的陣地，但這只是造就了一個新的戰場，牧師和學校教師相互交戰。

在第三共和國的新教育部長儒勒・佛里（Jules Ferry）領導下，教師們勝利了。佛里就像他的前任奧古斯特・孔德一樣令人信服，他認爲神學和玄學的時代已經成爲過去，實證科學將成爲新秩序的基礎。佛里宣稱：「他的目標是不再用上帝和國王來統治社會。」爲達到這個一目標，他將超過十萬名宗教牧師從他們的崗位上驅逐出去。[57]

做爲回應的天主教學院

羅馬教廷對這場最新運動做出了回應，它們在法國里昂、里爾、昂熱和土魯斯建立了天主教學院。每所學院都自稱是獨立於國立大學之外的神學院，它們的任務就是推出自己的學術成果，和當時科學以及《聖經》歷史編年領域內的成果爭鬥。萊斯特・庫爾茲（Lester Kurtz）闡述了羅馬教廷的思想，[58]「第一，它在學術範圍內界定了天主教的正統學說，從而形成一個系統，合乎邏輯地回應了現代學術所探求的問題。第二，它詳細地闡明了有關教皇權威和教權的教義（即教會的教育權），宣稱教會及其獨一無二的領導權是自從事宗教事務的耶穌信徒那兒繼承過來的。最後，它透過構建教會內部持異端邪說的陰謀者形象來界定天主教的正統學說。」[59] 教會現在逐漸確認了新時代的「異教」，它們主要藉由在固定的天主教出版物中做出說明，尤其是耶穌會會員的出版物，像羅馬的《天主教文明》（*Civilta Cattolica*）和巴黎的《眞理報》（*La Vérité*）。隨著美國教派的責難，還出現了一系列教皇敕令，最後終於發生了現代歷史上充滿血腥的暴行。

教皇絕對神聖與反對現代主義的法令

羅馬教廷採用的方法犯了一個致命錯誤，這些錯誤普遍存在於所有的敕令和責難中，這個錯誤就是教會將它們的批評對象視爲陰謀群體，認爲該群體假裝是教會組織的朋友，實際上意圖破壞教會組織。[60] 這是對該群體的低估，同時也支持了對手，羅馬教廷的眞正對手是新知識氛圍中的自然權威。教皇自始至終堅持他的傳統權威，歷史的、信徒的繼承權。[61] 這些思想在有關教皇權威至高無上的教義中被發揮到了極致，一八七〇年，它第一次由羅馬教廷會議發布出來。十九世紀的天主教教義在許多方面與二十世紀的天主教教義相似，至少在事實上都是由兩位任期較長的教皇統治的，他們是皮烏斯九世（一八四六～一八七八）及其繼任者利奧十三世（Leo XIII，一八七八～一九〇三）。令人驚訝的是，在那段時間裡，當民主與共和以各種各樣的方式在全世界開花結果時，這兩位教皇卻試圖在教會內外復興君主統治理論。在皮烏斯九世的通諭《我們的心憂傷至極》（*Quanto conficiamur*）中，回顧了遙遠的《一聖教諭》（*Unam sanctam*），這是鮑尼法斯八世在一三〇二年發布的通諭。換句話說，他試圖復興教皇地位至高無上的中世紀觀念。他在《論善心的見證人》（*Testem benevolentiae*）中攻擊美國派利奧十三世排除了在教會中實行民主的任何希望，聲稱只有絕對的權威才是對抗異教的盾牌。[62]

在這些情形下，以及由於渴望獨立與統一的義大利與教會達成了妥協，義大利的反教權運動趨於平息。這就是教皇的通諭信中呼籲召開羅馬教廷第一次全體會議的重要背景原因之一。[63]政治騷亂意味著會議不可能脫離現實。如果會議脫離現實的話，它面臨的問題是重新建立教會的僧侶組織，爲了避免這種情況，會議通過了兩項著名宣言。第一個是這樣的：「基督的教會不是一個所有信仰者都能享有同樣權利的團體。」相反的，一些人被給予「上帝的力量……去奉獻、教化和統治」。第二個是所有宣言中最爲著名的：「我們教授和界定這樣一個信條，它神聖地揭示了：當教皇說『法座』（ex cathedra）時，也就是所有基督教的本堂牧師和博士履行義務的時候，透過神聖通諭的權威，他確立了一條通行於所有教會的關於信仰或道德的教義，在神的幫助下，讚美彼得並給他以承諾，擁有帶有神聖救世主意志的聖諭，因此他的教會應該被賦予確立關於信仰和道德的教義。」[64]

於是，來自教皇的神聖教義成爲天主教徒的首要信仰。[65]一直到至少十四世紀，這都是高度危險的，還有可能遭遇反抗。羅馬教廷可能意識到了這一點，在十九世紀偉大的交通和通訊革命的證明下，教會可以比中世紀更有效地施行權威，這也許可以解釋爲什麼除了教皇聖諭，還有利奧十三世在一八七九年發布的《永遠之父》（*Aeterni Patris*）中單獨挑出湯瑪斯．阿奎那（Thomas Aquinas）做爲現代天主教思想的先驅者。這和皮烏斯九世發布的《我們的心憂傷至極》一樣，包含對前啓蒙、前改革、前文藝復興的中世紀思想的回歸。學者的理論特別注重在科學應用前，在人們的大腦中進行推理訓練、思維實踐，努力將基督教與其他形式的思想嫁接起來，這是它的聰明之處，而不是尋求一種眞實性，從而能獲得廣泛的認同。[66]事實上，主要是在耶穌教會神學家手上，天主教思想再次成爲一個封閉的自我標榜的循環體系。這種狀況的最大影響是在《天主教文明》周圍形成了團體，該雜誌於一八四九年在教皇授意下創辦，做爲對一八四八年事件的回應。[67]這些湯瑪斯主義者〔其中的領袖人物喬其諾．佩西（Gioachino Pecci）是帕魯查主教，亦即後來的利奧十三世〕不可理喻地反對現代思想的發展，他們堅持認爲現代思想應該毫無例外地全部被拋棄。

新湯瑪斯主義思想的主要特點是，它拒絕任何進化和變革的思想，它是落後的，屬於十二世紀，屬於亞里斯多德，屬於學術研究所認定的不合時宜的思想，在《永遠之父》之後，只有曾經接受過湯瑪斯．阿奎那的智慧教導的男子才能被任命爲教師和牧師。[68]他們的目標都是爲了顯示，當新興科學與已有教義發生衝突時，新興科學在本質上是「錯誤」的。這就是教皇聖諭神聖不可動搖的作用。另外，關於教權的教義也被再次提出和界定，教會被迫做出了如萊斯特．庫爾茲所說的影響最爲深遠的行動——嘗試創辦格里高利大學，它是天主教世界中最重要的大學，是研究湯瑪斯主義的主要中心。這個極爲重要的決定改變了大學內部的力量平衡，並確保它與新的教皇正統學說相一致。古羅馬元老院永恆的古老思想比以前更受關注，理解這些思想就已經足夠了，而不需要發現新思想。[69]

似乎這些還不夠，一八九三年，利奧發表了《致眷顧的天主》（*Providentissimus Deus*），它的目標是涵蓋有關《聖經》的所有新興學問，這份敕令聲稱，在達爾文之後三十多年，史特勞斯和賴爾之後近六十年，對宗教作品的理解不可能藉由地球上的科學來達到。智慧來自上面的敕令，反覆地按照它去做，當然在這些事情上，教皇是正確的。教皇的文件解除了《聖經》包含僞造和虛假謊言的禁令，並且指出科學離終極眞理非常遙遠，科學家們所做的永遠只是修改和補充它。[70]

然而，另外一種阻止對《聖經》中記載的某些事情進行爭論的方式，是以聖經委員會的形式出現的，它由利奧在一九〇二年任命。在一份教皇通諭《警醒注意》（*Vigilantiae*）中，他宣布委員會將由博學者組成，他們的任務是按「我們時代的要求」解釋《聖經》文本，這種解釋今後不但可以「保護教義不受任何微小錯誤的侵害，而且可以保護它不受任何大膽觀念的挑戰」。[71]他最後一次試圖阻止這股潮流的努力是發表通諭《論善心的見證人》，該通論公然抨擊「美國教派」是異端邪說。這場特別的運動引發了民主與專制的根本衝突，但獲得了一些歐洲保守天主教徒的認同，他們認爲，美國天主教代表人物的行爲簡直是在犯罪，他們破壞了教會的基本理念，竟然支持「自由主義者、進化主義者……並且談論自由永恆、尊重個體、創制權、自然品行以及認可我們的時代」。[72]在《論善心的見證人》中，教皇聲明了他對美國人民的「愛」，但他說，主要的目的是指出，「某些需要避免和更正的事情」。他說，努力使天主教教義適合現代世界是注定要失敗的，因爲天主教教義不是一套人類可以精心加工的理論，而是一個需要忠誠地守護和絕對宣揚的神聖藏品。他同樣認爲宗教權威和政治權威的根本區別在於：教會的權威來自上帝而不能質疑，而政治權威來自人民。[73]

十九世紀末，羅馬教廷面臨著兩難境地，他們採取了一種策略，試圖保持人們對教會的堅定信仰，然而這個世紀中的賴爾、達爾文、史特勞斯、孔德、馬克思、史賓塞、凱特勒、麥克斯韋和其他許多人，都不可能被這種方法所吸引，他們已經對教會產生了懷疑，最終，羅馬教廷的努力成了明日黃花。一九〇三年，當皮烏斯十世登上教皇寶座時，他堅信「耶穌十字架的敵人數量在最後的日子裡有了激增」。他說，他確信只有信仰者「才能在動亂中獲得上帝的旨意，並且擁有恢復平靜的力量」。[74]他因此繼承了利奧的事業，重新積聚力量與現代主義抗爭。在他一九〇七年的諭令《可悲矣》（*Lamentabili*）中，他非難了六十五項現代主義的特殊主張，包括對《聖經》的批判，他還再次強調了有關神祕信仰的信條的原理。然而更多的書出現在禁書目錄中，應徵更高職位的候選人被迫發誓效忠教皇，拒絕現代主義思想。《可悲矣》不止一次在那條著名的短語中強調了信條的作用：「信仰是意志控制下的理性所產生的一種行爲。」[75]

全世界忠實的天主教徒皆爲羅馬教廷近乎理性的證明和堅定的態度而感到歡欣鼓舞。到一九〇七年爲止，科學中的重大發現出現得十分迅速——電子、量子、無意識和最爲突出的基因學，只有基因學能解釋達爾文的自然選擇是如何能夠發生的。在一個充滿動盪的世界中，有一塊定心石是件好事情。然而除了天主教之外，只有少數人在傾聽。當羅馬教廷和他們所遭遇的現代化危機搏鬥時，藝術領域發生了一場更爲廣泛的運動，即著名的現代化運動，它標誌著後浪漫主義／後工業革命／後法國大革命和後美國國內戰爭的情緒終於到來。正如尼采曾預見的，上帝之死將釋放出新的力量。基督教試圖揭示出世界是壞的和醜惡的。這位牧師的兒子寫下了這句話：「基督教已使世界變壞且變得醜惡。」他認爲，民族主義者將成爲一股新的力量，而他說對了。但是，其他思想也填補了正在產生的眞空。其中之一就是馬克思主義中的社會主義思想，他們有自己的關於死後世界的理論。第二個是據稱擁有自己的理論體系的科學心理學，即擁有新的靈魂觀的佛洛伊德學說。

前文中，我們看到，在東方文藝復興時期，伊斯蘭世界和西方的關係非常特別，至少可以說是一種混合著傲慢和自大的態度，伊斯蘭教徒認爲，只有極少數東西他們需要向歐洲學習，歐洲進步緩慢的原因是由於宗教不統一。但是，隔閡的眞正消除始於土耳其帝國的衰落，十九世紀五〇年代的克里米亞戰爭（Crimean War）達到了衰落的頂點。這場戰爭後來被證明極其重要，因爲它是歷史上基督教和伊斯蘭教力量的第一次聯合。當時土耳其和法國、英國一起對抗俄羅斯。由於這次非比尋常的親密合作，伊斯蘭教徒發現，他們有大量可以從歐洲學習和受益的東西，不僅僅是武器和戰鬥，以及始終吸引他們的醫學，還有其他形式的生活方式。

穆斯林土耳其的改革和科學

有一種新的觀點在土耳其首次出現，那是一場叫做「坦茲麥特」（Tanzimat）的運動和改革。[76]這個國家發起了一次關於改革的最高會議，並依據法國模式，按照伊斯蘭教教法改組了獨立的家庭法。徵集稅代替了農業稅，人民成爲國家的主人。改革的核心人物是納默克．凱馬爾（Namik Kemal，一八四〇～一八八八），他編輯了一份《自由》雜誌，該雜誌的目的是尋求技術進步、出版自由、權力的分化、法律面前人人平等，以及重新闡釋《古蘭經》，從而使它與議會民主政治互相適應。納默克．凱馬爾學到的理念是，並非每件事情都是由神事先決定的。伊薩克．埃佛丁（Ishak Efendi）被任命爲帝國軍事工程學院的bashoca，他依據國外情況，於一八三四年出版了四卷本的《數學大全》（*Mecmua-i Ulum-i Riyaziye*），該書向伊斯蘭世界介紹了許多現代科學知識。十二年後，伊薩克埃佛丁推出了《天體的奧祕》（*Asrar al-Malakut*），書中盡最大努力使哥白尼學說符合伊斯蘭教理論。一八三九年，三十六名學生從軍事工程學院被選出，到巴黎、倫敦和維也納學習；一八四五年，一個教育臨時會議開始確立教育公衆的理念。第一本關於現代化學的書於一八四八年在土耳其出版，第一本題爲《現代生物學》的書於一八六五年出版。按照西方樣式建立的工廠在十九世紀六〇年代紛紛出現，一所醫學平民學校於一八六七年在伊斯坦堡建立，兩年後，第一所現代意義的Darülfünân成立，並於一八七四～一八七五年間開設課程。課程最初由文學寫作和法律組成，後來按計畫代之以科學、土木工程學（依據法國橋梁和道路學校而設）。學會（Encümen-i Danis）和法蘭西學院（the Acadéie Française）不一樣，它在一八五一年才被構想出來，一八六六年建立了一個翻譯委員會，一八六九年採用了公制體系。當巴斯德（Pastuer）於一八八五年發現狂犬病疫苗時，土耳其派遣了一個醫學代表團去巴黎學習這種新知識，並且商討授予這位偉大人物一枚土耳其勳章。[77]

伊斯蘭的現代主義者

在伊朗，與納默克．凱馬爾同時的是馬爾科姆．汗（Malkom Khan，一八四四～一九〇八），他已在巴黎接受了教育，受奧古斯特．孔德的影響非常大，他寫了一本關於「改革」的書，書中他鼓吹權力分化，建立一套世俗法律以及人權法案。他編輯了一份報紙叫《法律》（*Quanun*），在報紙中，他提出建立兩種委員會，一種是民衆委員會，一種是烏力馬委員會或學術委員會。與他們兩人同時的是突尼斯人考伊爾（Khayr al-din al-Tunisi，一八二二～一八九〇），他也在巴黎學習過，和古希臘時期的亞里斯多德非常相似，他調查過二十一個歐洲國家以及它們的政治制度，他認爲對伊斯蘭世界來說，因爲別人不是穆斯林就拒絕他們已經取得的成就，這是一個錯誤，他建議伊斯蘭世界學習歐洲最好的東西。[78]

在所有伊斯蘭世界的思想家中，有超過五十位主要思想家出現在這個時期，他們發起了一場伊斯蘭現代化運動——如埃及的卡希姆．艾敏（Qasim Amin）、阿富汗的馬赫穆德．塔爾齊（Mahmud Tarzi）、印度的賽義德．汗（Sayyid Khan）、爪哇的艾哈邁德．達赫蘭（Achmad Dachlan），和中國的王靜齋。但是有三位影響最大的伊斯蘭現代主義者，他們的名字應該在西方更廣爲人知：伊朗的賽義德．加馬爾丁．阿富汗尼（Sayyid Jamal al-Din al-Afghani，一八三八～一八九七）、埃及的穆罕默德．阿布篤（Muhammad Abduh，一八四九～一九〇五）和穆罕默德．拉希德．里達（Muhammad Rashid Rida，一八六五～一九三五）。穆罕默德．拉希德．里德出生在黎巴嫩，但他成年後的大部分時間都是在埃及度過的。

阿富汗尼

阿富汗尼（Al-Afghani）主要傳達的思想是，歐洲的成功建立在兩種基礎之上，即科學和法律。他說，這兩個東西均來源於古希臘和印度。他於一八八二年說道，「科學是無止境和無限制的」，「科學將統治世界」。此後，他還說過，「這個世界的統治者不管是在過去、在現在、還是在將來，都一直是科學。」「英國人來到了阿富汗，法國人占領了突尼斯。其實，這種霸占、侵略和征服不是來自法國人和英國人，而是科學在到處展示它的偉大和力量。」阿富汗尼希望整個伊斯蘭世界的各個階層都能有一個重新認識，他認爲，「思想是歷史變革的發動機，伊斯蘭需要改革」。他嘲笑那個時期的烏力馬宗教學者（穆斯林的學者或宗教、法律的權威），他們只知道閱讀古代的典籍而不知道電是如何產生的，也不知道蒸汽機的原理。他反問道，他們怎麼能夠把自己稱做聖人呢？他把烏力馬比喻成一盞燈芯細小的燈，「這盞燈既不能照亮周圍的環境，也不能給別人帶來光明。」阿富汗尼求學於法國和俄羅斯，他在巴黎時和恩斯特．勒南成爲好朋友。阿富汗尼特別指出，宗教人士就像束縛在犁上的牛，他們是被教義束縛的奴隸，他們必須不停地在事先規定好的耕地上行走。他批評伊斯蘭教，從而使巴格達黃金時代趨於終結；他認爲神學院阻止了科學發展，他爲非宗教教義的哲學辯護，因爲這種哲學鼓勵科學研究。

穆罕默德．阿布篤

穆罕默德．阿布篤也在巴黎學習過，並且在那兒創辦了一份著名的雜誌，名爲《最穩固的聯繫》，該雜誌強烈反對帝國主義，同時呼籲宗教改革。【79】返回埃及後，他成爲首席大法官，並且在政府創辦的阿爾阿扎清眞寺學院（al-Azhar mosque）工作，這是研究阿拉伯世界最有影響的學術團體之一。他發起了教育女性和世俗法律運動，這兩樣在伊斯蘭教教法中是不允許的。他尤其對法律和政治感興趣，以下是他寫的一些東西：「人類知識實際上是關於有用性原則的積累，透過這些知識，人們將那些可以帶來益處的工作方法組織起來……法律是組織活動的基礎……它能帶來明顯的益處……每個民族的法律和它的理解水準相一致……因此，不可能將這個群體的法律強加於另一個一開始就超越他們理解能力的群體中……應用於第二個群體的命令就會被妨礙……」另外，他堅持認爲政治應該由現狀決定，而不是教條。穆罕默德．阿布篤繼續呼籲在埃及推行法律改革，要求制定準確簡明的法律條文，避免出現他所說的《古蘭經》中模稜兩可的情況。他從埃及談到大革命後的法國，這本是一個絕對君主專制的國家，但經過打破專制統治，法國成爲一個共和國。他想制定一套公民法來指導公民生活的多個方面，希望這套法律能夠按照合理的方式獲得所有人的認可。在他的法律體系中，沒有提及先知、伊斯蘭教、清眞寺或宗教。

拉希德·里達

穆罕默德·拉希德·里達上了一所位於黎巴嫩的學校，這所學校混合了現代教育和宗教教育。他能說歐洲許多國家的語言，並且廣泛學習了各門科學。[80]他的思想接近阿布篤，並成為他的傳記作者。他也創辦了自己的雜誌，名為《燈塔》，直到他去世前，一直利用該雜誌傳播改革思想。穆罕默德·拉希德·里達認為，社會、政治、文明和宗教的革新是必須要做且永不止息的，這樣，社會才能沿著科學和知識的軌道前進。他說：「人類在任何時候都需要舊的和新的事物。」他舉例說，儘管英國人、法國人、德國人在大多數時候更傾向於按自己的方式做事和思考，但他們也會敞開胸懷接受外國的影響。穆罕默德·拉希德·里達承認受到了他們的幫助，並且喜歡他所相信的異端邪說。他所說的有點像伊拉斯謨斯，但同時他也接受了我們先前提到過的歐文·查德威克的觀點。大約從一八六〇年開始，歐洲人將自己視為基督徒，並且能和非信仰者友好相處。最為重要的是，拉希德·里達說，伊斯蘭教教法很少或者說根本沒有談及農業、工業和運輸，「這些都留給了人們去體驗」。他說，國家由這些明確的東西組成——科學、藝術和工業、金融、政府管理以及軍隊系統。他們在伊斯蘭教中是一種集體義務，忽視它們就意味著犯罪。人們需要記住的一條準則是「需要決定了不允許」。

「立憲國家」

伊斯蘭世界的現代化所取得的成果由下列部分組成：(1)文化復興。這指的是試圖復興伊斯蘭藝術和文化，主要透過介紹西歐啓蒙運動時期的文化成果的方式實現。這裡有一些例子：聖徒傳記的某些寫法被改變，使其更像現代傳記；阿拉伯世界中傳統的旅行見聞講演發展開來，人們帶著開放的心態，驚訝於歐洲和美國的繁榮——煤氣燈、鐵路和蒸汽船。一八四七年，黎巴嫩第一次出現了由法國戲劇改編的戲劇演出；一八五三年，第一部烏爾都語戲劇在印度出現；一八五九年，第一部土耳其語戲劇上演。隨著旋轉印刷技術的發展（和在歐洲一樣），新的定期印刷刊物的出版社出現在阿拉伯世界，它發行了以下刊物：《自由》、《警示》、《解說員》。阿爾及利亞甚至擁有了一份屬於改革者的報紙——《批判》，批評家阿爾·坦塔威（al-Tahtawi）寫了一本關於伏爾泰、盧梭、孟德斯鳩以及西方法律的著作；納默克·凱馬爾在土耳其翻譯了培根、孔狄亞克、盧梭和孟德斯鳩的著作。(2)立憲政體。立憲政體意味著政府受到法律的制約，就是我們現在所說的權力分立，由選舉產生議會，而不是由國王、酋長或部落首領任命政府。立憲主義者做出了一項特別決定，他們忽略了天國的概念，認爲在現世、在地球上，所有的一切都是平等的。立憲主義者的建議於一八六六年在埃及被制定出來，並獲得了通過。立憲政體在突尼斯被確立的時間是一八六一年，鄂圖曼帝國分別是一八七六年和一九〇八年，在伊朗是一九〇六年，一九〇九年它又重新通過了立憲政體。一九〇九年，阿富汗的一場現代化運動被鎭壓。[81] 人們甚至開始談論「立憲國家」。(3)科學和教育是現代化的第三個方面。關於達爾文學說，存在一個非常令人擔憂的事情，因爲許多伊斯蘭學者都信奉赫伯特．史賓塞的社會達爾文主義，他們認爲穆斯林社會是落後的，最終將被淘汰。他們因此迫切要求接受西方科學，尤其是要讓學生在新式學校中接受科學教育。這個時期出現了一場新式學校運動，意思是「新原理」。新式學校一邊教授宗教課程，一邊教授非宗教課程，但是目的很清楚，就是要用更多的現代知識取代傳統知識。社會學在伊斯蘭現代主義者中非常受歡迎；他們尤其信仰孔德的理論，按孔德的觀點，社會可以分爲三個逐漸進步的階段：自然的、社會的和政治的（階段）。阿富汗尼採納了這種觀點，認爲人和動物沒有區別，人能夠像動物一樣被研究，他聲稱只有適者才能生存。與馬克思和尼采一樣，他認爲在最後，生命就是關於權力。阿布篤拜訪過赫伯特．史賓塞，他翻譯了史賓塞的書。在這些觀點當中，最爲重要的是，現代主義者認爲法律來源於人類本性，來自於研究自然法則的過程中，神不是透過《古蘭經》而是透過這種方式來展示其神聖性的。(4)正如十九世紀發生在西方的一樣，新思想的產生在於對《聖經》的重新解讀（我們可以這麼說），因此，《古蘭經》的文本和《穆罕穆德言行錄》都成爲批判的對象，拉希德．里達對《穆罕穆德言行錄》進行了尖銳的批評，他認爲，由後人所寫的文章最需要批判，因爲它造成了伊斯蘭世界的倒退。就《可蘭經》而言，他認爲它僅僅是個嚮導，不具備指揮權。阿爾－謝赫．坦塔威．賈瓦爾（Al-Saykh Tartawi Jawhari，一八七〇～一九四〇）根據現代科學編了一本二十六卷的注釋本《古蘭經》。(5)婦女。十九世紀見證了在許多伊斯蘭國家，女子學校的增多和發展，但不是所有的地方都如此。十九世紀還見證了在孟加拉和俄羅斯婦女組織的出現；見證了一夫多妻在印度的終結；見證了一九一八年亞塞拜然的婦女選舉權（早於法國的一九四七年，瑞士甚至更晚）。黎巴嫩在一八九六年，突尼斯在一九二〇年，都發起了一場要求婦女自由獲得工作的運動。

讀者也許會問，伊斯蘭國家的這種現代化運動到底帶來了什麼？簡短的回答就是，它一直興盛至第一次世界大戰，然後才趨於衰微。由於超出了本書寫作時間的限定，從「一戰」到現在這期間發生的事將在注釋中有個簡單概括。[82]

在十九世紀後期，基督教和伊斯蘭教一直處於持續不斷的衝擊之下，現在誰能說，哪種信仰更爲成功地抵禦了這些攻擊呢？

第三十六章

現代主義和無意識的發現

佛洛伊德的雄心／自比於哥白尼和達爾文／被奉爲名人

做爲一個青年，西格蒙．佛洛伊德（Sigmund Freud）並不缺乏雄心壯志，儘管他有書蟲的名聲，然而他的黑眼睛和茂密的黑髮爲他營造出自信的氣質。[1] 他把自己幻想成漢尼拔（Hannibal）、奧利佛．克倫威爾（Oliver Cromwell）、拿破崙、海因里希．謝里曼（Heinrich Schliemann）——特洛伊的發現者——甚至是克利斯多夫．哥倫布（Christopher Columbus）。之後，他自己爲自己重新命名後，便很少充滿幻想地將自己和哥倫布、李奧納多．達文西、伽利略以及達爾文做比較。在他的一生中，被安德列．布列塔（Andre Breton）、希歐多爾．德萊塞（Theodore Dreiser）、薩爾瓦多．達利（Salvador Dali）視爲名人。湯瑪斯．曼（Thomas Mann）認爲他是一個預言者，儘管後來改變了想法。一九三八年，美國總統富蘭克林．羅斯福（Franklin Roosevelt）私下對佛洛伊德產生了興趣，佛洛伊德身爲德意志第三帝國統治下的猶太人，最終招致了納粹的迫害而被迫離開奧地利。[2]

思想史上也許沒有人像佛洛伊德般遭受這樣的毀譽——即使是達爾文、馬克思。正如現在專業歷史學家和普通大衆讀者對於文藝復興和我們可以簡言之的前文藝復興（前文藝復興在一〇五〇年到一二五〇年間，現代世界開始產生）的觀點存在不一致的想法，現在普通大衆對佛洛伊德的理解與大多數專業心理學家對佛洛伊德的理解之間，仍存在著巨大的鴻溝。

修正的第一個結果是佛洛伊德曾經備受稱譽的發現無意識的優先權。蓋伊．克拉克斯頓（Guy Claxton）在最近的無意識史中，將「類似無意識」的發現資格追溯至西元前一〇〇〇年位於小亞細亞的「雛形寺院」，在那裡，「靈魂解脫」儀式非常普遍。他說，希臘思想中涉及的靈魂觀就已經蘊含著「未知的深度」。帕斯卡（Pascal）、霍布斯（Hobbes）、愛德格．愛倫．坡（Edgar Allen Poe）這三個人已經有了頗爲神祕的思想，即人自身是雙重的，一半隱藏著，並以某種方式對行爲和感覺施加壓力。愛倫．坡不是孤立的。馬克．D．阿特休爾（Mark D. Altschule）在他的《人類行爲中觀念的起源》（*Origins of Voncepts in Human Behavior*, 1977）一書中這樣寫道：「很難——或者說也許不可能——找到一位十九世紀的心理學家或醫學心理學家——沒有認識到無意識的精神活動不僅是眞實的而且是最重要的。」「我們現在所用的」精神病和精神病學這兩個術語是，巴倫．恩斯特（Baron Ernst，一八〇六～一八四九）一八三三年後在維也納提出來的。在小說家眼中，十九世紀被命名爲「我們的神經世紀」；「神經衰弱症」這個詞是喬治．比爾德（George

Beard）在一八五八年造出來的。[3] 英國哲學家蘭斯洛·勞·懷特（Lancelot Law Whyte）說，一八七〇年左右，無意識不僅僅是專業人士，還是那些故作文明的人交談的主題。德國作家佛雷德里希·斯皮爾哈根（Friderich Spielhagen）與懷特的觀點一致。在他出版於一八九〇年的一部小說中，描述了一八七〇年在柏林一間沙龍裡兩個主要的談話主題——華格納和無意識哲學。但是，甚至這些都不能算是對無意識的公正評價，做為一種思想，無意識在十九世紀有了長足發展。因爲這個原因，我們需要將目光投向亨利·艾倫伯格（Henri Ellenberger）和他的篇幅巨大而權威的著作《發現無意識》（*The Discovery of Unconscious*）。[4]

無意識的開始：梅斯梅爾、沙考和原型現象

艾倫伯格將其研究方法分爲三種——我們可以稱之爲遠因和近似醫學背景下的精神分析，以及十九世紀的文化背景。三者同樣重要。

他說，所謂遠因，指的是佛蘭茲·安頓·梅斯梅爾（Franz Anton Mesmer，一七三四～一八一五）等前輩，他時常被拿來與克利斯多夫·哥倫布比較，因爲哥倫布發現了一個新世界，而他則發現了一個新的內在世界。在病人呑下一粒含鐵的藥後，梅斯梅爾用綁在他們身上的磁鐵來爲他看病。他發現並記錄下來病人的一些症狀，會隨著月相而變化，他的目的在於控制人體內的「人工潮汐」，這種方法在某些情況下可以減輕症狀，最起碼能讓症狀減輕好幾個小時。梅斯梅爾相信他揭示了體內「潛藏的流體」，他能控制這種流體；同時他還發現了其他極輕的流體，如燃素和電流，並且部分解釋了他強烈的發明興趣是建立在德·皮傑格（de Puységur）侯爵基礎上的。梅斯梅爾發展出兩種我們已知的技術，即「純粹危機」和「催眠夢行症」，後來磁感應催眠術在這兩種技術基礎上形成了。[5]

尙－馬丁·沙考（Jean-Martin Charcot，一八三五～一八九三）也許是第一個提出佛洛伊德思想中的觀點先驅，他是那個時代最偉大的神經學者，治療過的病人有遠自撒馬爾罕和西印度而來的。當他用催眠術區分精神麻痹症和器官麻痹症時，催眠術在他的努力下受到了重視。他證明了用催眠術可以使病人在催眠狀態下麻痹。後來，他證明精神麻痹通常發生在出現外傷後；他還展示出歇斯底里性的失憶能夠在催眠狀態下恢復。佛洛伊德花了四個月時間待在巴黎的薩彼里埃（Salpetriere）醫院裡向沙考學習，儘管法國人的工作在那時受到了懷疑，但現在看來，病人的行爲符合治療學家的期望。[6]

催眠術是整個十九世紀都非常流行的治療方式，它和稱為行動自動性的病症聯繫在一起。所謂行動自動性就是當人們看起來處於催眠狀態時，在他們被喚醒之前，他們意識不到自己所做的事。經過相當數量病例的證實，催眠術被證明同樣對我們現在所說的記憶喪失症有效，記憶喪失症發作時，人感覺突然從他們的日常生活狀態中隔離出來，離開他們的家，甚至可能忘記他們自己是誰。[7] 隨著十九世紀的前進，儘管歇斯底里症仍是精神病學關注的焦點，但是，人們對催眠術的興趣減退了。粗略地說，因為出現一個男性病例的同時，會有二十個女性病例（即男性病例與女性病例的比例是1：20），歇斯底里從一開始就被視為女性疾病，儘管病症根源最初認為是一些奇怪的方式迫使人必須運動或者認為是子宮的「漫遊」，但人們很快就清楚地認識到，這是一種心理疾病。性別角色影響發病機率被認定是可能的，甚至可能性很高，因為事實上，修女中沒有患歇斯底里症的，而在妓女中則非常普遍。[8]

頗具爭議的是，第一次出現我們現在所理解的無意識這個術語，是在催眠師對某人進行催眠出現的一系列反應之後，催眠師們發現，當他們對某人進行催眠時，「一種新的生活顯現出來後，主體卻覺察不到，那是一種嶄新的、更加完美的個性呈現」。[9] 兩種人格的概念在十九世紀非常令人迷惑，繼而出現了雙重自我或「雙重精神」這樣的概念。[10] 人被分成兩個部分，第二意識是封閉的或是開放的，馬克思．德尙（Max Dessoir）在《雙重自我》（*The Double Ego*）一書中發展了雙重精神理論，該書出版於一八九〇年，並獲得了高度評價，他在書中把意識分成 oberbewussten 和 Unterbewussten（即「後期意識」和「下意識」），他說，後者是偶爾在夢中被揭示出來的。

艾倫伯格說，在催生無意識的一般背景因素中，浪漫主義與此密切相關，因為浪漫哲學中已包含著「原初的意象」（Urphänomene）這個概念，而變形就起源於此。「原初的意象」之中有原植物（Urpflanze）、普世心智（All-Sinn）和無意識。根據戈特希爾夫．海因里希．舒伯特（Gotthilf Heinrich Schubert，一七七三～一八四三）的觀點，另外一個「原初的意象」指的是自戀（Ich-Sucht）。舒伯特說，人是一個「雙星體」，被賦予了自信（Selbstbewussten），這是第二個中心。[12] 喬安．克利斯蒂安．奧古斯特．海因洛斯（Johann Christian August Heinroth，一七七三～一八四三）被艾倫伯格描述為一位「浪漫主義醫生」，海因洛斯認為精神病的主要原因是罪惡。他創立了一套理論，認為人的良知起源於另一種「原初的現象」，即「超我們」（Über-Uns）。[13] 瑞士人巴霍芬（Johann Jakob Bachofen，一八一五~一八八七）在其一八六一年出版的《母權論》一書中宣揚母權理論。[14] 他說，他相信歷史經歷了三個階段：亂交階段、母權制階段和父權制階段。第一階段的特徵是性混亂，那時候孩子不知道自己的父親是誰。第二個階段僅僅是經過了幾千年的鬥爭之後確立的，最終女性獲得了勝利，建立了家庭和農業，並且掌握了所有的社會和政治權力。這個時期的主要特徵是人們尊重母親，以母親爲中心，形成了一個自由、平等與和平的社會體系。母系社會對體育的重視程度在智力教育之上。父權制是在經過了另一個長期的激烈鬥爭後出現，它完全顛覆了母系社會，崇尚個人獨立，人與人之間相互隔絕。父親般的愛成了比母親般的愛更抽象的原則，巴霍芬說，父系社會沒母系社會注重實踐，它在引向更高的智力進步。他相信很多神話中包含了母系社會中發生的事情，例如俄狄浦斯神話。[15]

相當多數的哲學家也使用了佛洛伊德學說中的概念。下面的書名很有啓發，但並不完整（Unbewussten在德語中的意思是「無意識」）：奧古斯特．溫克爾曼（August Winkelmann）的《動力心理學導論》（*Introduction into Dynamic Psychology*, 1802）、哈特曼（Eduard von Hartmann）的《無意識哲學》（*Philosophy of the Unconscious*, 1868）、卡本特（W. B. Carpente）的《大腦的無意識活動》（*Unconscious Action of the Brain*, 1872）、費希爾（J. C. Fischer）的《哈特曼的無意識哲學》（*Hartmann's Philosophie des Unbewussten*, 1872）、瓦克特（J. Vokelt）的《無意識的悲觀主義》（*Das Unbewussten und der Pessimismus*, 1873）、佛萊明（C. F. Flemming）的《無意識精神活動概念的解讀》（*Zur Klärung des Vegriffs derunbewussten Seelen-Thätigkeit*, 1877）、思考密特（A. Schmidt）的《無意識哲學理念的自然科學基礎》（*Die naturwissenschaftlichen Grundlagen der Philosophie des Unbewussten*, 1877）、考斯耐特（E. Colsenet）的《精神的無意識生活》（*La Vie Inconsciente de l'Esprit*, 1880）。

叔本華

《做爲意志和表象的世界》一書中，叔本華（Schopenhauer）指出，意識是一個「無法控制的推動力」，他說，「人在被內在力量引導時是非理性的，人不知道它的存在，也很少覺察到它」。[17] 叔本華將人比做地球，而地球的內部我們是不知道的。他說，兩種非理性力量控制了人——保護本能和性本能。兩者中，性本能更具力量，事實上，叔本華說，沒有什麼東西能與它相抗。「人如果想抵制性本能，純粹是欺人之談。」他可能會想他能抵制，但是在現實中，理智是受性驅動的，在這種情況下，意志是理智的祕密敵人。叔本華甚至提出了一個我們後來稱爲壓抑的概念，它本身就是無意識，「意志的反抗從而排斥它接近理性」[18]，「意識活動只是我們精神僅有的表層，它正如地球一樣，我們無法知道它的內部結構，只能知道地殼」。[19]

哈特曼

哈特曼更進一步，他認爲無意識由三個層次組成：(1)絕對無意識，它組成了宇宙中的物質，也是其他物體的來源；(2)生理無意識，它是人類進化發展過程中的一部分；(3)心理無意識，它是控制我們精神生活的意識。比叔本華更進一步的是，哈特曼蒐集了豐富的例證——客觀例證，並透過這種方式來支援他的觀點。例如，他探討思想、智力、語言、宗教、歷史和社會生活之間的關係，非常明顯的是，所有這些領域佛洛伊德都將要親自去探索。

佛洛伊德關於無意識的許多思想也是尼采擁有的，而尼采除此之外的其他許多哲學觀點都是位於次要的。尼采將無意識視爲一種狡猾、隱祕本能的實體，它通常藉由精神創傷留下傷痕，並以超現實的方式掩蓋起來，但會導致病變。[20]這與喬安·赫爾巴特（Johann Herbart）以及費克納（G. T. Fechner）的觀點一致。恩斯特·瓊斯（Ernest Jones）是佛洛伊德的第一位權威傳記作者，他對一位名叫路易士·馮·卡爾賓斯卡（Luise von Karpinska）的波蘭心理學家表示了極大關注，此人最初的觀點與佛洛伊德的基本思想和赫爾巴特的思想（他七年前寫的）有相似之處。赫爾巴特把精神描述成二元的，不斷處於意識與無意識過程的衝突中。這種思想被描述成「當敵對的思想使它不斷進行意識活動」。[21]在赫爾巴特基礎上，費克納將精神比喻成冰山，「十分之九在水下，它的行動方向不僅要由海面吹過的風來決定，而且要由深層的海潮來決定。」[22]

簡奈特

皮埃爾·簡奈特（Pierre Janet）或許也可以視爲前佛洛伊德學派中的一員。做爲偉大的一代法國學者中的一分子，包括亨利·伯格森（Henri Bergson）、埃米爾·塗爾幹（Émile Durkheim），阿爾佛雷德·比耐特（Alfred Binet）也可算是其中的成員，簡奈特的第一部重要著作是《生理自動性》，書中有他在一八八二年到一八八八年間所做的實驗結果。在書中，他宣稱他掌握了一種催眠術，在催眠狀態下，他可以誘使他的病人自動寫作。他說，這些作品解釋了病人在毫無緣由的情況下產生出恐懼適應的原因。【23】簡奈特還指出，在催眠狀態下，病人往往表現出雙重人格，一種是試圖取悅醫生，而幾乎同時發生的另一種人格最好解釋成「回歸童年」（病人們會突然提到他們童年的小名）。簡奈特來到巴黎後發展了他的技術，取名爲「心理分析」，這是對催眠術自動寫作的重複使用，在此過程中，他指出，會隨著病人的思維變得越來越清晰而導致危險。然而，危險隨著數量增多而更爲嚴重，湧出的思想表明他們正及時返回，而且，這種情形在病人生活中發生的時間越來越早。簡奈特斷定：「在人類大腦中，曾經的記憶一點也沒失去，以潛意識形式固定下來的思想既是大腦活動衰退的結果，也是大腦活動進一步衰退和惡化的根源。」【24】

十九世紀面臨著嬰兒性欲問題。醫生們傳統地認爲這是一種非常罕見的反常現象，但是早在一九四六年，一位名叫迪比尼（P. J. C. Debreyne）的神父，同時也是一位醫生，出版了一本小冊子，其中，他堅持認爲人類存在過於頻繁的早期手淫、兒童間的性遊戲，以及保母和僕人對幼童的誘姦行爲。杜邦羅（Dupanloup）主教是另一位再次強調兒童存在頻繁性遊戲的神職人員。他認爲這些兒童之中的大部分在一歲和兩歲時養成了「壞習慣」。最著名是在儒勒·米什萊（Jules Michelet）的《我們的兒子》（*Our Sons*, 1869）一書中，他警告父母們正視發生嬰兒性行爲的現實，尤其是現在，我們稱之爲「俄狄浦斯情結」。【25】

如果我們對十九世紀的主要思想（多數爲德國人和法國人的成就）進行考察的話，那麼在一些重要的發現中，有兩樣東西尤爲突出。第一個是佛洛伊德在對各種思想進行深入研究後發現的無意識。不管無意識是不是做爲一個實體而存在（這個問題我們後面再談），但將無意識思想出現的時間限定到佛洛伊德，則顯然推遲了好幾十年。事實上，十八世紀的大部分時間裡，這種思想已在歐洲普遍流行了。第二個是許多其他心理學概念不可避免地和佛洛伊德的許多關於意識的思想相關——如嬰兒性欲、伊底帕斯情結、壓抑、退化、感情轉移、本能衝動、遺傳和超我——這些也不是根源於佛洛伊德。它們和無意識一樣懸而未決，和達爾文揭示出自然選擇機制時所提出的進化論非常相似，佛洛伊德學說並不是像人們所相信的那樣接近思想的源頭。

令人驚訝的是，對於許多佛洛伊德的批評者來說，所有這些還遠遠不是對他的主要攻擊，還沒有指出他的主要罪惡。這些批評者中，像佛雷德里克·克魯斯（Frederick Crews）、佛蘭克·奇奧菲（Frank Cioffi）、艾倫·埃斯特森（Allen Esterson）、馬爾科姆·麥克米倫（Malcolm Macmillan）和佛蘭克·

薩洛韋（Frank Sulloway）（名單很長，而且還在增多），進一步認爲佛洛伊德——只會閃爍其詞——是一個騙子，一個只會徵引別人觀點的科學家，他捏造和僞造數據，欺騙自己和他人。批評者們的這些抨擊完全貶損了他的理論價值以及依此而來的結論。

最好的展示佛洛伊德新觀點價值的方法是將它與傳統的觀點方法相比較，以及考察新觀點的接受效果，然後對他進行集中攻擊，顯示出傳統方法現在是如何被改造的（需要再說一遍，這種改造是非常激烈的。我們這兒所談的批評內容涵蓋了最後四十年，但主要是最後十五年）。做爲開始，下面我將討論傳統觀點。

夢的解析

西格蒙．佛洛伊德的觀點第一次出現是在《歇斯底里症研究》一書中，該書於一八九五年出版，其後在他名爲《夢的解析》一書中得到更爲完整的闡述，該書出版於一八九九年的最後一週；和在維也納一樣，該書於一八九九年在萊比錫被准予出版，但是一直推遲到一九〇〇年，一九〇〇年一月初被再次審查。佛洛伊德是來自莫洛麗亞佛萊堡的一名醫生，此時已經四十四歲了。他是兄弟姐妹八人中最大的一個，從外表看來是一個傳統的人，他相信嚴謹的熱情，穿著由妻子選定的英國布料裁剪成的衣服。他還是一名運動員，一個熱心的業餘登山愛好者，從不飲酒。但從另外一個方面來說，他是一個「不折不扣」的雪茄菸鬼。【26】

儘管在個人生活方式方面，佛洛伊德也許是個比較傳統的人，然而，《夢的解析》一書引起了強烈的爭論，對於維也納的許多人來說，這絕對是一部令人震驚的書。在這本書中，佛洛伊德人性理論的四個基本板塊第一次集體亮相：無意識、壓抑、嬰兒性欲（導致伊底帕斯情結）及對自我心理的三重劃分：自我（ego）、超我（superego，一般意義上的我，一般來說即良心）和本我（id，最初對無意識的生物學表述）。自十九世紀八〇年代中期以來，佛洛伊德發展了自己的思想，提高了治療技術，這花了超過十五年的時間。他自認爲是達爾文開創的生物學傳統的繼承者。取得醫生資格後，佛洛伊德獲得了一筆獎學金，用來在沙考指導下從事研究。沙考那時候創辦了一間診所，專爲難以治癒的飽受神經錯亂痛苦的婦女提供幫助。沙考的研究證明，在催眠狀態下，會引發歇斯底里症。幾個月後，佛洛伊德重返維也納，在閱讀了大量的神經學方面的著作（如關於大腦癱瘓以及失語症等著作）之後，他開始和另一位名叫布羅伊爾（Josef Breuer，一八四二～一九五二）的傑出醫生合作。布羅伊爾也是猶太人，他有兩項重大發現，一是調節呼氣的迷走神經的作用，另一個是內耳半規管的作用，後者控制身體的平衡。但是，對於佛洛伊德來說，布羅伊爾的重要性在於，布羅伊爾於一八八一年發明的談話療法啓發了他的精神療法。【27】

從一八八〇年十二月開始的兩年時間當中，布羅伊爾一直爲一名維也納出生的名叫帕本海姆（Bertha Pappenheim，一八五九～一九三六）的女孩治療歇斯底里症。在病例紀錄中，他將她寫成了安娜O（Anna O）。她有多種嚴重的症狀，包括妄想、語言障礙、妊娠幻象、間歇性的癱瘓和視覺問題。在她發病過程中，經歷了兩個不同階段的意識活動，同時還經歷了持續幾個回合的夢遊症發作。布羅伊爾發現在後一個階段中，經過鼓勵，在她講述自己所編故事的同時，症狀會出現加劇。然而，她的病情在她父親死後惡化了——出現了更爲嚴重的妄想和焦慮。然而，布羅伊爾再次發現，如果允許她在自動催眠過程中談論她的症狀的話，那麼，這些症狀就會消失。這個過程，安娜稱其爲「談話療法」或「清掃煙囪」。布羅伊爾的下一步發現比較偶然：安娜開始談論一個特殊症狀（難以下嚥）的發作，過後症狀就消失了。

在此基礎上，布羅伊爾逐漸（在一些確定的時間之後）發現，如果他能勸說他的病人回憶起每個過去發生的顚倒了時間順序的特殊症狀，直到他們回憶起第一個的話，那麼大部分症狀會以同樣的方式消失。直到一八八二年六月，帕本海姆小姐才結束治療，她的所有症狀都被治癒了。【28】

安娜O病例給佛洛伊德留下了深刻的印象（他此前顯然未對喬治．比爾德關於神經衰弱症的觀點留下什麼印象）。一段時間內，佛洛伊德對歇斯底里症患者嘗試過使用電療法、推拿按摩、水療法和催眠術，但是，佛洛伊德放棄了這種方法，代之以「自由聯想法」——借助於這種技術，他讓患者談論所想到的任何東西。正是這種技術使他發現，只要提供適當的環境，許多人都能回憶起早年生活中發生的事情，而這些事情在正常情況下早已被忘記。佛洛伊德得出這樣的結論，儘管人們忘記了那些事情，但是，這些發生過的事情仍然能夠影響人的行爲方式，由此，佛洛伊德創造了無意識的概念以及隨後的壓抑這一概念。佛洛伊德還發現，這些被揭示出來且回憶起來非常困難的早期記憶，在自由聯想狀態下，本質上是關於性的。他進一步發現，許多被回憶起來的事情，事實上並沒有發生，由此他改進了伊底帕斯情結這個概念。換句話說，病人錯誤地報告給佛洛伊德的性傷害和失常現象是一種暗號，暗號表明這些不是已經發生的事情，而是病人祕密希望發生的事，而且可以斷定人類嬰兒經歷了一個非常早的性覺醒時期。在這個階段中，他說，兒子被母親吸引，而將自己視爲父親的對手（伊底帕斯情結），與之相反，女兒被父親吸引，而將自己視爲母親的對手（戀父情結）。在這個意義上，佛洛伊德說，這種廣泛的動機將持續人的一生，並有助於形成人格。[29]

佛洛伊德的這些早期理論遭到了極大的懷疑和不斷的反對。維也納大學神經研究所將其拒之門外。正如佛洛伊德後來所說的，「我很快就成了孤家寡人」。[30]他所做的回應就是讓自己沉浸在研究中，分析自己，尤其是他父親在一八九六年的去世，更促使他這樣做。儘管他們的父子關係在很多年裡並不親密，但是，佛洛伊德非常驚訝地發現，他難以理解地被父親的死觸動了，許多埋藏心底的往事自動呈現出來，他的夢也改變了，他意識到在這些記憶中，有一種至今被壓抑著的直接針對他父親的敵對無意識。這使他將夢視爲「到達無意識的康莊大道」。[31]佛洛伊德在《夢的解析》一書中的中心思想是：在睡眠過程中，自我就像是「一個在哨所醒著的哨兵」。[32]藉由一般的警示來壓抑本我的出現往往是低效的，本我會透過僞裝的夢展現自我。

《夢的解析》的早期銷售情況顯示了它的反響極低。初版的六百部中，只有兩百二十八部在頭兩年被售出，初版後的前六年裡，好像只賣出了三百五十一本。[33]對佛洛伊德來說，更大的阻礙在於維也納的醫學同行對此書視若無睹。[34]柏林的情形和在維也納非常相似。當時，佛洛伊德允諾在柏林大學做一次關於夢的講座，結果只有三個人前去聽講。一九〇一年，在他做哲學社會學演講前不久，有人遞給他一張紙條，上面請求他「快要講到令人不快的事情時，做一個暗示，以便在此期間，女士們能夠離開會堂」。幸運的是，這種孤立不會永遠持續下去，儘管存在重大爭議，許多人仍開始及時將無意識視爲二十世紀最具影響的思想，雖然此做法存在巨大爭議。

佛洛伊德思想的大修正／被看做吹牛者和騙子的佛洛伊德

講了太多的正統觀點，現在我們談談修正後的觀點。有四項對佛洛伊德學說的指控，依照重要程度的高低，分別是：第一項指控是佛洛伊德沒有發明「自由聯想」術。這種技術是法蘭西斯．高爾頓在一八七九年或一八八〇年發明的，他發表在《大腦》雜誌上，將該項技術描述成探索大腦「模糊深層」的工具。[35]第二項指控是認爲佛洛伊德的書及其學說在讀者接受過程中所遭受的冷遇是不眞實的——最近的學術研究已經揭示了這種不眞實。諾曼．基爾（Norman Kiell）在《缺乏事後認識的佛洛伊德》（*Freud Without Hindsight,*

1988）文中指出，在《夢的解析》出版後的一八九九年到一九一三年間，有百分之四十四（這是一個令人尊敬的數字）的讀者對其做了評論，這其中，只有百分之八的讀者給予反面評價。漢娜．戴克（Hannah Decker）是一位佛洛伊德主義者，她在《佛洛伊德在德國：科學上的革命和反響，一八九三～一九〇七》（*Freud in Germany: Revolution and Reaction in Science, 1893-1907*, 1977）一書中說：「在所有對佛洛伊德學說的評價中，絕大多數是充滿熱情的。」[36] 儘管《夢的解析》可能賣得不好，但其普及本卻非常暢銷。本章前面提到的無意識的發展史以及諸如超我、嬰兒性欲、壓抑等，這些概念的演變表明，佛洛伊德所說的每樣東西並不都是新的。然而，爲什麼人們會產生這樣的期望呢？正如羅伯特．錢伯斯在將進化思想介紹給更爲廣泛的讀者群時所做的，佛洛伊德發表他的觀點時從來就不存在任何問題，他從未匿名發表過他的觀點。

第三項指控是佛洛伊德對布羅伊爾最著名的病人的描述——安娜O，或者叫貝沙．帕本海姆（Bertha Pappenheim），治療過程存在嚴重的漏洞，它很可能是經過精心準備的欺騙行爲。亨利．艾倫伯格探訪了帕本海姆就診的診所，他發現了布羅伊爾的紀錄。由於這份紀錄的內容與後來發表的論文一致，我們由此可以斷定，這些確實是原始紀錄。至此，包括艾倫伯格以及其他人的發現在內，沒有證據顯示帕本海姆曾經有妊娠症狀。現在這被認爲是佛洛伊德編造的謊言。與之相反，正如布羅伊爾所詳細記載的，安娜O的病例缺乏明顯的性病病因依據，這完全和佛洛伊德所堅持的「性欲是所有歇斯底里症的根本原因」這一觀點相悖。阿爾布雷希特．希爾施繆勒（Albrecht Hirschmüller）在約瑟夫．布羅伊爾的傳記中（1989），至今仍然在說：「佛洛伊德－瓊斯關於安娜O最終治癒的說法應當視爲是一種虛構。」[37] 該書指出，帕本海姆的許多症狀可以全部或部分地自動消除。她沒有得到情感發洩——事實上，病例紀錄中止於一八八二年——在由布羅伊爾進行治療期間，她在接下來幾年裡住院治療不下於四次，每次都被診斷爲「歇斯底里症」。換言之，佛洛伊德宣稱布羅伊爾使安娜O恢復了健康是錯誤的，此外，同樣重要的是，佛洛伊德肯定知道是錯誤的，因爲他的一封信裡清楚地表明，布羅伊爾知道安娜O在一八八三年依然處於病中，同時也因爲安娜O是佛洛伊德未婚妻瑪莎．波楠的朋友。[38]

安娜O病例的意義在於，或者說，佛洛伊德報導這個病例的方式至少有三重意義。它表明佛洛伊德誇大了談話療法的效果；它表明佛洛伊德推介的所謂性要素在這個病例中不存在；它還表明佛洛伊德對臨床細節的表述存在武斷之處。我們看到這些趨勢以一種重要的方式在佛洛伊德餘下的職業生涯中反覆出現。

第四項對佛洛伊德的指控是迄今爲止除了安娜O病例外，最爲嚴重的一個。這個指控就是，在臨床病例和觀察基礎的整個精神分析學上，用詞委婉地說，佛洛伊德的學說是令人懷疑而且有缺陷的，直接地說，它是帶有欺騙性的。或許精神分析學唯一至關重要的思想是佛洛伊德的一個結論——嬰兒期的性欲，希望在成年期持續下去。但是這種想法是觀察不到的，它因此可能導致精神機能障礙。在每例歇斯底里症的背後，他在一八九六年的報告中寫道：「有一件或更多童年初期發生的事情，儘管封存了幾十年，經過精神分析，它們仍然能被重現出來。」關於這點，令人感到奇怪的是，在一八九六年，儘管此前他從未報告過一起單獨的幼兒性虐待病例，但是在四個月內，他宣稱他追溯到了十三位歇斯底里症患者關於受虐待方面的無意識記憶。與此類似，佛洛伊德認爲，與某個特殊症狀密切相關的這些事件或情形，可以藉由他的精神分析技術得到揭示。發洩這些事件——在與之相關的情感反應中交談並重新體驗——將使情感得到宣洩，從而使病症消除。他確信，用他的話說，「這是個重要發現，發現了神經病理學領域內的尼羅河的源頭……」[39]然後他接著說（這帶來了一個偉大的修正）：「病人從未自發重複這些事件，在治療過程的瞬間，他們也從未做過醫生們所獲得的某種場景下的完整記憶。」對於佛洛伊德來說，正如他所介紹的發現，這些記憶屬於無意識，病人覺察不到，事件的蹤跡從不會出現在有意識的記憶中，只會出現在病症中。去他那兒治療的病人對這些場景毫無印象，他承認，當他們被告知時，通常表現得忿忿不平，只有最重要的強制性治療才能引導他們重新將經歷過的事情回憶出來。早期環境中的虐待，正如艾倫·埃斯特森及其他人所揭示的，佛洛伊德早期的治療技術不是靜靜地坐在長沙發椅上進行的情感分析，聽病人講述，與之相反，佛洛伊德會觸摸病人的前額（這是他的壓力技術）——他堅信某些東西將進入他們腦中——一種想法、圖象或記憶。他們被要求描述這些圖象或記憶，直到耗費長時間的精力之後，他們將碰到那些導致歇斯底里症（猜測的）的事件。換言之，批評者們說佛洛伊德對各種症狀的深層原因有著非常堅信不移的思想，而不是被動傾聽，以及從臨床病症中獲得的觀察，他把他的觀點強加到他的病人身上。

他所做的最爲著名的觀察採用了一種非比尋常的方法。他的病人在幼兒期曾被引誘或者被性虐待，這些經歷潛藏在神經病症狀的根源。犯罪者被分成三類：成人陌生者，負責照看孩子的成人如女僕、家庭女教師或家庭教師，還有無可指責的小孩……，「大多數是哥哥長年和比他們小一點的妹妹有著持續的性關係。」[40]早期性經歷被認為最有可能發生在三歲至五歲期間。對於這一點，批評者的主要觀點是，佛洛伊德所宣稱的所謂臨床觀察結果，並不是真的。批評者堅持認為它們被一些值得懷疑的重構取代了，這些重構建立在對症狀的象徵性闡釋上。有必要重複指出的是，仔細研讀佛洛伊德的各種報告顯示：病人從來不是自願地講述被性虐待的往事。與之相反，他們強烈地拒絕講述。可以肯定地說，是佛洛伊德鼓勵、說服，經由知覺或推斷暗示了這些過程。實際上，他在許多場合已經承認是猜測了那些隱藏的問題。

然而，還有另外一些有意義的事件。在十八個月中，佛洛伊德曾向他的同事威廉・佛萊斯透露（只透露給佛萊斯），他從沒相信過神經病起源的理論，他認為那未必就是對孩子的普遍誤解，無論如何，在這些思想基礎上，他失敗地進行了分析，並未得出成功的結論。「當然，我不會在達恩講它，也不會在亞實基倫（Askelon）說，在非利士人的地盤上說，但在你我眼中……」換言之，他沒有準備好從事這些令人尊敬的科學事業，並且當眾承認他正失去對早年發現的自信。現在他開始相信這些結果可能是無意識幻想而不是記憶。然而，甚至從那時以後，這種新的轉變也花了很長時間才成功，因為佛洛伊德開始認為，幼兒幻想的發生是為了掩飾童年早期自發的色情活動。在一九〇四年以及一九一四年，他都提到，青春期前後，一些病人回憶起幼兒時期受引誘的無意識記憶來抵禦幼兒手淫的無意識記憶。一九〇六年，幻想的罪人是成人和大齡小孩，但在一九一四年，他並沒有明確地講他們是什麼人。然而在那份報告中，最後他收回了他的引誘理論。雖然如此，在一九二五年，這些處於爭議中的事件發生三十年之後，他首次當眾說明，他的女性病人指控她們的父親曾引誘過她們。對於他的這種變卦的程度我們不能言過其實，毫無疑問，他激進地改變了引誘的劇本——從現實到幻想，他進一步將引誘者的角色由陌生人／家庭教師／哥哥弟弟，改成了父親。呈現在布告牌上的重要一點是，這種轉變不是因為出現了新的臨床病例，佛洛伊德簡單描述了一個異樣圖景，使用的是同樣的要素，不同的是，他離開那件事件已經有四分之一個世紀了。第二，同樣重要的是，從十九世紀八〇年代晚期到一九二五年期間較長的時間裡，他治療了很多女性病人，佛洛伊德從未報告過她們當中的任何一人早年曾受她們的父親或其他人的引誘。換言之，可以看出，一旦佛洛伊德停止尋找，這些症狀就不會自我顯露出來。批評者們認為，這當然是進一步的證據證明，引誘論和誇大的俄狄浦斯和厄勒克特情結也許是佛洛伊德學說中最具影響力的部分，而且是二十世紀最重要的思想之一，尤其在醫學和藝術領域，我們不用普通語言來表達，而用最不尋常的、牽強的——非常坦率地說未必可信——系譜學。理論起源上的不一致是非常明顯的。佛洛伊德並沒有在他的病人身上發現早期的性覺醒：他推斷或覺察到或猜測到它在那兒。他沒有仔細從被動的臨床病例觀察中發現伊底帕斯情結：他將原有的猜測強加到病狀上，在先前的強行進入之後，他甚至不能說服自己。此外，這是一個不能被任何獨立、持懷疑態度的科學家複製的過程，這也許是所有證據中最受詛咒的，是對佛洛伊德聲稱自己是一個科學家的蓋棺定論。如果一種科學的實驗過程或臨床例證不能被其他科學家用同樣的方法重複進行，這算什麼樣的科學呢？英國精神病學家、廣播員安東尼・科賴爾（Anthony Clare）將佛洛伊德描述成一個「殘忍的、拐彎抹角的騙子」，並且斷言精神分析學的許多理論基石都是僞造的。[41]我們很難不認同他的觀點。以佛洛伊德的壓力技術爲例，他的所謂勸說和猜測很不可信，我們有權利懷疑無意識是否存在。本質上而言，他只是把所有東西融合在一起而已。

無意識這個概念以及它的所有內涵，可以看做是一個處於絕對優勢之巔的德國人，或者按照德國人的說法，是德國傳統中的一種醫學形而上學思想。從系譜角度來認識被證明是極其重要的，佛洛伊德一直認爲自己是一位科學家、生物學家，是哥白尼和達爾文傳統的仰慕者。然而沒有什麼東西可以比眞理更久遠，是該將精神分析學當做一種死的思想埋葬的時候了，同時還要帶上燃素、煉丹術、煉獄和其他錯誤的觀念。騙子們將會發現，適合他們大顯身手的時代已經結束了。現在我們很清楚地知道，精神分析不是一種治療方法，佛洛伊德許多後來的書如《圖騰與禁忌》（*Totem and Taboo*），以及他對李奧納多・達文西畫中性形象的分析，都是自找麻煩的天眞，他使用了過時且非常明顯的錯誤例證。整個的佛洛伊德學說都是草率和任意的。

以上幾段所講的實際上是最近的修正，在十九世紀末和二十世紀早期，當佛洛伊德還活著的時候，無意識被認爲是眞實的，是一種確定不移的眞實，它在本書最後且最爲偉大的思想之基礎結構中扮演著重要角色，它是一種轉變，將對思想史產生深刻的影響，尤其是對於藝術。這就是我們所知道的現代主義思想。

梵谷、莫內和奧斯曼的巴黎／藝術作品裡的新大都會和現代主義

一八八六年，畫家文森・梵谷（Vincent von Gogh）畫了一幅小畫，名爲《巴黎之郊》。作品展現了一副荒蕪的景象，畫面上，一條低矮的地平線橫亙在一片灰色的恐怖天空下。泥濘的道路向左右延伸——畫面中沒有方向。在畫

面的一端，可以找到一排破柵欄，前景中是一個身分不明的騎兵，更遠處是一位母親和幾個孩子，畫面中央是一盞孤獨的煤氣燈。順著地平線方向有一架風車和一排蹲著的、團狀的帶著一排相同窗戶的建築——工廠和倉庫。畫面顏色呈土褐色。這是維克多·雨果和埃米爾·左拉才可能描繪的景象。[42]

這幅畫的年代很重要，它展現了法國首都郊區底層人民的生活狀態。文森·梵谷之所以以這樣單調的方式構思畫面，是因爲這是巴黎人稱之爲「奧斯曼式的改造結果」。[43]世界——尤其是法國——自從一七八九年以來發生了翻天覆地的變化，爆發了工業革命，但是巴黎比其他地方的變化都大。奧斯曼式的改造指的就是這種轉變的殘酷。在拿破崙三世的命令下，巴倫·奧斯曼（Haussmann）以一種無論在法國或其他地方都史無前例的方式對巴黎進行了超過十七年的改造。截至一八七○年，五分之一的街道都是他的傑作，三萬五千人被轉移，花費了二十五億法郎，建造過程中僱用了全國建築行業內五分之一的工人（參見十九世紀的統計數字）。從那以後，林蔭大道成爲巴黎的主要標誌。[44]

文森·梵谷一八八六年的畫記錄了這個世界陰沉的邊緣，但是，其他畫家——莫內（Manet）以及在他引領下的印象派畫家——則更傾向於慶祝新的開放空間和寬闊街道的誕生，新巴黎變得忙碌不堪，城市的燈光是許多畫作所構想的城市象徵，如古斯塔夫·凱利伯特（Gustave Caillebotte）的《巴黎的街道，雨天》（*Rue de Paris, temps de pluie*, 1877），或者他的《歐洲大橋》（*Le Pont de l'Europe*, 1876），莫內的《通往卡普辛斯的林蔭大道》（*Le Boulevard des Capucines*, 1873）、雷諾瓦（Renoir）的《巴黎大道》（*Les Grands Boulevards*, 1875）、德加（Degas）的《巴黎協和廣場》（*Place de la Concorde, Paris*，大約1873）或畢卡索（Pissarro）的任何一部作品，都展現了巴黎的春天或秋天，以及巴黎陽光下、雨中和雪中的大街。

在十九世紀的城市中，現代主義誕生了。後來，人們發明了內燃機和蒸汽汽輪機，電終於被人們控制，電話、打字機和錄音機也紛紛出現。印刷機和電影被發明出來。第一個貿易聯盟形成，工人活動變得有組織。截至一九○○年，世界上出現了十一個大都市——包括倫敦、巴黎、柏林和紐約等——這些城市都有超過一百萬的居民，人口密度空前。城市擴張的同時，大學也日漸增多，早先的章節中我們提到過大學的情況，大學造成了哈羅德·珀金斯所說的專業社會的出現，那個時期——粗略地講，從一八八○年開始——諸如醫生、律師、學院和大學的教師、地方政府官員、建築學家以及科學家開始在民主政治中占據主導地位，他們視專業技能爲獲得晉升的條件。珀金斯指出，在英國，這種專業人士的數量至少增加了一倍，一八八〇年到一九一一年期間，數量更是增加了四倍之多。查理．波特萊爾（Charles Baudelaire）和古斯塔夫．福樓拜最早指出，莫內及其帶領的「一夥人」（做爲一種批評術語）試圖在繪畫中捕捉這些東西：轉瞬即逝的城市體驗——短暫、強烈、偶然和專橫。印象派畫家捕捉住了燈光的變化，同時還包括一些獨特的奇觀——新機器如鐵路，以及令人恐懼和討厭的東西——巨大幽暗的火車站，它提供承諾的運輸服務，但是卻噴出令人窒息的煤煙。漂亮的城市景觀被醜陋但又必不可少的橋梁破壞無遺。歌舞助興的明星們在燈光的掩映下矯揉造作，透過牆上一面巨大的閃閃發光的鏡子，可以看到前前後後都是酒吧服務女郎。這些就是新奇的形象特徵，但對現代主義來說，意味著更多的內涵，它的興趣在於既慶賀又譴責現代化，並且在各界中——科學界、實證哲學、理性主義——用他們巨大的財富造就了這些大城市，同時也造成了新的貧窮、孤獨和墮落。【45】現代化的城市令人迷惑，充斥著來來往往的人群，以及大量的偶然和意外。科學已經剝奪了這個世界的意義（宗教、精神層面）。在這樣一個尷尬處境下，這就成了藝術的工作，描述這些發生的事情，接近它並批評它，如果還有可能的話來補救它。透過這種方式，有一種觀點形成了——不管現代化代表了什麼，它在帶來益處的同時，也帶來了不利之處。令人驚訝的是，在這樣迷茫和矛盾的環境下，產生了如此多的智慧之花。【46】與浪漫主義時代和文藝復興時代相比，現代主義的特徵主要依賴於其完全的創造性。所謂的「新的時代傳統」產生了。中產階級文化達到頂峰，在這個熱鬧的世界上孕育出了先鋒這樣的概念，一種奉爲神聖的浪漫主義思想認爲，藝術家勝過一切——通常以死相抗——中產階級是嘗試和想像的先導，但他們的角色是，發明的同時也進行著嚴重的破壞。

如果有什麼能使現代主義者團結起來的話——理性主義和現實主義是一方面，理性主義的批評者、無意識的信奉者以及文化悲觀主義者是另一方面——這就是他們之間激烈的交戰。現代主義超越任何東西之上，它是藝術發展的高潮——繪畫、文學、音樂——因爲城市是個強化劑：依據它們的本性，它們讓人們活動起來，並相互爭鬥——更好地交流和相識。【47】結果交換變得更加便捷，同時也不可避免地更加殘酷。我們現在認爲它理所當然，但同時壓力增大了，人們發現那也可以轉化爲一種創造力。如果說現代主義經常反科學的話，這是因爲其中的悲觀主義是科學刺激所致。達爾文、麥克斯韋和湯森的發現令人驚慌失措，至少看起來改變了世界的倫理、方向和平衡，破壞了這些非常現實的觀念。

霍夫曼斯塔爾

在許多於迷茫的世界中努力尋找自己的生活方式的作家中，雨果·霍夫曼斯塔爾（Hugo von Hofmannsthal，一八七四～一九二九）被認爲是一個理性起點，因爲他條理分明地澄清了部分混亂。霍夫曼斯塔爾出生在一個貴族家庭，帶著父親的祝福和鼓勵（甚至是期望），他成爲一名美學家。儘管如此，霍夫曼斯塔爾仍視古老的維也納美學文化是科學的侵略物。他在一九〇五年寫道，我們時代的本質「是多樣性和不確定性，它僅僅可以建立在游移感（das Gleitende）之上」。他還說：「與此同時代的人們所堅信的實際上也是游移感。」[48]在麥克斯韋和普朗克的發現之後，是否有一個方法能夠將牛頓所構建的世界描述得更好呢？（這些在本書結語中會探討）「每個事物都可分成許多部分，」霍夫曼斯塔爾寫道，「部分還可以分成更多的部分，沒有什麼東西可以被概念所窮盡。」[49]奧匈帝國的政治環境妨礙了霍夫曼斯塔爾，尤其是反猶主義。對他而言，反理性主義力量甚囂塵上的原因是科學引發的對現實理解的改變，新思想產生了如此大的阻礙，以至於引發了大規模保守的反理性主義。

除了霍夫曼斯塔爾之外，易卜生、斯特林堡和尼采也代表了歐洲思想最終的反向運動，在力量中心發生轉移後，隨之而來的是三十年戰爭。後三者的出名應歸因於丹麥批評家喬治·布蘭德斯（Georg Brandes）於一八八三年出版的題爲《推動現代化進程的人》（*Men of the Modern Breakthrough*）一書。[50]他強調，具有現代思想的人包括福樓拜、約翰·斯圖亞特·彌爾、左拉、托爾斯泰、布雷特·哈特（Bret Harte）和瓦特·惠特曼（Walt Whitman），但是，最重要的是易卜生、斯特林堡和尼采，布蘭德斯將現代文學創作定義爲自然主義和浪漫主義的綜合——外部和內部——列舉此三人爲最高代表。

易卜生

易卜生現象先是風靡柏林，然後蔓延至整個歐洲，這個現象的發生是從《群鬼》（*Ghosts*）開始的，該劇遭當局禁演（一個徹底的現代主義者／先鋒事件）。於是被迫封閉演出，觀衆人數的爆滿超過了預期（然而書賣得很好，還進行了重印）。[51]爲此舉行了一場易卜生酒會，會上宣告了「新時代的開始」。隨之而來的是易卜生週。這期間見證了《海上來的女士》（*The Lady from the Sea*）、《野鴨》（*The Wild Duck*）和《玩偶之家》（*A Doll's House*）的同步上演。《群鬼》最後被允許公開演出，那一年後來的時間裡，

《群鬼》成爲轟動一時的事件，並對詹姆斯．喬伊絲（James Joyce）產生了重要影響，當然也包括其他人。佛蘭茲．瑟韋斯（Franz Servaes）就受到了影響，他說：「一些人好像從內心被震驚了，幾天都不能恢復平靜。易卜生熱持續了兩年。」[52] 據說，現代戲劇史上最重要的事件是易卜生在之後放棄韻文形式而寫作關於當下問題的散文劇。[53] 其他作家——亨利．詹姆斯（Henry James）、契訶夫（Chekhov）、蕭伯納（Shaw）、喬伊絲、里爾克（Rilke）、布萊希特（Brecht）和皮蘭德羅（Pirandello）——大多歸因於他的影響。他所開創的新領域包括當下政治、蓬勃發展的大衆傳媒、道德的文化、無意識的方法，所有這些，他都用他人無可比擬的精細和豐富的筆觸表現出來。我們要向易卜生致敬，要不是他的大量創作開創了現代戲劇，我們很難在這個時代看到所有無謂的紛擾，他的戲劇主題是如此的貼切，女性角色（《玩偶之家》）、代溝〔《社會棟梁》（*The Master Builder*）〕、個人自由與公共權威的衝突〔《羅斯馬莊》（*Rosmersholm*）〕、商業活動在提供工作機會的同時也帶來了汙染的威脅〔《全民公敵》（*An Enemy of the People*）[54]〕。但是，他的精美的語言和對劇中人物內心世界激烈衝突的刻劃吸引了很多人；批評家們宣稱他們可以透過戲劇的表面去發現「第二種無言的現實」。或者如里爾克所說的，易卜生的所有作品都包含著對有著顯著關聯的內在本質的深刻探索。[55] 易卜生是第一個著力於爲現代世界的「第二自我」尋找合適的戲劇結構的人，這些戲劇作品照亮了從維科以來每個人心中難以自拔的心靈困境。他展現出這種困境可能導致悲劇、喜劇或者僅僅是庸常的生活狀態。正如威爾第（當然也包括莎士比亞）認識到最深刻的悲劇往往關注非英雄人物〔喬伊絲在《尤利西斯》（*Ulysses*, 1922）中也有完美表現〕一樣，易卜生在劇中表現了平庸、荒誕、無意義——以及它們對人的威脅——是現代主義的穩定基石。達爾文做得最爲糟糕。

斯特林堡

易卜生戲劇的力量在於情感強烈，而斯特林堡則在於多才多藝。用一位評論者的話說，叫「馬背上的思想」，他是一個多面天才，對於一些人來說，他們將他視爲與李奧納多和哥德一樣的人。[56] 斯特林堡是一名小說家、畫家，但最重要的是，他是像易卜生那樣的劇作家，他生活在一個發生劇烈震動的現代世界。在他早期的書中，像《在海邊》（*By the Open Sea*），完成於一八九〇年六月，書的主題正如他所設定的，他孤立自身從而導致自我的毀滅。[57]書中主角伯格被迫生活於節奏飛快的蒸汽和電的時代，做爲一個現代人，他精神錯亂，充滿過度的神經質。斯特林堡說，這就是現代人的症狀，生活的壓力增強了，人們更加神經過敏。現代社會造成了新的生活方式的產生，以及新人的產生。[58]後來，在他年屆四十、身體狀況極差的情況下所寫的劇作中（他稱之爲地獄危機），他對夢越來越感興趣〔《走向大馬士革》（*To Damascus*）就是一部關於夢的劇作〕。一位批評家稱其爲「確定性的內在眞實，非邏輯的內在邏輯形式，是對強制力的最高層認識（包括外在和內在兩方面），而這些完全不在意識控制之下」。他對新技術的發展階段有著極其濃厚的興趣，創造了所謂表現主義戲劇。[59]在《走向大馬士革》一劇中，甚至無法清楚地知道那些無名角色是否算得上角色，心理原形代表智力或情感狀態，包括未知的，像艾倫伯格所說的某種原始意象。正如斯特林堡所說的，人物性格分裂，或雙重或多重，易變、具體、分散和集中。但是一種獨立的意識占據主導地位，那就是做夢者。[60]（也就是霍夫曼斯塔爾所說的「游移感」。）這部劇作和《在海邊》有很大的不同，在這部劇作中，斯特林堡說，科學不能告訴我們任何關於信仰的東西，那種高度的理性在面對大多數時候是無能爲力的。「夢爲那些看似雜亂無章的現象提供了一種形式——混合的、變形的、消失的。」通常「我把自己想像成一個傳播媒介：每樣東西都能輕鬆來到，半無意識地，僅帶有一丁點計畫和深思熟慮……但它不是按順序來到，來不是爲了取悅我」。[61]里爾克所說的關於《杜伊諾哀歌》（*Duino Elegies*）的「到達」，以及畢卡索所說的在其藝術中戴著非洲面具的仲裁者角色，與此非常相似。[62]

事實上，斯特林堡代表了許多方面，而不僅僅是一個方面。他的表現主義（換言之，和傳統的格格不入），他病重後對科學的背棄，他以夢、無意識的方式表現出對非理性的迷戀，在前達爾文世界對信仰的堅守——這些都標誌著他是現代主義的典型代表，從各個方面關注許多力量對個體產生壓力。尤金．歐尼爾（Eugene O'Neill）說斯特林堡是「當今所有現代戲劇的先驅……」正如詹姆斯．佛萊徹（James Fletcher）和詹姆斯．麥克法蘭（James McFarlane）說過的，他是這個時代獨一無二的傳聲筒。[63]

杜斯妥耶夫斯基

斯特林堡和易卜生以及俄羅斯作家托爾斯泰、屠格涅夫、普希金、萊蒙托夫，尤其與杜思妥耶夫斯基一樣，都表現出對豐富的內心世界的關注。對布羅

（J. W. Burrow）所說的「難以捉摸的自我」進行最初思考的是俄羅斯人。也許是因爲俄羅斯與其他歐洲國家相比顯得異常落後，作家們感覺地位很低，並且更加的無所寄託。[64]屠格涅夫非常喜歡使用多餘人這個概念（《多餘人日記》，1950年），多餘是因爲主角被自己的良心折磨得非常痛苦，但最後所得甚少，多餘人在「語言和行動上放蕩不羈」。[65]羅亭（Rudin）是屠格涅夫一八五六年所寫小說的名字，杜思妥耶夫斯基《罪與罰》（1866年）中的拉斯克里尼科夫，《白痴》（1872年）中的梅什金，托爾斯泰《戰爭與和平》（1869年）中的皮埃爾和《安娜．卡列尼娜》（1877年）中的列文，這些人都希望藉由犯罪、浪漫愛情、宗教或革命活動來喚醒他們虛弱的良心。[66]但是，杜思妥耶夫斯基思考得更遠，在《地下室手記》（1864年）中，他探索生活——追尋它本來的模樣——一個小公務員獲得了一小筆遺產，退休之後過著隱士一樣的生活。故事是關於意識、人物性格和自我的眞正探討。儘管在某個階段，公務員被描寫成一個心懷惡意、具有報復心理和心懷不軌的人，在其他時候，他又具有相反的品德。人物身上人格的不一致是杜思妥耶夫斯基小說的主要特徵。這位小公務員以這樣的自白結束：「事實上，我從未在任何事情上取得成功。」他沒有人格，他只有一個面具，在面具後面，僅僅是其他面具。[67]

威廉．詹姆斯（William James）和奧利佛．溫德爾．霍爾姆斯（Oliver Wendell Holmes）的實用主義，相同之處是聰明。在一個趨於一致的整體中，沒有人格這類東西，也沒有連貫的保證。事實上，機會原則是任意引導，那麼行爲將會隨著某種標準分布。除了那些，我們還能從自身獲得一些教訓，但俄羅斯作家們傾向於說，我們對待這些機會通常是武斷的，只是爲了與某類人一致。[68]甚至普魯斯特（Proust）都受到了這種思想的影響，他在其巨著《追憶似水年華》中進行了探索，他所刻劃的人物，性格的變幻無常超越於時間之上。普魯斯特刻劃的人物不僅不能預測，而且他們被假定，他們的性格特點以一種令人緊張的方式處於前後不一致之中，而其他人則具有完全相反的性格。[69]

尼采

最後是尼采（一八四四～一九〇〇）。尼采一般被認爲是一名哲學家，儘管他自己宣稱心理學是科學的支柱。「迄今爲止，所有心理學都陷入道德偏見和恐懼當中，它不敢引向深入……心理學家因此做出了一種犧牲（探索這種深度）……將至少有權利要求將心理學當做科學的女王來認識。心理學爲其他科學的存在做好了準備。」[70] 沃爾特·考夫曼（Walter Kaufmann）稱尼采爲第一個偉大的深層心理學家，他所指的是尼采具有從人的自我評價中看出潛藏的動機、聽出沒有說出來的內容的能力。[71] 佛洛伊德也應該感謝尼采的幫助，但這個幫助遠不是直接展現出感覺和欲望。其實並不是我們口中所說的那樣，佛洛伊德發現了無意識，對尼采而言，他則發現了權力意志。在尼采看來，難以捉摸的意識和第二自我並不是隱藏得很深而無法充分認識，自我成就和自我實現的途徑是透過意志，這是一個自我克服和打破自我限制的過程。在尼采看來，一個人不可能透過觀察而發現內在自我，也不是藉由外在表現認識內心世界，我們必須承認諸如傲慢這樣的動機是完全自然的存在，不必爲此而感到羞愧。當一個人克服了自我限制後，就能發現自我。[72]

尼采認爲科學家崇拜客觀——正如浪漫主義者曾經說過的（儘管在尼采看來，浪漫主義者通常是僞君子）——人要過自己的生活，創造自己的價值——只要是透過行動來發現自我就可以。「自律和不斷地專注於自我嘗試與體驗激蕩的生活……是來自自我否定和壓抑的自我支撐……把意志轉向權力內部與自我相抗，像基督徒那樣去訓練，自我憎恨，內疚，怨恨健康、成就和優越……在一個以一時衝動爲特徵的世界中，僅有對道德意義的形而上學保證，職業思想提供了一條在社會環境中檢驗、鍛鍊、確定自我的明顯途徑，透過選擇、調整、有規律的活動和自我選擇接受它的義務。」[73]

先鋒派

現代主義所包含的一切，都可以看做和佛洛伊德的無意識一樣具有同等價值的藝術。它關注內在形式，試圖解決現代社會的無序狀態，將浪漫主義和自然主義相融合，宣揚科學、理性和民主，同時顯現出它們的缺點和不足。現代主義是一種試圖超越事物表層的藝術，它的非具象派藝術理論是一種高度的自我意識和直觀反應，現代主義作品有著鮮明的自我特徵，是另一種達到極致的個人主義。它的許多主義——印象主義、後印象主義、表現主義、野獸主義、立體主義、未來主義、象徵主義、意象派、新印象畫派、分隔主義、漩渦主義、達達主義、超現實主義——是一系列先鋒派理解未來意識的革命性實驗。[74] 現代主義也是一場慶典，歡慶舊文化的沒落和破滅，藝術和科學並肩攜手爲我們帶來理智與情感相連的新觀念，它的實驗形式——既荒謬又毫無意義——彌補了不確定的普遍偶然性。[75] 有人迫不及待地想要改變這種狀況，這其中，馬克思主義的信仰者認爲革命是不可避免的，懷疑論者從不停留於事物表面，正如人們擔心眞理本質的暫時性一樣，害怕被新科學拋棄，人們在新的大都市表現出來的本質特徵——比從前更加難以捉摸，按懷疑主義療法的教義，什麼事都做不成，不管是身體和社會的疾病，還是其他什麼，最終像在維也納那樣的大都市裡開花結果。與之相反的作品是奧斯卡．王爾德的《道林．格雷》（*The Picture of Dorian Gray*），這是一部表面上充滿幻想的藝術作品，而其內在結構上則關於靈魂，它揭示了主角性格中眞實的自我。

是什麼使得《夢的解析》及其理論變得如此重要而且及時呢？佛洛伊德（按生活於「前修正主義世界」的非專家人士的說法）將「可信的臨床證據」用到意識領域，而迄今爲止，對這個領域的研究仍處於混亂的困境狀態。【76】他的更爲全面的理論使自我的看似深奧的非理性獲得了某種一致性，而且，他以科學的名義爲其增添了榮譽。在一九〇〇年，這似乎是一種獲得進步的方式。

結語

電子、元素和難以捉摸的自我

凱文迪斯實驗和量子物理學的誕生

位於英國劍橋大學的凱文迪斯實驗室是世界上無可爭辯的最傑出的科學研究機構。自從十九世紀晚期建立以來，它已經取得數項有史以來最為重要和最具創新性的科學成果。這些成果包括一八九七年發現的電子、一九一九年發現輕元素的同位素以及原子的分裂（同樣在一九一九年），發現質子（一九二〇年）和中子（一九三二年）、解開DNA結構之謎（一九五三年），以及發現中子星（一九六七年）。從一九〇一年設立諾貝爾獎以來，共有超過二十位來自凱文迪斯和凱文迪斯培養出來的物理學家榮獲物理學獎或化學獎。[1]

凱文迪斯實驗室建立於一八七一年，三年後正式啓用。它位於自由巷（Free School Lane）的一座仿哥德式建築內，建築正面是六塊石山牆與一排擁擠的小房間連為一體，用史蒂芬．溫伯格（Steven Weinberg）的話說，「由一系列令人迷惑的樓梯與走廊網絡組成」。[2] 在十九世紀後期，很少人眞正知道物理學家到底在做什麼。物理學這個概念本身也是相對較新的。那時還沒有由公共基金設立的物理實驗室——眞實的情形是，根本就沒聽說有物理實驗室的思想。此外，按照現在的標準，那時的物理學尙處於原始狀態。物理學原理的教學在劍橋大學是做為數學榮譽學位考試的一部分而進行的，其目的是為年輕人在不列顛和大英帝國取得高職位提供必要知識。在這種體系下，物理學根本沒有發展的條件；物理學事實上成了數學的一支，任務是教育學生如何解決問題，為他們成為牧師、律師、學校教師和國家公務員提供某些知識（不是成為物理學家）。[3] 然而，在十九世紀七〇年代，德國、法國、美國和英國的經濟競爭日益激烈——主要是由於德國統一，以及美國在內戰結束後的發展——大學紛紛擴張，柏林建立了新的物理實驗室，劍橋大學也進行了重組。威廉．凱文迪斯（William Cavendish）是德文郡的七位公爵之一，他是地主，也是工業家，而他的祖先亨利．凱文迪斯（Henry Cavendish）是早期重力學的權威，因此威廉．凱文迪斯同意為承諾重視實驗物理學發展的大學資助建立一所實驗室。實驗室啓用時，公爵收到了一封信（用優美的拉丁文寫就），告訴他為表示敬意，實驗室以他的名字命名。[4]

新的實驗室在經歷了小小的失誤之後，就開始獲得成功。嘗試過——失敗了——先是引進威廉．湯森（William Thomson），然後是來自格拉斯哥的羅德．凱爾文（Lord Kelvin，他開創了絕對零度的思想，對熱力學原理貢獻良多），其次是來自德國的赫曼．馮．赫爾姆霍茲（Hermann von Helmholtz，他有許多發現和值得讚譽的洞察力，包括早期的量子概念），最後，劍橋為克拉克．麥克斯韋（Clerk Maxwell）提供了一份導師職位，他是劍橋畢業的蘇格蘭人，這比較令人感到意外，因為麥克斯韋的貢獻使得他一向被認為是「牛頓和愛因斯坦之間最偉大的物理學家」[5]（牛頓之後，愛因斯坦之前）。麥克斯韋最重要的貢獻是完成了一個數學方程式，該方程式成為理解電和磁的基礎，不但解釋了光的本質，而且引導德國物理學家海因里希．赫茲（Heinrich Hertz）於一八八七年在卡爾斯魯厄發現了電磁波，現在我們稱其為無線電。

麥克斯韋在凱文迪斯制定了一項研究計畫，旨在建立測量電的精確標準，尤其是聯合電阻，即歐姆。由於在十九世紀五〇年代和六〇年代電報的大規模應用，這項研究計畫便具有了國際重要性，麥克斯韋的這種開創性不僅在英國居於領先地位，而且同時確立了凱文迪斯在處理實際問題和設計新型儀器方面的卓越地位。後來，正是因為這個，幾乎在所有方面，都使實驗室在一八九七年到一九三三年間物理學的黃金時代扮演了一個極其重要的角色。凱文迪斯的科學家被譽為擁有「指尖上的大腦」。[6]

實驗的重要性／做為宗教對手的實驗

麥克斯韋死於一八七九年，他的職位被瑞利男爵（Lord Rayleigh）成功接替，他在麥克斯韋打下的基礎上工作，但五年後就隱居到位於埃塞克斯的莊園，然後導師職位有點意外地傳給了年僅二十八歲的約翰．湯森，儘管他很年輕，但已是劍橋享有盛譽的數學物理學家；大家都知道，可以說是湯森推動了第二次科學革命，創造了我們現在的世界。第一次科學革命——粗略地說，是以從一五四三年哥白尼的天文學到牛頓的萬有引力為中心，以及出版於一六八七年的《數學原理》。第二次科學革命將圍繞物理學、生物學和心理學領域的新發現展開。

但是物理學成了開路先鋒，它曾經在一段時間內是科學革命的中心，主要歸因於對原子理解的分歧。做為一種思想，原子——一種基本的、不可見的且不可分割的物質——就我們所知，它的思想可以追溯到古希臘。它建立在十七世紀基礎之上，當時構想原子特別像一只小小的撞擊球，「堅硬而且不可測知」。在十九世紀最初幾十年裡，化學家如約翰．道爾頓（John Dalton）被迫接受了原子理論，將原子視為最小的組成元素，為了解化學反應過程——例如，兩種無顏色的液體，當它們混合之後，立即形成一種白色固體或沉澱物。類似的這些化學物質的變化規律與它們的原子品質相關，這啓示了俄國化學家門得列夫（Mendeleyev），他的莊園離莫斯科兩百英里，在特維爾（Tver），他在莊園裡用六十三張卡片進行了「化學紙牌遊戲」，繪製出了元素週期表。這張表被稱爲「組成宇宙的字母語言」，它啓發了人們，在其他事物中還有一些元素有待發現。門得列夫的元素週期表和粒子物理學的發現不謀而合，它以一種合理的方式將物理學和化學連繫在一起，向各門科學的綜合邁出了第一步，這種綜合也正是二十世紀的特徵之一。

麥克斯韋接管凱文迪斯後，進一步發展了牛頓的原子觀。一八七三年，麥克斯韋將牛頓機械世界觀中的微小撞擊球思想引入電磁學領域，麥克斯韋認爲，這個領域中「瀰漫著虛空」——電和磁的能量以光速通過它而傳播。[7]儘管取得了這些進展，麥克斯韋仍然認爲原子是固體，質地堅硬，並且在本質上是機械的。

問題是，如果存在這樣的原子，由於它們太小，以當時可用的技術尚無法進行觀察。這種情形隨著德國物理學家普朗克的研究而開始改變；做爲攻讀博士學位所進行的研究的一部分，普朗克研究了熱導體和第二熱力學原理。這個原理最初由魯道夫．克勞修斯（Rudolf Clausius）確立，他是一位出生在波蘭的德國物理學家，儘管羅德．凱爾文也提供了這方面的一些觀點。克勞修斯第一次推出他的原理是在一八五〇年，這個原理保證任何人都能觀察，當活動發生時，能量就能做爲熱量散發出去，此外，熱量不能被組合成有用形式。這種常識性的觀察產生了重要的影響，一是熱量產生後——能量——再也不能聚集起來，也不再有其他用途和被重組，宇宙將逐漸淪爲無序狀態（毀壞的房子再也不可能完全恢復原狀，打破的瓶子再也不可能按原來的樣子黏合起來）。克勞修斯的話不可動動搖，不斷增大的動亂就是熵，他得出結論，宇宙將逐漸死亡，在博士論文中，普朗克抓住了這一原理的要點。第二原理顯示，時間是宇宙和物理學的基礎，這本書以深時間的發現爲序言，普朗克帶給我們全新的宇宙觀。不管宇宙可能是什麼，時間對我們來說是宇宙的基本要素，它以某種方式通向我們尚不能理解的事物。時間意味著宇宙僅是一維的，因此牛頓學說中，機械的撞擊球圖象肯定是錯誤的，至少可以說是不全面的，因爲它允許宇宙按任意方向運動（後退或前進）。[8]

但是如果原子不是撞擊球，它們會是什麼呢？

新的物理學觀點會在某個階段形成，舊的問題和新的技術將同時湧現。舊的問題是——電到底是什麼？[9]當班傑明．富蘭克林將它比喻成「微妙的流體」時，他接近了眞理一步，但是很難再進一步，因爲電的主要表現形式——閃電——不能精確地引入實驗室。後來取得了一項進展，科學家們觀察到電光的閃爍通常在部分眞空的氣壓計中出現。這帶來了一項新的發明，並由此誕生了最為重要的器具：每端都帶有電極的燈管。空氣被從這些管中抽出，在氣體進入之前，電流立即通過電極（有點像閃電），這時觀察發生了什麼，氣體如何受到影響？在這些實驗過程中，如果電流通過真空，就可以看到一種奇特的白熱光。白熱光的真實特性一開始無法理解，但因為射線從陽極射出，然後被陰極吸收，於是尤金．戈德施泰因（Eugen Goldstein）稱它們為Cathodenstrahlen，或者叫陰極射線。直到十九世紀八〇年代，使用陰極射線管進行的三項實驗最後使一切真相大白，並開啓了現代物理學輝煌的篇章。

排在第一位的實驗就是在一八九五年十一月，威廉．倫琴（Wilhelm Röntgen）在渥茲堡觀察到當陽極射線撞擊陰極射線管壁時，具有高強度穿透力的射線便散發出來，他稱之為X射線（對於一個數學家來說，這意味著不可知）。X射線使各種金屬發出螢光，最令人驚奇的是，他發現這種射線可以穿過他手上的軟組織，使裡面的骨頭顯露出來。倫琴觀察到的螢光引起了亨利．貝克勒爾（Henri Becquerel）的好奇，一年後，在一次著名的偶然實驗中，他試圖觀察自然的螢光是否也能產生同樣的效果，因此他將一些鈾鹽放到大量的感光板上，並把它們一起放到封閉的抽屜裡。四天後，他發現板上形成了圖象，並且發現在無線電出現過程中也會有螢光產生。[10]

但是在一八九七年，湯森的發現則更上一層樓，造就了凱文迪斯的第一次偉大成功，促成了現代物理學的第一次騰飛，這毫無疑問是現代世界中最令人激動也最重要的知識探險。在一系列實驗中，J．J．湯森將不同氣體注入玻璃管中，並讓電流通過其中，然後在它們周圍安上磁場或電場。在這種系統性的實驗操作條件下，湯森令人信服地演示出，微小的陽極射線原子瞬間從陽極噴射到陰極。湯森進一步發現，原子的噴射軌道會隨著電場強弱的變化而發生變化，磁場使它們形成一條曲線。[11]更為重要的是，他發現，粒子比氫原子輕，是由所知最小的物質單位組成的，同時還確切地發現，不管通過什麼樣的氣體，都會有同樣的粒子噴發。湯森清楚地揭示了某種原理——事實上這就是第一次實驗所確立的關於物質構成的粒子原理。

起初，湯森稱這些粒子為微粒，現在我們叫它電子。電子的發現以及湯森透過系統實驗驗證了它的存在可能性，直接引導恩斯特．盧瑟福（Ernest Rutherford）取得進一步的突破。十年之後，他發現，原子結構像一個微型太陽系，微小的電子像行星圍繞太陽一樣，圍繞巨大的原子核運行。經由這個發現，盧瑟福透通過實驗方式驗證了愛因斯坦的理論發現，愛因斯坦則用他的著名公式$E=mc^2$（一九〇五年）揭示了這項理論，物質和能量在本質上是一致的（質能可以相互轉換）。這些深刻的理論成果和實驗結果產生了一系列的影響

——包括核武器、冷戰的政治格局——超出了本書論述的時間範圍，但是，湯森成就重要的另一個原因是，它與我們密切相關，在此必須提及。

他透過有系統的實驗取得了這樣的成就，我們認爲西方歷史上曾經有過三個最具影響的思想：靈魂說、歐洲思想，以及實驗。現在我們需要藉由論述來闡述這個觀點，最可信的做法是從後往前論述。

三大最重要思想：靈魂、歐洲和實驗

毋庸置疑，在當代以及在過去相當長的時間內，組成我們稱之爲西方的國家——即傳統意義上的西歐，包括北美，以及處於發展前沿的國家，如澳大利亞——在世界上已經取得了巨大的成功，社會繁榮不僅表現在物質條件方面（即公民享受優越的物質條件），而且在政治方面，公民具有很高的道德自由（這種情形現在正在改變，但就他們所達到的程度而言，以上那些都是實實在在的）。這些優勢是相互關聯相互影響的，就其中許多物質成果而言——如醫療改革、出版及其他媒體、交通技術、工業加工——在一般的民主化進程中都伴隨著社會和政治自由。這些是物質發展的成果。科學如果不是建立在觀察、實驗和推論基礎上的話，它就不可能獲得發展。實驗是所有思想中最爲重要的一個獨立因素，理性（而不是民主）形成了權威。正是這種實驗的權威性、科學方法的權威性，以及科學家個人的獨立身分，使他接近了他的神、他的主，透過無數的技術積累而形成科研成果，爲我們所享用。這些科學成果也構成了現代世界的基礎。科學知識的積累也使得知識的總量越來越大。由此，實驗成爲一個重要的科學思想。科學方法除了其他吸引人的方面之外，它也許是民主最爲純粹的形式。

但是，問題立即產生了：爲何實驗先發生，並且是在我們所說的西方蓬勃發展呢？這個問題的解決可以說明爲何產生歐洲思想，粗略地說，轉變的發生始於西元一〇五〇年到一二五〇年之間，這一點異常重要。轉變的具體內容在《歐洲的思想》中已經提及，但在這裡我們需要扼要重述一下這些要點。我們可以說，歐洲是幸運的，未曾遭受亞洲那樣的瘟疫的肆虐，它是第一塊布滿人類的大陸，由於資源有限，所以產生了效率這樣的思想，並成爲一種價值觀；效率思想的逐漸產生，在基督教的發展過程中，產生了同樣的文化，依次孕育了大學、獨立思考的思想，由此產生了非宗教思想以及實驗思想。思想上最爲深刻的時代，確切地說是在十七世紀中期。在一〇六五年或一〇六七年，巴格達發現尼札米亞神學院（Nizamiyah）。這是一所技術學院，它的建立結束了阿拉伯／伊斯蘭興盛了兩、三百年的偉大的智力開放狀態。僅僅二十年後的一〇八七年，依納留（Irnerius）開始在巴格達講授法律，此時，偉大的歐洲學術運動正在興起。一個文明衰落之後，另一個文明開始尋找到自己的發展軌跡。充滿魅力的歐洲正處於思想史上最偉大的轉捩點。

歷史上的偉大「轉向」

對於一些讀者來說，也許會感到奇怪，靈魂為何被視為歷史上居於第二位最有影響力的思想。確實，上帝的觀念更有力量、更普遍，在任何情況下難道不是嚴重的重複嗎？的確，上帝是歷史上非常具有力量的思想，在許多方面都發揮著影響力。然而，有兩個合理的理由可以說明靈魂曾經——並且將始終是——一個更具影響力和生命力的思想。

其一是所謂死後生活的發明（並非所有的宗教都包含此類思想），如果沒有它，任何像靈魂這樣的實體將沒有多少意義，它可以使有組織的宗教更容易控制人們的思想。在遠古後期和中世紀，靈魂的概念和死後生活、造物主，更重要的是和牧師相關，它使宗教權威獲得了特別的權力。靈魂思想無疑在許多世紀中豐富了人類思想的無限性，然而，思考和自由的權利也在那幾個世紀被剝奪了。靈魂觀還妨礙和阻止進步，使人們成為受教育階層的奴隸。特澤爾（Friar Tetzel）修士確信，人們可以藉由購買贖罪券而使靈魂免予在煉獄中受罪，當硬幣掉到盤裡時，購買者將升入天堂。這種我們可以稱為「靈魂贖罪術」的欺騙行為是導致改革的主要原因之一。約翰．喀爾文（John Calvin）在日內瓦使信仰徹底擺脫了牧師的控制，並加速了這種懷疑和無信仰。關於靈魂各式各樣的轉變〔來自於各式各樣的古代思想，亞里斯多德的古希臘時代、《蒂邁歐篇》（*Timaeus*）的三重靈魂，中世紀和文藝復興時期的「雙重人」（Homo duplex）概念、婦女的靈魂、鳥的形狀、馬維爾（Marvell）關於靈魂與肉體的對話、萊布尼茲的單子〕，現在也許會讓我們感到非常古怪，但卻是那個時代中非常重要的問題，並且是向現代觀念演變的必經階段。十七世紀的轉變——從這些古怪的念頭開始，到腹和腸，到將大腦視為自我本質的所在——霍布斯認為不存在所謂精神和靈魂，這是另一個重要階段，與宗教觀念相對，笛卡兒將靈魂視為一種哲學概念而加以重構。[12] 從靈魂世界（包括死後生活）轉移到實驗世界（我們這裡和現在），這種徹底的轉變首次發生是在歐洲，轉變表現了古代世界和現代世界的根本不同，它代表了歷史上知識權威最重要的轉變。

其二是對同一問題的解釋相當不同。至少在西方，爲何靈魂觀非常重要，而且毫無疑問比上帝觀更爲重要且更爲豐富呢？簡單地說，靈魂觀比上帝觀更爲長久。有人也許會說，既然它更進步，而且超出了上帝觀、宗教觀，人們爲何還需要信仰它？也許，特別是缺乏信仰的人，所以才關注內心世界。

我們可以看到靈魂永恆的力量，同時，當它在歷史上遭受各式各樣的批評時，我們也可以看出它的進化特質，透過不斷出現的特定形式來展現它的力量。在任何時候、任何形式之下，我們都可以將它的出現概括爲不斷的向內轉，努力透過自身尋找眞理，稱之爲我們的內在性情結。第一次向內轉發生在所謂的軸心時代，非常粗略地說，大約是從西元前七世紀到西元前四世紀。大約與此同時，在巴勒斯坦、印度、中國、希臘，而且非常有可能在波斯，都發生了向內轉。每個地區所建立的宗教都是鮮明而且高度儀式化的。尤其是各地都出現了僧侶，他們占據優越的地位，並成爲世襲階層。他們控制了通向上帝或其他諸神的權力，他們獲得的好處不僅表現在物質上，還表現在他們具有崇高的宗教地位。以上所有國家都出現了先知（在以色列）或智者（印度的佛和《奧義書》的作者，中國的孔子），他們公然抨擊僧侶階層，主張向內轉，聲稱通向眞正的神聖的途徑，是經由某種形式的自我否定和自我學習。柏拉圖的一個著名思想就是精神高於物質。【13】

這些人以自身爲榜樣，爲後來者引路。耶穌和聖奧古斯丁宣講了大量相同的教義，例如耶穌強調上帝的仁慈，認爲信仰者可以堅守自己內心的部分信念，而不是完全拘泥於外在的宗教儀式。聖奧古斯丁（三五四～四三〇）非常關注人的自由意志，他說，人有一種內在的能力可評價事情的道德順序，或者說人能進行自我判斷，從而決定選擇的優先權。根據奧古斯丁的說法，深入我們內心深處和選擇上帝，是爲了了解上帝，正如在二十世紀，羅馬天主教有另外一個偉大的向內轉。內心懺悔正越來越受關注，而這正是上帝所希望的。內心懺悔，而不是外在苦修，這就是第四次拉特蘭教堂公會確定的定期懺悔。十四世紀的黑死病產生了影響，大量的死亡使人悲觀絕望，促使他們傾向於一種更私人的信仰（由於瘟疫蔓延，相當多的私人小禮拜堂和慈善機構紛紛建立起來，神祕主義日漸興起）。文藝復興時期自傳的出現，被雅各．伯克哈特稱爲「大量的內在靈魂圖象」，這是另一個轉變。十五世紀末，在佛羅倫斯，基洛拉莫．薩凡納洛拉堅信，上帝派遣他去幫助改造義大利人的思想。人們在一片悲歎聲中尋求教堂的重建，魔鬼的可怕警告即將降臨，除非立刻進行完全的思想改造。當然，十六世紀的新教改革無疑是所有時代中最偉大的向內轉，爲了回應教皇的公告，信徒可以爲他們在地獄中遭受痛苦的親屬的靈魂購買贖罪券。馬丁·路德最終打破了這種無恥行徑，他向人們鼓吹，毋需透過牧師為仲介來接受上帝的恩寵。那些龐大而華麗的天主教堂和天主教理論，以及他們源於《聖經》的所謂介於人和上帝之間的仲介者身分，都是騙人的鬼話。路德現在的主張都可以從經文中獲得支持。他促成了一種眞正的內心懺悔，他說，在所有的懺悔中，只有內心懺悔才可以適當赦免罪過：個人的內心思想是最重要的。在十七世紀，笛卡兒進行了著名的向內轉，他聲稱，人所能確信的唯一的東西就是他的內心世界，尤其是懷疑精神。十八世紀晚期／十九世紀早期的浪漫主義運動也是一次向內轉，是對啓蒙主義的一次反動，十八世紀的觀點或思想認為，科學可以使世界獲得最終的理解。與此相反，浪漫主義者說，一個無可辯駁的事實是，緊隨著維科之後，盧梭（一七一二～一七七八）和康德聲稱，為了了解我們應當做什麼，我們必須聽取內心的聲音。[14] 浪漫主義者據此說，我們一生中有價值的東西首先是道德，它來自於人的內心。那個時期出現的小說和其他藝術樣式都反映了這種觀點。

浪漫主義者特別清晰地展示了靈魂觀的演變過程。正如布羅（J. W. Burrow）所觀察到的，浪漫主義的本質（也許有人會提及其他向內轉）是雙重人，或者說第二自我，這是一種不同的自我，通常情況下，人試圖發現或釋放更為高級的或更好的自我。用另外一種方式來表述：「我們生活在兩個不同的層面，不同的區域……，這些區域滲透得如此徹底，以至於其中一個既不從屬於對方，也不與對方相對抗。人的兩重性當然不是什麼新觀念，對立統一（coincidentia oppositorum）的思想對我們來說已經相當熟悉了……，但是，雙重涵義和言行不一的存在……從未像現在這樣被如此強調（如在浪漫主義時代）。」[15]

浪漫主義和所謂第二自我——正如我們所看到的——是其中一個因素，亨利·艾倫伯格在《發現無意識》中已經有了論述，他的大量工作是通向深層心理學的康莊大道，並在西格蒙·佛洛伊德、阿爾佛雷德·阿德勒（Alfred Adler）和卡爾·榮格（Carl Jung）那裡達到了頂點。無意識是最後一個偉大的向內轉，是一種嘗試，正如前面章節所探討的，它是對我們內心世界的科學考察。現在我們看到，佛洛伊德學說在廣泛領域內的失敗比它做為一種治療方法的失敗更為重要。

亞里斯多德的影響多於柏拉圖

浪漫主義、意志、教化（Bildung），韋伯對職業、民族主義分子、無意識的發現的看法，「內省」……內在生活的主題，第二的、內在的或者康德所說的更高的自我，即使不是更頑強，它也如在整個歷史進程中一樣，頑強地貫穿於十九世紀的思想中。德國人特別關注非理性，一些人發現它是形成二十世紀納粹恐怖統治的「深層背景」（創造出了超人——一種克服自己意志活動局限的人——做爲人類歷史的目標）。那不是一件微不足道的事情，然而，這不是我們要關注的焦點。取而代之的是，它有助於我們對思想史進行論斷，我們對此更感興趣。它的確是我們在前文中所討論的類型，再次證明了人們試圖探索自己的內心深處，尋找……上帝、滿足、宣洩、他的「眞實」動機、他的「眞實」自我。

阿爾佛雷德·諾斯·懷海特（Alfred North Whitehead）有一個著名評論，他說，西方思想史是由柏拉圖的一系列注腳構成的。在漫長路途的結尾，現在我們可以看到，不管懷海特用的是帶有修辭色彩的說法還是諷刺色彩的說法，他至少說對了一半。在思想領域，歷史由兩條主流構成（這裡我說的有點過於簡單化，但這是結語）。歷史走「到這裡」，人類以外的世界，即所謂的亞里斯多德的世界，我們已經對它進行了觀察、探索、旅行、發現、測量、實驗以及對環境進行了控制，總之就是我們現在稱之爲科學的物質的世界。然而，這段冒險的經歷從來都不是一帆風順，而且這種進步有時是逐個完成的，甚至遇到阻礙或連續幾個世紀受到阻礙，這種阻礙主要來自信奉正統基督教的人。這種冒險總的來說必須被視爲一種勝利。很少有人懷疑世界的物質進步，或者大量的物質進步，事實明顯在那兒，我們所有人都能見到。這種進步還在繼續，並且在二十世紀不斷加快步伐。

思想史的另一條主流是對人的內心世界的探索，靈魂（精神）和／或第二自我這樣的概念，我們可以稱爲柏拉圖主義——與亞里斯多德主義相對，關注的對象不同。這股思想流根據其自身可以劃分爲兩類。關於人們的道德生活、社會和政治活動，以及群體生活方式的發展，這些都必須被視爲有限制的勝利，或者至少看做有一種占統治地位的正面成果。歷史上的大轉變始於君主專制政體，不管是世俗的還是教皇的專制，經由封建制到民主制，從神權制到世俗社會，最終帶來更大的自由和更大規模的實現，到更多的人享有自由（一般而言，當然始終有期望）。這個演變過程的不同階段已在前面幾頁中描述過了。儘管政治和法律制度的設置在全世界各不相同，但所有人都有他自己心目中的政治和法律體系。他們有公平的觀念，這種觀念擴展得很好，除了面對複雜繁瑣的法律，我們呼籲簡單化。在充滿競爭性的公共機構中，例如，我們可以看到公平觀念超出了純粹的犯罪／法律領域，而延伸至教育領域。甚至像屬於數學一支的統計學的發展，有時也是由對公平的興趣而激發的。儘管業已規範的社會科學所取得的成果被限制在與物理學、天文學、化學或醫學的比較中，可以說，它們的演變更被視爲政治學一個分支的改進。所有這些都必須看做是一種勝利（也許是有限的）。

最終的主題——人們對自身、對內心世界的理解——已經證實是最令人失望的。一些人（也許是許多人），會對此帶有疑問，認爲藝術史和創造史中比較好的部分就是人類的內心世界史。毫無疑問，這在某種意義上是正確的，還有一個眞實的情形就是藝術從不解釋它自身。更爲通常的情況下，它們試圖描述它們自身，或者更準確地說，表現無數環境中無數的自我。但是，在當今世界，佛洛伊德主義和其他「深層」心理學的異常流行確實證明了這種評價，它們主要關注「內在自我」和自尊（然而卻誤入歧途）。如果藝術作品確實是成功的，那麼還需要這些心理學、需要這種新的觀察方式嗎？

我們可以得出一個非比尋常的結論，那就是，儘管出現了比較大的個性特徵，出現了大量藝術作品集，出現了小說，男人們和女人們設想了很多方法來表達他們自身，然而，人類對其自身的研究是歷史上最大的理性（知識智力）失敗，是探究過程中取得最小成功的領域。但是，這毫無疑問是眞實的，我們已經強調過，雖然經過幾個世紀不停地「向內轉」，但是我們依然所知甚少。這些「向內轉」沒有建立在相互借鑑的基礎之上，像科學一樣以累積的方式進行；它們相互取代，先前的不同沒有了，或失敗了。柏拉圖已經誤導了我們，懷海特也錯了：思想史上獲得巨大成功的故事中，主要的成果是亞里斯多德的遺產，而不是柏拉圖的。這首先可以在最新的歷史編纂學中得到確認——它強調，我們現在所說的現代早期已經取代了文藝復興做爲歷史上最重要的過渡階段的說法。正如薩森（R. W. S. Southern）所說的，這個時期在一〇五〇年到一二五〇年之間，亞里斯多德的重新發現，是人類生活中最偉大、最重要的轉變，它導向現代，而不是（柏拉圖主義的）兩個世紀後的文藝復興。

意識的神祕性／難以捉摸的自我

許多年裡（數百年）很少有人對身體內部是否存在「靈魂物質」產生懷疑，很少有人持有懷疑，在他們看來，這種靈魂代表了人的本質，一種不朽的、不可毀滅的本質。關於靈魂的思想在十六世紀和十七世紀發生了改變，隨著上帝信仰的喪失而開始加快步伐，其他觀念被創造出來。從霍布斯開始，其後是維科，他們開始探討自我，而且這種思想開始取代對靈魂的探討，這種觀點在十九世紀取得了勝利，尤其是德國浪漫主義、人類學或社會科學，以及內在性和無意識的發展。大衆社會和新的大都會的出現在這裡也起了部分作用，激發了自我的喪失。[16]

與此背景相對，佛洛伊德的出現是一個不尋常的事件。在叔本華、哈特曼、沙考、珍妮特，馬克思．德尚的雙重自我和舒伯特的原型現象，或者巴霍芬的《母權論》之後出現，佛洛伊德的思想並不都是如它們有時候表現出來的在剛出現的時候便使人們大吃一驚。然而，在一個令人震動的開始之後，它們產生了廣泛的影響，保羅．羅賓遜（Paul Robinson）在二十世紀九〇年代中期的描述中稱其爲「二十世紀出現的最具影響力的思想」。[17]其中一個原因是佛洛伊德做爲一名醫生，卻將自己想像成爲一位生物學家，一位繼承哥白尼和達爾文傳統的科學家。因此，佛洛伊德學派深切希望將無意識（即自我）科學化。在這一點上，無意識被認爲是思想史上兩股主流的最偉大的融合，它可以稱爲運用柏拉圖主義對亞里斯多德學說的理解。它的發現當然包括歷史上最偉大的智慧成果，是所有時代思想的綜合。

今天，許多人確信佛洛伊德的成果是成功的，這就是在所有地區「深層心理學」都廣受歡迎的原因之一。同時，在精神病學專業和更爲廣泛的科學領域中，佛洛伊德受到更爲普遍的詆毀，他的思想被視爲空想和非科學而被拋棄。一九七二年，獲得諾貝爾醫學獎的彼得．梅達沃先生將精神分析學描述爲「二十世紀思想史上最令人傷心和最奇怪的里程碑之一」。[18]許多研究者發表文章表示，精神分析學不能當做一種診療手段，佛洛伊德其他書中（例如《圖騰與禁忌》或《摩西和一神教》）的許多思想都是完全不可信的，是一種誤導，他使用的例子不能被證實。從前面幾章我們可以看到，最近的學術研究過於不信任佛洛伊德，而且還不斷強調並解釋他們不信任的原因。

但是，如果現在大多數受教育者接受了精神分析已經失敗的事實，那麼也可以說，關於意識的觀念沒有獲得更好的遭遇，意識這個詞是生物學家和神經學者們創造出來描述我們當下的自我。如果按照這個結論，從十九世紀末快進到二十世紀，那麼我們遭遇到了「智慧的十年期」，這種說法在一九九〇年被美國國會採納。在這十年期間，出版了許多關於意識的書，「意識研究」做爲一種學術規範而擴散開來，並且舉辦了三次關於意識的國際座談會。結果如何呢？這要依你的談論對象而定。約翰．馬多克斯（John Maddox）是《自然》雜誌的前主編，《自然》和《科學》是世界上最重要的科學類雜誌，他寫道：「少量的自省能使一個人去發現在他或她腦中的部分神經元執行了思考過程。從人類使用者角度來看，這些訊息看起來被隱藏了。」英國哲學家柯林．

麥金（Colin McGinn）就職於紐澤西的魯格豪爾大學，他認爲意識在原則上難以解釋，而且永遠難以解釋。[19] 其他的哲學家，如哈佛的湯瑪斯．耐格爾（Thomas Nagel）和希拉蕊．普特南（Hilary Putnam），他們認爲目前（也許是永遠）的科學無法解釋「感質」（qualia），我們將主體的經歷理解爲意識，用西蒙．布萊克本（Simon Blackburn）的話說，爲什麼腦中的灰色物質能給我們提供一種對黃色性質的經驗。班傑明．利貝特（Benjamin Libet）藉由一系列有爭議的實驗，宣稱意識發生的時間非常快（「利貝特的延遲」）。這（如果正確）是否是種進步還不清楚。在倫敦經濟學院從事思考的歐洲教授約翰．格雷（John Gray）是意識研究中將這種現象看做「嚴重問題」的人之一。[20]

另一方面，加州大學伯克萊分校的米爾斯哲學教授約翰．塞爾（John Searle）說沒有太多東西需要解釋，意識是「自然發生的東西」，當你將「一袋神經元」放在一起時，它會自動出現。他解釋，或者嘗試，透過類比：水分子的活動解釋了流動性，但是，個體分子不是流體——這是另一種自然發生物。[21]〔這些觀點令人想起威廉．詹姆斯（William James）和查理斯．皮爾斯（Charles Peirce）的實用主義哲學，自我意識從行爲中產生，而不是經由其他方式。〕來自倫敦大學的物理學家羅傑．彭羅斯（Roger Penrose）相信一種新型二元論是需要的，事實上新的物理學原理可以應用在腦中，以此來解釋意識。彭羅斯的特殊貢獻是認爲量子物理學可以用於微觀結構內部，如我們知道的位於大腦神經細胞內，製造——某種程度上至今尚未言明的方式——我們所謂的意識的現象。[22] 彭羅斯確信我們生活在三個世界中——物理的、心理的和數學的世界：「物理世界是心理世界的基礎，心理世界依次是數學世界的基礎，數學世界又是物理世界的基礎，由此形成一個循環。」[23] 許多人發現這個理論非常吸引人，然而即使如此，他們也並不認爲彭羅斯證明了任何東西。他的推論是迷人的、富有原創性的，但它還僅僅是個推論而已。

相反的，這兩種形式的簡化法在現在的社會環境下吸引了最多的支持。丹尼爾．丹尼特（Daniel Dennett）是塔夫斯大學具有生物學傾向的哲學家，該大學位於麻薩諸塞州，鄰近波士頓，對於像他這樣的人來說，人的意識和個性特徵產生自對於我們生活的敘述，並且這跟大腦的特殊區域相關。例如，越來越多的事實表明，那種「故意臧否他人的行爲是人普遍具有」的能力，這和大腦的某個特殊區域密切相關（眶額皮層），而且，這種產生自我中心主義的特定區域是人的一種缺陷。還有事實表明，當人故意使用動詞與無意者針鋒相對時，提供給眶額皮層的血液量會增加，並且破壞大腦的這個區域會導致內省的失敗。其他實驗顯示，我們稱之爲腦杏仁核的大腦這個區域的活動與恐懼經歷相關，單隻猴子在確定性遊戲中的決定可以經由大腦中的前額葉紋狀體循環以及固定類型的單個神經元循環預知出來。我們已知的叫做心得安和5-羥色胺的神經傳遞素影響做出決定，當經歷愉快的事情時，紋狀體內的腹殼就會被激發起來。[24] 按照這種觀點，不同的個體之間，大腦的微觀解剖結果相當不一致，一次特殊的經歷會對大腦的不同區域產生影響，很清楚，它需要綜合。與大腦活動相關的任何「深層」類型的經歷還沒有被發現，而且看起來還有很長的路要走，儘管這始終是最具發展前景的研究領域。

相關研究進展——這也許備受期望，近年來取得了其他發展——在達爾文的指引下，研究大腦和意識。在什麼意義上意識是適合的呢？這種研究產生了兩種觀點：第一，大腦事實上能適應許多不同的工作。由於這個原因，大腦由三個基本部件構成：一個像爬蟲一樣的核（我們的基礎發動機）；古哺乳類腦層，它產生出某種對後代產生影響的東西；新哺乳類腦，主管理性、語言和其他「更高層次的功能」。[25] 第二種研究認爲，透過進化（透過我們的身體）會產生一些突發的性質：例如，在心理和醫學現象中始終隱含著生物化學的解釋——鈉／鉀透膜轉移也可以被稱爲「神經活動的潛力」。[26] 在這個意義上，原則上來說，意識不是什麼新事物，即使現在我們也不能完全理解它。

透過對動物世界的神經活動的研究也顯示，神經活動既透過「放電」工作又不是放電；放電的頻率代表神經活動的強度——刺激的強度越大，任何特別的神經的開啓和關閉也就越快。這和電腦的工作原理非常相似，以比特表示訊息單位，所有的訊息都用0或1表示。電腦運行過程中平行的觀念引起了丹尼爾．丹尼特的思考，類似的過程是否會發生在大腦的不同進化階段呢？是否由此產生了意識呢？再者，儘管非常著急，但是這種推論並沒有比最初的探索走得更遠。在那時，看起來沒有人能夠想到下一步會發生什麼。

所以，儘管最近幾年所有關於意識的研究以及「硬」科學始終在提供最爲可行的方法，然而自我依然難以捉摸。科學證明，關於外在世界的研究已經取得了大量成功，但是，對我們自身領域的研究卻非常失敗。儘管普遍的觀點認爲，自我在某種程度上是大腦活動的產物——源於電子元素的活動，如果你將要迴避這個結論——很難，畢竟這些年，我們始終無法知道如何探討意識，還有自我。

所以，本書在這裡所提及的是科學家們要構建的最後一種思想。假如說亞里斯多德學說在遙遠的過去取得了成功，然而，它現在卻無法面對那種可能

——甚至是或然性——柏拉圖學說的本質概念「內心世界」是一種誤導嗎，還是沒有所謂內心世界？向內看，我們一無所獲——沒有什麼能穩定，沒有什麼能忍受，沒有什麼我們能認同，沒有什麼是確定的——因爲沒有什麼能被我們發現。人類是自然的一部分，因此我們更喜歡發現我們的內在本質，理解我們自身，透過發現我們的外在自我，找到我們做爲動物的準確定位。用約翰·格雷的話說：「動物園是比修道院更好的窗口，透過它，可以觀察窗外的人類。」【27】這不是自相矛盾，沒有這些研究的重組，現代化的失調還將繼續。

譯後記

《人類思想史》一書的英文名爲Ideas，正如其副標題From Fire to Freud所暗示的，從有了火种以來，人類就不斷地因爲新的思想火花而進步，而本書正是以一種百科全書式的氣魄貫穿介紹了人類思想從古至今的發展，勾畫了一部生動而清晰的人類思想史。

在這部《人類思想史》中，作者詳盡介紹了歷史上有影響力的創意思想，以傳統的歷史敘事的三分法爲基礎，提出人類歷史的三大創意思想是靈魂、歐洲和實驗。彼得・沃森從文明的起源——火開始，一路講到古代思想和學術的萌芽，再到近、現代科學的發展，以獨特的視角切入整個人類思想、文明的發展脈絡。在占有大量信息的基礎上，融入自己的洞察和理解，以一批塑造和改變了整個人類文明發展的人、事件和創意思想爲線索，在分析和考察的基礎上，詳細闡述和分析了歷史上各個階段和文化中曾經出現過的重要事件、人物、思想，以及文化發展、經濟發展、學術發展、科技發展等等，洋洋灑灑將世界歷史上的各個看似獨立、無甚關聯的思想、人物和事件串在一起，從哲學家、天文學家、神學家、發明家、詩人、法學家到生物學家，從亞里斯多德、阿奎那、托勒密、穆罕默德到朱熹、貝多芬和傑佛遜，從手斧到火、最初的文字、最初的房屋、最早的城市；從馬匹、戰爭、第一部法典到關於靈魂和意志的觀念、柏拉圖、孔子、希臘個人主義的誕生、古羅馬的公共圖書館；從猶太教的誕生到基督教、印度孔雀王朝、阿拉伯的《金色七懸詩》；從《繩法經》、格子乘法到中國宋代的文藝復興；從歐洲的創意思想到七大人文學科的出現、文藝復興、透視畫法到莎士比亞；從新教、科學革命到「公衆」一詞的發明和懷疑的出現直至佛洛伊德，將個人、家族、民族、政府、財產、學術等觀念的發展與整個人類文明和思想的發展結合起來，把人類思想發展的歷史從古到今串成有機的脈絡，將文明成形、發展和成熟的過程清晰地展現在我們眼前。

本書在選取題材上宏闊而又精微，在寫作方式上充分發揮了作者駕馭語言的天賦。談起歷史，讀者不由地會想到人類歷史上各種里程碑性質的戰爭、帝國等等，思想的發展在以往的歷史書中似乎只是那些重大事件的陪襯。然而在這部書的《緒論》中，作者說到，這部書一方面是爲了更有趣地說明一部思想史可能是一部怎樣的歷史，另一方面是爲了向讀者展示研究歷史的另一種方法：不探討軍事戰役，不談論某位帝王的豐功偉績，而是以軍事策略的進步、威力巨大的新式武器的發明，討論爲君之道，以及國王和主教之間爲了人心的思想鬥爭。書中沒有征服美洲的眞實細節，但是詳細論述了發現新大陸的指導思想，以及這個偉大的發現如何改變了歐洲人和阿拉伯人的想法；書中沒有描述各個帝國是如何建立的，但卻頗費筆墨探討帝國和殖民主義的觀念……雖然絕無可能將人類思想歷史的發展毫無遺漏地呈現出來，但是本書詳略有當，將文明發展的脈絡與個體的思想家結合起來，用足夠的寬度覆蓋歷史上重要的創意和思想的同時，在細微處爲我們將最具創意的歷史人物、歷史事件、思想以及影響一一呈現。

除了在人類思想歷史中起過重大作用的主流思想之外，作者還在書中介紹了很多在傳統歷史研究中很少見的、似乎「微不足道的」思想，比如：是誰第一個把時間分爲公元前和公元後？爲什么我們把一個圓分成360度？天堂的概念從何而來？誰發現了冰河世紀？《吉爾伽美什》是什麼？水泥是什麼時候發明的？莎草紙是怎麼回事？數學中使用加減符號始於何時何地？……這些微不足道的思想似乎已經淹沒於歷史的洪流中，但是，卻實實在在地影響了人類的思想和生活。

作者從當下的角度對歷史進行觀照也是本書的特點之一。本書既凝聚了歷史厚重感，又承擔了現實的責任和意義。作者以一種極度開放的方式溯源我們當今的生活、風俗和科技發展，介紹歷史細節的同時，以一種生動的方式將看似枯燥的歷史編織進一個充滿新奇思想火花的大網，將東西方歷史和思想橫向比較，讓讀者從宏觀角度把握整個人類而不僅僅是西方的思想發展，引發讀者的思考和對東西方文化的比較，使讀者不僅能夠追根溯源，釐清人類思想發展的前因後果，生動地了解歷史，更能清楚地理解當下人類的狀況、所處的發展階段和未來的方向。

《人類思想史》一書的作者彼得．沃森（Peter Watson）是一位經歷十分豐富的作家和歷史學家。他曾經做過記者，做過《新社會》（*New Society*）雜志的編輯，在《星期日泰晤士報》（*The Sunday Times*）的「深度觀察」欄目供職四年，也爲《時代周刊》（*The Times*）、《觀察家》（*The Observer*）等著名報刊撰稿。從一九九七年六月開始，沃森加入了劍橋大學麥克唐納考古研究院，專注於歷史研究，發表了共十三部歷史著作，包括《大腦的戰爭：心理學在戰爭中的使用和誤用》（*War on the Mind: the Military Uses and Abuses of Psychology*）、《智慧與力量，文藝复興巨匠傳記》（*Wisdom and Strength, the Biography of a Renaissance Masterpiece*）、《20世紀思想史》（*The Modern

Mind: An Intellectual History of the 20th Century）、《沒有偶然》（*Nothing is an Acdident*）等等，上至人類早期歷史和思想發展，下至當代思想和創意，涉獵極爲廣泛。

早年的新聞工作經歷使沃森的歷史學著作的寫作方法跟其他歷史學家有很大不同。他注重史實，更看重歷史與當代的關系；他文筆犀利，在尖銳的洞察背後是大量翔實的歷史證據。歷史與現實的結合，深度與廣度的統一在他的歷史著作中得到了恣意的發揮，他所引用的歷史文獻之廣，其分析考察之深帶給作者很高的聲譽，其影響不僅在歷史領域可見，更波及文化、哲學、文學、宗教學等領域。

記者出身的沃森，以其清新雋永的文本和視角開創了全新的歷史文獻寫作的方式。他從細微處入手，把複雜深奧的理論、學說還原爲生活的常識經驗，把人類數千年歷史還原爲精彩多樣的情景片段。言簡意賅、深入淺出、娓娓道來，讓人嘆服。作者傾一己之力撰寫的這本超過百萬字的巨著，一經出版便在西方知識界引起強烈反響。伴隨作者清新而又內容翔實的描述，讀者可以恣意暢游於哲學、文學、歷史、政治、藝術、科學等各個領域的發展圖畫之中，並體會到諸多領域之間及它們與整個人類歷史發展的細膩聯繫。在這樣浩繁的、包羅萬象的思想海洋中，讀者彷彿與文學家、思想家、科學家、藝術家、發明家們親密接觸，近距離觀察這些塑造了人類世界發展軌跡的人物，體會他們獨特的視角和思維方式。細細品讀起來，本書絕非一般歷史書籍那樣羅列和堆砌信息，作者凝練而又生動的語言使一件件的歷史事件、一段段的歷史時期彷彿一幅幅畫卷，又宛如一首首詩歌或者一篇篇散文，生動、清新、雋永，一一呈現在讀者的眼前。讀者不僅可以從書中了解人類思想發展的脈絡和歷史，了解中西文化和思想的差異和融合，更體會到語言的魅力和敘述的精妙。

彼得・沃森對人類思想的起源、學術的發展、文明的進步等考察和分析在這部《人類思想史》中得到了系統、清晰的闡釋，這樣一部跨歷史、哲學、文學、人類學等學科的研究巨著，無疑具有重要的學術價值和文獻價值。本書譯者長期從事東西方文學研究、外國語言學研究，但面對這樣一部涉獵廣泛的著作，仍然是戰戰兢兢、如履薄冰，這部氣勢磅礴的著作所涉及的材料源於多種語言，包括阿拉伯語和梵語，還涉及大量文獻，爲了將原著的豐厚的思想和凝練的語言盡量忠實地展現在中國讀者的面前，譯者作了大量艱苦而細致的工作，查閱資料，相互切磋，一遍又一遍不厭其煩地修改、校對。而且，本譯著可以說擁有一個強大的顧問團隊，包括國內外歷史、文化、文學領域的專家學者，他們對於專業知識的指導也是本譯著得以順利完成的保障。感謝爲本書翻譯作出貢獻的這些專家學者。感謝爲引進此書作出貢獻的韓德江博士。

在本書即將付梓之際，對於譯者來說，既有欣慰，更多忐忑。翻譯本非易事，尤其是面對這樣一部既跨學科又有創見的學術著作，如何準確傳達各學科精髓和作者的創見，頗費心力。但是，翻譯的艱辛不應成爲謬誤的擋箭牌，本書翻譯難免錯漏之處，懇請讀者不吝批評匡正。

南宫梅芳

注釋

第十六章

【1】 諾曼．康得，《中世紀的文明》（*The Civilisation of the Middle Ages*）紐約：哈珀柯林斯出版社，1963/1993年，第269頁及後文。

【2】 同上，第258-259頁。

【3】 愛德華．格蘭特，《中世紀的上帝和理性》，英格蘭劍橋：劍橋大學出版社，2001年，第23頁。

【4】 同上，第23頁。

【5】 同上，第24頁。穆那，《信仰》，倫敦：奧蘭姆出版社，2002年，第216頁，關於其他措施，其中包括執事以上的所有牧師都必須遵守的禁欲。

【6】 格蘭特，如前所引，第24頁。

【7】 大衛．諾爾斯和迪米特里．奧伯倫斯基，《基督教的世紀》第2卷《中世紀》，倫敦：大同，朗文和陶德出版公司，1969年，第336-337頁。

【8】 同上，如前所引，第337頁。

【9】 瑞哈德．本迪克斯，《國王和人民：權力和訓令》，洛杉磯：加利福尼亞大學出版社，1978年，第23頁。

【10】 同上，第27頁。

【11】 同上，第29頁。

【12】 同上，第31頁，有關安布魯斯的情況，見坎寧，《中世紀政治思想史，三〇〇～一四五〇》，倫敦：羅德里奇出版社，1996年，第34頁。

【13】 本迪克斯，如前所引，第32頁。跟國王這個概念的發展及其與教皇制度的關係同等重要的，還有臭名昭著的「康斯坦丁捐贈」，現今人們通常認爲這是教皇身邊的人僞造的。沃爾特．尤爾曼說：「這項捏造給大到整個中世紀的歐洲、小到教皇制度帶來的影響，都是不可否認的。」根據五世紀的一本暢銷小說《聖斯爾佛斯特傳奇》（*Legenda Sancti Silvestri*），教皇西爾威斯特治癒了康斯坦丁的麻瘋病，康斯坦丁跪倒在他的主面前懺悔，自己取下了皇族的徽章，包括他的皇冠，充當馬夫，爲教皇牽引走了一小段路。其中的涵義再清楚不過了。沃爾特．厄爾曼（Walter Ullmann）《政治思想史：中世紀》（*A History of Political Thought: The Middle Ages*），倫敦：企鵝出版社，1965年，第59頁。

【14】 康得，如前所引，第178-179頁。八〇〇年，查理曼大帝經歷了異常但明瞭的遭遇。當時的教皇利奧三世很不成功也不受歡迎，甚至被一個羅馬暴民痛打，被冠以「道德敗壞」之名，並被迫向查理曼大帝尋求庇護。當查理曼大帝到羅馬參加對利奧的審判，當他洗清了對自己的控訴，在八〇〇年的耶誕節，查理曼大帝去祭拜了聖彼得的墓地並做了祈禱。當查理曼大帝祈禱完站起身，利奧突然上前把皇冠戴到國王的頭上。這種赤裸裸的行爲是爲了重申教皇具有授予帝王頭銜的權力，查理曼大帝一點也不高興，他說如果他知道教皇的這個意圖，就無論如何也不會進入那個教堂。康得，如前所引，第181頁。又見坎寧，如前所引，第66頁，關於加洛林王朝的神權主義思想的討論。

【15】 本迪克斯，如前所引，第33頁。

【16】 康得，如前所引，第195頁。又見坎寧，如前所引，第60-61頁。

【17】 大衛．列文，《現代的起源》，洛杉磯：加利福尼亞大學出版社，2001年，第18頁。

【18】 康得，如前所引，第203頁。

【19】 英格蘭的拉丁名稱——譯者註

【20】 同上，第218-223頁。又見坎寧，如前所引，第75頁。

【21】 康得，如前所引，第218頁。

【22】 同上，第244頁。

【23】 瑪西婭．克里西：《西方智力傳統的中世紀傳統，四〇〇～一四〇〇年》，紐黑文和倫敦：耶魯大學出版社，1997

年，第227頁。

【24】康得，如前所引，第341頁。

【25】克里西，如前所引，第228頁。

【26】瑪麗娜·沃納，《單一性別》，倫敦：威登菲爾&尼克森出版社，1976年，第147-148頁。

【27】列文，如前所引，第74頁。

【28】克里西，如前所引，第235頁。另見穆那，如前所引，第272頁。

【29】克里西，如前所引，第237頁。

【30】康得，如前所引，第249頁。

【31】克里西，如前所引，第245頁。

【32】坎寧，如前所引，第85頁。

【33】康得，如前所引，第254-255頁。

【34】同上，第258頁。另見坎寧，如前所引，第88頁。

【35】穆那，如前所引，第218頁。見坎寧，如前所引，第98頁，關於格里高利所引發的辯論。另見康得，如前所引，第262頁。

【36】康得，如前所引，第267頁。

【37】同上，第268頁。

【38】伊莉莎白·佛多納，《中世紀的開除教籍》，洛杉磯：加利福尼亞大學出版社，1986年，第2-3頁。

【39】同上，第4頁。

【40】同上，第10頁。

【41】在中世紀早期，君主通常聽從教會的決定，所以開除教籍就意味著公民權利的喪失。這是由羅馬的「喪失公權」這個概念引出的，即剝奪不道德的人和罪犯的選舉權。

【42】同樣，如果不知道某個人是開除教籍的人，不知者無罪。佛多納，如前所引，第25頁。

【43】同上，第29頁。

【44】同上，第32頁。又見穆那，如前所引，第87頁。

【45】佛多納，如前所引，第52頁。

【46】康得，如前所引，第271頁。

【47】同上，第290頁。穆那，如前所引，第186-187頁，有關基督徒的損失。

【48】穆那，如前所引，第190頁。

【49】在君士坦丁堡處於危險中的東西包括所有最珍貴的遺物：荊棘王冠、耶穌留下面布印記的伊德撒的布、聖·路加的聖母畫像，聖徒約翰的頭髮。康得，如前所引，第292-293頁。

【50】穆那，如前所引，第222頁，列舉了對烏爾班的歷史性演講的五種解釋，他認爲這五種解釋「實質上不相同」。

【51】第一次十字軍東征在時間上是占據先機的。基督徒們的情緒正高漲。千年還沒過，激情的千年（一〇三三年）也更加臨近了。此外，由於阿拉伯國家間的短暫分裂削弱了他們的抵抗能力，包括基督軍在內的五千名左右的軍力，差不多完整無損地到了耶路撒冷，經過爲時一個多月的圍攻之後，他們攻占了耶路撒冷。在此過程中，他們屠殺了所有的穆斯林和猶太居民，後者被燒死在猶太教主會堂。

【52】史蒂芬·魯斯曼，《第一次東征》，英格蘭劍橋：劍橋大學出版社／康托，1951/1980年，第22頁。

【53】對聖徒及其遺物的尊崇，刺激大批的虔誠信徒前去朝聖，不只是去三個主要地點——耶路撒冷、羅馬和聖地牙哥·德·孔波斯特拉——也去其他跟奇蹟和遺物有關的寺廟。大衛·列文說，「神聖的經濟地理在歐洲鄉村萌芽」。法國的某些地區是朝聖路線的交叉之地，例如，巴黎大道和韋茲萊大道，集中了從北部向西班牙進發的忠實信徒；在西班牙，他們會碰見從阿里斯大道來的朝聖者。列文，如前所引，第87頁。基本的觀點是，據著名的巴黎學者和玄學家根特（Ghent）的亨利（約 一二一七～一二九三）所說，聖人和某些有遠見的人可以洞悉上帝的思想，從而他的認識是「完全正確的」。克里西，如前所引，第305頁。佛羅里達大學的歷史教授派翠克·吉瑞研究了一百多個聖遺物偷盜案的紀錄，發現偷盜者往往不是地痞而是修士，他們把聖遺物轉移到自己的家鄉或修道院。正如朝聖路線所顯示

的，遺物可以刺激對客服業的恆久需求——食物和住所。換句話說，遺物是經濟貼補的來源。但聖徒的朝拜也可以看成是多神論的某種回歸：聖徒的不同特點，能夠讓信徒聯想到他們表示同情的個體是人而不是神，因爲神的行爲總是超乎尋常的。吉瑞認爲，對聖人的崇拜如此之強烈，絕對有（至少在義大利）專門的盜遺物者，他們把盜來的聖遺物賣往北部。派翠克·吉瑞，《中世紀中期的聖遺物偷盜》，普林斯頓，新澤西：普林斯頓大學出版社，1978/1990年。

【54】康得，如前所引，第388頁，以及穆那，如前所引，第279頁。又見，彼德·比勒和安·赫德森（編者），《異教和掃盲，一〇〇〇～一五三〇》，英格蘭劍橋：劍橋大學出版社，1994年，第94頁。

【55】伯納德·麥克奎因，《反基督者》，紐約：哥倫比亞大學出版社，1994年，第6頁。

【56】同上，第100-113頁，又見穆那，如前所引，第215頁。

【57】麥克奎因，如前所引，第138頁。

【58】同上，如前所引，第249頁。

【59】克里西，如前所引，第249頁。

【60】康得，如前所引，第389頁。

【61】比勒和赫德森（編者），如前所引，第38-39頁。克里西，如前所引，第251頁。見穆那，如前所引，第280-281頁，關於波格米爾派的解釋。

【62】康得，如前所引，第390頁。

【63】克里西，如前所引，第251頁。

【64】愛德華·格蘭特，《中世紀的上帝和理性》，如前所引，第24頁。

【65】康得，如前所引，第417頁。坎寧，如前所引，第121頁，都認爲英諾森的統治是中世紀教皇制度的十字路口。

【66】康得，如前所引，第389-393頁。

【67】愛德華·布林曼，《審查：打擊異端的錘子》，威靈堡，北安普頓：寶瓶座出版社，1984年。

【68】同上。

【69】同上，第23頁。

【70】同上，見史蒂芬·哈里澤（編），《現代歐洲早期的審查和社會》，倫敦和雪梨：克魯姆·海爾姆出版社，1987年，第10頁，可以找到更多的資料。

【71】布林曼，如前所引，第23頁。

【72】同上，第25頁。

【73】詹姆士·吉萬，《審查和中世紀的社會》，伊薩卡，紐約：科內爾大學出版社，1997年，第11頁。又見：穆那，如前所引，第281頁。

【74】布林曼，如前所引，第33頁，以及吉萬，如前所引，第14頁，關於早期的審查組織。

【75】布林曼，如前所引，第41頁。又見穆那，如前所引，第41頁。

【76】布林曼，如前所引，第57頁。

【77】同上，第60-61頁。另外一次，他在斯特拉斯堡燒死了八十個男女老幼。見穆那，如前所引，第286頁。

【78】囚犯被捆在車輪上毒打。著名的拉肢刑架將犯人的身體拉到折斷，有點像吊墜刑具。

【79】猶太人提出了另外一個共同的問題。在法國南部有一個很大很繁榮的猶太社區——卡特地區：在那裡，如同我們看見的，猶太思想本可以很好地融入天主教思想的譜系中。儘管英諾森禁止透過武力改變猶太人的信仰，但是他主張同區化——有形的隔離，限制他們與天主教徒的接觸，並把他們看成是賤民。一二一五年英諾森教皇統治的末期，在第四次拉特蘭公會上，決議規定猶太人必須佩戴黃色的補丁，「這樣一來就很容易分辨哪些是流浪者」。見康得，如前所引，第426頁。

【80】威廉·賈斯特·喬丹（William Chester Jordan），《中世紀盛期的歐洲》（*Europe in the High Middle Ages*），倫敦：艾倫·萊恩／企鵝出版社，2001年，第9頁；康得，如前所引，第418-419頁。參見雅克·勒·高夫（Jacques le Goff），《中世紀的想像力》（*The madieval Imagination*），亞瑟．高德漢翻譯，芝加哥：芝加哥大學出版社，1985年，尤其是第二部分第二節，「羅馬教廷對基督教界的看法」以及「一二七四年全基督教公會的組織」。

【81】諾爾斯和奧伯倫斯基，如前所引，第290頁。

【82】康得，如前所引，第491頁。

【83】坎寧，如前所引，第137-148頁。

【84】康得，如前所引，第493頁。

【85】同上，第495頁。又見：坎寧，如前所引，第139-140頁。

【86】康得，如前所引，第496頁。

【87】穆那，如前所引，第298頁。

第十七章

【1】喬治斯．杜比（Georges Duby），《大教堂時代》（*The Age of the Cathedrals*），芝加哥：芝加哥大學出版社，1981年，第97頁及後文。

【2】同上，第98頁。

【3】同上。

【4】安德斯．皮爾茲（Anders Piltz），《中世紀的求學》（*The Medieval World of Learning*），牛津：布萊克維爾出版公司，1981年，第26頁。同時可參見：穆那，《信仰》，倫敦：奧蘭姆出版社，2002年，第269頁。勒．高夫，《中世紀的想像力》，芝加哥大學出版社，1985年，第54頁。

【5】杜比，如前所引，第100頁。

【6】同上，第101頁。

【7】同上，第111頁。

【8】R．W．S．薩森，《巴黎學派和沙特爾學派》，班森與康斯特布林（編輯），《中世紀政治思想史，三〇〇～一四五〇》，倫敦：羅德里奇出版社，1996年，第114頁。

【9】同上，第115頁。

【10】同上，第124-128頁。

【11】同上，第129頁。

【12】賈斯特．喬丹，《中世紀盛期的歐洲》，倫敦：艾倫．萊恩／企鵝出版社，2001年，第116頁。R．W．S．薩森，《西方社會與中世紀宗教》，《企鵝宗教史》，倫敦：企鵝出版社，1970/1990年，第94頁。同時可如前見：勒．高夫，如前所引，第179頁，中世紀的國家。

【13】魯賓斯坦，《亞里斯多德的子孫》，紐約、倫敦：哈克爾特出版社，2003年，第127頁。同時可參見：賈斯特．喬丹，如前所引，第113頁，杜比，如前所引，第115頁。

【14】杜比，如前所引，第115頁。

【15】同上，第116頁。

【16】艾倫．科班（Alan Cobban），《中世紀的大學》（*The Medieval Universities*），倫敦：梅蘇恩出版社，1975年，第8頁。

【17】同上，第9頁。

【18】同上，第10頁。

【19】同上，第11頁。

【20】皮爾茲，如前所引，第18頁。

【21】科班，如前所引，第12頁。

【22】同上，第14頁。

【23】魯賓斯坦，如前所引，第104頁。

【24】科班，如前所引，第18頁。亞歷山大也在蒙特佩利爾（Montpellier）學習過。參見：南森．沙赫納（Nathan Schachner），《中世紀的大學》（*The Medieval Universities*），倫敦，艾倫&安文出版公司，1938年，第263頁。

【25】同上，第15頁。如前所引沙赫納，第132-133頁，中世紀醫生的繁榮。

【26】魯賓斯坦，如前所引，第17頁。

【27】同上，第162頁。

【28】同上。

【29】同上，第186頁。

【30】同上，第187頁。

【31】同上，第42頁。

【32】同上，第210頁。

【33】同上，第197頁。

【34】同上，第198頁。

【35】同上，第220頁。

【36】同上，第221頁。
【37】科班，如前所引，第22頁。
【38】同上，第23頁。沙赫納，如前所引，第62頁，著裝要求。
【39】科班，如前所引，第23-24頁。
【40】同上，第24頁。
【41】同上，第25頁。
【42】黑斯丁．拉什多爾，《歐洲中世紀的大學》；F．M．包韋克與A．B．艾姆敦編輯，牛津：牛津大學出版社的克拉倫登分社，1936年，卷二，第22頁。
【43】同上，第24頁及後文。
【44】科班，如前所引，第31頁。
【45】同上，第37頁。如前所引沙赫納，第51頁，為腿瘸眼瞎者。
【46】賈斯特．喬丹，如前所引，第125頁。科班，如前所引，第41頁。
【47】奧拉夫．彼得森，《首批大學》，英格蘭劍橋：劍橋大學出版社，1997年，第22頁及後文。
【48】科班，如前所引，第44頁。
【49】同上，第45頁。
【50】希爾德．德．里德爾－西莫恩斯（編輯），《歐洲大學史》（*A History of the Universities in Europe*），卷一，英格蘭劍橋：劍橋大學出版社，1992年，第43頁及後文。
【51】科班，如前所引，第49-50頁。
【52】賈斯特．喬丹，如前所引，第127頁。科班，如前所引，第50頁。沙赫納，如前所引，第151頁，提到伊洛勒里烏斯，歷史上是否眞有其人值得懷疑。
【53】科班，如前所引，第51頁。
【54】同上，第52頁。
【55】同上，第53頁。
【56】拉什多爾，如前所引，第23頁。
【57】科班，如前所引，第54頁。沙赫納，如前所引，第153頁，為波隆那學生的年齡和地位。
【58】科班，如前所引，第55頁。
【59】卡洛．馬拉格拉，《波隆那大學與學院的地位》，1888年。林恩．桑代克（編輯），《大學記錄與中世紀生活》（*University Records and Life the Middle Ages*），紐約：八角形出版社，1971年，第23頁及後文。
【60】科班，如前所引，第58頁。
【61】同上，第62頁。
【62】里德爾－西莫恩斯（編輯），如前所引，第148頁及後文。
【63】同上，第157頁。沙赫納，如前所引，第160頁及後文。
【64】科班，如前所引，第65頁。
【65】同上，第66-67頁。
【66】桑代克（編輯），如前所引，第27頁，巴黎大學的規章制度；第35頁，教皇的規章制度。
【67】科班，如前所引，第77頁。
【68】同上，第82-83頁。沙赫納，如前所引，第74頁及後文。
【69】科班，如前所引，第79頁。
【70】同上，第96頁。
【71】里德爾－西莫恩斯（編輯），如前所引，第342頁，介紹通過北安普頓、格拉斯哥和倫敦進入英國。
【72】同上，如前所引，第98頁。
【73】同上，第100頁。
【74】桑代克（編輯），如前所引，第7-19頁。
【75】科班，如前所引，第101頁。
【76】彼得森，如前所引，第225頁。描述牛津的早期生活。
【77】科班，如前所引，第107頁。
【78】沙赫納，如前所引，第237-239頁。魯賓斯坦，如前所引，第173頁。
【79】科班，如前所引，第108頁。
【80】賈斯特．喬丹，如前所引，第119頁。科班，如前所引，第116頁。
【81】科班，如前所引，第116頁。下設學院是巴黎、牛津和劍橋的特別之處。這些學院通常是法律實體，它們自我管理，通常會得到一些慈善基金會慷慨的捐贈。學院的建立要反映一種理念：貧窮不應該成為學業進步的絆腳石。在巴黎的確是這種情形。做為學院理念的發祥地，意味著學院首先在那兒建立起來。

艾倫．科班說：「關於歐洲最早的學院有這樣一個情況：18學院於一一八〇年在巴黎創立。當時，一位叫做喬休斯．倫敦尼斯（Jocius de Londoniis）的人購買了他在巴黎祈福瑪麗醫院的房間，並把他永久捐贈給了十八位窮苦的牧師。」人們迅速地爭相效仿這種做法，但是，由羅伯特．索邦（Robert de Sorbon）開始於約一二五七年創立的索邦神學院，才眞正建立了今天我們所熟悉的體制。這些學院是爲畢業生、已經獲得碩士學位而又著手攻讀神學博士學位的學者而設立的。到一三〇〇年，巴黎大約建立了十九所大學，而到十四世紀末，大學至少已經增加到三十六所，「這是一個西歐優秀大學發展的世紀」。又有十一所大學建於十五世紀，於是大學總數達到六十六所。巴黎各所學院在一七八九年法國大革命時遭受鎭壓，因而大學再也沒有回到學院行列中去。

英國的學院比法國產生得要晚一些，一般只爲研究生開設，後來加以革新，也招收本科生。默頓學院（Merton College）最初於一二六四年設立在酒館或客棧中，後來，在大約一二八〇年，建立了大學學院，一二八二年建立了貝列爾（Balliol）學院。在劍橋，彼得豪斯（Peterhouse）學院建於一二八四年。到一三〇〇年，劍橋擁有八所學院、一百三十七名員工。在十四世紀早期的牛津，國王學院第一次招收本科生。研究生院逐漸變成了本科生院，很大程度上是由於經濟原因——輔導費。這個過程的轉變，很大原因在於宗教改革。本科學院引入了授課輔導體系，因爲公共大課體系正陷入混亂。科班，如前所引，第123-141頁。

【82】同上，第209頁。

【83】同上，第214頁。沙赫納，如前所引，第322頁及後文。

【84】克羅斯比，如前所引，第215頁。

【85】克羅斯比，《現實的尺度：量化與西方社會，一二五〇～一六〇〇》，英格蘭劍橋：劍橋大學出版社，1997年，第19頁。這或許已經得到雅克．勒．高夫（Jacques Le Goff）稱之爲記憶新教育的幫助。這種新教育是應拉特蘭四世（Lateran IV）一年做一次懺悔的要求而產生的。勒．高夫同時也提到，此時的佈道要更加精確。如前所引，第80頁。

【86】克羅斯比，如前所引，第28-29頁。

【87】同上，第33頁。

【88】同上，第36頁。

【89】保羅．薩恩傑（Paul Saenger），《詞際空間：默讀的起源》（*Space between Words:The Origins of Silent Reading*），史丹佛與倫敦：史丹佛大學出版社，1997年，第136頁。

【90】克羅斯比，如前所引，第42頁。數字在當時仍然很神祕。6是一個完美的數字，因爲上帝在六天之內創造了世界萬物。7也是一個完美的數字，因爲它是第一個奇數與第一個偶數的和，也因爲它是上帝創世紀之後的休息日。表示戒律的數字10代表律法，而逍遙法外的11代表罪過。數字1000也代表完美，因爲它是三個戒律之數的積，而3可以表示三位一體，也可以表示耶穌受難日和復活日之間的天數。同上，第46頁。

【91】雅克．勒．高夫，《做爲文明仲介的城鎭，一二〇〇～一五〇〇》，卡洛．M．斯坡拉（編輯），《歐洲豐塔納經濟史：中世紀》（*The Fontana Economic History of Europe :The Middle Ages*），哈索科斯，蘇塞克斯：豐收者，1976-1977年，第91頁。

【92】克羅斯比，如前所引，第57頁。

【93】薩恩傑，如前所引，第12頁，17頁，65頁。約翰．曼，《谷騰堡革命》（*The Gutenberg Revolution*），倫敦：評論／標題，2002年，第108-110頁。

【94】賈斯特．喬丹，如前所引，第118頁。克羅斯比，如前所引，第136頁。薩恩傑，如前所引，第250頁。

【95】A．J．古熱韋赤（A. J. Gurevich），

《中世紀文化的種類》（*Categories of medieval Culture*），倫敦：羅德里奇&可根·保羅出版公司，1985年，第147-150頁。勒·高夫，《中世紀的想像》（*The Medieval Imagination*），如前所引，第12-14頁，中世紀對於時空的思想。

【96】克羅斯比，如前所引，第82頁。

【97】同上，第101頁。雅克·勒·高夫提到，當時有一股反對知性主義的潮流延緩了人們對一些革新的接受。雅克·勒·高夫，《中世紀的知識分子》（*Inetllectuals in the Middle Ages*），牛津：布萊克威爾出版社，1993年，第136-138頁。

【98】克羅斯比，如前所引，第113頁。

【99】德國標記一直為P和M的至高無上的鬥爭，貫穿了整個十六世紀，直到法國代數家才最終加以採用。

【100】克羅斯比，如前所引，第117頁。

【101】同上，第120頁。

【102】查理斯·M·拉丁（Charles M. Radding），《人類創造的世界：認知與社會，四〇〇～一二〇〇》（*A World Made by Men: Cognition and Society, 400-1200*），教堂山：北卡羅萊納大學出版社，1985年，第188頁。

【103】翻譯出來為：聖約翰，從我們不潔的嘴唇上清洗掉罪過吧，這些，我們，您的僕人，可以自由地表達內心深處的情感，讚美您的不凡之舉。皮爾茲，如前所引，第21頁。

【104】克羅斯比，如前所引，第146頁。

【105】阿爾伯特·加羅（Albert Gallo），《中世紀的音樂》（*Music of the Middle Ages*），英格蘭劍橋：劍橋大學出版社，1985年，卷二，第11-12頁。

【106】尤其以打嗝做為切分形式，當第一聲部演唱到一段的時候，旋律被打斷，接著由第二聲部繼續進行，形成了多次交替演唱的這種形式。這個法語詞最終成為英語詞hiccup（打嗝），克羅斯比，如前所引，第158頁。

【107】皮爾茲，如前所引，第206-207頁。

【108】曼，如前所引，第87頁。大學激發需求。

【109】克羅斯比，如前所引，第215頁。在知識術語中，辯駁或許是大學最重要的一項革新，讓學生不迷信權威。在神權和教會法規占統治地位的時代，這是至關重要的。手稿流通的標本體制也使更多的自學成為可能，是對有創意學生的另一種支援，也在十五世紀末因為印刷書籍的到來而有所增加。

【110】即便如此，一個像法國這樣的國家每年輕而易舉地生產十萬捆牛皮紙，每捆四十張。費佛爾與馬丁，如前所引，第18頁。

【111】同上，第20頁。

【112】曼，如前所引，第135-136頁。

【113】費佛爾與馬丁，如前所引，第50頁。參見早期印刷：阿里斯特·麥克格拉斯（Alister McGrath），《最初：詹姆斯王聖經的故事》（*In the Beginning The Story of the King James Bible*），倫敦：霍德&斯托頓出版公司，2001年，第10頁及後文。

【114】費佛爾與馬丁，如前所引，第54頁。同時可參見前引：穆那，如前所引，第341頁。

【115】費佛爾與馬丁，如前所引，第56頁。穆那，如前所引，第341頁。早期書籍印刷品質部分。

【116】道格拉斯·麥克莫垂（Douglas MacMurtrie），《谷騰堡檔案》（*The Gutenberg Documents*），紐約與牛津，牛津大學出版社，1941年，第208頁及後文。

【117】費佛爾與馬丁，如前所引，第81頁。麥克格拉斯，如前所引，第13頁，谷騰堡活字。

【118】馬丁·樓里，《馬努蒂烏斯的公開運動》，大衛·S·齊德伯格與F·G·蘇博比（編輯），《阿爾德斯·馬努蒂烏斯與文藝復興文化》（*Aldus Manutius and Renaissance*），佛羅倫斯：利奧·S·奧斯克，1998年，第31頁及後文。

【119】麥克格拉斯，如前所引，第15頁，早期印數。

【120】費佛爾與馬丁，如前所引，第162頁。

【121】第一股潮流是出版商同意沒有作者允許就不出版書籍的第二版，除非作家得到另一筆酬金。費佛爾與馬丁，如前所引，第164頁。

【122】同上，第217頁。

【123】麥克格拉斯，如前所引，第15頁，一部谷騰堡《聖經》的價格等同於一五二〇年德國一座大房子的價格。從一開始，書籍在歐洲書市銷售，里昂就是書市之一，部分原因是它有很多貿易市場，書商們非常熟悉這個過程。它同時也是一個重要交通交匯處，隆河與索恩河上橋梁很多。而且，爲了保留這一集市，國王給了里昂的商人一些特權——商人們自願接受帳冊審查。在集市裡大約有四十九家書商和印刷廠主，主要沿著商業街，儘管其中好多是外國人。這就意味著各種語言的書籍在里昂的書市買賣，這個城市已經變成重要的思想傳播中心（律法類書籍尤其受歡迎）。其主要的對手是法蘭克福（距離美因茲不遠），那裡也有很多市場——酒市、香料市、馬市、啤酒花市、五金市。書商們在十六世紀之交趕到那裡，還有一些威尼斯、巴黎、安特衛普和日內瓦的出版商也趕到那裡。在趕集的時候，他們集中在緬因河與聖李奧納多教堂之間圖書一條街上。新的出版物在法蘭克福做廣告，可以看到出版商們的出版目錄，印刷設備市場也比較有名。因此，法蘭克福也逐漸成爲一個從事圖書行業的中心——現在也在每年十月分舉辦爲期兩週的國際書展。呂西安．費佛爾與亨利－尚．馬丁在他們研究書籍影響的時候，搜尋這些法蘭克福的圖書目錄時發現，一五六四～一六〇〇年間，有兩萬多個不同的標題由六十一個城鎮的一百一十七家公司出版。三十年戰爭（一六一八～一六四八）給圖書生產和法蘭克福書市帶來災難性的影響。萊比錫書市的政治條件更好一些。過了一段時間，法蘭克福的書市重新取得了優勢地位。費佛爾與馬丁，如前所引，第231頁。

【124】同上，第244頁。

【125】里薩．賈丁（Lisa Jardine），《世界貨物》（*Worldly Goods*），倫敦：麥克米倫出版社，1996年，第172-173頁。

【126】費佛爾與馬丁，如前所引，第246頁。

【127】同上，第248頁。

【128】例如，拉爾夫．海克斯特，《阿爾德斯，希臘，「古典詩集」的形式》，齊德伯格與蘇博比（編輯），如前所引，第143頁及後文。

【129】費佛爾與馬丁，如前所引，第273頁。麥克格拉斯，如前所引，第24頁及後文，第253頁及後文，印刷業引起本國語興起。

【130】費佛爾與馬丁，如前所引，第319頁。

【131】同上，第324頁。麥克格拉斯，如前所引，第258頁，羅伯特．考德里（Robert Cawdry），《難詞字母表》（*The Table Alphabetical of Hard Words*，一六〇四年），羅列了兩千五百個非常用或借用詞。

【132】海克斯特（Hexter）講到阿爾德斯，除了拉丁語之外，還推動了希臘語的發展。海克斯特，如前所引，第158頁。

第十八章

【1】 賈丁，《世界貨物》，倫敦：麥克米倫出版社，1996年，第13-15頁。

【2】 哈利．埃爾默．巴恩斯，《西方智力文化史》，卷二，紐約，Dove出版社，1965年，第549頁。

【3】 查理斯．霍莫．哈斯金斯，《十二世紀的文藝復興》，麻薩諸塞坎布里奇：哈佛大學出版社，1927年，儘管威廉．賈斯特．喬丹在《中世紀的歐洲》一書中懷疑是否十二世紀眞的見證「一系列傑出的人物」。

【4】 歐文．潘諾夫斯基（Erwin panofsky），《西方藝術的復興與復活》，斯德哥爾

摩：阿爾姆維斯特與韋克塞爾，1960年，第3頁、25頁、162頁。

【5】 諾曼．康得，《瘟疫的甦醒》，紐約：哈珀柯林斯出版公司，2001年，第203頁。

【6】 同上，第204-205頁。關於佛羅倫斯與瘟疫，參見基恩．布魯克，《佛羅倫斯的文藝復興》（*Renaissance Florence*），洛杉磯：加利福尼亞大學出版社，1983年，第40頁及後文。

【7】 保羅．F．葛蘭德勒，《論義大利文藝復興時期的學校教育：文化教育與學習，一三〇〇～一六〇〇》，巴爾的摩與倫敦：約翰．霍普金斯大學出版社，1989年，第410頁。

【8】 同上，第43頁。

【9】 同上，第122-124頁。

【10】 又譯做《計算書》。——譯者注

【11】 同上，第72-73頁。

【12】 同上，第310-311頁。

【13】 同上，第318-319頁。

【14】 豪爾，《文明的城市》，如前所引，1998年，第78頁。

【15】 這種工具我們現在還在使用——譯者注

【16】 R．A．戈德斯維特，《佛羅倫斯文藝復興的構建：經濟社會史》，巴爾的摩：約翰．霍普金斯大學出版社，1989年，第20-22頁。

【17】 基恩．布魯克，《佛羅倫斯的政治與社會，一三四三～一三七八》，新澤西普林斯頓：普林斯頓大學出版社，1962年，第33頁及後文，舊式商人與新式商人。

【18】 G．霍姆，《佛羅倫斯、羅馬與文藝復興的根源》，牛津：牛津大學出版社，1986年，第39頁。布魯克，如前所引，第71頁。

【19】 R．S．洛佩茲，《中世紀歐洲的貿易：南方》，M．珀斯坦等人（編輯），《劍橋歐洲經濟史》，卷2：《中世紀的貿易與工業》，英格蘭劍橋：劍橋大學出版社，1952年，第257頁及後文。

【20】 豪爾，如前所引，第81頁。

【21】 J．拉莫爾（J. Lamer），《但丁與彼特拉克時代的義大利：一二一六～一三八〇》，倫敦：朗文出版社，1980年，第223頁。

【22】 豪爾，如前所引，第81頁。羊毛工業顯出了資本主義萌芽的各個不同方面。例如，兩百個羊毛公司大多有兩個甚至更多的拉奈瓦立（Lanaiuoli）——工業生產的投資人，一般不參與管理；而管理工作一般由領取薪水的代理人負責，其麾下有多至一百五十人——染工、漂洗工、織工和紡工。一四二七年人口普查時，羊毛商人在佛羅倫斯各行業從業人數中排在鞋匠和公證人之後，處於第三位。資本主義的精神也隨著公司數目越來越少、公司規模越來越大而更加明顯。公司數目從一三〇八年至一三三八年間由三百家減少為兩百家。「的確有人發了財但也有人破了產」。同上，第83頁。拉莫爾，如前所引，第197頁。

【23】 豪爾，如前所引，第84頁。布魯克，如前所引，第105頁。吟游詩人家族的傲慢態度。

【24】 豪爾，如前所引，第85頁。

【25】 布魯克，如前所引，第105頁。商人與貴族之間價值觀的衝突。

【26】 豪爾，如前所引，第101頁。

【27】 同上，第87頁。

【28】 布魯克，如前所引，第217-218頁，具有相同思想群體的會議。

【29】 豪爾，如前所引，第94-95頁。

【30】 同上，第98頁。

【31】 對於畫家和雕塑家而言，最基本的單位就是工作室，經常製作各種各樣的物品。例如，波提切利就製作大箱子或婚禮櫃子和橫幅。像現代的工匠一樣，師傅和徒弟一起幹活。基蘭達約、拉斐爾和佩魯基諾（Perugino）等人都有工作室，都是家庭作坊。豪爾，如前所引，第102-103頁。M．萬科納傑爾，《佛羅倫斯文藝復興藝術家的世界：專案與資助人，工作室與市場》，新澤西普林斯頓：普林斯頓大學出版社，1981年，第

309-310頁。由A．朗茲斯翻譯。

【32】布魯克，如前所引，第215-216頁。

【33】豪爾，如前所引，第108頁。

【34】布魯克，如前所引，第26頁。

【35】豪爾，如前所引，第98頁、106頁。

【36】同上，第108頁。

【37】布魯克，如前所引，第214-215頁，但丁的任務。

【38】D．黑（D. hay），《歷史背景下的義大利文藝復興》，英格蘭劍橋：劍橋大學出版社，1977年，第139頁。

【39】豪爾，如前所引，第110頁。

【40】同上。

【41】同上，第371頁。

【42】威廉．克里甘與戈登．布拉登，《文藝復興的思想》，巴爾的摩與倫敦：約翰．霍普金斯大學出版社，1989年，第7-8頁。

【43】塔那斯，《西方心靈的激情》，如前所引，第212頁。

【44】詹姆斯．哈斯金斯（James Haskins），《義大利文藝復興的柏拉圖》，雷登：E．J．布里爾，1990年，卷一，第95頁。

【45】漢斯．拜倫，《早期義大利文藝復興的危機：古典主義時代的公民人文主義和共和自由與專制》（兩卷），新澤西普林斯頓：普林斯頓大學出版社，1955年，卷一，第38頁。

【46】同上，費奇諾發現柏拉圖比亞里斯多德更合其意的原因（最近剛得到前面提及的事實）是他相信行爲比行爲的原因更能使我們動搖，身體力行的範例（蘇格拉底的生活方式）要比亞里斯多德式的道德說教好得多。

【47】塔那斯，如前所引，第214頁；布魯克，如前所引，第228頁。哈斯金斯，如前所引，第295頁。

【48】塔那斯，如前所引，第216頁。哈斯金斯，如前所引，第283頁。

【49】巴恩斯，如前所引，第556頁。

【50】同上，第558頁。

【51】A．J．克雷爾什摩爾，《伊拉斯謨斯》，A．J．克雷爾什摩爾（編輯），《歐洲大陸的文藝復興》，倫敦：企鵝出版社，1971年，第393-394頁。

【52】麥克格拉斯，如前所引，第253頁及後文。克雷爾什摩爾（編輯），如前所引，第47頁及後文。關於蒙田。

【53】巴恩斯，如前所引，第563頁。

【54】同上。

【55】布朗諾夫斯基與麥茲利希，《西方思想傳統》，紐約：哈珀柯林斯出版社，1960年，第61頁。

【56】克里甘與布拉登，如前所引，第77頁。

【57】布朗諾夫斯基與麥茲利希，如前所引，第67頁。

【58】克雷爾什摩爾（編輯），如前所引，第388-389頁。《格言》背景及其成就。

【59】巴恩斯，如前所引，第564頁。

【60】同上，第565頁。

【61】布朗諾夫斯基與麥茲利希，如前所引，第72頁。同時可參見前引：穆那，第339頁。伊拉斯謨斯記錄路德其他方面。

【62】法蘭西斯．阿莫斯－路易斯與瑪麗．羅傑斯（編輯），《文藝復興時期藝術美的概念》（*Concepts of Beauty in Renaissance Art*），奧爾德肖特：阿什蓋特出版社，1998年，第203頁。

【63】彼得．伯克，《文藝復興時期義大利的文化與社會（一四二〇～一五四〇）》，倫敦，班茲福德出版社，1972年，第189頁。

【64】同上，第191頁。

【65】克里甘與布拉登，如前所引，第17頁。

【66】伯克，如前所引，第191頁。

【67】克里甘與布拉登，如前所引，第11頁。

【68】同上，第19-20頁。甚至但丁家庭的早期經濟紀錄──之前更早一些時間──也爲「子孫後裔」保存著。好像這些紀錄就像某種文學檔案文件可以換錢。同上，第42-43頁。

【69】同上，第62頁。

【70】伯克，如前所引，第194頁。布魯克，如前所引，第100頁。批評伯克哈特和

他所得出的結論。

【71】伯克，如前所引，第195頁。

【72】同上，第197頁。

【73】豪爾，如前所引，第90頁。布魯克，如前所引，第218-220頁。

【74】塔那斯，如前所引，第225頁。

【75】彼得·伯克，介紹約伯·伯克哈特，《義大利文藝復興的文明》，倫敦：企鵝出版社，1990年，第13頁。

【76】他們甚至感到他們可以戰勝死亡，感到可以獲得一絲微名，延續他們的生命，讓人們記住他們。比如，十五世紀的墳墓雕塑完全與死亡沒有關係。伯克，《文藝復興時期義大利的文化與社會》，如前所引，第201頁。

【77】同上，第200頁。布魯克，如前所引，第223-225頁。布拉齊奧利尼和佛羅倫斯人對於金錢和名譽的態度。

【78】伯克，如前所引，第201頁。

第十九章

【1】有多處說明。如赫伯特·盧卡斯·SJ，《佛拉·基洛拉莫·薩沃納洛拉》，倫敦：Sands公司，1899年，第40頁；皮爾·凡·派森，《火之冠：基洛拉莫·薩沃納洛拉的時代》，倫敦：哈奇森出版公司，1961年，第173頁及後文，薩沃納洛拉的其他戰術。

【2】伯克哈特，《義大利文藝復興》，如前所引，第302-303頁。同時可參引：穆那，《信仰》，奧蘭姆出版社，2002年，第334-335頁，其他注解。

【3】伊莉莎白·可倫坡，介紹法蘭西斯·阿莫斯－路易斯和瑪麗·羅傑斯（編輯），《文藝復興時期藝術美的概念》，奧爾德肖特：阿什蓋特出版社，1998年，第1頁。

【4】同上，第2頁。伯克哈特，如前所引，第2卷，第351頁。

【5】濃淡遠近法用來處理可視物體的變化趨勢，隨著與觀察者距離的增大，物體的聲音變得越來越小，而顏色變得越來越藍，這源於大氣密度的變化（這就是爲什麼做爲背景的山巒看起來是帶著青色的）。彼得和琳達·默里，《藝術與藝術家辭典》（第七版），倫敦：企鵝出版社，1997年，第337-338頁。

【6】這是密烏克斯主教，他在長詩《奧維德教化》中說，彼得·伯克的神話在許多基督教指南中都能找到。同時可參考穆那，如前所引，第335頁，在薩沃納洛拉影響下波提且利的改變。

【7】寓言文學適時地成熟了起來，隨著像費奇諾學派在佛羅倫斯之外的城市的推廣，解讀寓言成了其追隨者的一大榮耀。寓意畫書開始出現，通常在圖畫旁邊有一幅神話畫作和幾行解釋寓意的詩句。比如維納斯就是一隻腳站在一隻龜的上面，告誡人們女人是應當待在家裡的，還要知道什麼時候該管住自己的嘴巴。參考：彼得·沃森，《智慧和力量：文藝復興名著傳記》，紐約：雙日出版社，1989年，第47頁。箴言也是在當時出現的，它主要是爲個人所設計的，由一張肖像和圖文組成，用來紀念某個人的一生中重要的事情，或是他的秉性。箴言不是以藝術形式出現的，它通常是一個獎章、雕塑或浮雕，後者常常放在個人的臥室中，人們在睡覺前閱讀他的文字便可以進行反思。在十六世紀還出現了很多大受歡迎的小冊子，比如利利奧·格勒高里奧·吉拉爾迪寫的《衆神的起源》（一五四八年），納達爾·康迪的《衆神的肖像》（一五五六年）。康迪對這些書的意義作出了最好的解釋：從上古時代開始，首先是埃及，然後是希臘，思想者們故意將科學和哲學的眞理隱藏在神話的面紗之後，這是爲了使它們不受粗俗平民的褻瀆。他因此寫書揭示那些他認爲是被隱藏起來的資訊，諸如自然的祕密和道德教育之類。尙·瑟茲奈克總結那個時代的精神時說，寓言畫開始被認爲是「表現可見的思想」的一種方式。尙·瑟茲奈克，《倖存的異教徒衆神》，普林斯頓，新澤西：普林斯頓大學出版社／珀

林根系列，1972/1995年。

【8】 翁貝托．艾柯（休．布雷丁翻譯），《中世紀的藝術和美》（*Art and Beauty in the Middle Ages*），紐黑文和倫敦：耶魯大學出版社，1986/2002年, 第116-117頁。

【9】 同上，第114頁。

【10】 阿莫斯－路易斯和羅傑斯（編輯），如前所引，180-181頁。

【11】 多羅希．寇尼斯貝格爾，《多才多藝的人與創造性思維》（*Renaissance Man and Creative Thinking*），海瑟克斯，蘇塞克斯：收穫者出版社，1979年，第236頁。

【12】 伯克哈特，如前所引，第102頁。

【13】 寇尼斯貝格爾，如前所引，第13頁。

【14】 同上，第19-21頁。

【15】 同上，第22頁。同時可參引布魯克，如前所引，第240頁。

【16】 伯克，《義大利文藝復興時期的文化與社會》，如前所引，第51-52頁。

【17】 阿莫斯－路易斯和羅傑斯（編輯），如前所引，第113-114頁。

【18】 伯克，如前所引，第51-52頁。

【19】 同上，第55-56頁。布魯克，如前所引，第243頁，布朗尼萊斯奇也「學了一些數學」。

【20】 阿莫斯－路易斯和羅傑斯（編輯），如前所引，第32-35頁。

【21】 同上，第33頁。

【22】 寇尼斯貝格爾，如前所引，第31頁。

【23】 阿莫斯－路易斯和羅傑斯（編輯），如前所引，第81頁。

【24】 同上，第72頁。

【25】 人文主義對於藝術的影響之一是引入了ekphrasis的概念。有些畫作，經典作家見過，但現在已經消失。基於對這些畫作的描寫而進行的再次創作就是ekphrasis。以這種方式，文藝復興時期的藝術家們效仿古代的藝術家。比如，普林尼講過一個著名的故事，那是宙克西斯獲得一張葡萄的圖，它是如此眞實，以致鳥兒都誤以爲是眞的葡萄而飛下來啄食。同樣的，菲拉萊特也講了一個喬托和希瑪布的故事，喬托形如畫蒼蠅的時候，他的主人希瑪布以爲那是眞的，所以用了一塊布驅趕它們。同上，第148頁。

【26】 伯克，如前所引，插圖第148頁。

【27】 同上。

【28】 事實上，這種方法毫無作用。

【29】 沃森，如前所引，第31頁。

【30】 巴恩斯，如前所引，第929頁。

【31】 同上，第931頁。

【32】 耶胡迪．梅紐因和科蒂斯．W．大衛斯，《音樂人》，倫敦：梅蘇恩出版社，1979年，第83頁。

【33】 同上，第83頁。

【34】 同上，第84頁。

【35】 阿爾－法拉比認爲拉巴卜（一種擦弦樂器）與聲音最搭配。安東尼．貝恩斯（編輯），《樂器的演變》，倫敦：企鵝出版社，1961年，第216頁。

【36】 瓊．貝瑟等人（編輯），《管弦樂》，紐約：看板出版社，1986年，第17頁。參考，貝恩斯（編輯），如前所引，第68頁，關於畢達哥拉斯。同上，第53頁，聯繫蘆笛與樂器，參考約翰．西布雷茲和尼爾．賈西洛，《管弦樂的誕生：風俗的歷史，一六五〇～一八一五》，英格蘭劍橋：劍橋大學出版社，2003年。

【37】 阿爾佛雷德．愛因斯坦，《音樂簡史》，倫敦，卡塞爾，1936/1953年，第54頁。

【38】 巴恩斯，如前所引，第930頁。

【39】 貝恩斯，如前所引，第117頁，他說奧菲歐也用豎琴，第192頁。

【40】 巴恩斯，如前所引，第932頁。

【41】 霍爾，《城市的文明》，如前所引，第114頁。謝爾登．切尼（Sheldon Cheney），《戲劇：三千年》，倫敦，視覺，1952年，第266頁，只有三分之一的戲劇流傳下來。

【42】 霍爾，如前所引，第115頁。

【43】 理查．史東，《英國革命的起因，

一五二九～一六四二》，倫敦：羅德里奇&開根·保羅出版公司，1972年，第75頁。

【44】L·C·奈茲，《強生時代的戲劇與社會》，倫敦：查托&溫達斯出版社，1937年，第118頁。同時可參引切尼，如前所引，第261頁，戲劇興起背後的社會轉變。

【45】N·茲萬格（N. Zwager），《班·強生時期的倫敦》，阿姆斯特丹：斯威茲與茲特林格，1962年，第10頁。

【46】霍爾，如前所引，第125頁。

【47】同上，第126頁。

【48】參考安娜貝爾·派特森，《莎士比亞與流行話語》，牛津：布萊克威爾出版社，1989年，第20-21頁，不斷嘗試控制戲劇。

【49】參考切尼，如前所引，第264頁，另一個候選者。派特森，如前所引，第30頁，指出哈姆雷特的至少五個性格特徵是人們普遍具有的。

【50】霍爾，如前所引，第130頁，切尼，如前所引，第169頁。參考後面的資料來源，第271頁，對莎士比亞戲劇少有的無爭議的描繪。

【51】參考派特森，如前所引，第33頁，當時的文化分離，第49-50頁，莎士比亞對文盲的攻擊。

【52】哈樂德·布魯姆，《西方的教規》（*The Western Canon*），紐約：哈考特·布雷斯出版社，1994年，第46-47頁。

【53】同上，67-68頁。切尼，如前所引，第273頁，莎士比亞的改編和他被僱傭撰寫的文章。

【54】巴恩斯，如前所引，第620頁。

【55】克雷爾什伊莫爾（編輯），如前所引，第325頁，關於塞萊斯蒂娜。

【56】安格斯·佛萊徹，《思想的光芒》（*Colors of the Mind*），曼徹斯特劍橋：哈佛大學出版社，1991年。同時可參引，威廉·拜倫，《塞萬提斯》，倫敦：卡塞爾出版社，1979年，第124頁，關於勒潘托戰役，以及第427頁，關於唐吉訶德和桑丘·潘薩之間的關係。

【57】拜倫，如前所引，第430頁。

第二十章

【1】瓦萊利·佛林特，《克里斯多佛·哥倫布的想像世界》，普林斯頓，新澤西和倫敦：普林斯頓大學出版社，1992年，第115頁。

【2】比阿特麗斯·帕斯特·波德莫，《征服的鎧甲》，史丹佛，加利福尼亞：史丹佛大學出版社，1992年，第10-11頁。

【3】約翰·派克，《發現》，紐約，斯克雷納出版社，1972年，第15頁。

【4】同上，第16頁。

【5】同上，第18-19頁。

【6】哥倫布的船隻大小和速度，參考E·凱卜·查特斯，《航海》（*Sailing the Seas*），倫敦：查普曼和霍爾出版社，1931年，150-151頁。

【7】派克，如前所引，第24頁。

【8】同上，第25頁。

【9】同上，第26頁。

【10】亞歷山大為了證明這一點，就派了他非常信任的一名軍官涅徹斯（Nearchus）起航向西回到波斯，在那裡和亞歷山大會合。涅徹斯的船隊遇到了很多事故——遇到了以捕魚為生的人，他們甚至用魚肉做麵包；他還看到了可怕的鯨魚，牠噴出來的水像是間歇泉一樣；他的船隊還被大風吹散了，但是一些船隻還是到達了目的地，涅徹斯和亞歷山大在波斯灣會合，由此他們發現了水路和陸路到達印度的兩種方式。派克，參前引，第30-32頁。

【11】同上，第33頁。

【12】約翰·諾貝爾·威爾福特，《繪圖師》（*The Mapmakers*），紐約，溫特出版社，1982年，第19-20頁。

【13】艾拉托色尼的世界地圖，參考，伊恩·卡梅倫，《礦脈和晚星：海上探險傳奇》（*Lode Stone and Evening Star:The*

Saga of Exoploration by Sea），倫敦：霍德&斯托頓出版公司，1965年，第32頁。

【14】派克，如前所引，第48-49頁。

【15】同上，第50頁。

【16】伊芙琳·艾迪生（Evelyn Edson），《時空地圖》，倫敦：大不列顛圖書館，1997年，第108-109頁，其中包括了在東方的天堂，那是一個陽光的光束照耀下的島嶼，有四條河從中流出。

【17】派克，如前所引，第54頁。

【18】同上，第55頁。

【19】參考，垂吉·J·奧爾森（Tryggi J. Oleson），《早期航行和北方的通路，一〇〇〇～一六三二》，牛津和紐約：牛津大學出版社／麥柯克蘭德·斯圖爾特，1964年，第100頁，其他神話般的航行。

【20】諾貝爾·威爾福特，如前所引，第38頁。

【21】派克，如前所引，第62頁。

【22】同上，第63頁。

【23】奧爾森，如前所引，第101頁，布倫丹到達聖勞倫斯。

【24】同上，第6章。菲力浦，《中世紀歐洲的擴張》牛津：牛津大學出版社，1988年，第166-179頁，中世紀美洲的發現。保存在耶魯大學的《文蘭地圖》據稱是一四四〇年成書，但它卻是一本僞造物，由此我們知道，這些西方的島嶼一直都在地圖繪製者的思想中，他們因此而形成了對北大西洋地區的固有觀念。

【25】派克，如前所引，第83頁。菲力浦，如前所引，第192頁，祭祀王約翰和亞歷山大的傳奇。

【26】波德莫，如前所引，第13-14頁。菲力浦，如前所引，第69頁。

【27】派克，如前所引，第89頁。

【28】波德莫，如前所引，第15頁。

【29】穆那，如前所引，第188頁，馬可·波羅的其他冒險。

【30】羅斯·E·鄧恩（Ross E. Dunn），《伊本·巴圖塔歷險記》，洛杉磯和伯克利：加利福尼亞大學出版社，1986/1989年。菲力浦，如前所引，第113頁，比薩的魯斯提契洛。

【31】佛林特，如前所引，第3頁。

【32】同上，第7頁。

【33】這種形勢與當時的道德情況相一致，暗示了艱苦的攀升旅程。

【34】佛林特，如前所引，第9頁。

【35】當時人們認爲世界上只有三大洲——歐洲、亞洲和非洲，繪圖者把世界粗略的描繪成一個圓形，三大洲當中最大的亞洲占據了上面的半圓同上半部是一個「T」，T的縱線代表地中海，橫線的左右代表多瑙河和尼羅河，被T分割開的兩部分就是歐洲與非洲。這張世界地圖後來被人們稱爲「T-O地圖」。佛林特，第10頁。

【36】同上，第26頁。

【37】同上，第36頁。

【38】波德莫，如前所引，第13頁。

【39】佛林特，如前所引，第40頁。關於撒母耳·莫里森的《水手——克里斯多佛·哥倫布》，由歐文·雷茲繪圖，倫敦：費伯出版社，1956年，第103頁。

【40】佛林特，如前所引，第42頁。

【41】波德莫，如前所引，第15頁。

【42】佛林特，如前所引，第53頁。

【43】按照他的解讀，應該建立一個委員會來管理他發現的第一個島嶼。約阿希姆·G·利思，《地平線外的世界》（*World beyond the Horizon*），休·麥雷克翻譯，紐約：克諾夫出版公司，1955年，第73頁。

【44】同上，第44頁。

【45】波德莫，如前所引，第4章，其中包括對於用來建立新社會的典範的討論。

【46】佛林特，如前所引，第95頁。

【47】同上，第96頁。

【48】J·D·伯納爾，《人類的擴張：早期的物理學歷史》，倫敦，威登菲爾&尼克森出版社，1954年，第124-127頁。

【49】J·H·帕里，《勘測時代》（*The Age of Reconnaissance*），倫敦：威登菲爾&

尼克森出版社，1963年，第100頁。同時可參引，艾迪生，如前所引，特別是第一章，和諾貝爾．威爾福特，如前所引，第四、五章，第34-72頁。

【50】帕里，如前所引，第103頁。

【51】同上，第105頁。

【52】同上，第106頁。

【53】諾貝爾．威爾福特，如前所引，第75頁。

【54】帕里，如前所引，第112頁。

【55】諾貝爾．威爾福特，如前所引，第75頁。

【56】每二十四小時，被稱爲北極星的守衛者的星星們便會圍著它轉一個整圈。每夜星星會轉一圈，並且沿著旋轉點成一排，指向小熊星。在圓圈的周邊有一系列的標誌，指示著在一年不同的日子裡，午夜時分所在的不同角度。這是測量每一年的每一天午夜的一個原始方法。諾貝爾．威爾福特，參前引，第77頁。

【57】同上，第79頁。

【58】同上，第82頁。

【59】在大西洋，潮汐的水流尤其重要。人們必須知道在哪處潮水比地中海高出或低出幾英尺，還要知道墨西拿（Messina）海峽最危險的海流在哪裡。潮汐與月亮的關係現在變得引人注目，因爲那會影響到在大西洋沿岸海港的停泊。諾貝爾．威爾福特，如前所引，第85頁。

【60】帕里，如前所引，第98頁。菲力浦，如前所引，第194頁，北極星消失的暗示。

【61】帕里，如前所引，第63頁。

【62】同上。

【63】對乘坐大型船隻出海的生動描寫。參考：查特頓，如前所引，第139頁。

【64】帕里，如前所引，第58頁。參考：查特頓，如前所引，第144頁，三角帆傳動技術的發展和它在一五七一年勒潘托戰役中的應用。這種技術可以使船更順利地利用風來航行。同時可參考142頁圖例。

【65】隆納德．J．沃特金斯，《未知的海洋：瓦斯科．達．伽馬怎樣打開通向東方之門》，倫敦：約翰．默里出版公司，2003年，第118頁。

【66】帕里，如前所引，第140頁。

【67】他還在馬拉巴爾海岸發現了使用敘利亞式禮拜儀式的基督徒。穆那，如前所引，第553頁。

【68】帕里，如前所引，第149頁。

【69】波德莫，如前所引，第10頁。

【70】海里就是1度緯度所對應的經線長度，等於2025碼，大致是1法定英里的1/4多一點，即1760碼。

【71】帕里，如前所引，第151頁。

【72】菲力浦．佛爾納恩德茲－阿爾莫斯托，《哥倫布和難以置信的征服》，倫敦：威登菲爾&尼克森出版社，1974年，第166-167頁。

【73】帕里，如前所引，第154頁。同時可參引：彼得．馬特，《德．奧爾波．諾沃》（*De Orbo Novo*），F．A．麥克納特編譯，紐約，1912年，第一卷，第83頁，引自帕里，同上。

【74】同上，第159頁。

第二十一章

【1】戴蒙德（Diamond），《槍炮、病菌與鋼鐵：人類社會的命運》（*Guns, Germs and Steel*），倫敦：凱普出版社, 1997年。

【2】同上，第140頁。

【3】J．H．艾略特（J. H. Elliott），《舊世界和新世界》（*The Old World and the New*），英格蘭劍橋：劍橋大學出版社／坎托，1970/1992年，第7頁。

【4】同上，第8頁。

【5】同上。

【6】比阿特麗斯．帕斯特．波德莫（Bodmer），《征服的鎧甲》，史丹佛，加利福尼亞：史丹佛大學出版社，1992年，第33頁。

【7】艾略特，如前所引，第9頁。

【8】同上，第9-10頁。

【9】 波德莫，如前所引，第65-66頁和第88頁。關於戈馬拉的闡述，參見邁克·D·科（Michael D. Coe），《破譯馬雅密碼》（Breaking the Maya Code），倫敦和紐約：泰晤士&哈德遜出版社，1992年，第78頁。

【10】 艾略特，如前所引，第10頁。

【11】 同上，第11頁。

【12】 同上，第12頁。但是，參見傑克·P·格林（Jack P. Greene），《美洲智力構建》（*The Intellectual Construction of America*），教堂山：北加利福尼亞出版社，1993年，第15頁，美洲人的期望，

【13】 波德莫，如前所引，第12頁。

【14】 艾略特，如前所引，第15頁。

【15】 最初的探險者也有粗野的一面。參見瓊吉姆·G·利思（Leithuser），《地平線外的世界》，休·麥雷克翻譯，紐約：克諾夫出版公司，1955年，第38頁及後文，闡述哥倫布用來使他的隊員保持平靜的訣竅。

【16】 同上，第24頁。

【17】 波德莫，如前所引，第32頁。

【18】 艾略特，如前所引，第25頁。

【19】 同上，參見布萊恩·穆那（Brian Moynahan），《信仰》（*The Faith*），倫敦：奧蘭姆出版社，2002年，第510頁。

【20】 艾略特，如前所引，第29頁。

【21】 在比較科學的另一方面，儘管新大陸有許多野生動物，印第安人最害怕的還是西班牙的大獵犬。這種動物在人的指示下有時將印第安人撕成碎片。利思，如前所引，第160-161頁。

【22】 波德莫，如前所引，第212-213頁。

【23】 艾略特，如前所引，第34頁。

【24】 同上，第36頁。

【25】 同上，第37頁。

【26】 利思，如前所引，第165-166頁，印第安人關於這些活動的圖畫。

【27】 波德莫，如前所引，第60-61頁。

【28】 艾略特，如前所引，第38頁。

【29】 同上，第39頁。

【30】 阿科斯塔有一種理論認爲，在新世界，礦物就像植物一樣「生長」。波德莫，如前所引，第144-145頁。

【31】 艾略特，如前所引，第39頁。

【32】 同上，第39-40頁。

【33】 艾金·G·庫什納廖夫（Evgenii G. Kushnarev），由E. A. P. 克朗哈特·沃恩編輯和翻譯，《白令海峽的發現》（*Bering's Search for the Strait*），波特蘭：俄勒岡歷史學會出版社，1990年［最早於一九六八年在列寧格勒（即現在的聖彼得堡）出版］。關於卡地亞和尼柯萊，見菲力浦斯（J. R. S. Phillips），《中世紀歐洲的擴張》（*The Medieval Expansion of Europe*），牛津：牛津大學出版社，1988年，第259頁。

【34】 艾略特，如前所引，第40頁。

【35】 波德莫，如前所引，第209頁及後文，關於這種環境中「殘暴行爲」涵義的討論。同時參見：P·J·馬歇爾（P. J. Marshall）和格林多·威廉斯（Glyndwr Williams），《人類的偉大地圖：啓蒙時代對世界的理解》（*The Great Map of Mankind: Perceptions of the World in the Age of Enlightenment*），第7章（187頁及後文）《土著人的文明和野蠻：北美印第安人的觀念》，倫敦：登特出版社，1982年。

【36】 利思，如前所引，對墨西哥特諾茲提朗（Tenochtitlán）及其複雜的工程和藝術作品的生動描寫。

【37】 艾略特，如前所引，第42-43頁。

【38】 波德莫，如前所引，第67頁。

【39】 艾略特，如前所引，第43頁。

【40】 安東尼·派格登（Anthony Pagden），《自然人的失敗》（The Fall of Natural Man），英格蘭劍橋：劍橋大學出版社，1982年，第39頁。

【41】 同上，第49頁。參見穆那，如前所引，第508頁，關於背後的法律思考。

【42】 這種觀點認爲印第安人有一天會成爲自由人，但是在這一天到來之前，他必須「在西班牙國王的監護之下」。派格

登，如前所引，第104頁。

【43】 喬納森·賴特（Jonathan Wright），《耶穌會士：使命、神話和史學家》（*The Jesuits: Mission, Myths and Historians*），倫敦：哈珀柯林斯出版社，2004年，第23頁。參見波德莫，如前所引，第143-144頁。參見穆那，如前所引，第510頁。

【44】 派格登，如前所引，第45頁。

【45】 同上，第46頁。

【46】 穆那，如前所引，第510頁。波德莫，如前所引，第144頁。

【47】 派格登，如前所引，第119頁。

【48】 關於美洲詳細地圖的發展，參見利思，如前所引，第197頁及後文。

【49】 艾略特，如前所引，第49頁。

【50】 派格登，如前所引，第164頁。

【51】 同上，第174頁。

【52】 也有一種理論認爲世界上貴金屬集中在接近赤道的一個傳說中的地方，美洲土著人知道這個地方在哪裡。阿科斯塔，《印第安人的道德自然史》（*Historia Natural y Moral de las Indias*），馬德里，1954年，第88-89頁，在波德莫前引書，第155頁中被引用。

【53】 艾略特，如前所引，第49-50頁。

【54】 同上，第51頁。

【55】 同上，第52頁。

【56】 阿爾文·M·約瑟夫（Alvin M. Josephy Jr）編輯，《一四九二年的美洲》（*America in 1492*），紐約：古典書局，1991/1993年，第6頁。

【57】 威廉·麥克萊什（William McLeish），《美洲形成之前》（*The Day Before America*），波士頓：霍頓·米夫林出版公司，1994年，第168頁。

【58】 而且，蘇族和其他因平原勇士而出名的部族，在一四九二年還未在平原上居住。約瑟夫（編輯），如前所引，第8頁。

【59】 同上，第34頁。

【60】 J·C·佛納斯（J. C. Furnas），《美洲：美國社會史（一五八七～一九一四）》（*The Americas: A Social History of the United States, 1587-1914*），倫敦：朗文出版社，1970年，其中包括歐洲人試圖從印第安人那裡學習的事情的細節。

【61】 約瑟夫（編輯），如前所引，第76頁。

【62】 同上，第170-171頁。

【63】 麥克萊什，如前所引，第131頁。

【64】 同上，第195頁。

【65】 同上，第196頁。

【66】 同上，第194頁。

【67】 三十一種馬雅語言的分類和時間深度的圖表，見：約瑟夫（編輯），如前所引，第251頁。參見科，如前所引，第48頁。

【68】 約瑟夫（編輯），如前所引，第253頁。

【69】 同上。

【70】 同上，第254頁。

【71】 中部阿拉斯加的尤皮克（Yupik）印第安人因爲他們有許多表示雪的單詞而出名，他們會區分「地面上的雪」、「小雪」、「深而鬆軟的雪」、「就要崩落的雪」、「飄浮的雪」和「雪片」。約瑟夫（編輯），如前所引，第255頁。

【72】 同上，第262頁。

【73】 同上，第263頁。

【74】 佛納斯，如前所引，第366頁。說阿帕契族是最不容易接受耶穌會士轉化的部族。

【75】 約瑟夫（編輯），如前所引，第278頁。

【76】 同上，第291年。參見科，如前所引，第136頁，關於霍皮語語法和他們對世界的觀點的關係。

【77】 約瑟夫（編輯），如前所引，第294頁。

【78】 麥克萊什，如前所引，第233頁。

【79】 約瑟夫（編輯），如前所引，第309頁。

【80】 幾年後，以前的巫師的墓穴會被挖掘，他的剩餘物被焚燒後製成特殊的具有魔力的飲劑，後在特殊的儀式中食用，這

樣死去巫師的後來人能獲得他的一部分智慧。約瑟夫（編輯），如前所引，第312頁。

【81】同上，第326頁。

【82】同上，第329頁。

【83】同上。

【84】同上，第330頁。

【85】隆納德．賴特（Ronald Wright），《偷來的大陸：印第安人眼中的「新大陸」》（*Stolen Continents: The 'New World' Through Indian Eyes*），波士頓：霍頓．米夫林出版公司，1992年，考察了五種新世界文明——阿茲特克人、印加人、馬雅人、切羅基族人和易洛魁族人——和他們對於入侵的反應。例如，賴特描寫印加人巨大的貯藏系統、複雜的灌溉系統和他們對早期文明的綜合。這種努力令人著迷，先去了解印第安人的思想，然後研究他們在十七、十八和十九世紀對於他們領土的占領的反應。

【86】阿茲特克人／印加人的年表，見：約瑟夫（編輯），如前所引，第343頁。同時參見科，如前所引，第59-60頁。

【87】約瑟夫（編輯），如前所引，第343頁。

【88】同上，第367頁。

【89】同上，第372頁。

【90】同上。

【91】阿茲特克人的文字如何能得夠到發展的圖表，見科，如前所引，第118頁。

【92】約瑟夫（編輯），如前所引，第375頁。

【93】同上，第375-376頁。

【94】同上，第377頁。

【95】同上，第381頁。

【96】佛納斯，如前所引，第166頁。注意在阿茲特克人宗教和基督教在教育上的相似事物，包括與夏娃、魔鬼和大洪水相當的事物。

【97】約瑟夫（編輯），如前所引，第389頁。

【98】同上，第392頁。

【99】同上。

【100】馬雅人對待野生動植物的態度，見科，如前所引，第58頁。

【101】約瑟夫（編輯），如前所引，第402-403頁。

【102】同上，第408-409頁。

【103】同上，第409頁。

【104】同上，第412頁。

【105】印加人的「工程奇蹟」、覆金石和編製技能，見佛納斯，如前所引，第179頁及後文。

【106】同上，第413頁。

【107】同上，對神的討論，參見科，如前所引，第242-243頁。

【108】約瑟夫（編輯），如前所引，第413-414頁。

【109】神聖的其他方面在於，相似物的創作者被認爲對其所代表的人具有某種控制力，還在於所製作的物品比製作者更重要——更神聖。約瑟夫（編輯），如前所引，第416頁。

【110】同上；第417頁。

【111】同上，第419頁。

【112】特倫斯．格瑞德（Terence Grieder）是奧斯丁德克薩斯大學的藝術史教授，他將美洲的早期藝術與澳大利亞、玻利尼西亞、印尼和東南亞的早期藝術做了比較，提出了一些有趣的結論。他發現在這兩個區域有三種基本的文明，並且這三種文明的藝術在形式和象徵性的內容上的變化是有系統的，他認爲這個發現支援了這樣的觀點——美洲人是由三次不同的移民組成的。格瑞德的主要觀點是，有一種文化梯度表明在美洲和澳大利亞—東南亞大陸之間存在相似性。例如，在澳大利亞和南美洲大西洋海岸這些遠離歐亞大陸的地區發現了「最原始的人類」，這些地區居住著獵人和採集者，他們沒有永久性的居所，沒有農業或專門的技術。而美拉尼西亞人和北美洲大平原的居民定居在村莊中並發展農業。最後，在印尼、馬來西亞和菲律賓群島以及亞洲大陸和中美洲，有大量的人口居住在城鎮中，有石製的廟宇和專

門的職業。在兩個地區（一方面是從澳大利亞到東南亞，另一方面是美洲）相似的文明水準有相似的象徵藝術。

如格瑞德所稱，第一波以原始的外陰和陰莖、標記有杯子的石頭、臉和身體繪畫爲特點。第二波以聖樹或柱、面具和樹皮布爲代表。第三波表現出幾何符號（十字、方格圖案和S形圖案），並且經常表現宇宙（天空符號體系），這也反映在將洞穴和山用做神聖的場所，包括人工山或金字塔。第三波出現了紋身和樹皮紙書籍。當然，不同地區的不同波，符號體系會相互接觸、相互影響（特別是易洛魁族人的符號體系，是所有三波符號體系的混合體，血型分析支持了這個結論）。但是，格瑞德發現這三波符號體系依然很強大，很可能它們被二次創造過。他因此得出結論說，不僅美洲有三波移民，而且這三波移民和從東南亞到澳大利亞、塔斯馬尼亞島以及紐西蘭的移民相似。格瑞德，《前哥倫布時代藝術的起源》（*Origins of Pre-Columbian Art*），奧斯丁：德克薩斯大學出版社，1982年。

【113】「基督徒」的殺戮形式見：賴特，如前所引，第53-54頁和第165頁。參見穆那，如前所引，第513頁。

【114】艾略特，如前所引，第81頁和86頁。

【115】同上，第87頁。

【116】伯納德·路易斯（Bernard Lewis）和P·M·霍爾特（P. M. Holt），《中東的歷史學家》（*Historians of the Middle East*），牛津：牛津大學出版社，1962年，第184頁。

【117】整個過程的背後是這樣一種思想，這種思想始於教父——認爲文明以及與其相伴的世界強國穩步地從東向西轉移。因此，開始於美索不達米亞和波斯的文明已經被埃及、希臘、義大利、法國取代，而現在被西班牙所取代。對此，據說（當然是西班牙人說的）這種狀況會維持，「有海洋的控制和有力的保護，情況不會改變」。艾略特，如前所引，第94頁。奧利佛（Fernando Pérez de Oliva），*Las Obras*，Córdoba，1586年，第134頁及後文。

【118】艾略特，如前所引，第95頁。

【119】同上，第96頁。

【120】J·漢密爾頓伯爵（Earl J. Hamilton），《美洲財富和西班牙價格改革，一五〇一～一六五〇》，（*American Treasure and the Price Revolution in Spain, 1501-1650*），麻薩諸塞劍橋：哈佛大學出版社，1934年，第vii頁。

【121】沃爾特·普萊斯考特·韋伯，《偉大的邊疆》，倫敦：瑟克&瓦伯格出版社，1953年。旋轉器和兩種新的耕作方法的作用，見第239頁及後文。同時見：威爾伯·R·雅各（Wilbur R. Jacobs），《特納、博爾頓和韋伯：美國邊疆學的三位歷史學家》（*Turner, Bolton and Webb: Three Historians of the American Frontier*），西雅圖：華盛頓大學出版社，1965年。

【122】雖然邁克·科說，即使今天人們也不清楚，比方說，馬雅印第安人的人口數量。如前所引，第47頁。

【123】艾略特，如前所引，第65頁。

【124】《一流的注釋》（*Royal Commentaries*），利佛莫爾（Livermore）譯，第II部分〈祕魯的征服〉（'The conquest of Peru'），第647-648頁。引自艾略特，如前所引，第64頁。

【125】伊莉莎白·阿姆斯壯（Elisabeth Armstrong），《龍薩和黃金時代》（*Ronsard and the Age of Gold*），英格蘭劍橋：劍橋大學出版社，1968年，第27-28頁。

第二十二章

【1】曼徹斯特，《一個只能用火點燃的世界》，紐約和倫敦：小布朗出版公司，1992年，第132頁。

【2】同上，第130頁。

【3】同上，第131頁。

【4】曼徹斯特，如前所引，第134-135頁。

【5】 穆那，《信仰》，倫敦：奧蘭姆出版社，2002年，第346-347頁，特澤爾「禱告」的剩餘部分。

【6】 迪爾梅德·麥卡洛克，《改革：一四九〇～一七〇〇歐洲的宗教團體》，倫敦：艾倫·萊恩／企鵝出版社，2003年，第14頁。

【7】 同上，第17頁。

【8】 同上，第51頁。

【9】 同上，第73頁。

【10】 同上，第88頁。

【11】 同上，第113頁。

【12】 布魯諾夫斯基和麥茲利希，《西方思想史》，紐約：哈珀柯林斯出版社，1960年，第80頁。穆那，如前所引，第347頁。

【13】 布魯諾夫斯基和麥茲利希，如前所引，第81頁。

【14】 布林斯汀，《探索者》，紐約和倫敦：古典書局，1999年，第116頁，對這些論著是否眞被釘在大門上表示懷疑。

【15】 布魯諾夫斯基和麥茲利希，如前所引，第84頁。

【16】 麥卡洛克，如前所引，第123頁。

【17】 布魯諾夫斯基和麥茲利希，如前所引，第76頁。

【18】 穆那，如前所引，第350-351頁，關於路德跟教堂的戰鬥。

【19】 麥卡洛克，如前所引，第167頁。

【20】 麥卡洛克，如前所引，第134頁。

【21】 布魯諾夫斯基和麥茲利希，如前所引，第85頁。

【22】 同上。

【23】 卡基爾·湯普森（W. D. J. Cargill Thompson），《路德的政治思想》（*Luther's Political Thought*），哈索克斯，蘇瑟克斯：收穫者出版社，1984年，第28頁。

【24】 同上，第160頁。

【25】 布魯諾夫斯基和麥茲利希，如前所引，第88頁。

【26】 見後文關於內在性（Innerlichkeit）的討論。

【27】 穆那，如前所引，第352-353頁，關於路德的著作的巨大衝擊力和流行性。布林斯汀，見前引書，第115頁，認爲這些著作和路德所翻譯的《聖經》使德語成爲一種書面語言。

【28】 布林斯汀，如前所引，第119頁。

【29】 布魯諾夫斯基和麥茲利希，如前所引，第92頁。穆那，如前所引，第384-385頁。

【30】 布魯諾夫斯基和麥茲利希，如前所引，第93頁。

【31】 穆那，如前所引，第386頁。

【32】 布林斯汀，如前所引，第120頁。

【33】 布魯諾夫斯基和麥茲利希，如前所引，第94頁。穆那，如前所引，第386-387頁，有關宗教法庭的運作。

【34】 布林斯汀，如前所引，第121頁。

【35】 參見哈羅·霍普爾（Harro Höpfl，編輯和譯者），《路德和喀爾文在世俗世界的權威》（*Luther and Calvin on Secular Authority*），英格蘭劍橋：劍橋大學出版社，1991年。

【36】 布魯諾夫斯基和麥茲利希，如前所引，第96-97頁。

【37】 正是來到日內瓦的大批工匠開創了製錶業，至今瑞士仍以製錶而著稱。穆那，如前所引，第396頁。

【38】 在日內瓦，任何異議皆不被允許。但是來瑞士向喀爾文學習的外國人，例如約翰·諾克斯等，他們不得不返回各自的國家，而在他們的祖國，做爲少數派的他們經常要尋求宗教上的寬容。總的來說，當時的喀爾文主義者成爲「反絕對主義者」，支持少數派的權利。從某種意義上說，他們是民主主義的始祖。這是邁向現代政治思想的另外半步。布魯諾夫斯基和麥茲利希，如前所引，第99頁。

【39】 同上，第105-106頁。

【40】 曼徹斯特，如前所引，第193頁。

【41】 同上，第195頁。

【42】 背景請參看克萊頓（M. Creighton）的《從大分裂到羅馬大暴亂的教皇制度

史》（*A History of the Papacy from the Great Schism to the Sack of Rome*），倫敦：朗文出版社，1919年，第309頁。

【43】同上，第322-323頁。

【44】同上，第340頁。

【45】穆那，如前所引，第421頁。

【46】曼徹斯特，如前所引，第199頁。

【47】同上。

【48】同上，第201頁。一個教皇制度改革委員會於一五三六年成立，但是，天主教與新教徒之間的差別太大了。穆那，如前所引，第422-423頁。

【49】曼徹斯特，如前所引，第201-202頁。

【50】賈丁，《世界貨物》，倫敦：麥克米倫出版公司，1996年，第172頁。

【51】穆那，如前所引，第432頁

【52】同上，第440頁。

【53】湯瑪斯．莫爾甚至說亨利「比任何他之前的英國君主」都更有知識。曼徹斯特，如前所引，第203頁。

【54】同上，第203頁。

【55】麥克格拉斯，《最初：詹姆斯王聖經的故事》，倫敦：霍德&斯托頓出版公司，2001年，第72頁，有關翻譯的確定日期。

【56】曼徹斯特，如前所引，第204頁。

【57】同上。麥克格拉斯，如前所引，第72頁，有關科隆裹屍布的重新發現。

【58】麥克格拉斯，如前所引，第75-76頁，有關英語的品質。

【59】曼徹斯特，如前所引，第205頁。

【60】班巴．蓋斯科恩，《基督徒》，倫敦：喬納森．凱普出版社，1977年，第186頁。

【61】同上，第186頁。之後伏爾特總是被稱爲「馬褲裁縫」。

【62】麥卡洛克，如前所引，第226頁。

【63】麥克．穆勒（Michael A. Mullet），《天主教改革》（*The Catholic Reformation*），倫敦：羅德里奇出版社，1999年，第38頁。

【64】同上，第38-39頁。

【65】同上，第40頁。

【66】同上，第45頁。

【67】同上，第47頁。

【68】同上，第68頁。見雅克．勒．高夫，《煉獄時代》，見《中世紀的想像》，芝加哥：芝加哥大學出版社，1985年，第67-77頁。

【69】特倫特的影響：首先，教堂把反對新教主義的鬥爭看成是跟異端的戰爭，跟新教勢不兩立，就像是十二世紀他們對待卡特里教派那樣。例如，阿爾瓦公爵採取了恐怖統治，認爲這樣可以促進新教在西班牙下層人群中的傳播，他讓自己以十字軍戰士的形象出現在畫布上。瓦薩里授命在梵蒂岡畫兩幅畫，描述十六世紀七〇年代的兩個事件，「似乎這兩個事件是天主教會的兩個同等重要的勝利」。這兩個事件是：打敗土耳其海軍的雷班都（Lepanto）戰役和「巴黎無數的新教徒被從床上揪起並殺死在大街上」的聖巴托洛繆日（St Bartholomew's Day）慘案。對於這些可怕的「勝利」，天主教堂非常高興，還建了一座紀念碑，展示的是胡格諾教徒被屠殺的場景。蓋斯科恩，如前所引，第187頁。

【70】同上，第185頁。穆那，如前所引，第419頁。

【71】蓋斯科恩，如前所引，第419頁。

【72】同上，第186頁。

【73】同上，第189頁。

【74】穆那，如前所引，第558頁，有關塞維爾在日本的情況。

【75】蓋斯科恩，如前所引，第192-193頁；穆那，如前所引，第560-561頁，有關耶穌受難。

【76】麥卡洛克，如前所引，第586頁。

【77】同上，第587頁。

【78】同上，第589頁。

【79】同上，第651頁。

【80】魯道夫．維特科夫，《義大利的藝術和建築：一六〇〇～一七五〇》（*Art and Architecture in Italy: 1600-1750*），倫敦：企鵝出版社，1958/1972年，第1

頁。

【81】 同上。

【82】 熱爾曼・巴贊（Germain Bazin），《巴洛克》（*The Baroque*），倫敦和紐約：泰晤士&哈德遜出版社，1968年，第36頁，關於著名藝術家的宗教信仰。

【83】 維特科夫，如前所引，第12頁。

【84】 聖・彼得大教堂的許多彩色大理石都來自古代的建築。維特科夫，如前所引，第10頁。

【85】 彼得和琳達・默里，《藝術與藝術家辭典》（第七版），倫敦：企鵝出版社，1997年，第38頁。

【86】 維特科夫，如前所引，第17頁。

【87】 巴贊，如前所引，第104-105頁。

【88】 維特科夫，如前所引，第18頁。

第二十三章

【1】 赫伯特・巴特菲爾德（Herbert Butterfield），《現代科學的起源（一三〇〇～一八〇〇）》（*The Origins of Modern Science, 1300-1800*），紐約：自由出版社，1949年出版，1957年修訂。

【2】 瑪格麗特・J・奧斯勒（Margaret J. Ostler）編輯，《反思科技革命》（*Rethinking the Scientific Revolution*），英格蘭劍橋：劍橋大學出版社，2000年，第25頁。

【3】 J・D・伯納爾，《歷史上的科學》（*Science in History*），第一卷，倫敦：企鵝出版社，1954年，第132頁。

【4】 同上，第133頁。參見迪爾梅德・麥卡洛克（MacCulloch），《改革：一四九〇～一七〇〇年歐洲的宗教團體》，倫敦：艾倫・萊恩／企鵝出版社，2003年，第78頁。參見理查・H・波普金（Richard H. Popkin），《十七世紀思想的第三種力量》（*The Third Force in Seventeenth-Century Thought*），萊頓：博睿學術出版社，1992年，第102頁。

【5】 托比・胡佛（Toby E. Huff），《伊斯蘭、中國及西方世界早期現代科學的誕生》（*The Rise of Early Modern Science in Islam, China and the West*），英格蘭劍橋：劍橋大學出版社，1993年，第73頁。

【6】 同上，第57頁及後文。

【7】 同上，第226頁。參見恩斯特・凱西爾（Ernst Cassirer），《象徵符號哲學》（*The Philosophy of Symbolic Forms*）第一卷《語言》，紐黑文：耶魯大學出版社，1953年，第230-243頁。

【8】 伯納爾，如前所引，第134頁。

【9】 湯瑪斯・庫恩（Thomas Kuhn），《哥白尼學說的革命：行星天文學和西方思想的發展》（*The Copernican Revolution: Planetary Astronomy and the Development of Western Thought*），麻薩諸塞劍橋：哈佛大學出版社，1957/1976年，第156頁。

【10】 同上，第157頁。

【11】 同上，第159頁。

【12】 儘管它的介紹被一位膽怯的編輯查禁了。布萊恩・穆那（Brian Moynahan），《信仰》（*The Faith*），倫敦：奧蘭姆出版社，2002年，第435頁。

【13】 庫恩，如前所引，第160頁。

【14】 同上，第166頁。

【15】 同上，第168頁。

【16】 穆那，如前所引，關於伽利略對《聖經》的態度：「它不是一本科學指南書。」

【17】 李奧納多已經畫出了西方的第一支步槍。庫恩，如前所引，第174頁。

【18】 同上，第183頁。

【19】 卡爾・波以耳（Carl Boyer）著，猶他・梅茲巴赫（Uta C. Merzbach）修訂，《數學史》（*A History of Mathematics*）（第二版），紐約：約翰・威利出版公司，1968/1991年，第326-327頁。

【20】 邁克・懷特（Michael White），《以撒・牛頓：最後的魔術師》（*Isaac Newton: The Last Sorcerer*），倫敦：Fourth Estate，1997年，第11頁。

【21】 庫恩，如前所引，第189頁。

【22】 波以耳，如前所引，第393頁。關於

華茲華斯，參見丹尼爾．布林斯汀（Boorstin）：《探索者：人類為了解世界而不斷追索的故事》（*The Seekers: The Story of Man's Continuing Quest to Understand His World*），紐約和倫敦：古典書局，1999年，第296頁。

【23】 波以耳，如前所引，第391頁。

【24】 庫恩，如前所引，第192頁。

【25】 波以耳，如前所引，第333頁。

【26】 同上，第317頁。參見布林斯汀，如前所引，第161頁。

【27】 波以耳，如前所引，第310-312頁。

【28】 同上，第314頁。

【29】 懷特，如前所引，第205頁。

【30】 波以耳，如前所引，第398頁。

【31】 J．D．伯納爾，《人類的擴張：早期的物理學歷史》，倫敦，威登菲爾&尼克森出版社，1954年，第207頁。

【32】 同上，第208頁。參見穆那，如前所引，第439頁，對於牛頓和伽利略關於《聖經》的不同態度。與伽利略不同的是，牛頓完全不受「限制」。

【33】 伯納爾，《人類的擴張：早期的物理學歷史》，如前所引，第209頁。

【34】 由舒梅爾．山伯斯基（Schmuel Shanbursky）編輯、導言和選編，《從蘇格拉底之前到量子論物理學家的物理學思想》（*Physical Thought from the Presocratics to the Quantum Physicists*），倫敦：哈欽森出版社，1974年，第310-312頁。

【35】 伯納爾，《人類的擴張：早期的物理學歷史》，如前所引，第212頁。

【36】 關於微積分劃分為微分和積分，見：山伯斯基（編輯），如前所引，第269頁和第302頁。G．麥克—唐納德·羅斯（G. Mac-Donald Ross），《萊布尼茲》（*Leibniz*），英格蘭劍橋：劍橋大學出版社，1984年，第31頁。

【37】 伯納爾，《人類的擴張：早期的物理學歷史》，如前所引，第217頁。

【38】 關於牛頓在光學方面著作的最佳修訂版本，參見山伯斯基（編輯），如前所引，第172頁和第248頁。參見R．E．派爾斯（R. E. Peierls），《自然法則》（*The Laws of Nature*），倫敦：艾倫&安文出版公司，1955年，第24頁和第43頁。

【39】 對於稜鏡的興趣，有另外一個十分不同而又十分簡單的理由。切割玻璃的品質一直在不斷提高，由此產生了一個裝飾燈的蓬勃發展。與其他各種燈具相比，它們能發出五彩斑斕的光。艾倫．麥克法蘭說科學革命本不該像這樣發生，但是玻璃的發展卻可以。很多偉大實驗中有十五個如果沒有玻璃就不可能實現。《泰晤士報高等教育副刊》（*Times Higher Educational Supplement*），2002年6月21日，第19頁。

【40】 伯納爾，《人類的擴張：早期的物理學歷史》，如前所引，第221頁。

【41】 山伯斯基（編輯），如前所引，第312頁。

【42】 威廉．懷特曼（William Wightman），《科學觀念的發展》（*The Growth of Scientific Ideas*），愛丁堡：奧利佛&鮑伊德出版社，1950年，第135頁。下一步應該是實現光以波的形式傳播。克利斯蒂安．惠更斯（Christiaan Huygens）藉由名聞天下的冰島晶石「魔力水晶」的幫助實現了這一突破。將一塊冰島晶石的水晶放在打開的書頁上，把它在書頁上輕輕一劃，你會觀察到書上的字顯示成原來的兩倍。再有，如果你拿水晶畫一個圈，兩個字就互相移動。惠更斯首先找到這種現象的解釋，他說我們可以假設光是以波的形式傳播的。伯納爾，《人類的擴張：早期的物理學歷史》，如前所引，第225-227頁。

【43】 詹姆斯．格雷（James Gleick），《牛頓傳》（*Isaac Newton*），倫敦：Fourth Estate哈珀柯林斯出版社，2003/2004年，第15頁。

【44】 伯納爾，《人類的擴張：早期的物理學歷史》，如前所引，第235-236頁。

【45】 威廉．A．勞西（William A. Locy），《生物學的發展》（*The Growth of Biol-*

ogy），倫敦：貝爾出版社，1925年，第153-154頁。

【46】卡爾．齊默（Carl Zimmer），《靈成肉身：腦的發現以及它是如何改變了世界》（*The Soul Made Flesh: The Discovery of the Brain and How It Changed the World*），倫敦：海涅曼出版社，2004年，第19頁。

【47】勞西，如前所引，第155頁。

【48】中世紀中期，教會仍然對解剖人體持敵對態度，但是，這種抵抗並非總是像表面所見的狀況。例如，一三〇〇年教皇卜尼法斯發布的訓令《埋葬》（*De Sepultis*）中，爲科學目的解剖屍體是被禁止的，但是，訓令的主要目的是阻止對十字軍戰士的屍體進行肢解，這樣可以更容易地將這些屍體運回國內，但也增加了疾病的風險。勞西，如前所引，第156-157頁。關於維薩利亞斯的製圖，參見查理斯．辛格（Charles Singer），《生物學史》（*A History of Biology*），倫敦和紐約：阿貝拉德－舒曼出版社，1959年，第103頁。

【49】同上，第82頁及後文。

【50】勞西，如前所引，第160頁。

【51】齊默，如前所引，第20頁。

【52】勞西，如前所引，第168頁。

【53】同上，第169頁及後文。參見威廉．S．貝克（William S. Beck），《現代科學和生命本質》（*Modern Science and the Nature of Life*），倫敦：麥克米倫出版公司，1958年，第61頁，關於伽林醫術的衰落。

【54】勞西，如前所引，第174頁。參見齊默，如前所引，第21頁，關於所有一切是如何改變了靈魂的觀念。

【55】勞西，如前所引，第175-176頁。

【56】亞瑟．羅奇（Arthur Roch）編輯，《生物學的起源與發展》（*The Origins and Growth of Biology*），倫敦：企鵝出版社，1964年，第178頁和第185頁。參見齊默，如前所引，第66頁。

【57】勞西，如前所引，第184頁。羅奇（編輯），如前所引，第175頁，關於哈威出版著作的目的的摘錄。

【58】他兩次提到了放大鏡。

【59】勞西，如前所引，第187頁。

【60】同上，第188頁。參見齊默，如前所引，第69頁。

【61】參見齊默，如前所引，第69頁，關於哈威的一些錯誤。

【62】勞西，如前所引，第196頁。

【63】同上，第197頁。

【64】羅奇（編輯），如前所引，第100-101頁。

【65】勞西，如前所引，第201頁。

【66】恩斯特．邁爾（Ernst Mayr），《生物學思想的發展》（*The Growth of Biological Thought*），麻薩諸塞劍橋：哈佛大學出版社的貝爾納普分社，1982年，第138頁。

【67】勞西，如前所引，第208頁。

【68】同上，第211頁。

【69】邁爾，如前所引，第321頁。

【70】勞西，如前所引，第213頁。

【71】羅奇（編輯），如前所引，第80頁及後文。

【72】勞西，如前所引，第216頁。

【73】同上，第217頁。

【74】後來他在青蛙的腳的蹼上，在小魚和鰻鱺的尾巴上，觀察到同樣的現象。

【75】邁爾，如前所引，第138頁。義大利的瑪律切洛．瑪律比基（Marcello Malpighi）和英國的納希米阿．格魯（Nehemiah Grew）將顯微鏡植入植物而不是動物體內。由探險家們從新大陸（和非洲）帶回來的新物種，使得他們對植物產生了濃厚的興趣。同上，第100-101頁。他們兩人都出版發行過關於植物解剖學方面的著作，更爲巧合的是，就在格魯的書從印刷商那兒寄出來的當天，瑪律比基的原稿被存放在倫敦的英國皇家學會。同上，第387頁。在瑪律比基的著作《植物解剖者》（*Anatome plantarum*）中，構成植物結構的細胞被叫做囊斑（utriculi），他觀察了植物體內

各種不同的細胞——那些攜帶氣體、體液等等的細胞，而同時在格魯的書《植物解剖學》（*The Anatomy of Plants*）中也有同樣的內容。同上，第385頁。但是，雖然同樣是觀察細胞，格魯在書中稱其爲「氣泡」，而且他並沒有進一步深入研究（後來其他人稱細胞爲「泡泡」）。他們兩個人都沒有認識到細胞是生命組織的基本構成成分，所有的有機結構都是由它構成的。這一觀點在兩個世紀之後才得到進一步發展。

【76】邁爾，如前所引，第100頁和第658-659頁。

【77】理查·塔那斯，《西方心靈的激情》，倫敦：皮姆利科出版社，1991年，第272頁。

【78】同上，第273頁。參見布林斯汀，如前所引，第155頁和第158頁。

【79】塔那斯，如前所引，第274頁。

【80】羅伯特·默頓（Robert Merton），《十七世紀英格蘭的科學、技術和社會》（*Science, Technology and Society in Seventeenth-Century England*），布魯日（Bruges），1938年，第15章。

【81】波以耳，如前所引，第336頁。

【82】同上，第337頁。參見布林斯汀，如前所引，第166-167頁。

【83】笛卡兒的幾何學等同於解析幾何學。

【84】塔那斯，如前所引，第277頁。布林斯汀，如前所引，第164頁。波普金，如前所引，第237-238頁。

【85】塔那斯，如前所引，第280-281頁。

【86】雅各·布朗諾夫斯基（Bronowski）和布魯斯·麥茲利希（Mazlish），《西方思想傳統》，紐約：哈珀兄弟出版公司，1960年，第183-184頁。

【87】伯納爾，《歷史上的科學》，如前所引，第462頁。齊默，如前所引，第183頁及後文，關於第一次特別會議，他說原本應該有四十多位會員。

【88】布朗諾夫斯基和麥茲利希，如前所引，第182頁。齊默，如前所引，第95頁，說在牛津還有另外一個派別：牛津實驗哲學派。

【89】齊默，如前所引，第184頁。

【90】布朗諾夫斯基和麥茲利希，如前所引，第185頁。參見齊默，如前所引，第96頁和第100頁。

【91】利薩·賈丁（Lisa Jardine），《創造性的追求：構建科學革命》（*Ingenious Pursuits: Building the Scientific Revolution*），紐約：Doubleday，1999年。參見齊默，如前所引，第185-186頁。利薩·賈丁，《羅伯特·胡克的求知人生》（*The Curious Life of Robert Hooke: The Man who Measured London*），倫敦：哈珀柯林斯出版公司，2003年。

【92】莫迪凱·法因戈爾德（Mordechai Feingold），《數學家的學徒期：一五六〇～一六四〇年英格蘭的科學、大學和社會》（*The Mathematicians' Apprenticeship: Science, Universities and Society in England: 1560-1640*），英格蘭劍橋：劍橋大學出版社，1984年，第6頁，第122頁和第215頁。

【93】同上，第215頁。

【94】彼得·伯克（Peter Burke），《知識的社會史：從谷騰堡到狄德羅》（*A Social History of Knowledge: From Gutenberg to Diderot*），英格蘭劍橋：政治出版社，2000年，第45頁。

【95】同上，第103頁。

【96】同上，第135頁。

【97】奧斯勒（編輯），如前所引，第43頁。

【98】同上，第44頁。

【99】同上，第45頁。

【100】同上，第49頁。卡爾·齊默的關於牛津實驗哲學派的要點強調了這個部分。

【101】奧斯勒（編輯），如前所引，第50頁。

第二十四章

【1】哈根·舒爾茲，《國家，民族和民族主義》（*States, Nations and Nationalism*），牛津：布萊克威爾出版公司，1994/1996年，第17頁。

【2】約翰·鮑勒（John Bowle），《西方政

治思想》（*Western Political Thought*），倫敦：凱普出版社，1947/1954年，第288頁。

【3】 舒爾茲，如前所引，第28頁。

【4】 雅各·布朗諾夫斯基（Bronowski）和布魯斯·麥茲利希（Mazlish），《西方思想傳統》，紐約：哈珀兄弟出版公司，1960年，第28頁。

【5】 艾倫·H·吉伯特（Allan H. Gilbert），《王子和其他著作》（*The Prince and Other Works*），芝加哥：芝加哥大學出版社，1941年，第29頁。

【6】 布朗諾夫斯基和麥茲利希，如前所引，第31頁。

【7】 例如，特別是他認爲宗教（他指的是基督教）阻礙了強大國家的發展，因爲它宣揚溫順。但是他同時認爲某種形式的宗教是可取的，因爲它發揮了社會「黏合劑」的作用，將人們團結在一起。這同樣是新的，因爲這是有人第一次（至少是公開地）將宗教看做是一種強制性的力量而不是一種精神力量。布朗諾夫斯基和麥茲利希，如前所引，第34頁。丹尼爾·布林斯汀，《探索者：人類爲了解世界而不斷追索的故事》（*The Seekers: The Story of Man's Continuing Quest to Understand His World*），紐約和倫敦：古典書局，1999年，第178頁。

【8】 舒爾茲，如前所引，第30頁。

【9】 同上，第31頁。

【10】 N·馬基維利（N. Machiavelli），《王子》（*The Prince*），彼得·維茲胡姆（Peter Whitshome）1560年翻譯，1905年重印，第18章，第323頁。

【11】 布林斯汀，如前所引，第178頁。

【12】 布朗諾夫斯基和麥茲利希，如前所引，第36頁。

【13】 同上，第32頁。

【14】 鮑勒，如前所引，第270-272頁。

【15】 與它的民族性一起，新教爲基於人民的政治主權奠定了精神／心理基礎。喀爾文堅持個人的道德心具有優越性，甚至允許在懺悔的基礎上誅殺天主教專制統治者，這成爲反叛權利的先驅，這種反叛權利成爲其後的時代特徵。總之，這些因素最終導致了國家民主理論的產生。對於早期的新教教徒來說，國家的目的在於保護國家內的集會，根本不是使人們獲得精神的發展。「生活中最爲美好的東西根本不屬於國家的範疇。」鮑勒，如前所引，第280-281頁。

【16】 同上，第280-281頁。

【17】 喬納森·賴特（Jonathan Wright），《耶穌會士：使命、神話和史學家》（*The Jesuits: Mission, Myths and Historians*），倫敦：哈珀柯林斯出版公司，2004年，第148-149頁。

【18】 鮑勒，如前所引，第285頁。

【19】 同上。

【20】 瑞哈德·本迪克斯（Reinhard Bendix），《國王和人民：權力和訓令》（*Kings or People: Power and the Mandate to Rule*），洛杉磯：加利福尼亞大學出版社，1978年，第307頁及後文，參見約翰·鄧（John Dunn）編輯，《民主：尙未完成的旅程（五〇八～一九九三）》（*Democracy: The Unfinished Journey: 508 to 1993*），牛津：牛津大學出版社，1992年，尤其是第71頁及後文。

【21】 舒爾茲，如前所引，第49頁。

【22】 布萊恩·穆那（Brian Moynahan），《信仰》（*The Faith*），倫敦：Aurum出版社，2002年，第455頁。說屠殺、謀殺和八場戰爭使一五六二~一五九八年成爲血腥的年代。

【23】 舒爾茲，如前所引，第50頁。

【24】 鮑勒，如前所引，第290頁。一六八五年路易十四世對他們不再寬容之後，很多（法國）胡格諾教徒移居到美國。見穆那，如前所引，第576頁。

【25】 無論如何，布丹自己不是一個狂熱分子。事實上，他期望黎塞留主教（Cardinal Richelieu）採取務實的態度，而黎塞留雄心勃勃，要廣泛推行布丹的思

想。

【26】 鮑勒，如前所引，第291頁。

【27】 舒爾茲，如前所引，第53頁。

【28】 同上，第56-57頁。

【29】 波蘭和荷蘭是例外。舒爾茲，如前所引，第57頁。

【30】 鮑勒，如前所引，第293頁。

【31】 同上，第317頁。

【32】 布朗諾夫斯基和麥茲利希，如前所引，第198頁。

【33】 鮑勒，如前所引，第318頁。參見穆那，如前所引，第492頁。

【34】 最為突出的一個特徵是它有著自有印刷書籍以來最為栩栩如生的扉頁。扉頁的上半部分是一幅風景畫，描繪的是在曠野之上的一座規劃整齊的城鎮。然而，在風景上面站著一位腰部以上頭戴王冠的巨人，一位力大無比的人，他伸出保護性擁抱的雙臂，一隻手拿著一把長劍，另一隻手拿著牧杖。給人印象最為深刻的是，巨人的身體是由一群小人組成的，他們背對讀者，凝視著巨人的臉部。這是歷史上最怪誕、最有力的畫像。

【35】 恩斯特·凱西爾（Ernst Cassirer），《啓蒙哲學》（*The Philosophy of the Enlightenment*），普林斯頓，新澤西：普林斯頓大學出版社，1951年，第254頁。

【36】 羅傑·史密斯（Roger Smith），《人文科學的豐塔納史》（*The Fontana History of the Human Sciences*），倫敦：豐塔納出版社，1997年，第105ff頁。

【37】 布朗諾夫斯基和麥茲利希，如前所引，第205頁。

【38】 鮑勒，如前所引，第321頁。

【39】 同上，第329頁。

【40】 同上，第328頁。

【41】 布朗諾夫斯基和麥茲利希，如前所引，第206頁。

【42】 同上，第207頁。

【43】 鮑勒，如前所引，第331頁。

【44】 同上，第361頁。

【45】 布林斯汀，如前所引，第180頁。

【46】 鮑勒，如前所引，第363頁。

【47】 同上，第364頁。

【48】 舒爾茲，如前所引，第70-71頁。

【49】 鮑勒，如前所引，第365頁。

【50】 布林斯汀，如前所引，第186頁。他說作品是謹慎的，使人吃驚的是這些作品一直鼓舞人心。

【51】 布朗諾夫斯基和麥茲利希，如前所引，第210頁。

【52】 鮑勒，如前所引，第378頁。

【53】 同上，第379-381頁。

【54】 《神學政治論》最初是匿名出版，很快就被禁止。阿姆斯特丹的猶太社會將它排除在外。

【55】 鮑勒，如前所引，第381頁。參見理查·H·波普金（Richard H. Popkin），「斯賓諾莎和聖經學者」（Spinoza and Bible scholarship），見丹·加勒特（Don Garrett）編輯，《斯賓諾莎的劍橋同事》（*The Cambridge Companion to Spinoza*），英格蘭劍橋：劍橋大學出版社，1996年，第383頁及後文，其中有斯賓諾莎對經文所作的許多精煉的評論。

【56】 R·H·德拉亨特（R. H. Delahunty），《斯賓諾莎》（*Spinoza*），倫敦：羅德里奇&可根·保羅出版公司，1984年，第211-212頁。

【57】 鮑勒，如前所引，第383頁。

【58】 德拉亨特，如前所引，第7頁。

【59】 鮑勒，如前所引，第386頁。

【60】 同上，第387頁。

【61】 喬納森·I·依茲列爾（Jonathan I. Israel），《激進啓蒙運動：一六五〇～一七五〇年的哲學和現代性的生成》（Radical Enlightenment: Philosophy and The Making of Modernity 1650-1750），牛津：牛津大學出版社，2001年，第591頁。

【62】 朱塞佩·莫佐塔（Giuseppe Mazzitta），《世界新地圖：詹巴蒂斯塔·維科的詩歌哲學》（*The New Map of the*

World: The Poetic Philosophy of Giambattista Vico），普林斯頓，新澤西：普林斯頓大學出版社，1999年，第100-101頁。

【63】鮑勒，如前所引，第389頁。

【64】約瑟夫·馬里（Joseph Mali），《神話復興：維科的「新科學」》（*The Rehabilitation of Myth: Vicos 'New Science'*），英格蘭劍橋：劍橋大學出版社，1992年，第48頁。

【65】關於上帝和求知欲的作用見：同上，第99頁及後文。

【66】鮑勒，如前所引，第393頁。

【67】關於奧斯維德·斯賓格勒（Oswald Spengler）反映這些思想的方式見布林斯汀，如前所引，第233頁。

【68】鮑勒，如前所引，第395頁。

【69】T·C·W·布蘭寧（T. C. W. Blanning），《權力的文化和文化的權力：舊政體的歐洲》（*The Culture of Power and the Power of Culture: Old Regime Europe 1660-1789*），牛津：牛津大學出版社，2002年，第2頁。

【70】同上，第137頁。

【71】同上，第208頁。

【72】同上，第151頁。

【73】同上，第156-159頁。

【74】依茲列爾，如前所引，第150頁。

【75】同上，第151頁。

【76】布蘭寧，如前所引，第169頁。

第二十五章

【1】正如湯瑪斯·庫恩在他的關於哥白尼革命的專著中所言，這是「歐洲第一部在深度和廣度上能與《天文學大成》（*Almagest*）相匹敵的著作」。湯瑪斯·庫恩（Thomas Kuhn），《哥白尼學說的革命：行星天文學和西方思想的發展》（*The Copernican Revolution: Planetary Astronomy and the Development of Western Thought*），麻薩諸塞劍橋：哈佛大學出版社，1957/1976年，第185頁。

【2】同上，第186頁。

【3】凱倫·阿姆斯壯（Karen Armstrong），《神的歷史》（*A History of God*），倫敦：古典書局，1999年，第330頁。

【4】理查·H·波普金（Richard H. Popkin），《十七世紀思想的第三種力量》（*The Third Force in Seventeenth-Century Thought*），萊頓：博睿學術出版社，1992年，第102-103頁。參見布萊恩·穆那（Brian Moynahan），《信仰》（*The Faith*），倫敦：奧蘭姆出版社，2002年，第354頁。

【5】穆那，如前所引，第357頁。

【6】同上，第359頁。

【7】同上，第360頁。

【8】西蒙·菲什（Simon Fish），《*A Supplicacyion for the Beggars Rosa*，引自麥諾·西蒙斯（Menno Simons），The Complete Writings，斯科茲代爾：亞利桑那大學出版社，1956年，第140-141頁。

【9】阿姆斯壯，如前所引，第330頁。

【10】有趣的是，愛奧尼亞人，米利都的阿那克西美尼（Anaximenes Of Miletus）的學生阿那克薩哥拉（Anaxagoras）的很多觀點先於哥白尼。他認爲太陽並不像雅典人所認爲的是「有生命的」，也不是上帝，只不過是「比伯羅奔尼薩半島大很多倍的熾熱物體」。他同時認爲月亮是固體，具有地理特徵——有平原、山脈和山谷——就像地球一樣。阿那克薩哥拉還認爲地球是圓的。J·M·羅伯遜（J. M. Robertson），《自由思想史》（*A History of Freethought*）第一卷，倫敦：Dawsons of Pall Mall，1969年，第166頁。

【11】事實上，在伯里克利時期的雅典似乎有些類似自由思想的時尚，貴族們預示了伏爾泰時期法國的思想，認爲「平民」需要宗教「約束他們」，但是他們自己卻不需要這種約束。

【12】詹姆斯·施洛爾（Thrower），《另一傳統》（*The Alternative Tradition*），海牙：Mouton，1980年，第225-226頁。

【13】羅伯遜，如前所引，第181頁。

【14】施洛爾，如前所引，第204頁及後文和第223頁。

【15】同上，第63-65頁。

【16】同上，第84頁。

【17】同上，第122頁。

【18】羅伯遜，如前所引，第395-396頁。

【19】尚・瑟茲奈克（Seznec），《倖存的異教徒衆神》（*The Survival of the Pagan Gods*），普林斯頓，新澤西：普林斯頓大學出版社／珀林根系列，1972/1995年，第25頁。

【20】同上，第32頁。

【21】同上，第70頁。

【22】同上，第161頁。

【23】羅伯遜，如前所引，第319-323頁。

【24】呂西安・費佛爾（Lucien Febvre），《十六世紀的無信仰問題》（*The Problems of Unbelief in the Sixteenth Century*），麻薩諸塞劍橋：哈佛大學出版社，1982年，第457頁。

【25】吉姆・赫里克（Jim Herrick），《反對信仰》（*Against the Faith*），倫敦：Glover Blair，1985年，第29頁。

【26】哈利・埃爾默・巴恩斯（Barnes），《西方智力文化史》（*An Intellectual and Cultural History*）卷二，紐約，Dove出版社，1965年，第712頁。

【27】雖然這對很多人來說是可怕的，但同時又具有解放意義，因爲正如哈里・艾爾莫・巴恩斯所言，他將人類從「中世紀的地獄神經症」中解放出來。

【28】巴恩斯，如前所引，第714頁。

【29】約翰・萊德伍德（John Redwood），《理智、荒謬和宗教：一六六〇～一七五〇》（*Reason, Ridicule and Religion, 1660-1750*），倫敦：泰晤士&哈德遜出版社，1976年，第150頁。

【30】費佛爾，如前所引，第340頁。

【31】同上，第349頁。

【32】巴恩斯，如前所引，第715頁。正如費佛爾所指出的，本地語言像法語，缺乏表達懷疑主義的詞彙和句法。像「絕對」、「相對」、「抽象」和「具體」、「神祕的」或「敏感的」或「直覺的」這樣的詞彙還沒有被使用。這些詞彙在十八世紀才被創造出來。正如呂西安・費佛爾所言，「十六世紀是需要信仰的世紀」。費佛爾，如前所引，第355頁。

【33】萊德伍德，如前所引，第30頁。

【34】費佛爾，如前所引，第332頁。

【35】庫恩引自一首宇宙論長詩，這首詩非常流行，發表於一五七八年，它將哥白尼式的人物描述爲：

> 那些教士們認爲（認爲嘲笑是何等荒唐）
> 宇宙和恆星絕不轉動，
> 也並不繞這個巨大的圓形地球跳舞；
> 但是，地球本身，我們這個巨大的星球
> 二十四小時旋轉一次：
> 我們就像陸上長大的新手
> 第一次登舟去海上探險；
> 從海岸起航，最初認爲
> 海船靜止，而背景在運動……

【36】庫恩，如前所引，第190頁。儘管它持這樣的觀點，即使布丹寫的這本書也列在索引中。

【37】同上，第191頁。路德的主要助理菲力浦・梅蘭希頓（Melanchthon）走得更遠，他引用經文指出，哥白尼的理論與經文衝突，特別是《傳道書》（1:4-5），該經文認爲「地球永存」以及「太陽升起，太陽降落，急歸升起之處」。

【38】同上，第191頁。關於太陽中心論及人們對它的接受的不同詳細論述，見：喬納森・I・依茲列爾（Jonathan I. Israel），《激進啓蒙運動：一六五〇～一七五〇年的哲學和現代性的生成》（*Radical Enlightenment: Philosophy and The Making of Modernity 1650-1750*），牛津：牛津大學出版社，2001年，第27頁及後文。彼得・哈里森（Peter Harrison），《聖經、新教和自然科學的崛起》（*The Bible, Protestantism, and the Rise of Natural Science*），英格蘭劍橋：劍橋大學出版社，2001年。

【39】庫恩，如前所引，第193頁。

【40】凱斯·湯瑪斯（Keith Thomas），《宗教與巫術衰落》（*Religion and the Decline of Magic*），倫敦：企鵝出版社，1971年，第4頁。

【41】庫恩，如前所引，第197頁。

【42】同上，第244頁。

【43】第谷·布拉赫（Tycho Brahe）確實提出了不同於哥白尼的解釋，認爲地球是宇宙的中心，而月亮和地球處在先前的托勒密軌道上。但是即使如此，「第谷」體系使太陽的軌道與金星和火星的軌道的交叉成爲必要，這就意味著行星和恆星繞巨大的水晶球運行的傳統觀點難以維持。

【44】湯瑪斯，如前所引，第416頁。

【45】其次，望遠鏡發現的太陽上的斑點，和上天是完美的這種觀點相衝突，而這些斑點出現和消失的方式更進一步揭示了宇宙的可變性。更糟的是，太陽斑點的運動說明太陽圍繞它的軸旋轉，正像哥白尼認爲地球繞軸旋轉。庫恩，如前所引，第222頁。

【46】當然人們嘗試了。有些伽利略的反對者甚至拒絕透過望遠鏡觀看宇宙，認爲如果上帝讓人類以這種方式觀看宇宙，他會賦予人類望遠鏡的眼睛。

【47】在大學中，托勒密、哥白尼和第谷天文學體系（見本章注釋43）被同時教授，直到十八世紀，人們才拋棄托勒密和第谷體系。

【48】庫恩，如前所引，第198頁。

【49】波普金，如前所引。巴恩斯，如前所引，第784頁。最初人們並沒有看到宗教和理性之間存在的任何衝突。萊德伍德，如前所引，第214-215頁。

【50】對這個問題的充分討論，見依茲列爾，如前所引，第12頁〈拒絕奇蹟〉（'Miracles denied'），第218-229頁；以及湯瑪斯，如前所引，第59-60頁。

【51】巴恩斯，如前所引，第785頁。

【52】赫里克，如前所引，第38頁。

【53】讀得越多，越難做出這種區分。

【54】萊德伍德，如前所引，第140頁。啓示這個觀念在十七世紀末受到了衝擊，當科學的發現向人們揭示出一個原子論和決定論的世界後，巫婆、幽靈、魔術治療和符咒受到近乎致命的頓挫。

【55】巴恩斯，如前所引，第788頁。

【56】萊德伍德，如前所引，第179頁。

【57】依茲列爾，如前所引，第519頁。《以色列》關於柯林斯的完整的一節，第614-619頁。

【58】巴恩斯，如前所引，第791頁。

【59】赫里克，如前所引，第58頁。

【60】A·C·吉福特（A. C. Giffert），《康得之前的新教思想》（*Protestant Thought Before Kant*），紐約：斯克里布納出版社，1915年，第208頁及後文。

【61】羅傑·史密斯，如前所引，第282頁。

【62】依茲列爾，如前所引，第266頁。

【63】自然神論者的觀點並非整個都是否定的。自然神論的一個變體就接受眞正的耶穌基督教，而拒絕在教堂中成長起來的基督教。

【64】巴恩斯，如前所引，第794頁。

【65】普里澤夫德·史密斯（Preserved Smith），《現代文化史》（*History of Modern Culture*），如前所引，第2卷，第522頁。

【66】關於懷疑論尤其見相關章節：史蒂芬·巴克爾（Stephen Buckle），《休謨的啓蒙論》（*Hume's Enlightenment Tract*），牛津：牛津大學出版社的克拉倫登分社，2001年，例如，第111-118頁，第167-168頁，第270-280頁。

【67】同上，第289-294頁。

【68】赫里克，如前所引，第105頁。

【69】巴恩斯，如前所引，第805頁。

【70】赫里克，如前所引，第33頁。有些人懷疑貝爾（Bayle）是眞正的懷疑論者，而且將他看做一個「信仰主義者」；一個

信仰者，將宣揚他的疑問看做是自己的基督責任，以進一步鼓勵他人更堅信他們的信仰。羅伊．波特（Roy Porter），《啓蒙》（*The Enlightenment*），倫敦：Palgrave出版公司，2001年，第15頁。還有許多以鄧尼斯．狄德羅（Denis Diderot，一七一三～一七八四）和他的《百科全書》爲中心的法國懷疑論者。達朗貝爾（d'Alembert）和愛爾維修斯（Helvétius）這些人，像休謨那樣認爲人們在幼年學到的東西，不論是好還是壞，會影響到他們一生。

【71】赫里克，如前所引，第29頁。巴恩斯，如前所引，第813頁。萊德伍德，如前所引，第32頁。

【72】牛頓自己是阿里烏斯派，也就是說，牛頓不相信基督的神靈，雖然上帝在時空上無所不在，而且上帝創造時空。這反過來回歸到了古老的柏拉圖發散理論。阿姆斯壯，《神的歷史》，如前所引，第350頁。

【73】萊德伍德，如前所引，第35頁。

【74】依茲列爾，如前所引，第41頁和第60頁。

【75】萊德伍德，如前所引，第35頁。

【76】同上，第181頁。

【77】同上，第187頁。

【78】理查．H．波普金（Richard H. Popkin），《懷疑論的歷史：從伊拉斯謨斯到斯賓諾莎》（*The History of Scepticism from Erasmus to Spinoza*），伯克利和倫敦：加利福尼亞大學出版社，1979年，第215-216頁。參見該作者的《從薩旺那羅拉到貝爾的懷疑論史》（增訂版）（*The History of Scepticism from Savonarola to Bayle*），牛津：牛津大學出版社，2003年。萊德伍德，如前所引，第34頁。

【79】巴恩斯，如前所引，第816頁。

【80】在《J之書》中，大衛．羅森伯格和哈羅德．布萊姆主張J的作者很可能是居住在所羅門王室裡的一位皇家女性(但是現在很多以色列學者懷疑是否眞有所羅門王這個人)。萊德伍德，如前所引，第120頁。

【81】依茲列爾，如前所引，第605頁。

【82】具有諷刺意味的是，在現代大學的一些地質系中，十月二十三日依然做爲地球的生日而被「慶祝」。

【83】恩斯特．邁爾（Ernst Mayr），《生物學思想的發展》（*The Growth of Biological Thought*），劍橋，麻薩諸塞：哈佛大學出版社貝爾納普分社，1982年，第315頁。

【84】大衛．羅森柏格和哈樂德．布魯姆（David Rosenbergand Harold Bloom），《J之書》（*The Book Of J*），紐約：格魯夫．威登菲爾出版社，1990年。

【85】依茲列爾，如前所引，第142頁。

【86】萊德伍德，如前所引，第131頁。

【87】邁爾，如前所引，第316頁。

【88】波以耳實際上說他相信「自然道德」。赫里克，如前所引，第39頁。

【89】巴恩斯，如前所引，第821頁。

第二十六章

【1】雅各．布朗諾夫斯基和布魯斯．麥茲利希，《西方思想傳統》，紐約：哈珀兄弟出版公司，1960年，第247頁及後文。

【2】丹尼爾．布林斯汀：《探索者：人類爲了解世界而不斷追索的故事》（*The Seekers: The Story of Man's Continuing Quest to Understand His World*），紐約和倫敦：古典書局，1999年，第193頁。有關伏爾泰逃亡英國及其後果。傑佛瑞．霍索恩（Geoffrey Hawthorn），《啓蒙與失望：社會理論史》（*Enlightenment and Despair: A History of Social Theory*），英格蘭劍橋：劍橋大學出版社，1976年，第11頁，有關伏爾泰的教育，以及這種教育如何孕育出智力的獨立；以及第10-11頁，有關英國對法國啓蒙運動的影響（洛克和牛頓）。

【3】布朗諾夫斯基和麥茲利希，如前所引，第249頁。

【4】 同上。

【5】 引自同上，第250頁。

【6】 同上，第251頁。

【7】 雷蒙·內佛斯（Raymond Naves），《伏爾泰和百科全書》（*Voltaire et l'Encyclopédie*），巴黎，1938年。

【8】 P·N·佛班克，《狄德羅》，倫敦：瑟克·瓦伯格出版社，1992年，第73頁。

【9】 同上，第84頁。參見布林斯汀，如前所引，第196頁。

【10】 佛班克，如前所引，第87頁。

【11】 之前發生了很多問題。同上，第92頁。

【12】 諾曼·漢普森，《啓蒙》，倫敦：企鵝出版社，1990年，第53頁。

【13】 同上，第53-54頁。

【14】 阿爾佛雷德·尤爾特（Alfred Ewert），《法蘭西語言》（*The French Language*），倫敦：費伯出版社，1964年，第1-2頁。

【15】 同上，第8-9頁。

【16】 M·K·蒲柏（M. K. Pope），《從拉丁語到現代法語》（*From Latin to Modern French*），曼徹斯特：曼徹斯特大學出版社，1952年，第49頁。

【17】 同上，第51頁和第558頁。

【18】 約阿希姆·杜·貝萊（Joachim du Bellay），《保衛和弘揚法蘭西語言》（*The Defence and Illustration of the French Language*），葛萊蒂絲·M·托凱特（Gladys M. Turquet）譯，倫敦：登特出版社，1939年，第26頁及後文和第80頁及後文。

【19】 尤爾特，如前所引，第19頁。在十二世紀至十三世紀末的英國，法語在宮廷、議會和法院中使用，而它做爲法院用語的地位則一直保持到十五世紀；直到十八世紀之前，法語仍然是案卷紀錄中使用的語言。

【20】 阿諾德·豪塞爾（Arnold Hauser），《藝術社會學》（*The Social History of Art*），第3卷，紐約：古典書局／克諾夫出版社，未注明出版日期，第52頁。

【21】 Q·D·李維斯（Q. D. Leavis），《小說與讀者》（*Fiction and the Reading Public*），倫敦：貝羅（Bellew）出版社，1932/1965年，第83頁。

【22】 同上，第83-84頁。參見威廉·夏貝爾（William Chappell），《舊時代的流行音樂》（*Popular Music of the Olden Time*），兩卷本，倫敦：1855-1859年。

【23】 李維斯，如前所引，第106頁以及第二部分第二章，有關《天路歷程》和《魯賓遜漂流記》讀者群的廣泛程度。

【24】 豪塞爾，如前所引，第53頁。

【25】 同上。

【26】 李維斯，如前所引，第123頁和第300頁。

【27】 同上，第300頁。屬於同一潮流的還有其他期刊，《紳士雜誌》（*Gentleman's Magazine*）從一七三一年開始發行，很快，接踵而至的有一七四九年的《倫敦雜誌》（*London Magazine*）和《每月評論》（*Monthly Review*），以及一七五六年的《批評綜述》（*Critical Review*）。

【28】 李維斯，如前所引，第132頁。

【29】 同上，第145頁。

【30】 只有盧克萊修（Lucretius）以其早期進化觀可以被稱爲保持進步的意識。

【31】 哈利·埃爾默·巴恩斯，《西方智力文化史》卷2，《從文藝復興到十八世紀》（*From the Renaissance Through the Eighteenth Century*），紐約：Dove出版社，1937年，第714頁。

【32】 漢普森，如前所引，第80-82頁。

【33】 羅傑·史密斯，《人文科學的豐塔納史》（*The Fontana History of the Human Sciences*），倫敦：豐塔納出版社，1997年，第162頁。

【34】 同上，第158-159頁。

【35】 同上，第162頁和參考文獻。

【36】 阿爾佛雷德·科班（Alfred Cobban），《人道的探索：啓蒙在當代史中的作用》（*In Search of Humanity: The Role of the Enlightenment in Modern History*），倫敦：凱普出版社，1960年，第69頁。

【37】 布林斯汀，如前所引，第184頁。

【38】 羅傑．史密斯，如前所引，第175頁。

【39】 同上，第192頁。

【40】 同上，第196頁。

【41】 同上，第197頁。參見科班，如前所引，第38頁，有關萊布尼茲不願接受牛頓的某些觀念。

【42】 喬納森．I．依茲列爾（Jonathan I. Israel），《激進啓蒙運動：一六五〇～一七五〇年的哲學和現代性的生成》（*Radical Enlightenment: Philosophy and The Making of Modernity 1650-1750*），牛津：牛津大學出版社，2001年，尤其是第552頁及後文。

【43】 同上，第436-437頁。

【44】 科班，如前所引，第210頁。

【45】 同上，第208頁。

【46】 同上，第211頁。相面術在十八世紀曾經風靡一時，但留存更長久的康得遺產是一七八三年兩份雜誌的創建，即《經驗心理學期刊》（*Zeitschrift für empirische Psychologie*）和《靈魂經驗知識雜誌》（*Magazin für Erfahrungsseelenkunde*）。由於和醫學及心理學存在密切聯繫，它也是朝向現代心理學的建立邁出的一步。

【47】 羅傑．史密斯，如前所引，第216頁。

【48】 科班，如前所引，第133頁。

【49】 L．G．克羅克（L. G. Crocker），《自然與文化：法國啓蒙時期的倫理思想》（*Nature and Culture: Ethical Thought in the French Enlightenment*），巴爾的摩：約翰霍普金斯大學出版社，1963年，第479頁及後文。

【50】 羅傑．史密斯，如前所引，第221頁。

【51】 拉．美特里（J. O. de LaMettrie），《人是機器》（*Man a Machine*），拉薩爾：敞院（Open Court）出版社，1961年，第117頁（由G．C．伯西翻譯）。

【52】 沃爾曼（Dror Wahrman），《現代自我的形成：十八世紀英格蘭的個性和文化》（*The Making of the Modern Self: Identity and Culture in Eighteenth Century England*），紐黑文：耶魯大學出版社，2004年，第182-184頁。

【53】 同上，第275-286頁。

【54】 詹姆斯．巴肯（James Buchan），《思想之都》（*Capital of the Mind*），倫敦：約翰．默里出版社，2003年，第5頁。

【55】 同上，第1-2頁。

【56】 同上，第174-179頁。同樣也有助於完善法律。科班，如前所引，第99頁。

【57】 R．A．休斯頓（R. A. Houston），《啓蒙時代的社會變革：愛丁堡一六六〇～一七六〇年》（*Social Change in the Age of Enlightenment: Edinburgh 1660-1760*），牛津：牛津大學出版社的克拉倫登分社，1994年，第80頁。

【58】 同上，第8-9頁。

【59】 巴肯，如前所引，第243頁。

【60】 他的作品在十九世紀很少有人閱讀：正如詹姆斯．巴肯所言，「是黑暗的二十世紀……使休謨被奉爲英國哲學家之王」。他在第一份工作中，因糾正上司的英語錯誤而被解僱。巴肯，如前所引，第76頁。

【61】 同上，第247頁和參考文獻。

【62】 史蒂芬．巴克爾（Stephen Buckle），《休謨的啓蒙論》（*Hume's Enlightenment Tract*），牛津：牛津大學出版社的克拉倫登分社，2001年，第149-168頁。

【63】 巴肯，如前所引，第81頁。

【64】 霍索恩，如前所引，第32-33頁。

【65】 巴肯，如前所引，第247頁和參考文獻。

【66】 參見霍索恩，如前所引，第32頁，有關休謨對威廉．詹姆斯的影響。

【67】 巴肯，如前所引，第81頁。

【68】 巴肯，如前所引，第14-15頁。

【69】 巴肯，如前所引，第221頁。

【70】 科班，如前所引，第172頁。有關其他在佛格森之前的法國和瑞士作者的情況細節。

【71】 巴肯，如前所引，第222頁。

【72】 法蘭西亞．奧茲－薩爾茲伯格（Frania

Oz-Salzberger），《啓蒙的轉換：十八世紀德國的蘇格蘭城市話語》（*Translating the Enlightenment: Scottish Civic Discourse in Eighteenth-Century Germany*），牛津：牛津大學出版社的克拉倫登分社，1995年，尤其是第四章〈佛格森的蘇格蘭語境：生平、思想和話語轉換者〉（'Ferguson's Scottish contexts: life, ideas and interlocutors'）。

【73】巴肯，如前所引，第224頁。

【74】同上，第305頁。

【75】很多人關注荷蘭聯合省，因爲這個小國（甚至不得不自己造地）因其傑出的藝術和商業而在各國當中處於先進地位。

【76】「生命資料」（Vital statistics）是維多利亞時代的詞彙。巴肯，如前所引，第309頁。

【77】同上，第316頁。

【78】伊恩．辛普森．羅斯（Ian Simpson Ross），《亞當．斯密的生平》（*The Life of Adam Smith*），牛津：牛津大學出版社的克拉倫登分社，1995年，第17頁。

【79】同上，第133頁。

【80】同上，第十一章，第157頁及後文，《道德情操理論的形成》。

【81】同上，第121頁。

【82】保羅．蘭福德（Paul Langford），《禮貌而商業的民族》（*A Polite and Commercial People*），牛津：牛津大學出版社，1989年，第447頁。

【83】同上，第3頁。

【84】同上，第391頁。

【85】羅傑．史密斯，如前所引，第317頁。

【86】蘭福德，如前所引，第70頁。

【87】羅傑．史密斯，如前所引，第319頁。

【88】同上。

【89】霍索恩，如前所引，第56頁。

【90】J．D．伯納爾，《歷史上的科學》（*Science in History*），第4卷，倫敦：企鵝出版社，1954年，第1052頁，認爲對於亞當．斯密來說自由放任是自然秩序。

【91】H．T．巴克爾（H. T. Buckle），《英格蘭文明史》（*A History of Civilisation in England*），倫敦：朗曼格林書局，1871年，3卷本之第1卷，第194頁。

【92】羅傑．史密斯，如前所引，第333頁。

【93】這種頗有影響的悲觀主義在二十世紀的生態保護運動中特別突出。它也有助於理解湯瑪斯．卡萊爾爲何將經濟學描繪爲「慘澹的科學」。參見肯尼斯．史密斯（Kenneth Smith），《馬爾薩斯主義者的爭論》（*The Malthusian Controversy*），倫敦：羅德里奇&可根．保羅出版社，1951年。

【94】羅傑．史密斯，如前所引，第335頁。參見霍索恩，如前所引，第80頁。

【95】羅傑．史密斯，如前所引，第251頁。

【96】在理解我們或許會簡單稱之爲社會學的事物方面，當時和現在的主要區別是：十八世紀時的人們不像我們一樣關注生物學和心理學，而是更加關注道德（品德）和政治。

【97】科班，如前所引，第147頁。布林斯汀，如前所引，第198頁。將他看成一個受虐狂，總在尋找一個媽媽。

【98】盧梭（J.-J. Rousseau），《第一篇論文和第二篇論文》（*The First and Second Discourses*），由馬斯特斯編輯，紐約：聖馬丁出版社，1964年，第92頁及後文。科班，如前所引，第149頁，有關盧梭的「精神頓悟」。

【99】羅傑．史密斯，如前所引，第278頁。

【100】布林斯汀，如前所引，第199頁。盧梭認爲感覺應當指導人類如何生活，這可能使他被視爲浪漫主義運動的鼻祖之一。從中也匯出了他的教育理論：他相信孩童的天眞無邪，這與當時的流行觀點不同，後者認爲兒童天生就有罪孽，應當將這種罪孽從他身上驅除。

【101】霍索恩，如前所引，第14-15頁。

【102】羅傑．史密斯，如前所引，第293頁。

【103】布朗諾夫斯基和麥茲利希，如前所引，第258頁。

【104】巴恩斯，如前所引，第826頁。

【105】布林斯汀，如前所引，第161頁。有關培根未能認識到奈培、維塞利亞斯和哈威的貢獻。

【106】科班，如前所引，第51頁。

【107】F · J · 泰格（F. J. Teggar），《發展的思想》（*The Idea of Progress*），伯克利：加利福尼亞大學出版社，1925年，第110頁及後文。

【108】羅傑 · 史密斯，如前所引，第259頁。

【109】同上。參見布林斯汀，如前所引，第193頁及後文，就「文明」這一詞彙和概念的使用而進行的討論。

【110】泰格，如前所引，第142頁，布林斯汀，如前所引，第219頁。

【111】巴恩斯，如前所引，第824頁。參見詹姆斯 · 伯納（James Bonar），《哲學和政治經濟學》（*Philosophy and Political Economy*），倫敦：麥克米倫出版社，1893年，第204-205頁。

【112】H · S · 索爾特（H. S. Salt）說：「有一段時期湯姆 · 潘恩被他直接看做傻瓜湯姆。」底波拉 · 曼利（Deborah Manley），《亨利 · 索爾特：藝術家，旅行家，外交家，埃及古物學者》（*Henry Salt: Artist, Traveller, Diplomat, Egyptologist*），倫敦：Libri，2001年。參見H · S · 索爾特（H. S. Salt），《戈德溫的政治正義論》（*Godwin's Inquiry Concerning Political Justice*），爲G · G · 和J · 羅賓遜（J. Robinson）而印製，派特諾斯特街，倫敦：1796年，第1-2頁。

【113】正如一位評論家所言：「這是對個人主義的清教式神化。」巴恩斯，如前所引，第836頁。

【114】巴恩斯，如前所引，第839頁。布林斯汀，如前所引，第208頁。

【115】巴恩斯，如前所引，第840頁。羅伊斯 · 聖西門（Louis, duc de Saint-Simon），《聖西門回憶錄》（*Mémoires de Saint-Simon*），由布瓦里斯爾（A. de Boislisle）編輯（41卷），巴黎，1923-1928年。布林斯汀，如前所引，第207-212頁；霍索恩，如前所引，第72-79頁。他將聖西門描繪成「一個機會主義者」。

第二十七章

【1】查理斯 · 狄更斯（Charles Dickens），《艱難時世》（*Hard Times*），倫敦：企鵝出版社，2003年，凱特 · 佛林特作序，第27-28頁。《艱難時世》最早出版於一八五四年。

【2】同上，第xi頁。

【3】雅各 · 布朗諾夫斯基和布魯斯 · 麥茲利希，《西方思想傳統》，紐約：哈珀兄弟出版公司，1960年，第307頁。根據不同的學者的觀點，在十八世紀還有很多其他的「革命」——例如其中包括人口統計學的、化學的和農業的革命。

【4】大衛 · 蘭德斯（David Landes），《國富國窮》（*The Wealth and Poverty of Nations*），紐約：諾頓出版社／阿巴庫斯出版社，1998/1999年，第42頁。

【5】J · D · 伯納爾，《歷史上的科學》（*Science in History*），第一卷，倫敦：企鵝出版社，1954年，第520頁。

【6】同上。

【7】彼得 · 豪爾（Peter Hall），《文明中的城市》（*Cities in Civilisation*），倫敦：威登菲爾&尼克森出版社，1998年，第310頁。

【8】同上，第312頁。

【9】菲利斯 · 迪恩（Phyllis Deane），《第一次工業革命》（*The First Industrial Revolution*），英格蘭劍橋：劍橋大學出版社，1979年，第90頁。

【10】豪爾，如前所引，第313頁。

【11】大衛 · S · 蘭德斯（David S. Landes），《自由的普羅米修士：西歐從一七五〇年至今的技術變革和工業發展》（*The Unbound Prometheus: Technological Change and Industrial Development in Western Europe from 1750 to the Present Day*），英格蘭劍橋：劍橋大學出版社，1969年，第302-303頁。

【12】這本身就爲空氣壓力的發現邁出了重要

一步。

【13】彼得．萊恩（Peter Lane），《工業革命》（*The Industrial Revolution*），倫敦：威登菲爾&尼克森出版社，1978年，第231頁。瓦特轉移到伯明罕見撒母耳．斯邁爾斯（Samuel Smiles），《博爾頓和瓦特的人生》（*The Lives of Boulton and Watt*），倫敦：約翰．默里出版社，1865年，第182-198頁。

【14】豪爾，如前所引，第315頁。

【15】萊恩，如前所引，第68-69頁。

【16】豪爾，如前所引，第316頁。

【17】同上，第319頁。

【18】同上，第308頁。

【19】蘭德斯，《國富國窮》，如前所引，第41頁。

【20】同上。

【21】同上。

【22】豪爾，如前所引，第311-312頁。

【23】迪恩，如前所引，第22頁。

【24】同上。

【25】蘭德斯，《國富國窮》，如前所引，第64-65頁。

【26】同上，第5頁。

【27】同上，第7頁。

【28】埃里克．霍布斯鮑姆（Eric Hobsbawm），《革命時代》（*The Age of Revolution*），倫敦：威登菲爾&尼克森出版社，1962年，第63頁。

【29】蘭德斯，《國富國窮》，如前所引，第7頁。

【30】豪爾，如前所引，第308頁。

【31】蘭德斯，《國富國窮》，如前所引，第262頁。

【32】同上，第282頁。

【33】伯納爾，如前所引，第600頁。

【34】同上，第286-287頁。

【35】克萊斯特在很多的歷史紀錄中被忽略。見邁克．布萊恩．希佛（Michael Brian Schiffer），《引來閃電：啓蒙時代的班傑明．富蘭克林和電學》（*Draw the Lightning Down: Benjamin Franklin and Electrical Technology in the Age of Enlightenment*），伯克利：加利福尼亞大學出版社，2003年，第46頁。

【36】安培（André-Marie Ampère，一七七五～一八三六）、高斯（Karl Friedrich Gauss，一七七七～一八五五）和歐姆（Georg Ohm，一七八七～一八五四）又發現了更多關於電流產生的磁場和這些電流通過導體的知識。電流現在已經成爲一門定量科學。蘭德斯，《自由的普羅米修士》，如前所引，第285頁。

【37】伯納爾，如前所引，第620頁。

【38】同上，第621頁。

【39】尙．皮埃爾．普瓦利埃（Jean-Pierre Poirier），《拉瓦錫：化學家，生物學家，經濟學家》（*Lavoisier: Chemist, Biologist, Economist*），費城：賓夕法尼亞大學出版社，1996年，第72頁及後文，〈氧氣的爭奪〉（'The Oxygen Dispute）。尼克．萊恩（Nick Lane），《氧氣：世界形成的分子》（*Oxygen: The Molecule that Made the World*），牛津：牛津大學出版社，2003年。

【40】普瓦利埃，如前所引，第72頁及後文。

【41】新化學見：同上，第102頁及後文。酸的形成見第105頁及後文。燃燒見第107頁。金屬煆燒見第61頁及後文。水的分析見第150頁。

【42】約翰．道爾頓（John Dalton），《化學哲學新體系》（*A New System of Chemical Philosophy*），倫敦：R. Bickerstaff，1808-1827年（1953年重印），第II卷第13章第1頁及後文和第I卷第231頁及後文。

【43】哈里．艾爾莫．巴恩斯，《西方世界的知識文化史》，卷二，紐約，Dove出版社，1965年，第681頁。

【44】伯納爾，如前所引，第625頁。

【45】布朗諾夫斯基和麥茲利希，如前所引，第323頁。

【46】同上，第324頁。

【47】羅賓．賴利（Robin Reilly），《約西亞．韋奇伍德：一七三〇～一七九五》

（*Josiah Wedgwood, 1730-1795*），倫敦：麥克米倫出版社，1992年，第183頁。

【48】布朗諾夫斯基和麥茲利希，如前所引，第325頁。

【49】賴利，如前所引，第314頁。

【50】同上，第327頁。撒母耳．高爾頓（Samuel Galton）是法蘭西斯（Francis）的祖父，優生學的創始人，是另外一個從沃靈頓學會轉到月亮社的人：他蒐集了最早的一批科學儀錶。湯瑪斯日（Thomas Day）因為他的孩子而最為有名；據說他的寫作「大而無趣」，但是他借錢給其他成員支持他們的活動。羅伯特．E．斯科菲爾德（Robert E. Schofield），《伯明罕月光社：十八世紀英格蘭地方性科學和工業的社會史》（*The Lunar Society of Birmingham: A Social History on Provincial Science and Industry in Eighteenth Century England*），牛津：克拉倫登出版社，1963年，第53頁。詹姆士．基爾（James Keir），前職業軍人嘗試從海藻中提取鹼金屬（方法是有效的，但是產量太低），後來在法國作戰，法語講得很流暢，他翻譯了馬克爾的《化學詞典》，這是一本非常有名（也很實用）的詞典，幫助樹立了月亮社的名聲。

【51】約翰．格拉漢．吉勒姆（John Graham Gillam），《嚴酷的考驗：法學博士、英國皇家協會會員約瑟夫．普利斯特列》（*The Crucible: The Story of Joseph Priestley LLD, FRS*），倫敦：羅伯特．黑爾出版社，1959年，第138頁。

【52】布朗諾夫斯基和麥茲利希，如前所引，第329頁。

【53】同上，第330頁。

【54】同上，第329頁。

【55】參見珍妮．阿格魯（Jenny Uglow），《月光社成員：一群推進未來的朋友》（*The Lunar Men: The Friends Who Made the Future*），倫敦：費伯出版社，2002年，尤其是第210-221頁，第237頁，第370頁和第501頁。

【56】斯科菲爾德，如前所引，第440頁。

【57】一七六〇年麻薩諸塞州舉行了著名的抗議活動，指出英國政府無權對殖民地徵稅，因為在議會中沒有麻薩諸塞州的代表。英國政府的部分回答是曼徹斯特也沒有代表。亨利．斯蒂爾．康馬格爾（Henry Steel Commager），《理性王國》（*The Empire of Reason: How Europe Imagined and America Realised the Enlightenment*），倫敦：威登菲爾&尼克森出版社，1978/2000年。但是伯明罕的氛圍還要見：吉勒姆，如前所引，第182頁。

【58】蘭德斯，《自由的普羅米修士》，如前所引，第23頁。

【59】同上，第25-26頁。

【60】對這次爭論的詳細討論見：同上，第22-23頁。

【61】E．P．湯普森（E. P. Thompson），《英國工人階級的形成》（*The Making of the English Working Class*），倫敦：格蘭茲出版社，1963年，第807頁及後文。

【62】同上，第16章，第781頁及後文。

【63】布朗諾夫斯基和麥茲利希，如前所引，第339頁。

【64】阿索爾．菲茲吉本斯（Athol Fitzgibbons），《亞當．斯密的思想體系：自由、財富、德性》（*Adam Smith's System of Liberty, Wealth and Virtue: The Moral and Political Foundation of the Wealth of Nations*）牛津：牛津大學出版社的克拉倫登分社，1995年，第5頁及後文。

【65】蘭德斯，《自由的普羅米修士》，如前所引，第246頁。

【66】大衛．韋瑟羅爾（David Weatherall），《大衛．李嘉圖》（*David Ricardo*），海牙：馬丁努斯．尼基霍夫（Martinus Nijhoff）出版社，1976年，第27頁，關於他與宗教的決裂。

【67】同上，第147頁。

【68】J．K．加爾布雷（J. K. Galbraith），

《經濟學史》（*A History of Economics*），倫敦：哈米什·漢密爾頓出版社／企鵝出版社，1987/1991年，第84頁。

【69】同上，第118頁。

【70】R·W·哈里斯（R. W. Harris），《浪漫主義和社會秩序》（*Romanticism and the Social Order*），倫敦：布蘭福德出版社，1969年，第78頁。

【71】法蘭克·波德莫爾（Frank Podmore），《羅伯特·歐文》（*Robert Owen*），紐約：奧古斯都·凱利出版社，1968年，第188頁。

【72】A·L·莫頓（A. L. Morton），《羅伯特·歐文的生平和思想》（*The Life and Ideas of Robert Owen*），倫敦：勞倫斯&威沙特出版社，1963年，第92頁。

【73】同上，第88頁及後文。

【74】布朗諾夫斯基和麥茲利希，如前所引，第450頁及後文。

【75】哈里斯，如前所引，第80頁。波德莫爾，如前所引，第88頁，新拉納克的磨坊圖片見第80頁。

【76】他還設立培訓班，向那些畢業後還想繼續學習的人提供晚間課程。莫頓，如前所引，第106頁。

【77】布朗諾夫斯基和麥茲利希，如前所引，第456頁。

【78】他的另一個思想是所謂的「歐文主義者社會」（Owenite communities，在倫敦、伯明罕、諾威奇和設菲爾德）。他在那裡將手藝人聚集在一起，而沒有資本家雇主的參與。歐文一直堅信資本主義是「一個天性邪惡的制度」，希望他人也同意他的觀點。這是他成爲工團主義的熱情提倡者的主要原因。歐文持有物物交換的思想，根據這一制度，手藝人交換自己的產品，獲取「勞動券」，然後用勞動券交換貨物（另外一種排斥資本主義制度的東西）。這些思想中的大部分也失敗了，至少在歐文所設想的形式上是失敗的。但是，正如R·W·哈里斯指出的，歐文是一個空想家而不是一個組織者。他的大部分思想成爲十九世紀後期和大部分二十世紀的勞工政治的重要因素。哈里斯，如前所引，第84頁。

【79】關於工業革命中潤滑油的重要性見：蘭德斯，《自由的普羅米修士》（*Unbound Prometheus*），如前所引，第298-299頁。

【80】霍布斯鮑姆，《革命時代》，如前所引，第69頁。

【81】同上，第72頁。

【82】同上，第73頁。

【83】參見恩格斯關於此論題與一位曼徹斯特人的對話。霍布斯鮑姆，如前所引，第182頁。

【84】大衛·麥克萊倫（David McLellan），《卡爾·馬克思：他的生平和思想》（*Karl Marx: His Life and Thought*），倫敦：麥克米倫出版社，1973年，第130頁。

【85】加爾布雷斯，如前所引，第127頁。

【86】馬克思與黑格爾的關係見：同上，第128頁。霍布斯鮑姆，如前所引，第53頁。

【87】法國的猶太人渴望更加美好的未來。霍布斯鮑姆，如前所引，第197頁。

【88】特雷爾·卡佛（Terrell Carver）編輯，《馬克思的劍橋同事》（*The Cambridge Companion to Marx*），英格蘭劍橋：劍橋大學出版社，1991年，第56頁。

【89】羅傑·史密斯，如前所引，第435頁。

【90】同上，第436頁。

【91】麥克萊倫，如前所引，第299頁及後文。

【92】同上，第334頁。

【93】加爾布雷斯，如前所引，第128-129頁。

【94】麥克萊倫，如前所引，第299-300頁和第349-350頁。

【95】同上，第433-442頁。

【96】羅傑·史密斯，如前所引，第433-442頁。

【97】卡爾·馬克思（Karl Marx），《資本論》（*Capital*）第2卷，芝加哥：E·恩特曼出版社，1907年，第763頁。霍索

恩，如前所引，第54頁。

【98】麥克萊倫，如前所引，第447頁。幾個「國際」一直延續到一九七二年。

【99】雷蒙．威廉斯（Raymond Williams），《文化與社會：一七八〇～一九五〇》（*Culture and Society, 1780-1950*），倫敦：查托&溫達斯出版社，1958年，企鵝出版社，1963年。

【100】實際上，亞當．斯密是最早以這種新的方式使用這個詞的人之一，在《國富論》（*The Wealth of Nations*）中。

【101】威廉斯，如前所引，第13-14頁。

【102】同上，第14頁。

【103】同上，第15頁。

【104】同上，第15-16頁。

【105】同上，第16頁。

【106】同上，第124頁。參見尼古拉斯．默里（Nicholas Murray），《馬修．阿諾德的生平》（*A Life of Matthew Arnold*），倫敦：霍德&斯托頓出版公司，1996年，第243-245頁。

【107】威廉斯，如前所引，第130頁。默里，如前所引，第245頁。

【108】威廉斯，如前所引，第136頁。參見馬修．阿諾德（Matthew Arnold），《文化與無政府狀態》（*Culture and Anarchy*），倫敦：約翰．默里出版社，1869年，第28頁。

【109】肯尼斯．彭慕蘭（Kenneth Pomeranz），《大分流：歐洲、中國及世界經濟的發展》（*The Great Divergence: China, Europe and the Making of the Modern World Economy*），普林斯頓、新澤西和倫敦：普林斯頓大學出版社，2000年，多處。

【110】卡爾．博蘭尼（Karl Polanyi），《大轉型》（*The Great Transformation*），波士頓：燈塔出版社，1944/2001年，第3頁及後文。

【111】同上，第5頁和第7頁。

【112】同上，第15頁。參見尼爾．佛格森（Niall Ferguson），《金錢關係》（*The Cash Nexus*），倫敦：艾倫．萊恩／企鵝出版社，2001/2002年，第28-29頁和、第295-296頁。關於民主成長的表格見第355頁。關於這個時期，同時也是資本主義的頂峰時期，這一具有諷刺意味的事和怪事並未常被論及。

第二十八章

【1】艾略特：《舊世界和新世界》（*The Old World and the New*），英格蘭劍橋：劍橋大學出版社／坎托，1970/1992年，第54-55頁。

【2】同上，第56頁。

【3】同上，第57頁。

【4】撒母耳．艾略特．莫里森、亨利．斯蒂爾．康馬格爾及威廉．E．洛伊希滕貝格：《美利堅共和國的成長》（*The Growth of the American Republic*），牛津、紐約：牛津大學出版社，1980年，第2卷，第4-5頁。

【5】艾略特，如前所引，第58-59頁。

【6】約翰．艾略特質疑，如果沒有新世界的財富，大量使用金銀裝飾的巴洛克藝術是否還有可能出現。第65頁。

【7】格林，《美國智力構建》（*The Intellectual Construction of America*），教堂山：北加利福尼亞出版社，1993年，第21-22頁，有關當時歐洲對古老事物的尊崇。

【8】艾略特，如前所引，第81頁。

【9】同上，第82頁。

【10】格林，如前所引，第39-42頁。

【11】同上，第84頁；格林，如前所引，第28-29頁，有關美國早期對天堂和烏托邦的觀念。

【12】艾略特，如前所引，第86頁。

【13】同上，第87頁。這種經濟新格局的活力甚至大到吸引了穆斯林。目睹西班牙爲其在美洲的成功所鼓舞，同時又獲得大量白銀供其支配，奧斯曼人開始對新大陸感到好奇。一五八〇年前後，一本《西印度群島史》（*History of the West Indies*）被寫成並呈送蘇丹穆拉德三世。其作者主要依賴於義大利和西班牙

的資訊來源，他寫道：「二十年之內，西班牙人征服了所有島嶼並擄獲了四萬人，殺人數以千計。讓我們向眞主祈求這些珍貴的土地有朝一日被伊斯蘭家族所征服，被穆斯林居住，成爲奧斯曼帝國的一部分。」同上，第88頁。

【14】 波德莫，《征服的鎧甲》，史丹佛，加利福尼亞：史丹佛大學出版社，1992年，第212頁。

【15】 艾略特，如前所引，第103頁。

【16】 同上，第95-96頁。

【17】 亨利．斯蒂爾．康馬格爾，《理性王國》，倫敦：威登菲爾&尼克森出版社，1978/2000年，第83頁。

【18】 同上，第83-84頁。

【19】 同上，第84頁。

【20】 庫什納廖夫，《白令發現海峽》（科朗哈特．沃恩編譯），波特蘭：奧勒岡歷史學會出版社，1990年，約在第169頁。

【21】 波德莫，如前所引，第106頁。

【22】 安東尼洛．吉爾比，《新大陸的爭論：一七五〇～一九〇〇激辯史》（*The Dispute of the New World: The History of a Polemic*），修訂增補本，傑瑞米．莫利譯，匹茲堡：匹茲堡大學出版社，1973年，第61頁。

【23】 格林，如前所引，第128頁。

【24】 吉爾比，如前所引，第7頁。

【25】 格林，如前所引，第129頁。

【26】 波德莫，如前所引，第111頁。

【27】 吉爾比，如前所引，第52頁及後文。

【28】 康馬格爾，如前所引，第16頁；格雷．威爾斯，《創造美國》，波士頓：霍頓．米夫林出版公司，1978/2002年，第99-100頁，有關富蘭克林與伏爾泰的會面。

【29】 康馬格爾，如前所引，17頁；布林斯汀，《探索者》，紐約和倫敦：古典書局，1999年，第204頁；休．布羅根，《企鵝美國史》，倫敦：企鵝出版社，1985/1990年，第97頁。

【30】 布羅根，如前所引，第93頁。

【31】 康馬格爾，如前所引，第20頁。

【32】 同上，並見布羅根，如前所引，第98頁。

【33】 康馬格爾，如前所引，第21頁。

【34】 威爾斯，如前所引，第172頁。

【35】 康馬格爾，如前所引，第23頁。

【36】 同上，24頁。

【37】 格林，如前所引，168頁；並見約翰．佛林，《黑暗中的跨越》，牛津：牛津大學出版社，2003年，第256頁。

【38】 康馬格爾，如前所引，第30頁。

【39】 同上。

【40】 威爾斯，如前所引，第45頁。

【41】 康馬格爾，如前所引，第33頁。

【42】 同上，第39頁。

【43】 格林，如前所引，第131-138頁。

【44】 布羅根，如前所引，第178頁。丹尼爾．布林斯汀，《美國人：民族經驗》，倫敦：威登菲爾&尼克森出版社，1966年，第399頁。

【45】 康馬格爾，如前所引，第411頁。

【46】 同上，第94頁。

【47】 梅瑞爾．D．彼得森（Merrill D. Peterson），《湯瑪斯．傑佛遜與新國家》，牛津：牛津大學出版社，1970年，第159-160頁。

【48】 威爾斯，如前所引，第136-137頁。

【49】 康馬格爾，如前所引，第98頁。

【50】 同上，第106頁。

【51】 同上，第108頁。

【52】 威爾斯，如前所引，第129頁；又見第99頁，有關蒙蒂塞洛的小玩意。

【53】 康馬格爾，如前所引，第114頁。

【54】 彼得森，如前所引，第160頁。

【55】 康馬格爾，如前所引，第99頁。

【56】 同上，第100頁。

【57】 威爾斯，如前所引，第287頁。

【58】 康馬格爾，如前所引，第146頁。

【59】 同上。

【60】 同上，第149-150頁。

【61】 同上，第151頁。

【62】 佛林，如前所引，第315頁。

【63】 康馬格爾，如前所引，第153頁。

【64】威爾斯，如前所引，有關彭德爾頓，第6頁；有關亞當斯，第18頁〔約翰·F·甘迺迪在其《當仁不讓》（*Profiles in Courage*）中對後者進行了描述〕。

【65】莫里森等，如前所引，第67頁；布羅根，如前所引，第94-95頁。

【66】康馬格爾，如前所引，第173頁，引撒母耳·威廉斯《佛蒙特自然與社會史》（*Natural and Civil History of Vermont*），1794年，第343-344頁。

【67】同上，第176頁。

【68】有關美國人多種多樣的自由，格林，如前所引，第99頁，並參見有關婚姻某些方面的論述。

【69】W·H·奧頓，《沒有城牆的城市》（*City Without Walls*），倫敦：費伯出版社，1969年，第58頁。

【70】康馬格爾，如前所引，第181頁。

【71】同上，第183頁。

【72】布羅根，如前所引，第216頁。

【73】康馬格爾，如前所引，第187-188頁。

【74】佛林，如前所引，第26頁。

【75】康馬格爾，如前所引，第192頁。

【76】同上，第192-193頁。

【77】佛林，如前所引，第150頁。

【78】康馬格爾，如前所引，第201頁。

【79】同上，第208頁。

【80】有關這種思想在歐洲的影響，格林，如前所引，第131頁及後文。

【81】同上，第177頁，背景材料。

【82】佛林，如前所引，第298頁。

【83】康馬格爾，如前所引，第236頁。

【84】同上，第238頁。

【85】佛林，如前所引，第257頁。

【86】康馬格爾，如前所引，第240-241頁。

【87】威爾斯，如前所引，第249頁；佛林，如前所引，第434頁。

【88】康馬格爾，如前所引，第245頁。

【89】托克維爾注意到了「放縱的」紐奧良法語居民和「虔誠的」法裔加拿大人之間的差別。

【90】安德列·加爾丁，《托克維爾》，倫敦：彼得·哈爾班出版社，1988年，第149頁。

【91】同上。

【92】同上，第117頁。亦見詹姆斯·T·施萊佛，《托克維爾〈論美國的民主〉的寫作》，北卡羅萊納卡波希爾：北卡羅萊納大學出版社，1980年，尤見62頁及後文、第191頁及後文和第263頁及後文。

【93】加爾丁，如前所引，第126頁。

【94】同上，第158頁；布羅根，如前所引，第319頁。

【95】加爾丁，如前所引，第114頁。另一種觀點是托克維爾認爲平等是美國最重要的特性，但他又認爲革命對這種精神的產生影響甚微。他還說過另一段廣爲人知的話，即美國和俄國將是未來的兩個重要大國。威爾斯，如前所引，第323頁。

【96】阿列克西·德·托克維爾，《全集》（*Oeuvres Complètes*）（J·P·梅耶編選），巴黎：伽利瑪出版社，1951年，卷一，第236頁。

【97】加爾丁，如前所引，第162頁。

【98】布羅根，如前所引，第75頁。

【99】加爾丁，如前所引，第208頁。

【100】同上，第216頁。

【101】他的部分論證和某些評論有些怪異，或者說相互矛盾。他發現在美國，生活更具有私人性，但同時又認爲人們的相互嫉妒更加強烈。他感到美國的工業發展在加劇人與人之間的不平等狀況，從而或許會摧毀他所羨慕的共同體精神。加爾丁，如前所引，第263頁。

【102】威爾斯，如前所引，第323頁。

第二十九章

【1】唐納德·F·萊茲（Donald F. Lach），《亞洲在歐洲形成中的作用》（*Asia in the Making of Europe*），芝加哥：芝加哥大學出版社，1965年，第1卷，第152頁。

【2】同上。

【3】同上，第153頁。

【4】同上，第155頁。

【5】 J·C·H·艾夫林（J. C. H. Aveling），《耶穌會士》（*The Jesuits*），倫敦：布朗德&布里格斯出版公司，1981年，第157頁。

【6】 約翰·W·歐馬里（John W. O'Malley）編輯，《耶穌會士：文化，科學與藝術（一五四〇～一七七三）》（*The Jesuits: Culture, Science and the Arts, 1540-1773*），多倫多：多倫多大學出版社，1999年，第338頁，儘管這也被視為障礙。

【7】 同上，第247頁。

【8】 萊茲，如前所引，第314頁。

【9】 同上。

【10】 同上，第316頁。歐馬里（編輯），如前所引，第380頁。

【11】 資料最初來源於約翰·科雷亞·阿方索（John Correia-Afonso SJ），《耶穌會士信件和印度歷史》（*Jesuit Letters and Indian History*），孟買，1955年。

【12】 同上，第319頁。關於藝術作品如何克服語言障礙，參見：安娜·傑克遜（Anna Jackson）和阿明·賈佛（Amin Jaffer）編輯：《對峙：亞洲和歐洲的相遇（一五〇〇～一八〇〇）》（Encounters: The meeting of Asia and Europe 1500-1800），倫敦：V&A 出版社，2004年，尤其是高文·貝利（Gauvin Bailey）那一章。

【13】 參見歐馬里（編輯），如前所引，第408頁及後文，關於耶穌會士報告的其他印度傳統。

【14】 萊茲，如前所引，第359頁。

【15】 同上，第415頁。

【16】 零散的引語來自於對瘟疫、硬幣、價格以及糧食能吃多久。一般來說，政治被忽略了，並沒有囊括在人們對政治或統治者的個人意見裡。科雷亞·阿方索，如前所引，多處。

【17】 萊茲，如前所引，第436頁。

【18】 同上，第439頁。

【19】 歐馬里（編輯），如前所引，第405頁，討論了基督教教徒比印度教教徒更懂得印度教教義的問題。

【20】 萊茲，如前所引，第442頁。

【21】 謝和耐（Gernet），《中華文明史》（*A History of Chinese Civilisation*），英格蘭劍橋：劍橋大學出版社，1982年，第440頁。

【22】 歐馬里（編輯），如前所引，第343-349頁，關於耶穌會士在中國的使命。

【23】 謝和耐，如前所引，第441頁。

【24】 賀凱（Hucker），《帝制中國的歲月》（China's Imperial Past），倫敦：達克沃思出版社，1975年，第376頁。

【25】 謝和耐，如前所引，第507頁。

【26】 同上，第508頁。尤其是在中國的古代繁榮時期，書中的人物不允許使用皇姓，否則就是褻瀆君王。

【27】 謝和耐，如前所引，第521-522頁。

【28】 康馬格爾，《理性王國》（*The Empire of Reason*），倫敦：威登菲爾&尼克爾森出版社，1978/2000年，第62頁。

【29】 同上。

【30】 彼得·沃森（Peter Watson），《從馬奈到曼哈頓：現代藝術市場的興起》（*From Manet to Manhattan: The Rise of the Modern Art Market*），紐約和倫敦：蘭登書屋/Vintage出版，1992/1993年，第108-109頁。

【31】 馬歇爾·G·S·霍德遜（Marshall G. S. Hodgson），《伊斯蘭的冒險：世界文明中的良知和歷史》（*The Venture of Islam: Conscience，and History in a World Civilisation*），第三卷《火藥、帝國和當代》（*The Gunpowder, Empires and Modern Times*），芝加哥和倫敦：芝加哥大學出版社， 1958/1977年，第42頁。

【32】 同上，第50頁。

【33】 同上，第73頁及後文。

【34】 同上，第158頁。

【35】 霍拉尼（Hourani），《阿拉伯民族的歷史》（*A History of the Arab Peoples*），麻薩諸塞劍橋：哈佛大學出版社貝爾納普分社，1991年，第256頁及後文。伯

納德·路易斯（Bernard Lewis），《什麼錯了》（*What Went Wrong?*），倫敦：威登菲爾&尼克爾森出版社，2002年，第7頁。

【36】路易斯，如前所引，第118頁。

【37】阿什利·茲拉克曼（Asli çirakman），《從「世界恐慌」到「歐洲病夫」：鄂圖曼帝國的歐洲影像和十六世紀到十九世紀的社會》（*From the 'Terror of the World' to the 'Sick Man of Europe': European Images of Ottoman Empire and Society from the Sixteenth Century to the Nineteenth Century*），紐約：彼得·朗出版，2002年，第51頁。

【38】伊沙諾格魯（Ekmeleddin Ihsanoglu），《鄂圖曼帝國的科學、技術和學術》（*Science, Technology and Learning in the Ottoman Empire: Western Influence, Local Institutions and the Transfer of Knowledge*），奧爾德肖特：阿什蓋特文獻出版公司/Variorum，2004年，第II 10-15頁。

【39】同上，第II 20頁。

【40】同上，第III 15頁。

【41】同上，第IX 161頁及後文。

【42】同上，第II 20頁。

【43】法特瑪（Fatma Müge Göçek），《當東方遭遇西方：十八世紀的法國和鄂圖曼帝國》（*East Encounters West: France and the Ottoman Empire in the Eighteenth Century*），牛津：牛津大學出版社，1987年，第25頁。

【44】同上，第58頁。

【45】路易斯，如前所引，第25頁。

【46】見於，例如：Gulfishan Khan，《印度穆斯林對於十八世紀西方的理解》（*Indian Muslim Perceptions of the West During the Eighteenth Century*），牛津：牛津大學出版社，1988年。蜜雪兒，菲什（Michael Fischer），《反向潮流到殖民主義》（*Counterflows to Colonialism: Indian Travellers and Settlers in Britain 1600-1857*），牛津：牛津大學出版社，2004年。

【47】「十六世紀末有人寫成了一本關於新大陸的土耳其著作，很明顯這本書的資料來源於歐洲——口頭的而非書面的。這本書描述了新大陸的植物、動物和新大陸的原居民，並表達出這塊受恩澤的土地不久就能被伊斯蘭教的光芒照耀的願望。這本書直到一七二九年列印出版才被人所知。……知識是需要努力才能獲得的，是要儲存下來的，甚至在必須的時候，還是要買來的，而不是個人自己發展出來的。」路易斯，如前所引，第37-39頁。

【48】同上，第46頁。

【49】同上，第47頁。

【50】同上，第66頁。

【51】它將會改變。參見霍拉尼，如前所引，第303頁及後文。

【52】路易斯，如前所引，第79頁。

【53】霍拉尼，如前所引，第261頁，關於貿易模式的改變。

【54】路易斯，如前所引，第158頁。

【55】歐馬里（編輯），如前所引，第241頁及後文。

【56】穆那，《信仰》（*The Faith*），倫敦：奧蘭姆出版社，2002年，第557頁，是有關諾比利（Roberto de Nobili）受審的，他打扮成禁欲者的樣子。

【57】愛德華·薩義德關於西方對「東方」態度的存在爭議的觀點將在下文得到評價。

【58】雷蒙德·施瓦布（Raymond Schwab），《東方文藝復興：歐洲對印度和東方的重新發現（一六八〇～一八八〇）》（*The Oriental Renaissance: Europe's Rediscovery of India and the East, 1680-1880*），紐約：哥倫比亞大學出版社，1984年，第11頁。

【59】同上，第7頁。

【60】亞伯拉罕（Abraham Hyacinthe Anquetil-Duperron），《波斯古經的傳統》（translation of *Zenda Avesta: Ouvrage de Zoroastre*），巴黎，1771年。

【61】同上，第xii頁。

【62】派特里克・特恩布爾（Patrick Turnbull），《沃倫・哈斯丁》（Warren Hastings），倫敦：新英語圖書館出版公司，1975年，第199頁及後文。

【63】施瓦布，如前所引，第35頁。

【64】萊斯利（Lesley）和羅伊・阿德金斯（Roy Adkins），《埃及之鑰》（*The Keys of Egypt*），紐約：哈珀柯林斯出版社，2000年，第180-181頁，這重新發現了眞實的象形文字，商博良（Champollion）執著於此，並取得了突破。

【65】施瓦布，如前所引，第86頁。

【66】同上，第41頁和參考文獻。

【67】同上，第21頁。關於印度人的智慧，參見米林頓（E. J. Millington）翻譯的佛雷德里希・馮・施萊格爾（Friedrich von Schlegel）的美學及其他著作。倫敦，1849年。

【68】施瓦布，如前所引，第21頁。

【69】同上，第218頁。

【70】羅林森（H. G. Rawlinson），〈歐洲文學和思想中的印度〉（India in European literature and thought），見於加勒特（G. T. Garratt），《印度遺產》（*The Legacy of India*），牛津：牛津大學出版社，1937年，第35-36頁。

【71】同上，第171頁及後文。

【72】羅伯特・克拉克（Robert T. Clark Jr），《赫德：他的生平與思想》（*Herder: His Life and Thought*），柏克萊：加利福尼亞大學出版社，1955年，第362頁及後文。.

【73】施瓦布，如前所引，第59頁。

【74】M・馮・赫爾斯菲爾德（M. Von Hersfeld）和邁爾維斯（C. MelvilSym）翻譯，《哥德信件》（*Letters from Goethe*），愛丁堡：愛丁堡大學出版社，1957年，第316頁。

【75】阿方斯・德・拉馬丁（Alphonse de Lamartine），《文學常識教程》（Cours familier de litérature），巴黎：私人印刷，1856年，第3卷，第338頁。

【76】施瓦布，如前所引，第161頁。

【77】同上，第177頁。

【78】同上，第179頁。

【79】保羅・R・斯威特（Paul R. Sweet），《威廉・馮・洪堡》（Wilhelm von Humboldt），辛辛那提：俄亥俄大學出版社，第2卷，1980年，第398頁及後文。這證明了洪堡對美洲印第安人的語言和對斯里蘭卡語一樣感興趣。

【80】施瓦布，如前所引，第181頁。

【81】同上，第217頁。

【82】同上，第250頁。

【83】馬克（Marc Citoleux），《阿爾佛雷德・德・維尼》（Alfred de Vigny, persistences classiques et affinités étrangères），巴黎：Champion出版社，1924年，第321頁。

【84】施瓦布，如前所引，第468頁。

【85】克拉克，如前所引，第130頁及後文。

【86】施瓦布，如前所引，第273頁及後文。

【87】同上，第217頁。佛雷德里希・威廉・謝林（Friedrich Wilhelm Schelling），《神話哲學》（Philosophie der Mythologies），慕尼黑：C・H・貝克出版社，1842/1943年。

【88】施瓦布，如前所引，第201頁。

【89】同上，第211頁。

【90】不熟悉德語的讀者可以借鑑：佛蘭茲・波普（Franz Bopp），《梵文、古波斯語、希臘語、拉丁文、立陶宛語、哥特語、德語和斯拉文尼亞語的比較語法》（*A Comparative Grammar of the Sanskrit, Zend, Greek, Latin, Lithuanian, Gothic, German and Slavonic Languages*），由伊斯特維克（Lieutenant Eastwick）譯自德語，並由威爾森（H. H. Wilson）安排出版。三卷本，倫敦：馬登和馬爾科姆出版社，1845-1853年。

【91】施瓦布，如前所引，第213頁。

【92】同上，第220頁。

【93】同上，第219頁。

【94】呂迪格，薩夫蘭斯基（Rüiger Safranski），《叔本華》（*Schopenhauer*），

倫敦：威登菲爾&尼克爾森出版社，1989年，第63頁。

【95】施瓦布，如前所引，第427頁。

【96】同上。

【97】亞瑟·叔本華（Arthur Schopenhauer），《做爲意志和想像的世界》（*The World as Will and Idea*），霍爾丹（R. B. Haldane）和肯普（J. Kemp）翻譯，倫敦：特呂貝爾出版公司，三卷本，1883-1886，第3卷，第281頁。

【98】施瓦布，如前所引，第359頁。

【99】同上，第357頁。

【100】同上，第361頁。

【101】同上。

【102】喬安娜·理查森（Joanna Richardson），《維克多·雨果》（*Victor Hugo*），倫敦：威登菲爾&尼克爾森出版社，1976年，第217頁及後文。

【103】施瓦布，如前所引，第373頁。

【104】同上，第417頁。

【105】參見艾米莉·卡爾卡松（Émile Carcassone），〈勒貢特·德·列爾和印度哲學〉（Leconte de Lisle et la philosophie indienne），《比較文學雜誌》（Revue de litérature comparée），第11卷，1931年，第618-646頁。

【106】施瓦布，如前所引，第431頁。

【107】蜜雪兒·D·比迪斯（Michael D. Biddiss），《種族主義思想之父》（*The Father of Racist Ideology*），倫敦：威登菲爾&尼克爾森出版社，1970年，第175-176頁。

【108】施瓦布，如前所引，第438頁。

【109】理查·華格納（Richard Wagner），《我的人生》（*My Life*），兩卷本，紐約：道得密得（Dodds Mead）出版公司，1911年，卷2，第638頁。施瓦布有一整章講華格納的佛教。

【110】他還說他「憎恨」美國。這是個「可怕的噩夢」。威廉·阿特曼（Wilhelm Altman）編選，《理查·華格納的信》（Letters of Richard Wagner），倫敦：登特出版社，1927年，卷1，第293頁。

【111】施瓦布，如前所引，第441頁。

【112】裘蒂斯·戈蒂埃（Judith Gautier），《奧普雷的理查·華格納》（*Auprès de Richard Wagner*），巴黎：水星（Mercure de France）出版社，1943年，第229頁。

第三十章

【1】哈羅德·C·勳伯格，《作曲家的人生》，倫敦：大衛－波因特／麥克唐納·福多樂出版，1970/1980年，第124頁。

【2】參見大衛·凱恩斯《白遼士》，倫敦：艾倫·萊恩／企鵝出版社，1999年，第263-278頁，各處，白遼士和希勒的友誼。

【3】勳伯格，如前所引，第126頁。

【4】梅紐因和大衛斯，《人類的音樂》（*The Music of Man*），如前所引，第163頁。

【5】勳伯格，如前所引，第126頁。

【6】雅克·巴尊（Jacques Barzun），《古典，浪漫主義，現代》（*Classical, Romantic, Modern*），倫敦：瑟克&瓦伯格出版社，1962年，第5頁。

【7】勳伯格，如前所引，第124頁。

【8】伯林，《本體的意義》（*The Sense of Reality*），倫敦：查托&溫達斯出版社，1996年，第168頁。

【9】同上，第168頁。

【10】同上，第168-169頁。

【11】同上，第168頁。

【12】同上，第169頁。

【13】參見霍華德·孟福德·瓊斯《革命與浪漫主義》，麻薩諸塞劍橋：哈佛大學出版社貝爾納普分社，1974年，第368頁，德國民族主義者對拿破崙做出了回應，也可參見格羅德·N·伊森伯格，《不可能的個性：浪漫主義、革命和現代自我的起源，一七八七～一八〇二》，普林斯頓、新澤西和倫敦：普林斯頓大學出版社，1992年，第45-47頁和第94頁，關於伯林的沙龍。

【14】伯林，如前所引，第170頁。
【15】同上，第171頁。
【16】同上。
【17】同上，第173頁。
【18】同上，第175頁。
【19】參見伊茲列爾，《激進啓蒙運動》，牛津：牛津大學出版社，第668頁，有一種觀點認爲，維科是從哲學上反對自然主義的人。
【20】同上。
【21】同上，第666頁。
【22】同上，第665頁和第344頁。
【23】同上，第344頁。
【24】孟福德．瓊斯，如前所引，第242頁；也可參見霍索恩，《啓蒙與失望：社會理論史》，英格蘭劍橋：劍橋大學出版社，1976年，第32-33頁。
【25】羅傑．史密斯，如前所引，第337頁。
【26】伯林，如前所引，第176頁。
【27】孟福德．瓊斯，如前所引，第229頁。
【28】伯林，如前所引，第178頁。
【29】同上，第179頁。
【30】巴尊，如前所引，第135頁及後文，探討關於意志這一思想的發展。
【31】伯林，如前所引，第179頁。
【32】豪塞爾，《藝術社會學》，紐約：古典書局／克諾夫出版社，未標明出版日期，第3卷，第174頁。
【33】羅傑．史密斯，如前所引，第346-347頁。
【34】孟福德．瓊斯，如前所引，第66頁。
【35】同上。
【36】羅傑．史密斯，如前所引，第347頁。
【37】正如奧特加．加塞特（Ortega Y. Gasset）後來所說的：「人物所謂本性，有的只是他的本性。」奧特加．加塞特，〈歷史正像一個系統〉，參見《哲學和歷史，恩斯特．卡塞爾文選》，克里本斯基（R. Klibonsky）和派登（J. H. Paton）主編，1936年，第313頁。
【38】孟福德．瓊斯，如前所引，第100頁。
【39】同上。
【40】羅傑．史密斯，如前所引，第350頁。
【41】伯林，如前所引，第179頁。
【42】孟福德．瓊斯，如前所引，第242頁，費希特關於意志的思想中可能包含早期的超我概念。
【43】伯林，如前所引，第180頁。
【44】同上，第181-182頁；也可參見豪松，如前所引，第238-239。
【45】伯林，如前所引，第182-183頁。
【46】同上，第183頁。
【47】孟福德．瓊斯，見談論浪漫主義天才的章節，如前所引，第274頁，其中談到一個人最好的說明社會的方式是透過盡可能全面地認識自我。
【48】伯林，如前所引，第185-186頁。
【49】同上，第187頁。
【50】儘管由於德國民族主義的出現，浪漫主義者意識到，其他文化中的英雄也許更接近人類所共有的創造性這種「不可見的本性」。孟福德．瓊斯，如前所引，第279頁。
【51】伯林，如前所引，第188頁。
【52】孟福德．瓊斯《革命與浪漫主義》中的第十二章，如前所引，標題爲「浪漫主義者的反抗」。
【53】豪塞爾，如前所引，第166頁。
【54】羅傑．史密斯，如前所引，第346頁。
【55】孟福德．瓊斯，如前所引，第274頁。
【56】豪塞爾，如前所引，第192頁。
【57】同上，第188頁。
【58】同上，第208頁。
【59】伊森伯格，如前所引，第142-143頁。
【60】同上，第144頁。
【61】豪塞爾書中的句子，如前所引，第210頁。
【62】孟福德·瓊斯，如前所引，第288頁。
【63】豪塞爾，如前所引，212頁。
【64】同上，第213-214頁。
【65】同上，第216頁。
【66】同上，第181頁。
【67】在他的探討「個性的兩種概念」，格羅德．伊森伯格試圖考察浪漫主義者們關於男女不同之處的觀點。如前所引，第18-53頁。

【68】尼古拉斯・波以耳的詩歌淨化說，哥德：《詩歌與時代》（*The poem and The Age*），第1卷，《欲望之詩》（*The Poem of Desire*），牛津：牛津大學出版社克拉倫登分社，1991年，第329-331頁。

【69】孟福德・瓊斯探討了這方面的內容。如前所引，第264頁。

【70】同上，第394頁。

【71】勳伯格，如前所引，第83頁。

【72】同上。

【73】例如，參見阿爾佛雷德・愛因斯坦，《音樂簡史》（*A Short History of Music*），倫敦：卡塞爾出版社，1953年，第143頁。

【74】勳伯格，如前所引，第86頁。

【75】《英雄交響曲》起初是獻給拿破崙的，但是根據偉人傳，貝多芬在波拿巴稱帝後改變了想法。喬治・R・馬里克，《貝多芬》，倫敦，威廉・金伯出版社，1970年，第343頁。

【76】勳伯格，如前所引，第89頁。

【77】愛因斯坦，如前所引，第146頁，馬雷克，如前所引，第344頁。

【78】孟福德・瓊斯，如前所引，第293頁。

【79】勳伯格，如前所引，第93-94頁。

【80】孟福德・瓊斯，如前所引，第394頁。

【81】愛因斯坦，如前所引，第152頁。

【82】同上。

【83】同上，第154頁。

【84】勳伯格，如前所引，第98頁。

【85】同上，第109頁。

【86】巴尊，如前所引，第545-546頁。也參見：安東尼・貝恩斯（編輯），《樂器的演變》，倫敦：企鵝出版社，1961年，第260頁，關於薩克斯管的發展。

【87】梅紐因和大衛斯，如前所引，第165頁；孟福德・瓊斯，如前所引，第391頁；參見班貝恩（編輯），如前所引，第124-125頁，帕格尼尼和小提琴的最終演變情況；第91頁，關於英國和德國（維也納）鋼琴的不同。

【88】據說，他之所以如此優秀，是因爲他將自己出賣給了魔鬼（他有屍體一樣的外貌）。他從沒試圖否認這樣的詆毀。梅紐因和大衛斯，如前所引，第165頁；孟福德・瓊斯，如前所引，第410頁。

【89】勳伯格，如前所引，第110頁。

【90】愛德華・登特說，浪漫主義的確立是由於韋伯的出現。溫頓・迪安（編輯），《浪漫主義歌劇的出現》（*The Rise of Romantic Opera*），劍橋：劍橋大學出版社，1976年，第145頁。

【91】勳伯格，如前所引，第112頁。

【92】愛因斯坦，如前所引，第152頁。

【93】勳伯格，如前所引，第119頁。

【94】孟福德・瓊斯，如前所引，第410頁。

【95】愛因斯坦，如前所引，第176頁。

【96】孟福德・瓊斯，如前所引，第410頁。

【97】凱恩斯，如前所引，第2卷，第1頁。

【98】孟福德・瓊斯，如前所引，第375頁。

【99】梅紐因和大衛斯，如前所引，第178頁。

【100】傑瑞米・希普曼，《蕭邦：勉強的浪漫主義者》（*Chopin: The Reluctant Romantic*），倫敦：格蘭茲出版社，1995年，第132-138頁，多處。

【101】同上，第103頁。勳伯格，如前所引，第153頁。

【102】梅紐因和大衛斯，如前所引，第180頁。

【103】愛因斯坦，如前所引，第199頁。

【104】埃利諾・普雷恩伊（Eleanor Perényi），《李斯特》，倫敦：威登菲爾&尼克森出版社，1974年，第56頁，也可參見貝恩（編輯），如前所引，第165頁。

【105】梅紐因和大衛斯，如前所引，第165頁。

【106】儘管阿爾佛雷德・愛因斯坦提醒我們，在十九世紀，是李斯特拯救了天主教音樂。如前所引，第180頁。

【107】同上。

【108】普雷恩伊，如前所引，第11頁。

【109】愛因斯坦，如前所引，第158頁和178頁。

【110】同上，第179頁。

【111】同上，第158頁。

【112】同上，第160頁。

【113】勳伯格，如前所引，第183頁。

【114】同上，第214頁。

【115】梅紐因和大衛斯，如前所引，第187頁。

【116】孟福德．瓊斯，如前所引，第325頁；梅紐因和大衛斯，如前所引，第187-188頁。

【117】查理斯．奧斯本（選輯者、翻譯者、主編），《威爾第書信集》，倫敦：格蘭茲出版社，1971年，第596頁。

【118】孟福德．瓊斯，如前所引，第216頁。

【119】愛因斯坦，如前所引，第172頁。

【120】瑪麗－簡．菲力浦斯－馬特茲，《威爾第》，牛津：牛津大學出版社，1993年，第203頁。

【121】同上，第715頁。

【122】愛因斯坦，如前所引，第185頁。

【123】勳伯格，如前所引，第230頁。

【124】同上，第232頁。

【125】愛因斯坦，如前所引，第185頁。

【126】同上，第187頁；但也可參見：妮克．華格納，《華格納》，倫敦：威登菲爾&尼克森出版社，2000年，第25頁，「關於唐懷瑟的問題」。

【127】《尼伯龍根之歌》（A．T．哈托新譯本），倫敦：企鵝出版社，1965年。

【128】愛因斯坦，如前所引，第188頁。

【129】勳伯格，如前所引，第239頁。

【130】約翰．路易士．迪．加塔尼（John Louis Di Gaetani），《透視華格納的指環》（*Penetrating Wagner's Ring*），紐約和倫敦：聯合大學出版社，1978年，第206-207頁，例如，他的觀點是關於萊茵河的。

【131】愛因斯坦，如前所引，第190頁；也可參見：貝恩斯（編輯），如前所引，第258-259頁，關於拜羅伊特一些可用的新樂器。

【132】勳伯格，如前所引，第244頁。

【133】愛因斯坦，如前所引，第191頁。

【134】妮克．華格納，如前所引，第172頁。

【135】愛因斯坦，如前所引，第192頁。

【136】迪．加塔尼，如前所引，第219-238頁。也可參見：埃瑞克．萊溫（Erik Levine）《第三帝國的音樂》（*Music in the Third Reich*），倫敦：麥克米倫出版社，1994年，第35頁，關於希特勒的支持者華格納的研究。

第三十一章

【1】 佛蘭克．麥克林恩（Frank McLynn），《拿破崙》（*Napoleon*），倫敦：喬納森．凱普出版社，1997年，第171頁。

【2】 一個居無定所的阿拉伯游牧民族。——譯注

【3】 雅克．巴尊（Jacques Barzun），《從黎明到頹廢——西方文化生活五百年》（*From Dawn to Decadence, 500 Years of Western Cultural Life*），紐約和倫敦：哈珀柯林斯出版社，2000年，第442-444頁。

【4】 同上，第 442頁。

【5】 同上，第395-396頁。

【6】 羅傑．史密斯（Roger Smith），《豐塔納人類科學史》，倫敦：豐塔納出版社，1997年，第372頁。

【7】 同上，第373頁。

【8】 同上，第374頁。

【9】 布爾斯汀（Boorstin）：《探索者》（*The Seekers*），紐約和倫敦：古典書局，1999年，第210頁，黑格爾關於伯特蘭．拉塞爾（Bertrand Russell）和班傑明．佛蘭克林（Benjamin Franklin）的批判。.

【10】 保羅．R．斯威特（Paul R. Sweet）：《威廉．馮．洪堡：傳記》（*Wilhelm von Humboldt: A Biography*），卷二，哥倫布：俄亥俄大學出版社，1980年，第392頁起。

【11】 羅傑．史密斯，如前所引，第379及後文。

【12】 這對它自己來說是非常現代化的，但是洪堡在這一點上走得更遠，他認爲很多語言應該更加適應更高層次的目標，德

語也不例外，儘管拿破崙獲得了很大的成功。這正是一個異常危險的觀點出現的開始。

【13】 羅傑．史密斯，如前所引，第382頁。

【14】 同上，第385頁。

【15】 同上，第387頁。

【16】 大衛．佛雷德里奇．史特勞斯（David Friedrich Strauss）：《耶穌的生活，批判的審視》，由彼得．C．霍奇森（Peter C. Hodgson）編輯並撰寫導言，倫敦：SCM出版社，1972年，第xx頁。

【17】 參見約翰．哈德利．布魯克（John Hadley Brooke），《科學與宗教》（*Science and Religion*），英格蘭劍橋：劍橋大學出版社，1991年，第266頁，關於史特勞斯以及關於神話與謊言之間的區別的討論。也可參見史特勞斯／霍奇森，如前所引，第xlix頁。

【18】 文森特·克羅寧（Vincent Cronin），《拿破崙》（Napoleon）, 倫敦：柯林斯出版社, 1971年，第145頁。

【19】 C．W．塞拉姆（C. W. Ceram），《上帝、墳墓和學者》（*Gods, Graves and Scholars*），倫敦：格蘭茲出版社，1971年，第207-208頁。

【20】 古代亞述的首都。——譯注

【21】 亞述的一座古城。

【22】 伊恩．塔特薩爾（Ian Tattersall），《化石的痕跡》（*The Fossil Trail*），如前所引，第14頁，赫蒙－夏夫豪森，〈論人類最古老種族之頭蓋骨〉（'On the crania of the most ancient races of Man'）。由G．布希（G. Bush）翻譯並撰寫導言，見於《博物學評論》（*Natural History Review*）第1卷，1861年，第155-176頁。

【23】 鮑勒（Bowler），《進化：思想史》（*Evolution: The History of an Idea*），柏克萊、洛杉磯和倫敦：加州大學出版社，1989年，第65頁。

【24】 同上，第65頁。

【25】 同上，第75頁。

【26】 同上，第26頁。

【27】 蘇贊恩．凱利（Suzanne Kelly），〈文藝復興宇宙哲學中的地球理論〉（'Theories of the earth in Renaissance cosmologies'），參見塞西爾．J．士尼爾（Cecil J. Schneer，編者），《通向地質學的歷史》（*Towards a History of Geology*），麻薩諸塞劍橋：MIT出版社，1969年，第214-225頁。

【28】 鮑勒，如前所引，第31頁。

【29】 同上，第37頁。

【30】 同上，第40頁。

【31】 同上，第44頁。

【32】 查理斯．吉利斯皮（Charles Gillispie），《創世紀和地質學》（*Genesis and Geology*），麻薩諸塞劍橋：哈佛大學出版社，1949年；哈珀火炬叢書，1959年，第48頁。

【33】 同上，第41-42頁。

【34】 尼古拉斯．斯泰諾（Nicholas Steno），《尼古拉斯．斯泰諾關於固體專題的導論附固體內部的自然進程》（*The Prodromus of Nicholas Steno's Dissertation concerning a Solid Body Enclosed by Process of Nature within a solid*），初版於1669年，後於1916年由J．G．溫特（J. G. Winter）譯爲英文，《密西根大學人文研究》第1卷第2部分，Hafner出版公司再版，紐約，1968年。約翰．伍德沃（John Woodward），《通向地球博物學和陸地之物的一篇論文》（'An Essay Toward a Natural History of the Earth and terrestrial Bodyes'），1695年初版於倫敦，再版於紐約：Arno出版社，1977年。

【35】 吉利斯皮，如前所引，第42頁。傑克．雷普切克（Jack Repcheck），《發現時間的人：詹姆斯．赫頓和地球遺跡的發現》（*The Man Who Found Time: James Hutton and the Discovery of the Earth's Antiquity*），倫敦：西蒙&舒斯特出版社，2003年。他們認爲赫頓的文章是「難以參透的」，而且在當時來說，人們對於地球的遺跡缺乏興趣。

【36】參見，比如，吉利斯皮，如前所引，第46頁。
【37】同上，第68頁。
【38】同上，第84頁。
【39】鮑勒，如前所引，第110頁。
【40】吉利斯皮，如前所引，第99頁。
【41】鮑勒，如前所引，第116頁。
【42】吉利斯皮，如前所引，第101頁。
【43】鮑勒，如前所引，第116頁。
【44】同上，第119頁。
【45】布魯克，如前所引，第203頁，認爲從某種角度上來說，巴克蘭「阻止」了英國科學發展協會的工作，具體表現在「設計」工作上的懶惰。
【46】吉利斯皮，如前所引，第107頁。
【47】鮑勒，如前所引，第110頁。
【48】同上，第124 頁表格。
【49】吉利斯皮，如前所引，第111-112頁和第142頁。
【50】鮑勒，如前所引，第130頁。
【51】同上，第132頁。
【52】同上，第134頁及後文。
【53】吉爾斯皮，如前所引，第133頁。
【54】鮑勒，如前所引，第138頁。
【55】吉利斯皮，如前所引，第210頁。
【56】同上，第212頁。
【57】同上，第214頁。
【58】斯科德，《維多利亞時代的轟動》（*Victorian Sensation*），芝加哥和倫敦：芝加哥大學出版社，2000年，第388頁。
【59】同上，第3章，第77頁及後文。
【60】同上，第526頁，《造物遺痕》一書與《物種起源》一書在出版歷史上的比較分析。
【61】愛德華．魯瑞（Edward Lurie），《路易士．愛格西：生命科學》（*Louis Agassiz: A Life in Science*），芝加哥：芝加哥大學出版社，1960年，第97頁及後文，關於愛格西對於冰季概念的進一步拓展。
【62】J．D．馬杜格，《地球簡史》（*A Short History of Planet Earth*），紐約和倫敦：約翰威利父子公司，1996年，第210頁。
【63】但是還有一些其他的東西存在。在那些冰磧中還發現了相當多數量的鑽石。這些鑽石應該都是在地球深處形成的，借助火山噴發的過程，伴隨著岩漿而呈現在地球的表層。因此，這也是火山持續活動的重要證據之一，強化了以下事實，那就是冰季這個重要概念的發現，不僅確認了地球存在時間上的古老性，而且證實了地質學中的均變論觀點。同上，第206-210頁。
【64】彼得．J．鮑勒（Peter J. Bowler），《反達爾文的革命》（*The Non-Darwinian Revolution*），巴爾的摩和倫敦：約翰．霍普金斯大學出版社，1988年，第13頁。
【65】梅爾（Mayr），《生物學思想的發展》（*The Growth of Biological Thought*），如前所引，第349頁，參見：穆那（Moynahan），如前所引，第651頁。
【66】皮爾楚．考斯（Pietro Corsi），《拉馬克時代：一七九〇～一八三〇年法國進化思想》（*The Age of Lamarck: Evolutionary Theories in France 1790-1830*），柏克萊和倫敦：加利福尼亞大學出版社，1988年，第121頁起。恩斯特．梅爾，生物學歷史研究中的著名學者，認爲拉馬克在宣揚他的進化論觀點時體現出來的勇氣要比十五年後的達爾文強得多。梅爾，如前所引，第352頁。
【67】考斯，如前所引，第157頁及後文。針對那些支持或者反對拉馬克觀點的人所做的聲明。

在前面的導言中，我們曾經談到過人類發展史上「偉大的存在之鏈」的產生，也同樣導致了十九世紀中期的知識分子化氛圍。是由於原始觀念的存在爲它提供了可信性，但是它並非一個科學化的觀點，在達爾文主義產生之後，這種觀點就失去了繼續存在下去的可行性。參見鮑勒，《進化：思想史》，如前所引，第59頁及後文，關於十九世紀「偉大的存在之鏈」產生的觀點以及61頁的一個圖表。

【68】其他的因素還包括工業化資本，這個概念認爲人們應該被允許在商業活動中自由競爭，因爲只有採取這種方式，才能使得社會商品與個體的自私屬性保持一致性。

【69】鮑勒，《反達爾文的革命》如前所引，第36頁。

【70】同上，第41頁。

【71】巴里·蓋爾（Barry Gale），《達爾文和生存鬥爭觀：科學觀念的超科學起源研究》，《伊希斯》（*Isis*），63卷，1972年，第321-344頁。

【72】鮑勒，《反達爾文的革命》，如前所引，第57頁。

【73】斯科德，如前所引，第431頁。

【74】鮑勒，《反達爾文的革命》，如前所引，第42頁。馬丁·費施南（Martin Fichnan），《達爾文學說分支的意識形態因素》，見於埃佛雷特·孟德爾森（Everett Mendelsohn，編者），《科學的改革和傳統》（*Transformation and Tradition in the Sciences*），麻薩諸塞：哈佛大學出版社，1984年，第471-485頁。

【75】鮑勒，《反達爾文的革命》，如前所引，第43頁。

【76】梅爾，如前所引，第950頁。羅斯·A·施羅頓（Ross A. Slotten），《達爾文法庭的異端者：阿爾佛雷德·拉塞爾·華萊士生平》（*The Heretic in Darwin's Court: The Life of Alfred Russel Wallace*），紐約：哥倫比亞大學出版社，2004年。

【77】鮑勒，《反達爾文的革命》，如前所引，第152頁。

【78】梅爾，如前所引，第501頁。

【79】鮑勒，《反達爾文的革命》，如前所引，第162頁。

【80】同上，第187頁。

【81】同上，第67頁。

【82】斯科德，如前所引，第526頁。

【83】梅爾，如前所引，第510頁。

【84】甚至連T·H·赫胥黎，「達爾文主義的鬥牛犬」，在全面推進自然選擇理論的成因中發揮了極大的作用，都沒有給予自然選擇充分的重視。

【85】鮑勒，《反達爾文的革命》，如前所引，第24頁。

【86】參見：彼得·沃森（Peter Watson），《駭人之美：構建現代精神的人物與思想》（*A Terrible Beauty: The People and Ideas That Shaped the Modern Mind*），倫敦：威登菲爾&尼克森出版社，2000年。《二十世紀思想史》（*The Modern Mind: An Intellectual History of the Twentieth Century*），紐約：哈珀柯林斯出版社，2001年，第371頁，關於進化合成的概覽。參見：恩斯特·梅爾和威廉·B·普羅威恩（William B. Provine，編者），《進化綜合論》（*The Evolutionary Synthesis*），麻薩諸塞劍橋：哈佛大學出版社，1990年/1998年。

【87】斯科德，如前所引，第224頁和第230頁。

【88】梅爾，如前所引，第654頁。

【89】鮑勒，《進化：思想史》如前所引，第271頁。

【90】鮑勒，《反達爾文的革命》，如前所引，第132頁。

【91】同上，第135頁。

【92】同上。

【93】路易斯·摩根，《古代社會》（*Ancient Society*），倫敦：麥克米倫出版社，1877年。

【94】然而，整個的爭論過程都被染上了濃重的種族主義色彩。比如說，一門新的頭蓋測量學學科開始出現，主要研究內容就是將不同種族的頭蓋大小拿來比較。該學科的兩位主要代表人物就是美國的S·G·默頓以及法國的保羅·布羅卡，他們都認爲那些「落後的」種族頭蓋骨都異常狹小，而且認爲這就可以用來解釋爲什麼他們會在人類文明發展史上處於原始的位置。

【95】鮑勒，《反達爾文的革命》，如前所引，第144頁。
【96】同上，第145頁。
【97】同上。
【98】參見布魯克，如前所引，第147頁關於迪布瓦（Dubois）之旅的背景。
【99】鮑勒，《反達爾文的革命》，如前所引，第174頁。
【100】同上，第175頁。

第三十二章

【1】D·吉羅德（D. Gerould），《吉約坦裝置：它的傳說和學問》（*The Guillotine: Its Legend and Lore*），紐約：衝擊波（Blast）圖書，1992年，第25頁。
【2】同上，第33頁。
【3】見巴尊（Barzun），《從黎明到頹廢》，紐約和倫敦：哈珀柯林斯出版社，2002年，第519頁。看待法國大革命的其他觀點。
【4】同上，第428頁。
【5】肯·阿爾德（Ken Alder），《萬物度量：改變世界的七年冒險之旅》（*The Measure of All Things: The Seven-Year Odyssey That Transformed the World*），倫敦：小布朗／阿巴庫斯出版社，2002/2004年，第96頁。
【6】同上，第314-325頁。
【7】霍索恩（Hawthorn），《啓蒙與失望》（*Enlightenment and Despair*），英格蘭劍橋：劍橋大學出版社，1976年，第67頁。
【8】羅傑·史密斯（Roger Smith），如前所引，第423頁。
【9】霍索恩，如前所引，第218頁。
【10】羅傑·史密斯，《人文科學的豐塔納史》，倫敦：豐塔納出版社，第423-424頁。
【11】聖西門認爲社會由貴族、工業者、私生子階層組成，換句話說，他對資產階級有一種健康型的厭惡。霍索恩，如前所引，第68頁。
【12】約翰·馬克思（John Marks），《科學和現代世界的構建》（*Science and the Making of the Modern World*），倫敦：海涅曼出版社，1983年，第196頁。
【13】同上，第197頁。
【14】同上，第198-199頁。
【15】同上。
【16】夏洛特·羅伯茲（Charlotte Roberts）和瑪格莉特·考克斯（Margaret Cox），《在英國的健康和疾病：從史前史到當代》（*Health and Disease in Britain: From Pre-history to the Present Day*），英格蘭：薩頓出版社，2003年，第338-340頁。羅伊·波特警告說，雖然我們現在把肺結核等同於肺病，實際上後者往往包括哮喘、黏膜炎等。羅伊（Roy）和桃樂西·波特（Dorothy Porter），《生病和安康：一六五〇～一六八〇年英國經歷》（*In Sickness and in Health: The British Experience, 1650-1850*），倫敦：Fourth Estate出版，1988年，第146頁。
【17】羅傑·史密斯，如前所引，第427頁。布爾斯汀（Boorstin），《探索者：人類爲了解世界而不斷追索的故事》（*The Seekers*），紐約和倫敦：古典書局，1999年，第222頁。
【18】羅傑·史密斯，如前所引，第201頁。
【19】瑪麗·皮克林（Mary Pickering），《奧古斯特·孔德：知識分子傳記》（*Auguste Comte: An Intellectual Biography*），英格蘭劍橋：劍橋大學出版社，1993年，第192頁。關於與聖西門的決裂。
【20】羅傑·史密斯，如前所引，第429頁。
【21】同上，第430頁。
【22】皮克林，如前所引，第612-613頁和第615頁。
【23】羅傑·史密斯，如前所引，第431頁。
【24】孔德的成就得到了很高的評價，他在晚年獲得這樣的評價：「廣泛宗教的創立者，人類科學的偉大牧師。」
【25】見〈史賓塞風尙〉（The vogue for Spencer），理查·霍夫施塔特（Richard

Hofstadter），《美國思想中的社會進化論》（*Social Darwinism in American Thought*），波士頓：燈塔出版社，1944/1992年，第31頁。

【26】羅傑．史密斯，如前所引，第438頁。

【27】同上，第446頁。

【28】L．A．考茲（L. A. Coser），《社會學思想大師：歷史和社會學環境中的思想》（*Masters in Sociological Thought: Ideas in Historical and Sociological Context*），紐約：哈考特．布雷斯出版社，1971年，第281頁。哈羅德．珀金斯（Harold Perkin），《專業學會的崛起：一八八〇年以來的英格蘭》（*The Rise of Professional Society: England Since 1880*），倫敦和紐約：羅德里奇出版社，1989/1990年，第49頁。

【29】羅傑．史密斯，如前所引，第555頁。

【30】霍索恩，如前所引，第147頁，在沃恩學會上沉悶的爭論。

【31】羅傑．史密斯，如前所引，第556頁。

【32】同上，第556-557頁。

【33】霍索恩，如前所引，第157頁。

【34】安東尼．吉登斯（Anthony Giddens），馬克思．韋伯（Max Weber）作導言，《新教倫理和資本主義精神》（*The Protestant Ethic and the Spirit of Capitalism*），倫敦和紐約：羅德里奇出版社，1942 年（1986年再版），第ix頁。

【35】雷恩哈德．邦迪克斯（Reinhard Bendix），《馬克思．韋伯：知識分子肖像》（*Max Weber: An Intellectual Portrait*），倫敦：海涅曼出版社，1960年，第70頁。關於韋伯的政治觀點，見霍索恩，如前所引，第154f頁。

【36】羅傑．史密斯，如前所引，第561-562頁。

【37】吉登斯，如前所引，第ix頁。

【38】羅傑．史密斯，如前所引，第563頁。

【39】霍索恩，如前所引，第186頁。

【40】大衛．佛雷斯拜（David Frisby），《格奧爾格．齊美爾》（*Georg Simmel*），倫敦，塔維斯托克出版社，1984年，第51頁。

【41】羅傑．史密斯，如前所引，第546頁。

【42】同上，見霍索恩，如前所引，第122頁。與實用主義的關聯。

【43】羅傑．史密斯，如前所引，第547頁。

【44】史蒂文．盧克（Steven Lukes），《埃米爾．塗爾幹：生平和著作》（*Émile Durkheim: His Life and Work*），倫敦：艾倫萊恩／企鵝出版社，1973年，第206頁。

【45】同上，第207頁，利己主義、社會反常和利他主義之間的區別。

【46】馬克思（Marks），如前所引，第208頁。

【47】羅伯茲（Roberts）和考克斯（Cox），如前所引，第537頁。〈疾病的微生物理論〉（The germ theory of disease），亞歷山大．赫萊曼（Alexander Hellemans）和布賴恩．本馳（Bryan Bunch），《科學的時間表》（*The Timetables of Science*），紐約：西蒙—舒斯特出版社，1991年，第356頁。

【48】羅傑．史密斯，如前所引，第535頁。

【49】伯納爾（Bernal），《歷史上的科學》（*Science in History*），倫敦：企鵝出版社，1954年，第4卷，第1140頁。

【50】阿爾德（Alder），如前所引，第322頁。

【51】阿倫．戴斯羅士（Alan Desrosières），《巨大數字背後的政治：統計推理的歷史》（*The Politics of Large Numbers: A History of Statistical Reasoning*），由卡米爾．耐什（Camille Naish）翻譯，麻薩諸塞劍橋：哈佛大學出版社，1998年，第75頁。

【52】同上，第73-79頁和第90-91頁。

【53】利薩．雷戴斯（Lisanne Radice），《比阿特麗斯和西德尼．韋伯：費邊式的社會主義者》（*Beatrice and Sidney Webb Fabian Socialists*），倫敦：麥克米倫出版社，1984年，第55頁。

【54】並不是所有的人都支援這一新型方式。在英國，新的出生、結婚、死亡事件的

註冊都在各個方面遭到嚴格的管制。清點出生率的做法激怒了英格蘭的教會組織，他們認爲不去清點的做法是對待非國教徒的充分尊重；一神論者認爲清點那些即將加入上帝教會的人們的做法，在某種程度上是對上帝的不尊重，而且很多人認爲家庭規模的大小無論怎麼說都是私人的事情。M．T．卡倫（M. T. Cullen），《英國維多利亞女王時代早期的統計學運動》（*The Statistical Movement in Early Victorian Britain*），哈索克斯，蘇塞克斯：收穫者出版社，1975年，第29-30頁。

【55】 大衛．波以耳（David Boyle），《〈民數記〉中的暴政》（*The Tyranny of Numbers*），倫敦：哈珀柯林斯出版社，2000年，第64-65頁。

【56】 同上，第72頁。

【57】 同上，第74頁。

【58】 戴斯羅士，如前所引，第232頁。

第三十三章

【1】 舒爾茲，《國家、民族和民族主義》（*States, Nations and Nationalism*），牛津：布萊克威爾出版社，1994/1996年，第69頁。

【2】 安東尼．派格登，《民族與帝國》（*People and Empires*），倫敦：威登菲爾&尼克森出版社，2001年，第89頁。

【3】 尼爾．佛格森（Niall Ferguson），《帝國：英國如何塑造整個現代世界》（*Empire: How Britain Made the Modern World*），倫敦：艾倫．萊恩／企鵝出版社，2003/2004年，第63頁，同時參見：派格登，如前所引，第92頁。

【4】 同上，第94頁。

【5】 同上，第97頁。

【6】 同上，第98頁，佛格森，如前所引，第85頁，爲了新英格蘭人的財富。

【7】 關於「保護主義」的術語，意思是說東印度公司需要把他們自身也包含在制定的政策範圍之內。參見傑根．奧斯特海姆（Jürgen Osterhammel），《殖民主義》（*Colonialism*），新澤西、普林斯頓以及倫敦：普林斯頓大學出版社，2003年，第32頁，同樣可見：佛格森，如前所引，第163頁。

【8】 派格登，如前所引，第100-101頁。

【9】 傑雷米．巴恩斯坦（Jeremy Bernstein），《統治的黎明時期：沃倫．赫斯廷斯的生活和時光》（*Dawning of the Raj: The Life and Times of Warren Hastings*），倫敦，奧蘭姆出版社，2001年，第208頁，也可見：佛格森，如前所引，第38頁。

【10】 派格登，如前所引，第104頁。佛格森，如前所引，第xxiii頁和第260頁。大衛．阿米特奇（David Armitage），《大英帝國的意識形態起源》（*The Ideological Origins of the British Empire*），英格蘭劍橋：劍橋大學出版社，2002年，其中論述到，新教教徒對於財產的觀點是帝國概念的重要組成部分。

【11】 西莫爾．德雷斯克（Seymour Drescher），《從自由到奴隸制：對大西洋奴隸制度產生和衰落的比較研究》（From Freedom to Slavery: Comparative Studies in the Rise and Fall of Atlantic Slavery），倫敦：麥克米倫出版社，1999年，第344頁，解釋說猶太人也參與了些許的奴隸貿易。

【12】 派格登，如前所引，第111頁。

【13】 同上，第112頁。

【14】 同上，第113頁，同樣可見穆那，《信仰》（*The Faith*），倫敦：奧蘭姆出版社，2002年，第537頁及後文，羅馬教皇關於奴隸制度的敕令。

【15】 派格登，如前所引，第114頁。

【16】 勞倫斯．詹姆斯（Lawrence James），《大英帝國的興起與衰落》（*The Rise and Fall of the British Empire*），倫敦：小布朗／阿巴卡斯出版社，1994/1998年，第185頁。德雷斯克，如前所引，第69-71頁，威爾伯福斯生前和生命中的廢奴運動。

【17】 派格登，如前所引，第117頁。

【18】舒爾茲，如前所引，第197頁。

【19】同上，第198頁。

【20】同上。

【21】同上，第199頁。

【22】同上，第200頁。

【23】同上，第204頁。

【24】同上，第205頁。

【25】托尼·史密斯（Tony Smith），《帝國主義的形態》（*The Pattern of Imperialism*），英格蘭劍橋：劍橋大學出版社，1981年，第41頁，這本書探討了商業貿易集團開始干預帝國主義意識形態的方式問題。

【26】佛雷德里希·梅內克（Friedrich Meinecke），《世界大同與民族主義國家》（*Cosmopolitanism and the National State*），羅伯特·金伯翻譯，新澤西，普林斯頓：普林斯頓大學出版社，1970年，第25-26頁。

【27】同上，第136頁。

【28】蜜雪兒·默頓（Michael Morton），《赫爾德與他的詩化思想》（*Herder and the Poetics of Thought*），匹茲堡：賓夕法尼亞大學出版社，1989年，第99頁。

【29】舒爾茲，如前所引，第232頁。

【30】同上，第233頁。

【31】沃爾夫岡·J·莫姆森（Wolfgang J. Mommsen）編輯，《帝國主義》（*Imperialismus*），漢姆柏格（Hamburg）出版社，1977年，第371頁。

【32】威廉姆·J·斯泰德（William J. Stead）編輯，《C·I·羅德斯最後的意願和遺囑》（*The Last Will and Testament of C. J. Rhodes*），倫敦：Review of Reviews Office，1902年，第57頁和第97頁及後文。同樣可見，詹姆斯，如前所引，第169頁。

【33】奧斯特海姆，如前所引，第34頁。

【34】勞爾·吉拉爾道特（Raoul Girardot），《法國的民族主義，一八七一～一九一四》（*Le nationalisme français, 1871-1914*），巴黎，1966年，第179頁。

【35】舒爾茲，如前所引，第237頁。

【36】佛里特斯·斯特恩，《愛因斯坦的德國人世界》（*Einstein's German World*），新澤西、普林斯頓以及倫敦：普林斯頓大學出版社，1999年，第3頁。

【37】威廉·埃沃代爾（William R. Everdell），《最早的現代派：二十世紀歐洲思想起源的概貌》（*The First Moderns: Profiles in the Origins of Twentieth-Century Thought*），芝加哥：芝加哥大學出版社，1997年，第166頁。

【38】這一段落中很多話語來源於作者在前一本書中的詳細討論，此書爲《駭人之美：塑造現代思想的人物和觀點》。

【39】威廉·約翰斯頓（William Johnston），《奧地利的思想：一段知識分子化和社會化的歷史，一八四八～一九三八》（*The AustrianMind: An Intellectual and Social History 1848-1938*），柏克萊、洛杉磯和倫敦：加利福尼亞大學出版社，1972/1983年，第183頁。

【40】戈登·克萊格（Gordon A. Craig），《德國，一八六六～一九四五》（*Germany: 1866-1945*），牛津，紐約：牛津大學出版社，1978/1981年，第39頁。艾瓦·科林斯基（Eva Kolinsky）和維爾佛里德·范·德維爾（Wilfried van der Will）編輯：《與德國文化伴生的劍橋》（*The Cambridge Companion to Modern German Culture*），英格蘭劍橋：劍橋大學出版社，1998年，第5頁。

【41】同上，43頁，科林斯基和范·德維爾，如前所引，第21頁。

【42】見吉爾斯·麥克當納（Giles Macdonogh）：《最後的凱撒》（*The Last Kaiser*），倫敦：威登菲爾&尼克森出版社，2000年／鳳凰城，2001年，第3頁。科林斯基和范·德維爾，如前所引，第22-23頁。

【43】克萊格，如前所引，第56頁。科林斯基和范·德維爾，如前所引，第21頁。

【44】同上，第218頁。

【45】同上，第218-219頁。

【46】勳伯格，《作曲家的生活》，如前所引，第239頁。

【47】克萊格，如前所引，第218頁。

【48】J．W．布羅（J. W. Burrow），《理性的危機：一八四八～一九一四年間的歐洲思想》（*The Crisis of Reason: European Thought,1848-1914*），紐黑文和倫敦：耶魯大學出版社，2000年，第158頁。

【49】它們在一九四五年納粹燒毀伊曼多夫宮殿的時候被破壞；第二次世界大戰期間曾經被存放在這裡。

【50】卡爾．E．舒斯克（Carl E. Schorske），《維也納：政治和文化》（*Fin-de-Siècle Vienna: Politics and Culture*），倫敦：威登菲爾&尼克森出版社，紐約：克諾夫出版社，1980年，第227頁-232頁。

【51】布羅，如前所引，第137-138頁。

【52】見克萊格的書，如前所引，第188頁。

【53】布羅，如前所引，第188頁。

【54】派格登，如前所引，第147頁。

【55】同上，第148頁。

【56】霍夫施塔特，《美國思想界的社會達爾文主義》（*Social Darwinism in American Thought*），波士頓：燈塔出版社，1944/1992年，第171頁。

【57】見托尼．史密斯，如前所引，第63-65頁，解釋了爲什麼俄羅斯人在這一點上不能夠成爲後來發展中的民族。

【58】伊萬．漢娜福特（Ivan Hannaford），《民族：一種觀念的歷史》（*Race: The History of an Idea*），華盛頓和巴爾的摩：武德魯．威爾森中心出版社以及約翰．霍普金斯大學出版社，1996年，第292頁。

【59】麥克．霍金斯（Mike Hawkins），《歐洲和美國思想界的社會達爾文主義，一八六〇～一九四五》（Social Darwinism in European and American Thought, 1860-1945），英格蘭劍橋：劍橋大學出版社，1997年，第193頁。

【60】同上，第196頁。

【61】霍夫施塔特，如前所引，第5頁。

【62】同上，第51-70頁。

【63】同上，第143頁。

【64】漢娜福特，如前所引，第291-292頁。

【65】霍金斯，如前所引，第132頁。

【66】漢娜福特，如前所引，第289-290頁。

【67】霍金斯，如前所引，第185頁。

【68】同上。

【69】霍夫施塔特，如前所引，第338頁。

【70】同上。

【71】約翰斯頓，如前所引，第364頁。

【72】霍金斯，如前所引，第126-127頁。

【73】同上，第178頁。

【74】同上，第62頁。

【75】同上，第201頁。

【76】漢娜福特，如前所引，第330頁。

【77】A．L．馬克費爾（A. L. Macfie），《東方主義》（*Orientalism*），倫敦：朗文出版社，2002年，第179頁。

【78】同上，第180頁。

【79】同上。

【80】同上。

【81】托尼．史密斯認爲，在英國人到來之前，從經濟狀況上來講，印度地區要落後英國大約五百年的時間，麥克費爾，如前所引，第75頁。

【82】同上，第181頁。

【83】同上。

【84】同上，第182頁。

【85】引用自佛格森，如前所引，第39頁。伯恩斯坦，如前所引，第89頁，書中說納旦尼爾．哈爾海德（Nathaniel Halhed，在一七七一年的時候二十三歲）是最早指出孟加拉語與梵語之間關係的人。

【86】赫斯廷斯同樣還資助了好幾項探險活動：伯恩斯坦，如前所引，第145頁。

【87】麥克費爾，如前所引，第53頁。

【88】見托尼．史密斯，如前所引，第74頁，關於英國人如何破壞印度當地的一場爭論。

【89】麥克費爾，如前所引，第56頁。

【90】佛格森，如前所引，第365-371頁。

【91】愛德華·薩義德，《文化和帝國主義》，倫敦和紐約：查托&溫達斯出版社／古典書局，1993/1994年，第6頁。

【92】同上，第11頁。

【93】同上，第8-12頁。

【94】同上，第85頁。

【95】薩義德研究的一些不足之處，見：瓦雷里·甘迺迪（Valerie Kennedy），《愛德華·薩義德：批評學導言》（*Edward Said: A Critical Introduction*），英格蘭劍橋：政治出版社，2000年，第25頁和第37頁。薩義德僅僅考慮到了小說：見羅傑·班傑明（Roger Benjamin）：《東方主義美學：藝術，殖民主義和北非，一八八〇～一九三〇》（*Orientalist Aesthetics: Art, Colonialism and North Africa, 1880-1930*），柏克萊和倫敦：加利福尼亞大學出版社，2003年，尤其是第129頁及後文，藝術家的旅行獎學金。也可以見菲力浦·朱利安（Philippe Jullian），《東方主義：東方景色中的歐洲畫家》（*The Orientalists: European Painters of Eastern Scenes*），牛津，飛頓（Phaidon）出版社，1977年，在他影響藝術家的這篇文章裡，他認爲他們幫助了「被孤立的東方」（第39頁）。

【96】薩義德，如前所引，第75頁。

【97】同上，第102頁。

【98】同上，第104頁。

【99】同上，第108頁。

【100】艾德蒙·威爾遜（Edmund Wilson），〈沒人能夠讀懂的吉卜林〉（The Kipling that nobody read），見《在傷口和屈服之間》（*The Wound and the Bow*），牛津，牛津大學出版社，1947年，第100-103頁。

【101】諾埃爾·安南（Noel Annan）在他的文章〈吉卜林在歷史思想史中的地位〉（Kipling's place in the history of ideas）中提出了另外一種不同的觀點，他認爲吉卜林關於社會學的觀點與後來新的社會學家們的觀點有相似之處——諸如塗爾幹、韋伯以及帕累托，他「將社會看做許多群組的關聯，以及這些群組無意識建立起來的行爲形式，他認爲是這些形式，而不是人們的意志以及諸如階級、文明或者國際傳統等模糊抽象化的東西，最終決定著人們的日常行爲。他們一直在探尋這些群組如何促進社會秩序以及偶爾帶來的社會不穩定，儘管他們的先驅們早已經探尋過是否特定的群組一定能夠帶來社會的進步」。薩義德，如前所引，第186頁，以及諾埃爾·安南，〈吉卜林在歷史思想史中的地位〉，《維多利亞學刊》（*Victorian Studies*），4號，第3卷，1960年6月，第323頁。

【102】薩義德，如前所引，第187頁。

【103】同上，第196頁。

【104】雷蒙德·O·漢龍（Redmond O'Hanlon），《約瑟夫·康拉德和查理斯·達爾文》（*Joseph Conrad and Charles Darwin*），愛丁堡，薩拉芒德出版社，1984年，第17頁。

【105】D·C·R·A·古納提勒克（D. C. R. A. Goonetilleke），《約瑟夫·康拉德：超越文化和背景》（*Joseph Conrad: Beyond Culture and Background*），倫敦，麥克米倫出版社，1990年，第15頁及後文。

【106】約瑟夫·康拉德，《黑暗心靈》，愛丁堡和倫敦：威廉·布萊克伍德／企鵝出版社，1902/1995年。

【107】古納提勒克，如前所引，第88-91頁。

【108】康拉德，如前所引，第20頁。

【109】古納提勒克，如前所引，第168頁。

【110】理查·科爾（Richard Curle），《康拉德：一位學者》（*Joseph Conrad: A Study*），倫敦：可根·保羅出版社，法國：Trübner，1914年。

【111】在《西方文化的特徵》（*Occidentalism*）一書中（倫敦，大西洋書店，2004年），伊恩·布魯馬（Ian Buruma）和阿維沙·瑪格麗特（Avishai Margalit）對於東方的風俗習慣持另外一種相反的觀點，「人們對於西方世界原型的認

知，常常在心理面增加當地人民的仇恨意識，這會加劇基地組織開展的各項運動。」這種意識培植了十九世紀泛德國地區的一系列政治運動，這些運動極大地影響了二十世紀阿拉伯世界國家和日本等國人們的思想意識，以及波斯摩尼教、天主教和希臘正統教派的區別，在後者的基礎上，在俄羅斯，形成了反理性主義的精神。

【112】梅爾文．布拉格（Melvyn Bragg），《英語普及的歷程》（*The Adventure of English*），倫敦：霍德&斯托頓出版社，2003年，第1頁。

【113】同上，第3頁。同樣可見傑佛瑞．休斯（Geoffrey Hughes），《英語詞彙的歷史》（*A History of English Words*），牛津，布萊克威爾出版社，2000年，第99頁。

【114】布拉格，如前所引，第28頁。

【115】休斯，如前所引，第xvii-xviii頁，英語的大事年表；或者參見：芭芭拉．A．芬內爾（Barbara A. Fennell），《一段英語發展的歷史》（*A History of English*），牛津，布萊克威爾出版社，2001年，第55-93頁。

【116】布拉格，如前所引，第23頁。

【117】奧斯特海姆，如前所引，第103-104頁，關於殖民主義者如何影響（主要是破壞）殖民地地區的語言的討論。

【118】布拉格，如前所引，第52頁。

【119】同上，第58頁。

【120】同上，第52頁。

【121】同上，第67頁。

【122】M．T．克朗奇（M. T. Clanchy），《英格蘭與它的統治者》（*England and Its Rulers*）（第二版），牛津，布萊克威爾出版社，1998年。

【123】並不是所有的征服者都會將自己的語言強加給被統治者：見奧斯特海姆，如前所引，第95頁，關於西班牙和荷蘭（在印尼）在殖民統治方面經歷的不同點。

【124】布拉格，如前所引，第85頁。

【125】同上，第101頁。

【126】休斯，如前所引，第153-158頁。

【127】布拉格，如前所引，第148頁。

【128】布爾斯汀，《美國人》（*The Americans*），倫敦：威登菲爾&尼克森出版社，1966年，第275頁，關於美國人的「說話方式」。

【129】約翰．阿爾吉奧（John Algeo）編輯，《英語語言的劍橋歷史》（*The CambridgeHistory of the English Language*），英格蘭劍橋：劍橋大學出版社，2001年，第6卷，第92-93頁，以及第163-168頁多處。也可參見布拉格，如前所引，第169頁。

【130】布拉格，如前所引，第173頁。

【131】布爾斯汀，如前所引，第287頁，說關於ok這個詞，它的另一個起源就是來自old kinderhook，這個詞是馬丁．范．布倫的暱稱，在他的總統競選運動中使用。競選期間，他曾經得到了紐約民主組織ok俱樂部的擁護和支持。

【132】布拉格，如前所引，第241頁。

【133】關於英語在全世界的發展狀況，可見：羅伯特．伯克菲爾德（Robert Burchfield），《英語的劍橋歷史》（*The Cambridge History of the English Language*），英格蘭劍橋：劍橋大學出版社，第5卷，1994年，尤其是第10章。

第三十四章

【1】波利斯．福特（Boris Ford）編輯，《帶來英國文學發展的新魔鴨》（*The New Pelican Guide to English Literature*），第9卷，《美國文學》（*American Literature*），倫敦：企鵝出版社，1967/1995年，第61頁。

【2】康馬格爾（Commager），《理性帝國》（*The Empire of Reason*），倫敦：威登菲爾&尼克森出版社，1978/2000年，第16頁。

【3】路易士．梅納德（Louis Menand），《形而上學俱樂部：美國思想發展史》（*The Metaphysical Club: A Story of Ideas in America*），倫敦：哈珀柯林斯出版社

／佛拉明戈，2001年。

【4】 梅納德，如前所引，第5-7頁。同樣可見霍夫施塔特，如前所引，第168頁，他同樣認同自己所謂的美國思想界的「復興」所指代的內容。

【5】 莫里森（Morison）等，《美利堅共和國的成長》（*The Growth of the American Republic*），牛津和紐約：牛津大學出版社，1980年，第209頁。

【6】 梅納德，如前所引，第6頁。哈威·維什（Harvey Wish），《現代美國的社會與思想》（*Society and Thought in Modern America*），倫敦：朗曼格林書局，1952年，認爲在這份名單中還應該加入凡勃倫、薩姆納、惠特曼、德萊塞以及普利策、路易士·沙利文和溫斯洛·霍默等人的名字。

【7】 布羅根（Brogan），《企鵝美國史》（*The Penguin History of the United States*），倫敦：企鵝出版社，1985/1990年，第300頁。同樣可見布爾斯汀，《美國人》（*The Americans*），倫敦：威登菲爾&尼克森出版社，1966年，第251頁。

【8】 梅納德，如前所引，第19頁。

【9】 同上，第26頁。同樣可見，盧瑟·H·路克（Luther S. Luedtke），《美國的生成：美國的社會和文化》（*Making America: The Society and Culture of the United States*），查佩爾·希爾：北卡羅萊納大學出版社，1992年，第225頁，愛默生在影響作家方面的關鍵性作用。

【10】 梅納德，如前所引，第46頁。

【11】 馬克·德沃爾夫·霍維（Mark DeWolfe Howe），《審判奧利佛·溫德爾·霍爾默斯：一段休整的年月》（*Justice Oliver Wendell Holmes: The Shaping Years*），第1卷，麻薩諸塞劍橋：哈佛大學出版社貝爾納普分社，1957-1963年，兩卷，第100頁。

【12】 梅納德，如前所引，第61頁。

【13】 布羅根，如前所引，第325頁，關於美國內戰中所使用的武器和戰術的簡單介紹。

【14】 莫里森，如前所引，第209頁。也同樣可見艾爾伯特·H·阿爾舒特（Albert W. Alschuler），《沒有價值的法律，評判霍爾默斯的生活、工作和影響》（*Law Without Values: The Life, Work and Legacy of Justice Holmes*），芝加哥：芝加哥大學出版社，2000年，第41頁及後文，「奧利佛·溫德爾·霍爾默斯在戰場上的轉換」。

【15】 霍夫施塔特，《美國思想界的社會達爾文主義》（*Social Darwinism in American Thought*），波士頓：燈塔出版社，1944/1992年，第32頁，達爾文對霍爾默斯的影響。

【16】 霍爾默斯曾經引以爲傲地說，他希望非同尋常的人們都必須在自己四十歲之前取得一項爲人們所稱道的成就。他自己就做到了這一點，《普適性規律》（*The Common Law*）一書就是他在自己三十九歲的時候完成的。

【17】 梅納德，如前所引，第338頁。

【18】 哈威，如前所引，第2卷，第137頁。

【19】 梅納德，如前所引，第339頁。

【20】 莫里森，如前所引，第209頁。

【21】 梅納德，如前所引，第339頁。

【22】 同上，第340頁。

【23】 同上，第341頁。

【24】 哈威，如前所引，第2卷，第140頁。

【25】 莫里森，如前所引，第209頁。

【26】 梅納德，如前所引，第342頁。

【27】 阿爾舒特，如前所引，第126頁。

【28】 梅納德，如前所引，第344頁。

【29】 他說，他對人類的發展持悲觀的態度。阿爾舒特，如前所引，第65頁以及第207頁。

【30】 莫里森，如前所引，第201-210頁。

【31】 梅納德，如前所引，第346頁。

【32】 同上。

【33】 莫里森，如前所引，第209頁。

【34】 梅納德，如前所引，第79頁。

【35】 霍夫施塔特，如前所引，第127頁，莫里森，如前所引，第199頁。

【36】見他的自我描述，加里．威爾森．阿倫（Gary Wilson Allen），《威廉．詹姆斯的傳記》（*William James: A Biography*），第140頁，倫敦：盧派特．哈特．大衛斯出版社，1967年。

【37】莫里森，如前所引，第297頁。

【38】梅納德在這裡提到，「它標誌著美國科學教育專家化的開始」，如前所引，第100頁。

【39】琳達．西蒙（Linda Simon），《智力的現實：威廉．詹姆斯的生活》（*Genuine Reality: A Life of William James*），紐約：哈考特&布雷斯出版社，1998年，第90頁。

【40】梅納德，如前所引，第127頁。

【41】同上，第146頁。

【42】莫里森，如前所引，第199頁。

【43】阿倫，如前所引，第25頁。

【44】梅納德，如前所引，第154頁。

【45】同上。

【46】莫里森，如前所引，第198頁。

【47】梅納德，如前所引，第180頁。

【48】同上，第186頁。

【49】約瑟夫．布倫特（Joseph Brent），《C．S．皮爾士的一生》（*C. S. Peirce: A Life*），印第安那，布魯明頓：印第安那大學出版社，1993年，第208頁。

【50】霍夫施塔特，如前所引，第124頁，赫伯特．史賓塞與實用主義之間的關聯。

【51】梅納德，如前所引，第196頁。

【52】布倫特，如前所引，第96頁。

【53】梅納德，如前所引，第197頁。

【54】同上，第199頁。

【55】同上，第200頁。

【56】布倫特，如前所引，第274頁。同樣可見霍夫施塔特，如前所引，第128頁，皮爾士與史賓塞對詹姆斯的影響。同樣可見布爾斯汀，《美國人》，如前所引，第260頁。

【57】梅納德，如前所引，第352頁。

【58】同上。

【59】西蒙，如前所引，第348頁，詹姆斯對皮爾士的質疑。

【60】莫里森，如前所引，第199頁。

【61】梅納德，如前所引，第355頁。

【62】同上。

【63】同上，第357頁。

【64】阿倫，如前所引，第321頁。

【65】梅納德，如前所引，357頁-358頁。

【66】拉夫喬伊（A. O. Lovejoy），《偉大的存在之鏈》（*The Great Chain of Being*），麻薩諸塞劍橋：哈佛大學出版社，1936/1964年。

【67】比如可以看：艾倫．凱（Ellen Key），《兒童的世紀》（*The Century of the Child*），紐約：普特南出版社，1909年。

【68】布爾斯汀，《美國人》，如前所引，第201頁。

【69】莫里森，如前所引，第223頁。

【70】這種在結構上的缺乏最終導致了相反效果的產生，導致學生大多形成了順從的性格，主要是因爲他們缺乏扎實的知識基礎和獨立的判斷能力，這些東西大多是由於偶然的失敗或者挫折導致的。將兒童從父母的「主宰」中解放出來，也是一種自由的體現形式。但是，在二十世紀，它將會導致一系列問題的產生。

【71】莫里森，如前所引，第198-199頁。

【72】梅納德，如前所引，第360頁。

【73】同上，第361頁。也可見：霍夫施塔特，如前所引，第136頁。

【74】梅納德，如前所引，第361頁。

【75】羅伯特．B．維斯布魯克（Robert B. Westbrook），《約翰．杜威與美國的民主》（*John Dewey and American Democracy*），紐約：康乃爾大學出版社，1991年，第349頁。

【76】莫里森，如前所引，第199-200頁。

【77】費加爾．麥克格拉斯（Fergal McGrath），《學習的祭獻》（*The Consecration of Learning*），都柏林：吉爾父子出版社，1962年，第3-4頁。

【78】同上，第11頁。

【79】內格利．哈特（Negley Harte），《一八三六～一九八六年之間的倫敦大

學》（*The University of London: 1836-1986*），都柏林：阿斯隆出版社，1986年，第67頁及後文。

【80】約翰．紐曼（John Newman），《大學的理念》（*The Idea of a University*），倫敦：巴茲爾．蒙特格．皮克林出版社，1873年／紐黑文，康乃狄克：耶魯大學出版社，1996年，第88頁。

【81】同上，第123頁。

【82】同上，第133頁。

【83】喬治．M．馬斯登（George M. Marsden），《美國大學的靈魂》（*The Soul of the American University*），紐約，牛津：牛津大學出版社，1994年，第80頁。

【84】同上，第91頁。丹尼爾．布爾斯汀曾經說過，美國大學的特徵之一與其說是學習和教育的地方，倒不如說是對成長中的個體進行崇拜的地方，這也是將此章節中敘述的兩個部分即實用主義和大學教育聯繫在一起的重要環節。同樣可見布爾斯汀：《美國人：民主的體驗》（*The Americans: The Democratic Experience*）一書，紐約：古典書局，1973年，關於美國教育如何塑造的有用的討論，包括一些剛剛設置的學位，第479-481頁。

【85】馬斯登，如前所引，第51-52頁。

【86】布魯克斯．馬瑟．凱萊（Brooks Mather Kelley），《耶魯大學的歷史》（*A History of Yale*），紐黑文，康乃狄克：耶魯大學出版社，1974年，第162-165頁。然而在耶魯，一直到一八八六年，原始的語言還在學生的生活中占據著三分之一的份額。同樣可見卡洛琳．溫特（Caroline Winterer），《古典主義的文化》（*The Culture of Classicism*），巴爾的摩和倫敦：約翰．霍普金斯大學出版社，2002年，第101-102頁。

【87】同上，第88頁。同樣可見莫里森，如前所引，第224-225頁，關於美國大學增長數量的數據統計。

【88】馬斯登，如前所引，第153頁。

【89】亞布拉罕．佛萊克斯納（Abraham Flexner），《大學：美國、英國以及德國》（*Universities: American, English, German*），牛津：牛津大學出版社，1930年，第124頁。

【90】薩繆爾．伊里亞德．莫里森（Samuel Eliot Morison）編輯，《哈佛大學的發展》（*The Development of Harvard University*），麻薩諸塞劍橋：哈佛大學出版社，1930年，第11頁以及第158頁。

【91】湯瑪斯．P．休（Thomas P. Hughes），《美國的起源》（*American Genesis*），倫敦：企鵝出版社，1990年，第14頁。

【92】同上，第241頁。

【93】同上，第16頁。莫里森如前所引，第53頁。

【94】休，如前所引，第105頁。

【95】吉利安．庫克森（Gillian Cookson），《光纜：改變整個世界的線路》（*The Cable: The Wire That Changed the World*），斯特勞德，格洛斯特郡：特姆帕斯（Tempus）出版社，2003年，第152頁。

第三十五章

【1】A．N．威爾遜，《上帝的葬禮》（*God's Funeral*），倫敦：約翰．默里出版社，1999年，第133頁。

【2】同上，第160頁。

【3】同上，第4頁。

【4】同上，第189頁。

【5】同上，第193頁。

【6】這個論斷可以從書中的考察中得到證實，這些書出版於一九〇五年，在「自由思想者」中影響很大。參見愛德華．羅爾（Edward Royle），《激進主義者、世俗論者和共和論者》（*Radicals, Secularists and Republicans*），曼徹斯特：曼徹斯特大學出版社，1980年，第173頁。

【7】威爾遜，如前所引，第20頁。

【8】同上，第22頁。

【9】同上，第35頁。

【10】歐文．查德威克，《十九世紀歐洲思想的世俗化》（*The Secularisation of European Thought in the Nineteenth Century*），英格蘭劍橋：劍橋大學出版社，1975/1985年，第21頁。

【11】同上，第23頁。

【12】同上，第27頁。

【13】阿爾佛雷德．科班（Alfred Cobban）《人道的探索：啓蒙在當代史中的作用》，倫敦：凱普出版社，1966年，第236頁。也可參見霍索恩，《啓蒙與失望》，英格蘭劍橋：劍橋大學出版社，1976年，第82-84頁。

【14】查德威克，如前前引，第28頁。

【15】如上，第29-30頁；以及霍索恩，如前所引，第87頁。

【16】查德威克，如前所引，第37頁。

【17】同上。

【18】同上，第38頁。

【19】但是兩極分化阻斷了兩種方式。「一八八九年教皇的影響力遠比一八三九年教皇的影響力大，因爲後來的教皇被媒體包圍，而之前卻並非如此。」同上，第41頁。

【20】大衛.蘭德斯說，貧困者「進入市場的少得可憐」。《自由的普羅米修斯》，英格蘭劍橋：劍橋大學出版社，1969年，第127頁。

【21】查德威克，如前所引，第46頁。

【22】同上，第47頁。

【23】再者，查閱早先的資料（參見上面的注釋6），可以看出馬克思在具有影響力書的名單上，排名要比吉本高。羅爾，如前所引，第174頁。

【24】查德威克，如前所引，第57頁。霍索恩，如前所引，第85頁，探討了新教教義和天主教教義的不同，以及這對馬克思主義意味著什麼。

【25】查德威克，如前所引，第59頁。

【26】同上，第89頁。

【27】霍夫施塔特，如前所引，第24頁，他察覺到新教徒非常有可能成爲無神論者。

【28】查德威克，如前所引，第92頁。

【29】同上，第97頁。

【30】同上，第144頁。

【31】科班，如前所引，第110頁。論卡萊爾，見布爾斯汀，《美國人》，威登菲爾&尼克森出版社，1966年，第246-247頁。

【32】查德威克，如前所引。第145頁。

【33】同上，第151頁。

【34】羅爾，如前所引，第220頁。

【35】同上，第17頁。

【36】查德威克，如前所引，第155頁。布爾斯汀，《美國人》，如前所引，第195頁。

【37】十九世紀的人對十八世紀持一種普遍的悲觀，參見科班，如前所引，第215頁。

【38】查德威克，如前所引，第158-159頁。

【39】同上，第159頁。

【40】參見羅爾，如前所引，英國的非宗教化組織以及它在一八七六年的復興。至於法國，參見珍妮佛．邁克爾．赫克特，《靈魂的終結：科學的現代性，法國的無神論和人類學》（*The End of the Soul*），紐約，哥倫比亞大學出版社，2003年。

【41】同上，第177頁。

【42】將近世紀末的時候，威斯特的天主教神學教授約瑟夫．伯特茲認爲，火山是煉獄存在的證據，人們都嘲笑和諷刺他爲「地獄教授」。查德威克，如前所引，第179頁。查德威克說，大多數家長不再信仰地獄說，但是他們告訴他們的孩子，地獄做爲一種操控人的思想這種簡單有效的方式，他們曾經確信不移。

【43】查德威克，如前所引，第212頁。

【44】同上，第215頁。

【45】同上，第220頁。像孔德一樣，勒南認爲，實證主義能夠作爲新信仰的基礎。霍索恩，如前所引，第114-115頁。

【46】查德威克，如前所引，第224頁。

【47】萊斯特．R．庫爾茲，《異端政治》，柏克萊：加利福尼亞大學出版社，1986年，第18頁。

【48】赫克特，如前所引。第182頁。也可參見：克特茲，如前所引，第18頁。

【49】查德威克，如前所引，第123頁。

【50】克特茲，如前所引，第25頁。

【51】同上，第27頁。

【52】穆納，《信仰》，倫敦：奧蘭姆出版社，2002年，第655頁。

【53】克特茲，如前所引，第30頁。

【54】莫納罕，如前所引，第655頁。

【55】克特茲，如前所引，第30頁。

【56】同上，第30-31頁。

【57】《法國的自由主義者和不妥協者，一八四八～一八七八》，亞歷克·R·維德勒（Alec R.Vidler），《現代性運動和羅馬教會》（*The Modernist Movement and the Roman Church*）一書的第三章，紐約：加登出版社，1976年，第25頁及後文。

【58】克特茲，如前所引，第33頁。

【59】同上。

【60】維德勒，如前所引，第42頁和第96頁。

【61】克特茲，如前所引，第34頁。

【62】同上，第35頁。

【63】同上。

【64】莫納罕，如前所引，第659頁，那些鮮明的日子（包括特別的天氣）。

【65】克特茲，如前所引，第35頁。

【66】同上，第38頁。

【67】維德勒，如前所引，第60-65頁和第133頁及後文。

【68】克特茲，如前所引，第41頁。

【69】同上，第42頁。

【70】《聖經的問題》，在維德勒書的第十章，如前所引，第81頁及後文。莫納罕，如前所引，第661頁，提及利奧對民主和自由十分熱心。但僅僅是和皮烏斯相比較。

【71】克特茲，如前所引，第44頁。

【72】同上，第45頁。

【73】莫納罕，如前所引，第661頁，德國的文化鬥爭使得整個普魯斯都顯得茫然，超過一百萬的天主教徒無法領到聖餐。

【74】克特茲，如前所引，第50頁。

【75】同上，第148頁。

【76】參見霍拉尼，《阿拉伯民族的歷史》，第18章，《帝制和改革的文化》，麻薩諸塞劍橋：哈佛大學出版社貝爾納普分社，1991年，第299頁及後文。以及：埃瑞克·J·理查（Erik J. Zücher），《土耳其：現代史》，倫敦：I. B. Tauris，1993年，第52-74頁。

【77】伊沙諾格魯（Ekmeleddin Ihsanoglu），《鄂圖曼帝國的科學、技術和學術》，如前所引，尤其是第2、3、4、5、7、8、9和第10章。

【78】《時代》（倫敦），2004年4月29日。也可參見：阿茲邁（Aziz Al Azmeh），《伊斯蘭教和現代性》（第二版），倫敦：新左派出版社，1996年，尤其是第4章，第101-127頁。

【79】霍拉尼，如前所引，第307頁，以及第346-347頁。

【80】《時代》，2004年4月29日。阿茲邁，如前所引，107-111頁。也可參見：法蘭西斯·羅賓遜，《他世界和本世界中的伊斯蘭教和伊斯蘭教復興》，康特維爾·史密斯紀念講演，亞洲文會，2003年4月10日。

【81】伊斯蘭世界開始流行起馬基維利研究，並以此做爲了解專制君主的的一種途徑。

【82】《時代》，2004年4月29日。阿茲邁，如前所引，第41頁及後文。霍拉尼，如前所引，第254頁、302頁以及344-345頁。也可參見：塔里克·拉馬丹（Tariq Ramadan），《西方穆斯林與伊斯蘭教的未來》，牛津：牛津大學出版社，2003年。

改革運動結束了，這或多或少是由於第一次世界大戰的原因，當時，相當多的信仰缺失與科學和唯物主義密切相關。在伊斯蘭世界中，戰後世界出現了並列的兩種景況。現代化在許多地方還在繼續，但是，以埃及的穆斯林兄弟會爲開端，更多的伊斯蘭好戰派開始站穩腳跟。貫穿整個二十世紀二〇年代和四〇年代，當馬克思主義和社會主義成爲官方意識形態，宗教開始走下坡路，並且沒有什麼東西能和伊斯蘭教相適應。這在一九六八年與以色列的六日戰爭中達到頂峰，這場戰爭使得穆斯林國家喪失了決定權。這可以看做伊斯蘭世界中社會主義運動的一次巨大失敗，並且導致了現在原有的伊斯蘭穆斯林開始塡補戰爭所造成的政治眞空。

第三十六章

【1】 羅納德．克拉克，《佛洛伊德：其人和其影響》，紐約，蘭登書屋，1980年，第20頁和第504頁。

【2】 埃沃代爾，《最早的現在派》，芝加哥：芝加哥大學出版社，1997年，第129頁。

【3】 馬克．D．阿修勒（Mark D Altschule），《人類行爲概念的起源：社會與文化因素》，紐約和倫敦：約翰．威利出版公司，1977年，第199頁。彼得．蓋伊，《舒茲勒的世紀：中產階級文化的形成，一八一五～一九一四》，紐約和倫敦：W．W．諾頓出版社，2002年，第132頁和137頁。

【4】 蓋伊．克拉克斯頓，《難以捉摸的思想：無意識祕史》（*The Wayward Mind: An Intimate History of the Unconscious*），倫敦：小布朗出版公司，2005年，多處。

【5】 亨利．F．艾倫伯格，《發現無意識》，倫敦：艾倫．萊恩／企鵝出版社，1970年，第6-70頁。

【6】 同上，第124-125頁。

【7】 同上，第142頁。

【8】 魯本．方伊（Reuben Fine），《心理分析史》（*A History of Psychoanalysis*），紐約，哥倫比亞大學出版社，1979年，第9-10頁。

【9】 在希臘詞語中，「電子（意指琥珀）」之後，有了電這個稱謂。在古希臘，人們首次觀察到琥珀在摩擦的時候，會吸引所有朝向它的物體。

【10】 艾倫伯格，如前所引，第145頁。

【11】 歷史學家彼得．蓋伊的著作，尤其是他的四卷本《布爾喬亞經驗：維多利亞到佛洛伊德》（*The Bourgeois Experience*），牛津和紐約：牛津大學出版社，1984年，書中認爲，整個十九世紀從某種程度上是佛洛伊德的世紀。他的書涉及性、性交、嘗試、學習、隱私、自我概念的變化，這已是對他書中所涉及的大量內容進行了提取。古斯塔夫．格里（Gutave Gely）的書《從無意識到意識》（*From the Unconscious to the Conscious*），倫敦：柯林斯出版社，1920年，提出了相反的理論：是進化產生了意識。

【12】 同上，第212頁。

【13】 同上，第219頁。

【14】 同上，第218-223頁。

【15】 這句話出自大衛．巴克恩（David Bakan）《西格蒙．佛洛伊德和猶太神祕主義傳統》，這是一種完全不同的傳統，作者的觀點太過膚淺。普林斯頓，紐澤西：范．諾斯詹德（D. Van. Nostrand）出版社，1958年。

【16】 艾倫伯格，如前所引，第208頁。

【17】 同上，第209頁。

【18】 引自：布賴恩．馬格（Bryan Magee），《叔本華哲學》（*The Philosophy of Schopenhauer*），牛津：牛津大學出版社，1983年，第132-133頁。

【19】 恩斯特．格林納（Ernest Gellner），《精神分析運動》（*The Psychoanalytic Movement*），倫敦：帕拉丁出版社，1985年，第21頁及後文。

【20】 艾倫．埃斯特森，《迷人的海市蜃樓》（*Seductive Mirage*），芝加哥和拉薩爾，伊利諾斯：Open Court，1993年，第214頁。

【21】 恩斯特．瓊斯，《西格蒙．佛洛伊德：生平與著作》，倫敦：賀加斯出版社，1953/1980年，第一卷，第410頁。

【22】 艾倫伯格，如前所引，第358頁。

【23】 愛爾頓．梅奧（Elton Mayo），《皮埃

爾・簡奈特的心理學》，倫敦：羅德里奇&可根・保羅出版公司，1951年，第24頁及後文，提供了一個簡潔的解釋。

【24】艾倫伯格，如前所引，第296頁。

【25】同上。

【26】喬瓦尼・考斯提甘（Giovanni Costigon），《西格蒙・佛洛伊德：小傳》，倫敦：羅伯特・黑爾出版社，1967年，第100頁。

【27】約翰斯頓，《奧地利思想》，柏克萊、洛杉磯和倫敦：加利福尼亞大學出版社，1972/1983年，第235頁。

【28】埃斯特森，如前所引，第2-3頁，約翰斯頓，如前所引，第236頁。

【29】約翰斯頓，如前所引，第236頁。

【30】考斯提甘，如前所引，第42頁。

【31】同上，第68頁及後文。

【32】同上，第70頁。

【33】克拉克，如前所引，第181頁。

【34】同上，第185頁。

【35】格里高利・齊爾柏格，《自由聯想》，《精神分析學國際雜誌》，第33章，1952年，第492-494頁。

【36】也可參見：漢娜・戴克（Hannah Decker），《德國精神分析學的醫學接受，一八九四～一九〇七：三項可信研究》，《醫學史報告》，第45卷，1971年，第461-481頁。

【37】阿爾布萊希特・希爾斯繆勒（Albrecht Hirschmüller），《約瑟夫・布魯伊的生平和著作》，紐約和倫敦：紐約大學出版社，1978/1989年，第131頁。

【38】參見：米凱爾・博爾奇－雅各森（Mikkel Borch-Jacobsen）（由科比・奧爾森和謝維・卡倫漢以及作者合作翻譯），《牢記安娜O：一個世紀的神祕傳奇》，紐約和倫敦：羅德里奇出版社，1996年，第29-48頁。

【39】莫頓・沙茲曼，〈佛洛伊德：誰誘使了誰？〉（Freud: Who seduced whom?），《新科學家》，1992年3月21日，第34-37頁。

【40】埃斯特森，如前所引，第52頁。

【41】安東尼・卡萊爾，《那種令人顫抖的感覺》，《星期日》，1997年11月16日，第8-10頁。

【42】T・J・克拉克，《現代生活剪影》，普林斯頓，新澤西和倫敦：普林斯頓大學出版社，1984年，第25頁。

【43】同上，第30頁。

【44】同上，第23頁及後文。

【45】珀金斯，《專業社會的崛起》，如前所引，第80頁，一張表。同樣的主題可用於德國，參見：傑佛瑞・考克斯和康納德・H・賈勞斯奇（編輯），《德國專業：一八〇〇～一九五〇》，紐約和牛津，牛津大學出版社，1990年。馬爾科姆・布拉德伯里（Mlcolm Bradbury）和詹姆斯・麥克法蘭（編輯），《現代主義：歐洲文學入門，一八九〇～一九三〇年》，倫敦，企鵝出版社，1976/1991年，第47頁。

【46】同上，第68頁。

【47】同上，第100頁。

【48】約翰斯頓，《奧地利思想》，如前所引，第23和32頁；以及舒斯克，《維也納：政治和文化》，倫敦：威登菲爾&尼克森出版社，紐約：克諾夫出版社，1980年，第19頁。

【49】舒斯克，如前所引，第19頁。

【50】布拉德伯里和麥克法蘭（編輯），如前所引，第499頁。

【51】羅伯特・佛格森，《亨利・易卜生》，倫敦：理查科恩叢書，1996，第321頁。

【52】埃沃代爾，《最早的現代派》，如前所引，第290頁。佛蘭茲・塞爾維亞（Franz Servaes），《榮格・柏林》（「Jung Berlin，1、2、3」），在《維也納日報》，1896年11月21日和28日，12月5月。

【53】布拉德伯里和麥克法蘭（編輯），如前所引，第499頁。

【54】這是基於易卜生對自己國家人民的憤怒。佛格森，如前所引，第269及後文。

【55】約翰．佛萊徹和詹姆斯．麥克法蘭，《現代主義戲劇：起源和類型》，布拉德伯里和麥克法蘭（編輯），如前所引，502頁。

【56】同上，第504頁。

【57】桑德巴奇，如前所引，第viii頁。

【58】同上，第ix頁。

【59】佛里德里奇．馬克爾和利斯．羅恩．馬克爾，《斯特林堡和現代主義戲劇》，英格蘭劍橋：英國，劍橋大學出版社，2002年，第31頁；詹姆斯．麥克法蘭，《私人劇場：從梅特林克到斯特林堡》，布拉德伯里和麥克法蘭（編輯），如前所引，第524-525頁。

【60】馬克爾和馬克爾，如前所引，第23頁及後文。

【61】布拉德伯里和麥克法蘭（編輯），如前所引，第525頁。

【62】安德列．馬爾羅（André Malraux），《畢卡索的面具》，紐約：霍爾特，萊因哈特&文斯頓出版社，1976年，第10-11頁。

【63】埃沃代爾，如前所引，第252頁；佛萊徹和麥克法蘭，如前所引，第503頁。

【64】布羅，《理性危機》，紐黑文和倫敦：耶魯大學出版社，2000年，第148頁。

【65】同上。

【66】同上，第148頁。

【67】同上，第149頁。

【68】同上。

【69】同上，第162-163頁。

【70】羅傑．史密斯，《豐塔納人類科學史》，如前所引，第851頁以及參考文獻。

【71】同上，第852頁以及參考文獻。

【72】同上，第853頁。尼采的傳記作者科提斯．凱特說，他希望佛洛伊德、阿德勒和榮格明白，對於他或她自己的過去，個人觀點在本質上是矛盾的。這可以做爲一種刺激物或對立物。但是過去的經歷可以提供靈感，爲意志提供力量。科提斯．凱特《佛里德里希．尼采》，倫敦：哈欽森出版社，2002年，第185頁。

【73】布羅，如前所引，第189-190。

【74】參見埃沃代爾，如前所引，第1-12頁，探討現代主義是什麼「或可能不是什麼」，第63頁，關於修拉（Seurat）的《傑克島的星期日豔陽天》可以選爲現代主義的第一部傑作。布拉德伯里和麥克法蘭，〈名稱和現代主義的本質〉，布拉德伯里和麥克法蘭（編輯），如前所引，第28頁。

【75】布拉德伯里和麥克法蘭（編輯），如前所引，第50頁。

【76】詹姆斯．麥克法蘭，〈現代主義思想〉，布拉德伯里和麥克法蘭（編輯），如前所引，第85頁。

結語

【1】凱文迪斯的獲獎者包括J．J．湯森（一九〇六年）、恩斯特．盧瑟福（一九〇八年）、W．L．布拉格（一九一五年）、F．W．阿斯頓（一九二二年）、詹姆斯．查德威克（一九三五年）、E．V．愛普里恩（一九四七年）、P．M．S．布萊克特（一九四八年）、法蘭西斯．克里克和詹姆斯．沃森（一九六二年）、安東尼．海威西和馬丁．賴爾（一九七四年），和彼特．卡畢札（一九七八年）。參見：傑佛瑞．休斯，〈「指尖上的大腦」：物理學在凱文迪斯實驗室，一八八〇～一九四〇〉，理查．梅森（編輯），《劍橋思想》，英格蘭劍橋：劍橋大學出版社／坎托，1994年，第160頁及後文。

【2】克勞瑟（J. G .Crowther），《凱文迪斯實驗室，一八七四～一九七四》（*Cavendish Laboratory, 1874-1974*），倫敦：麥克米倫出版社，1974年。

【3】梅森（編輯），如前所引，第162頁。

【4】克勞瑟，如前所引，第48頁。

【5】斯蒂芬．溫伯格（Steven Weinberg），《亞原子粒子的發現》（*The Discovery of Subatomic Particles*），紐約：W．

H．自由人，1983/1990年，第7頁。

【6】 梅森（編輯），如前所引，第161頁。

【7】 保羅．斯特拉瑟恩（Paul Strathern），《門得列夫的夢：尋找元素》（*Mendeleyev's Dream: The Quest for the Elements*），倫敦：哈米什．漢密爾頓出版社，2000年，第3頁和第286頁。也可參見：理查．羅德斯（Richard Rhodes），《原子彈的製造》（*The Making of the Atomic Bomb*），紐約：西蒙&舒斯特出版社，1986年，第30頁。

【8】 同上，第31頁。

【9】 同上，第41-42頁。

【10】 同上，第38-40頁。

【11】 同上，第50-51頁和第83-85頁。

【12】 羅伊．波特（Roy Porter），《理性時代的肉體》（*Flesh in the Age of Reason*），倫敦：艾倫．萊恩／企鵝出版社，2003年，第69頁及後文。

【13】 同上，第30頁。沃爾曼（Dror Wahrman），《現代自我的形成：十八世紀英格蘭的個性和文化》（*The Making of the Modern Self: Identity and Culture in Eighteenth Century England*），紐黑文：耶魯大學出版社，2004年，第182-184頁。

【14】 布拉德伯里和麥克法蘭（編輯），如前所引，第86頁；阿諾德．豪塞爾（Arnold Hauser），《藝術社會學》（*The Social History of Art*），紐約：古典書局／克諾夫出版社，未注明出版日期，第4卷，第224頁。在《 古斯丁創造的內在自我》（*Augustine's Invention of the Inner Self*）（英格蘭劍橋：劍橋大學出版社，2003年）一書中，菲力浦．卡利（Phillip Cary）認爲， 古斯丁創造了自我這個概念表示私人的內在空間，並且開創了西方的內在性傳統。

【15】 布羅（J. W. Burrow），《理性的危機：一八四八～一九一四年間的歐洲思想》（*The Crisis of Reason: European Thought, 1848-1914*），紐黑文和倫敦：耶魯大學出版社，2000年，第137-138頁。

【16】 同時，第153頁。

【17】 保羅．魯賓遜，〈展覽符號〉（Symbols at an exhibition），《紐約時報》（*New York Times*），1998年11月12日，第12頁。

【18】 P．B．梅達沃（P. B. Medawar），《前進的希望》（*The Hope of Progress*），倫敦：梅蘇恩出版社，1972年，第68頁。

【19】 約翰．馬多克斯（John Maddox），《留下什麼被發現》（*What Remains to Be Discovered*），倫敦：麥克米倫出版社，1998年，第306頁。

【20】 約翰．孔維爾（John Cornwell）編輯，《意識和人類特性》（*Consciousness and Human Identity*），牛津和紐約：牛津大學出版社，1998年，第vii頁。參見：西蒙．布萊克本（Simon Blackburn），《世界在你腦中》（*The world in your head*），《新科學家》，2004年9月11日，第42-45頁；傑佛瑞．蓋伊（Jeffrey Gray），《意識》（*Consciousness: Creeping Up on the Hard Problem*），牛津，牛津大學出版社，2004年。班傑明．利貝特（Benjamin Libet），《思想時間：意識的時間因素》（*Mind Time: The Temporal Factor in Consciousness*），麻薩諸塞劍橋：哈佛大學出版社，2004年。

【21】 參見：例如，J．R．西爾（J. R. Searle），《神祕的意識》（*The Mystery of Consciousness*），倫敦：格蘭塔出版社，1996年，第95頁及後文。

【22】 羅傑．彭羅斯（Roger Penrose），《思想的陰影：尋找迷失的意識科學》（*Shadows of the Mind: A Search for the Missing Science of Consciousness*），牛津和紐約：牛津大學出版社，1994年。

【23】 同上，第87頁。

【24】 孔維爾（編輯），如前所引，第11-12頁。蘿拉．斯皮妮（Laura Spinney），〈爲什麼我們做，我們做什麼〉（Why we do what we do），《新科學家》，2004年7月31日，第32-35頁；艾米麗·蘇格（Emily Suiger），〈他們知道你想要什麼〉（They know what you want），同上，第36頁。

【25】羅伯特·賴特（Robert Wright），《道德動物》（*The Moral Animal*），紐約：萬神殿出版社，1994年，第321頁。

【26】奧拉夫·斯彭斯（Olaf Sporns），〈生物學變化和大腦結構〉（Biological variability and brain function），孔維爾（編輯），如前所引，第38-59頁。

【27】約翰·蓋伊，《稻草狗》（*Straw Dogs*），倫敦：格蘭塔出版社，2002年，第151頁。

IDEAS.
Copyright © Peter Watson 2005
This edition published by arrangement with Andrew Nurnberg Associates International Limited.
Complex Chinese translation edition © 2015 by Wu-Nan Book Inc.
All rights reserved.

1WH4

人類思想史後篇——衝擊權威與平行真理

Ideas: A History of Thought and Invention, from Fire to Freud

作者　彼得・沃森（Peter Watson）
譯者　姜倩　南宮梅芳　韓同春　高錄泉　苗永姝　劉織
發行人　楊榮川
總編輯　王翠華
主編　陳姿穎
編輯　邱紫綾
封面設計　羅秀玉
出 版 者　五南圖書出版股份有限公司
地址　106台北市大安區和平東路二段339號4樓
電話　(02)2705-5066
傳真　(02)2706-6100
劃撥帳號　01068953
戶名　五南圖書出版股份有限公司
網址　http://www.wunan.com.tw
電子郵件　wunan@wunan.com.tw
法律顧問　林勝安律師事務所　林勝安律師
出版日期　2015年2月初版一刷
定　　價　新臺幣720元

國家圖書館出版品預行編目資料

人類思想史後篇：衝擊權威與平行真理 / 彼得.沃森(Peter Watson)著；姜倩等譯.一 初版. 一 臺北市：五南, 2015.02
面；　公分.
譯自：Ideas : a history of thought and invention, from fire to Freud
ISBN 978-957-11-7970-4（平裝）
1.文明史　2.思想史
713　　103026860